International Finance

谭中明　徐文芹　江红莉　编著

国际金融学

（第2版）

江苏大学出版社
JIANGSU UNIVERSITY PRESS
镇　江

图书在版编目(CIP)数据

国际金融学/谭中明,徐文芹,江红莉编著. —2版. — 镇江:江苏大学出版社,2021.1(2025.1 重印)
ISBN 978-7-5684-1516-3

Ⅰ. ①国… Ⅱ. ①谭… ②徐… ③江… Ⅲ. ①国际金融学 Ⅳ. ①F831

中国版本图书馆 CIP 数据核字(2021)第 022580 号

内 容 简 介

本书为适应金融全球化趋势,培养高素质财经、管理人才的教学需要而编写。全书以研究国际货币金融关系和资金融通、资本运动为主线,跟踪当代国际金融发展趋势,吸收和反映国际金融理论的前沿成果,并紧密联系我国实际。既对国际金融基础理论、政策、制度与协调机制做了系统的描述,又对国际金融中所涉及的基本经济关系与原理、基本实务与管理技术做了详尽的阐述,还对我国国际金融政策和管理体制等内容做了比较全面的介绍。全书共 12 章,包括国际收支、外汇与汇率、汇率制度与政策、外汇管制与货币自由兑换、外汇交易和外汇风险、国际储备、国际金融市场、国际资本流动、国际金融危机、国际货币体系、货币一体化理论及其实践、国际金融机构等。每章配有重要概念和复习思考题,有助于读者拓宽视野、把握重点难点内容。本书体系安排合理、逻辑严密、表达准确、资料翔实、深入浅出、可读性强。

本书为普通高等学校财经、管理类本科生教材,也可作财经、管理类研究生参考用书,还可以供银行、证券、保险、外贸等行业及政府机构相关人员自学和进修之用。

国际金融学(第 2 版)
Guoji Jinrongxue(Di Er Ban)

编　　著/谭中明　徐文芹　江红莉
策　　划/杨海濒
责任编辑/仲　蕙
出版发行/江苏大学出版社
地　　址/江苏省镇江市京口区学府路 301 号(邮编:212013)
电　　话/0511-84446464(传真)
网　　址/http://press.ujs.edu.cn
排　　版/镇江文苑制版印刷有限责任公司
印　　刷/镇江文苑制版印刷有限责任公司
开　　本/787 mm×1 092 mm　1/16
印　　张/23.5
字　　数/595 千字
版　　次/2011 年 8 月第 1 版　2021 年 1 月第 2 版
印　　次/2025 年 1 月第 2 版第 3 次印刷　累计第 9 次印刷
书　　号/ISBN 978-7-5684-1516-3
定　　价/60.00 元

如有印装质量问题请与本社营销部联系(电话:0511-84440882)

第2版前言

我们主编的《国际金融学》(第1版)教材出版后，正遇2008年爆发的国际金融危机产生深刻影响，2010年欧洲主权债务危机尚未结束等不确定的国际金融环境。而从国内环境看，中国以更加积极开放的姿态主动融入经济金融全球化洪流，加大金融对外开放力度，不断完善人民币汇率形成机制，正式开启并推进人民币国际化进程，设立亚洲基础设施投资银行，等等。与此同时，新一轮科技革命和产业变革加速发展，世界贸易和产业分工格局发生重大调整，国际力量对比呈现趋势性变迁。国际金融危机后，全球市场收缩，世界经济陷入持续低迷，国际经济大循环动能弱化。西方主要国家民粹主义盛行、贸易保护主义抬头，经济全球化遭遇逆流。特别是今年新冠肺炎疫情的影响广泛而深远，逆全球化趋势更加明显，全球产业链、供应链面临重大冲击，风险加大。然而，经济全球化、金融全球化趋势，如奔腾的黄河之水浩浩荡荡，如疾驰的列车车轮滚滚向前，不可阻挡。在全球化遭遇暂时挫折和新冠肺炎疫情的双重冲击下，我国正在加快构建以国内大循环为主体、国内国际双循环相互促进的新发展格局。这种新格局的构建离不开良好的国际金融环境和市场。新形势下，中国将继续推进更高水平的对外开放，大幅度开放金融业，通过发展和利用国内、国际金融两个市场，提升国际金融竞争力，为以国内大循环为主体、国内国际双循环相互促进的新发展格局的形成提供有力的金融支持。

国际金融领域中的新变化、新事物、新情况，以及我国新的经济发展格局对国际金融产生的现实客观需要，是我们这次修订《国际金融学》教材的初衷。本次修订中，增加了2005年7月以来人民币汇率形成机制改革、人民币国际化、亚洲基础设施投资银行、金砖国家新开发银行等内容。同时根据国际货币基金组织(IMF)制定的《国际收支和国际投资头寸手册》(第六版)，对国际收支平衡表结构及其构成内容进行了修改，对教材其他各章节中的文字和理论阐述进行了修改、完善，对各章节中的部分图表、数据进行了更新。

本次再版工作由谭中明、徐文芹、江红莉完成。具体分工如下：谭中明负责第2版前言、第三章第四节、第四章第四节、第九章、第十章和第十一章的撰写和修改，徐文芹负责第一章、第二章、第三章一至三节和第四章一至三节、第八章的修改及第四章第四节的撰写，江红莉负责第五、六、七章和第十二章的修改及第十二章中“新兴区域性金融机构”的撰写。本书由谭中明教授拟定修订方案并负责总纂。

本书修改过程中参考了许多国内外的文献资料，可能挂一漏万，未全部一一列出。在此，对这些文献资料的作者表示诚挚的感谢。

最后，衷心感谢参与本书第1版撰写的欧阳玉秀和徐春红两位老师所做出的基础性贡献，以及江苏大学出版社编辑杨海濒先生、李菊萍女士为本书再版给予的支持和帮助。

编著者

2020年11月

第1版前言

金融是现代经济的核心。当今世界，经济金融化、经济全球化、金融一体化趋势日益强劲，国际经济金融领域发生着日益深刻的变化，金融创新方兴未艾，重大金融事件层出不穷，各国经济既面临前所未有的机遇，又充满着种种变数和挑战。世界贸易组织、国际货币基金组织、世界银行、欧洲经济货币联盟、亚太经济合作组织、北美自由贸易区、东南亚经济合作联盟等全球性、区域性组织在国际经济金融活动中发挥着日益重要的作用。拉美国家债务危机、欧洲货币体系危机、墨西哥金融危机、亚洲金融危机、美国次贷危机、欧元区主权债务危机等接连发生，给世界经济、金融造成了巨大的震荡和影响。

开放型经济国家中，宏观经济分为内部经济和外部经济，内部经济表现为经济增长、就业和物价状况，外部经济表现为国际收支状况，是一国在一定时期对外交往的集中体现。致力于实现内外经济均衡，即经济持续增长、充分就业、物价稳定及国际收支平衡，乃是各国政府追求的终极目标。与此相适应，金融也分为国内金融与国际金融，二者在分别服务和作用于内外经济的同时，还共同影响着内外经济，并进而影响着内外经济均衡目标的实现。随着中国对外开放的深化和扩大，中国将以更加开放的姿态融入世界经济一体化潮流，国内经济受国际金融形势和金融活动的影响必然会越来越深刻。开放的经济要求有开放的金融为之服务，从宏观层面来说，制定富有远见卓识的国际金融战略，把握世界竞争中的机遇与主动权，适时适量地利用世界资源以促进国内经济发展，必须以宽厚扎实的国际金融理论为基础；从微观层面看，人们所处的环境、工作岗位乃至日常经济生活，都与外部世界有着日益紧密的联系，需要学习国际金融理论知识，以提高对国际经济金融现象的理解力，增强获取国际金融信息的能力。所有这些都需要我们，尤其是青年学生加强对国际金融知识的学习和研究。

国际金融学作为一门独立的学科，是在国际贸易学的基础上产生和发展起来的，其发展经历了 3 个阶段：第一个阶段是第二次世界大战以前。当时各国之间的联系是以商品贸易为主，货币资本流动则是以商品流动的对应物出现的，因而国际金融学的内容只是附属于国际贸易学中加以介绍，并不单独开设国际金融课程。第二个阶段是从第二次世界大战后到 20 世纪 70 年代初。二战后建立的布雷顿森林体系，第一次以人为的制度安排形式确立了国际货币体系，这一体系的运行以及战后各国经济的迅速恢复和发展，大大促进了国际贸易的增长，各国经济货币化程度大为提高，国际货币金融联系得到进一步加强，这表明国际金融开始以独立的形态发挥作用，因而在学科体系上国际金融开始与国际贸易相并列，二者共同构成国际经济学。第三阶段是从 20 世纪 70 年代至今。20 世纪 70 年代初，布雷顿森林体系解体，浮动汇率制逐渐取代固定汇率制，国际资本流动规模迅速扩大并呈现出独特的运动规律，对国际经济产生着日益深刻和复杂的影响，学者们开始将国际金融作为一门单独的学科加以研究。特别是 20 世纪 80 年代以来，国际金融领域出现了一系列震惊世界的新事件、新问题，进一步引起了学者们对国际金融进行独立研究的浓厚兴趣，以欧美学术界出现的国际金融专门教材为标志，国际金融学从国际贸易学科体系中分离出来，成为一门相对独立的学科，经过最近 30 年的发展，国际金融学已形成一门内容丰富、体系完整、逻辑严密的独立学科。

国际金融学作为从开放视角研究国际货币金融关系和国际资本运动及其规律的新兴学科，从学科属性看，它属于开放宏观经济学的范畴，研究对象范围涉及开放型经济的全部国际货币金融理论、货币金融关系与货币金融政策，既包括由商品、服务、技术、投资等国际经济活动所引起的货币收付和货币资本周转与流通（国际收支、国际资本流动等），又包括国际货币金融制度、政策、协调机制与惯例（国际货币体系、汇率制度、汇率政策、货币一体化、国际金融机构等）；既包括国际金融基本理论（国际收支理论、汇率理论、国际资本流动理论、国际金融危机理论和最适度货币区理论等），又包括国际金融实务及国际金融市场运行的具体形式（外汇、汇率、国际金融市场、外汇交易、国际储备、国际债务等）。

我们在撰写本书时，力求做到既立足于教育部审定的全国普通高校本科教育“国际金融”课程教学大纲的基本要求，充分考虑我国普通高等学校经济、管理类专业本科学生的知识结构与层次特点，侧重于基本知识、基本理论与基本技能的介绍，起点、分量适中，又紧紧跟踪当代国际金融领域发生的大事件、新情况，充分吸收和反映当代国际金融理论的前沿成果，并紧密结合我国实际，体现和融合中国国际金融政策、制度和管理等方面的内容。全书共分 12 章：第一章国际收支，主要介绍国际收支及其平衡表、国际收支的调节、内外均衡的冲突与协调、国际收支理论和中国的国际收支；第二章外汇与汇率，主要介绍外汇、汇率的概念与种类，汇率的决定因素和汇率变动对经济的影响、汇率理论；第三章汇率制度与政策，主要介绍汇率制度的概念与类型、汇率制度的选择、汇率政策、人民币汇率制度；第四章外汇管制与货币自由兑换，主要介绍外汇管制的目的、对象和内容及货币自由兑换、中国的外汇管理；第五章外汇交易和外汇风险，包括外汇市场、即期外汇与远期外汇交易、套汇与套利交易、外汇期货与期权交易，外汇风险及其管理；第六章国际储备，包括国际储备概述、外汇储备与主权财富基金、国际储备的管理、中国的国际储备；第七章国际金融市场，包括国际金融市场概述、国际货币市场、国际资本市场、欧洲货币市场、国际黄金市场；第八章国际资本流动，包括国际资本流动概述、国际资本流动的影响及其控制、国际资本流动理论、中国利用外资问题和国际资本逃避；第九章国际金融危机，包括金融危机概述、国际债务危机、国际银行危机、国际货币危机；第十章国际货币体系，包括国际货币体系概述、国际金本位体系、布雷顿森林体系、牙买加体系、国际货币体系的改革；第十一章货币一体化理论及其实践，包括货币一体化与货币区、最适度货币区理论、最适度货币区理论的实践、东亚货币合作的构想及实践；第十二章国际金融机构，包括全球性国际金融机构、区域性国际金融机构、中国与国际金融机构的关系等。

本书具有以下几个特点：

（1）全面性。本书内容涵盖了教育部颁布的国际金融教学大纲所规定的基本知识点，既对国际金融基础理论、政策和制度做了比较系统的描述，又对国际金融市场运行、国际金融基本实务与管理技术进行了详细的介绍，并对我国国际金融政策、制度和管理等内容做了比较全面的阐述。

（2）新颖性。本书在内容结构上做了许多有创见的调整，按照国际金融各个知识点的内在联系和逻辑性，将基本概念、基础理论、政策、制度、实务等内容有机地融合起来，既突出理论性，又注重实用性，有利于读者全面系统地掌握国际金融学的科学内涵和知识体系。如将传统的"汇率制度与外汇管制"一章分解为"汇率制度与政策"和"外汇管制与货币自由兑换"两章，对传统的"国际资本流动和国际债务"进行有机分解，将国际债务危机与国际货币危机、银行危机等内容融合，扩编为"国际资本流动"和"国际金融危机"两章，将最适度货币区理论、欧洲货币体系、欧洲货币一体化和东亚货币合作等问题放在"货币一体化理论及其实践"一章中集中加以阐述，从而使本教材内容更完整、充实，体系编排更科学合理。

（3）前沿性。本书紧紧跟踪国际金融发展趋势，充分吸收和反映当代国际金融理论的前沿成果。如人民币汇率制度与人民币汇率形成机制、国际资本逃避、美国次贷危机、东亚货币合作等内容，在许多同类教材中很少涉及甚至没有涉及的前沿内容，本书都做了比较详尽的论述。

（4）启发性。每章配有延伸阅读材料以及重要概念和复习思考题，有助于读者拓宽视野、疏通脉络，把握重点和难点内容，并启发读者思维。

（5）明了性。尽管本书涉及诸多国际金融方面的基本理论、政策和制度，内容较为专业，难以理解和把握，但本书力求做到语言通俗易懂、逻辑严密、表达准确、资料翔实、深入浅出、具有较强的可读性。

本书的编著者都是长期从事国际金融教学与研究的教师。具体分工如下：谭中明撰写前言、第九章、第十章和第十一章，徐文芹撰写第一章、第二章、第三章和第四章，欧阳玉秀撰写第五章和第八章，徐春红撰写第六章、第七章和第十二章。全书由谭中明教授审定、统稿。

本书的编写参考了大量中外文献，在此谨向这些文献的作者表示敬意和谢忱。

本书为普通高校和成人高校财经、管理类本、专科学生的教材，也可作为银行、证券、保险等金融机构高级管理人员自学和培训之用，还可作为经济、管理类研究生的参考用书。

限于我们的学识水平，书中难免存在不足和疏漏，敬请同行专家和广大读者提出宝贵意见。

编著者
2011年8月

目 录

第一章 国际收支

国际收支是一国对外经济交往的集中体现，国际金融学乃是研究开放经济条件下国际货币金融关系的一门学科，我们研究的目的就是要为现实的经济服务。在开放经济条件下，一国宏观经济目标是要同时实现内部平衡和外部平衡，内部平衡目标体现为充分就业、价格稳定和经济稳定增长，外部平衡目标就是国际收支平衡。可见，国际收支是国际金融学研究的重要内容之一，同时也是国际金融学研究的出发点和归结点。

第一节 国际收支及其平衡表

国际收支问题是一个非常重要而又复杂的问题，对其进行分析研究的基础和前提在于对国际收支的基本概念与内涵做出界定，对国际收支的内容做出统计计量与描述，并运用差额法对国际收支状况进行分析。这些方面构成本节的主要研究内容。

一、国际收支的概念

国际收支的含义是随着国际经济交往的不断扩大而不断丰富和发展的。

早在17世纪初，国际收支只是简单反映一国的贸易收支，而且仅仅是有形贸易收支，这与当时的国际经济交往仅限于有形商品贸易相对应。

第一次世界大战后，国际经济交易的内容和范围由原来的商品贸易拓宽到国际资金往来、劳务输出等诸多方面，这时的国际收支是指一国的外汇收支，即在一定时期内一国同其他国家必须立即以外汇结清的各种到期收付的差额。

第二次世界大战以后，国际经济交易的范围进一步拓宽，内容越来越多样化，其中许多交易如易货贸易、补偿贸易、实物形式的无偿援助等均不涉及外汇收支，那么用来反映一国对外经济交往情况的国际收支，其含义也就随之拓展，形成了当今人们普遍认同的内涵极其丰富的国际收支概念，具体表述为：国际收支（Balance of Payments）是指一定时期内一国居民与非居民之间所发生的全部经济交易的货币价值总和。这一概念不再以支付为基础，而是以交易为基础。下面从3个方面进一步解释这一概念的内涵。

（一）国际收支是一个流量概念

国际收支总是和“一定时期”相对应，“一定时期”通常是1年，但也可以是半年、1个季度或者1个月。我们可以将国际收支和国际借贷(国际投资头寸)做一比较,国际借贷是一个存量概念,它是指一国在一定时点上对外债权债务的状况,描述一国在一定时点上的对外债权债务余额,而国际收支则是一个流量概念,描述一国在一定时期内全部国际经济交易的发生额。

(二) 国际收支反映的内容是经济交易

国际收支反映的经济交易范畴非常广泛,可以分为4种类型:① 交换,即指一个经济体向另一个经济体提供经济价值(包括货物、服务、收入等实际资源和金融资产)并从对方得到等值的回报。② 转移,是指一个经济体向另一个经济体提供了经济价值,但并没有从对方得到任何回报或补偿,如捐赠、援助等。③ 移居,是指一个人或一个家庭把住所从一个经济体迁移到另一个经济体的行为。移居后,该个人或家庭原有的资产负债关系的转移会使两个经济体的对外资产负债关系均发生变化,这一变化应记录在国际收支之中。④ 其他根据推论而存在的交易。有些情况下,虽然表面看没有发生实际资源或金融资产的流动,但根据推论,交易是存在的,这部分交易也必须计入国际收支。如国外直接投资收益的再投资就是典型的例子。投资者在东道国的投资企业所获得的收益中,一部分属于投资者本人,如果投资者将这部分收益用于再投资,相当于投资者对东道国企业做了一次追加投资,所以必须在国际收支中反映出来,尽管这一行为表面看没有引起两国间资金的流动。

(三) 国际收支记载的经济交易必须是在该国居民与非居民之间发生的

判断一项交易是否应计入国际收支,所依据的不是交易双方的国籍,而是依据交易双方是否是该国的居民与非居民。国际收支统计中,"居民"是指在一个国家(或地区)的经济领土内具有经济利益的经济单位。一个国家的经济领土包括该国政府所管辖的地理领土、该国天空、水域和临近水域下的大陆架以及该国在世界其他地方的飞地(如驻外使领馆、军事基地等)。所谓在一个国家的经济领土内具有经济利益,是指该经济单位在一国的经济领土内从事1年或1年以上的生产、消费等经济活动或交易。具体来说,经济单位可以分为自然人、法人和政府机构3类。自然人可以根据其居住地点和居住时间来判断,凡是在一国经济领土居住时间长达1年或1年以上的自然人,不论其国籍如何,都是该国居民(但留学人员和就医人员不受1年期限限制,即在外留学或就医即使1年以上也属本国居民)。一国官方外交使节、驻外军事人员仍属于本国居民。在本国逗留时间1年以上的旅游者,以及常年在本国工作的外聘人员也属于本国居民。就法人组织来说,包括企业或非营利团体,在哪个国家注册成立就是哪个国家的居民。政府机构,包括在其境内的各级政府机构以及设在境外的大使馆、领事馆和军事机构等都是本国居民。所有国际性组织或机构如联合国、国际货币基金组织以及世界银行集团等是任何国家的非居民。

二、国际收支平衡表及其分析

(一) 国际收支平衡表的概念

一个报告期内,一国居民与非居民之间所发生的经济交易是大量而又多种多样的,需要我们加以科学的整理和归纳,编制国际收支平衡表,才能便于反映和分析一定时期一国的国际收支状况。国际收支平衡表(Balance of Payments Statement)是一国对其一定时期内的国际经济交易,根据交易的特性和经济分析的需要,分类设置科目和账户

(Account),并按复式簿记的原理进行系统记录的报表。

（二）国际收支平衡表的主要内容

各国或地区国际收支分析的目的不同,所编制的报表格式也就有所不同。国际货币基金组织(IMF)为使各国的国际收支平衡表具有可比性,曾在1948年、1950年、1961年、1977年和1993年先后5次修订其出版的《国际收支手册》(Balance of Payments Manual, BPM),对国际收支平衡表的概念、准则、惯例、分类方法以及标准构成等做了统一的规定和说明。随着世界经济交易的发展变化及经济分析的需要,IMF于2009年又出版了最新的版本《国际收支和国际投资头寸手册》(第六版)(Balance of Payments and International Investment Position Manual 6,简称BPM6),其标准构成如表1-1所示。

表1-1　国际收支平衡表标准构成

项目	贷方(＋) [Credits(＋)]	借方(－) [Debits(－)]	差额 (Balance)
1. 经常账户(Current Account) (1) 货物和服务 货物(Goods) 服务(Services) (2) 初次收入(Primary Income) 雇员报酬(Employee Compensation) 投资收益(Investment Income) 其他初次收入(Other Initial Income) (3) 二次收入(Secondary Income)			
2. 资本账户(Capital Account) (1) 非生产/非金融资产的取得/处置(Acquisitions/Disposals of Nonproduced Nonfinancial Assets) (2) 资本转移(Capital Transfers)			
净贷出(＋)/净借入(－)(来自经常账户和资本账户) [Net Lending (＋)/Net Borrowing (－) (from Current and Capital Accounts)]			
3. 金融账户(Financial Account)	金融资产净获得(Net Acquisition of Financial Assets)	负债净产生(Net Incurrence of Liabilities)	差额(Balance)
(1) 直接投资(Direct Investment) (2) 证券投资(Portfolio Investment) (3) 金融衍生工具(储备除外)和雇员认股权[Financial Derivatives (Other than Reserves) and Employee Stock Options] (4) 其他投资(Other Investment) (5) 储备资产(Reserve Assets)			
净贷出(＋)/净借入(－)(来自金融账户) [Net Lending (＋)/Net Borrowing (－) (from Financial Account)]			
4. 误差与遗漏净额(Net Errors and Omissions)			

可见,BPM6 将国际收支的交易分为三大类,对应三大账户——经常账户、资本账户和金融账户,同时人为设置一个误差与遗漏账户。

1. 经常账户

经常账户反映经常发生的国际交易,是国际收支平衡表中最基本、最重要的账户,包括货物和服务、初次收入及二次收入三个子项目。

(1) 货物和服务。① 货物,也叫有形贸易(Visible Trade),是整个国际收支平衡表中最重要的交易项目,包括一般商品、转手买卖和非货币黄金的交易三种类型。无论哪种类型,都只涉及出口和进口两方面。根据国际收支的一般原则,所有权的变更是决定国际货物交易的范围和记载时间的依据。通常出口货物所有权的变更时间是出口商停止在其账户上把出口货物作为自己的实际资产(即出口商在其账户上记为"销售"),并在金融账户内记上相应的一笔账的时间。进口货物所有权的变更时间则是进口商在自己的账户上把进口货物作为自己的实际资产(即进口商在其账上记为"购进"),并在金融账户内记上相应的一笔账的时间。这一习惯做法的目的是促进编制国际收支货物账户和金融账户的一致性,以及出口国和进口国编制的货物账户的一致性,记录的金额则应该按照离岸价(FOB);如果货物贸易是按 CFR(成本加运费)或者 CIF(到岸价)计价,则需要将其中的运输费、保险费剔除出来相应计入服务项目之中。② 服务,也叫无形贸易(Invisible Trade),包括加工服务、维护和维修服务、运输、旅行、建设、保险和养老金服务、金融服务、知识产权使用费等。

(2) 初次收入。初次收入反映的是机构单位因其对生产过程所做的贡献或向其他机构单位提供金融资产和出租自然资源而获得的回报,主要包括雇员报酬和投资收益。

雇员报酬是指季节性工人(工作时间少于一年的工人)和边境工人在国外工作所获得的工资、薪金或其他报酬;投资收益是指资本在国际流动所获得的利润、股息和利息等。将投资收益作为经常账户的独立组成部分,加强了投资收益与金融账户流量、投资收益与国际投资头寸之间的联系,提高了国际收支账户的分析价值。

(3) 二次收入。二次收入记录居民与非居民之间的经常转移。转移收支是指单方面、无对等的收支,是居民与非居民之间无等值交换物的实际资源或金融项目所有权的变更。转移收支区分为经常转移和资本转移。资本转移包括:① 固定资产所有权的转移,通常是实物转移;② 同固定资产获得或放弃相联系或以其为条件的资金转移;③ 债权人不索取任何回报而取消的债务。这三项之外的其他所有权的转移则全部归入经常转移。

二次收入与初次收入共同影响国民可支配总收入。资本转移使交易双方的资产存量相应变化,而不影响可支配收入,因此记入资本账户。

经常转移根据转移主体和对象不同分为私人转移和政府转移两方面。前者包括侨属汇款、养老金、慈善团体捐款等;后者包括经济与军事援助、战争赔款、政府间赠予、捐款等。

2. 资本账户

资本账户记录居民与非居民之间非生产非金融性资产的获得与处置及资本转移。资本转移如上所述。非生产非金融性资产包括:① 自然资源,如土地、矿产权、林业权、水资源、渔业权、大气空间和电磁光谱。② 契约、租约和许可,这些资产为社会和其法律体系所创建，有时称为无形资产。③ 营销资产（和商誉），如品牌、报刊名称、商标、标志和域名等。

3. 金融账户

金融账户记录居民与非居民之间资产和负债所有权变更的所有交易，反映资本的流出、流入。按照资产和负债的职能类别划分为直接投资、证券投资、金融衍生工具和雇员认股权、其他投资、储备资产五个子项目。

金融账户采用净额记录，这点与经常账户和资本账户按总额记录不同。原因在于：金融交易频繁且量大，有些总额数据难以获得，特别是金融账户关注的是由于交易而产生的资产或负债的净变化。因此，用金融资产净获得及负债净产生列示。

金融账户的总差额称为净贷款或净借款。净贷款表示一个经济体对世界其他地方在总体上是资金提供方，即该经济体的资本净流出；净借款则为资本净流入，那该经济体为资金净获取方。

（1）直接投资。直接投资包括直接投资者和直接投资企业之间的所有交易，既包括它们之间的最初交易，也包括随后的交易，还包括与附属公司之间的交易。直接投资可以是股权资本、利润再投资或其他资本（如公司内部交易）。直接投资可以采取在国外直接建立分支企业的形式，也可以采用购买国外企业一定比例（如10%以上）股权的形式。直接投资的主要特征：投资者对另一经济体的企业拥有永久利益，这一永久利益意味着直接投资者和企业之间存在着长期的关系，并且投资者对企业的经营管理拥有有效的发言权。

（2）证券投资。证券投资是指本国居民对外国证券或非居民对本国证券的购买和售卖。证券包括股本证券和债务证券，这里的证券投资旨在取得股利，而非获得永久利益，投资者不具备经营管理权，从而区别于直接投资。

（3）金融衍生工具和雇员认股权。金融衍生工具是与另一个特定的金融工具（如股票、债券）、指标（如股价指数）或商品（如原油、农产品、有色金属）挂钩的金融工具，在金融市场上针对特定金融风险本身（如利率风险、外汇风险、股权和商品价格风险、信用风险等）进行交易，或避险或投机。金融衍生工具分为期权和远期合约两大类。

雇员认股权（ESO）是在既定日期（授予日）创建的，授予雇员可以在约定时间（归属日）或者约定的归属日随后的一个时期内（行权期），以约定价格（履约价格）购买一定数量雇主股票的权利。雇员认股权作为一种报酬形式，是向公司雇员提供的一种购买公司股权的期权的激励形式。作为期权，一方面，雇员认股权的定价行为与金融衍生产品类似；另一方面，它们具有不同的性质和目的（雇员认股权是对雇员的激励，而不是交易风险）。

（4）其他投资。其他投资为剩余类别，没有列入直接投资、证券投资、金融衍生工具和雇员认股权及储备资产的金融交易归入此类账户，包括短期和长期贸易信贷、贷款、货币和存款及应收和应付款，BPM6 还增加了其他股权、保险、养老金和标准化担保计划及特别提款权的分配等新内容。

特别提款权（Special Drawing Rights，SDRs）是 IMF 于 1969 年创建的一种储备资产，是由 IMF 根据成员方缴纳的份额无偿分配给成员方的一种账面资产。分配的 SDRs 作为接受方产生的一项负债予以记录，而持有的 SDRs 作为一项资产予以记录。SDRs 的其他获得和出售作为储备资产交易列示。

需注意的是，上述各种投资与借贷产生的利息收支记录在经常账户的投资报酬项下；而投资资金及借贷本金记录在金融账户项下。

(5) 储备资产。储备资产是货币当局掌握的随时可以利用以达到一定目的、可以被国际普遍接受的金融资产。BPM5 中储备资产分为货币性黄金、特别提款权(SDR)、在基金组织的储备头寸、外汇资产和其他债权;BPM6 中储备资产分为货币性黄金、特别提款权(SDR)、在基金组织的储备头寸、其他储备资产,也即将外汇资产和其他债权一并列入其他储备资产项下。

货币当局持有储备资产的目的就是平衡国际收支、稳定汇率。因此,很多国家将储备资产单独列出来,称为储备账户或平衡账户。正因如此,储备资产要反向记录:储备资产增加,记入借方;储备资产减少,记入贷方。

需要注意的是,通常所说的资本项目可兑换或资本账户开放或自由化,指的是标准构成当中的金融账户,而不是资本账户。

4. 误差与遗漏净额

根据复式记账规则,所有项目的借方总额与贷方总额应该相等。但由于编制平衡表所采集的原始资料来源的多头性(如来自海关、银行、企业、外经贸部门等)、统计口径的差异性、短期资本投资的隐蔽性及呈报单位出于某种目的有意漏报或瞒报等原因,使得平衡表不可避免地出现借贷总额不相等的情况,基于会计上的要求,需要人为设置"误差与遗漏净额"项目,以抵消上述统计偏差。

(三) 国际收支平衡表的记账原理

国际收支平衡表的编制采用的是复式记账原理。按照复式记账规则,即"有借必有贷,借贷必相等",即每一笔国际经济交易都应以相同数额同时记入借方和贷方。那么,究竟如何记录呢? 在 BPM6 的国际收支平衡表中,经常账户和资本账户按总额采用"贷方(+)"和"借方(-)"的表述进行记录,贷方记录出口、初次收入和二次收入的应收收入,借方记录进口、初次收入和二次收入的应付支出。金融账户按净额采用"金融资产净获得"和"负债净产生"的表述进行记录,贷方记录负债净产生,借方记录资产净获得。

对于国际收支平衡表复式记账原理,为了方便理解和记忆,我们总结出以下两个要点。第一,任何一笔交易发生,必然涉及借方和贷方两方面,有借必有贷,借贷必相等。第二,凡是引起本国从外国获得货币收入或本国资本流入的交易记入贷方;凡是引起本国对外国货币支出或本国资本流出的交易记入借方。而这笔货币收入和资本流入或货币支出和资本流出本身则记入相反的借方和贷方。比如,中国某出口商向美国出口 100 万美元的货物,此货款结算由美国进口商通过账户转账方式支付给中国出口商,体现为中国出口商在海外银行存款增加。于是,从中国角度,100 万美元的"货物出口"是引起货币收入的交易,记录在货物项目的"贷方",而相应的 100 万美元货款收入则记录在"其他投资"项目下的"货币和存款"子账户的"借方"(中国出口商在海外银行存款增加属于中国资本流出,恰恰也应该记为借方)。又如,中国某公司投资 2 000 万美元到美国设立一家子公司,资金来源于中国公司在美国花旗银行的存款。从中国角度,中国的母公司到美国设立子公司,为中国对外直接投资增加,是引起资本流出的交易,因而记录在"直接投资"项目下的"借方",同时,用于直接投资的款项则记录在"其他投资"项目下的"货币和存款"子账户的"贷方"(中国母公司的海外银行存款减少属于中国资本流入,恰恰也应该记为贷方)。具体参见表 1-2。

表 1-2 复式记账法下国际收支各项经济交易具体记录方法

项目	贷方(+)	借方(-)
1. 经常账户		
(1) 货物和服务		
货物	出口	进口
服务	收入	支出
(2) 初次收入	收入	支出
(3) 二次收入	收入	支出
2. 资本账户		
(1) 非生产/非金融资产的取得/处置	处置	获得
(2) 资本转移	应收转移	应付转移
3. 金融账户	负债净产生	金融资产净获得
(1) 直接投资	外国对本国直接投资净增加	本国对外国直接投资净增加
(2) 证券投资	外国对本国证券投资净增加	本国对外国证券投资净增加
(3) 金融衍生工具和雇员认股权	外国对本国金融衍生工具和雇员认股权资产净增加	本国对外国金融衍生工具和雇员认股权资产净增加
(4) 其他投资	外国对本国其他投资净增加	本国对外国其他投资净增加
(5) 储备资产	储备资产减少	储备资产增加

由此可以看出，对于非储备货币发行国来说，去除一些不涉及货币收付的实物交易，国际收支平衡表的贷方反映的是外汇收入及外汇流入，形成外汇供给；借方反映的是外汇支出及外汇流出，形成外汇需求。如果国际收支平衡表单个或多个项目或账户余额为贷方余额(差额为正)，即贷方金额>借方金额，表示该项目或账户是顺差，外汇供给大于外汇需求，外汇倾向于贬值，而本币倾向于升值；反之则相反。

(四) 记账实例

下面以中国为例，对记账规则和账户设置说明如下。

【例 1-1】 中国某出口公司向美国出口 100 000 美元的服装，该出口收入通过银行结算后将增加本国在海外的银行存款。该交易一方面体现为货物出口，另一方面体现为资本流出。记：

借：其他投资(本国在外国银行存款) 100 000(美元)

贷：货物出口 100 000(美元)

【例 1-2】 韩国某公司以价值 1000 000 美元的设备投入中国，兴办合资企业，该交易一方面体现为货物进口，另一方面体现为资本流入。记：

借：货物进口 1 000 000(美元)

贷：直接投资 1 000 000(美元)

【例 1-3】 中国某企业在海外投资获利 800 000 美元，其中，300 000 美元用于在当地的再投资，300 000 美元购买外国商品后运回国内，200 000 美元调回国内结售给政府以换取本国人民币，记：

借：货物进口 300 000(美元)

官方储备 200 000(美元)

直接投资　　300 000(美元)

贷:投资报酬　　800 000(美元)

【例 1-4】 某中国居民在新加坡旅游,花费 5 000 美元的费用,该支出通过银行结算后将减少本国在海外的银行存款或增加外国在本国的银行存款。该交易一方面体现为旅游支出,另一方面体现为资本流入。记:

借:服务支出(旅游)　　5 000(美元)

贷:其他投资(银行存款)　　5 000(美元)

【例 1-5】 某中国居民向在马来西亚的亲戚汇款 1 000 美元,此汇款通过银行结算后将减少本国在海外的银行存款或增加外国在本国的银行存款。该交易一方面体现为经常转移的移出,另一方面体现为资本流入。记:

借:经常转移(汇款)　　1 000(美元)

贷:其他投资(银行存款)　　1 000(美元)

【例 1-6】 中国政府动用外汇储备 600 000 美元向某国提供无偿援助,并提供 200 000美元的粮食援助,记:

借:经常转移(官方无偿援助)　　800 000(美元)

贷:储备资产　　600 000(美元)

货物出口　　200 000(美元)

(五) 国际投资头寸及其和国际收支的关系

国际投资头寸(International Investment Position,IIP)是指某个时点上一个经济体居民对非居民的金融资产和负债存量。其资产和负债存量差额为净国际投资头寸(Net International Investment Position,NIIP):差额为正,表明该国为净债权国(Net Creditor);差额为负,表明该国为净债务国(Net Debtor)。在当今国际资本流动规模越来越大,流动越来越频繁的情况下,国际投资头寸报表也显得越来越重要。国际投资头寸与反映交易流量的国际收支一起,构成一个经济体完整的国际账户体系。

国际投资头寸表(International Investment Position Statement)是对一国国际投资头寸的系统记录。根据 BPM6,与国际收支平衡表中金融账户的分类保持一致,按照金融资产和负债的功能类别分为直接投资、证券投资、金融衍生工具和雇员认股权、其他投资和储备资产五大类。国际投资头寸作为存量,反映时点状况,从期初的头寸到期末的头寸,这期间的变化就是国际收支金融账户反映的金融交易及金融资产和负债的其他变动导致的,这期间的变化量就是流量指标,它们之间存在如下等式:

期初头寸+期间交易+期间数量的其他变化+期间的重新定值=期末头寸

期间交易就是国际收支平衡表金融账户反映的交易。期间数量的其他变化包括:债权人因破产等单方面注销金融资产;金融资产和负债在没有跨境交易的情况下改变其特性或状况,即重新分类,如可转换债券的转换和认股权证行权等;个人和其他实体改变其所在经济体的居民地位时导致的金融资产和负债的变动等。期间的重新定值是指汇率或其他价格变化对金融资产和负债重新定值导致的变动。

举例来说,假如某国 2018 年年末对外直接投资(FDI)余额是 1 000 亿美元,2019 年该国对外 FDI 增加了 400 亿美元,处置了 100 亿美元,因此对外 FDI 净增加 300 亿美元;2019 年该国 FDI 还因为破产注销减少了 50 亿美元,美元升值使得价值增加 8 亿美元,因为资产在当地价格上升使得价值增加 6 亿美元。因此，该国 2019 年年末的对外 FDI 余额为 1 000 亿美元(期初值)＋400 亿美元(金融账户交易)－100 亿美元(金融账户交易)－50 亿美元(数量的其他变化)＋8 亿美元(重修定值)＋6 亿美元(重修定值)＝1 264 亿美元(期末值)。

国际投资头寸与国际收支的关系用假设数据表示如表 1-3 及表 1-4 所示。

表 1-3 国际收支平衡表假设数据 亿美元

项目	贷方(＋)	借方(－)
1. 经常账户		
(1) 货物和服务	540	499
货物	462	392
服务	78	107
(2) 初次收入	50	40
(3) 二次收入	17	55
2. 资本账户		
(1) 非生产/非金融资产的取得/处置	0	0
(2) 资本转移	1	4
3. 金融账户		
(1) 直接投资	8	11
(2) 证券投资	18	14
(3) 金融衍生工具和雇员认股权	3	0
(4) 其他投资	20	22
(5) 储备资产	8	

表 1-4 国际投资头寸表假设数据

项目	期初头寸	金融账户交易	其他数量变化	重修定值	期末头寸
资产(按职能类别)					
直接投资	78	8	0	1	87
证券投资	190	18	0	2	210
金融衍生工具和雇员认股权	7	3	0	0	10
其他投资	166	20	0	0	186
储备资产	833	8	0	12	853
资产总额	1 274	57	0	15	1 346
负债(按职能类别)					
直接投资	210	11	0	2	223
证券投资	300	14	0	5	319
金融衍生工具和雇员认股权	0	0	0	0	0
其他投资	295	22	0	0	317
负债总额	805	47	0	7	859
国际投资头寸净额	469	10	0	8	487

(六) 国际收支平衡表的分析

国际收支平衡表是根据复式簿记原理编制的,其借方总额和贷方总额是相等的。但这只是账面的、会计意义上的平衡,不具有经济学意义。

国际收支平衡表的每个具体账户和科目的借方额和贷方额往往是不相等的,这种差额被称为局部差额(Partial Balance),如贸易差额、劳务收支差额、经常账户差额等。这些局部差额平衡与否才具有经济学意义。国际收支平衡表的分析正是对这些局部差额所进行的分析。

1. 国际收支平衡的概念

理论上,将国际经济交易按照其动机分为自主性交易和调节性交易。自主性交易(Autonomous Transaction)又叫事前交易(Ex-ante Transaction),这类交易纯粹由于经济上的某种目的或其他动机而主动进行。调节性或补偿性交易(Accommodating/Compensatory Transaction)又叫事后交易(Ex-post Transaction),这类交易是在国际收支的自主性交易发生不平衡时,为了弥补缺口而进行的交易。于是,当自主性交易差额为零时,称国际收支平衡;自主性交易差额大于零时,称国际收支盈余或顺差;自主性交易差额小于零时,称国际收支赤字或逆差。

由于研究需要的不同,对哪些是自主性交易,哪些是调节性交易的划分准则往往不同。在实践中,划定自主性交易范围的问题,就变成了"划线"问题。通常,我们在国际收支平衡表中的某个位置上划出一条水平线,在这一水平线以上的交易就是所要研究的,被称为"线上交易";而此线以下的交易被称为"线下交易"。线上交易即为自主性交易,而线下交易则可看成是用于平衡线上交易差额的交易,也即调节性交易。

2. 国际收支差额

(1) 货物贸易差额。即进出口之间的差额,也叫有形贸易差额。该差额表现了一个国家(或地区)自我创汇的能力,反映了一国(或地区)的产业结构和产品在国际上的竞争力及在国际分工中的地位,是一国对外经济交往的基础。该差额的数据易于通过海关的途径及时收集。对于许多国家来说,货物贸易收支在整个国际收支中占有很大比重。因此,各国高度重视对货物贸易差额的分析。在表 1-3 中,货物贸易差额为 70 亿美元(462－392＝70),表示货物贸易顺差 70 亿美元。

(2) 经常账户差额。该差额是货物和服务贸易差额、初次收入差额及二次收入差额三个子账户差额之和,反映了实际资源在该国与他国之间的转让净额以及该国的实际经济发展水平。当经常账户为盈余时,就要通过资本的净流出或官方储备的增加来平衡;当经常账户为赤字时,就要通过资本的净流入或官方储备的减少来平衡。该差额成为各国制定国际收支政策与产业政策的重要依据。在表 1-3 中,经常账户差额为 13 亿美元(41＋10－38＝13),说明经常账户顺差 13 亿美元。

(3) 资本与金融账户差额。这一差额是资本账户差额与金融账户差额之和,其分析意义在于:① 可以反映一国资本市场的开放程度和金融市场的发达程度,从而为一国货币政策和汇率政策提供借鉴。② 可以折射出一国经常账户的状况和融资能力。如果不考虑错漏项,则:经常账户差额＋资本与金融账户差额＝零。当经常账户赤字时,意味着一国利用金融资产的净流入为经常账户赤字融资。但这种融资要受到许多限制,不能无限膨胀。否则会带来债务危机,会导致利息支出越来越大,加剧经常账户的恶化,形成恶性循环。③ 20 世纪 70 年代以后，资本流动规模越来越大，越来越脱离实体经济而独立存在，具有了独立的运动规律，从而使这一账户的内容及其差额对一国乃至世界经济影响越来越大。在表 1-3 中，资本与金融账户差额为 7 亿美元（－3＋10＝7），说明顺差 7 亿美元。

（4）综合差额。综合差额是全部国际经济交易项目除了官方储备以外其他所有项目差额的合计，包括的线上交易最为全面、最具综合性，是衡量一国国际收支状况的综合指标，通常所说的国际收支差额就是指国际收支的综合差额。如果综合差额为正，则称该国国际收支存在顺差（盈余）；如果综合差额为负，则称该国国际收支存在逆差（赤字）；如果综合差额为零，则称该国国际收支平衡。从计算方法看，综合差额＝经常账户差额＋资本与金融账户差额－储备资产＋错误与遗漏。在表 1-3 中，综合差额为－8 亿美元（13＋7－8－20＝－8）。由此可见，综合差额必然导致官方储备的反方向变动，反映了一国动用或获取储备资产来弥补国际收支不平衡的能力。若综合差额为盈余或赤字时，一国就要通过增加或减少官方储备来平衡。因此，综合差额较为综合地反映了自主性国际收支状况，是全面衡量和分析国际收支状况的指标，具有重要意义。

综合差额的状况直接影响到该国的汇率能否稳定，特别是在固定汇率制下，这一差额分析意义非常大；而动用官方储备弥补国际收支不平衡、维持汇率稳定的措施又会影响到一国的货币发行量，进而影响一国内部经济。因此，综合差额是非常重要的。

（5）误差与遗漏净额。这是为了平衡统计误差而人为设置的项目。在一定时期内，如果一国全部国际经济交易的统计结果是贷方发生额大于借方发生额，则需要用“错误与遗漏”项的借方余额加以平衡；相反，如果一国全部国际经济交易的统计结果是借方发生额大于贷方发生额，则需要用“错误与遗漏”项的贷方余额加以平衡。如前所述，尽管误差不可避免，但数额不应过大，一般认为错误与遗漏项目绝对值与当年进出口贸易总额的比例应该在 5％范围内。

当一国国际收支账户持续出现同方向、较大规模的错误与遗漏时，常是人为因素造成的，有必要对该账户本身进行分析，通过分析，往往可以发现实际经济存在的一些问题。例如，出口退税是国家鼓励出口的一种财政措施，如果企业为骗取退税收入而虚报出口，就会形成出口数过高而资本流出数额过低，由此造成国际收支借方余额小于贷方余额，从而相应形成错误与遗漏的借方余额。再如，一国实行资本管制时，为躲避管制而形成的资本外逃会假借各种合法交易名义流出国外，这也将反映为误差和遗漏的借方余额。由此可见，对于市场经济不发达、人为因素对市场机制的干扰较多的国家来说，“误差与遗漏”项往往也有很高的分析价值。

第二节　国际收支的调节

一、国际收支失衡的经济影响

宏观经济调节有四大目标，即经济增长、物价稳定、充分就业和国际收支平衡。前

3 个属于内部经济目标，最后一个属于外部经济目标。在开放经济条件下，内外经济相互影响，互相牵制，一国国际收支长期持续大量的不平衡，会严重影响该国的内部经济，也就是说，国际收支不平衡的长期持续存在，会通过各种传导机制给国内经济造成不利影响，妨碍其内部均衡目标的实现。当然，一般来说，国际收支不平衡是一种常态，只有那些长期的、持续的、巨额的不平衡才会产生严重影响。

（一）国际收支逆差的影响

国际收支逆差，造成本币贬值压力。货币当局如果不对外汇市场进行干预，则本币贬值将推动本国物价水平提高，带来通货膨胀。而货币当局如果对外汇市场进行干预：抛售外汇、买进本币，以维持汇率稳定，这将耗费大量外汇储备，一方面引起外汇储备的减少，使国际信誉下降；另一方面引起货币供应缩减，利率上升，消费、投资下降，经济增长速度放慢且失业率上升。源自贸易的长期逆差，意味着本国产品国际竞争力不强，而且国内存在对国外产品的净需求，国内生产受到影响，本国国民收入下降，失业增加。源自资本项目的长期逆差，意味着国内资金的净流出，这会减少国内资金供给，缩减投资规模，同样会使本国国民收入下降，失业增加。但如果资金净流出是由于国内资金充足或资金没有合适的投资项目或用途时，这种资金净流出未必就不利。因为以贷款或投资形式流到海外的资金，可以获取利息、利润、股息、分红；以海外直接投资形式流到国外的资金，不仅可以打开国际市场，而且可以学到很多管理经验。由资本净流出而引起的国际收支逆差，如果既没有伴随经常项目的持久性顺差，又没有伴随国内经济的稳定成长，意味着本国有大量资金，却没有合适的投资机会，则需在宏观上进行经济政策的调整和改革，以创造投资机会，推动经济成长。

（二）国际收支顺差的影响

对于一个处于成长中的经济来说，持续性的长期顺差（指 3 年以上 5 年以下，或 10 年内的大部分年份），表示其国际竞争能力的增强，或对外经济联系开放度的扩大，以及该国国际经济地位的提高。政府可以将顺差用于储备，应付国际经济动荡，或将储备用于进口国外先进技术、设备、产品等为本国经济成长提供支持。一般而言，长期顺差将促进经济增长。

但是，对于国际收支顺差的影响不可一概而论，需对导致顺差的原因做出具体分析。当持续性长期顺差是由贸易增加，且是在本币汇率未贬值的情况下发生的，就确实表示该国国际竞争能力提高和国际市场范围扩大；但若是由于本币贬值所带来的贸易增加则不一定意味着国际竞争力提高。如果顺差是来源于资本流入，有两种情况：一种是借债（包括政府和商业贷款、借款等）所致顺差，这将使政府背上沉重的债务负担；另一种是引入外国直接投资导致的顺差，如果引入外国直接投资使本国技术、产品、设备得到更新换代，并带来持久的贸易顺差及国际竞争能力提高，不仅不会导致还本付息问题，而且将有利于国家经济发展。但持续性的国际收支顺差也会导致很多问题。首先，也是最重要的，是由于顺差引起本币升值，导致国内出口减少，并因此影响经济增长和就业。其次，会导致国际储备增加，同时国内货币供应增长，这将加重通货膨胀；而且由于储备资产收益率低于长期投资收益率，意味着外汇资金没有得到有效利用；此外，储备货币汇率变化会使储备资产蒙受损失。最后，一国顺差意味着他国逆差，这将加剧国际摩擦。

二、国际收支失衡的原因

导致国际收支失衡的原因是多种多样的，概括起来主要有以下 5 种，也就对应了 5 种类型的国际收支失衡。不同类型的失衡需要不同的政策措施加以调节，从而“有的放矢，对症下药”。

（一）周期性失衡

这是指一国经济周期性波动引起的国际收支失衡。典型的经济周期具有衰退、萧条、复苏、繁荣 4 个阶段。随着经济周期的影响，国际收支会出现“顺差—逆差”或“逆差—顺差”的交替变化。当一国经济处于衰退时，社会总需求下降，进口需求也相应下降，国际收支发生顺差；反之，当一国经济处于繁荣时期，国际收支会出现逆差。这种周期性失衡在第二次世界大战前的发达国家表现尤为明显，战后则不尽然。对出口导向型国家而言，在繁荣阶段，生产处于高涨时期，对外贸易会大幅度增长，经常项目因此出现大量顺差，从而使国际收支出现顺差；反之，则会导致国际收支转为逆差。

（二）结构性失衡

这是指一国经济、产业结构不能适应世界市场供求关系的变化而引起的国际收支失衡。通常反映在经常项目账户上。经济结构失衡可分为产品供求结构失衡和生产要素价格结构失衡两类。产品供求结构失衡是指当世界市场需求发生变化时，若该国的生产结构不能随之调整，将导致产品供求结构失衡，从而造成该国国际收支失衡。主要表现如下：① 产业结构老化。指生产条件、技术水平不能随世界市场需求的变化而调整，产品失去国际竞争力。② 产业结构单一。指出口产品单一，易受国际市场价格波动的影响，某些产品因无法生产，完全依赖进口。③ 产业结构落后。指以低技术水平的初级产业为主，产品附加值不高，出口产品以低价取胜，难以提高出口收入。生产要素价格结构失衡是指由于劳动者工资增长率与生产增长率不同步，主要表现为工资增长率快于生产增长率，这将导致该国生产成本提高，其在国际市场上的竞争能力逐渐丧失，原有的比较优势将不复存在，可能导致该国国际收支逆差。

这种失衡是一种长期的根本性国际收支失衡，短期内难以扭转。

（三）收入性失衡

这是指由于国民收入变化所引起的国际收支失衡。国民收入的变化，一种是由于经济周期变化所导致的，属于周期性失衡。另一种是经济增长率的变化所致。当一国经济处于高速增长期，则随着国民收入的增加，国内投资消费需求随之增加，国内总需求超过总供给时，会引起进口增加，从而导致国际收支逆差。不过，若一国经济增长是靠出口推动的，收入性失衡也可能表现为顺差。

（四）货币性失衡

这是指一国货币供应量水平、成本、利率、汇率等货币性因素变动而引起的国际收支失衡。如果一国货币供应量增加过多，该国生产成本和物价普遍上升，从而导致出口减少，进口增加。货币供应量过度增加可能引起本国实际利率下降，这会通过刺激资本外逃引起资本项目逆差。当然，物价上涨，金融部门可能提高名义利率，从而有利于吸引资本流入，在这种情况下，会形成贸易逆差和资本项目顺差并存的局面。

（五）季节性和偶然性失衡

季节性失衡是指在进出口淡季、旺季所产生的国际收支失衡。出口旺季出现顺差、出口淡季出现逆差。偶然性失衡主要指自然灾害、战争等突发性事件引起的国际收支失衡。这两类失衡一般程度较轻，持续时间不长，带有可逆性，往往不需要采取政策措施进行调节。

三、国际收支的自动调节机制

所谓国际收支的自动调节机制，是指市场经济系统内其他经济变量与国际收支相互制约相互作用的过程。也即国际收支不平衡将在市场机制作用下，使收入、价格、利率、汇率、货币供应量等因素发生变化，这些因素的变化反过来又影响国际收支，往往能够使国际收支失衡在某种程度上得到缓和，乃至自动恢复平衡。国际收支的自动调节机制，在不同的货币制度下具有不同的特点。

（一）国际金本位制度下国际收支自动调节机制

1752 年，英国经济学家大卫 · 休谟（David Hume）提出“价格—铸币机制”，又称为“物价—现金流动机制”（Price—Specie Flow Mechanism），也叫休谟机制。在国际金本位制度下，由于金币可以自由铸造，黄金可以自由兑换和自由输出入，黄金直接充当货币，因而国际收支差额会导致黄金的流动，从而影响一国的货币供应量，进而通过物价的变动影响进出口，使国际收支不平衡得以调节。这一自动调节过程如图 1-1 所示。

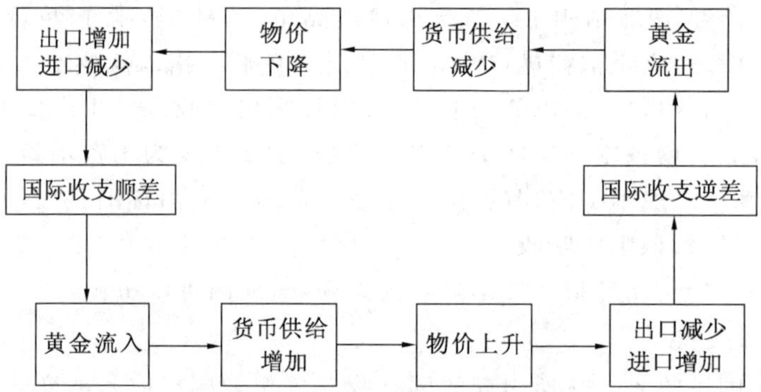

图 1-1　物价—现金流动机制

（二）纸币流通制度下国际收支自动调节机制

纸币流通制度下，汇率制度不同，国际收支自动调节机制也有所不同。在固定汇率制度下，国际收支失衡的调节机制主要是通过货币供给量的变动，启动国际收支调节的利率机制、收入机制及相对价格机制而起作用，如图 1-2 所示。在浮动汇率制度下，国际收支失衡的调节机制主要是通过汇率的变动，启动国际收支调节的汇率机制而起作用，如图 1-3 所示。

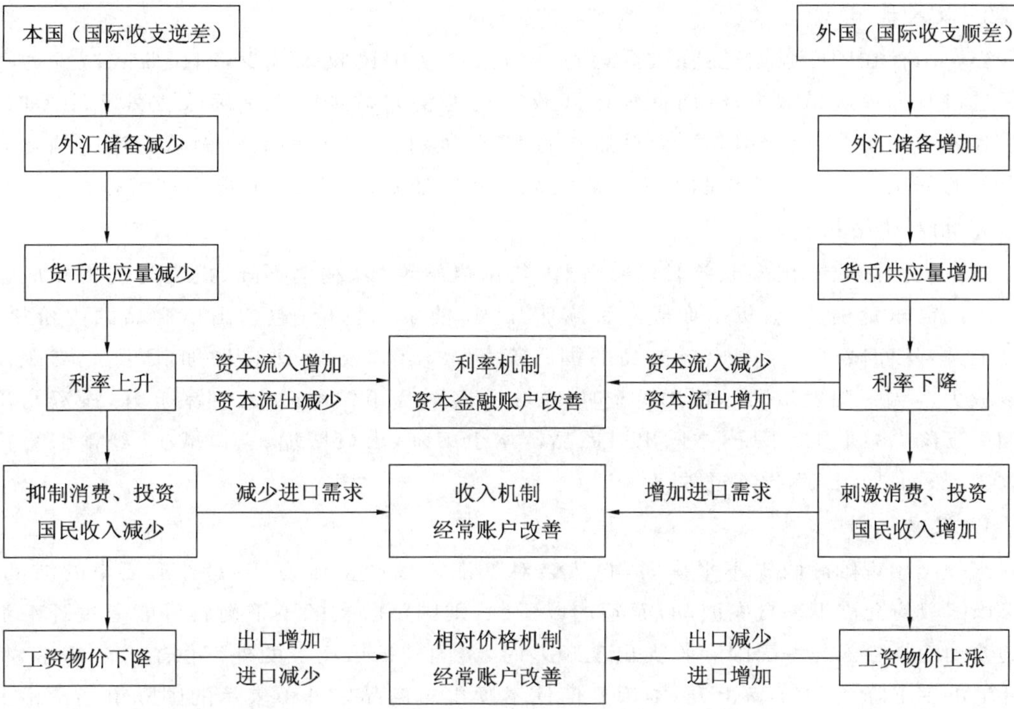

图 1-2　固定汇率制度下国际收支自动调节机制

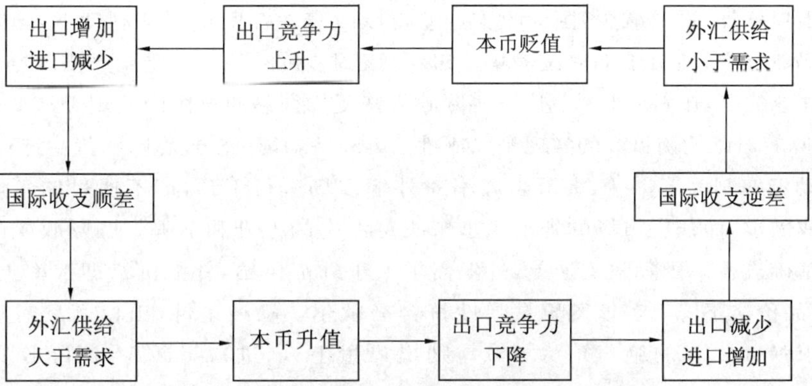

图 1-3　浮动汇率制度下国际收支自动调节机制

1. 利率机制

当一国国际收支发生逆差时，意味着外汇市场上外汇供应小于需求，本币面临贬值压力，该国货币当局就必须在外汇市场上抛出外汇回笼本币，以维护固定汇率制度。这样的操作使得该国外汇储备减少、本国货币供应量减少和利率上升。利率上升表明本国金融资产收益率的上升，从而对本国金融资产的需求相对上升，对外国金融资产的需求相对下降。这些均导致本国资金外流的减少，同时外国资本流入本国以谋求较高的利润。此时，国际收支逆差由于资本与金融账户的好转而趋于改善。当一国国际收支发生顺差时，为维持固定汇率制度，则会发生该国外汇储备增加、本国货币供应量增加和利率下降等效应，而利率水平的下降导致资本外流增加，从而减少顺差。

2. 收入机制

当一国存在国际收支逆差时,会通过乘数效应使国民收入减少,国民收入减少通过边际进口倾向使进口减少,继而使得国际收支逆差得以减少。当国际收支处于顺差时,国民收入水平上升,就会引起社会总需求的上升,进口也相应增加,从而减少该国国际收支顺差的程度。这一调节机制不论在固定汇率制度还是浮动汇率制度下都将存在。

3. 相对价格机制

当一国国际收支出现顺差时,导致国内货币供给增多,利率下降、投资与消费相应上升。国内需求量增加,对货币形成一种膨胀压力,使本国物价(包括出口商品国内价格)随之上升,从而减弱了本国出口商品的国际竞争力,出口减少、进口增加,国际收支顺差逐步减少。当一国发生国际收支逆差时,意味着国内货币供给减少,利率上升,投资与消费相应下降,本国物价下降,本国出口商品价格也下降,出口增加、进口减少,经常账户得到改善,从而减少国际收支逆差。

4. 汇率机制

当一国出现国际收支不平衡时,必然会对外汇市场产生压力,引起外汇汇率的波动。如果该国政府允许汇率自发波动,而不加以干预,则国际收支的不平衡就可能通过外汇汇率的波动而消除。当一国国际收支出现顺差时,本国外汇市场上的外汇供给大于需求,将使外汇汇率下降、本币汇率上升,本币升值使本国出口商品以外币表示的国际市场价格上涨,出口商品的国际竞争力减弱,从而出口减少、进口增加、贸易顺差减少,国际收支趋于平衡。当一国出现国际收支逆差会通过外汇市场供求关系的变化引起本币汇率下降,本币贬值将刺激出口增加、进口减少,国际收支逆差得以改善。在固定汇率制度下,国际收支汇率调节机制仍然存在,但由于汇率波动幅度极小,该调节机制的功能受到严格限制。

值得注意的是,在固定汇率制度下国际收支恢复均衡是通过国内宏观经济变量的变化而实现的,意味着对外均衡目标的实现是以牺牲国内经济均衡(充分就业、物价稳定)为代价。

在浮动汇率制度下,一国货币当局不对外汇市场进行干预,即不通过储备增减来影响外汇供给或需求,而任凭市场的外汇供求来决定汇率的上升和下降。国际收支的调节以汇率变化为基础进行。国际收支逆差,外汇需求大于外汇供给,外汇价格即汇率上升,本币贬值,出口商品价格下降。若该国贸易弹性符合马歇尔—勒纳条件(出口商品需求弹性与进口商品需求弹性之和的绝对值大于 1),则出口量上升、进口量减少,国际收支逆差得以消除。

在浮动汇率制度下,通过汇率变动使国际收支自动顺利调整,对国内经济影响较小,在一定程度上起着隔绝国外经济通过固定汇率机制干扰本国经济的作用。

四、国际收支失衡的政策调节

虽然国际收支的自动调节机制能够自动对国际收支失衡进行调节,但它们只能在某些假设前提和经济环境下才能发挥相应的作用;而且其效果与作用的时间往往不能得到保证;尤其是固定汇率制度下自发调节的过程往往需要牺牲国内宏观经济目标。因此,当国际收支失衡时,一国通常不会完全依靠经济体系的自动调节来使国际收支恢复平衡,政府往往会主动采取一些适当的政策措施进行干预,以实现国际收支的平衡。

国际收支调节政策可以有许多种,通常从需求、供给、融资等角度将国际收支的调节手段分为需求调节政策、供给调节政策和融通弥补政策(见图 1-4)。政府采用何种政策进行调节,既取决于国际收支失衡的性质,又取决于国际收支失衡时国内社会与宏观经济结构,同时还和内部均衡与外部均衡之间的相互关系有关。

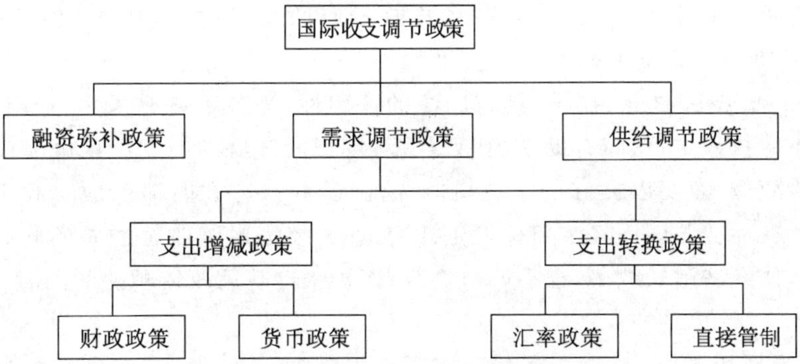

图 1-4 政府调节国际收支的政策选择

(一) 融资弥补政策

融资弥补政策是指一国政府利用官方储备的增减或融入融出资金来调节国际收支。这种方法对于解决短期因素造成的暂时性失衡还是十分有效的,因为它能够使本币汇率免受暂时性失衡所造成的无谓波动,有利于本国对外贸易和投资的顺利进行。但是,一国官方储备规模以及融资能力毕竟是有限的,巨额、长期的国际收支逆差不能完全依靠融资弥补政策来解决,否则将导致外汇储备的枯竭或外债的大量累积,并且也无法从根本上解决赤字问题。当出现长期性的国际收支赤字时,必须实施需求或供给调整政策。但在调整期间,运用融资弥补政策作为辅助手段,降低调整幅度,也可以为调整创造宽松的环境,使国内经济避免因过度猛烈的调整带来难以承受的震动。故此政策也常称为外汇缓冲政策。

(二) 需求调节政策

需求调节政策是政府常用的经济调整手段。按对需求的不同影响,需求调节政策可分为两大类:支出增减型政策和支出转换型政策。

1. 支出增减型政策

支出增减型政策也叫支出变更政策(Expenditure Changing Policy),是指改变社会总需求或国民经济中支出总水平的政策,从而改变对外国商品、劳务和金融资产的需求,达到调节国际收支的目的。这类政策主要包括财政政策和货币政策。

财政政策是指政府通过变动税收和支出,实现对国民经济需求管理的政策。当一国出现国际收支逆差时,政府可以通过紧缩性财政政策促使国际收支平衡。首先,增税或减支可以减少国民收入,从而相应地压缩进口。其次,抑制总需求会降低通货膨胀或使物价水平下降,从而有利于出口并抑制进口。虽然紧缩性财政政策会导致利率下降和刺激资本流出,但它的基本作用方向是减少国际收支逆差。反之,当一国出现国际收支顺差时,政府可以通过扩张性财政政策促使国际收支平衡。

货币政策是指中央银行通过货币政策工具调节货币供给和利率,影响宏观经济。货币供给量变动可以改变利率、物价和国民收入,从而启动国际收支调节的利率机制、相对价格机制和收入机制。货币政策工具包括法定存款准备金率、再贴现率和公开市场操作。当一国出现国际收支逆差时,中央银行可以通过紧缩性货币政策促使国际收支平衡,即中央银行通过提高再贴现率、提高法定准备金率,或在公开市场抛售政府有价证券,从而使货币供应量减少、利率提高,国民收入减少、物价下降,使资本流入增加、流出减少,出口增加、进口减少。反之,当一国出现国际收支顺差时,中央银行可以通过扩张性货币政策促使国际收支平衡。

支出增减型政策的优点在于:具有广泛的适用性,为各国普遍采用,受限制少;且该政策可以使汇率保持稳定,从而有助于国际贸易与投资的开展。但支出增减型政策需要通过市场机制发生效应,故要以良好的市场机制为前提,并且存在时滞效应。利用这一政策调节国际收支时往往会与国内经济目标发生冲突,如紧缩性政策改善逆差的同时可能加剧失业、通货紧缩,使经济增长减慢,存在调节痛苦;而扩张性政策改善顺差的同时可能加剧通货膨胀。

2. 支出转换政策

支出转换政策(Expenditure Switching Policy)是指不改变社会总需求和总支出而改变需求和支出方向的政策,将国内支出从外国商品和劳务转移到国内商品和劳务上来以改善国际收支。支出转换政策主要有汇率政策和直接管制政策。

汇率政策是指一国通过调整汇率来实现国际收支平衡的政策措施。汇率政策的干预根据具体实施做法的不同可以分为 3 类:

(1) 汇率制度的变更。在一国实行固定汇率或爬行钉住汇率制的情况下,如果该国的国际收支出现严重失衡,政府可以采用浮动汇率制或弹性汇率制,由市场供求决定本国汇率水平的高低,允许汇率的自由浮动,通过汇率机制来纠正国际收支的失衡。

(2) 官方汇率的变动。在实行外汇管制的国家,汇率由一国政府当局人为规定,而非由市场供求决定。政府当局可以通过公布官方汇率贬值的方法,直接运用汇率作为政策杠杆来实现奖出限入。这种汇率调整叫法定升值(Revaluation)或法定贬值(Devaluation)。

(3) 外汇市场的干预。当一国实行浮动汇率,汇率由市场供求决定的情况下,该国政府可以通过公开市场业务,在外汇市场上购入外币、售出本币,操纵本币汇率贬值来达到增加出口、减少进口的效果。

(4) 依靠其他政策工具对汇率水平进行管理,常常通过货币政策实现。这一情形下的汇率政策本身不完全是一个独立的政策。

不论具体做法如何,汇率政策对国际收支的影响都是通过改变汇率水平来实施的。但是,一国通过本币贬值是否能改善国际收支还取决于以下几个方面:

(1) 进出口商品的需求供给弹性满足马歇尔—勒纳条件(即进出口需求弹性之和的绝对值大于 1);

(2) 国内无通胀或通胀率低于汇率贬值幅度;

(3) 国外无进口限制、无报复措施;

(4) 本国的生产能力未得到充分的利用;

(5) 国内能够承受因本币贬值所带来的国内物价水平上涨的压力。

汇率政策在调节国际收支方面其优点是直接,效果较为明显。但缺陷是受到上述种种条件的制约，且存在 J 型曲线效应，即在马歇尔—勒纳条件成立的情况下，贬值对贸易收支改善的时滞效应。同时，汇率的经常波动会加剧经济的不稳定性。

直接管制政策是政府对经济交易实施直接行政控制，通过改变各种商品的可获得性达到支出转换的目的。直接管制政策包括贸易管制（关税、进出口配额）和外汇管制（外汇兑换管制、汇率管制）。其中，外汇管制，是指一国政府通过有关机构（通常是中央银行、财政部或外汇管理局）对外汇买卖和外汇结算进行行政干预，常用的外汇管制手段包括限制私人持有外汇、限制私人购买外汇、限制资本输出入、实行复汇率制、禁止黄金输出和限制个人携外币进出国境的数量等。贸易管制，是指政府直接限制进出口数量的政策手段，如进口配额制、进口许可证制、苛刻的进口技术标准、歧视性采购政策与税收政策、国家垄断外贸业务和禁止私人从事进出口贸易等。直接管制政策具有收效迅速和针对性强的特点，因为它不像财政政策和货币政策以及汇率政策那样，必须通过市场机制才能发挥作用，政策见效的时滞较长，难以在短期内达到预期的目的和效果。与全面性的汇率政策相比，直接管制是选择性政策工具，可以有针对性地选择实施，对具体的进口、出口和资本流动加以区别对待。如对技术含量较高的资本品的进口适用较低的进口关税，或适用较低的汇率；而对用于消费的奢侈品进口则适用高关税或较高汇率。对于政府扶持的行业的产品出口给予出口补贴或出口退税，或适用较高汇率。因此，当一国出现结构性国际收支逆差时，许多国家的政府都通过对外经济交易的直接管制来恢复国际收支的平衡。直接管制的弊端主要是：① 将不可避免地使市场产生扭曲，导致资源配置效率低下，鼓励寻租行为，引发黑市交易和走私等非法活动。② 易于引起其他国家报复。如果贸易伙伴国采取相应的报复性措施，往往导致各国之间的“贸易战”。③ 直接管制本身要耗费一定的行政管理费用和信息成本。④ 它在一定程度上限制了竞争，从而削弱了国内企业创新的动力。⑤ 一旦管制被取消，除非经济结构得到改善，否则国际收支赤字会再次出现。从这一意义上讲，直接管制政策仅仅变国际收支显性赤字为隐性赤字。因此，一国应当对采用直接管制政策持谨慎态度。

（三）供给调节政策

供给调节政策主要有产业政策和科技政策。这类政策旨在改善一国的经济结构和产业结构，增加出口商品和劳务的生产，提高产品质量，降低生产成本，以增加社会产品（包括出口商品和进口替代品）的供给，改善国际收支。供给政策能从根本上消除结构性国际收支失衡，但具有长期性，在短期内难以取得明显效果。因此，对于持续巨额的结构性失衡，政府往往还辅以直接管制政策。

总之，当一国国际收支失衡时，政府可根据不平衡的性质采取适当的对策。例如，若国际收支不平衡是因季节性变动而产生的，就可以用国际储备来维持国际收支平衡；若国际收支是因价格与成本上升而发生的货币性不平衡，一般可以动用汇率政策；若因总需求大于充分就业时的产量而发生的收入性不平衡，则应实行调节国内支出的措施；若发生结构性不平衡，则可采取直接管制和结构调整的办法。

第三节 内外均衡的冲突与协调

一、开放经济下的政策目标及目标间的矛盾冲突

（一）开放经济下的政策目标

在封闭经济下，经济增长、价格稳定、充分就业是政府宏观调控所追求的主要目标；开放经济下，国际收支平衡成为政府关注的目标之一。其中，前3个目标可归入内部均衡目标之中，后1个目标则属于外部均衡目标。为了更好地进行宏观调控，需要进一步明确内外均衡的标准。

在内部均衡的3个目标中，经济增长是长期任务，而且20世纪80年代以来，主要的发达国家越来越强调应通过市场机制的自身运作实现可持续的经济增长，因此经济增长目标从政策目标菜单中逐渐淡化，只剩下价格稳定和充分就业了。这样，可将内部均衡定义为：处于无通货膨胀的充分就业状态。因此，当一国生产性资源被充分利用并且价格水平稳定时，该国经济便处于内部平衡状态。

外部均衡目标也就是国际收支均衡。由于经常账户反映一国的贸易状况，因此用经常账户余额判断国际收支是否均衡能更好地反映该国的国际竞争力。外部均衡的准则是使经常账户维持一个适当的贷方余额，确定的标准主要有两条：

1. 符合经济理性(Economic Rationality)

从一国角度来看，假定一国可按世界利率无限制地借款或贷款，当存在收益率高于借款利率的投资机会而国内储蓄又不能满足时，符合理性的行为是在国际金融市场上借款以满足国内投资需求。这时，本国投资大于国内储蓄，经常账户余额为赤字。从全球角度看，一国经常账户赤字是他国经常账户盈余，所以经常账户余额反映了各国投资与储蓄之间的不同差额，实际是投资和储蓄在全球范围内配置的优化。当各国的资本边际生产率存在差异时，资本边际生产率较高的国家应追求经常账户赤字，而边际生产率较低的国家应追求经常账户盈余。上述结论有两个前提：一是资金可完全流动；二是投资收益率高于利率时可借入资金。

2. 经常账户赤字的可维持性(Sustainability)

当投资收益率高于利率时可借入资金，但由于资金流入形成的债务必须在将来某一时期偿还，所以需考虑经常账户赤字的可维持性，即在利用国外资金弥补本国储备不足时，必须考虑到今后能否实现相应的经常账户盈余并偿还债务，否则经常账户赤字是不可维持的。判断经常账户赤字可维持性的方法有：

（1）分析流入资金的性质与结构。从结构上看，一般长期资金比较稳定，而短期资金较不稳定；从流入资金的性质判断吸引的外资是否投入到了具有高回报率的投资项目。

（2）分析债务比率指标。主要指标有：外债余额/GNP≤8%；偿债率≤20%（偿债率指当年外债还本付息额占当年商品与劳务出口收入的比率）；负债率≤100%（负债率指当年外债余额占当年商品和劳务出口收入的比率）；短期债务/债务总额≤25%。

外部均衡是一个动态概念，随着实际经济条件的变化不断发展。这是确定外部均衡目标的基本思想。

（二）开放经济下政策目标间的矛盾冲突

开放经济下经济增长、价格稳定、充分就业以及国际收支平衡四大宏观政策目标之间并非协调一致，往往存在着矛盾。

从内部目标来看，除经济增长和充分就业之间存在正相关关系，具有较多的一致性以外，充分就业和价格稳定之间以及物价稳定与经济增长之间都有矛盾。对充分就业和价格稳定之间关系的最经典描述是“菲利浦斯曲线”。该曲线表明，失业和通货膨胀之间存在着一定的替代关系，而当通货膨胀被完全预期到时，两者之间的替代关系就会消失，存在失业率和通货膨胀率同时增加的可能。对物价稳定和经济增长之间的关系则存在较多的争论。第一种观点认为物价波动（上涨）中的经济增长是经济增长的常态；第二种观点认为，在经济达到潜在产出之前，适度的物价上涨能刺激投资和产出的增加，从而促进经济增长，而随着经济增长，价格可能趋于下降或稳定，两者并不矛盾；第三种观点则认为只有物价稳定才能维持经济的长期增长。

不仅内部各目标之间存在矛盾，而且外部目标与内部目标之间也是相互影响的，两者既存在一致性，也存在冲突和矛盾。从国际收支与经济增长之间的关系来看，一方面，不仅出口增长可对经济增长做出相当贡献，而且通过进口获得本国稀缺的商品和资源、引进外国资金等途径，可加快经济增长的步伐。另一方面，国内经济增长会导致国民收入的增加和支付能力的增强，从而增加对进口商品及国内本来用于出口的一部分商品的需求，此时如果出口贸易的增长不足以抵消这部分需求，必然会导致贸易收支的失衡；就资本与金融项目而言，外资的流入导致该项目顺差，但并不一定能确保经济增长与国际收支平衡协调一致，这还要取决于外资的实际利用效果。从国际收支与价格稳定、充分就业的影响看，当一国存在较多的闲置资源时，出口的增长可以在保持价格稳定的同时提高就业率；而当一国资源利用空间接近充分就业时，出口的增长会产生通货膨胀。反过来，中央银行稳定国内物价的努力常会影响到该国的国际收支平衡。如为降低通货膨胀而降低货币供应量或提高利率，在资本自由流动的条件下，利率提高可能导致资本流入，资本与金融项目下出现顺差；同时由于物价受到控制，出口增加进口减少，经常项目下也会出现顺差。此外，如果一国实行的是固定汇率制度，则大量的国际收支顺差会通过国际储备的渠道增加该国基础货币的投放量，带来通货膨胀压力。

可见，开放经济下政府宏观调控的难度大大增加，不仅要解决内部均衡各目标之间的矛盾，而且更重要的是，要解决好内外均衡相互冲突的问题。

二、开放经济下政策目标的实现途径——政策搭配

（一）米德冲突——政策搭配的必要性

第二次世界大战后，随着开放经济下的凯恩斯宏观经济学的发展，实现宏观经济内外均衡的政策搭配理论也相应产生。最早提出开放经济下政策搭配思想的人是英国经济学家詹姆斯·米德（J. Meade），他于1951年在其名著《国际收支》（*The Balance of Payments*）一书中研究了固定汇率制度下内外均衡冲突的问题。在米德的分析中，他把货币政策和财政政策合在一起作为支出增减政策。他指出，在固定汇率制度下，政府只

能运用支出增减政策来调节经济。这样，在开放经济运行的特定区间便会出现内外均衡冲突的情形。也就是说用一个政策手段无法同时实现两个目标，当外部均衡要求实行紧缩性政策时，内部均衡却可能要求实行扩张性政策。同样，当外部均衡要求实施扩张性政策时，内部均衡却可能要求实施紧缩性政策。具体来说，当一国国际收支赤字与失业并存，或国际收支盈余与通货膨胀并存时，支出增减政策就会陷入两难境地(见表 1-5)。而即使如该表中第二、三种情形，内外均衡的实现在政策方向上不存在冲突，但在政策力度上也是难以协调的。因此，要实现内外均衡必须运用政策搭配的方法。

表 1-5　米德冲突(固定汇率制度下内外均衡的政策矛盾性)

内部经济状况	外部经济状况	单一政策的政策效果
经济衰退/失业增加	逆差	冲突
经济衰退/失业增加	顺差	一致
通货膨胀	逆差	一致
通货膨胀	顺差	冲突

米德的分析主要是针对固定汇率制度的情况，同时他没有考虑资金流动对内外均衡的影响。在浮动汇率制度下，虽然可通过汇率的自发变化来调节国际收支，但完全利用外汇市场自发调节国际收支是不可能的，在汇率变动受到政府一定管制的条件下，通过国内总需求的变动来调节内外均衡仍是相当常见的做法，因此浮动汇率制度下也会出现许多与固定汇率制度下相类似的内外均衡冲突现象；并且，在汇率变动非常剧烈的条件下，外部均衡和内部均衡之间的相互影响或干扰更加复杂，内外均衡冲突问题可能更加深刻，同时实现内外均衡目标会变得更加困难。

(二) 丁伯根原则和蒙代尔政策指派法则——政策搭配的基本思路

米德的《国际收支》发表以后，荷兰著名的计量经济学家丁伯根(J. Tinbergen)证明了实现宏观经济政策目标和政策手段之间的关系，这就是丁伯根法则，即：要实现 n 种独立的政策目标，至少需要相互独立的 n 种有效的政策工具。但是，丁伯根的分析只是指出了政策目标和政策手段之间的数目关系，并没有说明具体政策工具和政策目标之间的适用关系。罗伯特·蒙代尔(R. Mundell)于 20 世纪 60 年代提出的关于政策指派的有效市场分类原则弥补了这一缺陷。

丁伯根原则对于目标的实现隐含了这样一个假定，即各种政策工具可以供决策当局集中控制，通过各种工具的紧密配合能够实现政策目标。但蒙代尔指出：在许多情况下，不同的政策工具实际上掌握在不同的决策者手中，例如货币政策隶属于中央银行的权限，财政政策则由财政部门掌管，如果决策者并不能紧密协调这些政策而独立进行决策的话，就不能达到最佳的政策目标。因而，蒙代尔提出“有效市场分配原则”，这一原则的含义是：每一目标应当指派给对这一目标有着最大影响力，因而在政策目标影响上有相对优势的工具。即每一工具应根据其对目标影响力的相对优势而被合理地指派给某个目标，并且在该目标偏离其最佳水平时按规则进行调控，这样在分散决策的情况下，仍有可能得到最佳调控目标。如果在指派问题上出现错误，经济则会产生不稳定性而距均衡点越来越远。

（三）开放经济下政策搭配的方案

1. 支出增减政策与支出转换政策的搭配——斯旺的政策搭配思想

（1）斯旺图形。斯旺图形于 1955 年首次由澳大利亚经济学家斯旺（T. W. Swan）提出。它在假定没有国际资本流动（即将国际收支等同于贸易收支）以及价格水平保持不变的前提下，探讨如何合理搭配使用支出增减政策和支出转换政策来同时达到内外部均衡的问题（见图 1-5）。

纵轴代表直接标价的汇率 r，从下往上外汇汇率上升，表示本国货币的对外价格下降、本币贬值；反之，从上往下外汇汇率下降，表示本币对外价格上升、本币升值。横轴代表真实的国内支出或需求 D，它包括国内消费和投资以及政府支出。沿横轴从左往右表示国内支出增加；反之，从右往左表示国内支出减少。也即横轴代表支出增减政策。

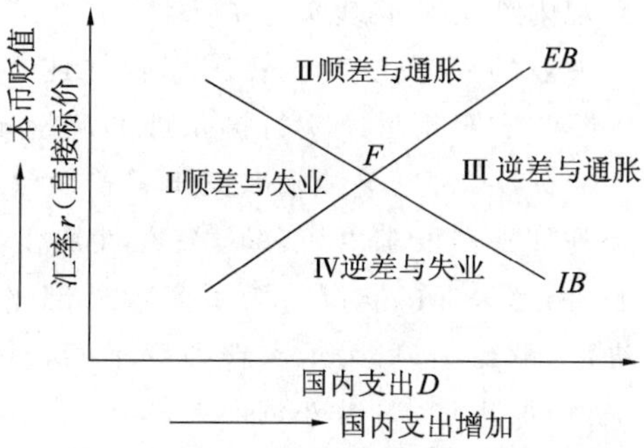

图 1-5　斯旺图形

线 EB 表示使国际收支达到平衡的汇率和真实国内支出的组合，称为外部平衡曲线。线 EB 从左到右向上倾斜，斜率为正，说明当汇率上升（即本币贬值）时，本国的贸易收支将会出现顺差，为了保持外部平衡，消除贸易收支顺差，国内真实支出必须增加，以增加进口，减少出口。线 IB 表示使国内经济实现物价稳定、充分就业的汇率和国内真实支出的组合，称为内部平衡曲线。线 IB 从左到右向下倾斜，斜率为负。因为当汇率下降（即本币升值）时，本国的出口下降，进口增加，通过外贸乘数使本国国民收入下降，失业增加，为了保持内部平衡，国内真实支出必须增加以增加国民收入和就业。凡是在线 EB 上方的点，都意味着由汇率上升造成的贸易收支顺差没有完全被国内真实支出增加造成的进口增加、出口减少抵消，因而国际收支顺差。同理，凡是在线 EB 下方的点，都代表着国际收支逆差。凡是在线 IB 右上方的点，都意味着由汇率下降造成的国内经济收缩被国内真实支出的增加带来的经济扩张抵消而有余，出现了通货膨胀。同理，凡是在线 IB 左下方的点都代表着衰退、失业。由此线 EB 和线 IB 划分出如下 4 个内、外都不平衡的区域：

区域Ⅰ——外部顺差与内部失业并存；

区域Ⅱ——外部顺差与内部通货膨胀并存；

区域Ⅲ——外部逆差与内部通货膨胀并存；

区域Ⅳ——外部逆差与内部失业并存。

线 EB 和线 IB 的交点 F 代表政府所追求的目标，即内部和外部均衡同时实现。

（2）斯旺图形的政策意义。

① 在一国内部经济、外部经济均失衡的情况下，单纯采用支出增减政策或单纯采取支出转换政策都不能同时实现内、外均衡。

首先，讨论单独采取支出增减政策的情况。在Ⅱ、Ⅳ两个区域中，内部平衡和外部平衡要求的支出增减政策在性质上相互冲突。在区域Ⅱ，一国处于国际收支顺差、国内通货膨胀的状况。消除顺差要求实行扩张性的支出增减政策，以增加进口、减少出口。而消除通货膨胀却要求实行紧缩性的支出增减政策。在区域Ⅳ，一国处于国际收支逆差、国内失业的经济状况。外部平衡要求紧缩性的支出增减政策，内部平衡要求扩张性的支出增减政策。就Ⅰ、Ⅲ两个区域而言，实现内、外平衡要求的支出调整政策在性质上虽不存在冲突，但在程度上存在差别。在区域Ⅰ，一国处于国际收支顺差、国内失业的状况。内、外平衡的实现均要求扩张性的支出增减政策。但如果该国国际收支顺差相对于国内失业，程度较轻，则在国内失业还没完全消除时，国际收支可能已经恢复均衡了。若为了实现内部均衡继续实行扩张性的支出增减政策，国际收支就会出现逆差。相反，如果国内失业的程度较轻，则在国际收支还在恢复平衡时，国内失业已经消除了。若为了恢复国际收支平衡继续实行扩张性的调整政策，国内经济将出现通货膨胀。

其次，讨论单纯采取支出转换政策即汇率政策的情况。在Ⅰ、Ⅲ两个区域，内部平衡和外部平衡要求的汇率政策在性质上是相互冲突的。在区域Ⅰ，一国处于国际收支顺差、内部失业的状况。为了实现外部平衡，外汇汇率应该降低，即该国货币升值，以增加进口、减少出口；为了实现内部平衡，外汇汇率应该提高，即该国货币应该贬值以减少进口、增加出口，通过外贸乘数的作用增加国民收入、增加就业。在区域Ⅲ，一国处于国际收支逆差、内部通货膨胀的经济状况。为了实现外部平衡，外汇汇率应该提高，以减少进口、增加出口。为了实现内部平衡，外汇汇率应该降低以增加进口、减少出口，进而减少国民收入。在Ⅱ、Ⅳ两个区域，内、外平衡要求的汇率政策在性质上是一致的，但在程度上存在差别。就区域Ⅳ而言，一国经济处于国际收支逆差、国内失业的状况。内、外平衡的实现均要求外汇汇率上升、该国货币贬值。但如果该国国际收支失衡的程度相对于国内失业较轻，则会出现国内失业还未完全消除，国际收支已经恢复平衡的情况。若为了实现内部平衡继续提高外汇汇率，国际收支就会出现顺差。相反，如果国内失业的程度较轻，则会发生内部平衡已经实现而国际收支仍然逆差，或外部平衡已经实现而国内经济却因过度扩张出现通货膨胀的状况。

② 合理搭配支出增减政策和支出转换政策以期内外部均衡同时实现。若外部平衡曲线 EB 的斜率小于内部平衡曲线 IB 斜率的绝对值，则汇率政策对外部平衡有较大的影响力，支出增减政策对内部平衡有较大影响力，应以汇率政策实现外部平衡，支出增减政策实现内部平衡。若外部平衡曲线 EB 的斜率大于内部平衡曲线 IB 斜率的绝对值，则汇率政策对内部平衡有较大的影响力，支出增减政策对外部平衡有较大影响力，应以汇率政策实现内部平衡，支出增减政策实现外部平衡。

图 1-6a 中线 EB 的斜率较线 IB 斜率的绝对值小。从图中可以看出，当一国经济处于点 A，此时以汇率政策实现外部平衡，从点 A 到点 B 或从点 C 到点 D；以支出增减政策实现内部平衡，从点 B 到点 C 或从点 D 到点 E，经济将向内外均衡点 F 越来越逼近。否则，如果以汇率政策实现内部平衡，以支出增减政策实现外部平衡，将离内外均衡点 F 越来越远，即从点 A 到点 B' 再到点 C'。

图 1-6b 中线 EB 的斜率较线 IB 斜率的绝对值大。从图中可以看出，当一国经济处于点 A，此时以汇率政策实现内部平衡，从点 A 到点 B，或从点 C 到点 D；以支出增减政策实现内部平衡，从点 B 到点 C，最终经济将向内外均衡点 F 越来越逼近。

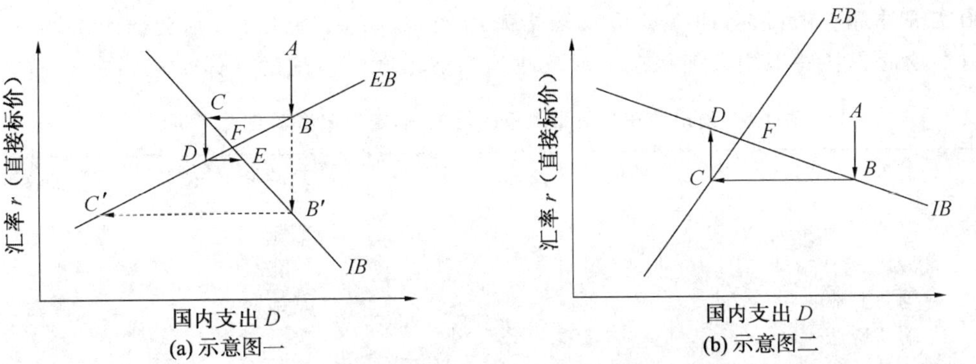

图 1-6　支出增减政策与支出转换政策搭配示意图

2. 财政政策与货币政策的搭配——蒙代尔的政策搭配主张

20 世纪 60 年代，国际社会处于布雷顿森林固定汇率制度下，并且国际资本流动日益频繁、规模日益扩大。于是斯旺图形的分析就显示出两方面的局限性：第一，它没有考虑资本运动；第二，当汇率无法变动，或在可调整固定汇率下汇率轻易无法变动时，汇率政策失去了可操作性。它的分析就陷入了两个目标一个政策手段的境地，米德冲突就会出现。蒙代尔于 1962 年提出了在固定汇率制度下如何运用财政政策和货币政策同时实现内外均衡的政策搭配学说。他强调：政策工具应该指派给其最具直接影响力的政策目标，也就是前面所说的蒙代尔的“政策指派法则”。蒙代尔关于财政政策与货币政策之间搭配的分析可用图 1-7 说明，分析的假定条件是固定汇率制度和资本自由流动。横轴表示政府支出水平 G，代表财政政策，从左向右意味着采取扩张性的财政政策；纵轴表示利率水平 i，代表货币政策，从下往上意味着采取紧缩性的货币政策。IB 为内部均衡曲线，线上任意一点都代表使内部均衡得以实现的财政政策（政府支出）与货币政策（利率水平）的组合。曲线 IB 的斜率为正，是因为扩张性财政政策将导致国内总需求增加，为保持总需求与总供给的平衡，必须同时实行紧缩性货币政策，即提高利率来抵消需求的增加。线 IB 左上方的任意点都意味着国内存在失业，线 IB 右下方的任意点都意味着国内出现通货膨胀。线 EB 为外部均衡曲线，线上任意一点都代表使国际收支达到均衡的财政政策与货币政策的组合。线 EB 的斜率也为正，是因为实行扩张性财政政策会导致该国贸易收支恶化，为恢复外部均衡，必须同时实行紧缩性货币政策，即提高利率以吸引资本净流入。线 EB 左上方的任意点都意味着国际收支顺差，线 EB 右下方的任意点都意味着国际收支逆差。因为蒙代尔假定政府支出对国民收入和就业等国内经济变量的影响较大，而利率则对国际收支的影响较大，所以线 IB 比线 EB 更为陡峭。

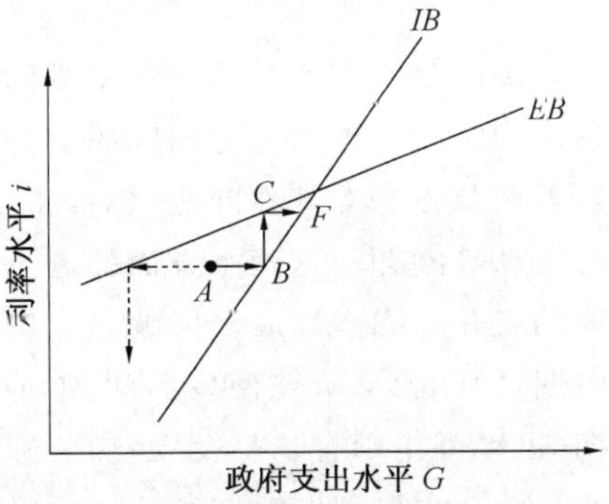

图 1-7　财政政策与货币政策的搭配

假设一国经济处于点 A，即处于赤字与失业并存的失衡状态。只有用财政政策来解决失业问题，以货币政策来解决赤字问题，也即将财政政策指派给实现内部平衡目标，而将货币政策指派给实现外部平衡目标，才能使经济向均衡点 F 逼近；如果将财政政策指派给实现外部平衡目标，而将货币政策指派给实现内部平衡目标，则会使经济离均衡点 F 越来越远。各种不同失衡状态下财政政策与货币政策搭配的具体情形如表 1-6 所示。

表 1-6 财政政策与货币政策的搭配(固定汇率资本自由流动)

内部经济状况	外部经济状况	财政政策	货币政策
经济衰退/失业增加	逆差	扩张	紧缩
经济衰退/失业增加	顺差	扩张	扩张
通货膨胀	逆差	紧缩	紧缩
通货膨胀	顺差	紧缩	扩张

以上仅是政策搭配的两个范例。现实经济生活要比理论上的论述复杂得多，如上述讨论中，假定经济衰退和通货膨胀是两种独立的情况，但实际上，经济中出现“滞胀”时，两者可能同时存在，这时，政策搭配的任务将更加复杂。此外，上述政策选择中未考虑外国可能做出的反应，如货币贬值可能引起外国报复，因此，理论上虽应采取贬值措施，但实际上未必能真正实施。

第四节 国际收支理论

国际收支理论是国际金融学的基础理论，国际金融学的另一重要基础理论是汇率理论。国际收支理论研究国际收支的决定因素、国际收支失衡的原因以及消除国际收支失衡的调节方法等基本问题，也常常称之为国际收支调节理论；汇率理论研究汇率的决定与变动等问题。这两个方面的理论相当于国际金融领域中的宏观经济学和微观经济学，而两者并非同步发展。回顾金本位制度确立后百余年的国际金融史，凡是汇率较稳定的时期，国际收支研究便发展迅速，而汇率理论则没有什么进展；凡是汇率波动剧烈的时期，汇率理论则有长足发展，而国际收支理论却处于停滞阶段。因此，国际收支理论主要产生于金本位制度时期及第二次世界大战后的固定汇率时期。

随着世界经济形势的变化、经济思潮的更替以及政策上的需要，国际收支理论也不断发展和完善。最早关于国际收支调节理论的系统论述可以追溯到 1752 年，大卫·休谟提出的“价格—铸币流动机制”，该理论认为贸易盈余(赤字)通过黄金的流入(流出)，会导致本国物价水平的上升(下降)，从而使贸易盈余(赤字)自动消失，因此政府无须调整国际收支。自 20 世纪 30 年代起，随着国际金本位制度的崩溃，各国国际收支状况陷入极度混乱的局面，经济学家开始对国际收支理论进行新的探索。马歇尔的“弹性论”是这一时期国际收支调节理论的代表，这一理论后经琼·罗宾逊、勒纳、梅茨勒等人的发展而不断完善。第二次世界大战后，凯恩斯理论风行西方世界，亚历山大采用凯恩斯的宏观经济模式，提出了“吸收论”。20 世纪 60 年代，出现了以货币主义为基础的国际收支调节的“货币论”。这些理论不仅大大丰富了国际金融学理论，而且为各国政府调节国际收支状况、维持内外经济的均衡与协调发展提供了理论依据。

一、国际收支弹性论

（一）理论背景

在20世纪30年代资本主义大危机后，国际金本位制度彻底崩溃，各国经济陷入萧条，为了转嫁国内危机，刺激本国经济复苏，纷纷采用货币贬值的手段，试图通过贬值以刺激出口来调节国际收支，解决内外失衡问题。这使国际社会陷入竞争性货币贬值之中，汇率的变动非常频繁，国际金融市场一片混乱。然而，汇率变动究竟对国际收支具有怎样的影响，能否起到刺激出口的作用，在当时并没有一个明确的结论，这一问题引起了经济学家的关注和思考，弹性分析理论(Theory of Elasticity Approach)应运而生。

"弹性"是指一个变量对另一变量变动的敏感程度。英国著名经济学家阿·马歇尔在其市场均衡理论中首创"价格的需求弹性"概念，揭示了需求弹性对市场供求关系的作用机制。1923年，马歇尔出版了《货币、信用和商业》一书，将这种局部均衡的弹性分析方法延伸到国际贸易领域，提出"进出口需求弹性"的概念，对不同进出口需求弹性条件下汇率变动对贸易收支的影响进行了探讨，为弹性分析理论的诞生奠定了基础。1937年，另一位英国经济学家琼·罗宾逊出版了《就业理论论文集》，以马歇尔局部均衡分析为理论基础，考察了汇率变动对进出口的影响，他不仅考虑了进出口需求弹性，还加入了进出口供给弹性，正式提出了弹性理论。1944年，美国经济学家A.勒纳着重分析和研究了在既定的进出口供求弹性下，一国采取货币贬值对于国际收支的影响，提出了著名的"马歇尔—勒纳条件"。1948年，美国经济学家L.梅茨勒进一步完善了该理论，创立了"罗宾逊—梅茨勒条件"。

（二）假设条件

(1) 假设没有资本流动，国际收支等于贸易收支；

(2) 假设其他条件(如收入、偏好等)不变，只探讨汇率变化对贸易收支的影响；

(3) 假定汇率贬值前贸易收支处在平衡状态。

（三）主要观点

只有在满足马歇尔—勒纳弹性条件或罗宾逊—梅茨勒弹性条件的前提下，货币贬值才能够改善贸易收支，即

$$|e_{xd}+e_{md}|>1 \qquad \text{(马歇尔—勒纳弹性条件)}$$

$$\frac{e_{xs}(1+e_{xd})}{e_{xd}-e_{xs}}+\frac{e_{md}(1+e_{ms})}{e_{md}-e_{ms}}>0 \qquad \text{(罗宾逊—梅茨勒弹性条件)}$$

式中，e_{xd}为出口需求价格弹性；e_{xs}为出口供给价格弹性；e_{md}为进口需求价格弹性；e_{ms}为进口供给价格弹性。

（四）理论推导

因不考虑国际资本流动，本国外汇供给、外汇需求只由本国出口和本国进口引起，设：P_x和P_m分别代表以外币表示的本国出口品和进口品的价格；X和M分别代表本国出口数量和进口数量；S和D分别代表本国外汇供给和外汇需求，也即本国出口额和进口额；E_s和E_d分别代表外汇供给弹性和外汇需求弹性；r表示外汇汇率(直接标价法)；B表示国际收支也即贸易收支差额。于是有

$$S=P_x\cdot X \tag{1-1}$$

$$D=P_m \cdot M \tag{1-2}$$

$$B=P_x \cdot X-P_m \cdot M=S-D \tag{1-3}$$

根据弹性定义，有

$$E_s=\frac{\mathrm{d}S/S}{\mathrm{d}r/r}=\frac{\mathrm{d}P_x/P_x+\mathrm{d}X/X}{\mathrm{d}r/r} \tag{1-4}$$

$$E_d=\frac{\mathrm{d}D/D}{\mathrm{d}r/r}=\frac{\mathrm{d}P_m/P_m+\mathrm{d}M/M}{\mathrm{d}r/r} \tag{1-5}$$

$$\mathrm{d}B=\mathrm{d}(P_x \cdot X)-\mathrm{d}(P_m \cdot M) \tag{1-6}$$

将式(1-4)和(1-5)代入式(1-6)经整理，得到

$$\mathrm{d}B=(\mathrm{d}r/r)\cdot(P_x \cdot X \cdot E_s-P_m \cdot M \cdot E_d) \tag{1-7}$$

式(1-7)说明了外汇供求弹性对于货币贬值调节作用的影响。本币贬值即外币升值，就有 $\mathrm{d}r/r>0$。如果本币贬值能够改善国际收支，就要求 $\mathrm{d}B>0$，那么 $P_x \cdot X \cdot E_s$ 应该大于 $P_m \cdot M \cdot E_d$。也就是说，本国出口额与外汇供给弹性的乘积应该大于本国进口额与外汇需求弹性的乘积。在进出口额相等时，这也意味着其条件是外汇供给弹性要大于外汇需求弹性，即 $E_s>E_d$。

E_s 和 E_d 是外汇的供求弹性，那么进出口商品的供求价格弹性与货币贬值作用之间的关系又是怎样的呢？下面作进一步推导。

同样根据弹性定义，有

$$e_{xs}=\frac{\mathrm{d}X/X}{\mathrm{d}(r \cdot P_x)/(r \cdot P_x)}=\frac{\mathrm{d}X/X}{\mathrm{d}r/r+\mathrm{d}P_x/P_x} \tag{1-8}$$

$$e_{xd}=\frac{\mathrm{d}X/X}{\mathrm{d}P_x/P_x} \tag{1-9}$$

$$e_{ms}=\frac{\mathrm{d}M/M}{\mathrm{d}P_m/P_m} \tag{1-10}$$

$$e_{md}=\frac{\mathrm{d}M/M}{\mathrm{d}(r \cdot P_m)/(r \cdot P_m)}=\frac{\mathrm{d}M/M}{\mathrm{d}r/r+\mathrm{d}P_m/P_m} \tag{1-11}$$

解式(1-8)和(1-9)组成的联立方程，得到

$$\frac{\mathrm{d}P_x}{P_x}=\frac{e_{xs}}{e_{xd}-e_{xs}}\cdot\frac{\mathrm{d}r}{r} \tag{1-12}$$

$$\frac{\mathrm{d}X}{X}=\frac{e_{xs}\cdot e_{xd}}{e_{xd}-e_{xs}}\cdot\frac{\mathrm{d}r}{r} \tag{1-13}$$

解式(1-10)和(1-11)组成的联立方程，得到

$$\frac{\mathrm{d}P_m}{P_m}=\frac{e_{md}}{e_{ms}-e_{md}}\cdot\frac{\mathrm{d}r}{r} \tag{1-14}$$

$$\frac{\mathrm{d}M}{M}=\frac{e_{md}\cdot e_{ms}}{e_{ms}-e_{md}}\cdot\frac{\mathrm{d}r}{r} \tag{1-15}$$

将式(1-12)和(1-13)代入式(1-4)，将式(1-14)和(1-15)代入式(1-5)，得到

$$E_s=\frac{e_{xs}(1+e_{xd})}{e_{xd}-e_{xs}} \tag{1-16}$$

$$E_d=\frac{e_{md}(1+e_{ms})}{e_{ms}-e_{md}} \tag{1-17}$$

将式(1-16)和(1-17)代入式(1-7)，得到

$$\mathrm{d}B=\frac{\mathrm{d}r}{r}\left[\frac{e_{xs}(1+e_{xd})}{e_{xd}-e_{xs}}\cdot P_x \cdot X-\frac{e_{md}(1+e_{ms})}{e_{ms}-e_{md}}\cdot P_m \cdot M\right] \tag{1-18}$$

如果本币贬值$\left(\frac{\mathrm{d}r}{r}>0\right)$，那么要想使国际收支得到改善（$\mathrm{d}B>0$），必须保证

$$\frac{e_{xs}(1+e_{xd})}{e_{xd}-e_{xs}}+\frac{e_{md}(1+e_{ms})}{e_{md}-e_{ms}}>0 \tag{1-19}$$

不等式(1-19)即罗宾逊—梅茨勒弹性条件。这里假设条件之一是该国贬值前进出口额相等。

如果进一步假定该国进出口供给弹性为无穷大，即 e_{xs} 和 e_{ms} 为无穷大，那么由式(1-19)可得到

$$1+e_{xd}+e_{md}<0，即|e_{xd}+e_{md}|>1 \tag{1-20}$$

不等式(1-20)即马歇尔—勒纳弹性条件，它说明如果一国进出口商品供给弹性接近无穷大时，该国进出口商品需求弹性之和的绝对值必须大于 1，则本币贬值可以改善贸易收支。

（五）贬值的时滞问题——J 曲线效应

在现实经济生活中，当汇率变化时，进出口的实际变动情况还要取决于供求对价格的反应程度。即使在马—勒条件成立的情况下，贬值也不能马上改善贸易收支。相反，货币贬值后一段时间，贸易收支反而可能会恶化。这是因为：

（1）在贬值之前签订的贸易合同仍然必须按原来的数量和价格执行。贬值后，凡以外币定价的进口，折成本币后的支付将增加；凡以本币定价的出口，折成外币后的收入将减少。换言之，贬值前已签订但在贬值后执行的贸易合同下，出口数量不能增加以冲抵出口外币价格的下降，进口数量不能减少以冲抵进口价格的上升。这样，贸易收支趋向恶化。

（2）即使在贬值后签订的贸易合同，出口增长仍然要受到认识、政策、资源、生产周期等方面影响。由于心理预期的作用，进口商有可能会认为现在的贬值是将来进一步贬值的前奏，从而加速进口订货。

在短期内，由于上述各种原因，贬值之后有可能使贸易收支首先恶化。过了一段时间以后，待出口供给和进口需求做了相应的调整后，贸易收支才慢慢开始改善。出口供给的调整时间通常需要半年到 1 年的时间。整个过程用曲线描述出来，形如字母“J”。故在马—勒条件成立的情况下，贬值对贸易收支改善的时滞效应，被称为 J 曲线效应，如图 1-8 所示。假设在 $T=0$ 时刻，贸易收支存在逆差，此时采取货币贬值措施，则贸易收支在 $0\sim T_1$ 时期进一步恶化，只有在 T_2 时刻以后才开始改善，在 T_3 时刻贸易收支平衡，此后贸易收支出现顺差。

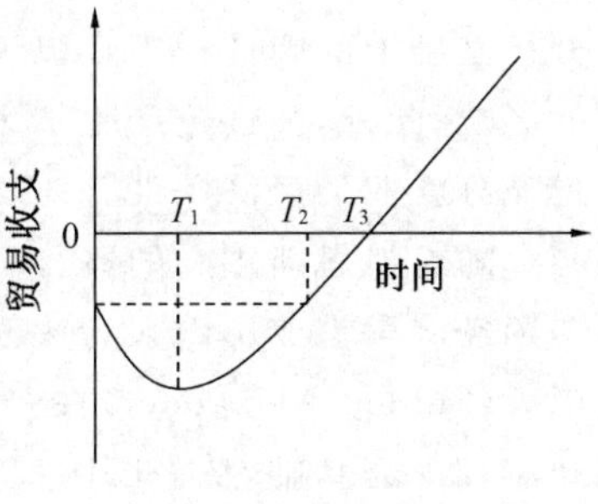

图 1-8　J 曲线效应

（六）简要评价

弹性论的主要贡献在于：纠正了货币贬值一定能改善贸易收支的片面看法，在 20 世纪 30 年代经济大危机各国实行竞争性货币贬值政策的背景下具有非常重要的理论与现实意义。同时，弹性论指出，货币贬值对不同国家有不同的影响。一般来说，发达国家进出口产品大多是弹性大的工业制成品，货币贬值改善贸易收支的作用较大；而发展中国家进出口产品大多是弹性较小的初级产品，货币贬值改善贸易收支的作用较

小一些。

国际收支弹性论的局限性主要表现在：

（1）该理论只是建立在局部均衡分析的基础上，只考虑汇率变动对一国贸易收支的影响，而假定其他条件（如收入等）保持不变。但实际上，其他条件并非不变。

（2）该理论没有涉及国际资本流动，在国际资本流动规模巨大的今天，其局限性就表现得非常突出。实际上，本币贬值不仅会影响到贸易收支，还会影响到资本和金融账户收支。本币贬值对资本和金融账户的影响，取决于人们对汇率变动趋势的进一步预期。如果人们预期本币贬值已经纠正了本币的定值过高，本币贬值就会刺激国外资金的净流入，使本国国际收支状况得以改善；如果人们认为初期的本币贬值只是一系列贬值的开端，这反而会造成资本的净流出，使该国资本和金融账户收支乃至整个国际收支状况恶化。

（3）该理论采用的只是一种静态分析方法，在现实世界中本币贬值对贸易收支的影响则是一个动态过程。在短期内，本币贬值由于时滞效应不会立即引起贸易量的调整，贸易收支反而会恶化。但是，如果引入时间因素考虑本币贬值的中长期效果，则本币贬值不仅会通过相对价格变动影响贸易收支，还会通过国民收入、货币供应量和绝对价格水平等诸多经济变量的变动对贸易收支产生巨大的影响。

（4）应用该理论可能存在技术上的困难。弹性的估计是一个比较复杂的问题，首先，进出口商品的种类繁多，结构也经常会变动，难以测算；其次，进出口商品供求的变动不仅会受价格变动的影响，还会受到国民收入等诸多经济因素的影响，测算弹性时很难把价格变动对进出口商品供求的影响从诸多经济因素中分离出来；最后，弹性值也不是一成不变的，它会随着时间的推移而改变。因此，在实际估算弹性值时，确实会存在技术上的困难。

二、国际收支吸收论

（一）理论背景

弹性分析法无论在理论上还是在实践上都存在着局限性，很快就受到了一些西方经济学家的批评。人们越来越认识到，国际收支与整个国民经济相联系，建立在局部均衡分析基础上的弹性说不足以说明一般的总量现象，它未能说明国民收入变化对国际收支的影响；此外，弹性论产生于大萧条时期存在大量闲置资源的情况下，但不适应二战后接近充分就业的经济条件。

随着凯恩斯主义的流行，在20世纪50年代产生了以英国经济学家詹姆斯·米德和美国经济学家亚历山大为代表的国际收支吸收论。1952年，美国经济学家西德尼·亚历山大（Sidney Alexander）在一篇题为《贬值对贸易收支的效应》的论文中，以凯恩斯宏观经济理论为基础，从一国国民收入与支出的关系出发，对国际收支问题进行了深入研究，提出了国际收支的吸收论（Absorption Approach）。

（二）基本理论框架

吸收论又称为“支出分析法”或“收入—吸收分析法”。它的基本精神来自于凯恩斯主义的有效需求理论，认为国际收支是总量不平衡的结果，因而可以通过调整有效需求，来影响国民收入和支出行为，从而调整国际收支。

根据凯恩斯国民收入恒等式：$Y=C+G+I+X-M$，将其移项、整理后，得到

$$X-M=Y-(C+I+G)$$

如果定义 $A=C+I+G$，亚历山大将其命名为“总吸收”，贸易差额 $B=X-M$，则有

$$B=Y-A \tag{1-21}$$

这就是国际收支吸收分析理论的基本公式。亚历山大赋予这一会计恒等式以逻辑上的因果关系，认为右端$(Y-A)$为因，左端 B 为果，由此得出结论：国际收支盈余是吸收相对于收入不足的表现(即 $Y>A$)；相反，国际收支赤字则是吸收相对于收入过度的结果(即 $Y<A$)。因此一国国际收支失衡需要通过改变收入或吸收来进行调节。

吸收理论具有强烈的政策含义。它认为国际收支的调节属于政策调节，主张运用宏观需求管理政策和汇率调整政策来增加收入或者减少支出，或者兼顾两者既增加收入又减少支出，以改善国际收支状况。

(三) 货币贬值效应分析

对货币贬值效应的分析是国际收支吸收论的核心内容之一。对式(1-21)取增量形式可得

$$\Delta B=\Delta Y-\Delta A \tag{1-22}$$

进一步设

$$A=A_0+aY$$

其中，A_0 为独立于收入之外的自主吸收；$a=\dfrac{\Delta A}{\Delta Y}$，为边际吸收倾向，即收入变动 1 单位时的吸收变动量。取其增量形式：

$$\Delta A=\Delta A_0+a\Delta Y \tag{1-23}$$

将式(1-23)代入式(1-22)，有

$$\Delta B=(1-a)\Delta Y-\Delta A_0 \tag{1-24}$$

从式(1-24)可以看出，贬值的效果可通过以下 3 个渠道实现：① ΔY，它代表贬值对收入的直接影响；② $a\Delta Y$，它代表贬值通过收入变化对吸收的间接影响；③ ΔA_0，它代表贬值对吸收的直接影响。

1. 贬值对收入的直接效应

(1) 闲置资源效应(Idle Resources Effect)。指对出口和进口替代的需求增加会产生使收入增加的效应。但是，该国经济中存在闲置资源是这一效应发生作用的前提。同时，国民收入的增加会增加本国投资和消费支出，使总吸收水平上升。所以贸易收支改善与否，取决于边际吸收倾向。

(2) 贸易条件效应(Terms of Trade Effect)。指贬值通过贸易条件恶化而减少实际收入，从而恶化贸易收支的效应。亚历山大等经济学家认为，一国出口比进口更加专业化，出口对货币贬值的反应更强烈，这使得货币贬值导致的以外币计算的出口价格下跌幅度要高于以外币计算的进口价格的下跌幅度，所以贸易条件恶化。随着实际收入下降，总吸收也随之下降，所以贸易收支改善与否，取决于边际吸收倾向。

(3) 资源配置效应。亚历山大忽略了对这一问题的研究，弗里茨·马克鲁普对此作了补充，他认为，虽然贬值会恶化贸易条件，但由于贬值会影响资源配置，在贬值过程中，资源从国内生产率相对较低的部门向生产率相对较高的出口部门转移，生产率的提高可以抵消贸易条件的恶化，净结果是提高实际收入。特别是，在由于汇率高估和外贸管制导致微观经济扭曲、资源配置非优的情况下，资源配置效应将会起作用。在短期内，就业量和贸易条件的变化掩盖了资源改变使用对实际收入的影响，但从长期看，资源更经济和更有效的使用是提高实际收入水平的最重要因素。当闲置资源效应很小时，货币贬值的资源配置效应尤为重要，总的就业水平可以保持不变，但通过资源更为有效的利用，产量仍然可以增加。

2. 贬值对吸收的直接效应

货币贬值对吸收的直接效应，从某种程度上可以认为是货币贬值导致通货膨胀的结果。货币贬值会通过多种渠道提高国内物价水平，最直接的是通过进口价格的提高，使国内物价水平上升。由于进口价格的提高增加了生产成本，从而导致使用进口原料及中间产品的本国产品价格提高，进口替代产品和出口产品的价格也会上升。由于一般物价水平在贬值后会上升，这就减少了本国商品竞争能力的持续提高。如果国内价格继续上涨，直到本国产品可以替代进口品的倾向或出口更多的倾向消失为止，则贸易差额作为货币贬值的结果将又回归到原来的状况，没有得到明显改善。担心本币贬值的效果将大部分或全部被贬值导致的通货膨胀所抵消，实际上正是当前人们对贬值效果存有疑虑的主要原因。

但问题还有另外一面，货币贬值对吸收的直接效应被认为有抑制价格上涨对贸易收支产生消极影响的作用。即货币贬值通过如下一些机制也倾向于减少吸收，改善贸易收支。

（1）实际现金余额效应（Real Cash Balance Effect）。又称庇古效应，是指人们愿意以实际货币余额形式持有固定比例的实际收入。如果实际现金余额因价格上涨而受损失，人们就会通过减少实际收入下的支出以及出售资产或债券，建立他们认为合适的现金余额水平。前者意味着实际支出相对于实际收入会减少；后者将压低资产和债券价格，导致市场利率提高，消费和投资水平下降。两方面都将使总吸收减少。

（2）收入再分配效应（Redistribution of Income Effect）。这是指由于本币贬值，物价上升，将会产生收入从有较高边际吸收倾向的经济单位转向有较低边际吸收倾向的经济单位的趋势。由于本币贬值相当直接地拉起许多商品的价格，而贬值对工资的影响是间接的，并且存在滞后，因此收入会从固定工资收入阶层向利润收入阶层或政府再分配，而后者的边际吸收倾向小于前者，因而收入再分配效应将倾向于减少吸收。但如果利润收入者将其收入用于增加投资，那么吸收增加。总吸收增加与否或贸易收支能否得以改善，取决于实际消费支出变动与投资支出变动的对比。

（3）货币幻觉效应（Money Illusion Effect）。这是指人们较多重视货币价格而较少重视货币收入的心理现象。本币贬值使物价水平上涨，如果货币收入与价格同比例上涨，实际收入将保持不变。但如果人们存在对物价的货币幻觉，那么将减少消费，总吸收水平也会随之下降。货币幻觉效应使贸易收支状况得以改善。而如果人们存在对工资的幻觉，就会增加消费，因此将得到相反的结果。

3. 贬值对吸收的间接效应

贬值对吸收的间接效应指贬值通过收入变动对吸收产生的第二轮影响。如果贬值导致收入增加，那么吸收会增加 $a\Delta Y$。现在我们要进一步考察这种收入增加对吸收的影响。如上述的闲置资源效应分析中，贬值引起收入增加，进一步将影响吸收，这种影响取决于 a 值的大小，a 可能大于 1 或小于 1。如果 $a<1$，那么贬值对贸易差额的影响要取决于 $(1-a)\Delta Y$ 与 ΔA 的比较。如果 $a>1$（收入提高引起人们更大幅度地增加消费与投资），那么贬值必然会使贸易收支恶化。又如，在贸易条件效应分析中，贬值引起贸易条件恶化和收入下降，这对该国贸易收支有消极影响。但是如果 $a>1$，那么这种收入下降会引起吸收更大幅度的下降，贸易条件效应最终表现为改善该国的贸易收支。

（四）简要评价

吸收论的贡献主要在于：

(1) 吸收论建立在凯恩斯宏观经济学基础之上，采用一般均衡分析的方法，将国际收支和整个国民经济的诸多变量联系起来进行分析，从而克服了国际收支弹性论局部均衡分析的局限性，较之弹性论前进了一大步。

(2) 吸收论具有强烈的政策配合含义。当一国出现国际收支逆差时，在采取本币贬值的同时，若国内存在闲置资源，应注意运用扩张性的财政货币政策来增加收入；若已达到充分就业不存在闲置资源时，应注意运用紧缩性财政货币政策来减少吸收。

吸收论的局限性主要表现在：

(1) 该理论是建立在国民收入会计核算恒等式基础上的，并没有对收入、吸收与贸易收支之间的因果关系提供令人信服的逻辑分析。实际上，收入与吸收固然会影响贸易收支，但反过来贸易收支也会影响收入与吸收。

(2) 吸收论没有考虑到本币贬值后相对价格变动在国际收支调整中的作用。

(3) 吸收论同样忽略了资本流动在国际收支中的作用，仍然把贸易收支作为主要研究对象。

三、国际收支货币论

（一）理论背景

第二次世界大战以后，国际投资和国际资本流动迅速发展，尤其是在 20 世纪 70 年代以后，国际资本流动规模越来越大，越来越频繁，而弹性论和吸收论在对国际收支的分析中强调的是实际商品贸易，未涉及资本与金融项目，愈发凸显它们的局限性。同时，吸收论基于凯恩斯主义学说，时代背景是经济大危机情况下需求不足的萧条经济。但到了 20 世纪 60 年代末至 70 年代中后期，西方开始出现前所未有的“滞胀”现象，即停滞（经济萧条、失业严重）与通货膨胀同时并存，凯恩斯的需求管理政策失灵。于是，货币主义开始再次盛行。芝加哥大学的罗伯特·蒙代尔(R. Mundell)和哈里·约翰逊(H. Johnson)等人将起源于芝加哥学派的封闭经济条件下的货币主义原理应用到开放经济中，形成了国际收支的货币论(Monetary Approach)。

（二）假设条件

(1) 经济处于充分就业的均衡状态，一国货币需求是收入、利率等变量的稳定函数，从长期看，货币需求稳定。

(2) 货币供给量变动不影响实际变量，即货币中性。

(3) 购买力平价说长期成立，国际套利活动能保证同一商品在各国间有同一价格，即贸易品价格外生。

（三）主要内容

货币论的分析框架是开放经济条件下的货币供求分析。其货币供求模型是：

$$\begin{cases} M_d = Pf(Y,i) & (1\text{-}25) \\ M_s = m(D+R) & (1\text{-}26) \\ M_d = M_s & (1\text{-}27) \end{cases}$$

其中，M_d 为名义货币需求量，M_s 为名义货币供给量，P 代表国内物价水平，Y 为实际国民收入，i 为利率，f 为函数关系，D 为基础货币的国内部分（即国内信贷量），R 为基础货币的国外部分（即国际储备量），m 为货币乘数。式(1-25)是货币需求方程，表明一国货币需求量是国内物价水平、实际国民收入和利率的稳定函数；式(1-26)是货币供给方程，在现代银行体系中，每增加一单位国内信贷量或国际储备量都会产生货币乘数效应，使一国货币供应量倍数增加；式(1-27)是货币市场均衡方程。

根据货币供求模型，货币论得出以下结论及政策主张：

1. 国际收支问题本质上是货币供求是否平衡的问题

货币论认为，国际收支问题本质上是一个货币现象，国际收支不平衡的根本原因在于国内货币供给与货币需求的失衡。当一国国内货币需求增加，或者货币当局控制国内信贷规模，造成货币需求大于货币供给($M_d>M_s$)时，超额的货币需求将由外国货币的流入得到满足，换言之，人们将变卖外国商品和金融资产，减少对国外商品的消费，从而导致国际收支顺差；当货币需求小于货币供给($M_d<M_s$)时，超额的货币供给必须通过本国货币流出来消除，或者说，人们手中的现金余额过多，为了将过多的现金花出去，人们将增加对国外产品、劳务和金融资产的购买，这将导致国际收支逆差。一般来说，货币需求较稳定，因此国际收支失衡通常是由货币供给过大或过小引起的。货币论还认为，只要一国不过度依赖于通货膨胀性的货币供给增加而为政府支出融资，就不会经历长期或结构性的国际收支赤字。可见，国际收支逆差和顺差是一国货币市场供求关系失衡的反映，国际收支从根本上看是一种货币现象。

2. 国际收支失衡的调节是通过对货币供求尤其是货币供应的调节来实现的

既然国际收支不平衡在本质上都是货币的问题，是一国货币市场供求关系失衡的反映，因此，国际收支失衡也应该通过调节货币供求来解决。因为货币需求是收入、利率的稳定函数，而货币供应则在很大程度上可由政府操纵，于是国际收支失衡的恢复必须主要依靠货币供给的变化来消除，货币供给是调节国际收支的最终和根本力量。货币供给是货币政策调节的对象，所以货币论主张利用货币政策调节国际收支：扩张性货币政策(使D增加)可以减少国际收支顺差，而紧缩性货币政策(使D减少)可以减少国际收支逆差。

3. 关于本币贬值对国际收支失衡的调节作用

国际收支货币论认为，本币贬值首先会提高贸易品的国内价格，并通过贸易品和非贸易品的替代性使非贸易品的价格也会提高，物价水平的提高将意味着实际货币余额的下降，从而导致对名义货币余额需求的增加。在货币供应量不变的情况下，人们必然会通过出售商品和金融资产来满足增加的名义货币需求，从而使国际收支状况得以改善。也就是说，货币贬值是在提高国内价格水平，进而增加货币需求时，才能改善国际收支。但需要注意的是，本币贬值对改善一国国际收支状况的效应只有在货币供应量保持不变的情况下才会发生。如果货币供应量增加了，本币贬值所引起名义货币需求的增加将由增加的货币供应量得以补充，而不需要通过增加商品供给、减少消费支出或出售金融资产的方法来补充，结果一国国际收支状况将得不到改善。因此，本币贬值对国际收支的影响只是暂时的，从长期来看，控制货币供应量的增长是影响国际收支状况的关键因素。只有将货币供应量的增长率维持在适度水平上，才能从根本上保证国际收支平衡。利用贬值、外汇管制等措施改善国际收支，必须注重信贷紧缩，其结果是用牺牲内部平衡的方式来实现外部平衡。货币论的主要精髓，后来被波拉克(J. Polak)应用于国际货币基金组织的国际收支调节规划中，受到了很多发展中国家的指责。

(四) 简要评价

货币论的贡献主要表现在：

(1) 重新强调了在国际收支分析中对货币因素的重视。自凯恩斯主义统治西方经济学界以后，在国际收支分析中只强调了实际因素(收入、价格、利率、贸易条件等)，几乎没有涉及货币因素，而货币论重新强调了 1752 年大卫·休谟提出的“物价—现金流动机制”所阐释的货币供给变动对国际收支失衡的调节作用。这是国际收支理论分析重心的一次重大转移，使国际收支调节理论更具一般性。正如货币分析学派所声称的，它所要提供的是关于国际收支而不是经常账户的理论。

(2) 相比弹性论和吸收论而言，货币论考虑了资本流动对国际收支的影响。

货币论的缺陷主要表现在：

(1) 颠倒了国际经济的因果关系。将货币因素视为决定性因素，忽视了国民收入、进出口商品结构、贸易条件等实际因素对国际收支的影响。实际上，是商品流通决定货币流通，而不是货币流通决定商品流通。

(2) 关于货币需求函数稳定的假设不严密；货币供应量不影响实际产量，一价定律成立等假设与实际情况不符。

(3) 强调了长期均衡分析，忽视了短期和中期分析。

第五节 中国的国际收支

一、中国国际收支平衡表的编制情况

中华人民共和国成立后的相当长时期内，我国都没有编制国际收支平衡表，而只编制外汇收支计划，作为国民经济发展计划的一个组成部分。由于当时对外交往很少，我国的外汇收支计划仅包括贸易收支计划、非贸易收支计划和利用外资还本付息计划 3 个部分。

1980 年 4 月和 5 月，我国相继恢复了在 IMF 和世界银行的席位，作为 IMF 的成员方，有义务向 IMF 报送本国的国际收支平衡表。同时，实行改革开放政策后，我国对外交往日益增多，国际收支在国民经济中的作用越来越大，我国的国际收支对世界各国的影响也越来越大。在这种情况下，我国从 1980 年开始试编国际收支平衡表，1982 年开始对外公布，采取以行业统计为特点的带有计划经济色彩的国际收支统计办法，根据 IMF 的《国际收支手册》(第 4 版)并结合我国的实际情况进行分类、设置和编制。1984 年 10 月，我国对原有的国际收支统计制度进行了修正，使我国国际收支平衡表在项目设置及分类等方面更为合理，并具有国际可比性。从 1985 年起，中国人民银行陆续公布了我国的国际收支平衡表及相关信息。1997 年，我国开始采用国际收支统计的国际标准 IMF《国际收支手册》(第 5 版)的原理和格式编制国际收支平衡表，由原来的经常项目、资本往来项目、净误差与遗漏、储备资产增减额四大项目调整为经常项目、资本和金融项目、储备资产、净误差与遗漏四大项目。2015 年 6 月，国家外汇管理局正式公布按照 IMF 制定的《国际收支和国际投资头寸手册》(第六版)的概念和标准分类编制我国 2010—2014 年国际收支平衡表。至此，根据 BPM6 公布按季度及按年度的国际收支平衡表。国际收支统

计申报和分析预测在我国宏观经济调控体系中发挥了重要作用。需要说明的是，我国国际收支平衡表所反映的对外经济交易，反映的是我国境内的对外经济交易，既包括我国与外国之间的经济交易，也包括我国境内与境外（香港、澳门、台湾）之间的经济交易。

二、中国国际收支平衡表的分析

（一）2020 年第一季度中国国际收支平衡表及其分析

1. 2020 年第一季度中国国际收支主要状况

由表 1-7 可以对我国 2020 年第一季度国际收支状况做如下简要分析：

表 1-7 2020 年等一季度中国国际收支平衡表（概览表）

项目	行次	亿元	亿美元	亿 SDR
1. 经常账户	1	−2 352	−337	−250
贷方	2	38 797	5 559	4 128
借方	3	−41 148	−5 896	−4 379
1. A 货物和服务	4	−1 671	−239	−178
贷方	5	36 312	5 203	3 864
借方	6	−37 983	−5 442	−4 042
1. A. a 货物	7	1 612	231	172
贷方	8	32 513	4 659	3 460
借方	9	−30 901	−4 428	−3 288
1. A. b 服务	10	−3 283	−470	−349
贷方	11	3 799	544	404
借方	12	−7 082	−1 015	−754
1. B 初次收入	13	−791	−113	−84
贷方	14	1 845	264	196
借方	15	−2 636	−378	−281
1. C 二次收入	16	111	16	12
贷方	17	640	92	68
借方	18	−529	−76	−56
2. 资本和金融账户	19	774	111	82
2.1 资本账户	20	−6	−1	−1
贷方	21	1	0	0
借方	22	−8	−1	−1
2.2 金融账户	23	781	112	83
资产	24	−3 574	−512	−380
负债	25	4 355	624	463
2.2.1 非储备性质的金融账户	26	−968	−139	−103
2.2.1.1 直接投资	27	1 138	163	121
资产	28	−1 257	−180	−134
负债	29	2 394	343	255
2.2.1.2 证券投资	30	−3 712	−532	−395
资产	31	−3 595	−515	−383
负债	32	−117	−17	−12
2.2.1.3 金融衍生工具	33	−324	−46	−35
资产	34	−245	−35	−26

续表

项目	行次	亿元	亿美元	亿 SDR
负债	35	−79	−11	−8
2.2.1.4 其他投资	36	1 931	277	205
资产	37	−226	−32	−24
负债	38	2 157	309	230
2.2.2 储备资产	39	1 749	251	186
3. 净误差与遗漏	40	1 577	226	168

资料来源:国家外汇管理局官网。

按人民币计值,2020 年第一季度,我国经常账户逆差 2 352 亿元,资本和金融账户顺差 774 亿元。按 SDR 计值,2020 年第一季度,我国经常账户逆差 250 亿 SDR,资本和金融账户顺差 82 亿 SDR。按美元计值,2020 年第一季度,我国经常账户逆差 337 亿美元,其中,货物贸易顺差 231 亿美元,服务贸易逆差 470 亿美元,初次收入逆差 113 亿美元,二次收入顺差 16 亿美元。资本和金融账户顺差 111 亿美元,其中,资本账户逆差 1 亿美元,直接投资顺差 163 亿美元,证券投资逆差 532 亿美元,金融衍生工具逆差 46 亿美元,其他投资顺差 277 亿美元,储备资产减少 251 亿美元。

2. 2020 年第一季度中国国际收支运行评价

2020 年第一季度,新冠肺炎疫情冲击全球经济和贸易投资活动,国际金融市场出现剧烈震荡。在此环境下,第一季度我国经常账户呈现小幅逆差,与国内生产总值(GDP)之比为−1.1%,仍处于相对均衡的合理区间;跨境资本流动总体平稳,国际收支保持基本平衡,体现了较强的稳定性。

(1) 货物贸易保持顺差,服务贸易逆差收窄。第一季度,货物贸易顺差 231 亿美元。受新冠肺炎疫情和春节假期影响,1—2 月货物贸易呈现小幅逆差,3 月随着企业逐步复工复产及稳外贸政策效应显现,货物贸易恢复顺差。服务贸易逆差 470 亿美元,同比收窄 26%。其中,旅行项目逆差 415 亿美元,同比收窄 28%;运输项目逆差 117 亿美元,同比收窄 6%,这主要是因为疫情期间出境旅行收缩致旅行支出减少、货物贸易进口下降致货运支出减少。

(2) 直接投资和其他投资呈现顺差,证券投资在短期波动后迅速企稳。第一季度,直接投资净流入 163 亿美元,证券投资净流出 532 亿美元,存贷款等其他投资净流入 277 亿美元。具体看,一是外国来华直接投资净流入 343 亿美元,反映全球吸收直接投资低迷的背景下,国外资本仍有较强的意愿在华投资兴业。二是证券投资呈现净流出,主要是 3 月境外疫情蔓延导致国际金融市场短期动荡加剧,以及部分境外资产价格大幅下跌,吸引境内投资者向境外投资。同时,来华证券投资中以配置中长期人民币资产为目标的债券投资净流入 89 亿美元。3 月下旬以来,境外投资者对我国资本市场投资整体恢复净流入,境内投资者对境外资本市场的投资也明显趋稳。

总体来看,国内疫情防控形势稳步向好,企业复工复产有序推进,我国经济稳中向好、长期向好的趋势没有改变,对外开放的信心和决心没有改变,这些基本面的优势为我国国际收支保持基本平衡提供了坚实基础。

(二) 2011—2019 年中国国际收支动态分析

2011—2019 年我国国际收支平衡表时间序列见表 1-8。

表 1-8　2011—2019 年中国国际收支平衡表时间序列

亿美元

项　　目	2011	2012	2013	2014	2015	2016	2017	2018	2019
1. 经常账户	1 361	2 154	1 482	2 360	3 042	2 022	1 951	255	1 413
贷方	22 087	23 933	25 927	27 434	26 193	24 546	27 450	29 257	29 051
借方	−20 726	−21 779	−24 445	−25 074	−23 151	−22 524	−25 499	−29 002	−27 638
1.A　货物和服务	1 819	2 318	2 354	2 213	3 579	2 557	2 170	1 030	1 641
贷方	20 089	21 751	23 556	24 629	23 602	21 979	24 293	26 510	26 434
借方	−18 269	−19 432	−21 202	−22 416	−20 023	−19 422	−22 123	−25 480	−24 793
1.A.a　货物	2 287	3 116	3 590	4 350	5 762	4 889	4 759	3 952	4 253
1.A.b　服务	−468	−797	−1 236	−2 137	−2 183	−2 331	−2 589	−2 922	−2 611
1.B　初次收入	−703	−199	−784	133	−411	−440	−100	−751	−330
1.B.1　雇员报酬	150	153	161	258	274	207	149	82	31
1.B.2　投资收益	−853	−352	−945	−125	−691	−650	−254	−850	−372
1.B.3　其他初次收入	0	0	0	0	7	3	4	18	11
1.C　二次收入	245	34	−87	14	−126	−95	−119	−24	103
2. 资本和金融账户	−1 223	−1 283	−853	−1 692	−912	272	179	1 532	567
2.1　资本账户	54	43	31	0	3	−3	−1	−6	−3
2.2　金融账户	−1 278	−1 326	−883	−1 691	−915	276	180	1 538	570
资产	−6 136	−3 996	−6 517	−5 806	95	−2 320	−4 239	−3 620	−1 987
负债	4 858	2 670	5 633	4 115	−1 010	2 596	4 419	5 158	2 558
2.2.1　非储备性质的金融账户	2 600	−360	3 430	−514	−4 345	−4 161	1 095	1 727	378
2.2.1.1　直接投资	2 317	1 763	2 180	1 450	681	−417	278	923	581

续表

项目	2011	2012	2013	2014	2015	2016	2017	2018	2019
2.2.1.2 证券投资	196	478	529	824	−665	−523	295	1 069	579
2.2.1.3 金融衍生工具	0	0	0	0	−21	−54	4	−62	−24
2.2.1.4 其他投资	87	−2 601	722	−2 788	−4 340	−3 167	519	−204	−759
2.2.2 储备资产	−3 878	−966	−4 314	−1 178	3 429	4 437	−915	−189	193
2.2.2.1 货币黄金	0	0	0	0	0	0	0	0	0
2.2.2.2 特别提款权	5	5	2	1	−3	3	−7	0	−5
2.2.2.3 在国际货币基金组织的储备头寸	−34	16	11	10	9	−53	22	−7	0
2.2.2.4 外汇储备	−3 848	−987	−4 327	−1 188	3 423	4 487	−930	−182	198
2.2.2.5 其他储备资产	0	0	0	0	0	0	0	0	0
3. 净误差与遗漏	−138	−371	−629	−669	−2 130	−2 295	−2 130	−1 787	−1 981

资料来源：国家外汇管理局官网。

从表 1-8 的数据可以看出，我国 2011—2019 年经常账户依然保持顺差，但顺差幅度有所下降并有波动性，这与以往不但顺差而且顺差持续快速增加有所不同。同时，资本与金融账户出现较大逆差，打破了一直以来的经常账户顺差、资本与金融账户也是顺差的所谓“双顺差”格局。储备资产也改变了过去十多年一直保持迅速增长的态势，2019 年小幅减少，2015 和 2016 年则有较大幅度的减少，分别达到 3 429 和 4 437 亿美元，这也意味着我国国际收支由多年来的大量顺差调整为顺差大幅减少，甚至在 2015 年、2016 年和 2019 年出现了逆差。

1. 2011—2019 年中国经常账户动态分析

2011—2019 年我国经常账户的构成及其变化如表 1-9 所示。2011—2019 年我国经常账户持续保持顺差，且顺差主要来源于货物贸易顺差，原因在于我国制造业具有成熟的基础设施、完备的产业链和大量技术工人，以及出口市场的多元化等，使我国货物贸易具有较强的国际竞争力。但受美国挑起的贸易战的影响，我国经常账户顺差减少，特别是 2018 年有大幅度减少。我国服务贸易持续为逆差，原因在于服务贸易中的运输、旅行、保险和养老金服务及知识产权使用费项目呈现持续逆差，表明我国在这些方面的资源优势和竞争力比较弱。尤其是旅行项目逆差规模较大，这主要是因为随着收入水平和生活水平的提高，我国居民境外旅游支出不断增加，使得旅行项目逆差不断扩大。而在知识产权使用费方面，随着对知识产权保护的加强，我国将会呈现持续逆差并有不断扩大的趋势。经常账户中的加工服务、维护和维修服务、建设及电信计算机和信息服务则表现为顺差，说明这几个方面我国具有一定优势。

2. 2011—2019 年中国资本与金融账户动态分析

2011—2019 年我国资本与金融账户的构成及其变化如表 1-10 所示。随着我国金融对外开放的逐步推进，资本与金融账户的作用逐渐突显。非储备性质的金融账户除了 2012 年、2014 年、2015 年和 2016 年为逆差外，其余年份都是顺差。这主要是由直接投资、证券投资、金融衍生工具、其他投资的变化引起的。

（1）直接投资。2015 年之前，我国直接投资一直相对稳定且为较大顺差，是继美国、英国之后全球最吸引国外直接投资的国家。但 2015 年之后，由于受中美关系的影响，以及我国经济增速放缓，市场预期下降，且越南等国家发展迅速，竞争力增强，因而我国直接投资顺差迅速减少，2016 年甚至出现了逆差。

（2）证券投资。除了 2015 年和 2016 年外，其余年份我国证券投资均保持顺差，体现了我国证券市场不断开放的情况。

（3）其他投资。此项波动剧烈，是这些年非储备性质金融账户变动的主要原因。特别是 2015 年和 2016 年有较大规模的逆差，原因在于受人民币贬值预期的影响，我国居民大量增加对外货币和存款及对外贷款，即大量配置海外资产，防止贬值损失。同时，非居民则大量减少在我国的货币和存款及对我国的贷款，造成资本大规模外流。

（4）金融衍生工具。该项变化虽然不大，但也逐渐显现其作用，其交易结果呈现出波动性。

（5）经常账户及非储备性质金融账户的变化最终体现在储备资产的变化上。2015 年、2016 年及 2019 年储备资产减少，其余年份储备资产增加，但增幅减缓。

（6）净误差和遗漏。2015 年以来出现趋势性变化，差额为较大负数，表示有大量“热钱”流出。

表 1-9 2011—2019 年中国经常账户时间序列

亿美元

项目	2011	2012	2013	2014	2015	2016	2017	2018	2019
1. 经常账户	1 361	2 154	1 482	2 360	3 042	2 022	1 951	255	1 413
1.A 货物和服务	1 819	2 318	2 354	2 213	3 579	2 557	2 170	1 030	1 641
1.A.a 货物	2 287	3 116	3 590	4 350	5 762	4 889	4 759	3 952	4 253
1.A.b 服务	−468	−797	−1 236	−2 137	−2 183	−2 331	−2 589	−2 922	−2 611
1.A.b.1 加工服务	263	256	232	213	203	184	179	172	154
1.A.b.2 维护和维修服务	0	0	0	0	23	32	37	46	65
1.A.b.3 运输	−449	−469	−567	−579	−467	−468	−560	−669	−590
1.A.b.4 旅行	−241	−519	−769	−1 833	−2 049	−2 057	−2 193	−2 369	−2 188
1.A.b.5 建设	110	86	68	105	65	42	36	49	51
1.A.b.6 保险和养老金服务	−167	−173	−181	−179	−38	−88	−74	−66	−62
1.A.b.7 金融服务	1	0	−5	−4	−3	11	18	12	15
1.A.b.8 知识产权使用费	−140	−167	−201	−219	−209	−228	−239	−302	−278
1.A.b.9 电信、计算机和信息服务	89	108	95	94	131	127	75	65	80
1.A.b.10 其他商业服务	72	87	99	282	189	147	169	191	194
1.A.b.11 个人、文化和娱乐服务	−3	−4	−6	−7	−12	−14	−20	−24	−31
1.A.b.12 别处未提及的政府服务	−3	−1	0	−10	−15	−20	−18	−27	−21
1.B 初次收入	−703	−199	−784	133	−411	−440	−100	−751	−330
1.C 二次收入	245	34	−87	14	−126	−95	−119	−24	103

表 1-10　2011—2019 年中国资本与金融账户时间序列

亿美元

项目	2011	2012	2013	2014	2015	2016	2017	2018	2019
2. 资本和金融账户	−1 223	−1 283	−853	−1 692	−912	272	179	1 532	567
2.1　资本账户	54	43	31	0	3	−3	−1	−6	−3
2.2　金融账户	−1 278	−1 326	−883	−1 691	−915	276	180	1 538	570
2.2.1　非储备性质的金融账户	2 600	−360	3 430	−514	−4 345	−4 161	1 095	1 727	378
2.2.1.1　直接投资	2 317	1 763	2 180	1 450	681	−417	278	923	581
2.2.1.2　证券投资	196	478	529	824	−665	−523	295	1 069	579
2.2.1.3　金融衍生工具	0	0	0	0	−21	−54	4	−62	−24
2.2.1.4　其他投资	87	−2 601	722	−2 788	−4 340	−3 167	519	−204	−759
2.2.1.4.1　资产	−1 836	−2 317	−1 420	−3 289	−825	−3 499	−1 008	−1 418	−323
2.2.1.4.1.1　其他股权	0	0	0	0	0	0	0	−15	−15
2.2.1.4.1.2　货币和存款	−1 155	−1 048	−74	−1 856	−550	−643	−571	−150	−863
2.2.1.4.1.3　贷款	−453	−653	−319	−738	−475	−1 103	−435	−818	331
2.2.1.4.1.4　保险和养老金	0	0	0	0	−32	−3	0	−6	−12
2.2.1.4.1.5　贸易信贷	−710	−618	−603	−688	−460	−1 008	−194	−653	368
2.2.1.4.1.6　其他	482	3	−423	−8	692	−743	191	224	−132
2.2.1.4.2　负债	1 923	−284	2 142	502	−3 515	332	1 527	1 214	−437
2.2.1.4.2.1　其他股权	0	0	0	0	0	0	0	0	0
2.2.1.4.2.2　货币和存款	483	−594	758	814	−1 226	91	1 079	514	−557
2.2.1.4.2.3　贷款	1 051	−168	934	−343	−1 667	−174	501	321	425
2.2.1.4.2.4　保险和养老金	0	0	0	0	24	−7	7	2	18
2.2.1.4.2.5　贸易信贷	380	423	449	−21	−623	162	−12	408	−288
2.2.1.4.2.6　其他	10	54	0	52	−24	259	−47	−31	−35
2.2.1.4.2.7　特别提款权	0	0	0	0	0	0	0	0	0
2.2.2　储备资产	−3 878	−966	−4 314	−1 178	3 429	4 437	−915	−189	193
3. 净误差与遗漏	−138	−871	−629	−669	−2 130	−2 295	−2 130	−1 787	−1 981

本章重要概念

国际收支　国际收支平衡表　自主性交易　调节性交易　国际收支平衡　国际收支结构性失衡　米德冲突　丁伯根法则　支出增减型政策　支出转换型政策　马歇尔——勒纳条件　*J* 曲线效应

本章复习思考题

1. 简述国际收支平衡表的标准组成(一二级账户)和记账原则。
2. 一国国际收支失衡的原因主要有哪些?
3. 一国为什么要对国际收支失衡加以调节?
4. 简述“价格—硬币流动机制”的主要内容。
5. 论述纸币制度下国际收支的自动调节机制。
6. 分析国际收支失衡的调节政策及其优缺点。
7. 蒙代尔政策搭配的核心思想及主要观点是什么?
8. 试比较国际收支弹性论、吸收论与货币论关于本币贬值对国际收支失衡调节作用的观点。

第二章 外汇与汇率

世界上绝大多数国家都有自己的货币，作为国内交易的支付手段。对于国际经济交易，则需要能作为国际支付手段的交易媒介。和国内交易一样，国际交易起初也是由黄金作为主要支付手段。随着国际经济交往的扩大、商品经济的发展，外汇取代黄金成为主要的国际支付手段，并反过来又极大地推动了国际经济交易的进一步发展。于是，各国在从事国际经济交往时必然涉及本国货币与他国货币的兑换问题，其兑换的比率就是汇率。汇率可谓是连接国内外经济的纽带，是开放经济条件下十分重要的经济变量，汇率的变化受内外经济诸多因素的影响，反过来也影响国际收支的变化和一国经济的运行。掌握有关外汇和汇率的基本知识是研究整个国际金融问题的基础。

第一节 外　汇

一、外汇的概念

外汇是国际汇兑(Foreign Exchange)的简称。外汇有动态和静态两种含义。

动态的外汇是银行“汇”与“兑”的活动。所谓“兑”是指不同国家货币的相互转换，所谓“汇”是指货币资金在国际的转移。因此，动态的外汇是指通过银行将一国货币兑换为另一国货币并借助于各种信用工具将货币资金转移到另一国以清偿国际债权债务的专门性经营活动。这一动态含义实质是国际结算业务。

静态的外汇则又有广义和狭义之分。广义的静态外汇泛指一切以外国货币表示的资产。各国的外汇管理法令中所用的便是这种概念。例如我国1996年1月颁布的《中华人民共和国外汇管理条例》第三条对外汇的解释是：“外汇是指以外币表示的可以用作国际清偿的支付手段和资产，它们是：① 外国货币，包括纸币、铸币；② 外币支付凭证，包括票据、银行存款凭证、邮政储蓄凭证等；③ 外币有价证券，包括政府债券、公司债券、股票等；④ 特别提款权、欧洲货币单位；⑤ 其他外汇资产。”从这一意义看，外汇等同于外币资产。

值得指出的是，国际货币基金组织(IMF)关于“外汇是货币行政当局(中央银行、货币管理机构、外汇平准基金及财政部)以银行存款、财政部库券、长短期政府证券等形式所保有的、在国际收支逆差时可以使用的债权。”这一定义是IMF对一国外汇储备所下的定义，特指一国货币当局所持有的外币资产，不应将其视作外汇的概念。

狭义的静态外汇是指以外币表示的，随时可直接用于国际结算的支付手段。按照这一定义，以外币表示的有价证券以及外币现钞由于不能直接用于国际支付，前者需要在证券市场上卖出变现、后者需要运回货币发行国转化成银行存款后才能用于国际支付，故不包括在狭义的静态外汇之中。可见，只有在国外的银行存款，以及可以索取这些存款的外币票据与外币凭证，如汇票、本票、支票和电汇凭证等，才是外汇。而银行存款则是狭义外汇概念的主体。

通常所说的外汇就是静态意义上的外汇，它具有两个基本特征：可兑换性与国际性。可兑换性是指能作为外汇的货币必须能自由兑换为他国货币或支付手段。按国际货币基金协定第八条款的规定，只要经常项目兑换不加以限制、不采取差别性的多种汇率制、在另一个会员方的要求下，随时有义务换回对方经常项目往来所积累的本国货币，则该国货币就可称为可兑换货币。可兑换货币能否成为外汇，还要看其是否具有国际性，也即是否为世界各国所普遍接受。由此看来，并非所有外国货币都能成为外汇，也并不是所有可兑换货币都能成为外汇。能成为外汇的货币必须同时具备上述两个特征，而这显然与货币发行国的经济实力密切相关。

二、外汇的种类

1. 按自由兑换性强弱来分，有自由外汇和记账外汇

自由外汇是指无须经货币发行国批准，可以对任何国家自由支付，并自由兑换成其他国家货币的外汇。自由外汇可在国际外汇市场上自由买卖，在国际支付中得到偿付，在国际结算中被广泛使用。通常所说的外汇指的是自由外汇，如美元、英镑、日元、欧元等。

记账外汇是指未经有关外汇管理部门的批准，则不能转换为别国货币，通常只能根据有关协定在协定国之间使用。它是在签订有清算协定的国家，由于进出口贸易引起的债务债权，不用现汇逐笔结算，而通过当事国的中央银行账户相互冲销所使用的外汇。故也称清算外汇或协定外汇。记账外汇一般以双方国家中央银行互立专门账户的形式存在。在年终时，双方银行对进口贸易额及有关从属费用进行账面轧抵，结出差额。对差额的处理，既可转入下一年度的贸易项目中去平衡，也可以使用双方预先商定的自由外汇进行支付清偿。这种外汇目前已很少使用。

2. 按其来源分，有贸易外汇和非贸易外汇

贸易外汇是指通过贸易出口而取得的外汇；非贸易外汇则是通过对外提供服务（劳务、运输、保险、旅游等）、投资（利息、股息、利润等）和侨汇等方式取得的外汇。

3. 按外汇买卖的交割期来分，有即期外汇和远期外汇

即期外汇又称现汇，指在外汇买卖成交后两个营业日内办理交割的外汇。远期外汇又称期汇，指交易双方事先签订买卖合约，规定外汇买卖的币种、数量、期限和汇率等，到约定日期才按合约规定的汇率进行交割的外汇。

三、外汇的作用

1. 实现国际购买力的转移，促进各国之间的相互交流

如上所述，由于不同主权国家实行不同的货币制度，一国货币在别国市场上无法直接实现其购买力。而外汇作为被各国普遍接受的国际支付手段，通过它才使各国的货币购买力的转移得以实现。在实现了物的交换的同时，也带来了不同文化的交融。因此，外汇不仅是国际银行业务中的一种信用工具实现了国际购买力的转移，也是各国政府、企业和居民所持有的一项金融资产，还是联结各种国际关系的一条重要纽带。

2. 促进国际贸易的发展

狭义的静态外汇是当今国际债权债务清偿的主要手段，节省了运送现金的费用，避免了运送现金的巨大风险，缩短了支付时间，加速了资金周转。特别是这种外汇是一种信用工具，通过这种信用工具，使融资范围得以扩大。因此，外汇产生于国际贸易，反过来又促进了国际贸易的发展。

3. 实现国际资金供求不平衡的调节

由于世界各国经济发展的不平衡，资金余缺情况不同，客观上确有调剂资金余缺的必要。利用外汇这种为各国普遍接受的国际支付手段，借助国际金融市场，从而实现资金的国际转移，调节国际资金供求的不平衡。

4. 外汇储备是衡量一国国际经济地位的标志之一

外汇储备是当今国际储备中的主体。它具有稳定汇价，平衡少量国际收支赤字或减缓巨额国际收支逆差调节可能带来的剧烈震荡的作用，同时也是政府向外举债的资信保证。因此，外汇储备丰裕程度在一定程度上体现了一国在国际上经济地位的高低。

5. 外汇是政府调节宏观经济活动的重要工具

与外汇有关的外汇管制政策、汇率制度等对一国经济有着重要影响。

由此可见，当今世界各国尤其是开放经济国家都必须对外汇的作用予以高度重视。

第二节　汇率的概念与种类

一、汇率的概念与标价方法

1. 汇率的概念

外汇市场上的外汇买卖也就是货币与货币的兑换，用一种货币可以兑换多少其他货币，这就是兑换的比率，这种两种货币之间的兑换比率就是汇率(Exchange Rate)，也叫汇价、外汇牌价或外汇行市，也即以一种货币表示的另一种货币的价格，由外汇银行挂牌表示。货币作为一种特殊的商品，其价格在资金融通市场上体现为利率，在一般商品市场上体现为物价，而在外汇市场上则体现为汇率。汇率是联结国内外经济的桥梁和纽带，在开放经济下具有极其重要的意义。

2. 汇率的标价方法

要表示汇率，必须确定以哪种货币为标准，相应折成多少其他货币，这就是汇率的标价方法。将两种货币区分为本币与外币时，汇率的标价方法有直接标价法和间接标价法两种。以一定单位的外国货币为标准，折成相应数额的本国货币，此为直接标价法(Direct Quotation)。我国外汇牌价就是采用的直接标价法。例如，USD100＝RMB646.84，就中国居民而言，以外币美元(USD)作为标准，也叫单位货币，本币人民币(RMB)叫计价货币，汇率的变化体现为人民币数额的增减，这一数额越大，表示外汇汇率越高，本币价值越低。以一定单位的本国货币为标准，折成相应数额的外国货币，此为间接标价法(Indirect Quotation)。目前，美国和英国的外汇牌价主要采用间接标价法，其他各国货币都是采用直接标价法。但在美国，其本币美元对英镑的汇率仍用直接标价法，同时，1999 年 1 月 1 日欧元问世后，市场上各种货币对欧元的报价则都以欧元为单位货币。也就是说，在美国，美元对英镑和欧元的汇率用直接标价，对其他货币都用间接标价；而在英国，英镑对欧元的汇率用直接标价，对其他货币都用间接标价。这时本币是单位货币作为标准，外币是计价货币，汇率的变化体现为外币数额的增减，这一数额越大，表示本币价值越高，外汇汇率越低。例如，GBP1＝USD2.021 2，这一汇率中作为标准的单位货币是英镑(GBP)，计价货币是美元(USD)，就美国居民而言，这一汇率为直接标价的汇率；就英国居民而言，这一汇率则为间接标价的汇率。假如某人既不是美国居民也不是英国居民，而是中国居民，那么如何看待 GBP1＝USD2.021 2 这一汇率的标价方法呢？我们可以说这是用美元表示英镑价格的标价方法，美元数额增加，表示英镑价格提高，美元贬值；反之，美元数额减少，表示英镑价格下降，美元升值。同时也可以假设英镑为外币，美元为本币，则该汇率为直接标价；如果假设英镑为本币，美元为外币，则该汇率为间接标价。第二次世界大战后，由于美元的霸主地位，也为了方便外汇交易，各国际金融中心均以美元作为单位货币进行报价，即采用所谓的“美元标价法”(Dollar Quotation)。

二、 汇率的种类

汇率的种类很多，可以从不同角度分为许多不同的种类。

1. 买入汇率、卖出汇率与中间价

从外汇银行买卖外汇的角度可将汇率分为买入汇率和卖出汇率，也叫买入价或卖出价。银行买入外汇时所用的汇率为买入汇率(Buying Rate)，银行卖出外汇时所用的汇率为卖出汇率(Selling Rate)。特别要注意的是，买入或卖出是从报价银行的角度来说的，必须与客户或询价银行区别开来。“贱买贵卖”是银行进行外汇交易的基本原则。所以买入与卖出汇率间有一差额，此差额即为外汇银行买卖外汇的收益。而银行对客户的买卖差价通常比银行同业间买卖差价大一些。

外汇市场上，银行报价都采用双向报价，即同时报出买入价和卖出价，有效数字一般为 5 位，在所报的两个汇率中，前一数值较小，后一数值较大。根据“贱买贵卖”原则，在直接标价法下，前一数值表示银行对外汇的买入汇率，后一数值表示银行对外汇的卖出汇率；而在间接标价法下，正好相反，前一数值表示卖出价，后一数值表示买入价。譬如，假定美元为外币，则

USD/JPY＝118.06—118.26

或表示为 USD/JPY＝118.06/26

此为直接标价。那么银行买入美元时的价格为买入价，卖出美元时的价格为卖出价。按"贱买贵卖"原则，报价行在交易中将以118.06日元买入1美元，所以118.06日元为买入价；相应地，将以118.26日元卖出1美元，118.26日元就是卖出价。同样以美元作为外币，则下面的汇率：

GBP/USD＝2.0212—2.022 2

或表示为 GBP/USD＝2.021 2/22

为间接标价。银行买卖美元的价格为买入或卖出价，按"贱买贵卖"原则，报价行在交易中将以1英镑的价格买入2.022 2美元，而以1英镑的价格卖出2.021 2美元。所以2.021 2美元是报价行的卖出价，2.022 2美元是报价行的买入价。通常将买卖差价的0.000 1(日元为0.01)称为1点。如上例中每美元的买卖差价为0.20日元，即20点，每英镑的买卖差价为0.001 0美元，即10点。

所谓中间价，就是买入价与卖出价的算术平均值。中间价只用于新闻报道或理论研究之中，实际交易中并不采用。

另外，银行对外挂牌公布汇率时还另注明现钞价。银行购买外币现钞的价格要低于购买外币支付凭证的价格。原因在于，外汇银行在购入外币支付凭证后，通过航邮划账，可以很快存入国外银行，开始生息，调拨动用。而外汇银行买进外国钞票后，要经过一定的时间，积累到一定数额后，才能将其运送并存入外国银行，供调拨使用。于是，外汇银行在储运之前买进的外币现钞，银行就要承担滞库期间的利息损失。同时，在将外币现钞运送并存入外国银行的过程中，还要发生运费和保险费等支出。于是，银行要将这些损失及费用转嫁给卖出外币现钞的客户，所以银行买入外币现钞的价格就低于买入外汇支付凭证的价格。而银行卖出外币现钞则不需银行支付这些费用，故与外汇卖出价相同。这样，银行挂牌汇率按从小到大的顺序依次为现钞买入价、外汇买入价、外汇(现钞)卖出价。

2. 即期汇率和远期汇率

这是从外汇买卖的交割期来划分的。即期汇率(Spot Rate)又叫现汇汇率，是银行进行即期外汇交易(或叫现汇交易)时所用的汇率。远期汇率(Forward Rate)也叫期汇汇率，是银行进行远期外汇交易(或叫期汇交易)时所用的汇率。

3. 电汇汇率、信汇汇率与票汇汇率

这是从外汇交易的支付工具来划分的。电汇汇率(Telegraphic Transfer Rate，T/T rate)是通过电信解付方式买卖外汇时所用的汇率。银行卖出外汇后，立即用电信方式通知国外分支行或代理行将款项解付给收款人。目前，电信工具已极为普及，电信传递支付速度快，安全性高，因而，现今国际支付中绝大多数为电信方式，故电汇汇率是外汇市场的基准汇率，一般外汇市场公布的汇率也就是电汇汇率。

信汇汇率(Mail Transfer Rate，M/T rate)是以信函解付方式买卖外汇时所用的汇率。银行卖出外汇后，通过信函要求国外分支行或代理行解付款项给收款人。由于信函从发出到收到需要较长时间(邮程)，银行在这期间可以占用顾客的资金，所以信汇汇率比电汇汇率低一个邮程利息。

票汇汇率(Draft Rate)是银行以汇票为支付工具买卖外汇时所使用的汇率。汇票有即期、远期之分，故汇率又分即期票汇汇率和远期票汇汇率。

4. 基本汇率与套算汇率

这是从汇率制订的角度来划分的。基本汇率(Basic Rate)是根据本币与主要货币的价值而制订的汇率。套算汇率(Cross Rate)是根据基本汇率套算出来的。由于货币种类繁多，各国不可能将本币与所有货币的汇率都按其价值一一加以确定并公布，所以往往选择一种或几种在本国对外经济交往中最常使用的可自由兑换货币作为主要货币，制订出基本汇率，本币与其他货币的汇率则由基本汇率套算出来。这样不仅可以简化手续，而且可以保持与国际金融行情基本一致。

怎样计算套算汇率？根据中间价计算套算汇率较为简单，得到的套算汇率也是中间价。例如：

USD/HKD=7.796 2，USD/CHF=1.454 5

则

CHF/HKD=7.796 2÷1.454 5=5.360 1

又如：

USD/CHF=1.454 5，GBP/USD=1.681 2

那么

GBP/CHF=1.681 2×1.454 5=2.445 3

当根据有关汇率的买入价与卖出价要算出套算汇率的买入价和卖出价时，计算略为复杂一些。分为两种情况：一种情况是两个汇率以同种货币作为单位货币或计价货币，则用交叉相除；另一种情况是两个汇率一个以某货币作单位货币(或计价货币)，而另一个以同种货币作计价货币(或单位货币)，则用同边相乘。例如：

USD/CHF=1.459 3—1.463 3

USD/HKD=7.792 0—7.806 0

根据上述两个汇率套算出瑞士法郎和港币的汇率。由于两个汇率都以美元作为单位货币，故用交叉相除，即

CHF/HKD=(7.792 0÷1.463 3)—(7.806 0÷1.459 3)

CHF/HKD=5.325 0—5.349 1

或 HKD/CHF=(1.459 3÷7.806 0)—(1.463 3÷7.792 0)

HKD/CHF=0.186 9—0.187 8

又如： USD/CHF=1.459 3—1.463 3

GBP/USD=1.680 8—1.681 6

根据上述两个汇率套算出英镑和瑞士法郎的汇率。由于美元与瑞士法郎汇率以美元为单位货币，英镑和美元汇率以美元为计价货币，故用同边相乘，即

GBP/CHF=(1.680 8×1.459 3)—(1.681 6×1.463 3)

GBP/CHF=2.452 8—2.460 7

5. 开盘汇率与收盘汇率

这是按外汇市场的营业时间来划分的。营业日刚开始时进行外汇买卖的汇率为开盘汇率(Opening Rate)；外汇市场上营业日终了时的汇率为收盘汇率(Closing Rate)。

以上种类都是与外汇市场上的外汇交易有关的，另外，我们再选择与理论、政策和货

币制度有关的一些汇率种类作简要介绍。

6. 固定汇率和浮动汇率

这是按汇率制度划分的。固定汇率(Fixed Rate)是指由货币当局制订基础汇率,汇率波动幅度被限制在一定范围以内的汇率。浮动汇率(Floating Rate)是货币当局不再制订法定汇率,而是听任外汇市场供求所决定的汇率。浮动汇率又有自由浮动汇率和有管理的浮动汇率。前者是指政府当局对汇率不施加任何干预措施,汇率完全经由外汇市场供求决定;后者是指必要时政府当局仍要施加干预的汇率。

7. 官方汇率和市场汇率

这是从是否有外汇管制或管制宽严程度(汇率生成方式)划分的。严格的外汇管制下只有官方汇率,没有市场汇率;无外汇管制或管制较松的情况下,只有市场汇率,没有官方汇率。既有官方汇率又有市场汇率就是所谓的"双轨制"。官方汇率(Official Rate)是由货币当局制订并公布的汇率,而且要求有关外汇交易必须以此汇率来进行,否则就是非法交易。因此,和固定汇率相比,虽都是由货币当局制订并公布,但两者性质是不同的。固定汇率只是一个基础汇率,实际交易的汇率仍要受外汇市场供求影响而变化,换句话说,固定汇率并不一定是实际交易汇率。市场汇率(Market Rate)是由外汇市场供求决定的汇率,也即是在外汇市场上自由买卖外汇时所用的实际汇率。

8. 单一汇率和复汇率

这是从汇率是否统一角度划分的。单一汇率(Uniform Rate)是指一个国家其货币汇率只有一种,这种汇率通用于该国所有的国际经济交往中。复汇率(Multiple Rate)是指一个国家其货币汇率有两种或两种以上。同一时间内,针对不同的对外交往活动采用不同的汇率。它是外汇管制的一种产物,曾被许多国家采用过,既有利也有弊。如果只有两种汇率则叫双重汇率。

9. 名义汇率、实际汇率和有效汇率

这是从衡量货币实际价值角度(汇率测算方法)来划分的。名义汇率(Nominal Exchange Rate)也即公布的汇率。实际汇率(Real Exchange Rate)和有效汇率(Effective Exchange Rate)都是相对于名义汇率而言的,是根据名义汇率加以计算得到的汇率。我们知道,各国政府为达到"奖出限入"之目的,常常对出口商品给以财政补贴或税收减免,而对进口则征收各种类型的附加税。实际汇率就是名义汇率与这些补贴和税收之和或之差。用公式表示为:

$$实际汇率=名义汇率\pm 出口财政补贴和税收减免或进口附加税$$

这种实际汇率常用于研究汇率调整、倾销调查和反倾销措施。

实际汇率的另一种概念是指名义汇率消除通货膨胀影响后的汇率。这种实际汇率能反映通货膨胀对名义汇率的影响;同时可以用于研究货币实际购买力。

一种货币与另一种货币的汇率为双边汇率,衡量一种货币的价值仅靠双边汇率是不够的。在外汇市场上,常可以看到一种货币对某种外币的价值在上升,但对另一种外币的价值却在下降,即使某种货币对所有外币价值都是上升或下降,其程度也不一定完全一致。在这种情况下,双边汇率无法说明这种货币在世界范围内的价值变动情况,因此要用有效汇率指数来综合衡量一种货币的价值变化情况。有效汇率指数是报告期与基期有效汇率之比,而有效汇率是各种双边汇率的加权平均,权数用本国与某外币发行国的贸易量在整个对外贸易总额中所占的比重而定。

$$A\text{ 币的有效汇率}=\sum_{i=1}^{n}A\text{ 国货币对 i 国货币的汇率}\times\frac{A\text{ 国同 i 国的贸易值}}{A\text{ 国对外贸易总额}}$$

第三节　汇率的决定和变动

如前所述，汇率是一种货币与另一种货币之间的交换比率，如果把货币视为一种特殊商品，汇率又可被看作以一种货币表示的另一种货币的价格。那么，这种交换比率或货币的价格是如何决定，又是如何变动的呢？汇率的决定与货币制度密切相关，随着货币制度的演变由简至繁。在金本位制下，由于货币有含金量的规定，汇率的决定也就很简单，即由两货币含金量之比决定，但在与黄金脱钩的纸币本位制下，汇率决定的基础是纸币所代表的价值量，如何衡量这一价值量则是一个非常复杂的问题，体现了汇率决定问题的复杂性。学者们对此进行了广泛的研究，从而形成了各具特色的汇率决定理论。汇率在开放经济运行中是一个极其重要的变量，各种宏观变量和微观因素都会通过种种途径引起汇率的变动，而汇率的变动又会对其他经济变量产生广泛的影响。

一、汇率的决定

在开放的市场经济条件下，任何商品交换比率或商品价格的形成都应按照价值规律的要求，遵循等价交换和市场供求的法则。货币作为一种商品，尽管有其特殊性，同样不能例外。因此，在国际货币兑换的过程中，两国货币的交换比率必须以价值平价或价值对等的关系为基础，并且能够充分反映外汇市场上的供求状况。换言之，汇率的本质是两国货币以各自所具有的价值量或所代表的价值量为基础而形成的交换比率，它的实际水平还受到外汇市场供求的影响。

（一）金本位制度下汇率的决定基础

金本位制度泛指以黄金为本位币的货币制度，包括金币本位制、金块本位制和金汇兑本位制。金币本位制(Gold Currency Standard)盛行于19世纪中期至20世纪初期，属于完全的金本位制度；后两种金本位制出现于由金铸币流通向纸币流通过渡和第二次大战后对黄金与纸币兑换实行限制的时期，而且存在的时间较短，属于不完全的金本位制度。通常金本位制度主要是指金币本位制。

1. 金币本位制度下汇率的决定基础

在金币本位制下，各国都以法律形式规定每一金铸币单位所包含的黄金重量与成色，即法定含金量(Official Gold Content)。两国货币的价值量之比就直接而简单地表现为他们的含金量之比，称为铸币平价(Mint Parity)或法定平价(Par of Exchange)，黄金是价值的化身。铸币平价是决定两国货币之间汇率的价值基础，具体来说A国货币与B国货币的铸币平价决定了A国与B国两国货币汇率的价值基础，它是A国货币含金量与B国货币含金量之比。

例如，历史上英国曾规定1英镑金币的重量为123.274 47格令，成色为22开金(24开为纯金)，即含金量为113.001 6格令(合7.322 4克)，美国则规定1美元金币的重量为 25.8 格令，成色为 90%，即含金量为 23.22 格令（合 1.504 656 克），两者相比即为铸币平价。

英镑和美元的铸币平价＝113.001 6÷23.22＝4.866 5

或　　　　　　　　　　7.322 4÷1.504 656＝4.866 5

即 1 英镑的含金量是 1 美元含金量的 4.866 5 倍，或 1 英镑可兑换 4.866 5 美元。按照等价交换的原则，铸币平价是决定两国货币汇率的基础。

2. 金块本位和金汇兑本位制度下汇率的决定基础

金块本位制下，流通中的货币主要是纸币，只有当出现大规模支付需要时，黄金才出马，以金块的形式参与流通和支付；而金汇兑本位制下，流通中的货币完全是纸币。但这两种制度下，政府都规定了纸币所代表的金量，纸币的发行以黄金储备为基础，所以这时的汇率决定的基础是纸币所代表的金量之比，称为法定平价。铸币平价和法定平价是金平价（Gold Parity）的两种具体表现形式。所谓金平价，就是两种货币含金量（金币本身的含金量或纸币所代表的金量）的对比。

（二）信用纸币本位制度下汇率的决定基础

纸币取代金币是历史发展的必然，并不仅仅因为黄金产量的不足，同时也因为纸币（乃至当今的电子货币）作为流通手段和支付手段，有许多天然的优越性，适应了国际经贸高速发展的需要。

在与黄金脱钩了的纸币本位制度（即信用纸币本位制度）下，纸币不再规定所代表的金量，即使规定也形同虚设，纸币发行量脱出了兑换黄金的物质制约，金平价不再成为汇率决定的基础。

那么，在纸币本位下，汇率决定的基础是什么呢？按马克思的货币理论，纸币是价值的一种代表，两国纸币之间的汇率便可用两国纸币各自所代表的价值量之比来确定。马克思的这一观点至今依然适用。因此，信用纸币本位下汇率决定的基础是纸币所代表的价值量之比。问题是这一价值量很难直接衡量，它受制于许多影响因素，从而使纸币本位下汇率的决定问题变得非常复杂。自从金本位制崩溃以后，学者们就对汇率决定问题进行了广泛的研究，形成了形形色色的汇率决定理论，这也正是下一节将要介绍的内容。

二、汇率的变动

（一）不同货币制度下汇率波动的规则

由货币本身具有的价值量或其代表的价值量对比形成的汇率是基础汇率或基准汇率，市场上实际交易的汇率还受市场供求的影响，围绕基础汇率上下波动，正像商品的价格围绕价值不断变化一样，市场汇率也围绕基础汇率不断涨落。而不同的货币制度下，汇率波动的规则有所不同。

1. 金币本位制度下汇率波动界限——黄金输送点

黄金输送点，是指金币本位制下，汇率涨落引起黄金输出和输入国境的界限。它由铸币平价和运送黄金费用（包装费、运费、保险费、运送期的利息等）两部分构成。铸币平价是比较稳定的，运送费用是影响黄金输送点的主要因素。以直接标价法表示，黄金输出点等于铸币平价加运送黄金费用，黄金输入点等于铸币平价减运送黄金费用。

假定，在美国和英国之间运送价值为 1 英镑黄金的运费为 0.03 美元，英镑与美元的

铸币平价为 4.866 5 美元，那么对美国厂商来说，黄金输送点是

黄金输出点＝4.866 5＋0.03＝4.896 5(美元)

黄金输入点＝4.866 5－0.03＝4.836 5(美元)

汇率波动的幅度之所以要受制于黄金输送点，这是因为在金币本位制下，黄金可以自由输出入，如果汇价波动超过了黄金输送点，人们就不愿意买卖外汇，而宁愿运送黄金进行清算了。恩格斯曾经指出："汇兑率是货币金属的国际运动的晴雨计。如果英国对德国的支付多于德国对英国的支付，马克的价格，以英镑表示，就会在伦敦上涨；英镑的价格，以马克表示，就会在汉堡和柏林下跌。如果英国多于德国的这个支付义务，比如说，不能由德国在英国的超额购买来恢复平衡，向德国开出的马克汇票的英镑价格就必然会上涨到这样一点，那时不是由英国向德国开出的汇票来支付，而是输出金属——金币或金块——来支付变得合算了。这就是典型的过程。"恩格斯所说的上涨到的那一点就是黄金输出点。而如果英国对德国的支付少于德国对英国的支付，马克的价格，以英镑表示，就会在伦敦下跌，而且会下跌到这样一点，那时英国不愿用马克汇票来结算，而宁愿收取黄金。下跌到的这样一点就是黄金输入点。所以，当汇率高于黄金输出点或低于黄金输入点时，就会引起黄金的跨国流动，从而自动地把汇率稳定在黄金输送点所规定的幅度之内(见图 2-1)。

图 2-1 表示一段时期内美国外汇市场上英镑汇率波动的轨迹。如果汇率高于铸币平价，则意味着英镑的需求大于英镑的供给，这往往是由于美国对英国产生国际收支逆差所引起的。在点 A，英镑汇率高于黄金输出点 4.896 5，美国厂商情愿在国内用美元购买黄金，并把黄金运到英国偿还债务。因为以输出黄金偿还 1 英镑债务的代价(铸币平价＋运送费用＝4.866 5＋0.03＝4.896 5 美元)小于在点 A 上用美元购买英镑所付出的代价。因此，汇率是不可能升至点 A 即高于黄金输出点的。在点 B，美国厂商在国内购买黄金，并把黄金运送到英国偿还债务，或是到外汇市场上购买英镑偿还债务，其偿还 1 英镑债务的代价是相同的，都是 4.896 5 美元，汇率升至点 B 是可能的。在点 C，美国厂商会选择购买英镑偿债，因为以这种方式偿还 1 英镑债务的代价小于输出黄金的代价(4.896 5 美元)。汇率在黄金输出点与铸币平价之间，美国厂商都将会选择购买英镑偿债。如果汇率低于铸币平价，则意味着英镑供给大于需求，美国对英国产生国际收支顺差。在点 D，美国厂商愿意接受英镑，并在外汇市场上兑换成美元，因为这种选择下每 1 英镑可换取的美元多于用 1 英镑在英国购买黄金运回国内所能换取的美元(4.866 5－0.03＝4.836 5 美元)。在铸币平价与黄金输入点之间，美国厂商都将愿意接受英镑，并在外汇市场上兑换成美元。在点 E，美国厂商接受英镑，并在外汇市场上兑换成美元，或是用英镑在英国购买黄金运回国内，每 1 英镑可换取的美元均为 4.836 5。因此，汇率是可能跌至点 E 的。在点 F，英镑汇率低于黄金输入点 4.836 5，美国厂商宁愿以英镑在英国购买黄金运回国，也不愿接受英镑，并用英镑到外汇市场上兑换美元，因为运回价值 1 英镑的黄金至少还可以换到 4.836 5 美元，所以汇率是

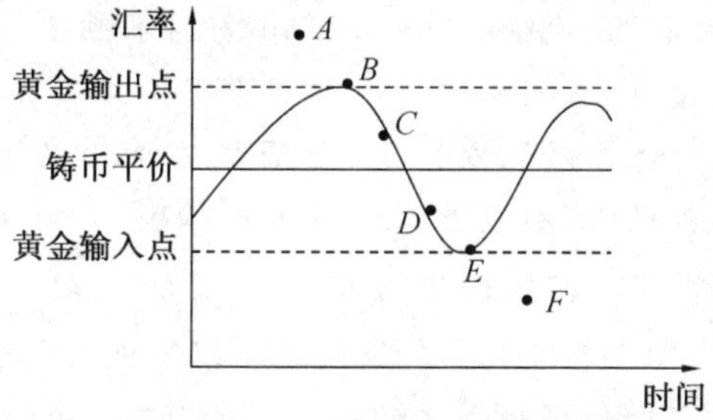

图 2-1 金币本位制下汇率波动的规则

不可能跌至点 F 即低于黄金输入点的。

2. 金块本位和金汇兑本位制度下汇率波动界限

在金块本位和金汇兑本位制度下，汇率决定的基础依然是金平价，同样，外汇市场上实际汇率因供求关系，而围绕平价上下波动，但这时，汇率波动的幅度已不再受制于黄金输送点。因为黄金输送点存在的必要前提是黄金的自由输出入，而在金块本位与金汇兑本位制下，黄金的输出入受到了限制，因此，黄金输送点实际上已不复存在。这两种货币制度下，虽然汇率决定的基础依然是金平价，但是汇率波动的幅度是由政府来规定和维护。显然，与金币本位制时的情况相比，金块本位和金汇兑本位下汇率的稳定程度已降低了。

例如，二战后建立的以美元为中心的国际货币体系(即布雷顿森林体系)，就是一种金汇兑本位制度。按照布雷顿森林协定的要求，各成员方应公布各自货币按黄金或美元来表示的对外平价，其货币与美元的汇率一般只能在平价上下1%的幅度内波动。如果汇率的波动超过这一幅度，各成员方政府就有责任对外汇市场进行干预，直接影响外汇的供给与需求，以保持汇率的相对稳定。只有当一国国际收支发生“根本性不平衡”，对外汇市场的干预已不能解决问题时，该国才可以请求变更平价。可见，在布雷顿森林体系的安排下，各成员方货币的汇率是围绕着平价，根据外汇市场供求状况，并被人为地限制在很小范围内进行波动的(如图 2-2)。

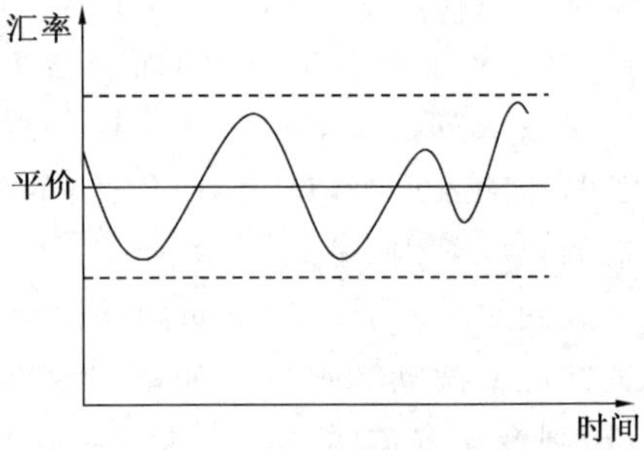

图 2-2 布雷顿森林体系下的汇率波动

3. 信用纸币本位制度下汇率波动的界限

与黄金脱钩了的纸币本位制度(即信用纸币本位制度)下，汇率受各种因素的影响，波动频繁。只不过在固定汇率制下，汇率的波动被人为限制在一定范围内，各国货币当局有义务干预外汇市场维持汇率的稳定，使汇率的波动不超出这一规定的幅度；在有管理的浮动汇率制下，各国货币当局不再承担干预的义务，只是在认为必要时才实施干预，主要目的是出于政策的需要，维护本国利益，同时也不规定固定的波动幅度。可见，与固定汇率制度相比，有管理的浮动汇率制下的干预为主动干预，而固定汇率制下的干预为被动干预(或叫义务干预)。至于自由浮动汇率制，到目前为止，还没有任何一个国家实行过。理论上讲这种汇率制度任由汇率自由波动，政府不实施任何干预措施。

(二) 影响汇率变动的主要因素

前面关于汇率决定的理论分析表明，汇率波动的基本规则是汇率以两国货币所代表的价值量之比为基础，随着外汇市场的供求变化而涨落。因此，进一步探讨汇率变动的原因，关键在于把握影响两国货币价值之比，特别是影响外汇供求关系的各种因素。这些因素既有经济方面的，也有非经济方面的，而且它们相互联系、相互制约，共同促使汇率的变动。一般说来，汇率决定的价值基础(平价)主要取决于两国的生产力水平，这在相当长时期内是稳定的。同时，关于汇率变动的制度性安排也是相对稳定的，不会在短期内进行调整。导致外汇市场上汇率频繁变动的是能够影响外汇供求的因素。因此，我们的分析思路是，各种影响汇率变化的因素，最终都要作用于外汇市场上外汇供应或外汇需求的一方，并由此而打破原有的均衡关系。当外汇市场因某一因素影响出现外汇供应小于外汇需求时，外汇趋于升值，本币趋于贬值。反之亦然。并且，我们在分析某一因素对汇率变动可能产生的影响时，先假定其他因素不变，从而找出该因素与汇率变动之间的影响关系。当然，现实经济生活中的实际汇率是受多种因素的综合影响而形成的。

1. 国际收支

国际收支是一国对外经济活动的综合反映，其收支差额直接影响外汇市场上的供求关系，并在很大程度上决定了汇率的基本走势和实际水平。国际收支平衡表中经常账户以及资本与金融账户的贷方项目构成外汇供给，借方项目构成外汇需求。如果贷方余额大于借方余额，也就是我们通常所说的国际收支盈余，意味着外汇供过于求，外汇汇率下降，本币升值；反之，如果上述贷方余额小于借方余额，也即国际收支赤字，则意味着外汇供不应求，于是外汇汇率上升，本币贬值。

2. 通货膨胀差异

在与黄金脱钩后的纸币本位下，纸币的发行不再受黄金储备的物质制约，通货膨胀随之产生。通货膨胀就意味着该国货币所代表的价值量的下降，由两国货币所代表的价值量决定的汇率必将随两国通货膨胀率的差异而发生变化。如果一国通货膨胀高于他国，该国货币对内贬值的同时也会带来对外贬值，导致本币汇率下降。反之，一国通货膨胀低于他国，则导致本币汇率上升。以上是通货膨胀影响汇率的理论分析。现实影响是通过国际收支产生的。具体来说，一国高通货膨胀率势必会削弱本国商品在国际市场上的竞争能力，引起出口减少；另一方面又会增强外国商品在本国市场上的竞争能力，使进口增加。出口的减少和进口的增加使外汇市场上的外汇供应小于外汇需求，导致外汇汇率的上升本币汇率的下降。此外，通胀率的差异还会通过影响人们对汇率的预期，作用于资本与金融账户收支。如果一国通货膨胀率较高，人们就会预期该国货币的汇率将趋于疲软，于是将该国货币转化为其他货币，也就是所谓资本外逃，造成该国货币汇率的现实下跌。

3. 经济增长率差异

国内外经济增长率的差异对汇率的影响作用是多方面的。第一，一国经济增长率高，意味着收入上升，由此会带来进口需求水平和进口支出的提高，导致经常项目逆差，造成该国货币汇率下降的压力；第二，如果一国经济持续较快地增长，往往也意味着生产率的迅速提高，从而提高本国的出口能力，使出口增长大于进口增长，将使该国货币币值坚挺；第三，一国经济持续增长，有助于吸收外资流入进行直接投资，从而改善资本金融账户收支；第四，经济增长快，经济实力强的国家有助于增强外汇市场上对其货币的信心。因此，经济增长率对汇率的影响将取决于上述各方面综合作用的结果。一般来说，高的经济增长率在短期内可能引起该国货币汇率下跌，但长期来看，却有助于该国货币汇率的稳定或坚挺。

4. 利率差异

一国利率的变化将直接引起该国资本金融账户的改变。如果一国的利率水平相对于他国提高，就会刺激国际资金流入增加，本国资金流出减少，由此改善资本金融账户，使本币升值；反之，一国货币利率水平相对于他国有所降低，则会使国际资金流入减少，本国资金流出增加，使本币贬值。需要注意的是，由于利率差异引起的资本流动必须考虑未来汇率的变动。因为资金流向高利率国家会导致高利率国家货币即期升值远期贴水，这将使得流人高利率国家的资金在未来所取得的本利和在兑换为本币时将遭受汇率损失，因此，只有当利率的变动抵消了汇率在未来的不利变动，金融资产的所有者仍有利可图时，资本的国际流动才会发生。

在当今金融市场十分发达，资金流动极为频繁的情况下，利率作为金融市场上资金的“价格”，成为影响汇率的一个极其重要的因素。它不仅通过资本金融账户的变化而直接影响汇率，同时作为一个重要的经济杠杆，它对国内经济也将产生影响，进而间接影响汇率。

5. 总需求与总供给

总需求和总供给在结构和总量上增长的不一致也会影响汇率：一是若总需求中对进口的需求增长快于总供给中出口供给的增长，意味着外汇需求上升，从而本币汇率下降；二是若总需求增长快于总供给增长，其超额总需求将转向国外产品，引起进口增加，从而引起本币汇率下降。因此，当总需求增长快于总供给时，本币汇率呈现下降趋势。

6. 中央银行的干预

如前所述，在固定汇率制下，货币当局必须对汇率实施干预以维护汇率在规定的幅度范围内；在浮动汇率制下，政府没有维持固定汇率的义务，但不会完全放弃对汇率的管理。政府干预汇率的方式主要是通过对外汇市场的干预对汇率施加影响(参见第三章汇率政策部分)。

政府干预汇率往往是在特殊情况下(如市场汇率剧烈波动、本币大幅升值或贬值)，或是为了特定目标(如促进出口、改善贸易状况等)而进行的。一般来说，政府干预只能对短期汇率的变动产生影响，而无法从根本上改变汇率的长期变动趋势。

7. 外汇投机

人们通过对汇率变化的预期而进行外汇买卖，以赚取投机利润为目的的行为称为外汇投机行为。随着浮动汇率制度的普遍实行，以及西方各国对外汇管制特别是国际资本流动管制的逐渐放松，外汇市场上各种投机活动日益普遍。

在外汇市场的投机活动中，投机基金、跨国公司占主要地位，他们凭借广泛的联络网和雄厚的资金实力，利用汇率、利率的变化牟取巨额利润。一方面投机风潮会使外汇汇率跌宕起伏，起了加剧市场动荡的不稳定作用；另一方面当外汇市场汇率高涨或暴跌时，投机性套利活动又会起到平抑行市的稳定作用。

8. 心理预期

外汇市场的参与者往往根据对汇率走势的预期而决定持有何种货币。当交易者预期某种货币的汇率下跌时，为了保值或获得投机利益，他们会大量抛售该种货币；而预期某种货币汇率趋升，则会大量买入该种货币。这种预期影响了外汇市场的供求变化，使汇率发生波动。

心理预期具有很大的脆弱性和易变性，会因各种突发事件而随时发生变化，有时甚至一个谣言或传闻也会改变人们的预期。如 1989 年七国首脑会议时，美国总统老布什在宴会上晕倒，结果纽约汇市立即出现美元汇率下跌，几小时后白宫宣布总统无恙，美元汇率又回升。再如 1988 年 11 月下旬，美元对德国马克汇价经过西欧国家的干预从 1.717 0 下跌到 1.720 0 左右，但此时美国财政部长布莱德在电视上发表讲话，他说：“外汇市场的汇价有涨有落，今年美元汇价的最低点接近去年 1 月的水平”。此时，外汇市场的交易商认为是他不容忍美元降到目前的较低水平，可能要采取措施，提高美元的对外汇价。因此，外汇交易商纷纷在市场上购进美元以待升值后抛出而赚取汇差，交易商购买美元的行为导致美元对德国马克汇价略有提高。但是，布莱德紧接着又说："我们对此并不感到担忧"。言外之意，美元汇价如再下降他也不怕，这句话说出后，美元汇价立刻下降。可见，政府金融主管人员的政策性讲话，在目前传播媒介特别发达、迅速的情况下，对国际外汇市场的影响也是很大的。

当今国际金融市场上，短期性资金达到了十分庞大的程度，这些巨额资金对世界各国的政治、经济、军事等方面都具有高度的敏感性，受着预期的支配。一旦出现风吹草动，就到处流窜，或为保值，或为攫取高额投机利润。这就常常给外汇市场带来巨大的冲击，成为金融市场上汇率频繁波动的重要根源。因此，预期因素对汇率的影响，有时远远超过了其他因素，其影响程度很大甚至是灾难性的。一些外汇专家甚至认为外汇交易者的心理预期，已是决定汇率短期变动的最主要因素。影响人们预期心理的主要因素有信息、新闻和传闻。信息是指同外汇买卖和汇率变动有关的资料、数据和消息。新闻既有经济新闻也包括政治新闻。传闻是未经证实的消息。有时，信息、新闻和传闻难以区分。总之，市场预期心理受众多因素的影响，因而具有十分易变、捉摸不定的特点。

影响汇率变动的因素除了上述主要因素外，还有许多其他因素，如各国的宏观经济政策、金融工具价格的变动、石油价格的变动和黄金价格的变动以及国际政治局势，等等。但这些因素往往又是通过上述各种因素并进而通过外汇供求对汇率发生作用的。

总之，影响汇率波动的因素是多方面的，在分析汇率变动的原因时，应把握一个基本点，就是货币供求关系的变动。这是最直接、最根本的原因，各种因素都是通过影响货币供求对汇率产生影响的。

（三）汇率变动对经济运行的影响

汇率的变动表现为货币的升值与贬值。而货币的升值与贬值都是指一种货币相对于另一种货币而言的。升值和贬值的幅度可以通过下式计算：

标准货币对标价货币的变动率＝（新汇率－旧汇率）/旧汇率×100％

例：1990 年人民币官方汇率从 ＄100＝￥472.21，调为 ＄100＝￥522.21。求：① 美元兑人民币的变化幅度；② 人民币兑美元的变化幅度。

求美元兑人民币的变化幅度，可将美元视为标准货币，人民币视为标价货币，即用直接标价法表示的人民币汇率，与题中所给汇率形式一致，因此：

$$(522.21-472.21)/472.21\times 100\%=10.59\%$$

求人民币兑美元的变化幅度，要将人民币视为标准货币，将美元视为标价货币，这需要将题中人民币官方汇率从直接标价法改写为间接标价法，所以：

$$\frac{\left(\frac{1}{522.21}-\frac{1}{472.21}\right)}{\frac{1}{472.21}}=-9.57\%$$

也就是说，人民币兑美元贬值 9.57％，或者说美元兑人民币升值 10.59％。

汇率是联结国内外商品市场和金融市场的一条重要纽带。一方面，汇率的变动受制于一系列经济因素，但另一方面，汇率的变动又会对经济产生广泛的影响。不仅影响一国的对外经济，而且影响一国的国内经济，乃至影响整个世界经济。汇率的升值与贬值其影响作用正好相反,我们侧重以本币汇率下降(本币贬值)为例说明它对经济的影响。

1. 本币贬值对一国国际收支的影响

(1) 对贸易收支的影响。从理论上讲,一国货币贬值,首先使进出口商品的相对价格发生变化,出口商品以外币表示的价格下降,进口商品以本币表示的价格上涨,从而有助于扩大出口,抑制进口,改善贸易收支。这是贬值最直接、最重要的经济影响,也往往是一国货币当局进行贬值或促成货币汇率下浮时所考虑的主要因素。但这种通过过度贬值来刺激出口以达到改善贸易收支的政策叫"以邻为壑"政策或叫外汇倾销政策,它会面临如下一系列问题:

① "弹性"问题。本币贬值对贸易收支的影响有两方面的作用:一是数量方面的影响,即出口增加、进口减少;二是价格方面的影响,即出口的外币价格降低、进口的本币价格上升,即贸易条件恶化。只有当数量方面的影响超过价格方面的影响时,贸易收支才会改善。当进出口供给弹性足够大,同时进出口需求弹性之和绝对值大于1(也即弹性条件)时,才能使贸易收支得以改善。

② "时滞"问题。贬值对出口的刺激作用和对进口的抑制作用,会因进出口合同的约束、生产调整以及需求变动滞后而难以发挥,导致贬值后,进出口数量不能立即调整,贸易差额将因贸易条件的恶化而恶化。只有经过一段时间后,货币贬值才会使国际收支改善。由于这个过程的时间轨迹类似英文大写字母J,故称之为"*J* 曲线效应"。

③ "通胀"问题。短期来看,本币贬值可能扩大出口,但从长期来看,由于贬值影响到国内物价水平,随着国内物价上涨,出口商品的成本上升,竞争力反而下降。因此,一国实行货币贬值,往往必须同时采取紧缩的货币政策,以保持国内币值和物价的稳定。

④ 外国"报复"问题。若相应贸易伙伴国的货币发生同步贬值,则贬值的效果也会大打折扣。如1997年亚洲金融危机后,印尼盾贬值80%而出口仅增加6%;1998年,即泰铢贬值后第1年,出口收入(美元计)反而比上年下降4%。其原因在于周边国家竞相性贬值所致。

⑤ "外汇倾销"问题。通过贬值刺激出口时,若货币对外贬值幅度大于对内贬值幅度,就构成外汇倾销(Exchange Dumping)。外汇倾销会使本国产品冲击对方国家市场,并抢占其他国家在国外市场上的地位,因而很容易遭到倾销对象国和其他国家的反对,它们会相应采取一些反倾销措施,从而使通过贬值刺激出口的手段失效。

(2) 对非贸易收支的影响。我国传统上将商品贸易与资本输出输入以外的外汇收支称为非贸易外汇收支,从国际收支平衡表来看,就是经常账户中除货物之外的其他3项:服务、收入和经常转移。

一国货币贬值使该国旅游和其他劳务的价格相对便宜,有助于增加旅游等劳务收入,而国外的旅游或其他劳务价格对本国居民来说相对提高,抑制了本国对外劳务支出。东南亚金融危机以后,中国到新加坡、马来西亚、泰国(简称"新马泰")旅游的人数激增,中国的旅游外汇支出大幅增长,而对货币贬值国"新马泰"而言,旅游外汇收入则大幅提高。所以,若不考虑贬值国国内物价水平的变动,贬值所形成的国内外相对价格的变化,将有利于一国非贸易收支的改善。不过,贬值对一国的转移收支可能产生不利影响。以侨汇为例,侨汇多系赡家汇款,货币贬值后,国外侨民只需汇回国内少于贬值前的外币,就可以维持国内亲属的生活需要,从而使该国侨汇收入减少。

（3）对资本与金融账户的影响。对短期投机性资本流动而言，贬值的影响取决于人们对该国货币贬值的进一步预期。当人们预计一国货币贬值尚未到位时，那么人们就会将资本调出该国，进行资本外逃，以避免汇率再贬值而蒙受损失。若人们认为一国货币贬值已经到位，不用再担心贬值受损，在具备投资环境的条件下，外逃的资本就会抽回到该国。如果人们认为一国货币贬值过度，不久便会回升，则会吸引大量资本流入来牟取汇率即将上升的好处。

一国货币贬值将对来自国外的直接投资产生双重影响。一方面，有利于吸引以合资或独资形式出现的实物投资的流入。因为汇率下跌可使按贬值国货币计算的投资额增加，而且同量的外币投资可以购得比以前更多的劳务和生产资料。投资人将认为此时投资比汇率调整前更合算，从而扩大其对贬值国的投资。另一方面，本币贬值将不利于投资人将投资所得的利润折成外币汇回，因为按照贬值后的汇率折算的外币将比原来有所减少。

此外，汇率的变动还会影响到借用外债的成本。一国从国外借款，该国货币贬值将对债务国（即本国）不利，而对债权国有利。因为随着外汇汇率上升，本国债务还本付息的负担将会加重。如果这些债务负担沉重的国家形成了债务危机，则不会有国际资本流向这些国家。

一般来说，贬值对以直接投资为代表的长期资本的流动影响较小，因为长期资本的流动主要取决于投资的利润和投资的风险大小；而对于短期资本流动，总的来说，贬值将产生不利影响，会引起“资本抽逃”。

2. 本币贬值对一国国内经济的影响

在开放经济条件下，汇率变动会对一国国内经济产生很大影响。这种影响一般会引起国内物价的变动，进而影响一国国内生产结构、资源配置、收入分配以及就业等各个方面，从而对整个国内经济产生深远影响。

（1）对物价的影响。汇率变化直接影响贸易品价格，并进而影响一国的一般物价水平。就货币贬值来说，往往会带动该国一般物价水平的提高。从进口方面来看，本币贬值以后，如果进口商品的外币价格不变，以本币表示的价格则会上升。当该国对进口商品的需求弹性较低的情况下，即需求不因价格上升而减少，将引起进口的消费品以及使用进口原料、半成品及机器设备加工的商品价格上涨，并推动国内同类商品价格的上升。这些商品价格的上升导致人们生活费用上涨，人们会要求更高的名义工资，工资水平的增加会使生产成本进一步提高，物价又进一步上涨，致使整个国内物价上升。造成成本推动的通货膨胀。从出口方面来看，本币贬值以后，本国出口商品的本币价格不变，但相应的外币价格下降，会刺激国外市场对本国出口商品的需求增加，在出口品供给弹性较低的情况下，即在出口商品的供给不能随国外需求增加而相应增加的情况下，致使部分内销产品转为外销，国内市场上的商品将供不应求，促使国内物价上涨，导致需求拉动的通货膨胀。

由此可见，货币贬值有助长通货膨胀并抵消贬值带来的好处的倾向。而通货膨胀本身又是引起货币贬值的一个重要原因。因此，货币贬值有可能使一些国家陷入“贬值——通货膨胀——再贬值——通货膨胀进一步加剧”的恶性循环之中。

（2）对国民收入与就业的影响。贬值有促进出口抑制进口的作用。如果一国存在闲置资源，该国货币贬值有利于出口品及进口替代品的生产规模扩大和利润水平提高，并会带动其他相关行业生产的发展。通过乘数效应，使国民收入得到多倍增长，并提高就业水平。这也就是通常认为的贬值带来的经济扩张效应。但是，在实际中，汇率变动与总需求的关系比较复杂，贬值在对经济产生扩张性影响的同时，也可能对经济产生紧缩性影响。例如，我国特有的"贬值税效应"、"收入分配效应"、"收入再分配效应"、"货币资产效应"、"债务效应"的综合作用，使汇率下浮引起总需求下降。如果一国经济已处于充分就业状态，贬值只会带来物价的上升，而不会有产量的扩大和收入的增加，除非贬值能通过纠正原先的资源配置扭曲来提高生产效率。

（3）对生产结构、资源配置、收入分配的影响。一方面，本币贬值以后，出口商品的国际竞争力增强，出口扩大，出口产品的生产企业、贸易部门的收入会增加，这将促使其他产品部门转向从事出口产品的生产。由此引起资金和劳动力从其他行业流向出口产品制造和贸易部门。另一方面，本币贬值以后，进口商品成本增加，价格上升，会使原来对进口商品的一部分需求转向国产的替代品，于是国内进口替代品行业会繁荣起来。也就是说，在一定程度上，本币贬值具有保护民族产业的作用。

但货币的过度贬值，使以高成本低效益生产出口产品和进口替代品的那些企业也得到鼓励，因此，它具有保护落后的作用，不利于企业竞争力的提高，同时也使社会资源的配置得不到优化。而且，货币的过度贬值，使本该进口的那些商品尤其是高科技产品或因国内价格变得过于昂贵而进不来，或是虽然进来了，但需支付高昂的进口成本，不利于通过技术引进实现经济结构的调整和劳动生产率的提高。

可见，汇率的变动会引起一国生产结构的调整和生产资源的重新配置。相应地，各部门的收入也会重新分配。

3. 汇率变动对微观经济活动的影响

汇率变化对微观经济活动的影响主要表现在，浮动汇率制度下汇率的频繁波动给从事涉外经济活动的经济主体带来的外汇风险。

在对外贸易中，以某一外国货币计价和结算，若该种外币的汇率上涨，则出口商的应收货款价值增加了，出口收入增加；而进口商的应付货款价值也增加，进口成本上升。相反，若该种外币的汇率下跌，则出口商的应收货款价值减少了，出口收入减少；而进口商的应付货款价值降低，进口成本下降。

在国际借贷活动中，当计价和结算货币的汇率上涨，则债权人受益，其收入增加；而债务人的债务负担因此而加重。如果汇率下跌，则债务人受益而债权人受损。

可见，对出口商和外债的债权人来说，外汇汇率上涨的影响是有利的，而外汇汇率下跌将产生不利影响；对进口商和外债的债务人来说，影响正好相反。浮动汇率制度下，外汇风险的预测和防范是微观经济管理的重要内容。

4. 汇率变动对国际经济的影响

汇率不稳，有关国家利用汇率下跌，扩大出口，引起其他国家采取报复性措施，或也实行货币贬值，或采取贸易保护措施，从而引发货币战、贸易战，破坏正常的贸易秩序，使世界经济景气受到不利影响；汇率不稳，加剧了投机和国际金融领域的动荡。历史上多次金融危机都与汇率不稳及外汇投机密切相关。正是由于汇率动荡不定，才使外汇投机得以兴风作浪。然而，汇率波动在加剧国际金融市场动荡的同时，又促进了国际金融业务的不断创新；而主要货币汇率的不稳定甚至使国际储备体系乃至国际货币体系发生改变。历史上，英镑、美元的不断贬值致使其原有的国际货币地位严重削弱，逐渐形成了当今储备货币多元化的格局。

第四节　汇率理论

汇率理论是研究汇率如何决定以及汇率为何变动的理论。在对汇率决定基础与变动原因的研究方面，由于经济学家们所处的时代不同，分析问题的角度与论证方法不同，从而形成了各种各样的汇率理论。这些汇率理论与国际收支理论密切相关，共同构成国际金融理论之核心。下面我们对几种当今有重要影响的汇率理论加以介绍和评价。

一、购买力平价说

购买力平价说（Theory of Purchasing Power Parity，简称 PPP）是由瑞典经济学家卡塞尔（G. Cassel）于 1922 年在《1914 年后的货币与外汇》一书中提出的。1914 年第一次世界大战爆发后，金币本位制崩溃，汇率决定基础不再是铸币平价，汇率波动也不再受黄金输送点的限制，汇率波动频繁而又剧烈。汇率的决定问题便成为人们关注的焦点。自 1916 年开始，卡塞尔连续发表了《外汇之现状》（1916）、《论黄金的贬值》（1917）、《国际汇兑的异常偏异》（1918）、《世界货币问题的深入观察》（1920）等论文，以及《世界货币问题》（1921）、《1914 年以后的货币与外汇》（1922）等著作，从而系统提出了“购买力平价说”这一汇率决定理论。

购买力平价说的基本思想是：货币的价值在于其具有的购买力，因此在不同货币之间的兑换比率取决于它们各自具有的购买力的对比，而购买力的大小又与物价紧密相关，进而汇率与各国的物价水平也就具有直接的联系。要建立汇率与物价水平的关系，就要以一价定律为基础。

（一）一价定律

假定存在这样的前提条件：市场的完全竞争性、信息的充分性和商品的同质性。市场的完全竞争性是指商品市场上有众多的买主和众多的卖主，不存在操纵价格的垄断行为，商品的价格能灵活进行调整。信息的充分性是指市场参加者能获得有关商品价格的信息，不存在阻碍信息流动的条件。商品的同质性要求参加价格竞争的是同种商品。在这些条件下，首先考虑一国内部同质商品在不同地区的价格之间的关系。

如果同质商品是可以运输移动的商品，以电视机为例，若某品牌的电视机在甲地的价格为 3 000 元，而在乙地的价格是 2 500 元，则这一地区间的差价必然会带来地区间的商品套购活动。交易者将会在乙地买入这种电视机，然后将其运到甲地出售，以赚取这种地区间的差价。这种活动使乙地对电视机的需求增加，从而使乙地电视机价格上升；同时使甲地对电视机的供给增加，甲地电视机价格下降，这样，两地的价格差因套购而趋于缩小。套购活动要付出一定的交易成本，诸如：运输费、资金占压利息损失和税收等等费用。只要甲乙两地价格差高于交易成本，交易者仍有利润，套购活动就会持续下去，直至这一差价等于交易成本时止。若不考虑交易成本，那么同种电视机在各地价格将完全一致。

如果商品不能运输转移，如房地产，不同地区价格差异不能引起套购活动；而像理发这样的劳务商品，假如甲地比乙地的理发价格高 10 元，套利活动能否发生取决于交易成本。一种情况是乙地的理发师每天乘飞机去甲地提供理发服务，显然这种情况由于交易成本太巨大以致套利活动根本不会发生；另一种情况是乙地的理发师到甲地开设理发店，这种套利活动是可能发生的。

于是，我们将商品分为两大类，一类为可贸易商品（Tradable Goods），其区域间价格差异可通过套利活动消除；另一类为不可贸易商品（Non-tradable Goods），其区域间价格差异不能通过套利活动消除，包括不可移动的商品以及套利活动交易成本无限高的商品。对于可贸易商品，套利活动将使它的地区间价格差异保持在较小范围内。如果不考虑交易成本等因素，则同种可贸易商品在各地的价格都是一致的，这就是一国内部不同地区之间的"一价定律"（One Price Rule）。

当视野扩展到不同国家时，就要将同种商品以不同货币衡量的价格按一定的汇率折算成同一货币进行比较，于是就将汇率与物价联系在一起，从而为购买力平价奠定了理论前提。同样地，套利活动将使可贸易商品在不同国家之间的价格差异缩小。只是与一国内部情况相比，不同国家之间的套利活动涉及外汇交易、进出口的种种限制等，套利活动更加困难，套利的交易成本也更为高昂。如果不考虑交易成本等因素，则同种可贸易商品的价格经汇率折算后在任何国家都相同，这就是不同国家间的"一价定律"。用公式表示为

$$P_i = e \cdot P_i^* \tag{2-1}$$

式中，e 为直接标价的汇率；P_i 为某种可贸易商品的本币价格；P_i^* 为某种可贸易商品的外币价格。

（二）购买力平价的基本形式

购买力平价说有两种基本形式，即绝对购买力平价和相对购买力平价。前者说明某一时点上汇率决定的基础，后者解释某一时期汇率变动的原因。

1. 绝对购买力平价

根据一价定律，则有

$$P_i = e \cdot P_i^*$$

若两国物价指数的编制中，各种可贸易商品所占的权重相等，用 α_i 表示，则有

$$\sum_{i=1}^{n} \alpha_i P_i = e \cdot \sum_{i=1}^{n} \alpha_i P_i^* \tag{2-2}$$

式中，$\sum_{i=1}^{n} \alpha_i P_i$ 与 $\sum_{i=1}^{n} \alpha_i P_i^*$ 分别表示本国和外国的可贸易商品的一般物价水平，用 P 和 P^* 表示，则

$$P = e \cdot P^* \tag{2-3}$$

将式(2-3)变形，可得

$$e = \frac{P}{P^*} \tag{2-4}$$

式(2-4)就是绝对购买力平价的一般表达式。由于物价总在变动，所以绝对购买力平

价说明的是在某一时点上汇率的决定，它意味着汇率由两国可贸易商品的一般物价水平之比所决定，而购买力就是一般物价水平的倒数，所以汇率即由两国货币对可贸易商品的购买力之比所决定。

在现代分析中，有些学者认为一国的不可贸易品与可贸易品之间，各国不可贸易品之间存在着种种联系，这些联系使得一价定律对于不可贸易品也成立。因此，上述结论可以扩展到一国经济中的所有商品。

2. 相对购买力平价

相对购买力平价是对绝对购买力平价假定的放松而得出的。它认为交易成本的存在使一价定律并不能完全成立，同时各国一般物价水平的计算中商品及其相应权数都是存在差异的，因此各国的一般物价水平以同一种货币计算时并不完全相等，而是存在着一定的、较为稳定的偏离（只要这些因素不发生变动），即

$$e=\delta \cdot \frac{P}{P^{*}}（\delta\ 为偏离系数，且设为常数） \tag{2-5}$$

用下标“1”代表报告期，用下标“0”代表基期，则有

$$\frac{e_1}{e_0}=\frac{\left(\delta \cdot \frac{P_1}{P_1^{*}}\right)}{\left(\delta \cdot \frac{P_0}{P_0^{*}}\right)} \tag{2-6}$$

式(2-6)可以变形为

$$\frac{e_1}{e_0}=\frac{\left(\frac{P_1}{P_0}\right)}{\left(\frac{P_1^{*}}{P_0^{*}}\right)} \tag{2-7}$$

式(2-7)就是相对购买力平价的一般表达式。它说明的是两个时点之间汇率的变化。汇率的变化由两国的物价（或货币购买力）的变动所决定。如果本国的物价上涨率或通胀率高于外国，则本币贬值。

与绝对购买力平价相比，相对购买力平价更有应用价值，这是因为它从理论上避开了绝对购买力平价过于脱离实际的假定，并且通胀率的数据更加易于得到。两者存在这样的关系：如果相对购买力平价说是正确的，绝对购买力平价说却不一定正确，绝对购买力平价说是正确的，则相对购买力平价说也一定是正确的。

将式(2-7)简单变换一下，可以得到由相对购买力平价决定汇率的公式：

$$e_1=e_0 \cdot \frac{\left(\frac{P_1}{P_0}\right)}{\left(\frac{P_1^{*}}{P_0^{*}}\right)} \tag{2-8}$$

进一步用 π 表示本国物价报告期比基期上升的幅度（即通货膨胀率），用 π^{*} 表示外国物价报告期比基期上升的幅度，则有

$$e_1=e_0 \cdot \frac{1+\pi}{1+\pi^{*}} \tag{2-9}$$

在将式(2-9)作为汇率的决定公式时，要求正确选择一个汇率达到均衡或基本均衡的基年，这是保证以后一系列计算结果正确的必要前提。

（三）对购买力平价说的简要评价

(1) 在所有的汇率理论中，购买力平价说是最有影响的，这是因为首先它是从货币基

本功能(具有购买力)的角度分析货币的交换问题,这非常合乎逻辑,易于理解;同时它对汇率决定这样一个复杂问题给出了最为简洁的描述。购买力平价理论的这一特点使得它被广泛运用于对汇率水平的分析,成为许多经济学家和政府计算均衡汇率的常用方法。我国历史上曾使用换汇成本确定汇率的方法就是将购买力平价理论与我国情况相结合的结果。

(2) 购买力平价理论中所牵涉的一系列问题都是汇率决定中的基本的问题,因此对购买力平价理论的争论最为激烈,可以说始终处于汇率理论中的核心位置,是全部汇率理论的基础。购买力平价被普遍作为汇率的长期均衡标准而被应用于其他汇率理论的分析之中,从这个意义上讲,购买力平价是更为复杂的汇率决定理论的基础。下面将要介绍的资产市场分析,基本上都是以购买力平价的成立或在长期内的成立为分析前提的。

(3) 购买力平价说在理论上的意义还在于,它开辟了从货币数量角度对汇率进行分析之先河。购买力平价说的理论基础是货币数量说,在它看来,货币数量决定货币购买力和物价水平,从而决定汇率,所以汇率完全是一种货币现象,名义汇率在剔除货币因素后所得的实际汇率是始终不变的。对汇率决定的研究角度可以分为从货币层面,从实际经济因素角度或将两者结合起来,既研究货币因素又研究实际经济因素。购买力平价说是前者的代表。对汇率从货币数量角度的分析始终是汇率理论的主流。

(4) 从实证分析看,购买力平价一般只有在高通货膨胀时期才能较好成立,而绝大多数情况下,尤其在短期内或 20 世纪 70 年代以来的工业化国家并未得到实证检验的支持。究其原因,既有技术方面的,也有理论方面的。

从技术上讲,主要问题在于:首先,物价指数的选择不同,可以导致不同的购买力平价。比如,国内生产总值平减指数(GDP Deflator)是覆盖面最广的物价指数;批发物价指数(Wholesale Price Index)则是偏重覆盖内外贸商品价格的指数;而消费物价指数(Consumer Price Index)仅仅是覆盖消费品价格的一种物价指数。采用何种指数最为恰当,是个悬而未决的问题。其次,商品分类上的主观性可以扭曲购买力平价。运用购买力平价来计算汇率,要求不同国家在商品的分类上做到一致和可操作性,否则,就会缺乏可比性。不同国家由于价格体系、经济体制、统计口径上的差异,由于人们知识、信息和主观解释上的差异,很难做到商品分类上的一致性。最后,在计算相对购买力平价时,基期的选择至关重要。因为相对购买力平价说实际上隐含了基期汇率 e_0 为均衡汇率的假定。因此,准确选择一个汇率达于均衡或基本均衡的基期,是保证以后一系列计算结果正确的必要前提。而种种主客观因素使基期的正确选择显得十分不易。

从理论方面来看,有许多与现实不符之处。首先,该学说的理论基础是货币数量学说,即它假定货币数量是影响货币购买力和物价水平的唯一因素,把汇率的变动完全看成一种货币现象,认为实际汇率不会发生变动,名义汇率的调整完全是由通货膨胀引起的。在现实生活中,不仅货币性因素对名义汇率有影响,一系列实际因素的变动也会引起实际汇率以及相应的名义汇率的调整。这些实际因素包括:生产率、消费偏好、自然资源、本国对外国资产的积累、外贸管制措施等等。其次,该学说还假定市场完全竞争,价格可以灵活调整,如果存在价格黏性,那么汇率就会在短期内偏离购买力平价。最后,该学说只考虑了经常账户交易,在存在着资本与金融账户交易尤其是这一资本与金融账户交易在短期内主导了汇率的变动时，现实中汇率也就很难通过商品套购机制使之满足购买力平价了。

二、 利率平价说

利率平价说(Theory of Interest-rate Parity)是由凯恩斯(J. M. Keynes)于1923年在《货币改革论》一书中首先提出，1931年英国学者爱因齐格(P. Einzig)出版了《远期外汇理论》一书，进一步阐述了汇率与利率之间的相互关系。这是一个关于远期汇率决定的理论。购买力平价说是从国与国之间商品市场的联系角度分析汇率与商品价格水平之间的关系，利率平价说则是从金融市场的角度分析汇率与利率之间的关系。

根据金融市场上投资者的不同交易情形，利率平价说又分为两种：抛补的利率平价(Covered Interest-rate Parity，简称CIP)和非抛补的利率平价(Uncovered Interest-rate Parity，简称UIP)。

(一) 抛补的利率平价

假定资金在国际流动不存在任何限制和交易成本，且金融市场上有足够的可以自由支配的资金。令

$$\left.\begin{aligned} e &= \text{即期汇率} \\ e_f &= \text{远期汇率} \end{aligned}\right\}\text{直接标价}$$

$$i = \text{本币年利率}$$

$$i^* = \text{外币年利率}$$

若投资者手中持有一笔可自由支配的本币资金，由于国际资本流动没有限制，他既可以投资于本国金融市场，也可以投资于外国金融市场。如果投资于本国金融市场，则1单位本币投资 M 个月后的本利和为 $\left(1+i\cdot\frac{M}{12}\right)$ 个本币单位。

如果投资于外国金融市场，需要分3步实现投资计划：第1步，将本币在即期外汇市场上兑换成外币，1单位本币可兑换 $\frac{1}{e}$ 单位外币；第2步，将这 $\frac{1}{e}$ 单位外币在外国金融市场进行投资(如存款或购买债券)，期限也为 M 个月，本利和为 $\frac{1}{e}\left(1+i^*\cdot\frac{M}{12}\right)$ 个外币单位；第3步，到期后将外币的投资本利和在外汇市场上兑换回本币，从而收回投资。若期满时的市场即期汇率为 e'，则可兑换的本币数为 $\frac{e'}{e}\left(1+i^*\cdot\frac{M}{12}\right)$。由于 M 个月后的即期汇率 e' 是不确定的，所以这种投资方式的收益也就难以确定。为了消除这种不确定性带来的汇率风险，该投资者进行远期外汇交易以避免这种汇率风险，即在即期外汇市场上用1单位本币购买外币到外国金融市场进行投资的同时，在远期外汇市场上卖出 M 个月的远期外币，卖出金额就是外币投资的本利和 $\frac{1}{e}\left(1+i^*\cdot\frac{M}{12}\right)$，汇率为银行挂牌的远期汇率 e_f。这样，在投资到期时投资者只需将外币本利和用于交割远期交易，可获得稳定收益为 $\frac{e_f}{e}\left(1+i^*\cdot\frac{M}{12}\right)$ 个本币单位。

上述投资于外国金融市场的行为也即所谓套利交易。由于投资者进行这种套利交易是做了风险防范的，故也叫抵补套利(Covered Interest Arbitrage)。这种抵补套利交

易下形成的利率平价即为抛补的利率平价。

投资者究竟选择何种投资方式取决于这两种方式收益率的高低。

如果$\left(1+i\cdot\frac{M}{12}\right)>\frac{e_f}{e}\left(1+i^*\cdot\frac{M}{12}\right)$,那么投资者将投资于本国金融市场。需要说明的是,不仅本国投资者将其本币资金直接投资于本国金融市场,持有外汇资金的投资者(包括本国的和外国的)也会将其外汇资金兑换成本币资金投资于本国金融市场。这将导致外汇市场上即期购入本币与远期卖出本币行为,从而使本币即期升值(e 减小)远期贬值(e_f 增大),使本币投资收益率相对下降。反之,如果$\left(1+i\cdot\frac{M}{12}\right)<\frac{e_f}{e}\left(1+i^*\cdot\frac{M}{12}\right)$,那么投资者就会投资于外国金融市场。只有当两种投资方式的收益率完全相同时,套利活动才会停止,市场就处于平衡状态。这时有

$$1+i\cdot\frac{M}{12}=\frac{e_f}{e}\left(1+i^*\cdot\frac{M}{12}\right) \tag{2-10}$$

将式(2-10)进行数学变换:

$$\frac{e_f}{e}=\frac{1+i\cdot\frac{M}{12}}{1+i^*\cdot\frac{M}{12}}$$

$$\frac{e_f-e}{e}=\frac{(i-i^*)\cdot\frac{M}{12}}{1+i^*\cdot\frac{M}{12}}$$

$$\frac{e_f-e}{e}+\frac{e_f-e}{e}\cdot i^*\cdot\frac{M}{12}=(i-i^*)\cdot\frac{M}{12} \tag{2-11}$$

式中,$\frac{e_f-e}{e}$,i^* 和$\frac{M}{12}$都是小于 1 的小数,3 项乘积也就很小,将其略去,于是有

$$\frac{e_f-e}{e}\cdot\frac{12}{M}\approx i-i^* \tag{2-12}$$

式(2-12)就是抛补的利率平价表达式。此式的含义是:(1) 汇率的远期升(贴)水折年率近似等于两国货币年利率差;(2) 如果本币利率高于外币利率,则本币远期将贴水($e_f>e$),如果本币利率低于外币利率,则本币远期将升水。换句话说,利率高的货币远期将贴水,利率低的货币远期将升水。也即汇率的变动会抵消两国间的利率差异,金融市场(货币市场与外汇市场)处于平衡状态。

(二) 非抛补的利率平价

如果投资者不进行远期外汇交易以规避风险,而是根据自己对未来汇率变动的预期计算预期的收益,在承担一定的汇率风险情况下进行投资活动,这是非抵补套利(Uncovered Interest Arbitrage),由此得出的利率平价即是非抛补的利率平价,推导如上,可得一般表达式为

$$\frac{E_{e_f}-e}{e}\cdot\frac{12}{M}\approx i-i^* \tag{2-13}$$

式中,E_{e_f} 为投资者预期 M 个月后的市场即期汇率。此式含义是,预期的汇率远期变动率近似等于两国货币利率之差。

由于预期的汇率变动率是一个心理变量,很难获得可信的数据进行分析,所以利用非抛补的利率平价形式进行实证检验的并不多见,实际意义也不大。在经济分析中,对

非抛补利率平价的实证研究一般是与对远期外汇市场的分析相联系的。

（三）两种利率平价的关系

两种利率平价的成立分别是由两种类型的套利活动实现的。而外汇市场上的另一种交易者——投机者，他们的投机活动使两种利率平价统一起来，对远期汇率的形成起到了决定性的作用。

投机者总是根据自己的预期试图在汇率的变动中谋利。假定 $E_{e_f}>e_f$，这意味着投机者认为远期汇率 e_f 对未来的本币价值高估了，因此他将购买远期外汇，卖出远期本币，这样期满交割时，如果市场汇率如其所预期的那样变动到 E_{e_f}，则可获得差价利润（$E_{e_f}-e_f$）。当然，如果他预测失误，则会带来损失。投机者的交易行为会使 e_f 值增大，直至与预期的未来汇率相等时为止，即 $E_{e_f}=e_f$。可见，投机者的投机行为对远期汇率的形成起到了决定性的作用。最终，两种利率平价趋于一致。

（四）利率平价说简评

(1) 利率平价说对于远期汇率的决定及预测乃至干预有重要的理论与实际意义。利率平价说的研究角度从商品流动转移到资金流动，指出了汇率与利率之间存在的密切关系，这对于正确认识外汇市场上，尤其是资金流动非常频繁的外汇市场上汇率的形成机制是非常重要的。利率平价说的实践价值有两点，一是抛补的利率平价被作为指导公式广泛运用于外汇银行对远期汇率的确定；二是为中央银行对外汇市场进行灵活的调节指出了一条有效的途径，即培育一个发达的、有效率的货币市场，在货币市场上利用利率尤其是短期利率的变动来对汇率进行调节。

(2) 与购买力平价说一样，利率平价说也不是一个完整的、独立的汇率决定理论。购买力平价说论述了汇率与物价水平之间的关系，但究竟是相对价格水平决定了汇率，还是汇率决定了相对价格水平，或是两者同时被其他变量所外生决定，购买力平价理论中并未阐述清楚，至今还存在着很大争论。利率平价说也只是描述出了汇率与利率之间的关系，而汇率与利率之间是相互作用的，不仅利率的差异会影响到汇率的变动，汇率的变化也会通过资金流动而影响利率。更为重要的是，利率和汇率可能同时受更为基本的因素（例如货币供求等）的作用而发生变化。不过，这两种理论对汇率与物价水平、汇率与利率的关系做了较好的论述，而且有简洁的表达式，因此常常被用到其他汇率决定理论分析之中。

(3) 这一理论没有考虑交易成本的影响，而且假定资本流动无障碍、资金规模无限制不切实际。

三、 国际收支说

（一）国际收支说的早期形式——国际借贷说

国际借贷说（Theory of International Indebtedness）是国际收支说的早期形式。这一理论产生于金本位制时期，于 1861 年由英国学者葛逊（G. L. Goschen）在其著作《外汇理论》（*The Theory of Foreign Exchange*）中提出的。由于在金本位制度下，铸币平价是汇率决定的基础，故客观上需要说明的仅仅是汇率的变动。葛逊认为，一国汇率的变动是由外汇市场上外汇的供求变化所引起的，外汇供求又源于国际借贷，而国际借贷则可分为固定借贷和流动借贷，前者指借贷关系已经形成，但尚未进入支付阶段的借贷；后者指已进入支付阶段的借贷。只有流动借贷的变化才会影响外汇的供求。当一国的流动债权(外汇收入)多于流动债务(外汇支出)时,外汇的供给大于需求,因而外汇汇率下降;反之,一国的流动债权少于流动债务时,外汇的供给小于需求,外汇汇率上升。当一国的流动借贷平衡时,外汇收支相等,汇率便处于均衡状态。

葛逊所说的流动债权和流动债务实际上就是国际收支,所以该理论又被称作国际收支说。该理论实际上就是汇率的"供求决定论"。外汇供求的变化对汇率有着直接的影响,这一点是无可非议的。虽然葛逊提出了流动债权与流动债务(或称国际收支)影响着外汇供求进而影响汇率,但他并未能进一步解释究竟哪些因素通过作用于国际收支而影响汇率变化。国际借贷说的这一缺陷在现代国际收支说中得到了弥补。

(二) 现代国际收支说

第二次世界大战后,建立起了布雷顿森林货币体系,各国实行固定汇率制度。由于汇率基本固定,因而这一时期出现的各种理论,如弹性论、吸收论、货币论等都是以国际收支问题为主题的,属于国际收支理论范畴,其中对汇率的研究集中在汇率变动引起的经济后果上,即汇率如何影响进出口贸易、国内生产和就业等变量,而对汇率本身的决定则未予研究。1973 年,布雷顿森林体系瓦解,浮动汇率制时代产生,国际资本流动高度发达,在这样的历史背景下,学者们对汇率决定的研究才重新兴起,在继承已有汇率决定理论的一些分析结论的基础上,把战后发展的许多经济学理论成果应用到汇率分析中来,使汇率决定理论有了较大的发展。首先就是一些学者在国际借贷说的基础上,利用凯恩斯模型来说明影响国际收支的主要因素,进而分析了这些因素如何通过国际收支作用于汇率,从而形成了现代的国际收支说(Balance of Payment Theory of Exchange Rate)。再就是运用资产组合选择理论将商品市场、货币市场和证券市场结合起来进行汇率决定分析的资产市场说(Assets Market Approach to Exchange Rate)。资产市场说将在下面进行分析。

凯恩斯主义汇率理论未考虑外国收入和价格的影响,1981 年,美国学者阿尔吉(V. Argy)对之做了改进和深化。

国际收支平衡的条件是综合差额等于零,即经常账户差额(用 CA 表示)与资本和金融账户差额(用 KA 表示)之和等于零,用公式表示为

$$CA+KA=0 \tag{2-14}$$

这里经常账户简单视为商品劳务进出口。其中,进口主要由本国国民收入(Y)和国内外相对价格$\left(\frac{P}{eP^*}\right)$决定;出口主要由外国国民收入($Y^*$)和国内外相对价格$\left(\frac{P}{eP^*}\right)$决定。这样,影响经常账户收支的主要因素可表示为

$$CA=CA(Y,Y^*,P,P^*,e) \tag{2-15}$$

而资本与金融账户差额则主要取决于国内外利率水平(i,i^*)以及人们对未来汇率变化的预期$\left(\frac{E_{e_f}-e}{e}\right)$,可表示为

$$KA=KA(i,i^*,e,E_{e_f}) \tag{2-16}$$

可见,影响国际收支的主要因素为

$$BOP=BOP(Y,Y^*,P,P^*,i,i^*,e,E_{e_f}) \tag{2-17}$$

如果将除汇率外的其他变量均视为已给定的外生变量,则汇率将在这些因素的共同

作用下变化至某一水平，以平衡国际收支，即

$$e=f(Y,Y^*,P,P^*,i,i^*,E_{e_f}) \tag{2-18}$$

从上面分析可以看出，国际收支论正是利用凯恩斯主义国际收支均衡条件的分析，由影响国际收支均衡的因素推演出影响均衡汇率变动的因素，这些因素主要有国内外国民收入、国内外价格水平、国内外利率及人们对未来汇率的预期，并且对这些因素如何影响汇率变化做了进一步分析，结论是：第一，本国国民收入的增加将通过边际进口倾向而带来进口的上升，从而增加对外汇的需求，外汇升值本币贬值。外国国民收入的增加将带来外国进口也就是本国出口的增加，从而增加对外汇的供给，外汇贬值本币升值。第二，本国物价水平的上升将会使本国产品在国际市场上竞争力下降，出口减少，从而使本币贬值。外国物价水平的上升会使本国进口减少，本币将升值。第三，本币利率的提高将吸引更多的资本流入，对本币的需求增加，本币升值。外国利率的提高则会使本国资本流出增加，对外汇的需求增加，本币贬值。第四，如果人们预期本币在未来将贬值，就会将本币换成外汇以避免汇率损失，这带来本币即期贬值。反之则升值。

需要指出的是，以上各变量对汇率影响的分析结论是在其他条件不变的情况下得出的。而实际上，这些因素之间也存在着复杂的关系，因此它们对汇率的确切影响很难简单确定。比如国民收入，本国国民收入的增加会在增加进口的同时造成货币需求的上升，从而造成利率的提高，使资本流入增加，而且，国民收入的增加还可能导致对未来汇率预期的改变。

（三）对国际收支说的简要评价

（1）国际收支说从汇率与国际收支密切关系的角度分析了影响汇率的诸多客观经济变量，是一个新的分析视角，即是从宏观经济角度而不是从货币数量角度研究汇率决定问题。形成了现代汇率理论的一个重要分支。

（2）国际收支说是关于汇率决定的流量理论。这一流量特性体现在它认为是国际收支引起的外汇供求流量决定了汇率水平及其变动。而仅仅根据这一流量分析得出的结论常常与现实不符。比如，发生在外汇市场上交易流量变动很小的情况下汇率却发生了大幅变动，这是常见的事情。事实上，与其他普通商品市场相比，外汇市场上汇率变动得更为剧烈，更为频繁。可见，简单地运用普通商品市场上价格与供求之间的关系来对外汇市场进行分析并不合适。国际收支说的这一缺陷在资产市场说中得到了弥补。

（3）与购买力平价说及利率平价说一样，国际收支说也不能被视为完整的汇率决定理论，而只是阐述了汇率与各经济变量之间的联系。

四、资产市场说

20 世纪 70 年代以来，世界进入浮动汇率制时代，国际金融市场空前发达，国际资金流动越来越频繁，规模越来越巨大。而外汇市场上汇率的变动呈现出了与股票市场等资产市场上的交易相近的特点。例如，价格变动极为频繁且波幅很大，价格受心理预期因素影响很大等。这启发人们将汇率看成一种资产价格（货币这一特殊资产的价格），这一价格是由资产市场决定的。在这一思想指导下产生的汇率理论统称为资产市场说。对普通商品而言，价格变动一般是由供求变动导致大规模交易的结果，供求流量因素决定了普通商品的价格。而对于资产价格而言，它在市场上的供求反映的是对这一资产持有

的存量进行调整的需要。一种资产价格的变动，是由于整个市场改变了对该资产价值的评价，因此在很少或没有交易发生的情况下，资产价格有可能变动，甚至是相当大的变动，交易者直接标高或标低价格。所以，资产市场说一般又被称为汇率决定的存量模型，在20世纪70年代以来取代了汇率的国际收支流量分析，成为汇率理论的主流。另外，在资产市场上，预期发挥着十分重要的作用。对于普通商品而言，现实条件的变动及预期的改变一般不能非常迅速地反映在即期价格之中。而在资产市场上，对未来经济条件的预期会非常迅速地反映在即期价格之中。因此，资产市场说在当期汇率决定的分析中，十分重视预期的作用。正由于上述特点，使资产市场说对汇率的易变性问题做出了更好的解释。

资产市场说采用一般均衡分析，它将商品市场、货币市场和证券市场结合起来进行汇率决定分析。一国金融市场供求存量失衡后，市场均衡的恢复不仅可以通过商品市场的调整来完成，在各国资产具有完全流动性的条件下，还可以通过国内外资产市场的调整来完成。均衡汇率就是指两国资产市场供求存量达成均衡时两国货币之间的相对价格。

根据不同的假定，资产市场说又分为几种不同的汇率决定理论。在假定国内外商品与资产具有充分流动性的大前提下（也即抛补的利率平价始终成立），国内外商品之间和资产之间有一个替代程度的问题。假定国内外资产之间具有完全的替代性，就有汇率的货币分析法，它集中分析的是本国货币市场上货币供求变动对汇率变动的影响。资产市场说中所讨论的资产市场是由本国货币市场、本国债券市场和外国债券市场构成的。由于假定资产完全替代，本国债券市场和外国债券市场可以统一为一个债券市场。当资产市场处于均衡状态时，货币市场的均衡也必然带来债券市场的均衡。故此，货币分析法将分析的焦点集中在货币市场上，认为汇率的决定是由货币市场的供求决定的。若假定国内外资产之间不具有完全的替代性，在这种情况下，投资者就要根据“收益—风险”分析法在国内外资产之间进行精心的选择，于是就产生了汇率的资产组合分析法。

（一）汇率的货币分析法

汇率的货币分析法（Monetary Approach to Exchange Rate）源于国际收支的货币分析法。最早的倡导者是已故的美国芝加哥大学教授哈里·约翰逊（Harry G. Johnson），尔后在雅各布·弗伦克尔（Jacob Frenkel）、麦克尔·穆萨（Michael Mussa）、鲁迪格·多恩布什（Rudiger Dornbusch）等一大批芝加哥学派经济学家的全面分析和论证下，汇率的货币分析法成为当代汇率理论的一个极具影响力的分支。根据对商品市场价格调整速度的不同假设，即受到冲击后进行均衡调整的速度快慢的不同，这一理论又分为弹性价格货币分析法和黏性价格货币分析法。前者假定商品市场上的价格完全灵活可变，与债券市场一样能迅速、灵敏地加以调整；后者则假定债券市场的反应要比商品市场灵敏得多，商品市场上的价格具有黏性，故短期内货币市场的失衡立即引起债券市场价格——利率的变动，进而引起汇率变动，使货币市场恢复均衡，而不是商品价格变动及汇率变动使然。

1. 汇率的弹性价格货币分析法

汇率的弹性价格货币分析法（Flexible-price Monetary Approach）又称为汇率的弹性货币模型。此模型建立在3个假定基础上：① 垂直的总供给曲线；② 稳定的实际货币需求；③ 购买力平价始终成立。与国际收支货币分析法不同的是，此处货币供给是政府可以控制的外生变量，而且，特别要指出的是，在弹性价格假定下，利率、实际国民收入都与货币供给无关。货币供给只能引起价格水平的迅速调整，并不能带来利率的变化而进一步影响到产出。购买力平价成立时：

$$e=\frac{P}{P^*}$$

货币市场均衡时：

$$M_d=P\cdot f(Y,i)=M_s$$

从而

$$P=\frac{M_s}{f(Y,i)}$$

上述各表达式中，M_d，M_s 分别表示本国名义货币需求量和名义货币供给量，$f(Y,i)$为本国实际货币需求量，我们用加 * 表示外国的相应各变量，则有

$$e=\frac{P}{P^*}=\frac{M_s}{M_s^*}\times\frac{f^*(Y^*,i^*)}{f(Y,i)} \tag{2-19}$$

式(2-19)表明：两国货币的汇率，从长期看，完全取决于两种货币的相对名义供给量(M_s，M_s^*)和实际需求量(f，f^*)，利率和产出的变化通过影响货币实际需求使汇率发生变动。

一般来说，一国实际货币需求与本国利率成反比，与本国实际国民收入成正比。可将两国实际货币需求表示为

$$f=kY^{\alpha}i^{-\beta} \tag{2-20}$$

$$f^*=k^*Y^{*\alpha}i^{*-\beta} \tag{2-21}$$

式中，k，α，β 分别表示以货币形式持有收入的比例、货币需求的收入弹性和利率弹性，均为大于零的常数。为简便起见，假定国内外货币需求函数的形式、货币需求的收入弹性和利率弹性都相同。将式(2-20)和(2-21)代入(2-19)，可得

$$e=\frac{M_s}{M_s^*}\times\frac{k^*}{k}\left(\frac{Y^*}{Y}\right)^{\alpha}\times\left(\frac{i}{i^*}\right)^{\beta} \tag{2-22}$$

式(2-22)就是汇率的弹性价格货币分析法的基本模型。这一模型表明：

(1) 本国货币供给相对于国外货币供给增长时，将迅速导致本国价格水平等比例上升。在购买力平价有效成立的条件下，本国货币汇率等比例下跌，本国收入水平和利率则不发生变动。

(2) 本国实际国民收入相对增长，将导致货币需求的增加，在名义货币供给不变的情况下，国内价格水平下降，在购买力平价有效成立的条件下，本国货币汇率相应上升，进而维持货币市场均衡。货币供求说认为，一国货币贬值是货币供给增长过快所致，因而主张，为了维持汇率稳定，货币供给的增长应与国民收入的增长保持一致，否则，一国货币的币值将是不稳定的。

(3) 本国利率水平相对提高，会导致国内货币需求下降，价格上升，在购买力平价机制的作用下，本国货币汇率将下跌，本币贬值。

弹性价格模型还考虑了预期因素，引进预期后的货币模型表明，在其他条件相同时，公众如果预期本币将贬值外币将升值时，就会购买外币抛售本币，结果导致即期本币贬值外币升值。所以，在存在预期的情况下，预期汇率上升，则会导致即期汇率上升，反之，则会导致即期汇率下跌。因此，支持这一学说的经济学家普遍认为，在货币当局的货币供给机制稳定和透明的前提下，理性的预期有助于平缓外汇市场的波动，引导汇率趋向均衡。

汇率的弹性货币模型对汇率理论的贡献表现在：它虽然建立在购买力平价说基础上，但它并不是购买力平价说的简单翻版，而是具有诸多创新相对独立的汇率决定理论。首先，该模型将购买力平价这一主要形成于商品市场上的汇率决定理论引入到资产市场上，将汇率视为一种资产价格，从而抓住了汇率这一变量的特殊性质。其次，在购买力平价说基础上，采用现代货币学派的货币供求理论，形成了资产市场说中最为简单的一种汇率决定模型，并体现了这一分析方法的基本特点，从而成为更复杂的汇率理论的基础，并在各种分析中被经常使用。再次，在这个简单的模型里，实际包含了商品市场、货币市场、债券市场、外汇市场的平衡，是一种一般均衡分析，与以往局部均衡分析相比是一个重大突破。

该模型不足之处在于：① 它以购买力平价为基础，而购买力平价说本身存在诸多缺陷；② 忽视了国际收支的结构性因素特别是经常项目对汇率的重要作用；③ 假定货币需求是稳定的没有足够的令人信服的证据；④ 尤其假定价格水平具有充分弹性这一点愈来愈受到人们的批评，也使得这一模型在实证检验中很难得到令人满意的结果。

2. 汇率的黏性价格货币分析法

汇率的黏性价格货币分析法(Sticky-price Monetary Approach)，又称为汇率的黏性货币模型，简称汇率的超调模型(Overshooting Model)，是美国麻省理工学院教授鲁迪格·多恩布什于 1976 年提出的。该模型主要分析的是发生货币冲击以后汇率超调的过程。

与弹性货币模型相同，超调模型也假定国内外资产可以完全替代，非套补的利率平价成立；货币需求是稳定的。但由于它认为商品市场与资产市场的调整速度不同，商品市场上的价格存在黏性，从而导致另外两个分析前提的不同，一是购买力平价在短期内不成立。因为资产市场调整速度快，作为资产价格的汇率在受到冲击后会迅速调整，而商品市场上的价格调整慢，因此，短期内不能使购买力平价成立。只有在长期内，当价格水平能充分调整后，购买力平价才能得以成立。二是总供给曲线在不同时期有不同的形状，开始时，因价格不变呈水平状，随后价格开始缓慢调整，总供给曲线呈现由左下方向右上方倾斜的曲线，总需求的上升在提高产出的同时引起价格的上升。而在长期内，价格可以充分调整，总供给曲线才是垂直的(见图 2-3)。

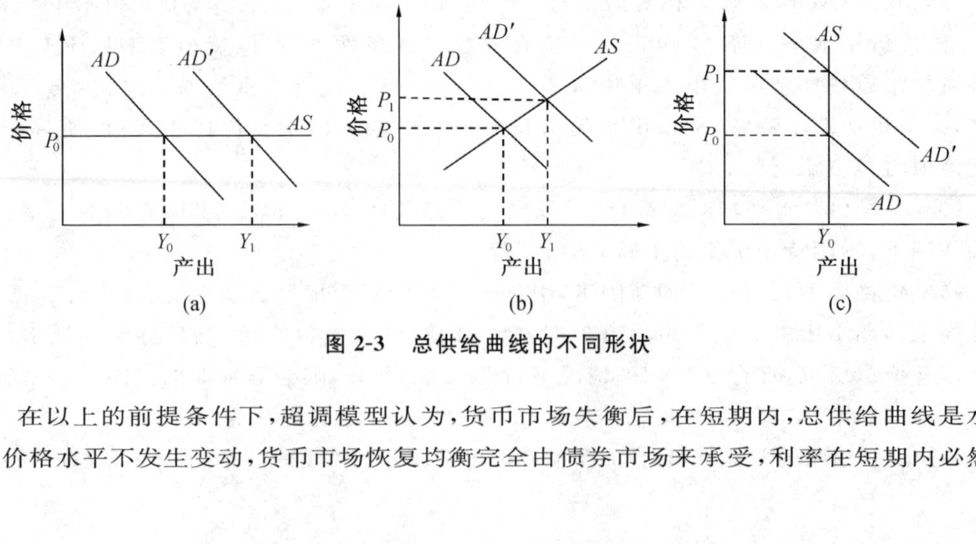

图 2-3 总供给曲线的不同形状

在以上的前提条件下，超调模型认为，货币市场失衡后，在短期内，总供给曲线是水平的，价格水平不发生变动，货币市场恢复均衡完全由债券市场来承受，利率在短期内必然出现超调,即调整幅度要超出其长期均衡水平。利率的超调通过利率平价带来汇率的超调,即汇率的变动幅度也将超过其长期均衡水平。这时的汇率水平仅由债券市场的调整决定。

随着时间的推移,商品市场的价格水平也开始调整,汇率水平就由商品市场和资产市场的相互作用所决定,汇率将逐步向长期均衡水平趋近。而这一长期均衡汇率正是汇率的弹性货币模型所决定的汇率。可见,汇率的超调模型与汇率的弹性货币模型都强调货币市场均衡在汇率决定中的作用,同属汇率的货币论。汇率的超调模型本质上只是汇率的弹性货币模型的修正,它从理论上克服了弹性货币模型不符合短期分析的缺陷,把长期和短期分析结合起来,成为一种汇率动态调整的理论。

多恩布什关于汇率动态调整的具体分析可作如下表述:名义货币供应量的永久性增加导致本国货币市场出现失衡后,由于短期内价格粘住不变,实际货币供应量就会增加。要使货币市场恢复均衡,人们对实际货币余额的需求就必然增加。实际货币需求是国民收入和利息率的函数。在国民收入短期内难以增加而保持不变的情形下,利息率就会下降,因此,人们将愿意拥有增加的实际货币余额。在各国资本具有完全流动性和替代性的情况下,本币利率下降就会引起套利目的的资金外流,与此同时,由于本国货币供给量的永久性扩张造成本币贬值预期,由此导致短期内外汇汇率大幅上升、本币汇率大幅下降。此时汇率处于短期均衡的超调状态,而此时商品市场并没有处于均衡状态,而是处于超额需求状态。这是因为:第一,利率下降会刺激总需求;第二,外汇汇率上升使世界商品市场偏离一价定律,产生商品套购机会,由此造成对本国商品的需求。在产量不变的情况下,商品市场的超额需求最终将带来商品价格的上升。随着商品市场上价格水平的缓慢上升,直至增加到与名义货币供给量增加相同的比例,实际货币供给量逐渐恢复到初始水平,本国利率水平也恢复到初始水平,外汇汇率逐步向下调整到长期均衡水平。在汇率的动态调整过程中,汇率对于货币供给波动的即刻反应超过长期反应,这一现象称为"汇率超调"。它解释了为何汇率的日常波动如此之大。超调模型的这种动态调整过程可用图 2-4 直观描述。

汇率的超调模型具有重要的理论与实际意义。① 超调模型首次涉及了汇率的动态调整问题,从而开辟了汇率理论研究的新领域——汇率动态学。② 假定商品价格具有黏性更切合实际,使之为广大研究者普遍接受,成为开放经济下进行宏观经济分析的基本模型之一。③ 对人们理解现实汇率的波动具有一定的指导意义,同时对政府制定相关政策具有参考价值。既然超调是在资金自由流动条件下汇率自由调整的必然现象,而汇率的过度波动将会对经济、金融带来很大冲击甚至灾难,因此,完全放任资金自由流动、实行完全自由浮动汇率制并不是最合理的,政府有必要对之加以干预和管理。

超调模型的主要缺点是:① 由于建立在货币模型的分析基础上,具有与货币模型相同的一些缺陷。② 作为存量理论的超调模型忽略了对国际收支流量的分析。它将汇率波动完全归因于货币市场的失衡,而否认商品市场上的实际冲击对汇率的影响,未免有失偏颇。

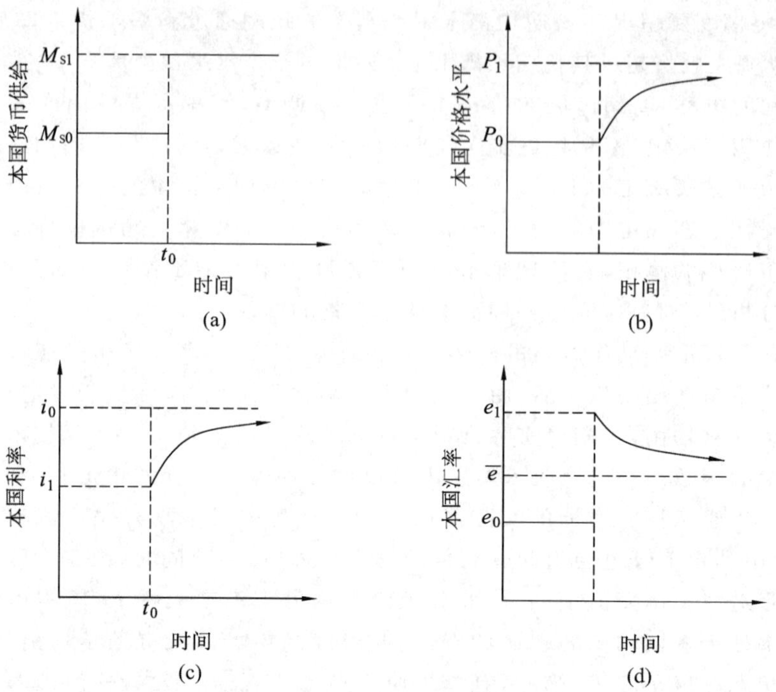

图 2-4　汇率超调模型的动态调整过程

（二）汇率的资产组合分析法

汇率的资产组合分析法（Portfolio Balance Model of Exchange Rate），形成于 20 世纪 70 年代，其代表人物是美国普林斯顿大学教授布朗森（W. Branson）。

资产组合分析法引入了现代资产组合原理，认为理性的投资者会将其拥有的财富，按照收益与风险的权衡，配置于各种可供选择的资产上。与货币分析法相比，其最大特点是：更加合理地假设本币资产和外币资产是不能完全替代的。由于风险因素的引入使得无抛补的利率平价不能成立，而且汇率作为一般均衡体系的一部分，应该是被所有市场的相互作用所决定的，这就需要对本币资产和外币资产的动态调整在两个独立的市场上来进行考察。资本市场均衡反映的是货币市场、本国债券市场和外国债券市场的同时均衡。

1. 基本模型

(1) 分析前提。第一，本国居民持有 3 种资产：本国货币（我们记为 M）、本国债券（记为 B）、外国债券（记为 F），它的本币价值等于 $e \cdot F$（e 为直接标价的汇率）。第二，为简单起见，在短期内不考虑持有本国债券及外国债券的利息收入给资产总量的影响。第三，假定预期未来汇率不发生变动，这样影响持有外国债券的收益率的因素仅是外国利率的变动。

(2) 资产组合模型的基本形式。一国资产总量（总财富）在任何时候由以下公式构成：

$$W = M + B + e \cdot F \tag{2-23}$$

一国资产总量是分布在本国货币、本国债券和外国债券之上，投资者会根据不同资产的收益率、风险及自身的风险偏好情况确定最优的资产组合。

投资者对不同资产的选择形成对各种资产的需求。资产选择的原则是：① 随着财富量的增加，对 3 种资产的需求都将增加；② 各种资产的选择比例与其自身的预期收益率成正比，与其他资产的预期收益率成反比。于是，对本国货币的需求是本国利率、外国利率的减函数，是资产总量的增函数；对本国债券的需求是本国利率的增函数、外国利率的减函数、资产总量的增函数；对外国债券的需求，是本国利率的减函数、外国利率的增函数，资产总量的增函数。

从供给方面来看，本国货币和债券的供给是由政府控制的外生变量；外国债券的供给是通过经常账户的盈余获得的，在短期内假定经常账户状况不发生变动，因此，这种情况下它的供给也是外生固定值。

当各种资产供求相等时，该资产市场就达到了均衡。3 种资产供求相等时的均衡条件为

$$M=\alpha(i,i^*)W \tag{2-24}$$

$$B=\beta(i,i^*)W \tag{2-25}$$

$$e\cdot F=\gamma(i,i^*)W \tag{2-26}$$

$$\alpha+\beta+\gamma=1,\text{或 } W=M+B+e\cdot F \tag{2-27}$$

式(2-24)、(2-25)、(2-26)及(2-27)中，α,β,γ 分别表示私人部门愿意以本国货币、本国债券和外国债券的形式持有的财富比例。i,i^* 分别表示本国利率和外国利率。

在以上每个市场中，资产供求的不平衡会带来相应变量的调整，主要是本国利率和汇率的调整。由于各个市场是相互关联的，因此只有当 3 个市场都处于平衡状态时，该国的资产市场才处于平衡状态。这样，短期内在各种资产的供给量既定的情况下，对各种资产的需求将确定本国的利率与汇率水平。长期中，对于本国既定的货币供给与债券供给，经常账户的失衡会带来本国持有的外国债券总量的变动，这一变动又会引起资产市场的调整。因此，在长期内，还要求经常账户处于平衡状态。

（3）资产组合模型的图形分析。图 2-5a 中，线 *MM* 代表货币市场平衡时本国利率与汇率的组合，这一曲线斜率为正。因为随着汇率 e 值增大（本币贬值），对于一定数量的外国债券，以本币衡量的这一资产的价值提高了，这带来资产总量的本币价值提高。因此，如果其他条件不变，以本币衡量的资产总量的增加将导致对货币需求的上升。在货币供给既定的情况下，需要以本国利率的上升来降低货币需求，从而维持货币市场的供求平衡。

图 2-5b 中，线 *BB* 表示本国债券市场平衡时本国利率与汇率的组合。这一曲线斜率为负，因为本币贬值带来本国资产总量增加，将导致对本国债券的需求上升，进而导致本国债券价格上涨、利率下降。

图 2-5c 中，线 *FF* 表示外国债券市场平衡时本国利率与汇率的组合。本币贬值使外国债券的本币价值上升，而资产总量价值增加后，这一增加的资产总量只有一部分用于持有外国债券，外国债券市场上出现了超额供给，需要本国利率下降以提高对外国债券的需求，因此，线 *FF* 斜率为负，而且比线 *BB* 更平缓，因为本国债券市场对本国利率的变化更为敏感，同样的汇率变动在本国债券市场上只需要较小的利率调整便能维持平衡。

另外，在每个资产市场上，每种资产供给量的增加将导致该市场均衡曲线的移动。货币供给增加将导致线 *MM* 向左移动。因为在汇率既定时，货币市场上供给超过需求，为恢复货币市场的平衡，利率必须下降以提高货币需求（见图 2-5a）。本国债券供给增加会使线 *BB* 向右移动。因为在汇率既定时，本国债券市场上供给超过需求，本国债券价格下降，也就是本国利率上升（见图 2-5b）。外国债券供给的增加将导致线 *FF* 向左下移

动。因为在汇率既定时，在外国债券市场上供给大于需求，需要本国利率的降低以消除这一超额供给，维持市场平衡（见图 2-5c）。

当货币市场、本国债券市场、外国债券市场同时平衡时，经济处于短期平衡状态，显然，这意味着经济的短期平衡位于 3 条曲线的交点（见图 2-5d）。并由此决定了短期均衡汇率水平 $\bar{e}$ 和利率水平 $\bar{i}$。

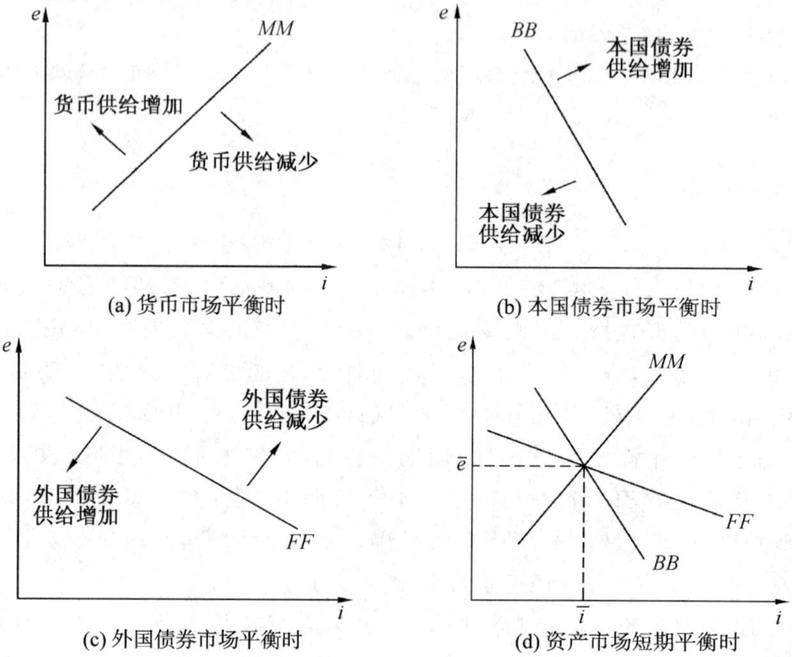

图 2-5　本国利率与汇率的组合

2. 资产供给变动与资产市场的短期调整

根据资产组合均衡基本模型，可以分析 3 种资产供给的变化对利率和汇率的影响。供给量变化可分为两种情况：其一，资产供给量相对变动，即总财富不变，某种资产的供给增加导致其他一种或两种资产减少，从而对利率和汇率产生影响，这一影响过程可称为替代效应；其二，资产供给量绝对变动，即在其他资产供给不变情况下，某种资产供给增加导致总财富增加，从而影响利率与汇率波动，可把这种效应称为财富效应。

（1）替代效应。政府在本国债券市场或外国债券市场进行公开市场操作将引起资产供给量相对变动。

① 当在本国债券市场上买进本国债券时，本国债券供给将减少，而本国货币供给将增加，其经济效应如图 2-6a 所示。货币供给增加使线 MM 左移至线 $M'M'$，本国债券供给的相应减少使线 BB 向左移动到线 $B'B'$。由于外国债券供给不发生变动，因此线 FF 不发生移动。显然线 $M'M'$、线 $B'B'$ 与线 FF 的交点意味着货币市场、本国债券市场与外国债券市场同时平衡，点 B 就是经济新的短期平衡点。从分析可以知道，新的平衡点表现为本币汇率贬值、本国利率水平下降。

② 当在外国债券市场上买进外国债券时，假定政府只从本国居民手中购买外国债券，这意味着外国债券供给的减少、本国货币供给的增加。其经济效应如图 2-6b 所示。同理，由于本国债券供给不发生变动，线 BB 不移动；本国货币供给增加，线 MM 左移至线 $M'M'$；线 BB 和线 $M'M'$ 的交点 B 就是经济的短期平衡点。此时，外国债券市场也处于平衡状态，因为线 FF 将由于外国债券供给的减少而上移直至经过点 B。

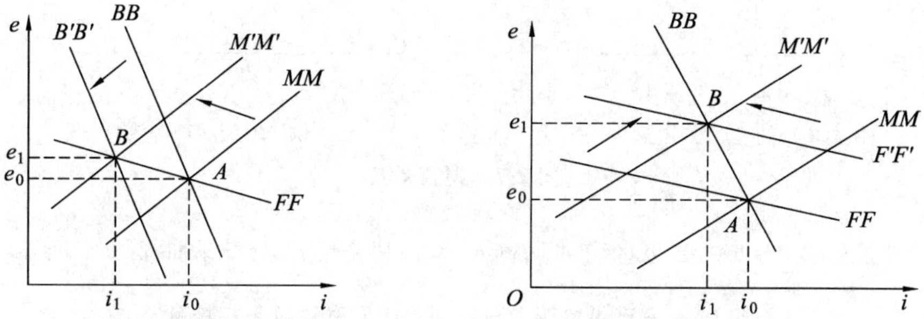

(a) 在本国债券市场进行公开市场业务的经济效应

(b) 在外国债券市场进行公开市场业务的经济效应

图 2-6　替代效应

将上述干预方式进行比较可以看出，在本国债券市场上进行的操作对本国利率影响更大，在外国债券市场上进行的操作对本国汇率影响更大。可见，对于相同的货币供给增量，在假定本国债券与外国债券不可完全替代时，它的内部组成结构可以对利率与汇率水平产生不同程度的影响，这是与货币分析法不同的。

（2）财富效应。

① 中央银行融通财政赤字而导致的货币供给量绝对增加，其经济效应如图 2-7a 所示。在这种情况下，货币供给(M)与资产总量(W)同时增加。由于投资者倾向于对这一新增加的资产总量按原有比例持有各种资产，而本国债券与外国债券的供给数量并没有增加，于是在原有平衡点 A 会出现这两个市场上的超额需求。在本国债券市场上，既定的汇率下，对本国债券的超额需求会导致利率下降，这意味着线 BB 左移。在外国债券市场上，对于既定的本国利率，对外国债券需求的上升将导致外币汇率升值、本币汇率贬值，因此线 FF 右移。这两条曲线移动后相交的点 B 就是经济新的短期平衡点。此时，货币市场也处于平衡状态，因为线 MM 将由于货币供给的增加而左移经过该点。此时，本币汇率贬值，利率降低。

② 经常账户盈余导致的外国债券供给绝对增加，其经济效应如图 2-7b 所示。当经常账户盈余导致外国债券供给增加时，在外国债券市场上将形成超额供给，因此线 FF 左移。外国债券供给的增加，使一国资产总量增加，这就又形成了本国货币市场与本国债券市场上的超额需求，线 MM 右移，线 BB 左移。这样，需要调整汇率与利率以重新实现上述 3 个市场上的平衡。在调整过程中，主要是通过本国货币升值以降低本国资产总量，进而降低对本国货币与本国债券的超额需求，消除外国债券的超额供给。从图形上看，则意味着 3 条曲线的交点的利率水平与原有水平相等，本币汇率升值。同理，经常账户赤字会造成本币贬值。

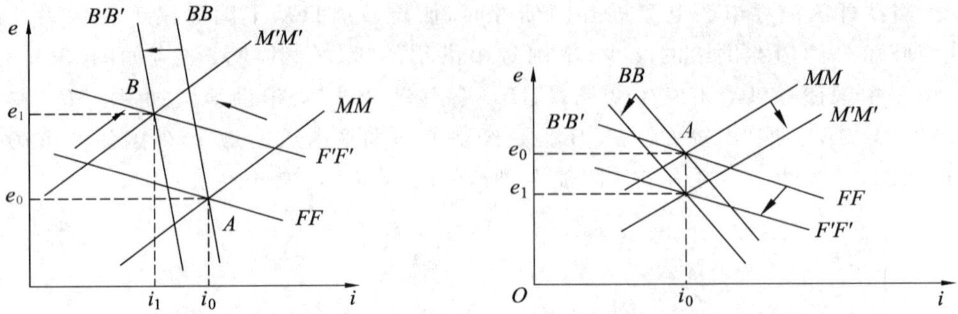

(a) 融通赤字带来的货币供给增加的经济效应

(b) 经常账户盈余导致的外国债券供给增加的经济效应

图 2-7 财富效应

将上述关于资产供给变动对短期均衡汇率和利率的影响归纳如表 2-1 所示。

表 2-1 资产供给变动对短期均衡汇率和利率的影响

	资产供给绝对量的增加		资产供给相对量的变动(央行公开市场操作)	
	本国货币供给存量增加（央行融通财政赤字）	外国债券供给存量增加（经常账户盈余产生）	买进本国债券	买进外国债券
利率	下降	不变	下降	下降
汇率	本币贬值	本币升值	本币贬值	本币贬值

3. 资产市场长期平衡及其调整机制

以上论述的是短期汇率的决定。但资产市场说关于汇率决定的学说并没有到此为止。在某一特定的时点上，当汇率和利率达到均衡时，经常账户可能为顺差，也可能为逆差。经常账户的顺差(逆差)意味着资本账户的逆差(顺差)，同时又意味着外币资产存量的增加(减少)，这反过来又影响到汇率，使汇率下降(上升)。这种不断的反馈过程对汇率产生不间断的影响，从而形成对汇率的动态调节，直到外币资产存量不再增加(减少)，即经常账户差额为零为止。这样，资产市场说便从短期汇率决定学说延伸到了长期汇率决定学说。

当经济位于短期平衡位置，但存在经常账户赤字或盈余时，由短期平衡向长期平衡的调整机制就体现为经常账户差额与汇率互相作用的动态反馈机制。例如，经常账户赤字会造成本币汇率的贬值，而本币汇率的贬值又会影响到经常账户的变动，这种反馈过程将会持续进行。长期平衡能否达到，关键在于本币汇率贬值能否增加经常账户盈余，即是否符合马歇尔—勒纳条件。当这一条件满足时，经济的动态调整必然会实现经常账户平衡，此时经济处于长期平衡状态，调整结束。

在上述资产组合调整过程中可区分为两种不同类型的资产调整：一种是金融资产存量在短期内的迅速调整，从而使汇率在短期内产生较大幅度的波动；另一种是贸易流量在长期中的缓慢调整。当金融资产市场上利率、汇率达到短期均衡时，若存在经常账户赤字或盈余，那么通过经常账户余额与汇率相互作用的动态反馈机制，经济将由短期均衡向长期均衡状态调整。

资产存量的瞬间大幅度调整与贸易流量的缓慢而小幅度的变化形成鲜明对照。金融资产市场上，由于利率、预期等因素的变动对金融资产持有人的成本和收益会造成重要影响，因而刺激资产持有人对各资产存量进行瞬间大幅度的调整，旨在迅速重建资产组合的均衡，这种调整不可避免地引起汇率在短期内产生较大幅度的波动。资产组合平衡论者认为，重建资产组合均衡正是汇率短期内大幅度且频繁波动的根本原因。而贸易流量的调整涉及生产结构、资源配置等因素，这些因素不可能在短期内达到调整所需要的目标。从长期看，贸易流量或实物市场的变化在汇率变动中占主导地位；而在较短时间内，汇率的变动则主要取决于金融资产存量的调整。这种观点可用来揭示短期内汇率变动偏离长期均衡汇率水平的现象。

4. 对资产组合分析法的评价

从分析方法来看，资产组合平衡模型结合了存量分析和流量分析，并使长期分析与短期分析、凯恩斯主义和货币主义结合起来。首先，它将存量分析和流量分析很好地结合起来。它认为，汇率的均衡既是在流量市场，又是在存量市场上达成的。其次，它将长期分析和短期分析进一步结合起来。资本市场长期均衡是由短期均衡演化而来的，实际上是从资产结构的角度对黏性货币模型的进一步发展。第三，它将凯恩斯主义偏重于商品市场的考察与货币主义偏重货币市场的考虑有机结合起来，把汇率决定看成是由货币因素和实体因素诱发的资产调整和资产评价过程所共同决定的。

因此，资产组合分析法是更为一般、综合性更强的模型，它既区分了本国资产与外国资产的不完全替代性，又将经常账户这一流量因素纳入存量分析中，使得各种因素对汇率影响的综合程度提高，原有的各种理论能较好地融于这一模型。此外，资产组合分析法具有特殊的政策分析价值，尤其被广泛运用于对货币政策的分析中。

但是资产组合平衡模型仍然存在着缺陷：① 这个模型假定预期汇率变动率为零，实际上它没有考虑到预期因素在汇率决定中的作用。② 该模型属于比较静态分析，即在其他条件不变的情况下，考虑某一个因素的一次性变动所引起的调整过程和其对汇率的影响。③ 该理论存在许多假定条件，如金融市场高度发达，不存在外汇管制，资本具有高度的流动性等，这些假定过于严格。④ 这一理论在论述经常项目对汇率的影响时，认为这种影响只是通过"财富效应"以及由此而来的资产组合变动而产生的，这无疑是片面的。这样一来，它从理论上尽管将流量因素（经常账户）纳入，但并未对流量因素本身作更为专门的分析。从某种意义上讲，资产组合模型仍带有较多的货币主义特征，可以说是一个过渡性模型。⑤ 资产组合平衡论尽管是理论上较为完美的模型，但对其检验却很困难，这主要是由于模型中的变量如一国居民的资产组合难以进行人为度量的缘故。

（三）对资产市场说的简要评价

就整个资产市场说而言，它对汇率研究的方法进行了重大变革，如运用一般均衡分析代替局部均衡分析，用存量分析代替流量分析，用动态分析代替比较静态分析，并将长短期分析结合起来，令人耳目一新。另外，对于以往理论解释不清的汇率剧烈波动现象，资产市场说提出了独特的见解，尤其强调货币因素和预期因素在其中的作用，这对于理解现实汇率波动具有指导意义。

但这一理论也存在明显的缺陷，它是建立在各国资产具有完全的流动性这一根本假说之上的，而且要求国内、国际金融市场十分发达，这些都与现实不符，尤其对于发展中国家难以成立。

本章重要概念

外汇　汇率　直接标价法　间接标价法　浮动汇率　固定汇率　即期汇率　远期汇率　官方汇率　市场汇率　买入汇率　卖出汇率　基本汇率　套算汇率　名义汇率　实际汇率　有效汇率　有效汇率指数　铸币平价　金平价　黄金输送点　一价定律　购买力平价

本章复习思考题

1. 如何理解外汇的概念？外汇与外币有何区别？

2. 汇率有哪两种基本的标价方法？在这两种不同的标价法下，汇率升值和贬值是如何表示的？

3. 在不同的货币制度下，汇率的决定基础及表现形式如何？

4. 影响汇率变动的主要因素是什么？它们对汇率产生怎样的影响？在分析这些影响时的基本思路是什么？

5. 试述一国货币汇率下浮时对该国国际收支会产生哪些影响？

6. 汇率变动对一国宏观经济的影响及其传导机制如何？

7. 试析购买力平价说的基本思路和主要内容。

8. 试述利率平价说的基本内容。

9. 简述汇率超调模型中的汇率的动态调整过程。

10. 资产组合分析法的基本思想是什么？它是如何分析资产市场失衡对汇率影响的？

11. 比较弹性价格货币论、黏性价格货币论、资产组合平衡说的异同。

第三章 汇率制度与政策

第一节 汇率制度的概念及类型

汇率制度(Exchange Rate Regime or Exchange Rate System),又叫汇率安排(Exchange Rate Arrangement),是指一国货币当局对本国汇率水平的确定、汇率变动基本方式等所做的一系列安排或规定。与汇率的频繁波动而又捉摸不定不同,汇率制度通常具有相对稳定的特点。传统上,根据汇率的确定和变动情况,汇率制度分为两大基本类型:固定汇率制和浮动汇率制。

一、固定汇率制度

固定汇率制度(Fixed Exchange Rate System)是指本币与外币规定有汇率平价,现实汇率受平价的制约,只能围绕平价在很小的范围内上下波动的汇率制度。

从国际货币体系的演进来看,在世界范围内实行固定汇率制度的国际货币体系有两个:国际金本位体系和布雷顿森林体系。在国际金本位制度下,汇率决定于铸币平价,市场汇率依靠自身的调节机制在很小的幅度内(黄金输送点)波动;布雷顿森林体系下,汇率决定于法定平价(美元与黄金挂钩,其他货币与美元挂钩的所谓"双挂钩"制度),市场汇率依靠货币主管当局运用各种手段进行干预与控制,在人为设定的很小的幅度内(±1%)波动。

这两种货币体系下的固定汇率制度既具有共同之处,又存在差异。

共同点是:① 以金平价(铸币平价或法定平价)作为中心汇率;② 外汇市场上的汇率水平相对稳定,围绕中心汇率在很小的幅度内波动。

不同点是:① 国际金本位制下的固定汇率制是自发形成的;布雷顿森林体系下的固定汇率制则是通过国际协议人为建立起来的;② 在国际金本位制度下,各国货币的铸币平价一般不会变动;而在布雷顿森林体系下,各国货币的法定金平价则可以调整,故其汇率制度又被称为"可调整的钉住汇率制"。

在黄金非货币化后的牙买加体系下,一些国家所采用的固定汇率制度与布雷顿森林体系下的固定汇率制度存在根本不同。一是不再规定本国货币的含金量,而是规定本国货币与某一外币或某一篮子货币的固定比价。此外，从世界范围来看，在布雷顿森林体系下，所有国家货币之间的汇率都是两两固定的，而在现行的货币体系下，一国实行固定汇率制度则主要是将本国货币与某一关键货币（如美元等）实行固定比价，而该国货币与其他货币之间，以及关键货币与其他货币之间的汇率可能都是浮动的。

二、浮动汇率制度

浮动汇率制度（Floating Exchange Rate System）是指本币与外币不规定汇率平价，也不规定汇率的波动幅度，政府也不承担维持汇率波动幅度的义务，现实汇率由外汇市场供求关系自行确定和浮动的汇率制度。

1973 年布雷顿森林体系崩溃以后，西方主要工业国家开始实行浮动汇率制度。在浮动汇率制度下，虽然各国政府表面上对汇率不加干涉，听任其自由涨落，但是这种自由波动，一般而言，只是名义上、表面上的，各国政府从本国情况出发，都或多或少地对汇率水平进行干预或指导，并极力避免汇率剧烈波动。而整个国际社会进入了一种有多种汇率制度并存的混合汇率制度时代。浮动汇率制度又可分为不同类型。

（一）按政府是否进行干预分自由浮动和管理浮动

1. 自由浮动

自由浮动（Free Floating），又叫清洁浮动（Clean Floating）或弹性浮动，是指政府完全听任外汇市场供求变化自发决定汇率，而不采取任何干预措施。这类浮动汇率制度在一战结束后曾被某些西方国家采用过，但实施的结果是汇率波动剧烈，外汇市场秩序混乱，从而严重影响了国际贸易和投资活动的开展，阻碍了世界经济的发展。因此实际上很少有国家采用这种纯粹的自由浮动汇率制。

2. 管理浮动

管理浮动（Managed Floating），又叫肮脏浮动（Dirty Floating）或有限弹性浮动，管理浮动汇率制度虽然总体上汇率仍然由市场供求决定随市场供求变化，但政府对外汇市场直接或间接进行干预，以操纵本国货币的汇率，使它不至于剧烈波动，而保持在对本国有利的水平上。目前，实行浮动汇率制度的国家，一般都属于管理浮动。需说明的是，管理浮动汇率制与布雷顿森林体系下的可调整钉住汇率制有本质区别。管理浮动汇率制度下，尽管一国政府可通过对外汇市场的干预来控制汇率的波动幅度，但汇率变动仍是富有弹性的。而且政府并不承担维持汇率在特定的波动幅度内的义务；而布雷顿森林体系下的固定汇率制，只在一国国际收支发生“根本性不平衡”时，才允许调整平价，调整幅度在 10%以内，超过则需经过 IMF 批准，市场汇率波动幅度不超过平价的±1%，汇率变动是比较僵硬的。同时，管理浮动汇率制度下政府的干预是主动干预或叫积极干预，而布雷顿森林体系中固定汇率制度下政府的干预是被动干预或叫义务干预。

（二）按浮动方式分单独浮动、联合浮动和钉住浮动

1. 单独浮动

单独浮动（Independent Floating），又叫独立浮动，是指一国货币不与其他任何国家货币发生固定联系，其汇率根据外汇市场的供求变化自行调整。如美国、英国、日本、加拿大、澳大利亚、新西兰、西班牙等发达国家及少数发展中国家都实行单独浮动。单独浮动可以较好地反映一国的外汇供求状况及货币关系的变化。

2. 联合浮动

联合浮动(Joint Floating)，又叫共同浮动或集体浮动，是指一些经济联系密切的国家组成货币集团，在集团内各成员方货币之间实行固定汇率，而对集团外各国货币实行共升共降的浮动汇率，又名“蛇形浮动”。当某成员方的货币受到冲击时，其他成员方有义务采取一致行动，共同干预外汇市场。如欧元区12国的前身欧洲货币体系，是由1973年欧共体6国(西德、法国、比利时、荷兰、卢森堡、丹麦)率先开始实行联合浮动，并不断发展和扩大而形成的。当时，6国通过协议规定：6国之间实行固定汇率，允许汇率在中心汇率的±1.125%的幅度内波动，而比利时、荷兰、卢森堡3国的汇率波动幅度为中心汇率的±0.75%，但对非参加国的货币则按±2.25%的幅度波动。联合浮动在集团内部创造了一个稳定的汇率环境，减少了汇率风险，促进了集团内部经济贸易的发展，同时可形成与个别发达国家相抗衡的货币干预力量。

3. 钉住浮动

钉住浮动(Pegged Float)，是指将本国货币同某种外币或由某些外币组成的“一篮子货币”挂钩，保持固定汇率，然后随该种货币或“一篮子货币”的波动而波动。大多数发展中国家采用这种汇率制度。

(1) 根据钉住目标可分为钉住单一货币浮动和钉住篮子货币浮动。

① 钉住单一货币浮动。当今被钉住的关键货币主要是美元，全世界有20多个国家实行的是钉住美元的汇率制度。这种汇率制度实际上属于固定汇率制度的范畴，但它不同于布雷顿森林体系下的钉住美元的固定汇率制度。钉住单一货币的汇率制度中，美元的汇率是浮动的；而在布雷顿森林体系下，美元的金平价是固定的。一般地，通货不稳定的国家可以通过钉住一种稳定的货币来约束本国的通货膨胀，提高货币信誉。当然，采用钉住浮动方式，也会使本国的经济发展受制于被钉住国的经济状况，从而蒙受损失。

② 钉住篮子货币浮动。钉住的篮子货币主要是特别提款权，或者按照本国同主要贸易伙伴国的贸易比重选择和设计的篮子货币。这种做法，汇率不受一国操纵，同时，由于组成篮子的货币汇率有升有降，可以相互抵消，使钉住国货币汇率波动幅度减缓，从而减少了汇率波动带来的风险。如泰国实行钉住篮子货币(其中美元占80%)的汇率制度，波动幅度为3%。

(2) 根据浮动特点又可分为水平带内钉住汇率制度和爬行钉住汇率制度。

① 水平带内钉住汇率制度。政府首先确定一个中心汇率，并允许实际汇率在一个水平带的范围内波动。如图3-1所示，汇率在一定上下限(超过1%)之间围绕中心汇率进行波动。该汇率制度既具有浮动汇率制度的灵活性，又具有固定汇率制的稳定性。并且，由于汇率波动的上下限公开，有助于形成合理的市场预期。但存在的问题是汇率波动范围不易确定，如果波动范围过窄，则异化为固定汇率制度；而过宽的波动范围，则又异化为浮动汇率制。

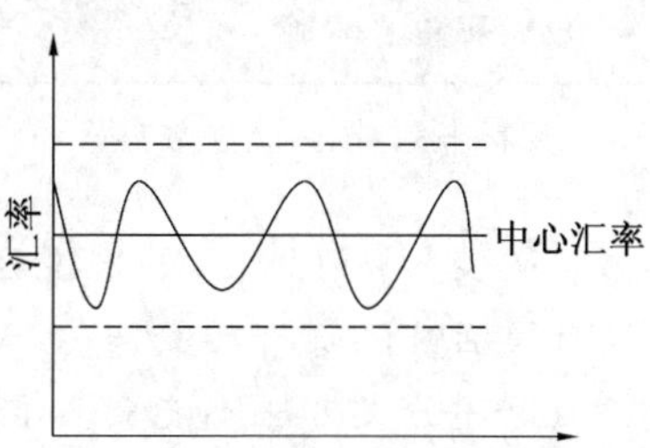

图3-1　水平带内钉住汇率制度

② 爬行钉住汇率制度。爬行钉住汇率制度的含义是每隔一段时间，就对本国货币进行一次较小幅度的贬值或升值，但每次贬值和升值的时间和幅度都是随意确定的。爬行

钉住汇率可分为两种：购买力爬行钉住以及任意爬行钉住。购买力爬行钉住是以通货膨胀差异为依据对汇率进行调整。这种汇率制度安排具有较强的预见性，可形成合理的预期。同时，以通货膨胀差异为依据有利于维护国际市场竞争力。但购买力爬行钉住不利于实行严格的货币纪律，易形成“通货膨胀—货币贬值—通货膨胀”的恶性循环。而任意爬行钉住汇率制度则不设参照系数，汇率爬行的基础富于弹性，货币当局可以微调汇率，并保持较大的货币政策自主性。但该汇率制度预见性差，不利于市场预期，且汇率调整的任意性易招致投机冲击。

爬行钉住汇率制度中较典型的是爬行带状浮动汇率制度，指中心汇率变化较为频繁，同时货币当局确定一定的爬行幅度和汇率波动范围，政府每隔一段时间，就对本国货币进行一次较小幅度的贬值或升值（如图 3-2 所示）。爬行带状汇率制度可分为向前爬行和向后爬行。向后爬行是以过去的经济指标，如通货膨胀差异等来确定爬行幅度；而向前爬行则是根据预期变化或想要达到的汇率目标来确定爬行幅度。这种汇率制度下，中心汇率的频繁变动可使经济运行较为平稳，避免由于一次性调整所带来的振荡。但爬行带状汇率制度也有缺点，如向后爬行实际上容忍并助长通货膨胀，而向前爬行则会导致本币高估并滋长投机行为。

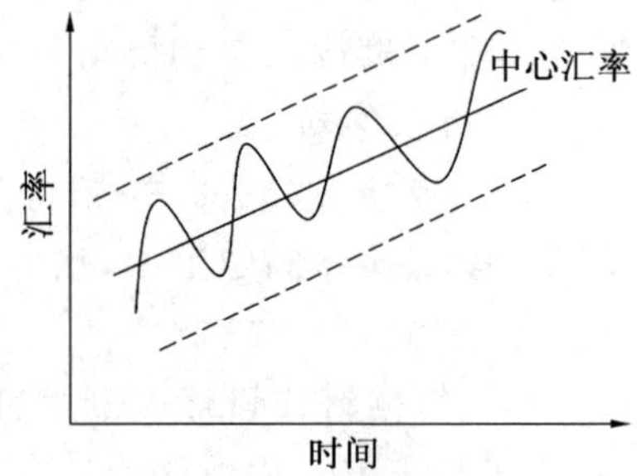

图 3-2 爬行带状浮动汇率制度

三、国际货币基金组织对汇率制度的分类

1999 年之前，IMF 对各国汇率制度分类采用的是名义分类方法。在此方法下，IMF 根据成员方官方公布的汇率通告，将汇率制度划分为钉住汇率制度、有限弹性汇率制度及较大弹性汇率制度 3 大类（见表 3-1）。

表 3-1 1981—1998 年 IMF 对汇率制度的分类

成员数及汇率制度	1981	1984	1986	1989	1992	1995	1998
IMF 成员数	144	147	150	152	167	180	182
钉住汇率制	94	93	89	93	84	66	64
有限弹性汇率制	17	15	13	13	13	14	17
较大弹性汇率制	33	39	48	46	70	100	101

资料来源：国际金融数据。

从表 3-1 可见，总的来说，在布雷顿森林体系崩溃之后，国际汇率体系在不断向更加具有灵活性的安排转变。

上述分类方法不能真实准确地反映国际汇率体系现状，因此自 1999 年起，IMF 开始转向事实分类方法。1999 年至 2008 年期间，IMF 基于事实分类原则，根据各国汇率弹性的大小，将汇率制度划分为无独立法定货币的汇率制度（Exchange Arrangements with No Separate Legal Tender）、货币局制度（Currency Board Arrangements）、传统固定钉住制度（Conventional Fixed Peg Arrangements）、水平带内钉住制度（Pegged Exchange Rates within Horizontal Bands）、爬行钉住制度（Crawling Pegs）、爬行带状浮动汇率制度

(Exchange Rates within Crawling Bands)、不预先公布干预方式的管理浮动(Managed Floating with No Preannounced Path for Exchange Rate)和独立浮动(Independent Floating)8类(见表3-2)。

表3-2 IMF对汇率制度的重新分类及相应的国家(地区)数

汇率制度	国家(地区)数目			
	1999—12—31	2000—12—31	2001—12—31	2005—12—31
1.无独立法定货币的汇率制度	37	38	40	41
2.货币局制度	8	8	8	7
3.传统固定钉住制度	45	44	40	45
4.水平带内钉住制度	6	7	5	6
5.爬行钉住制度	5	5	4	5
6.爬行带状浮动	7	6	6	—
7.不预先公布干预方式的管理浮动	26	32	42	53
8.独立浮动	51	46	40	30
合计	185	186	185	187

资料来源:同表3-1。

从表3-2可见,各种汇率制度国家(地区)在IMF的所占比例并不均衡,2005年底主要有4类:无独立法定货币(含欧元区12国)、固定钉住制、管理浮动制和独立浮动制。实行这4类制度的国家(地区)总数占全部187个成员的90%。

第一类无独立法定货币的汇率制度,是指一国不发行自己的货币,而是使用他国货币作为本国唯一法定货币;或者一个货币联盟中,各成员方使用共同的法定货币。这类汇率制度的典型代表主要是欧元区国家和美元化国家。欧元区内流通的是欧元,并建立统一的欧洲中央银行。而美元化国家完全放弃了自己的货币,直接使用美元,如巴拿马、波多黎各、利比里亚国家都使用美元完全代替本币进行流通。

第二类货币局制度,指货币当局暗含法定承诺按固定汇率来承兑指定的外汇,并通过对货币发行权的限制来保证履行法定承兑义务。即指货币当局规定本国货币与某一外国可兑换货币保持固定的交换比率,并且对本国货币的发行作特殊限制的汇率制度。货币局制度要求货币当局发行货币时,必须有等值的外汇储备作保障,并严格规定汇率,没有改变平价的余地,也对货币政策形成了制度性制约。当然,货币局制度有助于稳定市场信心,并能够在一定程度上防范汇率风险。但一国或地区为此要付出高昂的代价,主要在于:丧失货币政策的自主性;央行不能充当最后的贷款人;易招致投机力量的攻击。一般认为,实行货币局制度的多为小型开放经济体,如中国香港和爱沙尼亚等。

对于第3—8种汇率制度,前面已有介绍,这里不再赘述。

2009年IMF公布了最新的汇率制度分类方式(见表3-3)。该方法是在原先事实分类原则的基础上对原有分类方法的一种修正。它不但取消了原有分类方法中爬行区间类别,而且新加入了稳定安排、类爬行安排和其他管理安排3项。同时,按照更加精准的统计标准,新划分方法对管理浮动和独立浮动重新界定,将其划为浮动和自由浮动两类。

表 3-3 IMF 汇率制度分类(1999 事实分类法与 2009 新事实分类法)

1999 事实分类法	2009 事实分类法
1. 无独立法定货币的汇率制度	1. 无独立法定货币的汇率制度
2. 货币局制度	2. 货币局制度
3. 传统固定钉住制度	3. 传统固定钉住制度
4. 水平带内钉住制度	4. 稳定安排
5. 爬行钉住制度	5. 水平带内钉住制度
6. 爬行带状浮动	6. 爬行钉住制度
7. 不预先公布干预方式的管理浮动	7. 类爬行安排
8. 独立浮动	8. 浮动
	9. 自由浮动
	10. 其他管理安排

IMF 对上述几种新出现的汇率制度做了相关解释。稳定安排,通常被认为是一种类钉住安排,是指一国在汇率不浮动的前提下,该国即期市场汇率的波动幅度在 6 个月或更长的时间里被限定在 2%的范围内。这里的波幅限制既可以是针对一国货币而言,也可以指一篮子货币。此外,一个国家一旦被划为稳定安排,则该国不仅要保持汇率的稳定,而且官方干预所引发的汇率波动也必须严格落在 2%的范围内;类爬行安排,是指在中心汇率爬行的基础上,汇率带有一定程度的波动性,但波动幅度依然不超过 2%。不仅如此,类爬行安排下汇率的波动幅度同时不低于 1%,这被认为是汇率波动的最小界限;其他管理安排则承担了旧方法下管理浮动的职能,属于剩余分类项;新分类法还对浮动和自由浮动做出了区分:浮动制度下的汇率大都是由市场决定,除非有足够证据证明现阶段汇率的稳定属于非政府行为,否则汇率波幅必须要突破稳定安排和类爬行安排中提到的 2%的限制。在此期间,为防止汇率过度波动,政府当局可以直接或者间接地进行干预。自由浮动制度对汇率的要求则更为严格,被划入这一类别的国家在 6 个月的时间内只有在市场无序的特殊情况下,政府当局才能进行干预,并且干预的次数要小于 2,每次干预的天数也不能超过 3 天。新方法中关于其他制度的划分标准则同 1999 年事实分类法一致。

由于新分类方法没有对各种制度的弹性做出清晰界定,谢海玉等人通过分析 IMF 新分类方法中新出现类别中的国家在原分类方法下的归属情况,得出结论:IMF 新分类方法中出现的稳定安排的弹性介于原分类方法中的传统钉住与爬行钉住之间,并有点类似于传统钉住;浮动类别的弹性介于独立浮动与管理浮动之间,并更倾向于管理浮动;自由浮动大都属于原来的独立浮动;其他管理安排比较特殊,其项目下的国家大都来自于原来的管理浮动与传统钉住,因此,可以看作浮动汇率制与固定汇率制度(钉住制度)的折衷。由此,新汇率分类方法与原分类方法之间的关系可以表示如下(见表 3-4)。

表 3-4　IMF 新旧分类方法归类对比

大类	硬钉住		钉住			爬行		其他	浮动	
1999 年	无法定货币	货币局制度	传统钉住	水平带内钉住		爬行钉住	爬行带状浮动		管理浮动	独立浮动
2009 年	无法定货币	货币局制度	传统钉住	稳定安排	水平带内钉住	爬行钉住	类爬行	其他管理安排	浮动	自由浮动

尽管 IMF 关于汇率制度的分类方法发生了两次改变，但从各国汇率制度的演变格局中发现，从布雷顿森林体系崩溃至今，整个国际汇率体系呈现出向浮动发展的趋势没有改变。

第二节　汇率制度的选择

从上述讨论可以看出，当今各国都面临汇率制度的选择问题，这一问题是一国汇率政策的核心，不同的汇率制度意味着政府实现内外均衡经济目标所遵循的规则也不同。关于汇率制度的选择问题一直是经济学家们关注的焦点，长期以来存在着争论。从 20 世纪 50 年代以来，汇率制度选择的理论争论实际上是围绕着固定汇率制和浮动汇率制而展开的。开始主要集中于两者孰优孰劣的争论，之后沿着两个方向发展：一个方向是研究在什么条件下固定（或浮动）汇率制度是更合理的，也即关于固定汇率制度与浮动汇率制度各自适应性的分析，形成了“最适度货币区理论”，这将在第十一章货币一体化中予以介绍；另一个方向是研究什么样的汇率制度可以较好地结合固定汇率与浮动汇率制度的优点，产生了诸如爬行钉住、汇率目标区等新的汇率制度的设计，也即所谓“中间汇率制度”，由此又产生了汇率制度的“两极”与“中间”之争。

一、汇率制度的“固定”与“浮动”之争

（一）赞成浮动汇率制度的理由

（1）调节国际收支失衡不需以牺牲国内经济为代价。在固定汇率制下，一国若发生国际收支失衡，为维持汇率稳定，政府当局被迫采取紧缩性或扩张性的财政货币政策，从而引起国内经济失衡，造成失业或通货膨胀。在浮动汇率制下这个问题却不会出现。这是因为，当一国国际收支失衡时，汇率会上下波动，从而自动消除失衡，使财政、货币政策免受影响，可专注于国内经济目标的实现。

（2）维护一国货币政策的自主性。在固定汇率制下，一国为实现其经济目标而往往会实施扩张性货币政策，而这又会引起国际收支赤字，使本币面临贬值压力。为了保持汇率稳定，该国不得不抛售外币收购本币，其结果使货币扩张难以奏效，无法达到原来的目的。尤其在以美元为中心的布雷顿森林体系下，各国货币政策受制于美国，根本无所谓自主性和独立性。然而，在浮动汇率制下，由于一国无须维持汇率稳定，可听任汇率上下波动，而不必通过在外汇市场上的干预而影响货币供应量。

(3) 有助于阻止通货膨胀的国际传递，避免累积的国际收支失衡。在固定汇率制度下，国外发生通货膨胀，可通过以下途径传递到本国：一是当汇率不变时，国外物价水平上涨直接影响本国物价水平上升。二是国外通货膨胀将引起本国国际收支盈余，增加本国外汇储备，货币供给量增加，间接引发本国通货膨胀。而在浮动汇率制下，国外通货膨胀将通过本国货币汇率上浮得以抵消，不会引发通货膨胀。

(4) 有利于均衡汇率的建立，实现资源的有效配置。浮动汇率制下，汇率由外汇市场的外汇供求关系决定，能反映一国经济的真实状况。一国由此可以判断出本国商品国际竞争力的强弱，这有利于实现资源的有效配置。

(5) 可以免受货币冲击。浮动汇率支持者认为，虽然浮动汇率制度也存在不稳定性投机，但是与固定汇率制度下的不稳定性投机有根本的区别。浮动汇率制度下的投机是双向的，高卖低买的投机商可能因遭受损失被淘汰出局。而固定汇率制度下的投机是单向的，只赚不赔，一旦发展成为恶性赌博，则对固定汇率制度造成巨大的冲击，导致一国政府的外汇储备短期耗尽，诱发金融危机。浮动汇率支持者指出，20 世纪 70 年代多元的汇率制度替代布雷顿森林体系以来，很多国家仍然采取了可调整的固定汇率制度。然而由于国际投机资本的大量存在，随时可能冲击固定汇率制度，加剧了固定汇率制度的不稳定性。20 世纪 70 年代投机资本冲击法国法郎，80 年代冲击意大利里拉，90 年代冲击西班牙比塞塔、意大利里拉和英国英镑，同一时期，墨西哥和东南亚发生了金融危机，这都是投机资本冲击固定汇率制度的结果。浮动汇率支持者利用投机攻击模型及其扩展研究结论，指出国际投机资本冲击固定汇率国家的时机：一国初始储备越少，攻击时刻越早；国内信贷在货币供给中的比例越大，攻击时刻越早；资产替代性越强，国际资金流动程度越高，攻击时刻越早；货币政策自主性越大，攻击的时刻来得越早。投机商通过对基本面的分析，估算出汇率的理论值，国内信贷不断扩张，外汇储备不断下降，一旦估算的汇率值超过固定汇率，投机商便发起攻击，外汇储备迅速下降，直到固定汇率崩溃。

(6) 更有利于国际贸易和国际投资。因为在固定汇率制度下，政府经常不愿采取必要的内部宏观经济调整来处理国际收支赤字，而赤字的解决最终要求该国紧缩国民收入，因而该国可能推迟这种收入政策的调整。相反通过扩张性的政策来冲销赤字对本国货币供给的影响。随着外汇储备的减少，该国只能采取限制进口和资本管制的政策来消除赤字。而在浮动汇率制度下，就没有必要为达到国际收支平衡而限制进口和实行资本管制了。

(7) 可以节省外汇储备。由于汇率会随着外汇的供求变化而达到均衡，各国政府无须维持太多的国际储备来保持其货币汇率，从而可以节省外汇资金，发展本国经济。

（二）反对浮动汇率制度的理由

(1) 汇率变得更加不稳定，给国际经济交易带来很大的不确定性，阻碍国际贸易和国际投资的发展。在固定汇率制下，汇率波动幅度较小，为国际贸易和投资提供了一个相对稳定的环境。而在浮动汇率制下，汇率变化莫测，进出口商和投资者无法确定未来的汇率，增加了汇率波动的风险和贸易投资成本，使进出口商和投资者倾向于固守国内市场，不愿进行国际贸易和投资。

(2) 助长外汇投机活动。尽管在较长时间内，汇率会因市场机制的调节而趋于均衡，但汇率在短期内的暴涨暴跌，会引起国际游资为牟取投机暴利而进行巨额的、频繁的投机性活动，从而加剧国际金融市场的动荡不安。

（3）存在内在通胀倾向，加剧了世界通胀程度。固定汇率制下，一国采取扩张性货币政策，就会导致该国物价水平提高和国际收支逆差，从而使国际储备流失。在此种情况下，固定汇率具有自动抑制扩张性货币政策的力量，不易发生通货膨胀，这就是所谓的"制动器论"。而浮动汇率制则具有通货膨胀的内在倾向。这是因为一国货币政策不必担心国际收支状况。"恶性循环论"认为，若一国通货膨胀率高，国际收支逆差，本币汇率下跌，引起进口品价格上涨，国内物价水平进一步提高。"棘轮效应论"认为，一国货币汇率下浮会提高进口品国内价格，带动国内物价水平提高；当一国货币汇率上浮时，由于价格刚性的影响，货币升值国物价下降速度低于贬值国物价上涨速度，其净效应是世界通货膨胀率提高。

（4）汇率波动会对资源配置产生不良影响。资源在国际范围内的合理配置是以合理的国际价格为前提的，而汇率的不断波动使价格信号出现混乱，影响国际贸易比较利益功能的发挥，资源有效配置难以实现。另一方面，汇率的变化不定会增加国内出口生产的盲目性，造成国内资源的不合理配置。

（5）影响国际经济秩序的稳定。浮动汇率制度下，由于对汇率缺乏有效的约束，各国首要考虑国内经济目标的实现，容易利用汇率的自由波动推行竞争性贬值的政策，造成国际经济秩序混乱。

从上述争论可以看出：两种汇率制度各有其特点。从优劣两方面总结来看，固定汇率制度的主要优点是：方便企业在国际贸易、国际信贷、国际投资等涉外经济活动中进行成本和利润核算，也使得国际经济交易主体摆脱汇率波动的风险，从而有利于国际经济交易的顺利进行与发展。其主要缺点是：汇率不能发挥应有的调节经济杠杆的作用；货币政策的独立性受到影响；易引发通货膨胀的国际传播；易引发破坏性投机冲击进而导致货币危机。此外，对于实行钉住汇率制度或货币局制度的国家（地区），经济发展的不同步性将增加管理的难度。

浮动汇率制度的主要优点是：调节国际收支的能力增强；货币政策的有效性增强；可减少国际储备的流失；对世界性通货膨胀有一定的绝缘作用；可提高国际货币制度的稳定性，因为各国国际收支能自动地迅速调整，不致出现累积性的长期国际收支赤字或盈余，因而可避免巨大的国际金融恐慌。其主要缺点是：会助长投机，加剧金融风险；不利于国际贸易往来和国际投融资活动的发展；会助长各国汇率上的利己主义，不利于国际经济合作。

二、汇率制度的"两极"与"中间"之争

在20世纪90年代前期，国际注意力集中在东欧和苏联等转轨经济体的高通货膨胀问题及适合这些国家的汇率制度，这导致汇率"名义锚"理论风行。名义锚理论认为一国汇率应当有较大的刚性，甚至完全固定，这样名义汇率可起一种"驻锚"（Anchor）的作用，由此一国政府可获得公信力（Credibility）和财政纪律，故而通货膨胀可降低。该理论集中在所谓"公信力效应"（Credibility Effect）的分析上，由于"公信力效应"，政府发出可信的反通货膨胀信号，公众会由此降低通货膨胀预期，导致通货膨胀率下跌。所以，名义锚理论下的汇率政策选择的是固定汇率制。

1994—1999 年间新兴市场国家的金融危机，完全改变了各国关注的焦点。新兴市场国家或新兴经济体，一般指欠发达国家中那些与国际金融市场密切联系的国家或经济体。首先在 1994 年墨西哥发生了货币危机，以后则有东亚金融危机，1998 年的俄罗斯金融危机和 1999 年的巴西金融危机。关于新兴经济体金融危机的起因，国际上有众多观点，比较一致的看法是，在国际资本流动高度发达的情况下，这些国家实行的钉住汇率制度肯定有问题，也就是较高的资本流动给当局维持钉住汇率带来了很大成本。在这一前景下，对新兴经济体的汇率政策，出现了所谓的“新共识”(New Consensus)。

汇率政策新共识的基本内容如下：① 实行固定汇率，把汇率作为一种名义锚的政策会造成实际汇率的升值，因此，这只应作为一种短期的、过渡性的措施来采用；② 无论在何种情况下，采用汇率名义锚政策的同时，应准备好一个“退出战略”；③ 汇率高估的代价非常高昂，而且是近期一些金融危机的核心原因；④ 长期而言，可调节的钉住汇率制度是不稳定的，容易引起危机。因此，各国应选择浮动汇率制，或者选择超级固定的汇率制度(如货币局制和实行美元化)。在这 4 条共识中的最后一条，即各国须在超级固定和超级浮动之间二者择一，这就是“中间汇率制度消失论”。“中间汇率制度消失论”成为当前关于汇率制度的理论中争议最大和最富挑战性的理论。

理论的首创者是美国加州伯克莱分校的艾森格林(Eichengreen，1994，1998)。该理论的要点是，唯一可持久的汇率制度是自由浮动汇率制或是具有非常强硬的承诺机制的固定汇率制(如货币联盟、货币局制度或完全的美元化)，介于两者之间的中间性汇率制度，包括软钉住汇率制(如可调节的钉住、爬行钉住、爬行带状浮动以及管理浮动制)则正在消失或应当消失。因此，未来我们将会看到，各国不是选择完全自由的浮动汇率制就是选择硬固定汇率制。由于中间制度消失形成所谓空缺的中部(The Hollow Middle)，因而这一理论又称为“两极汇率制度论”或“中空汇率制度理论”。

(一)“中间汇率制度消失论”的理论与现实依据

1.“中间汇率制度消失论”的理论依据

第一，“不可能三角”理论。即在理论上政府不可能同时实现汇率稳定、货币政策独立性和资本自由流动 3 大目标。任何同时实现 3 个目标的尝试，都可能以货币危机而告终。这其实是用“不可能三位一体原理”(The Principle of the Impossible Trinity)来解释为何中间汇率制度应当放弃。一般而言，资本流动性强弱是国际资本的趋利性以及国内资本管制共同作用的结果，具有很强的外生性。因而，在汇率稳定和货币政策独立性之间的权衡中，要么选择汇率稳定而放弃货币主权(硬钉住汇率)，要么放弃汇率稳定而坚持货币独立(自由浮动汇率制)。

第二，债务积累问题。“中间”汇率制度具有“软”特征，在“软”汇率制下，银行和企业会低估货币下跌或崩溃的风险，因而会过分持有未对冲的外币债务。结果当本币发生贬值时，其本币收入不足以偿还这些债务而破产，对经济带来破坏性影响。所以，在资本高度流动的情况下，只有两种可行的汇率政策：一种是不但把汇率固定，而且还要锁住它；另一种是，让汇率浮动，从而使银行和企业有动机去对冲外汇风险。

第三，“可核性”(Verifiability)问题。这里的“可核性”是指市场参加者能从所观察到的资料中推断出政府所宣布的汇率制度确实是实行中的制度，它体现了政策的透明性，也是建立公信力的工具。当政府宣布实行某种汇率制度时，要使这宣布有公信力，就必须使这种制度简单而又透明，具有“可核性”。简单的“两极”汇率制比“中间”汇率制具有更易核实的特点，检查汇率制度是否简单钉住，市场参与者只需核实昨日的汇率与今日是否相同；而检查汇率制度是否完全浮动，市场参与者只需每日核实外汇储备的变动，看央行是否动用外汇储备干预市场。中间汇率制则因受爬行速率、波动幅度、货币篮子中各货币权重等参数的制约而不易核实。所以，“两极”汇率制具有较好的可核实性，各国最终会选择完全固定或完全浮动的汇率制度。而不是难以核实的“中间”汇率制。

第四，易受投机攻击，且退出成本较高。当一些国家采取钉住汇率制并发现问题后，往往由于政治原因而必须等待很长时间才能够调整汇率，或改变其汇率制度。但这时已经太晚，损失已经造成，故“中间制度”的代价可能太大。

2. “中间汇率制度消失论”的现实依据

首先，有越来越多国家开放本国金融市场，全球资本流动的自由化程度在不断提高，尤其是新兴市场经济体更多成为国际金融市场的主要参加者，这使更多的国家面临汇率稳定、货币政策独立和资本自由流动三难选择难题。

其次，20 世纪 90 年代以来频繁爆发的金融危机，很多是与采用中间形式汇率制度有关的。典型的例证是 1997—1998 年爆发在东南亚国家的货币危机和俄罗斯金融危机，似乎证明了较高的资本流动给当局维持钉住汇率带来的成本是高昂的。而在另一个极端，实行货币局制度的香港（联系汇率制度）也表现出抵御货币危机的能力。因此，中间制度消失论已不仅仅停留在理论层面，而是越来越对国家或地区政策的制定者产生影响。

（二）对“中间汇率制度消失论”的质疑与汇率目标区

1. 对“中间汇率制度消失论”的质疑

第一，关于“不可能三角”理论。“不可能三角”理论是“中间制度消失论”的主要理论依据，而作为“中间制度消失论”理论依据成立的前提是资本自由流动，即在资本流动的前提下会形成一种压力，一国当局要么放弃货币政策独立性，要么放弃汇率的稳定性。但是，对于存在大量资本管制的国家，该国当局可以在资本管理的帮助下，保持汇率稳定和货币政策独立。现实中许多发展中国家适合于上述情形。同时 Frankel(1999)观察到在那些资本自由流动、“三难选择”确实存在的国家，为什么不可以放弃其中的某个目标，或者每一个各放弃一半，从而有一半的汇率稳定性，同时有一半的货币政策独立性。如存在“三难选择”的国家可以放弃部分货币政策独立性来换取部分汇率稳定性，这意味着该国可以采用管理浮动，即这个国家对货币需求的波动一部分可以通过官方干预来调整，一部分可以通过汇率变动来调整。

第二，关于债务积累问题。上述分析方法隐含经济主体的非理性假设，事实上并无证据表明爆发危机的东南亚国家的经济主体没有关注汇率风险，这种“软”分析在逻辑上不能成立。

第三，关于“可核性”问题。“可核实性”与“公信力”之间实际上并无明显相关性。如布雷顿森林体系下的可调节钉住汇率制是较易核验的，但它并不具有多少公信力；美联储联邦基金利率是如何确定的，外人不知道，但这并不妨碍多数人认为，美联储的货币政策是有公信力的。

第四，关于投机攻击问题。在 Frankel 看来，任何一种汇率制度包括极端的浮动和极端的固定汇率制度，都无法消除货币投机。从另一个极端看，只要政治动荡出现的可能性不消除，货币联盟也无法从根本上摆脱投机。从对抗投机的角度看，拒绝中间形式的制度选择实际上等于拒绝可能更好的选择。

第五，新近的经验证据并没有表明中间汇率制度正在消失。根据国际货币基金组织的数据统计(见表 3-2)，实行无独立法定货币的汇率制度、货币局制度以及单独浮动汇率制度的国家并没有增加的趋势，反而有减少的趋势，从 1999 年 12 月的 96 个国家减少到 2005 年 12 月的 78 个国家，而采用管理浮动汇率制度的国家反而急剧增加，从 26 个国家增加到 53 个国家。而且在单独浮动的国家中，大部分都对外汇市场进行经常的干预。这些数据表明，各国目前并未像中间制度消失论所预言的那样，迅速移向两端，而使中间地带腾空。

2. 威廉姆森(Williamson)的汇率目标区理论

在西方主流经济学家中，对中间制度消失论最强烈的批评来自于威廉姆森。他首倡的基本均衡汇率模型(2000)为标准国际经济学教科书的经典内容，他提出的爬行幅度概念经克鲁格曼(Paul Krugman)改称为汇率目标区，已经发展成汇率理论中一个显赫的流派。

威廉姆森认为各国只应在硬钉住和自由的浮动汇率制度之间做出取舍，而不考虑两者之间的中间制度的做法是完全错误的。他承认中间制度比起位于两极的制度较易引起危机，但两者只是程度的差别，不是性质的问题。无论在货币局制度下，还是在浮动汇率制下危机都可能发生。他批评两极论的着眼点是预防危机，但忽略了除此之外各国的经济政策还要考虑其他方面，例如经济增长。两极论的拥护者忽略了走向两极的成本，而无论是硬钉住还是自由浮动都会导致汇率长期偏离其均衡水平即“汇率错置”，而这会导致资源配置不当，削弱一国的竞争能力。

鉴于可调节钉住汇率制在资本流动的情况下经受不住投机攻击，威廉姆森早就开始寻找一种汇率制度，它能具有足够的弹性以避免“汇率错置”，又能使政府不受单方向投机的攻击。他的各项建议综合起来，多恩布什(Dornbusch)和帕克(Park)称之为 BBC 规则。BBC 规则中的 BBC 是指篮子 Basket、区间 Band 和蠕动 Crawl 3 个词的第一个大写字母的组合。

“篮子”制度，即钉住一篮子货币的汇率制度，适合于那些贸易伙伴多样化的国家，这有助于稳定实际汇率，避免受主要国家货币之间的汇率波动对本国贸易和通货膨胀的影响。

“区间”制度建议，采用较大的区间±10%，甚至±15%。包括 4 种措施：一是政府不必试图维持所谓失衡的汇率，因为没有人相信存在一个精确的均衡汇率水平；二是允许中心平价汇率调整，以使之适应于经济基本面的变化，又不致引起影响市场稳定性的汇率变动预期；三是为货币政策的独立性提供了空间；四是帮助应对大规模的短期资本流入(Williamson，2000)。

“蠕动”制度通常用于那些致力于缩小与世界通货膨胀水平之间差距的国家，也有利于那些快速现代化的国家和由于生产力的快速提高而导致的通货膨胀预期，同时由于蠕动汇率是可调整的，可以根据实际经济调整的需要进行不定期的小幅调整。

具体到亚洲国家，他建议有关国家可实行钉住一篮子货币汇率，最好是实行共同的篮子钉住制度，同时要确定货币波动的幅度，汇率上下波动的幅度可公开宣布为 5%或 10%或更多，如超出了这一幅度中央银行可进行干预。政府不承诺也不必保卫任一特定的汇率，从而避免国际储备的流失。在波动幅度内的平价可按一定速率爬行以避免政府的干预，也不让投机者有单方向赌博的机会而出现大规模的“汇率错置”。

不论是关于汇率制度的“固定”与“浮动”之争，还是“两极”与“中间”之争，都是假定其他影响因素不变，而仅仅从某一角度（即某一影响因素）来分析汇率制度的选择问题，由于分析问题的方法和视角不同，因而争论双方得出的结论也就不同。实际上，汇率制度的选择不是一个静态问题，而是一个动态问题，因为汇率制度选择的影响因素本身随着政治、经济和文化的变化而变动，因而作为这些因素“合成”的结果——汇率制度必然发生制度退出和重新选择的动态调整和变迁，其结果必然导致多元化汇率制度形式之间的相互转化。总之，现代汇率制度体系并非如所争论的那样非此即彼，而是一个多种汇率制度形式并存和相互转化的动态体系，一国汇率制度的选择是其具体情况的相机选择。

三、 影响汇率制度选择的主要因素

各国（地区）总是根据本国（地区）经济基本面和所处的国际环境，选择适宜的汇率制度。汇率制度虽有不同类型，但大体可分为两大类，即固定汇率制和浮动汇率制。一般来说，以汇率稳定为目标的汇率制度下，汇率波动幅度很小或比较小，可将其视为固定汇率制度；如果将汇率作为调节国际收支的政策工具，发挥其价格杠杆作用，则汇率波动幅度很大或比较大，则这种汇率制度可视为浮动汇率制。汇率制度的选择是一个非常复杂的问题，但实践表明，以下因素和各国汇率制度的选择之间存在密切的联系。

1. 经济规模

一国的经济规模越大，越倾向于采用浮动汇率制；反之，则倾向于采用固定汇率制。这是由于，大国多为发达国家，经济较为独立，资本管制较少，如果实行固定汇率必须放弃货币政策的独立性；而且，大国的外贸依存度通常低于小国，因而往往更少从汇率角度出发考虑经济问题；此外大国的对外贸易多元化，很难选择一种基准货币实施固定汇率。而对于经济规模较小的国家，经济结构往往较为单一，许多消费品和投资品，需依赖进口，出口的多是初级产品，这会大大削弱浮动汇率的有效性；而且，小国保护内外部经济平衡的能力较弱，为了防止由于汇率变动对经济带来的冲击，采用固定汇率是一种简单而有效的办法。

2. 经济开放程度

开放程度高的国家或地区更倾向于选择固定汇率制度，因为一国或地区经济开放度越高，贸易品价格在整体物价水平中所占比重越大，汇率变动对国家整体价格水平的影响也就越大，选择固定汇率能最大限度地稳定国内价格水平；加上经济开放度较高的国家经济规模往往较小，抵御冲击的能力较弱，为了防止汇率变动对经济带来的冲击，往往采用固定汇率制。如中国的香港特别行政区，其经济开放度位居全球第二位，就是采取钉住美元的联系汇率制度。

3. 贸易伙伴国的集中程度

主要与一国发生贸易关系的国家通常选择钉住该国货币，这样在进出口收入上可获得很大的稳定性；而对于贸易伙伴国较分散的国家，则倾向于选择浮动汇率制。

4. 特定的政策意图

对于面临高通货膨胀的政府来说，通过与低通货膨胀国家结成货币同盟，实行固定汇率制度，可有效地控制通货膨胀，而如果采取浮动汇率制度往往会产生恶性循环现象，使通货膨胀更加严重和不断持续。但是如果一国为了防止从国外输入通货膨胀，则宜于选择浮动汇率制度，这将使该国货币政策自主性加强，从而拥有决定本国的通货膨胀率的权利。

第三节 汇率政策

一、汇率政策的基本内涵

（一）汇率政策的含义

汇率政策是指政府在一定时期内，为实现宏观经济政策目标而对汇率变动施加影响的制度性安排与具体措施。汇率政策主要涉及汇率制度选择、汇率水平管理（将在第四章外汇管制部分论述）、政府对外汇市场干预，以及国际协调与合作等内容。

（二）汇率政策的特征

1. 国家性

汇率政策是国家为实现宏观经济目标而制定的对外经济政策之一，主要体现一国的经济主权和民族利益，而且已成为国际市场竞争的重要手段。一国无论选择钉住一种货币或一篮子货币，或者选择自由浮动的汇率制度安排，都体现了国家在一定的制度框架下的经济政策取向，这使得有关汇率的任何决策都会具有政策功能。例如一国货币币值低估有利于该国扩大出口，可以缓解国内通缩的压力，从而维持国内就业，有利于一国宏观经济目标的实现；为扶持民族经济发展，一国可以制定抑制该产业商品进口的汇率政策，使民族工业通过国内市场占有份额的扩大而迅速成长起来。这些都体现了汇率政策作为经济政策的重要组成部分而具有的国家性特征。

2. 强制性

一国的汇率政策往往借助国家立法和行政权得以保障，对有关外汇交易主体的交易行为加以规范，促使各项国际经济活动向预定的宏观经济目标发展。一国汇率政策措施的制定，包括汇率制度的选择和汇率水平的管理、国家对汇率变化的干预以及汇率政策与财政货币政策之间的搭配等，都必须由国家提供相应的立法支持。通常在实行外汇管制的国家，为了便于以政府的名义制定法令强制实行外汇管制，这些国家一般由政府授权中央银行代表政府执行外汇管制的职能，如英国是由英格兰银行行使外汇管制的权力。也有一些国家如法国和意大利，成立专门的外汇管制机构，在中央银行的领导下专门行使外汇管制职能。还有一些国家把外汇管制的不同职能分别交给不同的政府部门，以保证有关汇率政策的强制实施。在外汇汇率管制下，汇率及其变动范围都由政府以法令形式强行规定，官方外汇市场取代了自由外汇市场，非价格手段取代了价格机制，其实质也是一种利用行政命令对外汇市场的直接干预，同样具有强制性特征。

3. 宏观性

汇率政策是政府宏观决策而非企业微观决策的产物，目的在于宏观经济调控而非企业的市场竞争策略。汇率政策作为经济政策的宏观政策工具特征不难理解，因为汇率政策通常被赋予了保持汇率稳定，调节国际收支平衡，实现国民经济的健康发展的特定经济目标。而无论是利用汇率调整机制，即一国政府通过宣布本币升值或者贬值来改变外汇的供求，并经由进出口商品或劳务的相对价格变化、资本输出入的相对收益变化来实现对国际收支的调节，还是利用外汇缓冲机制，即通过政府公开市场操作来影响外汇的供求，进而形成汇率的变化来实现经济目标，都是政府当局为实现宏观经济目标进行的决策。而企业行为是市场微观主体依据市场及诸多经济因素的变化，决定生产什么，生产多少以及怎样生产的决策行为。从这一意义上讲，汇率政策同财政货币政策一样属于宏观经济政策范畴。

(三) 汇率政策的目标

汇率政策的总体目标是调节国际收支状况，促进宏观经济内外部均衡，实现国民经济持续增长。

在封闭经济下，经济增长、充分就业与价格稳定是一国政府追求的主要经济目标，这3个目标概括了经济处于内部均衡运行状态的主要条件。在开放经济下，国际收支平衡与内部均衡的政策目标一同被纳入政府调控的范围，成为一国调节内外均衡的主要政策目标。四大经济目标的实现必须通过一系列必要的财政政策、货币政策和汇率政策以及它们之间的政策协调搭配。汇率政策作为支出转换政策，其总体目标是通过必要的制度安排和措施，最终达到平衡国际收支，维持汇率稳定以及促进本国经济发展。首先是调节国际收支状况，促进宏观经济内外部均衡。对于一些国际收支逆差、外汇紧缺的国家来说，动用外汇储备资产弥补赤字，仅可以调节短期内国际收支的暂时性失衡，如果宣布本币法定贬值，利用汇率价格信号调节外汇供求，则可以调节国际收支的长期根本性失衡。该国也可以由政府集中所有的外汇供给，在外汇需求者中以某种程序和形式实行配给供应，在外汇供给减少时，抑制外汇需求，从而维持国际收支平衡和汇率稳定。其次是汇率政策通过对社会总需求的转换机制可以增加一国的有效需求，提高就业和收入水平；保护本国幼稚工业，发展民族经济；集中外汇收入，实现外汇资源的最优配置；也可以参与外汇交易、课征外汇税，进而增加财政收入，达到促进本国经济发展的最终目的。

汇率政策的具体目标主要体现在4个方面：

1. 货币政策的自主权

保持一国货币政策的自主权，就是各国中央银行不再因为在固定汇率制度下为保持汇率稳定而被动干预外汇市场，使货币政策能够自主调节内部和外部平衡，实现政府预期的经济目标。在固定汇率制度下，由于各国货币政策对国际收支的平衡承担重要责任，中央银行为维持汇率稳定被迫在外汇市场上购入或抛售外国资产，使通货膨胀或紧缩的国际传递成为可能，因而货币政策的运用将受到国际收支状况和汇率水平的制约，导致货币政策对内调控经济的自主权也在维持外部均衡的同时逐渐被弱化。作为汇率政策的具体目标，保持货币政策的自主权就是通过汇率的自动调整隔绝国外货币因素对本国国内经济的影响，真正发挥汇率政策在自发调节外部均衡中的作用，使货币政策对内调节功能充分发挥，自主选择本国愿意接受的价格水平，维持本国经济的稳定。

2. 维护本币的价值稳定

一般在汇率稳定的情况下，国际通货膨胀可以经由商品贸易传入国内，导致诸如进口型的通货膨胀。那些存在巨额国际收支盈余、货币趋于坚挺的国家，常常面临外国资本的冲击,国际通货膨胀往往通过资本交易传入国内。这种情况下,通过外汇管制,限制商品进口和资本输入,可将国际通货膨胀拒之门外,使国内物价水平得以保持稳定。

3. 调节国际收支状况

若一国国际收支长期出现逆差,该国可采取本币贬值的汇率政策。通过货币贬值,使得该国出口商品的外币价格下降,国外对本国出口商品的需求上升,出口规模得以扩大;同时,该国进口商品的本币价格上升,会抑制国内对进口商品的需求,进口规模得以缩小。如果贬值后该国出口商品的外币价格没有下跌,但出口所获取的同样数量的外汇收入可换到较多的本币,这也能使出口厂商的利润增加,进而对扩大出口起积极的作用。此外,即使贬值后该国对进口商品的需求并未减少,但由于进口商品本币价格的提高,国内替代产业能够生存和发展起来,仍然可以对进口起抑制的作用。

4. 提高产品国际竞争力

一国国际收支出现大量顺差,本国货币必然遭受升值的压力,而货币升值将削弱该国商品的出口竞争能力。因此,顺差国政府往往利用汇率政策减轻本国货币承受的压力,以保持其商品的国际竞争能力和国际市场份额。

二、 汇率政策的传导机制

汇率政策发挥作用离不开有效的传导机制。汇率政策的传导机制是指汇率政策的变化影响汇率运动及汇率与其他经济变量相互作用的原理、方式和过程。对汇率政策传导机制的研究重点在于揭示汇率政策的变化影响汇率运动的规律,以及汇率信号与其他经济变量的一般关系,可为政府制定汇率政策提供理论基础和思考路线。而对汇率政策的研究偏重于政府制定和实施汇率政策的目的、手段及效果,是研究汇率政策传导机制的目的和归宿。

(一) 传导机制的功能及模型

一般认为,汇率之所以能够成为调节宏观经济的政策杠杆,在一国实现内外部均衡中发挥重要作用,是因为汇率政策的传导机制具有两方面的基本功能。

1. 信息传递功能

在开放经济条件下,汇率政策的传导机制能够把一国对外经济活动状况及其变化趋势通过汇率这个价格信号传递给微观经济部门和宏观管理部门。假设一国国际收支长期出现顺差,那么本币面临汇率上涨(升值)的压力,外币供给大于需求。这样,微观经济部门就会因外汇供大于求从而增加对国外商品及劳务的需求,宏观管理部门也可以通过增加本币的投放或增发债券以购买外国资产,从而促使外汇资源的合理配置。

2. 经济调节功能

首先,从静态的角度看,开放的市场经济条件下,各经济单位能从汇率价格信号中获得与涉外经济活动有关的情况与信息,进而为实现既定目标而做出适应性调整。其次,从动态上看,汇率可通过一系列复杂的渠道影响一国的生产、贸易和货币供求,影响一国的资本流动,从而能够反映一国经济发展的趋势和前景,为政府和企业调整政策、决策提供依据。此外,从与经济活动的联系来看,汇率变动产生于多方面的因素,又反作用于这些因素。正是这些因素之间相互联系相互作用,才使得汇率作为重要的经济杠杆对经济生活起着调节作用。

特别需要指出的是，汇率政策传导机制的上述功能是相辅相成，缺一不可的，并有机地融合于一体，使汇率的变动通过影响国内外产品、服务、资产以及资本等相对价格的变动，进而引起其他经济要素的变化，实现调节经济的作用。

汇率政策的传导机制，其传导的过程体现在汇率政策的变化影响到汇率变动，汇率变动影响到不同国家之间的商品、服务、资产以及资本相对价格的变动，进而通过传导媒介使其他相关经济要素发生变化，最终促使宏观经济目标的实现。图 3-3 表示了这一流程。

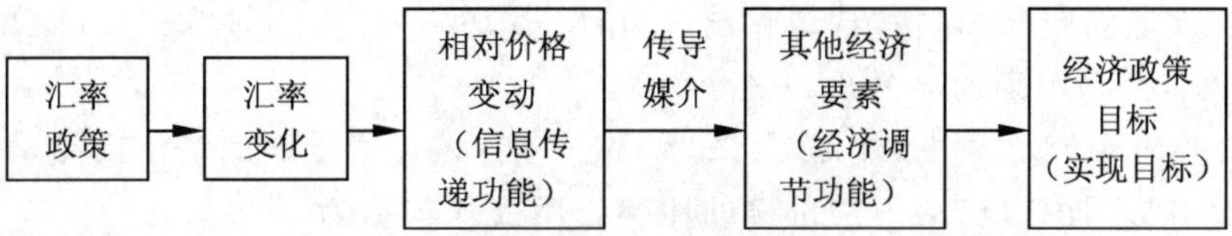

图 3-3 汇率政策传导机制模型

从图中可以看出，汇率政策传导过程的基础是相对价格的形成。我们知道，汇率的本质是两国货币所具有的或所代表的价值的交换比率。汇率不仅反映出两国货币之间的价值比关系，而且还体现出汇率在国际金融和国际贸易中执行的价格转换功能。在国际金融活动中，汇率将不同的货币单位折算成外汇市场中所需的外汇单位，使国际资金融通和资本流动成为可能；在国际贸易交往中，外国商品和劳务的价格通过汇率转换成本国的价格，从而使各国物价具有可比性，使各国的国内价格和国际价格联系在一起。也可以说，无论从宏观讲，汇率的变动影响国民收入、消费投资水平及货币供给和需求，还是从微观讲，汇率的变动影响企业和消费者行为及资源配置，都要经过汇率的变动从而影响相对价格这一初始环节。

因此，研究汇率政策的传导机制，即汇率运动如何通过传导媒介，在发挥信息传导和经济调节功能的过程中实现宏观经济目标，就必须研究相对价格变动与其他经济要素之间的变动关系。

汇率政策的传导过程中，汇率传递经济信息和调节经济的功能主要体现在相对价格通过作用于一定的传导媒介引起其他经济因素的变化，从而实现预定的经济目标。例如，一国政府通过本币法定贬值来改善国际收支状况，这一政策首先作用于汇率水平，使本币贬值，而本币的贬值直接改变了本国与外国的商品劳务以及资产的相对价格。即用外币表示的本国商品劳务以及资产的价格下降，而用本币表示的外国商品劳务以及资产的价格上升，起到“奖出限入”的作用。同时，也改变了本国的贸易条件，并使本国可供外销商品的外销价格区间扩大，进口价格区间减小；本国的资金、劳动力和土地等生产要素的相对价格下降，从而使本国的总供求、出口竞争力、边际进出口倾向以及国内就业水平、产业结构等经济要素发生变化，促使该国实现国际收支平衡。

目前，在汇率政策传导机制研究中考虑的传导媒介主要是贸易条件、内外销比价和生产要素的相对价格等。

（1）贸易条件。贸易条件定义为出口商品价格指数与进口商品价格指数的比率，用公式表示为

$$\Phi=\frac{P}{eP^{*}}=\frac{\frac{P}{e}}{P^{*}} \tag{3-1}$$

式中，Φ 中为贸易条件；e 为汇率（采用直接标价法）；P 为出口商品的本币价格指数，P/e 为出口商品的外币价格指数；P^* 为进口商品的外币价格指数，eP^* 为进口商品的本币价格指数。Φ 上升，表示出口商品或劳务的价格比进口商品或劳务的价格相对上涨，则每一单位的出口商品能够换到更多的进口商品。其他条件不变，能增加该国的贸易利益，即贸易条件改善。

假定国际市场的价格需求弹性很小，本币升值，即 e 下降，会提高出口商品的外币价格（P/e），如进口商品的外币价格不变，出口一个单位的商品可换到较多的进口商品，这样资源会更多地向贸易部门转移。相反，本币贬值，即 e 上升，会降低出口商品的外币价格（P/e），从而提高本国商品的出口竞争力。

（2）内外销比价。内外销比价定义为一定时期内，一国生产的若干商品，其在国际市场的外销价格与国内市场的内销价格的比率。用公式表示为

$$V=\frac{p_{\mathrm{f}}}{p_{\mathrm{n}}}=\frac{ep^*}{p} \tag{3-2}$$

式中，V 表示内外销比价；p_{f} 为外销价；p_{n} 为内销价；e 为汇率（直接标价法）；p^* 为国际市场价格。V 上升，即本国商品的外销价比内销价的相对价格上涨，则出口比内销有利，在其他条件不变时，出口部门福利增加，刺激本国商品出口。

假定本国商品内销价格不变和国际市场需求价格弹性很小，若本币贬值，即 e 上升，则外销商品的本币价格上涨，本国出口积极性提高，资源向出口部门转移；同时，本币贬值可能造成进口原材料成本上涨，导致进口商品国内价格上涨，从而抑制进口，刺激本国进口替代行业的发展。相反，若本币升值，即 e 下降，则外销商品的本币价格降低，本国商品内销积极性提高，资源从出口部门流出。

（3）生产要素的相对价格。汇率政策的变化可能影响到生产要素的相对价格的变化，为生产要素在不同国家、不同部门之间流动赋予了动力。例如，汇率的变化会导致“利率平价”关系的破坏，从而促使资本在国际流动。当然，利率的变化也会直接影响到企业的投资、居民的储蓄，从而调整经济单位的行为。汇率的变化还会导致劳动力价格的变化。如劳动力市场上，因美元升值使得美国企业雇佣本国劳动力生产的成本增加，进而诱发对外直接投资，这样既降低了劳动力成本又增加了资产价值。此外，汇率的变化也可反映在土地的相对价格变化上。同样因美元的升值，使得以美元计价的美国国内土地相对成本增加，促使美国企业到海外投资办厂，以降低投资成本。

（二）传导机制的制约因素

以上介绍了汇率政策通过贸易条件、内外销比价和生产要素相对价格等 3 种传导媒介影响宏观经济变量的原理，但是汇率政策传导能否准确有效，还受到一系列诸如社会经济形态、经济体制、经济运行状况、对外开放程度以及市场供求状况等因素的制约。在研究汇率变动对经济的影响时，必须考虑以上制约因素对汇率政策传导所产生的影响，否则，得出的结论可能就会发生偏差。

1. 社会经济形态

一般而言，汇率作为价格信号更多更直接地对相对自由的经济实体产生影响。在商品经济较为发达的资本主义社会，市场规则起着主导作用，汇率传导机制的灵敏度相对较高，可以更好地发挥调节作用。而在社会主义国家，因市场经济起步较晚，政府大多采用外汇干预或行政命令手段来干预经济活动，因而汇率政策传导机制的信息传递和经济

调节功能相对来说受到较大的约束。

2. 经济体制

通常认为,市场经济环境中汇率政策传导机制发挥作用较为充分。因为市场经济条件下经济活动更多依赖于市场价格信号进行调节,政府干预较少。而计划经济条件下更多采用行政命令手段来调控经济活动,价格信号往往遭到排斥、限制甚至扭曲,汇率很难发挥出真正意义上的杠杆作用。

3. 经济运行状况

任何一国的汇率形成与变化都与其相关经济条件互相联系。由于各国在一定时期内的相关条件不一致,因而汇率传导机制发挥作用的效果与程度也存在差异。如一些面临高通胀压力的国家可能正在实施通货紧缩的调控政策;而一些通胀较温和、经济条件较宽松、发展态势比较健康的国家,则可能较多采用汇率价格信号来调节经济。

4. 对外开放度

如果一国对外开放程度较高,汇率就能够反映大量重要的经济信息,汇率政策的传导机制也更加灵敏。反之,一国开放度较低,汇率几乎不能反映任何有价值的信息。比如在一个自给自足、完全封闭的国家,汇率甚至没有存在的价值,更谈不上传递信息和调节经济。

三、 政府对外汇市场的干预

政府对外汇市场的干预是以政府部门为主体,以汇率变化为对象,通过政府言论或权威人士发言、实施外汇管制或者公开市场操作,达到影响外汇市场运行的目的,最终促进宏观经济内外均衡,实现国民经济持续增长,是政府实施汇率政策的具体措施之一。

(一)政府干预外汇市场的目的

一国政府对外汇市场进行干预的目的主要包括以下 4 个方面:

1. 实现汇率政策的总体目标

政府对外汇市场进行干预,是一国政府实施汇率政策的一部分。从这个意义上讲,政府对外汇市场的干预应服从于汇率政策总体目标。假设一国国际收支账户长期逆差,政府打算通过本币对外贬值的方法来改善国际收支状况,则可以通过权威性的言论和政府发言传递政府对本币贬值的政策导向,引导外汇市场参与者改变对未来汇率变化的预期;也可以对外汇实行“奖出限入”的数量管制和有利于提高出口商品国际竞争力的汇率管制;或者通过公开市场操作,在外汇市场上大量买进外汇,增加本币投放,推动外汇升值和本币对外贬值,但必须配合适度从紧的财政政策,以减轻国内通货膨胀的压力。政府的干预使本币贬值从而刺激出口抑制进口,改善国际收支状况,促进外部均衡。同时,对外出口的扩大可以增加社会总产量,扩大就业水平,提高国际竞争力,加快产业结构升级,优化资源配置,实现国民经济持续增长。

2. 防止汇率短期内过分波动

开放经济条件下,汇率短期内过分波动将降低资源配置效率,影响到一国开放经济的稳定运行。但是,汇率在短期内过分波动的因素大量存在。例如,任何对未来货币政策等宏观条件波动的预期都将对即期汇率产生影响。在弱势有效市场中大量充斥的新闻效应的影响下，噪声交易者的操作行为可能加剧汇率对其基本价值的偏离，导致即期汇率的过分波动。由于商品市场价格存在黏性，货币市场和商品市场的价格调节时间不一致，短期内商品市场的调节慢于货币市场，因而可能出现的“汇率超调”现象也将影响到短期汇率的稳定。另外，当今的国际资本市场，数万亿计的国际游资凭借各种金融衍生工具兴风作浪，投机因素已成为汇率短期内大幅波动的主要原因。政府对外汇市场干预的首要目标，就是防止汇率在短期内过分波动。

3. 作为政策搭配的工具

对外汇市场的干预是政府实施货币政策的重要组成部分。外汇干预为政府提供了额外的政策工具，该工具能够影响一国的货币供给量。中央银行在外汇市场上买入外汇就意味着增加货币的供给，而卖出外汇则意味着减少货币供给。这就提供了货币政策内部不同工具搭配的可能性。同时，在外汇市场上的干预还可与财政政策以及其他政策进行多种形式的搭配。

4. 实现其他政治经济目的

政府对外汇市场的干预可能还出于其他目的。例如，政府为维持低汇率刺激本国出口，就会进入外汇市场人为地造成本币的贬值。对于存在长期性外汇短缺问题的国家，政府可能会进入外汇市场购买外汇，以增加其所持有的外汇储备。还有，政府可能在外汇市场上买卖不同品种的外汇，以调整其外汇储备的结构。

1973 年布雷顿森林体系瓦解后，许多工业化国家都开始实行浮动汇率制，到 1975 年 9 月在法国召开的 G7 峰会上正式认可了浮动汇率制和为调整外汇市场混乱而进行的汇率干预。此后，人们将注意力集中于政府如何进行干预上，而不再讨论政府该不该进行干预。

（二）政府干预外汇市场的类型

根据不同的角度，政府对外汇市场的干预可作如下的分类：

1. 按干预的手段，可分为直接干预和间接干预

直接干预是指政府直接进入外汇市场买卖外汇，改变原有外汇市场的供求关系来干预外汇市场。间接干预是指政府不直接进入外汇市场，而采取其他方法对外汇市场进行干预。间接干预一般有两种做法：一种是通过改变利率等国内金融变量的方法，使不同资产的收益率发生变化，间接地影响外汇市场上的供求关系，以达到干预外汇的目的；另一种是通过公开宣告的方式影响外汇市场参与者的预期，进而影响汇率。例如，政府可以通过新闻媒体表达对外汇走势的看法，或发表有利于中央银行政策意图的经济指标，以此来影响外汇市场参与者的心理预期。

2. 按干预会否引起货币供应量的变化，可分为冲销式干预与非冲销式干预

冲销式干预（Sterilized Intervention）是指政府在外汇市场上进行交易的同时，通过其他政策工具，如公开市场操作，来抵消前者对货币供应量的影响，使货币供应量维持不变的外汇市场干预行为。为抵消外汇市场交易对货币供应量的影响而采用的政策措施被称为冲销措施。非冲销式干预（Unsterilized Intervention）则是指不存在相应冲销措施的外汇市场干预，这种干预会引起一国货币供应量的变动。这种分类方式是政府对外汇市场进行干预的最为重要的分类方式，它们各自的效力是外汇市场干预讨论中最受关注的问题。

3. 按干预策略,可分为熨平每日波动型、砥柱中流型或逆向型及非官方钉住型

熨平每日波动型(Smoothing out Daily Fluctuation)干预,它是指政府在汇率日常变动时在高价位卖出、低价位买进,以使汇率变动的幅度缩小的干预形式。砥柱中流型或逆向型(Leaning Against the Wind)干预,它是指政府在面临突发因素造成的汇率单方向大幅度波动时,采取反向交易的形式以维护外汇市场稳定的干预形式。非官方钉住型(Unofficial Pegging)干预,它是指政府单方面非公开地确定所要实现的汇率水平及变动范围,在市场汇率变动与之不符时就入市干预的形式。

4. 按干预参与的国家,可分为单边干预和联合干预

单边干预是指一国对本国货币与某外国货币之间的汇率变动,在没有相关的其他国家的配合下独自进行的干预。联合干预则是指两国乃至多国联合协调行动对汇率进行干预。单边干预主要出现在小国对其与大国货币之间的汇率进行调节的过程中,缺乏国际协调时的各国对外汇市场的干预也多采用单边干预的形式。相比之下,由于外汇市场上投机性资金的实力非常强大,同时国际政策协调已大大加强,几个主要大国对外汇市场进行的一些比较有影响的干预都是联合干预。

四、 国际协调与合作

国际协调与合作,即通过国际性的汇率安排达到汇率政策的目标。

在经济全球化趋势日益加强的时代,汇率政策已越出了一国经济的范围,一国汇率政策必然影响他国的经济增长与发展,同样,他国汇率政策也必然影响本国经济的增长与发展。因此,通过国际性汇率安排实现汇率政策目标已成为各国进行国际协调稳定发展问题的重要手段。其政策措施主要包括:① 以协定形式确定汇率规则。② 创设货币区或货币集团,规定成员方的权利与义务,以约束彼此的汇率政策与行为。③ 各国中央银行通力合作,对外汇市场采取联合干预行动。

第四节 人民币汇率制度

一、 计划经济体制时期人民币汇率制度

这一时期的汇率制度又可分为 3 个不同的阶段:

(一) 第一阶段(1949—1952 年)

1948 年 12 月 1 日,中国人民银行成立,并开始发行人民币。人民币对西方国家货币的汇率于 1949 年 1 月 18 日首先在天津挂牌,此后,全国各地以天津口岸的汇率为标准,根据当地的具体情况,公布各自的人民币汇率。这一阶段,我国外汇十分短缺,为了尽快恢复和发展国民经济,扶植出口,积累外汇资金,进口国内急需的物资,人民币汇率的制定实行"鼓励出口、积累汇源、兼顾进口、照顾侨汇"的方针,采取"物价对比法",以 75%～80%的大宗出口商品加权平均换汇成本,加上 5%～15%的利润,得到出口商品理论比价,再参照进口商品理论比价和侨汇购买力比价制定人民币汇率。由于当时国内物价波

动很大，人民币汇率变动亦很大，从1949年1月至1950年3月，由于国内物价上涨较快，人民币对外价值不断下降，外汇牌价不断调高，由1美元＝80元旧人民币调至1美元＝42 000元旧人民币。此后至1952年12月，国内物价趋稳并开始回落，人民币汇率转为持续升值，到1952年12月，美元对人民币汇率跌至1美元＝26 170元旧人民币。

（二）第二阶段（1953—1972年）

1953年以后，我国进入社会主义建设时期，金融、物价比较稳定。1953年3月发行了人民币新币，以1 ∶ 10 000的比例收回了旧币。这一时期，人民币币值基本稳定，以及国际上普遍实行固定汇率制，人民币汇率亦基本保持不变。由于当时美国对我国实行经济封锁，政府实行了人民币钉住英镑的汇率制度，又由于当时我国与一些社会主义国家的经贸关系比较重要，人民币还实行了钉住卢布的汇率政策。

（三）第三阶段（1973—1980年）

1973年以后，布雷顿森林体系崩溃，以美元为中心的固定汇率制解体，多数工业国家相继实行浮动汇率制。这一时期的人民币汇率采取钉住一篮子货币并按照该货币篮子的货币价格变动进行调整的汇率安排。

二、经济体制转型时期人民币汇率制度

这个时期的汇率制度又经历了两个阶段：

（一）第一阶段（1981—1984年）

这一阶段是我国改革开放政策开始时期。在此之前，我国进出口贸易实行统一经营、统负盈亏的体制，汇率的高估不仅不会影响进出口的规模和构成，而且对外贸系统的盈亏总额也无什么影响，因为调整人民币汇率对贸易系统的出口盈亏额与进口盈亏额的影响是正好相抵的。始于1978年的外贸体制改革，外贸企业开始转变成为独立核算、自负盈亏的经济实体。由于当时人民币汇率对外贸出口支持不大，甚至使出口商品平均换汇成本超出了公开牌价，使出口亏损很大。为了鼓励出口，抑制进口，就必须改变人民币汇率定值过高的状况，发挥汇率对进出口贸易的杠杆作用。为此，从1981年起，我国试行汇价制度改革，实行两种汇率。一种是适用于进出口贸易结算和外贸企业经济核算的贸易外汇内部结算价。内部结算价为1美元＝2.8元人民币，这一比价是根据1978年全国平均出口换汇成本2.53元再加上10%的利润计算出来的。另一种是官方公布的人民币外汇牌价，主要适用于非贸易外汇的兑换和结算，仍沿用原来的“一篮子货币”加权平均确定。这一汇率基本保持在1美元＝1.5元人民币的水平上。

（二）第二阶段（1985—1993年）

双重汇率对鼓励出口和照顾非贸易利益起到了一定作用，但使得进口成本上升，进口企业亏损增加，既加重了财政负担，同时也加剧了国内的通货膨胀，尤其是在使用范围上出现了混乱，给外汇核算和外汇管理带来不少复杂的问题，而且还遭到外商和IMF的质疑。由于双重汇率已不适应经济形势发展的需要，1985年1月1日，人民币对外公开牌价调整为1美元＝2.8元人民币，同内部结算价持平，从而事实上取消了内部结算价。此后，人民币汇率不断公开贬值，由1985年的1美元＝2.8元人民币，调低至1993年12月31日的1美元＝5.8元人民币。

自1985年以后，人民币汇率的制定方法逐渐从以“一篮子货币”为依据，改为主要钉

住美元，即人民币与美元之间的汇率基本固定，必要时才作适当调整，而人民币与其他国家的汇率则随美元与这些货币汇率的变化而调整。

除正式的官方牌价外，我国于1980年10月开始办理外汇调剂业务，但在1985年之前，由于对调剂价实行限制（规定以内部结算价加10%为最高限价），使外汇调剂基本上处于有行无市状态。1985年取消调剂价限制以后，外汇调剂业务迅速发展，逐步形成了外汇调剂市场和调剂价格。到1993年底，外汇调剂价为1美元＝8.7元人民币。因此，实际上我国从1985年以后又出现了官方汇率与外汇调剂价并存的新的双重汇率制。

三、市场经济时期人民币汇率制度

这个时期的汇率制度又分为两个阶段：

（一）第一阶段（1994—2005年）

1994年我国成功地进行了外汇管理体制的重大改革，除了取消长达15年的外汇留成制、实行银行结售汇制度、实现了经常账户下人民币基本可兑换外，还对人民币汇率制度进行改革，即将人民币汇率并轨，取消官方汇率，建立统一的银行间外汇市场，实行以市场供求为基础的、单一的、有管理的浮动汇率制度。并轨后的人民币外汇牌价为1美元＝8.7元人民币。

当时我国的汇率形成机制是：各外汇指定银行根据企业在银行的结售汇情况和中国人民银行对其核定的结售汇周转头寸限额在银行间外汇市场买卖外汇，平补头寸，形成外汇供求。中国人民银行每天根据前一个营业日银行间外汇市场成交汇率的加权平均数，公布当天人民币与美元、港币、日元、欧元的基准汇率，并参照国际外汇市场上美元的汇率，同时公布当天人民币对其他货币的汇率。中国人民银行对人民币汇率进行宏观调控和必要的市场干预，以保持汇率的合理和稳定。

从实际操作和汇率的实际变动来看，人民币汇率波幅很小，对美元的汇率一直保持在相对稳定的状态（如表3-5所示）。正因为如此，国际货币基金组织1999年按照事实分类法对汇率制度重新进行分类时，我国的汇率制度被列入“固定钉住汇率制度”之列。虽然我国的汇率制度被称之为“有管理的浮动汇率制”，但实质是钉住美元的汇率制度。

表3-5 1995—2004年人民币汇率中间价及其逐年变动幅度

指标	1995	1996	1997	1998	1999	2000	2001	2002	2003	2004
USD/RMB	8.35	8.31	8.29	8.28	8.28	8.28	8.28	8.28	8.28	8.28
逐年变动幅度(%)	—	−0.5	−0.24	−0.12	0.00	0.00	0.00	0.00	0.00	0.00

资料来源：国家外汇管理局网站统计数据与报告。

（二）第二阶段（2005年以来）

1994年汇改之后，随着我国国际收支顺差和外汇储备的不断增长，以美国、日本等为代表的西方经济体要求人民币升值的呼声越来越大，因此，完善人民币汇率形成机制迫在眉睫。自2005年7月21日起，人民币汇率形成机制的改革和完善进入持续推进时期（见表3-6）。下面主要介绍这一时期的人民币汇率形成机制的主要改革节点和内容。

表 3-6　人民币汇率形成机制重要改革节点一览表

时间	人民币汇率改革重要事件
2005 年 7 月 21 日	央行宣布实行以市场供求为基础、参考“一篮子货币”调节管理的浮动汇率制度
2005 年 8 月 9 日	央行扩大外汇指定银行远期结售汇业务，并授权开办人民币与外币掉期业务
2006 年 1 月 4 日	将询价交易方式引入银行间即期外汇市场，将做市商制度引入银行间外汇市场
2007 年 5 月 21 日	央行宣布将人民币兑美元汇率日波动区间由 0.3%扩大至 0.5%
2009 年 4 月 8 日	跨境贸易人民币结算试点开展
2010 年 6 月 19 日	央行宣布将进一步提高人民币汇率弹性
2011 年 1 月 14 日	央行发布“一号文件”允许具有批准资格的境内企业采用人民币进行境外直接投资
2011 年 4 月 1 日	正式推出人民币对外汇期权交易
2011 年 4 月 26 日	跨境贸易人民币结算试点扩至全国，并继续开展资本项下跨境人民币业务试点
2012 年 4 月 16 日	扩大银行间即期外汇市场，人民币兑美元汇率波动区间至 1%，当日美元现汇最高卖出价与最低买入价之差不得超过当日汇率中间价的幅度由 1%扩大至 2%
2014 年 3 月 17 日	人民币兑美元交易价浮动幅度扩大至 2%，当日美元现汇最高卖出价与最低买入价之差由 2%扩大至 3%
2015 年 6 月 27 日	进一步推进利率市场化和人民币汇率形成机制改革，疏通货币政策传导渠道
2015 年 8 月 11 日	央行宣布当日起，做市商在每日银行间外汇市场开盘前，参考上日银行间外汇市场收盘汇率，综合考虑外汇供求情况及国际主要货币汇率变化向中国外汇交易中心提供中间价报价
2015 年 12 月 11 日	中国外汇交易中心发布“CFETS 人民币汇率指数”，人民币汇率形成机制开始转向参考“一篮子货币”、保持一篮子汇率基本稳定
2016 年 2 月	人民币汇率中间价形成机制转向“前收盘价＋夜盘一篮子货币变动”的“透明”规则
2016 年 10 月 1 日	人民币正式加入 SDR(特别提款权)
2017 年 5 月	人民币汇率中间价形成机制转向“收盘价＋一篮子货币＋逆周期调节因子”的定价机制

1. 人民币汇率参考一篮子货币调节

2005 年 7 月 21 日，中国人民银行发布《中国人民银行关于完善人民币汇率形成机制改革的公告》，开始实行新的人民币汇率机制，其具体内容包括以下几个方面：

(1) 2005 年 7 月 21 日起，我国实行以市场供求为基础、参考“一篮子货币”进行调节的有管理的浮动汇率制度。人民币汇率不再钉住单一美元，形成更富弹性的汇率机制。

(2) 中国人民银行于每个工作日闭市后公布当日银行间外汇市场美元等交易货币对人民币汇率的收盘价，作为下一个工作日该货币对人民币交易的中间价格。

(3) 2005 年 7 月 21 日 19:00 时，美元对人民币交易价格从原来的 1 美元兑 8.28 元人民币调整为 1 美元兑 8.11 元人民币，作为次日银行间外汇市场上外汇指定银行之间交易的中间价，外汇指定银行可自此时起调整对客户的挂牌汇价。

(4) 现阶段，每日银行间外汇市场美元兑人民币的交易价仍在中国人民银行公布的美元交易中间价±3%的幅度内浮动，非美元货币兑人民币的交易价在中国人民银行公布的该货币交易中间价±1.5%的幅度内浮动。

这次汇改表明中国人民银行将根据市场发育状况和经济金融形势，以市场供求为基础，参考“一篮子货币”汇率的变动，对人民币汇率进行管理和调节，适时调整浮动汇率区间，维持人民币汇率的正常浮动，保持人民币汇率在合理、均衡水平的基本稳定，促进国际收支平衡，维护宏观经济和金融市场稳定。

在2005年7月汇改的基础上，2007年5月21日、2012年4月16日、2014年3月17日每日银行间外汇市场人民币对美元波幅分别扩大到±0.5%、±1%和±2%。与此同时，从2005年7月人民币汇率制度改革到2015年6月末，人民币对美元汇率累积升值35.38%。

这一时期，人民币汇率呈现出以下特征：① 市场供求决定汇率水平的基础作用逐步显现。随着结售汇制度逐步完善，银行间外汇市场主体扩大，银行间外汇市场的供求关系逐步成为决定汇率水平的基础；② 汇率波幅有所扩大，银行间外汇市场人民币对美元每日波幅从0.5%扩大到2%；③ 中央银行仍进行“常态式”的干预，这一期间，境外流入资本压力明显增大，为了维持汇率基本稳定，中央银行运用货币政策等手段进行外汇干预，致使外汇储备快速增长，中央银行资产负债表构成发生明显变化，外汇占款占中央银行资产的比例高达80%以上；④ 人民币汇率运行仍主要受到美元的影响，维持与美元走势相对同步。

2. 人民币汇率中间价格机制改革

2015年8月11日（简称“8.11”），中国人民银行调整人民币对美元汇率中间价报价方式，即从当日起，做市商在每日银行间外汇市场开盘前，参考上日银行间外汇市场收盘汇率，综合考虑外汇供求情况及国际主要货币汇率变化向中国外汇交易中心提供中间价报价。2015年12月11日，中国外汇交易中心首次发布“CFETS人民币汇率指数”，该指数包括在中国外汇交易中心挂牌的13个外汇交易币种样本，货币权重采用考虑转口贸易因素的贸易权重法计算而得，根据中国外汇交易中心所公布的CFETS货币篮子，美元、欧元、日元、港币、英镑和澳元的比重分别为26.4%、21.39%、14.68%、6.55%、3.86%和6.27%。人民币新汇率指数有助于引导市场改变过去主要关注人民币对美元双边汇率的习惯，逐步把参考一篮子货币计算的有效汇率作为人民币汇率水平的主要参照系。CFETS指数货币权重如表3-7所示。

表3-7　CFETS指数货币权重

货币名称	CFETS货币篮子货币权重(%)	货币名称	CFETS货币篮子货币权重(%)
美元	26.40	英镑	3.86
欧元	21.39	新加坡元	3.82
日元	14.68	泰铢	3.33
港币	6.55	加元	2.53
澳元	6.27	瑞士法郎	1.51
马来西亚林吉特	4.67	新西兰元	0.65
俄罗斯卢布	4.36		

来源：中国外汇交易中心。

2016年2月，人民币汇率中间价形成机制转向“前收盘价＋夜盘一篮子货币变动”的“透明”规则。2016年5月8日中国人民银行正式公布“收盘价＋篮子货币”为基础的人民币汇率形成机制。“8.11”汇改带来了积极变化：人民币双向浮动弹性明显增强，不再单边升值；人民币不再紧盯美元，逐步转向参考一篮子货币；人民币中间价形成的规则性、透明度和市场化水平显著提升；跨境资金流出压力逐步缓解，人民币贬值预期减弱。

当然，“8.11”汇改之后的汇率形成机制也存在明显的缺陷，即当市场对人民币汇率有一个强烈的主观预期，而这种市场预期并没有真实反映经济基本面时，即使中间价定价合理，收盘价也可能会明显偏离中间价。这种情况下，收盘价虽然体现了外汇市场的供求关系，但也大概率地夹杂了市场顺周期的非理性情绪。比如，2014—2016 年，中国结售汇处于逆差，外汇供小于求，市场对人民币贬值的预期强烈。2017 年 1 月逆差环比减少 50%，这直接导致年初人民币汇率大幅升值；但是进入当年 4 月之后，逆差规模再次扩大，人民币重新走弱，这表明人民币汇率存在显著的顺周期性。

3. 人民币汇率中间价格机制引入逆周期因子

2017 年 5 月 26 日，中国外汇交易中心发布公告，在人民币兑美元汇率中间价报价模型中引入逆周期因子，人民币汇率中间价形成机制转向“收盘价＋一篮子货币＋逆周期调节因子”的定价机制。引入逆周期因子的主要目的是适度对冲市场情绪的顺周期波动，缓解外汇市场可能存在的“羊群效应”。自引入逆周期因子以来，人民币兑美元汇率实现稳步升值。美元指数从 2017 年 6 月 15 日的 97.506 6 回落至当年 7 月 19 日的 94.847 1，降幅达 2.73%。在此期间，人民币兑美元中间价由 6.785 2 升至 6.745 1，升幅达 0.6%；人民币兑美元汇率由 6.797 5 升至 6.755 6，升幅为 0.62%。显然，逆周期因子的引入对引导人民币汇率走势存在一定的效果。这主要是因为，引入逆周期因子的报价商理论上是外汇市场主要的参与银行，它们对外汇市场的供求关系及基本面的判断更为精细，能够在一定程度上减少顺周期行为。

本章重要概念

汇率制度　固定汇率制　浮动汇率制　管理浮动汇率制度　单独浮动　联合浮动　钉住浮动　蛇形浮动　汇率目标区制　发钞局制　汇率政策　直接干预　间接干预　冲销式干预　非冲销式干预　单边干预　联合干预

本章复习思考题

1. 比较国际金本位体系和布雷顿森林体系这两种货币体系下的固定汇率制度的异同。
2. 试述 IMF 对汇率制度的两种事实分类法。
3. 比较固定汇率制度和浮动汇率制度的优缺点。
4. 影响汇率制度选择的因素主要有哪些？
5. 汇率政策的含义及目标是什么？
6. 试述汇率政策的传导机制。
7. 2005 年以来人民币汇率形成机制市场化改革的主要进展有哪些？
8. 我国为什么要在人民币中间价格机制中引入逆周期因子？

第四章 外汇管制与货币自由兑换

第一节 外汇管制

一、外汇管制的概念、目的和类型

（一）外汇管制的概念

外汇管制也叫外汇管理，是指一国政府授权本国的货币金融当局或其他机构，运用各种手段对外汇收支、买卖、借贷、转移和国际结算，以及外汇汇率和外汇市场等实行某种程度的控制，是一国外汇政策的重要组成部分。在世界经济日趋全球化的今天，实行怎样的外汇管制，对一国的经济意义重大，因此，如何根据形势的变化，适时对外汇管制做出调整，是国际金融研究的一个重要课题。

（二）外汇管制的目的

外汇管制是为本国的经济和政治服务的，因各国的政治经济制度和经济发展水平存在差异，外汇管制的侧重点各不相同，即使同一国家在不同的时期外汇管制的具体目标也可能不一样。但一般而言，各国实行外汇管制的目的主要有以下几个方面。

1. 限制资本外逃，平衡国际收支

国际收支状况对一国经济有重要影响，维持国际收支基本平衡是任何国家始终坚持的经济政策目标之一。国际收支状况一旦恶化，本币汇率就会下跌，导致资本大量外流，这势必加剧本国的国际收支逆差，进一步减少黄金和外汇储备。实行外汇管制，不许调往国外的资本兑换外汇，可以限制资本外逃，同时运用外汇手段鼓励本国商品输出和外国资本的输入，限制外国商品的输入，可以达到改善国际收支增加外汇储备的目的。

2. 保持汇率稳定，促进对外经济发展

对外经济是当今世界各国经济的重要组成部分，而保持汇率稳定是发展对外经济的先决条件。如果外汇市场出现汇率的剧烈波动，就会对各国的对外贸易和信贷投资活动带来极为不利的影响。实行外汇管制的国家一般通过对外汇交易的限制，或者在外汇波动时由政府进行干预，保持本国货币对外汇率的稳定，减少外汇风险，从而增强本国货币信心和对外经济的吸引力，有利于本国对外经济的发展。

3. 阻断国际通货膨胀的输入，稳定国内物价水平

即使在汇率稳定的情况下，国际通货膨胀也可以通过商品贸易传入国内，引发进口型的通货膨胀，而那些存在巨额国际收支盈余，货币趋于坚挺的国家，常面临外国资本的冲击，国际通货膨胀往往通过资本交易传入国内。此时通过外汇管制，限制商品的进口和资本输入，可阻断国际通货膨胀的传入，以维护国内物价水平的平稳。

4. “奖出限入”，以利扩大国内生产，促进本国经济发展

通过外汇管制，来限制威胁本国幼稚产业存在与发展的同类廉价商品的大量进口，同时鼓励本国产品的出口，可以使幼稚产业在国内市场通过规模扩张而迅速成长起来，促进本民族经济的提升和发展。

除上述主要目的外，外汇管制有时是为了调节和调拨外汇资金，或对其他国家修改关税政策、取消商品限额或取消限制等施加压力，作为争夺国际市场的一种手段；或是为了集中本国的外汇收入，减少外汇支出，节约国家的外汇。

外汇管制始于一战期间，以后随着资本主义经济政治危机阶段的交替，时松时紧。第一次世界大战爆发后，西方国家先后停止了金本位制，代之以纸币流通，为筹措战争资金和防止资金外流，各国都取消了自由买卖黄金，并严禁黄金出境。一战后，金本位制恢复，外汇管制有所放松。但在1929—1933年的大危机中，又导致了全面的外汇管制。第二次世界大战爆发后，外汇管制更加严格，如1940年110个国家中只有11个国家未实行外汇管制。布雷顿森林体系建立后，为促进有效的多边贸易，《国际货币基金组织协定》敦促会员方取消经常项目的外汇管制（国际货币基金组织协定第八条款），到1958年大部分欧洲国家恢复了货币的可兑换（指经常项下货币可兑换）。目前，经过有关国家的政策努力和IMF的有效推动，外汇管制已不是普遍现象，放松外汇管制成为一个世界性的潮流，但是几乎所有国家依然存在不同程度的外汇管制。从外汇管制的产生和发展历史来看，在遭受战争的破坏、危机的冲击或经济存在结构性失衡，而经济的自发调节机制因各种缺陷又难以发挥效率，通过其他类型的政策措施也难以达到预期目的的情况下，政府才被迫采取外汇管制政策。

（三）外汇管制的类型

根据管制的内容和程度的不同，可把外汇管制分为3种类型。

1. 全面外汇管制

对经常项目和资本与金融项目都实行严格管制。属于这种类型的国家或地区通常经济比较落后、外汇资金短缺、市场机制不发达，大多数发展中国家和实行计划经济的国家一般属此类，包括1994年1月1日前的中国。

2. 部分外汇管制

对经常项目的外汇收支原则上不实行管制，只对资本与金融项目的收支实行管制。属于这种类型的国家被称为“第八条款国”。1993年以来第八条款国激增，1997年在基金组织181个成员中，已有143个国家和地区接受第八条款，实现了经常项目下货币自由兑换。中国于1996年底成为第八条款国家。

3. 基本上取消外汇管制

从法律角度取消了外汇管制，对经常项目和资本与金融项目原则上都不进行直接管

制。事实上，属于这种类型的国家虽没有普遍的、经常性的外汇管制，但在某个时期，由于某种特殊原因仍可能采取限制性措施。这类国家一般都属于成熟的市场经济国家，并拥有强大的经济实力。如西方发达国家，以及一些石油输出国（如沙特阿拉伯等）。

二、外汇管制的主要内容

（一）外汇管理机构

外汇管理机构是外汇管制的执行者，主要负责外汇管理的日常事务、执行外汇管理的法令条文、提出外汇管理的政策建议，并随时根据情况变化和政策的需要，采取各种措施，控制外汇收支情况。

目前世界各国的外汇管理机构大致有4类：一是授权中央银行负责。如英国的英格兰银行、美国的联邦储备银行、德国德意志联邦银行等。二是设立专门的外汇管理机构。如法国、意大利等国家是在中央银行下设立外汇管理局，专门负责外汇管理。我国进行外汇管理的机构也是专设的外汇管理局。三是由国家财政部门直接负责。例如在日本，外汇管理由大藏省负责。四是中央银行指定的经营外汇业务的商业银行负责。这种银行称为指定银行（Appointed or Authorized Bank），负责按照外汇管制法令办理一切外汇业务。

（二）外汇管制的对象

1. 对人的外汇管制

即对自然人和法人的管制。自然人是指在民事上享有权利和义务的公民，法人是指根据法律在本国境内设立的具有法人地位的组织。自然人和法人按居住或营业的地区不同，又分为居民和非居民。对居民的管制较严，而对非居民的管制较松。

2. 对物的外汇管制

指对外汇及外汇有价物的管制。这里的外汇是指广义外汇，包括外币现钞、外币存款、外币票据、外币有价证券；外汇有价物包括黄金、白金、白银、钻石等；此外，本国货币的携出入境，也属于外汇管制的范围。

3. 对地区的外汇管制

外汇管制有时针对某些特定的地区，同一时期对不同的地区一般有不同的外汇管制政策。如对友好国家和非友好国家，对集团内国家和集团外国家实行宽严不同的外汇管制，而对本国的出口加工区、经济特区、保税区等通常实行比较宽松的管制政策。

4. 对行业的管制

例如，在拉美等一些新兴工业化国家，对传统出口行业实行比较严格的管制，而对高新技术和重工业出口行业实行相对宽松优惠的政策。对本国所需的生活必需品的进口采取优惠政策，而对奢侈品行业进口则实行严格的管制。在我国曾经实行过的外汇留成制度，实际上就是一种对行业的外汇差别管理。

（三）外汇管制的措施

外汇管制的基本特征是政府垄断外汇的买卖。因此外汇管制主要表现为对外汇交易的数量进行限制，或者对外汇交易的价格——汇率做出不同规定。数量管制主要是按照国际收支平衡表的内容逐项对其进行数量控制，价格管制则包括官方汇率和复汇率制。

1. 外汇管制的数量控制措施

(1) 对贸易外汇的管制。对贸易外汇收支的管制，是指对因进出口商品而发生的贸易外汇的收入和支出所实行的管制。在国际收支平衡表中，贸易项下的外汇收支一般是国际收支中最主要的项目，对一国国际收支状况起着决定性的影响。因此，各国政府尤其是贸易逆差国政府更是加倍地重视贸易项目下的外汇管制，希望鼓励出口以增加外汇收入，限制进口以减少外汇支出，以实现国际收支平衡。对贸易外汇的管制包括对出口外汇收入的管制和对进口外汇支出的管制。

① 对出口外汇收入的管制——出口许可证和强制结汇制。采取出口申报并结售出口收入的方法，以保证国家集中外汇收入，统一使用。出口商必须向外汇管理机构申报出口商品的价格、金额、结算货币、收汇方式和期限等，收到的外汇必须按规定汇率结售给指定的外汇银行。至于向指定外汇银行结售出口外汇的数额，一般是全部出口所得价款(强制结汇)，但有的国家仅限于主要商品出口价款，或出口收汇价款的一部分(限额结汇)，出口商可将其余外汇用于进口，或在自由市场出售。更多国家是将结售出口外汇与颁发出口许可证两项措施结合进行。出口证上填明出口商品的价格、金额、收汇方式并办理交验和审核信用证手续，以防隐匿出口外汇收入。

② 对进口外汇支出的管制——进口许可证和申请批汇制。一般规定进口商因从国外进口所需外汇，需向外汇管理机构申请，经批准后，由外汇指定银行按官价售给。多数国家将审批外汇手续与颁发进口许可证结合进行，进口商取得进口许可证，所需外汇即获批准；有的国家则需另办申请批汇手续。

(2) 对非贸易外汇的管制。非贸易外汇收支指贸易与资本输出输入以外的外汇收支，包括由贸易引起的运输费、保险费等，由资本流动引起的股息、利息支付等，其他如劳务费用、个人汇款等。主要采取的措施有：① 许可证制度。即向境外汇款或携汇出境必须向外汇管制机构申请核准，取得购买外汇的许可证方可办理；② 实施结售汇制度。即外汇收入卖给国家指定银行，外汇支出必须持有效证件申请购汇；③ 限额制度。即国家对个人用汇规定限额；④ 登记制度。对一定额度的外汇收支，国家实行登记制度；⑤ 预付存款制。即将购汇款项存入银行一定时间后才予购买外汇，办理汇出或携出；⑥ 规定购买非贸易外汇的间隔时间；⑦ 控制非贸易外汇对外支付时间；⑧ 课征非贸易外汇购买税等。

(3) 对资本输出入的管制。当外国资本流入时一般要兑换成本币，则外汇供给增加；当国内资本流出时要兑换成外币，则外汇需求增加；因此，资本的输出入直接影响一国的外汇供求和国际收支状况。随着经济全球化的加深，全球金融交易量剧增，资本与金融账户在国际收支中的地位日益重要，因此，无论是发达国家还是发展中国家，都十分重视对资本输出输入的管制。但由于各国国际收支状况、地位不同，所处的特定历史条件的不同，管理的具体目的与措施也不同。

发展中国家为了加快经济发展步伐，通常鼓励长期资本输入，例如对外商投资企业实行减免税优惠，允许外商投资企业的利润用外汇汇出等；而对短期资本无论输入还是输出都加以严格限制。但 20 世纪 80 年代国际债务危机使发展中国家开始对资本输入也加以管理，如阿根廷、巴西、韩国等国对资本输入采取的措施有：① 规定输入资本的额度、期限与投资部门；② 从国外借款的一定比例要在一定期限内存放在外汇银行；③ 银行从国外借款不能超过其资本与准备金的一定比例；④ 规定借款部门的利率和附加利率的水平；⑤ 规定接受外国投资的最低额度。

而发达国家则从战后一般的限制资本输出，以减缓或防止本国货币汇率下跌，发展到一些国家限制资本流入，以防止本国货币过度升值。如 20 世纪 60 年代，美国的长期资本输出是该国国际收支逆差的一个重要因素。因此，美国曾经规定了一些限制长期资本输出的措施，如征收利息平衡税、对居民的海外直接投资进行限制、规定银行贷款的最高限额等。而原西德、日本、荷兰、瑞士等国家的国际收支因有大量顺差，他们在 70 年代以后采取了很多限制资本输入的措施，如银行吸收非居民存款要缴付较高的存款准备金、对非居民存款倒收利息税（Negative Interest）、限制非居民购买本国有价证券等，以限制外资流入。

进入 20 世纪 80 年代后，由于国际金融市场放松了管制（Non－regulation），对资本流动赋税课征办法有所改变，融资工具不断创新，国际资本市场一体化与竞争性增强，无论发达国家还是发展中国家对资本流动管制的主要趋势是放松。就发展中国家而言，管制的自由化主要表现在：改革金融机构与机制，允许国外资本参与国内资本市场，如合格境外机构投资者制度（Qualified Foreign Institutional Investor，QFII）；允许本国居民进入国外资本市场，如合格境内机构投资者制度（Qualified Domestic Institutional Investor，QDII）。

（4）对黄金和本外币现钞输出入的管制。实行外汇管制的国家一般都禁止私人输出黄金，有的国家（如法国）还禁止私人输入黄金，黄金的输出入由本国的中央银行或其他机构独家办理。由于本币现钞的输出一方面导致进口增加和资本外逃，另一方面受供求关系的影响会导致本币在国际外汇市场上汇率下跌。因此，实行外汇管制的国家大都规定了本国货币输出的最高限额，限额内可以自由携带出国，否则须经外汇管理机构审批。自 2005 年 1 月 1 日起，中国公民出入境、外国人入出境每人每次携带的人民币限额由原来的 6 000 元调整为 20 000 元。对于本币现钞的输入管制则相对较松，有的国家规定限额，有的则不加管制，但要求输入的现钞必须用于指定的用途。至于外币现钞的输出入，各国都实行一定的限制，输入时一般需向海关申报，携带出境时，须出示有关证件，以证明其合法性。

（5）对非居民存款账户的管制。国际结算通常是由银行存款账户调拨进行的。因此，居民、非居民之间以及非居民之间的存款账户往来，对外汇收支有直接的影响。所以外汇管制国不仅要控制本国居民的外汇交易，还要控制外国居民对在本国银行的存款的使用。根据可兑换程度划分，对非居民存款账户管制可分为 3 类：① 自由账户，也称国外账户。这一账户的持有者有权使用该账户款项，办理国内外的一切外汇支付或转入其他非居民账户下。② 有限制账户，包括国内账户和转账账户。这类账户上的存款，只能用在国内购买商品、支付其他费用，或转移到本国其他非居民的转账账户上。③ 封锁账户，也称只进不出账户。记入该账户的存款，不得将此账户的款项换成外币汇出境外，也不能转入其他非居民账户。同时，非居民在国内出售的有价证券和其他资产所得收入必须存入该账户。

2. 外汇管制的价格控制措施

对外汇价格的管制，即汇率的管制，其措施包括官方汇率和复汇率制度。只要有官方汇率就意味着存在汇率管制，复汇率制则是汇率管制的主要形式。

(1) 复汇率制的概念及其产生。所谓复汇率制是指一国货币当局规定两种或两种以上的汇率，不同的汇率适用于不同类别的交易项目这样一种制度。若两种汇率同时并存，称为双重汇率；若两种以上的汇率同时并存，称为多重汇率。复汇率制度是由外汇管理当局人为形成并加以利用的多种汇率并存的机制。

目前，复汇率制度主要为许多发展中国家所采用，但其发明权并非属于发展中国家，而是起源于1929—1933年世界经济危机期间的德国。1933年，德国法西斯政权建立，政府当局宣布实行新的外贸计划，以便使重要的工业原料和粮食达到自给自足，并集中黄金和外汇储备。为配合该项计划的实施，德国于1934年实行外汇管制，对外国旅游者及购买德国指定出口品的进口商给予汇率优惠。随后，许多国家(无论是发达国家还是发展中国家)都实行过复汇率制度，只是各国实行复汇率制的时间长短不同、形式各异而已。

(2) 复汇率制的形式和内容。复汇率制度包括公开和隐蔽两种形式。

公开的复汇率制即差别汇率制度，指外汇管理机构对不同的交易规定不同的结售汇汇率，原则是对需要鼓励的交易规定优惠汇率(如对出口规定较高的外汇价格，对先进设备的进口规定较低的外汇价格)，而对需要限制的交易规定不利的汇率(如对奢侈品进口和资本输出规定较高的外汇价格)。这种歧视性汇率，有的国家只存在两种或3种，有的国家甚至有几十种。

隐蔽的复汇率制即混合汇率制度，其表现形式有多种：① 对出口的商品按类别不同给予不同的财政补贴(或税收减免)，或对进口按类别课以不同的附加税，由此导致不同的实际汇率。② 影子汇率，即附在不同种类进出口商品之后的一个不同的折算系数，使不同种类的进出口商品具有了不同的实际汇率。如官方汇率USD1＝RMB6，附加折算汇率1.34，则单位产品出口可换取1.34×6＝8.04元人民币。③ 外汇转移证制度，即国家规定，当出口商按官方法定汇率结汇时，除获得本币外，还取得一张外汇转移证，出口商可将该证转让获得额外收益；同时，政府还规定进口商必须在市场上买进外汇转移证交给指定的银行，银行才会按官方法定汇率卖给外汇。这是通过进口商对出口商的补贴，起到奖出限入的作用。④ 官方汇率与市场汇率混合使用。当官方汇率和市场汇率并存时，对不同企业或出口商品实行不同的收汇留成比例，允许企业将留成外汇在市场上出售，等于变相地给予补贴。留成比例高的企业得到的补贴多，留成比例低的企业得到的补贴就少，没有留成比例的企业则得不到补贴。可见，有多少留成比例就有多少种实际汇率。

需注意的是，在实行单一汇率而又存在外汇管制的国家中，除了官方外汇市场和官方汇率外，必然存在着自由外汇市场(这常常是非法的黑市)与自由汇率，这形成了自发的、事实的复汇率状况。但通常所说的复汇率制与此不同，指外汇管制当局人为地、主动地制定和利用多种汇率并存的局面以达到其预期目的。

三、外汇管制的经济效应分析

外汇管制具有调整国际收支平衡，促进经济发展的积极作用，但是，也不可避免地会扭曲市场机制，给经济运行造成消极影响。外汇管制不是通过市场手段而是通过行政手段来分配外汇资源，这种制度安排一直受到自由经济学者的批评，如香港大学张五常教授认为“外汇管制半点好处也没有，有的只是一些肤浅的谬误”。但是，外汇管制几乎被包括发达国家在内的所有国家都采用过。对这些国家而言，外汇管制有其特定的经济效应，既具有积极的政策收益，也存在负面的政策成本。

（一）外汇管制的收益

1. 保护民族工业，促进本国经济发展

外汇管制的“奖出限入”措施可以达到保护民族工业的目的。外汇管制通过限制资本输出入和外汇投机，可使一国经济不受或减少外来因素的影响，达到稳定汇率和稳定国内物价的目的，并提高运用财政政策和货币政策治理内部经济的有效性，有利于促进本国经济发展和内部平衡的实现。

2. 改善国际收支，维持国际收支平衡

历史上看，外汇管制主要存在于 3 种背景：一是战时经济情况下；二是出现严重的世界性经济金融危机；三是通过社会变革选择了计划体制的国家。显然都是在国际收支出现严重困难的情况下。外汇管制直接作用于国际收支的各个项目，对国际收支的调节、外部均衡的实现具有收效迅速、针对性强的特点。

3. 维护内外经济，保护本国经济安全

经常账户持续逆差和资本大量外逃形成的国际收支逆差有可能引发货币危机和金融危机，出现大批企业破产倒闭和大量失业，重创内部经济，甚至爆发全面的经济危机和社会危机。外汇管制措施能够筑起一道保护的屏障，立竿见影地达到“奖出限入”的短期目的，及时遏制资本外逃。外汇管制从经济运行上切断了国内经济与国际市场的有机联系，从而可以在一定程度上避免国际市场波动对国内经济的冲击。这些冲击包括通胀的国际传递、金融市场（特别是汇市）的动荡对国内经济的影响等。外汇管制能够及时地在短期内改善国际收支，很好地抵御国际游资的冲击，从而稳定汇率，有效地避免汇率风险和外债风险，有利于经济金融安全。如我国在 1997 年的亚洲金融危机中幸免于难，就是得益于我国资本与金融项目尚未取消管制。

（二）外汇管制的成本

管制庇护下实现的“经济安全”是暂时的，不宜作为一种长期性安排，与收益相比较，其代价也是非常明显的。对经常项目限制会引发各国间的贸易战和汇率战，破坏正常的国际贸易秩序；对资本与金融账户的管制会降低资本在全球范围内配置所带来的福利；对汇率的管制会造成对经济的各种程度的扭曲，不利于资源的有效配置。具体来说，外汇管制的成本主要包括：

1. 加大市场成本，导致寻租行为，滋生腐败现象

首先，实行外汇管制时，国家相关机构一般要对贸易、非贸易、资本等项目进行计划审批和配给工作，耗时长，手续繁杂，行政管理费用也高，从而加大了交易成本，降低了市场效率。

其次，由于本币定值过高，导致寻租行为，并滋生腐败和社会分配的不公平，即政府确定的外汇价格低于均衡水平，外汇市场上出现了对外汇的超额需求，政府遂采取兑换管制以对外汇需求进行数量控制，购买外汇需要从政府那里获取许可证。从全社会来看，这就存在一笔可以利用不同市场的价格差异而赚取的收入，即经济租金（Rent）。经

济租金的存在，导致谋求将这一经济租金转化为自己收入的活动——寻租行为（Rent Seeking）。寻租活动的结果是租金以各种形式转化为个人收入，使原有的社会分配状况更加不公平。

再次，外汇管制导致了一系列的非法活动，给经济带来不良影响。例如，外汇管制往往带来一个规模较大的外汇黑市；另外，交易者在进口交易中倾向于高报进口额，而在出口交易中倾向于低报出口额，导致政府外汇来源的减少。

2. 价格机制失效，影响资源的配置效率

外汇管制会使国内商品和资本市场与国际市场相分离，国内价格体系和国际价格体系相脱节。当国际收支逆差较大，本币贬值或其他措施难以奏效时，采用外汇管制往往会造成本币币值的高估，这不仅会打击产品出口，削弱出口部门的国际竞争力，而且会促使一些低效率的进口替代工业的发展，影响国内资源的配置效率。对进口实行的控制可能导致许多本国急需的商品和生产设备、专利技术难以获得，这对经济的发展也是非常不利的。对资本与金融账户的管制将使本国失去利用国外资本发展本国经济的有利条件，资源得不到有效的分配和利用。

3. 容易导致贸易摩擦，不利于多边国际合作

一般认为，外汇管制是一种人为地妨碍公平竞争的手段。实行外汇管制，使贸易往来和资本流动带有歧视性和不公平性，常会引起贸易伙伴国的不满，遭到对方管制措施的报复，破坏正常的国际贸易秩序，产生国家间的经贸摩擦，不利于多边国际合作。

综上所述，外汇管制对一国既存在正面的政策收益，也存在负面的政策成本。权衡这两种效应，选择适合本国国情的管制方式和管制力度已经成为国际金融政策选择的一个难题。业界普遍认为，外汇管制是政府不得已而为之的政策手段，实施时间越长，弊端越大，在条件许可的情况下，各国都倾向取消管制。

第二节　货币自由兑换

一、货币自由兑换的概念

货币自由兑换性与外汇管制密切相关，在外汇管制条件下，本国货币同外汇的兑换部分或全部地受到限制，本币成为不可自由兑换的货币，从而使外汇买卖、国际结算、国际投资等金融活动都置于国家的严密控制之下。可以说，一国货币的不可兑换性正是外汇管制的核心内容和必然结果。如果一国取消了外汇管制，本国货币与外汇的兑换也就不再受到限制，本币就成为自由兑换货币。

货币自由兑换（Convertibility）是指国内外居民能够自由地将其所持有的本国货币兑换为任何其他货币。实行本国货币的自由兑换，意味着外汇管制的放松和取消。与外汇管制的放松状态相对应，货币自由兑换可分为经常账户下的自由兑换、资本与金融账户下的自由兑换以及全面的可兑换。

（一）经常账户下的货币自由兑换

经常账户下的货币自由兑换是指一国对经常账户下的对外支付解除了限制（或管制）。前已提及，实现了经常项目下货币自由兑换的国家又被称为“第八条款国”。按照IMF章程第八条第2、3、4款的规定，凡是能达到下列要求的货币便可视为自由兑换货币：

（1）会员方应允许其居民获取与非居民进行经常性国际交易所需的外汇。

（2）会员方必须允许非居民将其通过经常性国际交易获取的该国货币，兑换成非居民所希望的货币。

（3）未经IMF批准，会员方不实行歧视性货币措施或多重汇率。

需指出的是，贸易自由和兑换自由是两个不同的概念，贸易限制不构成汇兑限制。虽然贸易管制和汇兑管制都属于直接管制的范畴，但两者直接作用的对象不同。基金组织第八条款对会员方在商品贸易方面所实行的限制并没有约束，自由兑换仅就汇兑或对外支付行为本身，没有排除成员方使用关税或非关税等贸易限制措施，若一国贸易进口受进口许可证的限制，但只要企业在取得许可证等有关证明后，能合法购得外汇，对外进行支付，就不构成兑换限制。另外，不允许施加兑换限制仅仅针对外汇支付行为，而不是针对外汇收入行为，因此基金组织的条款并不排除第八条款国强迫居民将外汇收入结售给国家的可能，也就是说，第八条款国仍可以对居民（自然人、法人）实行强制的结汇制度，或不允许居民持有任何形式的外汇资产，只要对居民的对外支付不加限制即可。

（二）资本账户下的货币自由兑换

资本账户下的货币自由兑换即指资本与金融账户下的自由兑换，自1993年国际收支平衡表的“资本账户”已改为“资本与金融账户”，“资本账户下的货币自由兑换”的说法只是沿用了习惯说法，指对资本流入和流出均无限制。第二次世界大战后初期，各国都对资金流动实施了严格的控制，国际货币基金协定对于资本账户下的货币自由兑换也并无强制性规定。但是，贸易自由化达到一定阶段后，必然要求资本自由化与之相配合，没有资本自由化的贸易自由化是不彻底的。现代国际贸易活动在规模、结构和交易方式上都与国际资本流动有着紧密联系，大规模的贸易活动往往伴随着相应的融资安排。商品贸易与资本流动之间的内在联系，使贸易自由化与资本自由化相辅相成，相互推动。因而，经常账户下货币可兑换的必要延伸即资本账户下货币可兑换。国际货币基金组织在1997年于香港举行的年会上，就明确了要推动各国实行资本与金融账户的自由兑换。

（三）全面的可兑换

如果一国货币在经常账户下和资本与金融账户下都实现了自由兑换，则该国货币就实现了全面可兑换，该国货币可被称之为“充分可兑换货币”或“完全自由兑换货币”。

二、实现货币自由兑换的基本条件

IMF根据各国货币自由兑换的历史经验，将货币自由兑换，尤其是资本项目下货币自由兑换的基本条件归纳为以下4个方面。

1. 健康的宏观经济状况

货币自由兑换后，商品和资本的跨国流动会对宏观经济形成各种形式的冲击，这要求宏观经济具备对各种冲击进行及时调整的能力。是否具备这种能力可从三方面进行考察。

（1）稳定的宏观经济形势。既没有严重的通货膨胀，也不存在大量失业，经济运行处于正常有序状况。

（2）有效的市场调节机制。要求一国具有一体化、有深度、有效率的市场体系，无论商品市场还是金融市场，价格不存在被压制和扭曲的现象。商品市场上的价格能与国际市场保持某种一致；金融市场上交易工具品种繁多，交易活跃、价格富有弹性；外汇市场供求趋于相等，使汇率趋于一致，并允许外汇投机；短期货币市场活跃，由此不仅为外汇市场的发展创造条件，而且可为政府的宏观调控提供有效手段。

（3）成熟的宏观调控能力。首先，政府能灵活运用各种政策工具，如财政收支良好，可根据经济需要及时调整财政政策；货币政策具有较大的独立性，作为货币政策操作场所的金融市场发育良好。其次，政府具有宏观调控的丰富经验和高超的操作技巧。

2. 健全的微观经济主体

在一国货币自由兑换后，企业将面临国外同类企业的激烈竞争，它们的生存和发展状况将直接决定货币自由兑换的可行性。提升企业的国际竞争力，要求企业成为真正的自负盈亏、自我约束的利益主体，能对价格变动做出及时反映；更重要的是，企业必须具有较高的劳动生产率。在货币自由兑换后，政府很难以直接管制方式控制各种国际经济交易，因此国际收支平衡的维持在很大程度上依靠本国企业国际竞争力的提升。商业银行的经营状况对实现资本与金融账户下自由兑换意义更为重大，否则在资本与金融账户自由兑换后，外资银行的竞争会使存在大量不良资产的本国商业银行经营状况进一步恶化。

3. 较强的经济实力和合理的经济开放状态

货币自由兑换必须有强大的国力作支撑。一国经济结构合理，产品具有较强的国际竞争力，经济能够保持较高的增长速度，就有实力应对因货币自由兑换可能带来的金融风险，有能力控制实行货币自由兑换可能造成的负面影响。另一方面，合理的对外经济开放态势，既是形成外汇市场的必要前提，又是货币自由兑换得以顺利进行的必要前提。这需要一国的国际收支可维持，不存在长期的、严重的失衡，尤其是不存在经常账户的长期逆差。在货币自由兑换后，长期的外汇短缺，尤其是经常性外汇短缺将导致外汇债务上升，甚至演变为资本外逃。从根本上解决这一问题有赖于本国企业国际竞争力的提升，此外，要求政府持有相当数量的国际储备以解决临时性的经常账户赤字。

4. 恰当的汇率制度与汇率水平

货币自由兑换的前提是维持稳定和恰当的汇率水平，这在很大程度上取决于是否拥有合理的汇率制度。一般而言，资本自由流动时，具有更多浮动汇率特征的汇率制度更为合适。

三、实现货币全面自由兑换的步骤

无论是从理论研究还是各国的实践来看，实现货币的全面自由兑换往往都要分阶段逐步推进。

通常，经常项下的可兑换是货币全面自由兑换的第一步，也是最为基本的一步，它往往成为各国货币自由兑换实践的突破口。纵观战后金融史，从 1958 年欧洲共同体实现有限度的自由兑换，1964 年日本实现部分的自由兑换，到 20 世纪七八十年代以来的拉美国家、苏联东欧国家及东南亚各国货币的自由兑换、再到1996年底我国实行的人民币在经常项下的完全可兑换，大多数国家都是以经常项下的自由兑换作为开端，少数国家（如阿根廷、波兰）首先实行资本项下的可兑换，但都没有成功，造成金融市场动荡。需要强调的是，经常项目可兑换一般也是逐渐实现的。

经常项下的可兑换作为货币全面自由兑换的第一步，原因在于：首先，就经常项目和资本与金融项目开放对于一国宏观经济的影响程度而言，后者投机性因素较强，比前者的难度与风险大得多。所以，一般实行货币自由兑换的国家比较倾向于由易到难，以比较安全的顺序来实现货币的可兑换。其次，从国际货币基金组织的要求来看，经常项目的可兑换是可兑换货币的起码含义，只要做到了这一点，该种货币就可以被认为是自由兑换货币了。而在国际货币基金协定中对资本与金融项下的货币自由兑换并无强制性规定，因此成员方在资本项下取消管制的压力大为减轻。最后，从国际经济交易发展进程来看，首先实现经常项下货币自由兑换，与战后先由关税与贸易总协定（GATT）后由世界贸易组织（WTO）所一直推动的贸易自由化有关。贸易自由化在先，资本自由化在后，是战后世界经济的一个重要特点。这一特点无疑也对货币自由兑换安排的阶段性产生影响。

在经常账户实现了自由兑换以后，再推行资本与金融账户可兑换。根据许多国家的实践，资本与金融项下货币自由兑换也需要分阶段实施。一般首先考虑长期资本项目自由兑换，然后再逐步允许短期资本项下的自由兑换，这样可以在一国金融体系的培育健全过程中，免于国际游资带来的风险和不确定因素。目前，在已经实行资本与金融账户可兑换的成员中，绝大多数是工业化国家，发展中国家和地区所占比例很少。

四、资本账户下货币自由兑换的收益与成本

一国货币实现完全自由兑换意味着该国货币的完全对外开放。一般而言，经常账户的自由兑换相对容易一些，给一国所带来的负面影响也要小一些。而资本账户的自由兑换则复杂得多，它给一国所带来的影响和冲击也要深远和大得多。因此，资本账户的自由化或开放是一国货币迈向自由兑换过程中最关键、最敏感的问题，必须谨慎对待。从国际社会看，直到1994年墨西哥金融危机之后，西方大部分经济学家和国际金融机构仍然在鼓吹资本账户自由化的种种好处。但是，经历了1997年的亚洲金融危机之后，国际社会开始重新审视资本账户自由化的问题。

资本账户要不要开放，取决于开放资本账户的成本与收益的对比。因此，分析资本账户开放所能带来的潜在收益与这种开放的成本，显得特别必要。

（一）资本项下货币自由兑换的收益

较为开放的资本账户可能会在以下几个方面获得社会福利的增加：

（1）资本自由流动可以使一国获得更多的由金融服务专业化带来的好处。同贸易商品一样，进口某种金融服务比生产这种金融服务效率更高。

（2）资本账户的可兑换会增强金融部门的活力，国外的竞争将迫使国内生产者提高效率，并将促进创新，提高生产力。如果国际金融市场能够对金融债权的风险和收益恰当地定价，那么，取消资本管制还将改进资源从储蓄者手中转移到投资者手中的全球性中介活动，这能将全球储蓄配置到生产性最强的投资中去。此外，企业也将更容易在国外扩展业务，采取新的技术和管理经验，尤其是利用新的金融产品来管理风险和为投融

资服务。

(3) 资本账户可兑换使居民能在全球范围内实现资产组合多样化，降低居民收入和财富遭受国内金融和实际部门冲击的不利影响。

(4) 资本项目自由化还有助于一国进入国际金融市场，降低借款成本。

(二) 资本项下货币自由兑换的成本

开放资本账户在带来收益的同时，也会带来成本和风险的增加，具体表现在以下几方面：

(1) 盲目的资本账户开放容易导致国际投机资本流动剧烈变动引起的国际收支危机或汇率波动。国际投机资本往往以投资基金为工具进攻一国的证券市场和外汇市场，其实现冲击的一个基本前提就是东道国的资本账户是开放的，如果没有资本账户开放，就切断了国际短期投机资本进入本国的渠道。

(2) 可能导致国内储蓄外流，不利于欠发达国家发展经济。不同国家经济发展水平不一样，国际竞争力有区别，资本账户的开放将不可避免地导致那些竞争力较差的国家的国内储蓄外流，它们要想获得经济发展所需的资金，必然要比发达国家付出更大的代价。如果这种情况持续存在，最终的结果将是不同国家之间的经济发展出现两极分化，发达国家有可能控制不发达国家的经济命脉。

(3) 增加了当局对本国金融活动进行监管的难度。

(4) 国际短期资本流动的冲击可能对一国的经济稳定和结构改革方案产生冲击。

不同国家之间、同一国家不同的经济发展时期，其开放资本项目成本与收益之间的对比可能是不同的。对于那些经济发展水平较低、国内市场体系不健全、银行体系脆弱、宏观经济调控能力有限的国家来说，开放资本账户的成本可能高于潜在收益；而对于那些经济发展水平较高、市场经济发达、拥有较强的宏观调控能力的国家来说，开放资本账户则能带来更多的利益。因此，要求不同经济条件的国家实行同样的资本账户开放政策，可能是不适宜的。在历史上，西方发达国家基本上都有过资本管制的做法，如今大力鼓吹资本账户自由化的美国，在20世纪60年代末70年代初，就曾为防止资本大量外流而实行了“利息平衡税”。从长远来看，世界各国开放其资本账户，享受全球一体化带来的种种好处是一种趋势。但是，在国际金融体系尚不够健全的当今世界，发展中国家选择对资本项目进行适当的管理，尤其对短期国际资本流动加以适当的限制，可能更适合于其经济的发展。

第三节　中国的外汇管理

一、中国外汇管理体制的历史演变

中华人民共和国成立以来，我国的外汇管理大体上经历了一个由分散到集中，由不完善到逐步完善的发展过程。具体来说，大致经历了4个发展阶段。

（一）中华人民共和国成立后外汇管理职能的形成阶段（1949—1952年）

中华人民共和国成立前对外贸易和海关被帝国主义完全控制，外国银行在中国擅自发行钞票，操纵汇率和外汇的其他业务，外币可在中国自由流通。中华人民共和国成立后，外汇管理的首要任务是取消帝国主义在华的经济金融特权，建立独立自主的外汇管理制度和汇价制度，禁止外币在市场上流通，建立供汇与统汇管理制度，发展对外贸易，稳定国内金融，促进国民经济的恢复与发展。1950年10月政务院颁布了《外汇分配使用暂行办法》，规定出口货款、各种业务、劳务所得外汇，华侨汇入的外汇，必须集中于中国银行；进口所需外汇和其他非贸易用途的外汇，须经申请批准；对进出口贸易实行许可证管理制度；全国各地的外汇收入一律由中央人民政府财政经济委员会统一掌握分配。外汇分配的原则是：先中央后地方，先工业后商业，先公后私。上述一系列外汇管理措施，保证了国家外汇收入集中在国家手中，用于恢复和发展国民经济最急需的部门和地方，对稳定当时的金融物价起到了重要的作用。

（二）外汇管理实行高度集中控制的阶段（1953—1978年）

自1953年起，我国进入了社会主义改造和建设时期，外币在国内已停止流通，对外贸易由国营外贸专业公司统一经营。这一时期我国外汇管理由对外贸易部、财政部和中国人民银行3个单位分口负责管理。对外贸易部负责进出口贸易外汇；财政部负责中央部门的非贸易外汇；中国人民银行负责地方非贸易外汇和私人外汇。国家实行“集中管理，统一经营”的管汇方针，即一切外汇收支由国家管理，一切外汇业务由中国银行经营。该时期的人民币汇率成为编制外汇收支计划和进行外贸核算的标准，官方汇率在1971年以前一直维持在1美元＝2.461 8元人民币水平上，完全丧失了对进出口贸易的调节作用。这种高度集中的外汇管理体制，在当时曾起过积极作用，但是由于管得过死，外汇的使用效率低下，应变能力差，不利于充分调动各方面的积极性。这一时期根据国家管理外汇的实际需要，还制定了一些内部管理办法，如《贸易外汇管理办法》《非贸易外汇管理办法》《个人申请非贸易外汇管理办法》等。由于在这时期我国没有设立统一独立的外汇主管部门，也没有制定出全国统一的外汇管理法令，因此在对外经济交往中，外汇管理工作比较被动。

（三）外汇管理的逐步改革阶段（1979—1993年）

1978年底，党的十一届三中全会以后，我国全面实行对内搞活、对外开放的政策，与有计划的商品经济体制改革相适应，对外汇管理体制进行了一系列改革：

1. 设立专门的外汇管理机构

为了适应改革开放的需要，1979年3月国务院批准设立了国家外汇管理总局，负责统一管理全国的外汇。但当时的国家外汇管理总局与中国银行是同一个机构。1982年8月国务院根据政企分开的原则，将国家外汇管理总局与中国银行分开，划归中国人民银行领导。1988年6月国务院又决定将国家外汇管理局设立为国务院直接领导的国家局，进一步加强了外汇管理工作。

2. 制定外汇管理条例和实施细则

1980年12月18日，国务院公布了《中华人民共和国外汇管理暂行条例》，随后陆续颁布了一系列外汇管理实施细则和办法，使我国外汇管理有了统一的政策法律依据。

3. 实行外汇留成制

改革开放以前，我国实行外汇统收统支、统一分配的办法，难以调动创汇单位的积极性。1979 年 8 月国务院决定在仍由国家集中管理、统一平衡、保证重点的同时，实行贸易和非贸易外汇留成，适当留给创汇的地方、部门和企业一定比例的外汇，作为对计划分配外汇的补充，以奖励出口、调动各方面创汇的积极性。

4. 建立外汇调剂市场，对外汇进行市场调节

1979 年实行外汇留成办法后，在各用汇单位之间调剂外汇余缺就成为一种客观需要。为此，于 1986 年 11 月国家制定了《调节外汇暂行办法》，其后又制定了《关于外汇额度调剂工作暂行办法》，允许有留成外汇的国内企业，通过外汇管理部门，以高于贸易外汇内部结算价的调剂价格，将暂时多余的外汇卖给用汇企业。1989 年 10 月，国务院又制定了《关于鼓励外商投资的规定》，允许外商投资企业之间进行外汇调剂，其调剂价格自定。1988 年 3 月，为了配合对外贸易承包经营责任制，国务院又制定了《关于外汇调剂的规定》，各省、自治区、直辖市都设立了外汇调剂中心，价格由买卖双方根据外汇供求状况自行议定。从 1991 年起允许侨汇和国内居民通过外汇调剂中心买卖外汇，截至 1991 年底全国已有 40 多个外汇调剂中心，在一些城市还开办了公开的外汇调剂市场，国家根据产业政策和进口计划，制订了调剂外汇的投向指导序列，从而初步建立起了过渡经济环境中的外汇调剂市场，促进了外汇资金的横向流动，有利于对外贸易和外商投资企业的外汇平衡。从 1980 年 10 月中国银行开始办理外汇调剂和额度借贷业务，到 1988 年全国各地外汇调剂中心的全面建立，我国外汇调剂市场由起步到发展到成熟，也标志着我国的外汇管理进入了官方汇率与市场调剂价并行的“双轨制”阶段，同时为后来的全国银行间外汇市场的建立奠定了基础。

5. 允许国内居民外汇存款

从 1988 年起，国家允许居民外汇存款，从国外和我国港、澳、台地区汇给国内和内地居民的外汇和居民持有的外汇现钞都准许存入银行，可在规定的数额和用途范围内提取外汇、外钞汇出，携带出境和进行外汇买卖。

(四) 外汇管理体制改革的深化阶段(1994 年—　)

随着市场经济体制改革的深入，对外开放度的加大，以及不断改善的宏观环境和外汇形势，1980 年基于严格外汇管理背景下颁布的《中华人民共和国外汇管理暂行条例》已越来越不适应宏观经济发展的需要。为此，1993 年 11 月 14 日，党的十四届三中全会通过《中共中央关于建立社会主义市场经济体制若干问题的决定》，该决定中明确要求，“改革外汇管理体制，建立以市场供求为基础的、有管理的浮动汇率制度和统一规范的外汇市场，逐步使人民币成为可兑换货币”。这为外汇管理体制深化改革明确了方向。围绕外汇管理体制改革的目标，按照预定改革步骤，1994 年至今，我国外汇管理体制的改革不仅实现了经常账户下的货币自由兑换，而且在资本与金融账户的开放方面也有重大进展。

二、 1994 年以来我国外汇管理改革的重大举措

(一) 1994 年对外汇体制进行重大改革，实行人民币经常项目有条件可兑换

在党的十四届三中全会目标指导下，1994 年初我国外汇管理体制进行了包括实行人

民币经常项目有条件可兑换、汇率并轨、单一有管理浮动汇率制度等为主要内容的重大改革。

1. 实行银行结售汇制度，取消外汇上缴和留成，取消用汇的指令性计划和审批

除实行进口配额管理、特定产品进口管理的货物和实行自动登记制的货物，须凭许可证、进口证明或进口登记表、相应的进口合同和与支付方式相应的有效商业票据（发票、运单、托收凭证等）到外汇指定银行购买外汇外，其他符合国家进口管理规定的货物用汇、贸易从属费用、非贸易经营性对外支付用汇，凭合同、协议、发票、境外机构支付通知书到外汇指定银行办理兑付。也即经常项目下还有少量用汇限制，绝大多数的用汇可凭有效凭证到银行直接购买，从而实现了人民币经常项目有条件可兑换。为集中外汇以保证外汇的供给，境内机构经常项目外汇收入，除国家规定准许保留的外汇可以在外汇指定银行开立外汇账户外，都须及时调回境内，按照市场汇率卖给外汇指定银行。也即经常项目的收汇实行强制结汇制。

2. 汇率并轨，实行以市场供求为基础的、单一的、有管理的浮动汇率制度

1994 年 1 月 1 日，人民币官方汇率与市场汇率并轨，实行以市场供求为基础的、单一的、有管理的浮动汇率制，并轨时的人民币汇率为 1 美元合 8.70 元人民币。人民币汇率由市场供求形成，中国人民银行公布每日汇率，外汇买卖允许在一定幅度内浮动。通过汇率并轨，以银行间统一的外汇市场取代了外汇调剂市场，消除了汇率地区间差异，使外汇资源从两个市场的分配统一到一个市场。

3. 建立统一的、规范化的、有效率的外汇市场

从 1994 年 1 月 1 日起，中资企业退出外汇调剂中心，外汇指定银行成为外汇交易的主体。1994 年 4 月 1 日银行间外汇市场——中国外汇交易中心在上海成立，连通全国所有分中心，4 月 4 日起中国外汇交易中心系统正式运营，采用会员制、实行撮合成交集中清算制度，并体现价格优先、时间优先原则。中国人民银行根据宏观经济政策目标，对外汇市场进行必要的干预，以调节市场供求，保持人民币汇率的稳定。

4. 对外商投资企业外汇管理政策保持不变

为体现国家政策的连续性，1994 年在对境内机构实行银行结售汇制度时，对外商投资企业的外汇收支仍维持原来办法，准许保留外汇，外商投资企业的外汇买卖仍须委托外汇指定银行通过当地外汇调剂中心办理，统一按照银行间外汇市场的汇率结算。

5. 禁止在境内以外币计价、结算和流通

1994 年 1 月 1 日，中国重申取消境内外币计价结算，禁止外币境内流通和私自买卖外汇，停止发行外汇兑换券。对于市场流通的外汇兑换券，允许继续使用到 1994 年12 月 31 日，并于 1995 年 6 月 30 日前可以到中国银行兑换美元或结汇成人民币。

6. 加强对金融机构外汇业务的监督和管理

建立银行间外汇市场和实现经常项目可兑换后，经常项目的外汇收支基本上直接到外汇指定银行办理；资本项目的外汇收支经外汇管理部门批准或核准后，也可在外汇指定银行办理。银行在办理结售汇业务中，必须严格按照规定审核有关凭证，防止资本与金融项目下的外汇收支混入经常项目结售汇，防止不法分子通过结售汇渠道骗购外汇。1994 年以来，加强了对金融机构外汇业务经营中执行外汇管理政策的监管、检查和处罚，并建立了相应的管理制度和办法。

通过上述各项改革，1994 年中国顺利地实现了人民币经常项目有条件可兑换。1996 年 1 月 29 日废止了 1980 年颁布的《中华人民共和国外汇管理暂行条例》，发布了新的《中华人民共和国外汇管理条例》。

（二）1996 年 12 月 1 日宣布实现人民币经常项目自由兑换

1. 将外商投资企业外汇买卖纳入银行结售汇体系

1996 年 7 月 1 日起，外商投资企业外汇买卖纳入银行结售汇体系，同时外商投资企业的外汇账户区分为用于经常项目的外汇结算账户和用于资本项目的外汇专用账户。外汇局核定外汇结算账户的最高金额，外商投资企业在核定的限额内保留经常项下的外汇收入，超过部分必须结汇。外商投资企业经常项目下的对外支付，凭有效凭证可直接到外汇指定银行办理，同时，继续保留外汇调剂中心为外商投资企业外汇买卖服务。1998 年 12 月 1 日外汇调剂中心关闭以后，外商投资企业外汇买卖全部在银行结售汇体系进行。

2. 提高居民用汇标准，扩大供汇范围

1996 年 7 月 1 日，大幅提高居民因私兑换外汇的标准，扩大了供汇范围。

3. 取消尚存的经常性用汇限制

1996 年，中国还取消了出入境展览、招商等非贸易和非经营性用汇的限制，并允许驻华机构及来华人员在境内购买的自用物品、设备、用具等出售后所得的人民币款项可以兑换外汇汇出。

经过上述改革后，中国取消了所有经常性国际支付和转移的限制，达到了国际货币基金组织协定第八条款的要求。1996 年 12 月 1 日，中国正式宣布接受第八条款，实现人民币经常项目完全可兑换。

（三）新世纪我国外汇管理改革新举措

1. QFII、QDII 的实施以及强制结汇制的取消

进入新世纪以来，市场体制进一步完善，我国加速融入经济全球化，对外开放进一步扩大，外汇形势发生了根本性变化，由外汇短缺变成世界第一储备大国。外汇管理从“宽进严出”向均衡管理转变，资本项目可兑换有序推进。2002 年 11 月，我国公布《合格境外机构投资者境内证券投资管理暂行办法》，开始实施 QFII，标志着我国证券市场的对外开放。经过几年的试点实践，2006 年 9 月 1 日起，《合格境外机构投资者境内证券投资管理办法》经修订后正式开始实施，更加明确了对海外长期流动资本的进一步放开。最早 2006 年 5 月，我国实施允许经批准的境内机构投资于境外证券市场的 QDII 制度。同年 6 月，中国银监会印发了《关于商业银行开展代客境外理财业务有关问题的通知》，从而国内资金可以投资国外证券市场。2007 年 8 月 20 日国家外汇管理局宣布，我国境内居民个人可在试点地区（天津滨海新区）通过相关渠道，以自有外汇或人民币购汇直接对香港市场进行证券投资。这项措施意味着中国在开放资本账户的道路上又迈出重要一步。

1994 年 1 月 1 日实行的外汇体制改革，取消了长达 15 年的外汇留成制和 40 多年的外汇上缴制度，取消了用汇的指令性计划，实行银行结售汇制。在这一制度下，境内企事业单位须将外汇收入按银行挂牌汇率，全部结售给指定银行（强制结汇）；对于在经常项下正常对外支付用汇的企业只需凭有效凭证和商业票据，即可到外汇指定银行购买外汇（售汇），而不必经过用汇审批。这一银行结售汇制度是当时改革的核心内容之一。

创设强制结汇制的主要目的是解决改革开放之初中国外汇短缺问题。在强制结汇制度实行的13年中，中国的外汇储备从1993年底的211.99亿美元增长至2007年6月末的13 326亿美元。充足的外汇资金为国内建设和对外投资奠定了坚实的基础。但在强制结汇制度下，外汇占款形成的基础货币成为中国货币投放的主渠道；而在我国国际收支持续顺差导致人民币升值预期不断强化的情况下，中央银行又不得不等额卖出基础货币，从而形成和加剧了中国的流动性过剩，并成为通货膨胀压力的主要诱因。此外，强制结汇制度也隐瞒了外汇的真实供求，无法形成真实的外汇价格，在人民币升值的单边预期下，强制结汇制度使得人民币升值压力进一步增大。

在这样一种背景下，2007年8月13日，国家外管局宣布，境内机构即日起可自行保留经常项目下的外汇收入。这意味着，企业从此拥有了外汇持有的自主权，无须按照强制政策的规定，将有限保留之外的外汇转卖给国家。在中国实行了13年的强制结汇制度正式退出了历史舞台。强制结汇走向意愿结汇，不仅是结汇制度的改革，而且是储备制度和储备政策的进步，意味着中国开始扭转"以增长外汇储备为核心"的外汇政策，从"重流入、轻流出"转为"实现流入流出循序渐进和保持基本平衡"；同时，强制结汇制度的取消，也为企业"走出去"创造了有利的外汇管理政策环境。

2. 2008年8月5日出台新外汇管理条例

为了适应新的改革形势，并为下一步改革留出余地，有必要进一步修订我国于1996年1月29日发布和1997年1月14日修订的《外汇管理条例》。2008年8月5日外管局公布了修订的《中华人民共和国外汇管理条例》。修改后的条例共54条，进一步便利了贸易投资活动，完善了人民币汇率形成机制及金融机构外汇业务管理制度，建立了国际收支应急保障制度，强化了跨境资金流动监测，健全了外汇监管手段和措施，并相应明确了有关法律责任。主要包括4个方面的转变。

一是对外汇资金流入流出实施均衡管理。要求经常项目外汇收支应当具有真实、合法的交易基础，条例要求办理外汇业务的金融机构应当对交易单证的真实性及其与外汇收支的一致性进行合理审查，同时规定外汇管理机关有权对此进行监督检查，监督检查可以通过核销、核注、非现场数据核对、现场检查等方式进行。取消外汇收入强制调回境内的要求，允许外汇收入按照规定的条件、期限等调回境内或者存放境外；规定经常项目外汇支出按付汇与购汇的管理规定，凭有效单证以自有外汇支付或者向金融机构购汇支付。与原条例相比，新条例大大简化了经常项目外汇收支管理的内容和程序。条例规定对经常性国际支付和转移不予限制，并进一步便利经常项目外汇收支。

对资本项目外汇管理的规范主要集中在条例第三章，是条例修订的重点内容之一，包括：① 为拓宽资本流出渠道预留政策空间，简化对境外直接投资外汇管理的行政审批，增设境外主体在境内筹资、境内主体对境外证券投资和衍生产品交易、境内主体对外提供商业贷款等交易项目的管理原则。② 改革资本项目外汇管理方式。除国家规定无须批准的以外，资本项目外汇收入保留或者结汇应当经外汇管理机关批准；资本项目外汇支出国家未规定需事前经外汇管理机关批准的，原则上可以持规定的有效单证直接到金融机构办理，国家规定应当经外汇管理机关批准的，在外汇支付前应当办理批准手续。③ 加强流入资本的用途管理。要求资本项目外汇及结汇后人民币资金应当按照有关主管部门及外汇管理机关批准的用途使用，并授权外汇管理机关对资本项目外汇及结汇后人民币资金的使用和账户变动情况进行监督检查，明确具体管理职权和程序。

二是完善人民币汇率形成机制及金融机构外汇业务管理。规定人民币汇率实行以市场供求为基础的、有管理的浮动汇率制；经营结汇、售汇业务的金融机构和符合规定条件的其他机构，按照国务院外汇管理部门的规定在银行间外汇市场进行外汇交易；调整外汇头寸管理方式，对金融机构经营外汇业务实行综合头寸管理。

三是强化对跨境资金流动的监测，建立国际收支应急保障制度。条例一方面在总则中明确要求国务院外汇管理部门对国际收支进行统计监测，定期公布国际收支状况；另一方面要求金融机构通过外汇账户办理外汇业务，并依法向外汇管理机关报送客户的外汇收支及账户变动情况。有外汇经营活动的境内机构，还应当按照国务院外汇管理部门的规定报送财务会计报告、统计报表等资料。按照条例的上述规定，外汇管理机关可以全方位对跨境资金流动进行监测。同时，建立国务院外汇管理部门与国务院有关部门、机构的监管信息通报机制。根据世界贸易组织规则，规定国际收支出现或者可能出现严重失衡，以及国民经济出现或者可能出现严重危机时，国家可以对国际收支采取必要的保障、控制等措施。

四是健全外汇监管手段和措施。为保障外汇管理机关依法、有效地履行职责，增加规定了外汇管理机关的监管手段和措施，同时规定了外汇管理机关进行监督检查的程序。具体包括：外汇管理机关依法履行职责时，有权进行现场检查，进入涉嫌外汇违法行为发生场所调查取证，询问有关当事人，查阅、复制有关交易单证、财务会计资料，封存可能被转移、隐匿或者毁损的文件、资料，查询与被调查外汇违法事件有关的单位和个人的账户（个人储蓄存款账户除外），申请人民法院冻结或者查封涉案财产、重要证据等。当然，外汇管理机关必须按照条例规定的程序实施相关检查，维护当事人的合法权益。同时，适应新形势下打击外汇违法行为的需要，条例增加了对资金非法流入、非法结汇、违反结汇资金流向管理、非法携带外汇出入境以及非法介绍买卖外汇等违法行为的处罚规定。

三、 中国外汇管理体制改革的前景

通过上述介绍，可以看出，改革开放以来，中国一直积极推进外汇管理体制改革，不断减少行政干预，加大外汇分配领域的市场调节力度，取得了很大的成就，实现了人民币经常项目可兑换，初步建立了符合社会主义市场经济要求的外汇管理体制，经受了亚洲金融危机的冲击，促进了国民经济持续健康发展和对外开放水平的进一步提高。

中国外汇管理体制改革的长远目标是外汇管制的全面取消也即实现人民币完全可兑换。目前人民币在资本项目下还存在着兑换限制。通过前述分析并结合国际经验来看，实现资本项目完全可兑换需要具备一定前提条件，同时，实现资本项目可兑换是一个系统工程，涉及各种金融活动领域和大量的非金融机构，需要各部门共同参与，各项改革配套到位，逐步从严格管制到部分管制再到基本取消管制，最终实现人民币的全面可兑换。

第四节 人民币国际化

一、货币国际化的含义、特征和条件

（一）货币国际化的含义

货币国际化是指一国货币职能在国际层面的延伸，是非本国居民对本国货币的持有和使用并伴随着一国货币在国际市场上的供给和需求。从供给来看，货币国际化的最终结果是国外居民对本国货币的长期持有，本国货币呈现净输出的特征，货币输出方式要在经常账户逆差和资本账户逆差之间做出选择。而从需求来看，国外居民对本国货币的需求大体上可分为交易需求和投资需求，前者强调国外居民对本国产品的购买意愿，对应的是本国经常账户顺差，而后者主要是为了满足国外居民所持本币资产的保值需要，表现为外国居民对本国资产工具的购买，反映为资本账户顺差。

（二）货币国际化的特征

货币国际化一般要经历经常项目—资本项目—政府推动—充分可自由兑换等几个重要环节。因此，一国货币达到较高的国际化程度，进而成为国际货币，必须具有如下特征：① 必须具有充分的可兑换性。货币可兑换性分为完全兑换和有限兑换两种，完全兑换是指货币在外汇市场上以单一汇率可自由兑换；有限兑换是指本币与外汇的交易限定在经常账户中自由使用。② 在国际市场上使用应该具备计价单位、交易媒介及价值储藏三种职能。③ 货币发行国对外资本交易是自由的。一种货币作为国际化货币使用必须满足使用的便利性和可充分交换的条件，也就意味着货币发行国应最大限度地开放资本项目，便于国际投资者顺利进入本国的资本金融市场。

（三）货币国际化的条件

发达经济体的历史经验表明，货币国际化的关键在于国际货币发行国家必须拥有强大的综合国力，无论在经济规模、外贸规模、政治、军事、外交、科技技术领域都具有领导地位，并且其政治制度和社会结构稳定。只有具备强大的综合国力，该国发行的货币才拥有背后优势。此外，国际货币发行国的价格水平应该是稳定的，货币政策也应该是独立的，同时货币能自由兑换，供应量能满足国际市场的需求。

二、货币国际化的典型模式

布雷顿森林体系解体后，西方发达国家的货币相继走上了国际化的道路。至今，国际货币已形成了美元、欧元、英镑和日元四足鼎力的格局。由于各国情况不同，因而不同货币的国际化模式也不尽相同。

（一）“先入为主”型模式：英镑

英镑在整个 19 世纪一直处于国际货币体系的核心，而在 20 世纪由盛转衰。英镑国际化是金本位制下货币国际化的典范，它是在全球经济发展极不平衡的情况下实现的，是以英国的经济霸权为后盾发展起来的。英镑国际化经历了以下四个阶段。

1. 建立币值稳定的货币制度和发达的金融市场

英国是世界上第一个建立中央银行制度的国家。1821年，英国在法律上实现了金本位制。金本位制保证了英镑的价值稳定性，增强了英镑的国际公信力。中央银行利用贴现率等工具及时有效地进行市场利率调整，实现了调节资金流动和国际收支的目的，灵活的市场调控手段使英镑的可兑换性和币值稳定性得到了国际认可，人们更愿意使用英镑进行收付，这是英镑国际化的基础。

2. 发挥英国的工业、贸易优势，建立以英国为核心的自由贸易网络

英国贸易的大发展从17世纪就开始了。工业革命促使英国在贸易上抢占了先机。到19世纪，英国在现代工业中具有无可匹敌的领先地位，英国生产了全世界一半的铁、煤，消费了全世界一半的原棉产量，贸易额占全世界的四分之一，是当时法国的2倍。仅在1876—1885年的10年间，英国工业产品出口占到世界工业产品出口总额的38%，巨额的贸易顺差为英国快速积累了规模巨大的黄金储备。英国最先倡导的自由贸易使其迅速成为欧洲自由贸易网络的核心，这当然也离不开英镑自由兑换和金本位制的货币体系支撑。尽管后来英国在欧洲贸易市场的地位下降了，但英国依旧将对外贸易扩展到了加拿大、澳大利亚等自治领地，并逐步向非洲、亚洲和南美市场进军。至此，英镑的国际地位通过强大的自由贸易网络得到了提升，进一步实现了英镑国际化。

3. 建立以英镑为核心的国际货币体系

英国作为殖民地国家银行的最终贷款人，加之英镑与黄金直接兑换及英国首先建立起来的比较完善的金融监管制度，使得英镑较为稳定。殖民地国家也相对乐意持有英镑，使英镑在全球范围内获得了广泛的流通。1860—1914年的50多年间，以英镑为计价和结算单位占世界贸易货币的比例高达60%，英镑成为事实上黄金的替代物，真正实现了"黄金—英镑"本位制。19世纪末，世界各国都完成了向金本位制的转变，黄金在国际债务结算中扮演着次要角色。在英镑为国际普遍认可的情况下，以英镑为核心的国际货币体系逐渐形成。英镑汇票不仅被用于为英国进出口融资，还被用于为世界其他地区进出口融资，这一时期的"英镑本位"可从伦敦成为国际金融中心、国际清算中心的地位中略见一斑。

4. 建立英帝国范围内的单边关税特惠区

英国通过其庞大的殖民体系，控制了以加拿大、澳大利亚、新西兰为代表的多个殖民地国家，通过建立自治领地单边关税特惠区，使英镑地位更加巩固。在欧洲贸易保护时期，各国纷纷向英国靠拢。

历经上述四个阶段，英镑在18、19世纪逐步实现了国际化并长期保持稳定。

（二）"霸权推进"型模式：美元

美元作为当今世界第一大货币，即国际上使用最广泛的货币，它主要通过以下三个阶段完成了国际化。

1. 建立金本位制体系，实现以美国为核心的自由贸易圈

19世纪下半叶，美国一跃成为世界上最大的工业化国家。据德国经济史学家库钦斯基估算，从1860年到1910年，美国出口商品价值增长了5倍，达174 498.4万美元，进口商品价值增长了4倍，达155 694.7万美元，在世界贸易中所占比重为11%，成为第三大贸易国。1899年，美国正式将事实金本位制改为正式金本位制，取消了白银的本位货币

地位，正式加入以金本位制为核心的国际货币体系。随后的两次世界大战为美元国际化扫清了障碍，美国一举雄踞世界霸主地位。第一次世界大战结束后，英、法、德等参战国经济受到严重的冲击，而美国由于远离主战场，通过向欧洲国家出售军火，积累了大量的黄金储备，巩固了金本位制体系。仅 1938—1945 年，美国的黄金持有量就从 145.1 亿美元增加到 200.8 亿美元，占国际黄金储备的 59%，美国及美元在国际储备中地位的重要性迅速提升。巨额黄金储备的积累，为美元后期国际化的推进奠定了坚实基础。1947 年后，美国的工业生产已占世界生产的 42%。经历两次世界大战的美国不仅在军事、政治上树立了霸主地位，还在贸易上形成了以美国为核心的贸易圈。

2. 建立布雷顿森林体系，确立与黄金对等的国际储备地位

第二次世界大战后，作为当时全球最强的经济实体，美国有条件也有能力通过制定国际化货币体系秩序，广泛对外进行经济干预，推进美元在全世界范围内的流通。仅 1938—1945 年，美国的黄金持有量从 145.1 亿美元增加到 200.8 亿美元，占到世界黄金储备的 59%，美国及美元在国际储备中的地位不断提升。1944 年，44 个国家的 700 多名代表在美国的小镇布雷顿森林举行了联合国货币金融会议，通过了以美国怀特计划内容为主的《国际货币基金组织协定》和《国际复兴开发银行协定》，确立了美元本位的国际货币体系（布雷顿森林体系）。该体系的“双挂钩”汇率制度安排使得美元顺理成章地成为国际货币体系的中心货币，美元逐渐成为国际清算的主要货币及国际储备货币。

布雷顿森林体系内在的缺陷（可参阅本书第十章第三节的相关内容）使得“双挂钩”汇率制度日益难以维持。1971 年 8 月 15 日，尼克松总统发表了演讲，提出美元不再跟黄金挂钩，各国货币也可以不和美元挂钩。美国政府这次对全世界的重大违约，使整个国际货币体系发生了颠覆性的变化，由此布雷顿森林体系解体。

3. 建立信用货币体系，确立以美元为核心的国际货币体系

布雷顿森林体系瓦解后，牙买加体系下浮动汇率制度合法化，允许汇率制度多样化，美元对世界主要国家货币汇率波动呈现出不同的趋势。牙买加体系是一种真正建立在信用基础上的国际货币体系，人们可以自由选择贸易货币、金融货币。由于历史惯性，此时的美元仍然是国际贸易和国际金融市场的主要计价货币和交易媒介，仍然是重要的价值储藏手段，这和美国在世界政治、军事、经济上的霸权地位的支持密切相关。

（三）“天然国际”型模式：欧元

与英镑、美元国际化的历史进程不同，欧元是伴随着欧洲经济一体化进程而诞生的。欧元国际化始于国际经贸合作，是欧盟各国政治、经济合作的成果，其国际化通过以下三个阶段实施。

1. 组建欧洲共同体，促进欧洲自由贸易区发展，统一大市场

由于欧洲国家间贸易频繁，各国为追求更便利、更高效的经济贸易制度，自然形成了一种区域经济一体化的想法。1965 年 4 月《布鲁塞尔条约》的签订，标志着欧洲共同体正式诞生，《欧洲单一法案》的签订也加速了欧共体经济一体化的进程。

2. 建立欧洲货币体系，创立欧洲货币单位——埃居

欧共体的诞生使汇率机制和货币一体化的要求越来越迫切。1978 年，欧共体各国领导人在布鲁塞尔达成协议，筹建欧洲货币体系（EMS）。1979 年，欧洲货币体系正式成立，并将原欧洲记账单位改为欧洲货币单位——埃居。与此同时，欧洲货币体系的诞生

在一定程度上也使得内部汇率相对稳定下来，降低了因美国宏观经济失调引起的美元危机对欧洲自由贸易区的冲击。

3. 建立欧盟，组建欧洲中央银行，发行欧元

1992 年，欧共体成员正式签署《欧洲联盟条约》，更名为欧洲联盟。条约要求欧盟的生产要素和资本要素自由流动，各国在经济、财政和货币政策方面协调一致。1998 年，欧洲中央银行建立。1999 年，欧元正式启用。2002 年 1 月 1 日起，欧元正式流通，迅速取代区域内流通货币成为区域内唯一合法货币。欧元自诞生之日，便以国际货币的姿态展现在世界面前。从经济总量看，欧元区的实力与美国不相上下，远超日本，自欧元运行以来的 10 多年间，欧元的外汇储备已跃居世界第二。

通过上述三个阶段，欧元顺利实现了国际化，成为世界第二大国际货币。欧元的国际化路径打破了单一货币通过自我强化逐步实现国际化的模式，创造了区域性货币转变为国际货币的货币国际化新途径。

(四)"决策失误"型模式：日元

日元国际化主要通过以下三个阶段来实现。

1. 建立日元国际贸易结算制度，完成日元国际化起步

第二次世界大战后，日本迅速开始进行本国经济建设。20 世纪 60 年代末，日本一跃成为世界第二经济大国，这促使日元国际化被提上议事日程。日元要做到像美元、英镑那样作为各国储备货币并非易事，但在贸易、资本交易方面作为结算货币的前景十分广阔。1960 年，日本创立了非居民日元存款自由结算制度，使非居民持有的日元同居民持有的日元实现可兑换性。1973 年，日本在布雷顿森林体系瓦解后，也迅速完成了固定汇率向浮动汇率制度的转变。同时，日本开始发行以日元计价的外债并同意非居民发行以外币计价的债券，这些金融市场的国际化措施，使日本金融市场十分活跃，人们愿意使用日元进行贸易结算，也愿意使用日元参与东京市场的金融交易活动。

2. 建立开放的金融市场，推进日元国际化进程

20 世纪 80 年代，日美之间贸易摩擦不断加剧，日元承受了巨大的升值压力，日本迫于美国的压力将国内市场开放领域由贸易领域拓展到金融领域，通过多项措施推进日元的国际化进程，包括建立灵活的以日元计价的外债发行制度，撤销指定证券公司的规则，推进欧洲日元借贷的自由化，放松对非居民债券发行的限制，创立东京离岸金融市场等。这一时期的日元国际化基本上是在美国的外加压力下进行的，它与前一个阶段日本自主的、积极的日元国际化态度是不同的，因而这一时期的日元国际化只能说是形式上的日元国际化。

3. 建立亚洲化战略，完善金融体系改革

亚洲金融危机爆发，日元国际化进程受阻。日元的大幅贬值，使得日元持有者纷纷抛弃日元资产，日本经济陷入僵局。日本原本可以通过其大量的外汇储备向东南亚各国注入流动性，但却采取了自保政策，这使日元错失了占有国际地位的良机。随后，日本政府开始反省，改变原来以各国储备货币为主要功能的日元国际化路径，采取以亚洲地区为主的区域扩大化路径，推动日元更多地被亚洲地区国家使用。但其在金融危机中自保的态度，使日元失去了作为国际化货币的形象，这使亚洲地区国家对日元的信心严重丧失。

日元的国际化道路虽然迅速但不健康、不完全。由于日本外向型的经济结构和对美国的依赖,使日元承担的国际储备货币的职能更多,而价值尺度和交易媒介职能并不突出。

总结以上各国货币国际化模式可以看出,强大的经济、有效率的金融市场、有效的经济和金融制度体系、恰当的国际化战略是货币国际化成功的要素。同时,各种货币的国际化模式并不完全相同,这是由各国自身状况和当时世界的综合环境所决定的。这些都给我国实现人民币国际化提供了有益借鉴和参考。

三、人民币国际化目标

(一)初级目标

在人民币国际化进程中,初级目标是实现人民币作为周边贸易结算货币,增强人民币在边境贸易、周边国家经贸往来中的结算货币地位。在推进人民币国际化进程中,我国应从周边国家入手,将人民币作为我国与周边国家开展贸易活动的主要货币,并让这些国家了解到将人民币作为主要货币的好处,如有利于提升边境贸易交易效率、降低交易成本等。但是,也要加大对人民币境外流通量的控制,避免人民币境外流通量过大或过小,防止国内经济发展受到威胁。国家在促进人民币国际化的过程中应充分发挥自身作用,推出相关政策,出台有利于人民币国际化的政策,如在部分项目中扩大人民币兑换能力,并给予将人民币作为结算货币的企业一些优惠政策,有步骤、有计划地扩大人民币在周边地区的使用,为实现人民币全面国际化奠定基础。

(二)阶段目标

在人民币国际化推进中需要设定阶段目标。随着人民币国际化的推进,人民币的交易量不断扩大,这时可以适当放松对人民币兑换的管制,促进人民币存量逐步增长。同时,强化自发离岸人民币市场,这是促进人民币国际化进一步实现的措施。做好对离岸人民币市场的维护,构建完整的人民币回流通道,鼓励国外民众利用人民币消费、购物,逐步增强人民币在各个地区的影响力,将人民币发展成为地区主要货币。

(三)终极目标

在人民币国际化进入终极阶段以后,人民币国际化特征将更加突出。人民币可自由兑换从亚洲开始逐渐向其他大洲推进,逐步将人民币推向国际市场,让人民币真正成为与美元、欧元等国际货币一样的国际储备货币。为进一步促进人民币终极目标的实现,国家应进一步做好金融市场改革,做好金融调控,确保货币稳定推进,强化货币政策调控能力。同时,重视人民币汇率市场形成机制的完善,发挥市场供求汇率的作用,保持人民币汇率在合理范围内稳定增长,将构建完善的金融基础设施与信用体系作为重点。

四、人民币国际化进程

(一)人民币国际化的四个阶段

至今,人民币的国际化进程大体上可以分为四个阶段。

1. 2008 年国际金融危机前:人民币多在周边地区使用,国际化进展较为缓慢

人民币的国际化首先是以区域化的形式展开的。由于我国与周边国家长期保持着密切的贸易往来,同时我国相对于大多数的周边国家,具备一定的经济优势。随着我国

边境贸易规模的扩大，以及央行与周边国家边贸本币结算协定的签订，在2008年国际金融危机前，人民币多在周边地区使用，国际化进程较为缓慢。

2.2009—2015年：人民币国际化提速

2008年国际金融危机使得一些亚洲国家和地区的国际收支及外汇市场受到较大冲击。美元汇率的剧烈波动导致全球资本市场面临流动性困境。在美元荒中，众多新兴市场经济体被排除在美元的流动性供应之外，使得新兴市场经济体开始寻求其他可信赖的国际货币。在这一背景下，新兴市场经济体开始将目光转向中国。虽然金融危机对中国产生了一定冲击，但由于中国金融体系总体稳健，经济快速企稳回升，对外贸易很快出现反弹并持续增长。中国企业在跨境贸易中使用人民币作为结算货币，获得越来越多的认同。人民币作为国际流动性来源，得到越来越多外国中央银行的认可。自2009年起，中国政府开始着手清除人民币跨境使用中存在的制度障碍。从贸易结算到投资结算，从直接投资到证券投资，从国内市场开放到离岸市场建设，人民币的跨境使用迅速发展起来。在2009—2015年的6年间，人民币的国际化发展提速。

3.2015—2017年：人民币国际化进入停滞期

受2015年政府去杠杆工作导向的影响，政府对人民币跨境业务的管理开始收紧。一方面，控制资金的流出，加强对境外投资的引导和规范，加强境外人民币汇入的贸易真实性审查。另一方面，设立存款准备金率，锁定部分境外人民币的流动性，同时增加离岸市场上套利和做空的成本。在2015—2017年对人民币国际化进行管控的阶段，人民币国际化的步伐放缓。人民币在货物贸易中的结算量有所下滑，在服务贸易及其他贸易结算中，也经历了先增后降的过程。人民币在对外直接投资中的结算量也快速下滑，以人民币标价的国际债券规模出现小幅缩水。

4.2018年至今：人民币国际化有所恢复

2017年后我国金融市场恢复稳定，资本流动管理的相关政策有所放松。2018年开始，跨境货物及服务贸易中的人民币结算有所回升。同时，跨境外商直接投资、对外直接投资收付额、香港人民币存款和离岸人民币债券发行均开始回暖。目前，人民币的国际化正逐渐恢复。

（二）人民币国际化的重要事件

1. 人民币全球清算系统建设

如果没有高效的清算支付系统，人民币在境外的流通及交易规模将受到极大的制约。人民币清算系统的建设实现了离岸人民币市场和在岸人民币市场之间的有效连接，且能推动不同人民币离岸中心之间的高效运转。中国人民银行通过公开授权离岸"人民币清算行"并对其提供潜在的流动性支持。离岸清算行模式的引入始于2003年，当时中国银行（香港）有限公司被中国人民银行指定为第一家离岸人民币清算行。随后，得益于中银香港和香港银行间清算有限公司共同开发的离岸交易实时清算系统，离岸清算行模式得到了快速发展。从那以后，在亚洲和欧洲逐渐建立了越来越多的离岸清算行。截至2015年12月末，中国人民银行与东南亚、西欧、北美、南美、中东和大洋洲等区域的20个国家和地区建立了人民币清算行安排（见表4-1）。人民币离岸清算行的设立，有效降低了人民币离岸金融中心的成本，形成了"人民币在岸市场—人民币离岸中心—人民币离岸区域枢纽（人民币清算行）"三个层次的人民币全球交易网络，极大地促进了中国与上述地区之间的贸易投资便利化，在人民币国际化进程中起到十分重要的作用。

表 4-1　人民币离岸清算行一览表

国家或地区	时间	清算行	国家或地区	时间	清算行
中国香港特别行政区	2003.12	中银（香港）有限公司	卡塔尔	2014.11	中国工商银行卡塔尔分行
			加拿大	2014.11	中国工商银行加拿大有限公司
中国澳门特别行政区	2004.09	中国银行澳门分行	澳大利亚	2014.11	中国银行悉尼分行
			马来西亚	2015.01	中国银行马来西亚有限公司
中国台湾	2012.12	中国银行台北分行	泰国	2015.01	中国工商银行泰国有限公司
新加坡	2013.02	中国工商银行新加坡分行	智利	2015.05	中国建设银行智利分行
英国	2014.06	中国建设银行伦敦有限公司	匈牙利	2015.06	匈牙利中国银行
德国	2014.06	中国银行法兰克福分行	南非	2015.07	中国银行约翰内斯堡分行
韩国	2014.07	交通银行首尔分行	阿根廷	2015.09	中国工商银行阿根廷股份有限公司
法国	2014.09	中国银行巴黎分行	赞比亚	2015.09	赞比亚中国银行
卢森堡	2014.09	工商银行卢森堡分行	瑞士	2015.11	中国建设银行苏黎世分行

资料来源：根据中国人民银行官网公布的信息整理。

2. 人民币跨境支付系统 CIPS 建设

2009 年我国在上海等城市开展跨境贸易人民结算试点工作，开启了人民币的跨境流通。随着跨境贸易中人民币结算业务总量的不断增长，在国际投资中跨境人民币业务的需求开始显现，离岸人民币市场规模不断扩大。对于境内外经济主体来说，需要更加完善的金融基础设施来保证经济贸易往来的正常发展，于是 2015 年 10 月人民币跨境支付系统 CIPS 上线。人民币跨境支付系统支持结算跨境贸易中的货物和服务项目，同时可以实现跨境的直接投资和汇款，使跨境人民币业务的处理更加便利化。2016 年，中国人民银行对人民币跨境支付系统的直接参与者进行扩容，持续推动 CIPS 的建设。同年 7 月，CIPS 首家境外直接参与者中国银行（香港）成功接入，CIPS 的业务量出现显著提升。2019 年 12 月，29 家新进参与者成功接入人民币跨境支付系统，其中 13 家来自境内，16 家来自境外。截至 2019 年底，CIPS 系统直接参与者达到 33 家，相比最初的 19 家，增加了 14 家，同时间接参与者达到 903 家，相比于最初的 176 家，增加了 727 家，CIPS 系统覆盖了全球 160 多个国家和地区。人民币跨境结算业务版图逐渐扩大，跨境人民币支付更加便利。CIPS 的建成不仅为人民币在跨境支付和结算领域的进一步发展提供了强有力的金融基础设施保障，还使人民币在“一带一路”沿线国家的使用率得到提升，人民币的国际竞争力不断提升，对人民币的区域化和国际化发展具有推动作用。

3. 人民币离岸市场

随着中国对外贸易和对外投资的快速发展，建立离岸人民币金融市场是人民币国际化的必然选择。人民币离岸金融中心是指主要为非中国居民提供的境外人民币借款贷款或企业投资、进口贸易或出口贸易结算、外汇买卖及证券市场交易等金融业务的自由交易中心。由于当前人民币尚未实现完全可自由兑换，人民币离岸市场的发展为我国资本账户和金融账户的逐渐开放提供了有效的缓冲带，为在岸市场的金融机构和“走出去”企业提供了对接点，有效支撑了人民币跨境支付结算的发展。截至2015年5月，通过双边协议完成人民币离岸金融中心建设的市场已经达到15个，涵盖了除纽约和东京以外的所有国际金融中心。截至2015年底，离岸人民币存款余额约为2.22万亿元。

4. 沪港通、深港通和沪伦通

2014年11月，沪港通正式上线，为内地和香港投资者开辟了新的投资通道。沪、港两市投资者反映积极，为我国资本市场的双向开放积累了经验。沪港通上线两年后，深港通于2016年12月正式启动。沪港通与深港通的设立实现了内地与香港股票市场的互联互通，是两地市场双向开放和增强合作的重要举措。香港是目前最大的人民币离岸市场，沪港通与深港通的启动，为境外资本投资我国金融市场提供了新的途径，拓宽了人民币的使用渠道，加强了人民币在两地的流通，推动了人民币与全球金融市场的融合，为人民币国际化的进一步发展创造了条件。

2019年6月17日，中国证券监督管理委员会和英国金融行为监管局发布沪伦通《联合公告》，原则批准上海证券交易所和伦敦证券交易所开展沪伦通。同日，上海证券交易所上市公司华泰证券股份有限公司发行的沪伦通下首只全球存托凭证(GDR)产品在伦敦证券交易所挂牌交易，沪伦通的正式运行标志着上海与伦敦的金融合作迈入新的阶段，中国资本市场开放和人民币国际化都上了一个新的台阶。

5. 人民币已成为外国央行的外汇储备

随着人民币国际化进程的持续推进，以及离岸人民币投资渠道的不断拓宽，外国货币当局已经开始加速积累人民币，或者调整其外汇储备以便在资产组合中包括一部分人民币。尽管人民币在各国储备货币中的占比远低于美元，但各国中央银行将人民币作为储备货币的意愿却愈来愈强烈。

澳大利亚、印度尼西亚、马来西亚、韩国和泰国的中央银行和主权财富基金都已经宣布，将增加人民币和以人民币计价的投资品在其资产负债表中的比重。尼日利亚中央银行正将430亿美元的外汇储备由美元转换为人民币，并会进一步将人民币在其外汇储备中的占比由2%提高到7%。英国成为第一个发行以人民币标价的主权债务的国家，并将募集的资金用于补充外汇储备。截至2015年底，包括境外央行和货币当局在内的境外主体持有境内人民币金融资产合计37 399.98亿元，其中股票市值5 986.72亿元，债券余额7 517.06亿元，贷款余额8 515.55亿元，存款余额15 380.65亿元。

6. 人民币纳入特别提款权货币篮子

2016年10月1日起，人民币正式成为继美元、欧元、日元、英镑后第五种被纳入特别提款权SDR货币篮子的货币，人民币在货币篮子中所占的比重为10.92%，超过日元和英镑，在货币篮子中位列第三。人民币加入SDR是人民币国际化进程中里程碑式的事件之一，是中国综合国力提高的表现。其改变了以往以发达国家货币作为储备货币的格局，使SDR更具代表性，同时对全球市场更具吸引力，有助于提高SDR的稳定性，人民币的国际地位也由此获得提升。但由于我国尚未实现资本项目的完全可自由兑换，因此与强势货币美元和欧元相比，目前人民币国际化仍面临较大挑战。

五、人民币国际货币职能的发挥

（一）人民币发挥交易媒介职能

人民币国际化在发挥交易媒介职能上的发展最为迅速，主要体现在跨境贸易结算、对外直接投资、外汇交易、国际支付等方面。

1. 人民币跨境贸易结算情况

自我国央行与周边国家签订边贸本币结算协定起，在早期的人民币周边化与区域化发展中，部分国家已经将人民币作为计价货币。2009 年，随着我国在上海等地跨境贸易人民币结算试点工作的开展，人民币正式开始朝着国际化方向发展。2011 年，我国的跨境贸易人民币结算业务在全国逐渐铺开，结算对象涉及货物、服务和其他项目。跨境贸易人民币结算业务是人民币国际化的突破口，外贸企业在对外贸易中使用人民币作为计价或结算货币，对人民币国际化的推进十分重要。2009 年，我国跨境贸易人民币业务结算总额仅 35.8 亿元，如图 4-1 所示，人民币跨境收付金额在 2019 年合计达到 19.7 万亿元。随着跨境贸易人民币结算业务参与者的增加，人民币的结算功能持续向上发展。

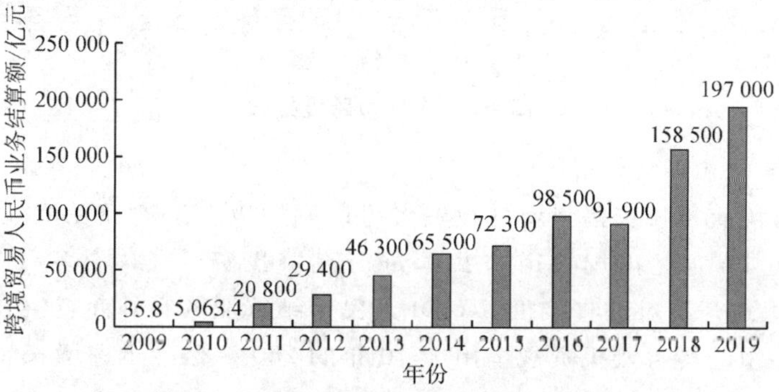

图 4-1　跨境贸易人民币业务结算额

分项目来看，2009 年经常项目的跨境人民币结算额仅为 26 亿元（见图 4-2）。但随着试点的不断铺开，这一数字在 2015 年，已达到约 7.2 万亿元。在货物贸易中，2017 年的收付额达到 6.4 万亿元，在跨境收付额中占 22.6%。2016—2017 年货物贸易人民币结算额有所下滑，服务贸易及其他贸易结算额先增后降。但是以人民币结算的货物贸易、服务与其他贸易，自 2018 年开始均有所回升。从图 4-3 可以看出，人民币跨境指数总体上呈现波动上升趋势，在 2015 年达到最大值，与图 4-2 中经常项目的人民币跨境结算变动趋势几乎保持一致。

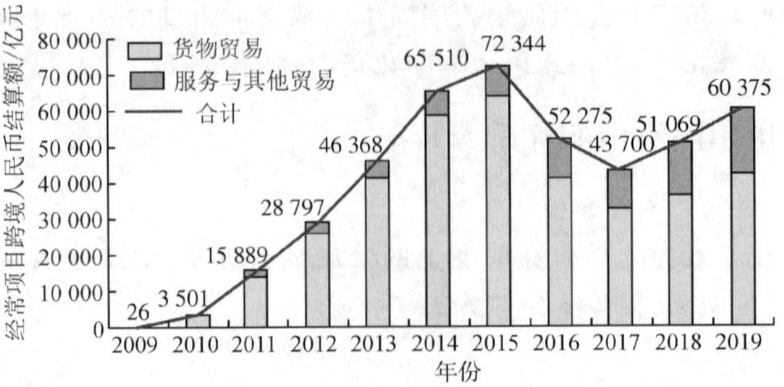

图 4-2　经常项目跨境人民币结算额

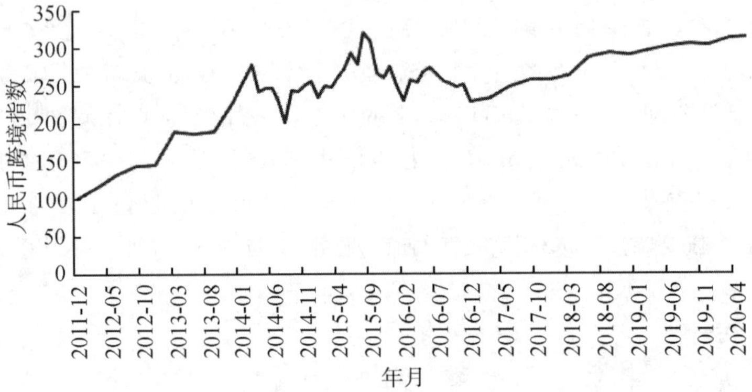

图 4-3　人民币跨境指数

2. 人民币跨境直接投资情况

人民币的跨境直接投资是指境外投资者可以利用以合法途径在境外获得的人民币，依照我国法律规定，通过正规渠道来我国进行直接投资。我国分别于 2011 年 1 月和 2011 年 10 月，正式开展对外直接投资 ODI 人民币结算业务和外商直接投资 FDI 人民币结算业务。人民币跨境直接投资规模由 2010 年的 280.3 亿元迅速增长到 2015 年的 2.3 万亿元。其中，对外直接投资项下人民币的收付金额于 2015 年达到 7 361.7 亿元，外商来华进行直接投资的人民币收付金额达到 15 871 亿元。受相关政策调整的影响，2017 年人民币跨境直接投资收付额出现了较明显的下滑，特别是对外直接投资人民币结算额下降较快，但 2018 年开始有明显回升(见图 4-4)。

图 4-4　人民币跨境直接投资规模

3. 人民币外汇交易情况

早在跨境贸易人民币结算试点启动之前，为便于境外银行获得人民币资金，我国央行就允许境外人民币参加行与境内代理行之间开展人民币购售业务。2015 年境外央行或货币当局等官方机构获准进入中国银行间的外汇市场，进行外汇即期、远期、掉期、期权等全部外汇品种的交易。

BIS 的外汇市场交易调查显示，人民币在全球外汇市场上的日均交易额，在 1998—2007 年的 10 年间，由几乎为零升至约 150 亿美元，占全球外汇交易额的 0.5%。截至 2019 年 4 月，人民币日均交易额已升至约 2 840 亿美元，在全球外汇交易额中所占的比重达到 4.3%（见表 4-2）。但是，相较于美元、欧元、英镑和日元等传统国际储备货币，人民币在全球外汇交易中的规模和比重仍相对较低。

表 4-2 主要货币日均外汇交易额占比 %

货币名称	2001	2004	2007	2010	2016	2019
美元	89.9	88	85.6	84.9	87.6	88.3
欧元	37.9	37.4	37	39	31.4	32.3
日元	23.5	20.8	17.2	19	21.6	16.8
英镑	13	16.5	14.9	12.9	12.8	12.8
澳元	4.3	6	6.6	7.6	6.9	6.8
加元	4.5	4.2	4.3	5.3	5.1	5
瑞士法郎	6	6	6.8	6.3	4.8	5
人民币	0	0.1	0.5	0.9	4	4.3

4. 人民币国际支付情况

SWIFT 数据显示（见图 4-5），自 2011 年 12 月以来，人民币在国际支付中所占据的份额不断上升。在国际支付中人民币所占的比重由初期的不足 0.3%，达到 2015 年 8 月 2.79%的历史最高水平，此后有所滑落。截至 2020 年 8 月，人民币在国际支付中的使用比例为 1.91%，落后于日本的 3.61%，与英镑 6.7%、美元 38.96%、欧元 36.04%的比例差距较大。从排名来看，自 2011 年以来，人民币的使用比例排名一直保持稳步上升，目前位列第 5，排于美元、欧元、英镑与日元之后。

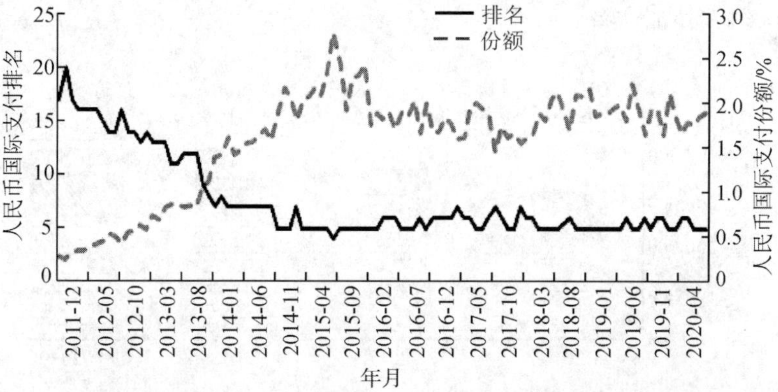

图 4-5 人民币国际支付份额及排名

（二）人民币发挥计价单位职能

货币的计价单位职能发挥主要体现为在国际贸易中作为计价货币，包括对一些全球主要的大宗商品进行计价。现有研究和数据显示，人民币国际化目前在计价货币领域的发展较为受限。人民币在国际计价领域的应用，相对于国际交易结算较为滞后。

计价单位职能是人民币发挥国际货币作用的重要环节，我国一直在大力推进。随着“一带一路”的发展，以及我国对外直接投资的持续增长，人民币在跨境贸易和投资中的计价单位职能会得到快速发展。同时，除了在岸金融市场上的人民币计价产品，跨境和离岸市场上以人民币计价的金融产品也不断涌现，包括人民币信用证、人民币计价债券，以及其他一些以人民币计价的金融衍生产品。

当前人民币在国际贸易中的计价比例与我国进出口总量尚不能匹配。据统计，在日本企业在华子公司与母公司之间的贸易中，以人民币作为计价货币的企业比例有所上升。其中，日本进口贸易中，以人民币为计价货币的企业比例由 2010 年的 3.8%上升至 2014 年的 10.4%。对日本出口贸易中，以人民币为计价货币的企业比例由 2010 年的 0.4%上升至 2014 年的 13.9%。在大宗交易领域，2019 年 10 月 11 日我国企业与国际铁矿石生产商完成了首份以人民币计价的铁矿石供应合同的签订。2019 年 11 月 18 日，在我国钢铁企业与国际铁矿石生产商所签订的贸易合同中，以大连商品交易所中铁矿石期货价格为基准来进行定价。国际大宗商品计价和定价的人民币化，代表着国际贸易参与者对人民币的肯定，对人民币成为国际主要计价货币，大幅提升人民币的国际地位有推动作用。

（三）人民币发挥储藏货币职能

人民币储藏货币职能的发挥要晚于其他职能的发挥。人民币储藏货币职能的发挥，主要有两种模式：一是人民币作为其他经济体的官方外汇储备；二是非居民主动持有人民币资产。在这一领域，人民币国际化取得了一定进展，特别是人民币加入特别提款权（SDR）以后，不少海外机构加大了对人民币的资产配置力度，人民币作为国际储备货币的地位得到认可。

1. 官方外汇储备

根据 IMF 统计（见图 4-6），在国际货币基金组织官方外汇储备的货币结构中，截至 2019 年末，人民币外汇储备共计折合 8 678 亿美元，较 2016 年底人民币刚刚加入 SDR 时增加了 7 775 亿美元，位列美元、欧元、日元、英镑储备之后。目前，人民币已被全球 60 多个国家和地区纳入外汇储备。

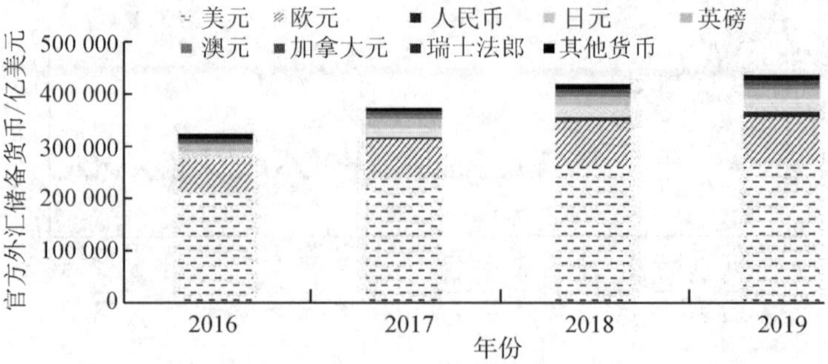

图 4-6 官方外汇储备货币构成

2. 境外主体持有境内人民币金融资产

境外主体主要持有人民币贷款、人民币存款、股票、债券等品类的境内人民币金融资产。截至2020年6月，境外主体总计持有的境内人民币金融资产合计达7.18万亿元，当前处于历史最高水平，较2013年末增加4.3万亿元(见图4-7)。从结构上来看，非居民持有的股票、债券等证券数量增加，持有的存款数量下降。截至2020年6月末，持有的股票市值2.46万亿元，较2013年末增加2.11万亿元。债券托管余额较2013年末增加2.17万亿元，达到2.57万亿元。人民币贷款余额0.97万亿元较2013年末增加0.44万亿元；人民币存款余额较2013年末下降0.42万亿元，达到1.18万亿元。

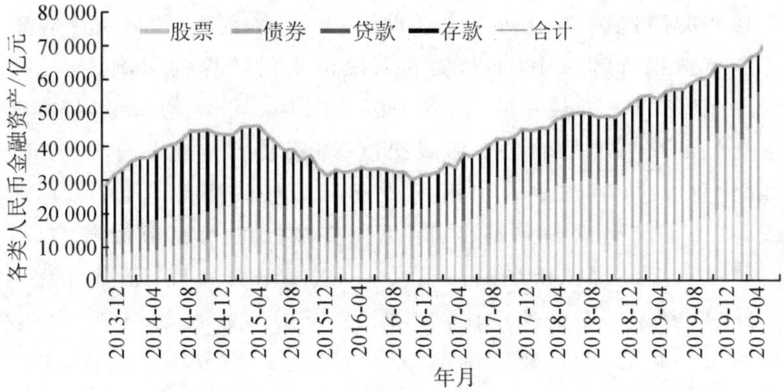

图4-7　境外主体持有境内各类人民币金融资产情况

六、人民币国际化的制约因素与推进对策

(一) 人民币国际化的制约因素

由前面的介绍可知，人民币国际化的进程从2009年开始加速推进，长期保持快速上升的良好态势。伴随2015年底国际货币基金组织正式宣布将人民币纳入SDR货币篮子，人民币的国际化程度达到近10年来的最高点，但最近几年由于中国股市和汇市的震荡，人民币国际化的进程趋缓，其国际化程度也有所下降。整体而言，人民币距离成为领先的国际货币还有很长的一段路要走。

在过去10年中，人民币国际化取得了相当大的突破：人民币国际化的基础设施逐步完善，跨境人民币支付及结算业务不断拓展，人民币正式加入SDR货币篮子，资本项目可兑换有序推进，金融服务业开放的成效显著，人民币的国际使用稳步发展，人民币已经成长为中国范围内第二大国际收付货币及全球范围内第三大贸易融资货币、第五大国际支付货币、第六大储备货币、第八大外汇交易货币。

但是，从全球第二大经济体的国际经济地位和国际货币体系改革的迫切需求两个角度来衡量，人民币的国际化程度依然较低。以人民币结算的直接投资额为例，根据联合国贸易和发展会议(UNCTAD)发布的《2017年世界投资报告》，中国对外直接投资在全球的份额从1990年的0.3%(排名第21位)，逐步增加到2016年的12.6%(排名第2位)，但以人民币结算的直接投资额却一直处于较低水平，最高峰是2016年，仅为24 600亿人民币，规模依然较小。

当前制约人民币国际化的关键因素主要有两个：一是中国金融市场的开放程度；二是中国金融基础设施体系的完善程度。为突破这两大瓶颈，中国一方面应当加快银行、保险、基金等金融服务业的开放程度，在保证国家经济安全、加强宏观审慎管理的前提下，稳步推动资本账户开放，提高人民币的可自由兑换程度；另一方面则要利用好当前的新兴技术，加快升级人民币跨境支付与结算系统，逐步完善人民币的基础设施体系。2018 年以来，中国政府不断加速推进本国金融市场的制度改革与对外开放，人民币国际化的新一轮高潮即将来临。

（二）人民币国际化的推进对策

（1）保持经济总量和贸易总量的稳定增长，为人民币国际化提供最重要的基本面支撑，保障人民币在崛起阶段的初始动力。在此基础上，依托“一带一路”等重要倡议和发展战略，在贸易和直接投资领域中，不断提高人民币支付结算的比例。

（2）深化金融市场的改革与开放，提升中国金融基础设施的质量，提高整个金融市场的效率，实施基于外汇交易市场的汇率形成机制改革，稳步推进资本市场开放，提高中国金融市场的国际化程度，尤其注重人民币优质资产市场的国际化，着力构建一个规模较大、运行效率较高、市场交易机制完善、国际化程度较深的人民币资产市场，扩大人民币计价的国债市场规模，提高国债市场的流动性，并逐步培育人民币计价的企业债券市场，提高人民币在跨境融资体系中的使用比例。同时，充分发挥贸易引擎与金融引擎的协同作用，通过低成本贸易融资、币种错配调整与币值稳定三种市场机制，内生扩大人民币在国际贸易及金融领域的使用范围。

（3）对外汇储备的资产组合进行优化，改善现有组合中美元储备占比过高的问题，首先降低贸易结算的美元份额，而后降低银行体系的美元化程度，最终减少央行因最后贷款人角色所必须持有的美元储备。

（4）对系统性风险保持足够重视，在货币政策与宏观审慎政策双支柱调控框架下，保留对资本流动、汇率市场的必要调控手段，以应对不利冲击，防范系统性金融风险，增强人民币国际化的可持续性，实现国家和人民财富的保值增值。

本章重要概念

外汇管制　强制结汇制　申请批汇制　复汇率制　差别汇率制度　混合汇率制度　货币自由兑换　第八条款国

本章复习思考题

1. 简述复汇率制度的概念及其表现形式。
2. 论述外汇管制的成本与收益。
3. 简述开放资本账户的好处。
4. 简述一国货币实现自由兑换的条件。
5. 简述 1994 年以来我国外汇管理体制改革的主要内容。
6. 国际货币具有哪些特征？一国货币成为国际货币应具备哪些条件？
7. 简述人民币国际化的演进路径及如何推进人民币国际化。

第五章 外汇交易和外汇风险

第一节 外汇市场

一、外汇市场的概念和功能

（一）外汇市场的概念

外汇市场（Foreign Exchange Market），是指由经营外汇业务的银行、各种金融机构、各类企事业单位，以及个人进行外汇买卖、调剂外汇供求的交易场所。随着交易日益电子化和网络化，取而代之的是通过计算机网络来进行外汇的报价、询价、买入、卖出、交割和清算。由于世界外汇市场是由各国际金融中心的外汇市场构成的，因此，外汇市场实际上是一个包含了无数外汇经营机构的计算机网络系统，它是一个无形的市场。目前世界上约有外汇市场30多个，其中最重要的有伦敦、纽约、东京、巴黎、瑞士、新加坡，以及我国香港地区等外汇市场，它们各具特色，并分别位于不同的国家和地区，彼此之间相互联系，形成了全球统一的外汇市场。

根据国际清算银行（BIS）于2019年9月16日公布的每三年一次的外汇调查报告2019年，英国在全球外汇交易中仍占据首位，日均外汇交易量3.58万亿美元，在全球外汇交易总量中占比高达43.1%；美国位列第2位，日均外汇交易量1.37万亿美元，在全球外汇交易总量中占比16.5%；新加坡和中国香港位列第3和第4，日均外汇交易量分别为6 330亿美元和6 320亿美元，在全球外汇交易总量中占比均为7.6%；作为亚洲的金融重镇，东京一直是全球重要外汇交易中心。2013年起，东京连续被新加坡和中国香港赶上，跌落第五的位置，日均外汇交易量3 760亿美元，全球外汇交易量占比4.5%。在全球外汇交易总量中占比排名第6及第7位的是瑞士苏黎世（3.3%）和法国巴黎（2.0%）。值得一提的是，中国内地外汇交易活动大幅增加，成功晋升全球第八大外汇交易中心行列（三年前排名13位）。2019年BIS全球外汇调查报告中，中国日均外汇交易量高达1 360亿美元，在全球外汇交易总量中占比为1.6%。

在外汇市场上，外汇的买卖有两种类型：一是本币与外币之间的相互买卖，即需要外汇者按汇率用本币购买外汇，或持有外汇者按汇率卖出外汇换回本币；二是不同币种的外汇之间的相互买卖，如美国居民用日元购买欧元，或用英镑购买加拿大元。交易对象包括货币兑换、外汇存单、外币信贷、外贸融资、外汇远期、货币期权、期货合同、外币掉期合同等。根据国际清算银行公布的世界外汇交易额数据，1989 年 4 月，每日交易额仅为 6 200 亿美元，以后逐年递增，到 2019 年 4 月，每日交易额已达 6.6 万亿美元。

（二）外汇市场的功能

外汇市场是为适应国际贸易发展、国际经济往来扩大、国际资本流动增加对外汇买卖需求增大而产生的。外汇市场的形成，必然反过来大大促进国际贸易的发展和国际经济往来的扩大，促进国际资本流动和各国对外汇储备的经营管理。具体来说，外汇市场具有以下几个方面的功能：

1. 实现购买力的国际转移

国际贸易和国际资金融通至少涉及两种货币，而不同的货币对不同的国家形成购买力，这就要求将本国货币兑换成外币来清理债权债务关系，使购买行为得以实现。而这种兑换就是在外汇市场上进行的。外汇市场所提供的就是这种购买力转移交易得以顺利进行的经济机制，它的存在使各种潜在的外汇售出者和外汇购买者的意愿得以实现。当外汇市场汇率变动使外汇供应量正好等于外汇需求量时，所有潜在的出售和购买愿望都得到了满足，外汇市场处于平衡状态之中。这样，外汇市场就提供了一种购买力国际转移机制。同时，由于现代化的通信工具已将世界各地的外汇市场联成一个整体，因而使得货币兑换和资金汇付能够在极短时间内完成，购买力转移变得异常迅速和方便。

2. 提供资金融通

外汇市场向国际间的交易者提供了资金融通的便利。外汇的存贷款业务集中了各国的社会闲置资金，从而能够调剂余缺，加快资本周转。外汇市场为国际贸易的顺利进行提供了保证，当进口商没有足够的现款提货时，出口商可以向进口商开出汇票，允许延期付款，同时以贴现票据的方式将汇票出售，拿回货款。外汇市场便利的资金融通功能也促进了国际借贷和国际投资活动的顺利进行。美国发行的国库券和政府债券中很大部分是由外国官方机构和企业购买并持有的，这种证券投资在脱离外汇市场的情况下是不可想象的。

3. 提供外汇保值和投机的机制

在以外汇计价成交的国际经济交易中，交易双方都面临外汇风险。由于市场参与者对外汇风险的判断和偏好的不同，有的参与者宁可花费一定的成本来转移风险，有的则愿意承担风险以实现预期利润，由此产生了外汇保值和外汇投机两种不同的行为。在金本位和固定汇率制下，外汇汇率基本上是平稳的，因而就不会形成外汇保值和投机的需要及可能。而在浮动汇率下，外汇市场的功能得到了进一步的发展，外汇市场的存在即为套期保值者提供了规避外汇风险的场所，又为投机者提供了承担风险、获取利润的机会。

二、外汇市场的结构

（一）外汇市场的参与者

1. 外汇银行

外汇银行(Foreign Exchange Bank)是外汇市场的主体，它是指由各国中央银行指定或授权经营外汇业务的银行。它包括以经营外汇业务为主的本国专营银行，兼营外汇业务的本国银行和设在本国的外国银行分支机构、代办处或其他金融机构。外汇银行可以与外汇市场中的所有其他参加者发生交易，包括外汇经纪人、顾客、其他外汇银行和中央银行。外汇银行从事的外汇买卖业务主要包括两个方面：

一是代客买卖业务（被动的交易），即充当外汇买卖双方（称为客户）的中介。外汇银行在向顾客报出的外币买卖价格中存在一个价差，例如 1 美元＝1.486 0/70 瑞士法郎，价差为 0.001 0 瑞士法郎，外汇银行通过代顾客买卖外汇而赚取这一价差。

二是自营业务（主动的交易），即在银行同业市场上与其他银行进行的外汇买卖，目的是轧平头寸，防范外汇风险。因为商业银行在经营外汇业务中，不可避免地要出现买进和卖出外汇之间的不平衡情况。如果卖出的外汇大于买进的外汇，则称为“超卖”(Over Sold)，如果买进的外汇大于卖出的外汇，则为“超买”(Over Bought)。商业银行为避免因汇率波动招致损失，故在经营外汇业务时，常遵循“买卖平衡”的原则，也即对每种外汇，如果出现“超买”，银行应将多余部分的外汇卖出；如果出现“超卖”，银行应将短缺部分的外汇买进。当然，这并不意味着商业银行在买卖外汇以后，立即进行平衡。各国的金融状况，本身的资金实力以及对汇率变动趋势的预测，可能采取立即或者推迟平衡的决定，而推迟平衡实际上是进行外汇投机。

此外，外汇银行还出于投机、套利、套汇等目的在同业市场进行外汇交易。

2. 外汇经纪人

外汇经纪人(Foreign Exchange Broker)是指促成外汇交易的中介人，大多是信托公司、银行等兼营机构，也有专门经营这种业务的公司和个人。它介于外汇银行之间、外汇银行和外汇市场其他参加者之间，代洽外汇买卖业务。

外汇经纪人一般分为两类：一种是一般经纪人，即以自有资金参与外汇交易，自负盈亏，这时经纪人就是自营商；另一种是跑街经纪人或掮客，以收取佣金为目的，代客进行外汇买卖，其本身不承担任何风险。后者是重要的参加者，因为他们熟悉行情，有助于交易的迅速实现；又因为他们使交易双方处于匿名状态，有助于达成较为公平的交易。目前，部分信用较高、资金较雄厚的外汇经纪人除了代客买卖外汇外，也从事自营外汇交易。经纪人要处理当事人提出的合理要求，提供快捷和可靠的服务，必须拥有先进的设备和熟练的技术人员。

3. 客户

客户是指外汇市场上除外汇银行之外的个人、企事业单位和团体。包括 3 类：

一是交易性的外汇买卖者，如进出口商、国际投资者、旅游者等。他们是外汇的最初供应者和最终需求者。

二是保值性的外汇买卖者，如套期保值者。

三是投机性的外汇买卖者，即外汇投机者。外汇投机者是通过预测汇率的涨跌趋势，利用某种货币汇率的时间差异，低买高卖，赚取投机利润的市场参与者。他们对外汇并没有真实的需求，如调整头寸，或清偿债权债务，他们参与外汇买卖纯粹是为了寻找因市场障碍而产生的获利机会，借此牟利。

4. 中央银行

中央银行是货币市场的主要参与者之一，他们不是外汇投机者，他们进入外汇市场的主要目的是为了观察市场，控制货币供应和汇率走向。为了维护本国货币汇率的稳定，中央银行也可以通过直接参与外汇市场买卖，调整外汇市场资金的供求关系，使汇率维系在一定水平之上或限制在一定水平之下。

中央银行通常设立外汇平准基金，当市场外汇求过于供、汇率上涨时，就抛售本币、收回外币；当市场外汇供过于求、汇率下跌时，就买进本币、投放外币。因此，从某种意义上看，中央银行不仅是外汇市场的参加者，而且也是外汇市场的实际操纵者与管理者。一国政府往往通过中央银行观察经济活动，从而维持适当的货币供应，以实现经济目标。

（二）外汇交易的层次

一般地，外汇交易可以分为 2 个层次，即外汇银行与顾客之间的交易，外汇银行之间的交易和外汇银行与中央银行之间的交易。

1. 银行与客户之间的外汇零售市场

客户（如进出口商）出于各种各样的动机，需要向外汇银行买卖外汇。非投机性外汇买卖常常是与国际结算相联系，故主要是本币与外汇之间的相互买卖。银行在与客户的外汇交易中，一方面从客户手中买入外汇，另一方面又将外汇卖给客户。实际上是在外汇的终极供给者与终极需求者之间起中介作用，赚取外汇买卖的差价。这个市场交易量服从于客户的外汇供求状况，被称之为外汇的零售市场。

2. 银行同业间和外汇银行与中央银行之间的外汇批发市场

为了避免汇率变动的风险，银行就需要借助同业间的交易及时进行外汇头寸调拨，抛出多头，补进空头，最终轧平各币种的头寸。银行同业市场汇集了外汇市场主要的供求流量，因此银行同业间的外汇交易构成了外汇交易的主体。狭义的外汇市场常常指银行同业交易市场，或称外汇批发市场，所交易的货币大多是不同类型的外币。

中央银行干预外汇市场所进行的交易是在它与外汇银行之间进行的。通过这种交易，中央银行可以使外汇市场自发供求关系所决定的汇率相对地稳定在某一期望的水平上。如果某种外币兑本币的汇率低于期望值，必要时，中央银行就会向外汇银行购入这种外币，增加市场对该外币的需求量，促使银行调高其汇率；反之，促成其汇率下降。

三、外汇市场的类型

（一）按外汇市场的组织形态划分

从外汇市场的组织形式上划分，分为有形市场和无形市场。

有形市场，又称具体的外汇市场，是指有固定的交易场所，并在规定的营业时间内进行的外汇交易。无形市场，又称抽象的外汇市场，是指没有固定的交易场所，没有统一的营业时间，所有的交易通过电话、电报、电传或计算机终端等组成的通信网络达成。目前各个外汇市场的名称虽然冠以地名，如伦敦外汇市场、纽约外汇市场等，但由于外汇交易一般都通过现代化通信手段来进行，快速方便，因此各国外汇市场的交易一般都具有国际性。世界各个金融中心的外汇市场已相互联结，形成网络，因此，无形市场是目前的主导形式。

（二）按外汇市场的构成形态划分

按外汇市场的构成形态，外汇市场可分为批发市场和零售市场。

外汇批发市场包含两个层次，一是银行同业间的外汇交易市场。其存在起源于弥补银行与客户交易产生的买卖差额的需要，目的在于避免由此引起的汇率变动风险，调整银行自身外汇资金的余缺。二是银行与中央银行之间的外汇交易市场。中央银行通过与银行的外汇交易达到干预外汇市场的目的。外汇零售市场是指银行与客户之间的柜台交易。客户出于各种动机，向银行买卖外汇，在此过程中，银行实际是在外汇终极供给者与终极需求者之间起中介作用，赚取外汇的买卖差价。

（三）按外汇市场受控制程度划分

按外汇市场受控制程度，外汇市场可分为自由外汇市场、官方外汇市场和黑市。

自由外汇市场指不受所在国政府控制的外汇交易市场。一般来说，所有银行和其他金融机构都可以在自由外汇市场上从事外汇交易。自由外汇市场对外汇交易金额、汇率、币种和资金出入境无任何限制，完全由市场供求决定。自从固定汇率制解体以来，自由外汇市场已经成为占主导地位的外汇市场。官方外汇市场指受所在国政府控制的外汇交易市场。其主要特征是：只允许持有政府许可证的银行和其他金融机构进入该市场从事外汇交易；与该国办理货币交易的币种由该国货币当局规定；汇率受该国政府管理；对每笔交易金额一般都有最大额度的规定；一般为与贸易有关的外汇买卖。1973 年固定汇率制解体以前，官方外汇市场是占主导地位的外汇市场。目前，大部分发展中国家的外汇市场仍属于官方外汇市场。外汇黑市指非法的外汇市场。由于取缔黑市相当困难，故有的国家也就默认黑市的存在。这种黑市实际上已成了公开或半公开的外汇市场。

此外，按交易种类划分，外汇市场可分为即期外汇市场、远期外汇市场、外汇期货市场和外汇期权市场。具体见本章后面内容。

四、外汇市场的特点

（一）外汇市场全球一体化，交易全天候

首先，外汇市场分布呈全球化格局。以全球最主要的外汇市场为例：美洲有纽约、多伦多；欧洲有伦敦、巴黎、法兰克福、苏黎世、米兰、布鲁塞尔、阿姆斯特丹；亚洲有东京、新加坡及我国香港地区等。各市场在交易价格上相互影响，当一个市场发生动荡，往往会影响到其他市场，引起连锁反应，外汇市场高度一体化；其次，由于现代通信技术的发展，遍及全世界的电话、电报、电传线路，尤其是互联网已形成庞大网络。全球外汇市场每天的交易，从澳洲的惠灵顿、悉尼最先开盘，接着是亚洲的东京、新加坡及我国香港地区，然后是欧洲的法兰克福、苏黎世、巴黎和伦敦，到欧洲时间下午 2 点，美洲大陆的纽约开盘，当纽约收市时，惠灵顿又开始了新的一天的交易。全球各地区外汇市场能够按世界时区的差异相互衔接，出现了全球性、星期一至星期五 24 小时不间断的外汇交易。外汇交易十分活跃，尤其当伦敦市场与纽约市场同时营业的几个小时是一天中外汇交易的高峰期。

（二）现代通信业发达，各市场之间的汇率差别缩小

借助于发达的通信网络，人们可以随时随地获得有关货币汇率的信息，及时采取相应措施。比如路透社拥有先进的卫星通信网络，它能迅速收集政治、经济、金融、商品、贸易、股票等新闻和信息，并为上百个国家的新闻通讯社、报纸、电台、电视台提供新闻服务，尤其是通过它的金融信息终端机给银行的外汇交易提供多方面的服务。如在电视屏幕上提供即时信息，即时汇率行情，经济、金融、汇率趋势评价、汇率走势等。由于各个外

汇市场的汇兑行市及时传递，而且各个市场汇率每次细小的变动都在电脑屏幕上得到反映，从而引导各市场及时调整报价，使各外汇市场基本维持相同的汇率水平。有时即使出现差异，套汇活动也会使汇差很快消失。

（三）汇率涨落不定，波动剧烈

首先，布雷顿森林体系瓦解后，西方国家普遍实行浮动汇率制度，外汇市场经常动荡不稳；其次，由于各国经济发展不平衡日益加剧以及国际资本流动进一步趋向自由化，导致各个外汇市场各种货币供求关系瞬息万变，此消彼长，从而引起汇率的频繁波动；第三，投机者在外汇市场上买空和卖空又加剧了市场汇率的不稳定性。

（四）外汇市场和资本市场融为一体，交易额大大超过经济交易的实际需要

据统计，2010 年每日交易额为 4 万亿美元，按每周 5 个交易日计算，一年的交易额可达 1 039 万亿美元左右，为世界进出口贸易的 60 多倍。这不仅说明外汇市场在实现购买力的国际转移和国际结算中发挥重大作用，更重要的是，它表明了外汇交易已远远摆脱了最初那种附属于贸易结算的地位。由于汇率的剧烈波动，外汇买卖已成为投资和投机的一个重要手段。

五、 外汇市场的效率

（一）外汇市场有效性的含义

外汇市场有效性是指外汇市场信息的完全程度。有效外汇市场是指信息完全的市场，即信息是同质的、市场参与者不能通过分析和处理相关信息而得到额外的投机利润。

（二）外汇市场有效性的判断

根据市场参与者能够获取的信息，有效市场可分为 3 种类型：弱式有效市场、半强式有效市场和强式有效市场。

弱式有效市场是指现行的市场价格充分反映了包含在过去价格中的所有信息，投机者不可能通过分析过去的价格信息得到额外利润；半强式有效市场是指现行的市场价格不仅反映了包含在过去价格中的信息，而且反映了所有公布于众的当前信息，投资者不可能通过分析财务报表、红利分配、货币供给量、收入水平等当前的公开信息得到额外利润；强式有效市场是指现行的市场价格充分反映了所有的信息，即包括过去的、目前的和内部的信息，任何人都不能通过对信息的垄断得到额外利润。

一般认为，短期内市场上充斥着各种不同的封闭信息状况，使汇率不能充分反映所有的信息状况，所以短期的外汇市场是无效率的；而从长期来看，由于信息扩散和资金流动，汇率将逐步反映所有可能得到的信息，因此长期外汇市场接近有效市场。

第二节 即期外汇交易和远期外汇交易

在外汇市场上，由于交易的动机、技术手段、政府管制程度的不同，从而形成或产生了许多不同的交易方式。其中即期外汇交易和远期外汇交易是两种基本的交易形式，而套汇、套利、掉期、期货和期权等交易都是由这两种基本交易派生出来。

一、即期外汇交易

（一）即期外汇交易的含义

即期外汇交易也称即期外汇买卖，简称现汇交易(Spot Exchange Transaction)，是外汇市场上最常见、最普遍的一种外汇交易形式。它是指外汇买卖双方按当天外汇市场上的即期汇率成交后，在两个营业日内办理交割的一种外汇交易。即期外汇交易主要是为了满足机构与个人因从事贸易、投资等国际经济活动而产生的外汇供求活动，是外汇交易的主要组成部分。这里有几点需要说明：

(1) 成交是指双方已就外汇买卖的汇率(价格)、数额、币种等达到一致或达成协议(口头协议或书面协议)。交割是指购买外汇者支付某种货币的资金，出售外汇者交付指定的外汇的行为。在现实经济活动中，外汇交易基本都是银行进行结算、收付货币，因此，交割通常表现为交易双方分别按照对方的要求将卖出的货币解入对方指定的银行。双方实现货币收付的那一天叫作交割日(Value Day)，或叫起息日，它意味着买卖双方解入账户的货币从这一天开始计息。

(2) 通常情况下，即期外汇交易是在成交后的第二个营业日办理交割。如某外汇交易成交时间为 3 月 1 日，则交割日为 3 月 3 日。这 2 个营业日的宽限期是从欧洲过去的外汇交易实践中沿袭下来的，因为过去的外汇交易多用票汇、信汇的方式进行，彼此的清算过户需要一定的时间。而目前外汇市场的现汇交易虽然多采用电话、电报、电传等现代通信手段完成，交易时间大为缩短，但由于习惯原因仍沿用交易后 2 个营业日内交割的做法。

(3) 即期交易中所说"日"，是指营业日(Working Day)，即两个清算国的银行均开门营业的日子。如上例所述，3 月 1 日成交的即期合同，则交割日应为 3 月 3 日，如 3 月 3 日刚好逢两国或者其中一国的法定休息日，则应往后顺延，遇周末则要顺延至下周。

（二）即期外汇交易的报价

即期汇率交易所使用的汇率就是即期汇率，它是买卖双方成交当天确定下来的市场汇率(注意：即期汇率不等于交割日的市场汇率)，实际上也就是被客户确认了的某外汇银行的报价。外汇银行一般都采取"双档报价"的方式，即外汇银行在交易中同时报出买入价和卖出价，买价与卖价都是从银行的角度出发，并反映银行外汇需求和经营状况。例如，2011 年 4 月 22 日某时刻的即期报价：

即期报价	差价
USD/JPY＝81.82—85	3 个点
USD/CHF＝0.887 0—80	10 个点
GBP/USD＝1.651 0—20	10 个点

值得注意的是，双向报价时前一数值小，后一数值大，报价时表示汇率的基本单位是点(Point)，每万分之一单位为一个点(日元为每百分之一单位为一个点)。

在直接标价法下，前一个价格为买入价，后一个价格为卖出价；而在间接标价法下，前一个价格为卖出价，后一个价格为买入价。无论什么标价方法，都按前小后大的顺序排列。银行的买卖价格之间有一定差额，该差额就是银行买卖外汇的收益，一般为 0.1%～0.5%。

银行报价的买卖差价一般反映出银行的交易成本，买卖差价越小，表明银行承担的风险越低，货币的交易性或流动性越高。银行买卖差价的大小除考虑成本因素外，主要决定于外汇市场的成熟程度和货币的流动性，如外汇市场规模越大，差额就越小；交易涉及的外汇的价格波动越大，差额就越大；交易涉及的外汇越稀少，差额就越大等等。

（三）即期外汇交易的方式

1. 按照所使用的信用工具不同可分为电汇、信汇和票汇

（1）电汇。电汇（Telegraphic Transfer，T/T），是指汇款人向当地外汇银行交付本国货币，由该行用电报或电传通知国外分行或代理行立即付出外汇。

用电汇方式买卖外汇，银行间资金划拨转移速度很快，银行无法利用顾客的这笔资金，再加上国际电信费用又相对昂贵，因此，电汇汇率最高。

（2）信汇。信汇（Mail Transfer，M/T），是指汇款人向当地银行交付本国货币，由银行开具付款委托书，通过航空邮寄通知国外分行或代理行付出外汇。

用信汇方式买卖外汇，由于邮程需要时间比电汇时间长，银行可以有机会利用顾客的这笔资金进行牟利，所以信汇汇率低于电汇汇率，其差额相当于邮寄期间的利息收入。

（3）票汇。票汇（Demand Draft，D/D），是指汇出行应汇款人的申请，开立以汇入行为付款人的汇票，列明收款人的姓名、汇款金额等，指示付款行凭票向收款人付款。通常，这种汇票可以交由汇款人自行寄送，也可以由汇款人亲自带出国外，凭票自取。

在银行同业间的现汇交易中，成交双方必须在约定的同一天内完成买卖金额的交付。交付的方式可以直接贷记对方银行在本行的账户，也可以将金额转拨到对方银行在第三家银行的账户。

例如，一家美国银行用美元向一家英国银行买进英镑。这家美国银行交付美元，可以采取将这笔美元贷记该英国银行的美元账户的方式，也可以采取将这笔美元转拨到另一家美国银行，指示其贷记英国银行的美元账户的方式，具体视两家成交银行之间有否账户往来关系而定。同样，英国银行支付英镑的方式可以是贷记美国银行在本行的英镑账户，或者是将这笔英镑拨付给另一家英国银行，指示其贷记美国银行的账户。

一般情况下，银行同业间的交易主要是各种外汇之间的相互买卖，而且使用电报、电传发文通知账户行借记本行账户、贷记对方行账户来办理交付手续；而银行与客户之间的交易主要是本币与外汇之间的相互买卖，通常与国际结算、投资等对客户的服务项目结合在一起。

银行对客户的外汇支付，可根据客户的要求使用电报，也可以采用信函或汇票指示国外账户行借记本行账户来办理；对客户的本币支付，也只有收到国外账户行已贷记本行账户的通知后才进行。

2. 按照资金流向与信用工具的传递方向不同分为顺汇买卖方式和逆汇买卖方式

顺汇买卖方式是指汇款人委托银行以某种信用工具（如电汇），通过其国外分行或代理行将款项支付给收款人，委托银行在国内收进本币，在国外付出外汇。因其汇兑方向与资金流向一致，故称为顺汇买卖方式。

逆汇买卖方式即托收方式是指由收款人出票，通过银行委托其国外分行或代理行向付款人收取汇票上所列款项的一种方式。因该方式的资金流向与信用工具的传递方向相反，故称为逆汇买卖方式。

除此之外，银行从事的即期外汇交易还有以下两种：一是外币兑换，外币兑换不仅指外币现钞的兑换，而且还包括旅行支票、信用卡等业务；二是外汇票据贴现，银行在办理外汇业务过程中经常收到客户所提交的远期外汇票据，要求贴现银行在办理贴现时，就要办理一笔即期外汇交易。

（四）即期外汇交易的计算

由于外汇市场的外汇牌价涉及买入价和卖出价两种价格，因而即期外汇交易的关键在于买入价和卖出价的正确选定。

【例 4-1】 法兰克福外汇市场 USD 对 EUR 的牌价为 USD/EUR＝1.115 0/1.116 0，某客户准备将 100 万美元兑换成 EUR，如何操作？

做法：在法兰克福外汇市场，USD/EUR 是直接标价法，美元是外币，欧元在德国作为本币。直接标价法下前一个价格是买入外币价，后一个价格是卖出外币价，该客户卖出外币美元即是银行买入外币美元，因而用前一个价格 1.115 0。最终结果，该客户能用 100 万美元兑换成 100×1.115 0＝111.50 万欧元。

在国际外汇市场上习惯采用美元标价法，即以美元为货币汇率中心。可以直接从外汇市场标明的牌价中获取美元和其他国家货币之间的比价关系。对于两种非美元之间的即期汇率（外汇市场上没有明确的牌价），则需要进行套算。

套算汇率的计算见前章所述。总的原则是：当两个即期汇率都是以同一货币为单位货币或计价货币，套算汇率为交叉相除；当一个即期汇率是以某货币为单位货币，而另一个即期汇率是以该货币为计价货币，则套算汇率为同边相乘。

二、远期外汇交易

（一）远期外汇交易的概念

远期外汇交易也称远期外汇买卖（Forward Exchange Transaction），简称期汇交易。是指外汇买卖双方先签订合同，规定买卖外汇的币种、数额、汇率和将来交割的日期，到规定的交割日期，再按合同办理交割。理论上讲，外汇交易达成后，所有两个营业日以后进行交割的外汇买卖都属远期外汇交易范畴，可以是以日计算的 3、7、15 天交割，但在实际业务中，最常见的是按月计算的，如：1、2、3、6、9 和 12 个月。

注意：如交割日刚好为银行的休息日，应顺延。如顺延要跨月，则应该往回推算至第一个营业日为止。

（二）远期汇率的报价方法

1. 直接报价法

直接报价法是指直接报出远期汇率的买卖价。例如，

某天东京外汇市场上美元的即期汇率为：USD/JPY＝115.25—115.90，

3 个月期的美元远期汇率为：USD/JPY＝115.25—115.95。

直接报价法的优点是可以使人们对远期汇率一目了然，缺点是不能直接显示远期汇率与即期汇率之间的关系，而且远期汇率和即期汇率不断变化，令人眼花缭乱。

2. 以即期汇率为基础用远期差价来表示

远期差价（Forward Margin）是指远期汇率与即期汇率之间的差额。远期汇率高于即期汇率，叫升水（At Premium）；远期外汇汇率低于即期汇率，叫贴水（At Discount）；远

期外汇汇率和即期汇率相等，则叫平价（At Par）。就交易的两种币种而言，一种货币的升水必然是另一种货币的贴水。远期差价也叫远期升贴水，简称汇水。

远期汇率可以将即期汇率加减升贴水得出。由于标价方法不同，因此计算远期汇率的计算形式也不同。假设 Ft 为远期汇率，St 为即期汇率，P 为升水数，D 为贴水数，则

直接标价法下：

$Ft=St+P$（本币数额增大、远期外汇升水）

$Ft=St-D$（本币数额减少、远期外汇贴水）

间接标价法下：

$Ft=St-P$（远期外汇升水、外币数额减少）

$Ft=St+D$（远期外汇贴水、外币数额增加）

由上可见，在即期汇率既定的情况下，远期汇率水平主要决定于升水或贴水水平。也就是说，决定远期升水或贴水的因素就是决定远期汇率的因素。

另外，汇率理论告诉我们，远期汇率升水或贴水，主要决定于两国之间的利率差。它们的关系是：利率高的货币，其远期汇率表现为贴水；利率低的货币，其远期汇率表现为升水。

但应指出的是，两国货币的利率差是决定升水或贴水及其幅度的主要因素，但不是唯一因素。某国货币的远期升水或贴水的幅度，还会受其币值变化，经济、金融政策调整，中央银行对外汇市场干预程度，人们对市场心理预期，外汇投机及国际政治经济形势变化等因素的影响，从而有可能使远期外汇的升水或贴水完全脱离市场利率运动或两地利率水平的差异。详见本书第二章。

远期差价报价法的优点是当影响远期差价的上述因素不发生变动时，P 或 D 可以不变，只有即期汇率随时变动，避免了直接报价法的眼花缭乱之感；缺点是远期汇率需要加以计算才能确定。

例如：某日在法兰克福外汇市场上，美元的即期汇率为 EUR/USD＝1.012 2/1.015 2（或表示为：EUR/USD＝1.012 2—1.015 2），此为间接标价，3 个月远期美元贴水：0.001 5—0.002 5 美元，则：

3 月期美元远期汇率由即期汇率加贴水求得

即期汇率 1.012 2—1.015 2

美元贴水＋0.001 5—0.002 5

远期汇率 1.013 7—1.017 7

现实中，远期差价往往用“点数”表示。所谓点数是将升（贴）水额扩大 1 万倍（日元为 1 百倍）。例如上例美元贴水 0.001 5—0.002 5 美元，表示为 15—25 点。

表示远期差价的点数有两栏数字，如 20—70 或100—30。之所以有两栏数字，是因为银行需要将远期外汇交易的买卖差价扩大，银行进行远期外汇交易要承担比即期交易更大的风险，高风险需要高收益加以补偿。因此，当远期差价的两栏数字为“前小后大”时，用即期汇率加远期差价求得远期汇率；反之，当远期差价的两栏数字为“前大后小”时，用即期汇率减远期差价求得远期汇率。只有这样，才能使远期汇率买卖差价大于即期汇率买卖差价。

远期汇水与远期汇率的关系以及升、贴水的判断可分别用表格及公式总结如表 5-1 所示。

表 5-1 远期汇率的计算及升贴水的判断方法

汇水的形式	远期汇率计算方法	判断升、贴水
小/大	加法	直接:升水;间接:贴水
大/小	减法	直接:贴水;间接:升水

不论是即期汇率还是远期汇率,双向报价时必定将小的数字放在前面、大的数字放在后面。并且与即期汇率相比,远期汇率的买入价与卖出价之间的汇差总是更大。如果计算出的结果与此相反,说明计算方法错误。举例说明如下:

假设某日美国某银行报价:

即期汇率　　　EUR/USD=1.012 2—1.015 2

1 个月远期差价　　　100—95

6 个月远期差价　　　80—110

则 1 月期远期汇率为 EUR/USD =1.012 2—1.015 2

−0.010 0—0.009 5

=1.002 2—1.005 7

买卖差价比即期扩大 5 个点,并可以判断 1 个月远期差价为贴水。

6 个月远期汇率为 EUR/USD =1.012 2—1.015 2

+0.008 0—0.011 0

=1.020 2—1.026 2

买卖差价比即期扩大 30 个点,并可以判断 6 个月远期差价为升水。

(三) 远期汇率的决定及升、贴水的计算

远期汇率的决定,事实上就是指远期升水、贴水受制于什么因素。一般来说,决定远期汇率是升水还是贴水的主要因素,是两国之间的利率差异,并且升水、贴水大致与两国之间的利差保持平衡。也就是说,两种交易货币短期投资利率的差额是构成两种货币的远期升水、贴水的基础。这个原理也就是"利息平价(Interest Parity)学说"。这是因为,银行在为客户进行远期外汇交易时,有可能因两国利率的差异而蒙受损失,损失额就相当于利差的收益。

为此,银行就想把这个风险转嫁给交易者,即通过提高或降低远期汇率来实现,升降幅度与损失程度相当。

一般来说,利率、升水或贴水有如下关系:

利率高的货币的远期汇率表现为贴水,利率低的货币的远期汇率表现为升水。

计算升贴水的公式为:升贴水=即期汇率×两地利差×(月数÷12)

升(贴)水年率,按中间汇率把远期差价换成年率来表示,用以分析远期汇率。

基准货币的升(贴)水年率=(远期汇率−即期汇率)÷即期汇率×(12÷远期月数)×100%

例如:即期汇率为 GBP1=USD1.821 0,1 个月的远期汇率为 GBP1=USD1.824 0,则:

英镑的升水年率为(1.824 0−1.821 0)÷1.821 0×(12÷1)×100%=1.976 9%

该计算结果表明,如果英镑按照 1 个月升水 30 点的速度发展下去,那么英镑 1 年将会升水 1.976 9%。

（四）远期外汇交易的目的

1. 套期保值

套期保值(Hedging)又称抵补保值，是指预计将来某一时间要支付或收入一笔外汇时，买入或卖出等金额的远期外汇，以避免因汇率波动而造成经济损失的行为。

【例 5-2】 瑞士某一出口公司，某年 3 月 1 日与美国进口商签订出口合同，出口商品价值 160 万瑞士法郎，以美元计价付款，合同期限 3 个月，6 月 1 日付款提货，按当时即期汇率 USD/CHF 为 1.600 0/10 计算，价值 100 万美元。瑞士公司预测美元有贬值趋势，为避免汇率变动带来的风险，该公司应如何操作？

做法：瑞士公司可以做远期汇率，卖出未来将收入的 100 万美元。若当时 3 个月远期美元汇水 80/70，则 3 个月远期汇率为：USD/CHF＝1.592 0/80，按此价格计算，无论汇率如何变化，6 月 1 日该公司可收回 100 万×1.592 0＝159.2 万瑞士法郎。和原预计的出口收入 160 万瑞士法郎比，少收入 0.8 万瑞士法郎。但如果不做这笔远期外汇交易，假设 6 月 1 日美元贬值为 USD/CHF＝1.550 0/10，按此汇率，100 万美元只能收回 155 万瑞士法郎，瑞士公司将比原计划少收入 5 万瑞士法郎。

反之，若瑞士某公司为进口商，3 个月后支付货款。则买进 3 个月远期美元来避险。

避险的机理是，将未来不确定的汇率现在就确定下来。但避险的同时也丧失了获利的机会。

2. 投机

外汇投机(Speculation)是指根据对汇率变动的预测，有意持有外汇的多头或空头，希望利用汇率变化从中牟取利润。外汇投机交易包括买空或卖空两种情况。

当投机者预期某种货币如英镑汇率将下浮，就在期汇市场卖出远期英镑，到期若英镑汇率下跌，投机者就按下跌的汇率买进英镑现汇来交割英镑期汇，赚取投机利润。这种先卖后买的投机交易称为卖空。当投机者预期某种货币，如欧元汇率将上浮，则买进远期欧元，到期若欧元汇率上升，就可以按上升后的汇率卖出欧元现汇，用以交割欧元期汇，赚取投机利润。这种先买后卖的投机交易，称为买空。

投机的实质是指持有外汇多头或空头。因此，那些不轧平外汇头寸进行套期保值的银行、进出口商等也属投机者之列。

（五）远期外汇交易的类型

远期外汇交易按照交割日期是否固定，可以分为固定交割日的远期交易、确定交割月份的远期外汇交易和选择交割日的远期交易。

1. 固定交割日期的远期交易

这是与远期外汇交易概念相吻合的标准的远期外汇交易，即按照事先规定的交割时间，到期办理交割。例如：A 银行与 B 银行在某年 1 月 12 日，签订一项 3 个月期的美元兑换日元的固定交割日期外汇交易合同，并约定汇率为 1 美元＝86.27 日元，交割日期为 4 月 12 日，那么，A 银行和 B 银行必须在 4 月 12 日这一天，同时按对方的要求将卖出的货币划入对方指定的账户。如一方延迟交割，则另一方可向其收取迟付利息。

2. 确定交割月份的远期外汇交易

确定交割月份的远期外汇交易是指只规定某一月份为履行外汇买卖的交割日，不规定具体的交割日期，即从这一月份中的第一天到与达成交易日相对应的那一天之间都可以作为履行外汇买卖的交割。如，E银行和F银行某年3月15日通过电传达成一项2个月期选择交割日的美元兑换欧元的远期外汇交易合同，约定5月份交割，汇率为1美元＝1.1165欧元。则从5月1日到5月15日中间的任何一个营业日，E银行都可以要求F银行按约定汇率进行交割，将卖出货币划入对方指定的账户。

3. 选择交割日的远期交易

选择交割日的远期交易是指外汇交易合同规定，交易双方可将签订远期外汇合同后的第3天到约定期满日之间的任何一天作为履行外汇买卖的交割日。这种合同与前一种类似，只是这种交易选择的时间范围更宽。如M银行与N银行某年2月5日签订一项未确定交割日期的远期外汇交易合同，3个月期满，那么M银行可在2月8日到5月5日期间的任何一个营业日要求N银行按合同交割。

值得注意的是，无论签订的是哪种远期外汇合同，交割日的确定都要遵循节假日顺延和不跨月的原则。

第三节 套汇交易和套利交易

一、套汇交易

套汇交易(Arbitrage Transaction)是指在不同的时间(交割期限)、不同的地点(外汇市场)利用汇率或利率上的差异进行外汇买卖，以防范汇率风险和牟取套汇收益的外汇交易活动。

一般来说，要进行套汇必须具备以下3个条件：

第一，存在不同的外汇市场和汇率差价；

第二，套汇者必须拥有一定数量的资金，且在主要外汇市场拥有分支机构或代理行；

第三，套汇者必须具备一定的技术和经验，能够判断各外汇市场汇率变动及其趋势，并根据预测迅速采取行动。否则，要进行较为复杂的套汇将事倍功半。

狭义的套汇就指地点套汇和时间套汇，利用汇率变动进行牟利。广义的套汇包括地点套汇、时间套汇和利息套汇。

(一) 地点套汇

地点套汇(Space Arbitrage)是指套汇者利用不同外汇市场之间的汇率差异，同时在不同的地点进行外汇买卖，以赚取汇率差额的一种套汇交易。

由于汇率差异存在的短暂性，这就要求套汇者必须及时准确地把握市场信息和迅速采取买卖行动，因此，套汇者通常都是那些大的国际商业银行，它们在世界各大外汇市场都设有分支机构和代理行，信息灵通，头寸调拨便捷，资金力量雄厚。

地点套汇又可分为直接和间接两种套汇。

1. 直接套汇

直接套汇(Direct Arbitrage)，又称两角套汇(Two Points Arbitrage)，是指利用同一时间两个外汇市场的汇率差异，进行贱买贵卖，以赚取汇率差额的外汇买卖活动。

【例 5-3】 在某一时刻，伦敦外汇市场和纽约外汇市场的即期汇率为

伦敦外汇市场：GBP/USD＝1.459 5—1.460 5

纽约外汇市场：GBP/USD＝1.462 5—1.463 5

现一套汇者手中有 GBP 100 万，如何套汇？

做法：先在纽约外汇市场卖出英镑买进美元，再在伦敦外汇市场卖出美元买入英镑，不考虑交易费用，可获利：(100×1.462 5)÷1.460 5－100＝0.136 9 万英镑。

上述套汇活动可一直进行下去，直到两地美元与英镑的汇率差距消失或十分接近为止。

2. 间接套汇

间接套汇(Indirect Arbitrage)，又称三角套汇(Three Points Arbitrage)或多角套汇(Multiple Point Sarbkrage)，是指利用 3 个或多个不同地点的外汇市场中 3 种或多种货币之间的汇率差异，同时在这 3 个或多个外汇市场上进行外汇买卖，以赚取汇率差额的一种外汇交易。

间接套汇相对于直接套汇比较复杂。其中一点是投资者在进行间接套汇时，必须先判断是否有套汇的机会。其方法有三种：

(1) 换算成相同的标价法判断并计算。

方法为：把三地汇率改成相同的标价法，然后用 3 个卖出价或 3 个买入价相乘，若乘积等于 1 或者几乎等于 1 时，说明市场之间的货币汇率关系处于均衡状态，基本没有汇差，或只有微小的差率，但不足以抵补资金调度成本，套利将无利可图；若乘积不等于 1，说明存有汇率差异，此时套汇有利可图。举例说明如下。

例如，某年某月某日，纽约、香港及上海市场的即期汇率如下：

纽约市场：1 美元＝7.82 港币

香港市场：1 港币＝0.97 元人民币

上海市场：1 美元＝6.75 元人民币

先换成同一标价法，也就是说换算成港币/美元、人民币/港币、美元/人民币(直接标价)或者美元/港币、港币/人民币、人民币/美元(间接标价)的形式。

如果统一换算成间接标价形式：

上面的例子中需要把上海市场的换算一下，换算为 1 元人民币＝(1/6.75)美元(人民币/美元)。开始计算：

(美元/港币)×(港币/人民币)×(人民币/美元)＝7.82×0.97×(1/6.75)＝1.125＞1

操作方式如下：

纽约市场 1 美元买进 7.82 港币，香港市场用 7.82 港币买 7.82×0.97＝7.585 4 元人民币，上海市场上用 7.585 4 元人民币买 7.585 4×(1/6.75)＝1.124 美元，这样就赚了0.124的美元，方向是买港币卖人民币。

如果统一换算成直接标价形式，则上面的例子需要把香港市场和纽约市场的换算一下：

纽约市场：1 港币＝(1/7.82)美元(港币/美元)

香港市场：1 元人民币＝(1/0.97)港元(人民币/港元)

开始计算：(港币/美元)×(人民币/港币)×(美元/人民币)＝(1/7.82)×(1/0.97)×6.75＝0.889 9<1

操作方式如下：

纽约市场 1 美元买进 7.82 港币，香港市场用 7.82 港币买 7.82×0.97＝7.585 4 元人民币，上海市场上用 7.585 4 元人民币买 7.585 4×(1/6.75)＝1.124 的美元，这样就赚了 0.124 的美元，方向是卖美元买人民币。

两种计算结果完全相同。

注意：同直接套汇一样，间接套汇的收益应该超过花费的成本，否则，套汇就会亏损。

(2) 套算汇率法判断并计算。

方法：根据两个市场上 3 种货币间的汇率关系推算出第 3 个市场上 3 种货币间的汇率关系，若某个市场上的实际汇率与套算出来的汇率不一致，就可从事 3 角甚至多角套汇活动。

【例 5-4】 某年某月某日，纽约、法兰克福和伦敦市场即期汇率如下：

纽约外汇市场：EUR/USD＝0.981 2—0.984 4

法兰克福外汇市场：EUR/GBP＝0.618 6—0.622 6

伦敦外汇市场：GBP/USD＝1.547 0—1.551 0

现一套汇者手头有 100 万美元，有无套汇机会？如有的话，如何套汇，获利多少？

做法：首先，计算套算汇率。可任选两个市场，如纽约外汇市场和法兰克福外汇市场，用交叉相除方法计算英镑和美元之间的汇率为 GBP/USD＝1.576 0—1.591 3。可见，与伦敦外汇市场汇率存在差异。

其次，选择套汇方向。由计算结果可知，美元汇率在伦敦市场较高，也即在纽约市场较低。根据贱买贵卖原则，所以套汇路线为伦敦→法兰克福→纽约，对应货币为美元→英镑→欧元→美元。

计算结果为：100×(1/1.551 0)×(1/0.622 6)×0.981 2＝101.61 万美元(毛利润)。

(3) 直接计算套汇收益。

如上例中，套汇者以 100 万美元进行套汇可能的途径有两种：

途径一：100 万美元首先在纽约市场卖出换成欧元，再到法兰克福市场卖出欧元换成英镑，再到伦敦市场卖出英镑换成美元；

途径二：100 万美元首先在伦敦市场卖出换成英镑，再到法兰克福市场卖出英镑换成欧元，再到纽约市场卖出欧元换成美元。

不考虑其他交易费用，套汇结果如下：

途径一：100×(1/0.984 4)×0.618 6×1.547 0＝97.21 万美元

途径二：100×(1/1.551 0)×(1/0.622 6)×0.981 2＝101.61 万美元

显然，存在套汇机会，但必须按照途径二进行套汇才能获利，获利金额为 101.61－100＝1.61 万美元。

(二) 时间套汇(或掉期交易)

1. 时间套汇的概念和特点

时间套汇(Time Arbitrage)也称抛补交易或者掉期交易(Swap)。是指套汇者利用不同交割期限汇率的差异，在买入或卖出即期外汇的同时，卖出或买入远期外汇；或者在买入或卖出远期外汇的同时，卖出或买入远期外汇，通过时间差来盈利或用于避险的外汇交易方式。

20世纪80年代以来，外汇掉期市场迅猛发展，全球外汇掉期日均交易量从1989年的1 900亿美元增长到2010年的17 600亿美元。我国自2005年8月2日中国人民银行下发《关于扩大外汇指定银行对客户远期结售汇业务和开办人民币与外币掉期业务有关问题的通知》以后，开始允许符合条件的商业银行开办人民币与外币掉期业务。

掉期交易的目的包括两个方面：一是轧平外汇头寸，避免汇率变动引发的风险；二是利用不同交割期限汇率的差异，通过贱买贵卖，牟取利润。外汇掉期也被中央银行作为货币政策工具，用于从市场上收回流动性或向市场投放流动性。

掉期交易往往在同一外汇市场内进行。其特点主要有：

(1) 买与卖是有意识地同时进行的；

(2) 买与卖的货币种类相同，金额相等；

(3) 买卖交割期限不相同。

2. 时间套汇的种类

(1) 即期对远期的掉期交易(Spot-forward Swaps)。即期对远期的掉期交易，指买进或卖出某种即期外汇的同时，卖出或买进同种货币的远期外汇。它是掉期交易中最常见的一种形式。

这种交易形式按参加者不同又可分为两种：

① 纯粹的掉期交易，指交易只涉及两方，即所有外汇买卖都发生于银行与另一家银行或公司客户之间；

② 分散的掉期交易，指交易涉及3个参加者，即银行与一方进行即期交易的同时与另一方进行远期交易。但无论怎样，银行实际上仍然同时进行即期和远期交易，符合掉期交易的特征。进行这种交易的目的在于避免风险，并从汇率的变动中获利。

(2) 即期对即期的掉期交易(Spot-spot Swaps)。即期对即期的掉期交易是指在买进或者卖出一笔即期某种货币的同时，卖出或者买进另一笔同种货币的即期。两笔即期交易的区别在于它们的交割日期不同。根据到期日的不同，可以分为今日对明日掉期、明日对次日掉期以及今日对后日掉期。这类掉期交易主要用于大银行之间的交易，目的在于避免同业拆借过程中存在的汇率风险。

(3) 远期对远期的掉期交易(Forward-forward Swaps)。远期对远期的掉期交易，指买进并卖出两笔同种货币不同交割期的远期外汇。该交易有两种方式：一是买进较短交割期的远期外汇(如30天)，卖出较长交割期的远期外汇(如90天)；二是买进期限较长的远期外汇，而卖出期限较短的远期外汇。假如一个交易者在卖出100万30天远期美元的同时，又买进100万90天远期美元，这个交易方式即远期对远期的掉期交易。由于这一形式可以使银行及时利用较为有利的汇率时机，并在汇率的变动中获利，因此越来越受到重视与使用。

【例5-5】 一美国投资者现需10万英镑进行投资，预计一个月就能收回。美投资者担心一个月后英镑汇率会下跌，如果纽约外汇市场即期汇率GBP/USD＝1.547 0—1.551 0。1月期远期为"30—20"，该投资者如何做就能防范汇率风险？

做法：投资者在外汇市场买10万英镑现汇，同时卖出一笔10万英镑1月期期汇。

结果：买 10 万英镑现汇付美元：1.551 0×100 000＝155 100(美元)

期满卖出期汇得：1.544 0×100 000＝154 400(美元)

差额 700 美元为掉期成本。

【例 5-6】 美国某银行在 3 个月后应向外支付 100 万英镑，同时在 1 个月后又将收到另一笔 100 万英镑的收入。如果市场上汇率有利，它就可进行一笔远期对远期的掉期交易。设某天外汇市场汇率为

即期汇率：GBPl＝USD1.596 0/1.597 0

1 个月远期汇率：GBP1＝USD1.586 8/1.588 0

3 个月远期汇率：GBP1＝USD1.572 9/1.574 2

银行该如何做以防范风险？

做法：该银行可作如下两种掉期交易。

(1)进行两次“即期对远期”的掉期交易。即将 3 个月后应支付的英镑，先在远期市场上买入(期限 3 个月，汇率为 1.574 2 美元)，再在即期市场上将其卖出(汇率为 1.596 0 美元)。这样，每英镑可得益 0.021 8 美元。同时，将一个月后将要收到的英镑，先在远期市场上卖出(期限 1 个月，汇率为 1.586 8 美元)，并在即期市场上买入(汇率为 1.597 0 美元)。这样，每英镑须贴出 0.010 2 美元。两笔交易合计，每英镑可获得收益 0.011 6 美元。

(2)直接进行远期对远期的掉期交易。即买入 3 个月的远期英镑(汇率为 1.574 2 美元)，再卖出 1 个月期的远期英镑(汇率为 1.586 8 美元)，每英镑可获净收益 0.012 6 美元。可见，这种交易比上一种交易较为有利。

3. 掉期交易的作用

由于掉期交易是运用不同的交割期限来进行的，可以避免因时间不一所造成的汇率变动的风险，对国际贸易与国际投资发挥了积极的作用。具体表现在：

(1) 有利于进出口商进行套期保值。

例如，英国出口商与美国进口商签订合同，规定 4 个月后以美元付款。它意味着英国出口商在 4 个月以后将收入一笔即期美元。在这期间，如果美元汇率下跌，该出口商要承担风险。为了使这笔贷款保值，该出口商可以在成交后马上卖出等量的 4 个月远期美元，以保证 4 个月后该出口商用本币计值的出口收入不因汇率变动而遭受损失。

除进出口商外，跨国公司也经常利用套期保值，使公司资产负债表上外币资产和债券的国内价值保持不变。

(2) 有利于证券投资者进行货币转换，避开汇率变动风险。

掉期交易可以使投资者将闲置的货币转换为所需要的货币，并得以运用，从中获取利益。现实中，许多公司和银行及其他金融机构就利用这项新的投资工具，进行短期的对外投资。在进行这种短期对外投资时，它们必须将本币兑换为另一国的货币，然后调往投资国或地区，但在资金回收时，有可能发生外币汇率下跌使投资者蒙受损失的情况，为此，就得利用掉期交易避开这种风险。

(3) 有利于银行消除与客户单独进行远期交易承受的汇率风险。

掉期交易可使银行消除与客户进行单独远期交易所承受的汇率风险，平衡即期交易与远期交易的交割日结构，使银行资产结构合理化。

例如,某银行在买进客户 6 个月期的 100 万远期美元后,为避免风险,轧平头寸,必须再卖出等量及交割日期相同的远期美元。但在银行同业市场上,直接出售单独的远期外汇比较困难。因此,银行就采用这样一种做法:先在即期市场上出售 100 万即期美元,然后再做一笔相反的掉期买卖,即买进 100 万即期美元,并卖出 100 万远期美元,期限也为 6 个月。结果,即期美元一买一卖相互抵消,银行实际上只卖出了一笔 6 个月期的远期美元,轧平了与客户交易出现的美元超买。

二、 套利交易

套利交易(Interest Arbitrage)又称利息套汇,是指套利者利用金融市场上短期资金存贷利率差与远期、即期汇率差之间的不一致进行有利的资金转移,从中赚取利息差或汇率差利润的行为。

根据套利者是否规避套利交易中所涉及的汇率风险,可将套利分为非抵补套利和抵补套利。

(一) 非抵补套利

非抵补套利(Uncovered Interest Arbitrage)也称非抛补交易,是指不进行远期外汇交易防范汇率风险的套利交易。此套利交易者需要承担汇率波动的风险。

假设在中国国内,一年期人民币国库券的年利率为 3%,而美国的一年期国库券的年利率为 5%,当时即期外汇市场上美元对人民币的汇率为 1 美元=6.760 0—6.761 0 元人民币。如果某企业想将手头上暂时闲置的资金 100 万元人民币进行 1 年期的非抵补套利。套利过程如下:第一步,将 100 万元人民币兑换成美元 14.79 万(100÷6.761 0=14.79);第二步,用 14.79 万美元购买美国一年期国库券,那么到期连本带息可收到 14.79×(1+5%)=15.53 万美元;第三步,将到期的 15.53 万美元兑换成人民币,从而收回资金。如果一年到期时市场即期汇率继续维持在 1 美元=6.760 0—6.761 0 元人民币的水平,那 15.53 万美元可以兑换的人民币为 15.53×6.760 0=104.98 万元人民币。套利净收益为 104.98−100×(1+3%)=1.98 万元人民币。

可以看出,如果一年到期时市场即期汇率发生较大变动,美元大幅贬值,则套利者将面临损失;但如果一年到期时美元升值,则套利者既可获得美元利率差收益,又可获得美元汇率升值好处。

(二) 抵补套利

抵补套利(Covered Interest Arbitrage)也称抛补交易,是指在套利交易过程中利用远期外汇交易防范汇率风险的套利交易。此类套利交易者规避了汇率波动的风险。

援引上例,如果一年到期时市场即期汇率发生变化,美元大幅贬值,1 美元=6.610 0—6.611 0 元人民币,套利收益为 15.53×6.610 0=102.65 万元人民币。而不进行这种套利,100 万元人民币购买一年期人民币国库券收益为 100×(1+3%)=103 万元人民币,说明套利反而出现亏损。因此,为了防止这种汇率变动的风险,套利者在套利时利用远期外汇交易进行避险。

上例中,如果一年期远期汇率为 1 美元=6.680 0—6.682 0 元人民币,套利者进行抵补套利的过程如下:

第一步,将 100 万元人民币兑换成 14.79 万美元(100÷6.761 0=14.79);第二步,用

14.79 万美元购买美国一年期国库券，同时，和银行签订远期交易合约，卖出一年期远期美元，金额为国库券到期本利和 15.53 万美元[14.79×(1+5%)=15.53]，汇率为 1 美元=6.680 0元人民币；第三步，一年到期，用收到的国库券本息和 15.53 万美元交割远期交易，可以获得资金 15.53×6.680 0=103.74 万元人民币，套利净收益为 0.74 万元人民币。这里可以看出，美元利率高于人民币，美元远期贴水，所以和汇率不变的情况相比，套利净收益有所减少。

【例 5-7】 美元年利率为 8%或 10%，英镑年利率为 12%，即期汇率 GBP1=USD 1.582 8，3 个月远期差价为英镑贴水 GBP1=USD0.010 0，即 3 个月远期汇率 GBP1=USD1.572 8。美元在两种利率情况下，是否存在套利机会？如何进行套利交易？

(1) 美元利率为 8%时，美元和英镑的利差为 12%−8%=4%，根据利率平价关系式，升贴水折年率为 (0.010 0/1.582 8)×4%=2.527%。英镑和美元的利差大于英镑贴水率，套利交易按照美元—英镑—美元进行。

第一步，套利者用美元资金在即期外汇市场兑换英镑，1 美元可以兑换 1/1.582 8 英镑。

第二步，用 1/1.582 8 英镑投资于英镑货币市场，投资期限 3 个月，到期本息为(1/1.582 8)×(1+12%/4)=0.65 英镑。为了防范汇率风险，套利者用英镑投资的同时卖出 3 个月的远期英镑，金额就是投资的本利和 0.650 7 英镑。

第三步，3 个月到期，用投资本利交割远期交易，即用 0.650 7 英镑兑换成美元，汇率为 GBP1=USD1.572 8，可以兑换 0.650 7×1.572 8=1.023 4 美元。

用 1 美元进行抵补套利的收益即为 1.023 4 美元，扣除 1 美元本身的投资收益(1+8%/4)=1.02 美元，净收益为 0.003 4 美元。

(2) 美元利率为 10%时，美元和英镑的利差为 12%−10%=2%，小于英镑贴水率(也就是美元升水率)2.527%，此时可以套美元升水收益，套利交易按照英镑—美元—英镑进行。

第一步，套利者用英镑资金在即期外汇市场兑换美元，1 英镑可以兑换 1.582 8 美元。

第二步，用 1.582 8 美元投资于美元货币市场，投资期限 3 个月，到期本息为 1.582 8×(1+10%/4)=1.622 4 美元。为了防范汇率风险，套利者用美元投资的同时卖出 3 个月的远期美元，金额就是投资的本利和 1.622 4 美元。

第三步，3 个月到期，用投资本利交割远期交易，即用 1.622 4 美元兑换成英镑，汇率为 GBP1=USD1.572 8，可以兑换 1.622 4/1.572 8=1.031 5 英镑。

用 1 英镑进行抵补套利的收益即为 1.031 5 英镑，扣除 1 英镑本身的投资收益(1+12%/4)=1.03 英镑，净收益为 0.001 5 英镑。

【例 5-8】 英镑年利率为 4.5%，美元年利率为 5.5%，即期汇率 GBP/USD=1.422 0/30，1 年期远期差价为 40/60，1 年期远期汇率为 GBP/USD=1.426 0/90。是否存在套利机会？如何进行套利交易？

美元和英镑的利率差=5.5%−4.5%=1.0%。在双向报价情况下，远期升贴水折年率可以选择其中一个价格进行计算，也可以用中间价进行计算，即期汇率中间价为 1.422 5，远期汇率中间价为 1.427 5，美元贴水(英镑升水)折年率为(1.427 5−1.422 5)/

1.422 5×12/12×100%=0.351%，小于美元和英镑的利率差。故套利交易按照英镑—美元—英镑进行。

第一步，套利者用英镑资金在即期外汇市场兑换美元，1英镑可以兑换1.422 0美元。

第二步，用1.422 0美元投资于美元货币市场，投资期限1年，到期本息为1.422 0×(1+5.5%)=1.500 2美元。为了防范汇率风险，套利者用美元投资的同时卖出1年期的远期美元，金额就是投资的本利和1.500 2美元。

第三步，1年到期，用投资本利交割远期交易，即用1.500 2美元兑换成英镑，汇率为GBP1=USD1.429 0，可以兑换1.500 2/1.429 0=1.049 8英镑。

用1英镑进行抵补套利的收益即为1.049 8英镑，扣除1英镑本身的投资收益(1+4.5%)=1.045英镑，净收益为0.004 8英镑。

双向报价情况下，需要注意货币兑换时价格的选择，银行"贱买贵卖"，客户"贱卖贵买"。

第四节　外汇期货交易和期权交易

一、外汇期货交易

（一）外汇期货交易概念

期货是一个与现货相对的概念，是指由期货交易所统一制定的、规定在将来某一特定的时间和地点交割一定数量标的物的标准化合约，该标准化合约也叫期货合约，合约上的标的物可以是实物商品，也可以是金融商品。因此，期货交易(Futures Transaction)就是指在专门的交易所买卖期货合约的交易。

期货交易包括一般商品期货交易和金融期货交易。其中金融期货交易包括：黄金期货、股票期货、利率期货、外汇期货等等。

所谓外汇期货，是指以外汇为标的物的期货合约，用来回避汇率风险。它是金融期货中最早出现的品种。自1972年5月芝加哥商业交易所(CME)的国际货币市场分部推出第一张外汇期货合约以来，随着国际贸易的发展和世界经济一体化进程的加快，外汇期货交易一直保持着旺盛的发展势头。它不仅为广大投资者和金融机构等经济主体提供了有效的套期保值的工具，而且也为套利者和投机者提供了新的获利手段。

从世界范围看，主要外汇期货市场以美国居多，如芝加哥商业交易所的国际货币市场(IMM)、中美洲商品交易所(MCE)和费城期货交易所。此外，伦敦国际金融期货交易所(LIFFE)、新加坡国际货币交易所(SIMEX)、东京国际金融期货交易所(TIFFE)、法国国际期货交易所(MATIF)等，也是国际上重要的外汇期货交易场所。每个交易所基本都有本国货币与其他主要货币交易的期货合约。

（二）外汇期货交易特点

1. 外汇期货交易是一种标准化的期货合约

外汇期货合约中，除价格是交易双方确定的以外，其余要素如货币币种、每份货币期货合约金额、到期日、交易时间等均作了统一规定。

（1）交易货币的种类和交易数量标准化。如在IMM，交易的币种有美元对加元、日元、英镑、瑞士法郎、欧元、墨西哥比索，均以美元计价。每份外汇期货合约的金额分别为：100 000 加拿大元、12 500 000 日元、25 000英镑、125 000 瑞士法郎、125 000 欧元、1 000 000墨西哥比索。

（2）最小价格波动和最高价格波动幅度。最小价格变动，即外汇期货合约在买卖时，由于供需关系使合约价格产生变化的最低限度。

例如，英镑期货合约的最低价格波动为 0.000 5 点（简称 5 个点），每个点等于每英镑的万分之一美元。以美元价格计算：

最小价格波动＝25 000×0.000 5＝12.5 美元。

最高价格波动幅度，即每日交易价格的最大变化幅度。达到这一限额，价格的上升和下降将自动受到限制，该种货币的期货交易就将停止。自1985 年 2 月起，IMM 就取消了所有对外币期货日价格波动的最高限制。

（3）到期月份。到期月份是指，期货合约规定的外币合约到期日的所在月份。通常为每年的 3、6、9 和 12 月份。如果合约到期前未进行对冲（即进行相反的买卖行为），则必须进行现汇交割。

（4）交割日。交割日是期货合约进行现汇交割的日期。每种货币期货都有固定的交割日，不同的交易所有不同的规定，如 IMM 市场的交割日为到期月份的第 3 个星期的星期三。

如果交割日恰逢休市日不营业，则向后顺延至下个营业日。

2. 外汇期货价格与现货价格相关

期货价格与现货价格变动的方向相同，变动幅度也大体一致，而且随着期货交割日的临近，期货合同所代表的汇率与现汇市场上的该种货币汇率日益缩小，在交割日两种汇率重合。

3. 外汇期货交易实行保证金制度

在期货市场上，买卖双方在开立账户进行交易时，都必须交纳一定数量的保证金。缴纳保证金的目的是为了确保买卖双方能履行义务。清算所为保证其会员有能力应付交易需要，要求会员开立保证金账户，储存一定数量的货币，同时会员也向他的客户收取一定数量的保证金。保证金分为初始保证金和维持保证金。初始保证金是订立合同时必须缴存的，一般为合同价值的 3%～10%，根据交易币种汇率的易变程度来确定。维持保证金指开立合同后，如果发生亏损，致使保证金的数额下降，直到客户必须补进保证金时的最低保证金限额。一旦保证金账户余额降到维持水平线以下，客户必须再交纳保证金，并将保证金恢复到初始水平。

4. 外汇期货交易实行每日清算制度

当每个营业日结束时，清算所要对每笔交易进行清算，即清算所根据清算价对每笔交易结清，盈利的一方可提取利润，亏损一方则需补足头寸。由于实行每日清算，客户的账面余额每天都会发生变化，每个交易者都十分清楚自己在市场中所处的地位。如果想退出市场，则可做相反方向的交易来对冲。

5. 外汇期货合约以对冲为主

对冲结算是指在期货合约到期之前进行一笔相反的交易来对原有的交易平仓。外汇期货合约最后进行实际交割的只占合约总额的1%～3%，其余绝大多数期货合约都是在合约到期之前进行对冲，只需交割价格涨落差。

(三) 外汇期货交易的基本操作原理

外汇期货交易的参与者主要有两大类，即套期保值者和投机者，下面分别予以说明。

1. 套期保值及其基本操作原理

所谓外汇套期保值是指在现汇市场上买进或卖出的同时，又在期货市场上卖出或买进金额大致相当的期货合约。在合约到期时，因汇率变动造成的现汇买卖亏(盈)可由外汇期货交易上的盈(亏)弥补。它的主要原理就是利用期货市场和现货市场价格走势一致的规律，在期货市场和现汇市场上做币种相同、数量相等、方向相反的交易。不管汇率如何变动，利用期货市场上盈与亏和现货市场上的亏与盈相抵补，实现保值。

外汇期货套期保值可分为买入套期保值和卖出套期保值。

(1) 买入套期保值。也称多头套期保值，它是指先买入期货合约，再卖出对冲。

【例 5-9】 美国某进口商在6月8日从瑞士进口价值CHF 240 000的商品，3个月后，即9月8日需向瑞士出口商支付CHF 240 000的货款。假设6月8日的即期汇率为CHF 1.651 1/USD，9月期瑞士法郎期货价格为USD0.605 7/CHF。问：美国进口商如何利用期货交易防范汇率风险呢？(假设9月8日即期瑞士法郎的汇率为CHF1.647 1/USD，卖出期货的价格为USD0.607 1/CHF)

计算过程如表5-2所示。

表 5-2 损益计算表

	即期市场上的损益	期货市场上的损益
6月8日	CHF240 000 价值 240 000÷1.651 1 =145 357.64 美元	买进 2 份瑞士法郎期货，价值为 2×125 000×0.605 7=USD151 425
9月8日	CHF240 000 价值 240 000÷1.647 1 =145 710.64 美元	卖出 2 份瑞士法郎期货，价值为 2×125 000×0.607 1=$151 775
	在即期市场上，如果在9月8日买入瑞士法郎与在6月8日买入相比，需多付 145 710.64−145 357.64=353 美元	在期货市场上可赚 151 775−151 425=350 美元

(2) 卖出套期保值。也称空头套期保值，是指先卖出期货合约，再买入对冲。

【例 5-10】 某年3月6日，美国一出口商向加拿大出口一批货物，价值500 000加元，以加元结算，3个月后收回货款，美国出口商用外汇期货交易来防范汇率风险(一份加元期货合约的标准价值为CAD100 000)，3月6日即期汇率为USD1=CAD1.177 9，6月份期货价格为USD0.849 0/CAD。问：美国进口商如何利用期货交易防范汇率风险？

损益计算如表5-3所示。

表 5-3 损益计算表

	即期市场上的损益	期货市场上的损益
3月6日	500 000 加元价值 500 000÷1.177 9=424 484.25 美元	卖出 5 份 6 月期期货，价值为：5×100 000×0.849 0=424 500 美元
6月6日	500 000 加元价值 500 000÷1.182 0=423 011.84 美元	买入 5 份 6 月期期货对冲原有期货价值为：5×100 000×0.846 0=423 000 美元
	6 月 6 日卖出加元比 3 月 6 日卖出加元，收益为：423 011.84－24 484.25=－1 472.41 美元	在期货市场上加元的对冲交易，收益为：424 500－423 000=1 500 美元

2. 投机及其基本操作

投机者往往无具体的外汇需求，而是借汇率涨落波动之机，进行冒险性的期货交易从中获利。由于外汇期货交易实行保证金交易，投机者能用较小资本做较大外汇交易，体现以小搏大的投机特点。国际金融市场正是由于投机者的参与，保值者的期望才得以实现，才使外汇期货市场有了更大的流动性。期货市场的投机活动分为多头投机和空头投机两种。

多头投机是指投机者预测某种货币汇率上升，先买后卖，将先前设立的多头地位了结，从中牟利。进行多头投机的前提是预测某种货币汇率上升，先进行买入，如果汇率按其预测方向变动，交割之前卖出对冲，他就会盈利；反之，不管他是做对冲结束还是进行实际交割，他都会亏损。

空头投机与多头投机相反。空头投机是预测某种货币汇率下跌，先卖后买，了结先前的空头地位，从中牟利。进行空头投机的前提是汇率下跌。在预测汇率下跌的前提下，投机者先卖出期货，如果汇率按其所预料的下跌了，在交割日到来之前买入对冲，他就会盈利，否则不管他是做对冲结束还是进行实际交割，他都会亏损。

对于期货市场而言，适度的投机对市场是有利的，主要体现在以下几个方面：

(1) 承担了套期保值者不愿承担的风险，使保值者的外汇期货合约买卖得以顺利实现；

(2) 投机者的介入，对于外汇期货市场起着润滑剂的作用，促进了市场的流动性；

(3) 促进了合理价格的形成。因为期货市场都是以公开喊价的方式竞价成交，因此，如果价格低，买进增加，需求上升，导致最终价格提高；反之，价格降低，从而能使价格趋于稳定合理。

(四) 外汇期货交易与远期外汇交易的比较

1. 外汇期货交易与远期外汇交易的联系

(1) 两者都是远期交易，通过合同形式将汇率固定下来，到约定的交割期才实施交割。

(2) 交易合约的基本组成相同，包括交易数量、价格、交割日期等。

(3) 交易目的相同，都是为了防范外汇风险或投机。

(4) 交易市场互相依赖。外汇期货市场和远期外汇市场虽然分别为两个独立的市场，但由于市场交易的标的物相同，一旦两个市场出现较大差距，就会出现套利行为，因此，两个市场的价格互相影响，互相依赖。

2. 外汇期货交易与远期外汇交易的区别

(1) 外汇期货是买方或卖方与期货市场的清算所签约,与清算所发生直接合同关系,而远期外汇交易是买卖双方签约,产生合同关系。

(2) 外汇期货是设计化、格式化的远期外汇交易。而远期外汇交易是非设计化的,它是任意数量、任意期限、任意币种的远期外汇买卖,一切由交易双方自行商议。

(3) 外汇期货交易在公开市场通过竞价进行交易,而远期外汇交易是通过银行柜台业务或电传、电话报价进行交易。

(4) 外汇期货的买方只报买价,卖方只报卖价,而远期外汇交易买卖银行报价时必须分别报出买价和卖价两种价格。

(5) 外汇期货交易所实行会员制,非会员要进行外汇期货买卖必须通过经纪人,所以要向经纪人交纳佣金,远期外汇交易一般不通过经纪人,不需交纳佣金。

(6) 外汇期货交易一般不以最后的交割来结束,往往是在交割日之前做一笔币种相同、数量相同、方向相反的交易,以对冲结束。在实务中,实际交割通常不到交易额的3%。远期外汇交易到期必须要进行交割。

(7) 外汇期货交易实行保证金制度,通常为合同金额的2%~3%,而远期外汇交易一般不收保证金。因此也决定了外汇期货交易一般无信用风险,远期外汇交易信用风险大。

二、 外汇期权交易

随着20世纪70年代初期布雷顿森林货币体系的崩溃,以及国际商品与劳务贸易的迅速增长,越来越多的交易商面对汇率变动频繁的市场,迫切地寻求避免外汇风险的有效途径,外汇期权交易应运而生。期权的产生不仅具有能避免汇率风险、固定成本的作用,而且克服了远期外汇交易与期货交易的局限,因而成为外汇市场上颇具特色的外汇交易方式。

我国自2005年7月人民币汇率形成机制改革以来,外汇市场交易品种也日趋丰富,银行对客户市场和银行间外汇市场相继推出了远期、外汇掉期和货币掉期等人民币外汇衍生产品。自2011年4月1日开始,国家外汇管理局又批准中国外汇交易中心在银行间外汇市场组织开展人民币对外汇期权交易,标志着我国外汇市场已初步形成完整的基础类汇率衍生产品体系,为今后外汇市场的创新发展奠定了基础。

(一) 外汇期权交易的概念

期权(Option),又称选择权,是指一种能在未来某特定时间以特定价格买入或卖出一定数量的某种特定商品的权利。它是在期货的基础上产生的一种金融工具,给予买方(或持有者)购买或出售标的资产(Underlying Asset)的权利。

外汇期权(Foreign Exchange Option),又称货币期权(Currency Option),或外币期权,是指在合同规定的日期或期限内,按照事先约定的汇率购买或出售一定数量货币的权利。这里有两个要素:一是期权的买卖价格,即期权费,也叫保险费(Premium);二是期权合约上标的物的价格,即协定汇率。

通常在其他经济交易中,必须强调买卖双方权利与义务对等的原则,但在期权交易中,买方和卖方的权利和义务则是非对等的。对买方而言,只要支付约占交易价值一定比例的期权费，就可拥有决定是否在约定的期限内，以约定的价格出售或购买数量标准化的商品或金融工具的权利，而不必承担任何合同到期日必须购买或出售的义务，其最大损失也就是前期交纳的期权费。但对卖方而言，由于收取了期权费，则必须承担到期日由买方行使权利时所要尽的责任和义务。由此而言，期权交易实质上把“权利”作为一种可以自由买卖的商品。期权的买方通过支付期权费获得这种“权利”，期权的卖方出售这种“权利”所得报偿是获得了买方支付的期权费。期权费的费率无固定明确的标准，其高低受到市场利率、汇率水平、时间价值和有效期长短、预期市场汇率和利率走势等因素的制约。

外汇期权交易所涉及的当事人包括两种：一是合同签署人（Writer），一般为银行；二是合同持有人（Holder），即外汇期权的买方或卖方，一般为企业。

（二）外汇期权的类型

1. 美式期权和欧式期权

这是按照外汇期权行使权利的有效日不同进行的划分。

美式期权是指在期权合约规定的有效期内任何时候都可以行使权利。欧式期权是指期权的买方在期权合约规定的到期日方可行使权利，在合约到期日之前不能行使权利，过了期限，合约则自动作废。目前中国新兴的外汇期权业务，类似于欧式期权。

2. 看涨期权和看跌期权

这是从期权买方买入或卖出某种货币的角度进行的划分。

看涨期权（Call Option），又称买方期权，是指期权合同持有人在合同有效期内，有权选择是否买进合同规定的币种和数量的外汇。采取这种方式的多为进口商、借用外资的债务人等。

看跌期权（Put Option），又称卖方期权，是指期权合同持有人在合同有效期内，有权选择是否卖出合同规定的币种和数量的外汇。采取这种方式的多为出口商、对国外短期投资者等。

当人们预料某外汇汇率未来将趋于上升时，就会购买看涨期权，以较低的商定价格买进外汇，希望通过未来市场价格比商定价格更高而赚取收益；而当人们预料某外汇汇率未来将趋于下降时，就会购买看跌期权，希望在未来市场价格比商定价格低时，可以较高的商定价格卖出来赚取收益。很显然，外汇期权交易之所以能够发生，在于买卖双方对外汇汇率的变化趋势存在相反的预期。

看涨期权和看跌期权是两种截然不同的交易。这两种交易都涉及“买方”和“卖方”，这里的“买方”和“卖方”与通常意义上的买方和卖方有所不同。通常意义上的买卖双方是针对商品或金融工具等实物而言，是购买和出售商品或金融工具等实物的人；而期权交易中的“买方”和“卖方”则是针对“期权”而言，是购买或出售期权的人。无论是买进期权还是卖出期权，最终决定是否履约的只有或只能是期权合约的购买方。

（三）外汇期权交易的作用

1. 外汇期权对于购买方的作用

外汇期权对于买方而言，其主要作用是通过购买期权增强交易的灵活性，即可以有权选择有利于自己的汇率进行外汇买卖，消除汇率变动带来的损失、谋取汇率变动带来的收益。主要表现在以下两方面：

首先，对于有外汇收付需要的客户，在汇率变动中既可以获利也可避免损失。对进出口商和其他有外汇收付需要的客户而言，当他们对汇率未来走势没有把握时，可参与外汇期权交易。这样既可防止汇率发生不利变动带来的损失，又可获取汇率有利变动的利益。

【例 5-11】 德国某进口商预计 3 个月后将要有 100 万美元的进口付款，为了避免美元汇率上涨而增加进口成本，该商人决定购买欧式看涨期权，期权合约的协定汇率为 USD/EUR＝0.987 9，期权费率为每美元 0.003 0 欧元，即期权费为 3 000 欧元(即 100 万×0.003)。在合约到期日，客户可能会遇到以下几种情况：

(1) 现汇汇率等于协定汇率，这时客户执行合约或不执行合约没有差别，期权费都是 3 000 欧元。

(2) 协定汇率＜现汇汇率＜协定汇率＋期权费率，这时执行合约的获利小于期权费总额，即有净损失，但是净损失小于期权费总额；而不执行合约，将会损失期权费，显然损失大于执行合约的损失。所以，这时应执行合约以减少损失。

如果现汇汇率为 USD/EUR＝0.988 9，则执行合约的损失为：(0.987 9＋0.003－0.988 9)×100 万＝2 000(欧元)。或者说，执行合约可获毛利：(0.988 9－0.987 9)×100 万＝1 000(欧元)。但是期权费要付 3 000 欧元，因此净损失 2 000 欧元。损失小于期权费总额，而不执行合约要损失 3 000 欧元，显然执行合约较为有利。

(3) 现汇汇率＝(协定汇率＋期权费率)，这时执行合约将不亏不盈，也就是说执行合约所赚得的利差刚好付了期权费，不执行合约将损失期权费，因此应执行合约。

(4) 现汇汇率＞(协定汇率＋期权费率)，这时执行合约所赚得的利差除了支付期权费之外，还有剩余。

例如：现汇汇率为 USD/EUR＝0.991 9，则执行合约可获利：(0.991 9－0.987 9)×100 万＝4 000(欧元)。支付期权费 3 000 欧元，还可净获利 1 000 欧元。因此这时应执行合约。

(5) 现汇汇率＜协定汇率，执行合约的损失将大于期权费总额，这时应放弃其权利而不执行合约。因为执行合约除要支付期权费外，还要承担因协定汇率高于现汇汇率而带来的亏损。

以上为购买了看涨期权后可能遇到的情况，同样，对于看跌期权的购买者，在期权合约到期日，也可能会遇到以下 5 种情形：

(1) 现汇汇率等于协定汇率，这时客户执行或不执行合约没有差别，都将损失期权费。

(2) (协定汇率－期权费率)＜现汇汇率＜协定汇率，这时不执行合约的损失为期权费总额，执行合约的损失少于期权费总额，因此应选择执行合约。

例如，将上例中的数字变为卖出期权的例子中的数字，若现汇汇率为 USD/EUR＝0.986 9，执行合约的损失：(0.987 9－0.986 9－0.003)×100 万＝2 000(欧元)，也即执行合约可赚得差价利润：(0.987 9－0.986 9)×100 万＝1 000(欧元)，但要付 3 000 欧元期权费，因此净损失 2 000 欧元。而不执行合约损失为 3 000 欧元，显然执行合约合算。

(3) 现汇汇率＝协定汇率－期权费率，这时执行合约将不亏不盈，而不执行合约的损失为期权费总额，因此应选择执行合约。

(4) 现汇汇率＜(协定汇率－期权费率)，执行合约可获纯利，而且现汇汇率越低获利就越多，因此应执行合约。因为执行合约所赚得的价差利润扣除了支付的期权费外，还有剩余。

（5）现汇汇率＞协定汇率，执行合约的损失将大于期权费，而不执行合约的损失仅为期权费总额，因此应放弃其权利不执行合约。

从上述分析可以看出：对于购买期权合约的客户来说，通过期权交易来买卖外汇，其最大的损失不会超过期权费，但其潜在的收益是无限的，汇率越朝着有利的方向变化，其收益就越大。由于期权的灵活性，从而很适合于防范国际投标业务的外汇风险。

其次，对于投机者而言，可以控制投机失误的损失。如果投机者预测某种汇率会上升，但又不能十分肯定，他们就可购入买进外汇期权，即做“多头”投机交易。如果到交割日汇率果然上升了，他们就行使买的权利；如果汇率下跌，他们就行使不买的权利，仅损失期权费。如果他们预测某种汇率会下降，但没有足够的把握，他们就可购入卖出外汇期权，即做“空头”投机交易，同样能避免汇率预测不准确带来的巨大损失。

2. 外汇期权对于出售方的作用

外汇期权对于出售方，即卖出期权合约的一方而言，其好处是获得固定的期权费。据统计，所有期权合约中，有一半以上的期权没有被行使，因此所获得固定的期权费就是其净收益。另外，如果预计行情确实对自己不利，也可以买进期权对冲，改变自己的地位。

（四）期权交易与期货交易的区别

1. 交易内容不同

在交易的内容上，期货交易是在未来交易一定数量和等级的实物商品的标准化合约；而期权交易是在未来某一段时间内按约定的价格，买卖某种标的物的权利。

2. 交割价格不同

期货到期交割的价格是竞价形成，这个价格的形成来自市场上所有参与者对该合约标的物到期日价格的预期，交易各方注意的焦点就在这个预期价格上，而期权到期交割的价格在期权合约推出上市时就已约定，是合约的一个常量。

3. 保证金规定不同

在期货交易中，买卖双方都要交纳一定的履约保证金；而在期权交易中，买方不需要交纳保证金，因为他的最大风险是期权费，所以只需交纳期权费，但卖方必须存入一笔保证金，必要时须追加保证金。

4. 交易双方风险不同

在期货交易中，交易双方所承担的价格风险是无限的；而在期权交易中，期权买方的亏损是有限的，亏损不会超过期权费，而盈利则可能是无限的（在购买看涨期权的情况下）；也可能是有限的（在购买看跌期权的情况下）。而期权卖方的亏损可能是无限的（在出售看涨期权的情况下）；也可能是有限的（在出售看跌期权的情况下）；而盈利则是有限的（仅以期权买方所支付的期权费为限）。

5. 交割方式不同

期货交易的商品或资产，除非在未到期前卖掉期货合约，否则到期必须交割；而期权交易在到期日可以不交割，致使期权合约过期作废。

第五节　外汇风险及其管理

在现代金融活动中，随着国际浮动汇率制的普遍实施，加上国际经济、金融市场的动荡以及各国政局的多变，外汇风险趋势变得越来越大。为此，世界各国都在加强对国际货币的研究和汇率的预测，以防止或减轻汇率的风险，并由此取得最大限度的收益或市场价值。

一、外汇风险的含义

外汇风险（Exchange Risk）又称汇率风险（Exchange Rate Risk），是指因汇率变动而给持有或使用外汇的经济主体带来损失的可能性。包括以下几方面的内容：

（1）风险是资产或负债变化的不确定性；

（2）这种不确定性是由于汇率的频繁变化；

（3）风险是损失（Loss）与收益（Gain）的统一，即交易者一定时间可能有经济收益，也可能有经济损失；

（4）风险的承担者包括直接和间接从事国际经济交易的企业、银行、个人和政府及其他部门，即国际收支当局所说的居民。

从国际外汇市场外汇买卖的角度来看，买卖盈亏未能抵消的那部分，就面临汇率变动的风险。该部分外汇风险的外币金额称为“受险部分”或“外汇敞口”（Foreign Exchange Exposure），包括直接受险部分（Direct Exposure）和间接受险部分（Indirect Exposure）。其中，直接受险部分是指经济实体或个人参加以外币计价结算的国际经济交易而产生的，其所承担的外汇风险金额是确定的；间接受险部分是指因汇率变动，通过经济状况变化及经济结构变化的间接影响，使那些不使用外汇的部门及个人也承担风险，承担风险的金额是不确定的。

二、外汇风险种类

按承受的对象不同，外汇风险可分为：

（一）企业外汇风险

1. 交易风险

交易风险（Transaction Exposure）亦称交易结算风险，是指以外币计价的交易，由于该币与本国货币的比值发生变化即汇率变动而引起的损益的不确定性。

例如：美国某公司赊销 1 300 000 日元的商品给日本某一家买主，60 天后支付，汇率是 USD1＝JP￥130。美国卖主在收到贷款时，希望用 1 300 000 日元兑换 10 000 美元，但由于汇率变动为 US＄1＝JP￥140，美国公司就只能收到 9 286 美元（1 300 000÷140），比预期少收 714 美元（10 000－9 286）。反之，若这时汇率变动为 US＄1＝JP￥120，美国公司就可收到 10 833 美元，比预期增加 833 美元。可见，汇率的变动使美国公司承担着收到的日元兑美元后不是 10 000 美元的风险，要么少，要么多。交易风险也就这样产生

了。相对于其他外汇风险,交易风险有以下特点:

一是涉险企业广泛,只要有进出口业务的企业都会面临外汇交易风险。

二是进出口业务的外汇交易受险时期可长可短。风险从交易达成之日开始,到账款的实际收付之日结束。外汇交易风险能直接或间接影响折算风险以及经济风险,因此做好交易风险的防范也能有助于折算风险和经济风险的防范。特别是在我国进出口总值连年大幅度增长,跨国集团较少的现状下,交易风险是我国绝大多数进出口企业所面临的最主要外汇风险。在外汇风险中交易风险所占的比重高达90%左右。因此在当今经济全球一体化的进程中交易风险的防范是进出口企业急需解决的重要问题。

2. 会计风险

会计风险(Accounting Exposure)亦称折算风险。是指经济主体根据会计制度的规定在对资产负债表进行会计处理的过程中,在将功能货币转换成记账货币时,因汇率变动而呈现账面损失的可能性。它是一种存量风险。其中,“功能货币”是指经济主体在经营活动中流转使用的各种货币;“记账货币”是指经济主体在编制综合财务报表时使用的报告货币,通常是母国货币。

例如,假设美国某一公司在英国银行持有银行往来账户余额100 000英镑。如果开始时,每英镑值1.60美元,美国母公司在英国银行的往来账户余额是160 000美元,以后美元升值,英镑贬值,每英镑只值1.40美元,使美国公司的英国银行往来账户余额变为140 000美元。在两个折算日期,英镑余额价值降低了20 000美元(160 000－140 000元)。根据美国的会计规定,这笔损失可记为母公司收益的损失,或通过一个备抵账户直接冲销股东收益。

从上例还可看出,在账户里用来记账的货币和在账户里用来计算的货币之间有着很明显的区别。一般地说,用单一货币记账的货币性资产或负债,可以用记账货币计算,也可以用所有其他货币计算,而固定资产不用任何货币记账,但它们可以用任何一种货币来计算。

会计风险的特点是:发生折算风险时,用外币计量的项目(资产、负债、收入和费用)的发生额必须按本国货币重新表述,且必须按母公司所在国的会计规定进行,因此就可能产生折算风险。

3. 经济风险

经济风险(Economic Exposure)是指由于汇率的变动,引起公司或企业未来一定期间内的收益发生变化。它是一种潜在性的风险,其程度大小取决于汇率变动对产品数量、价格及成本的影响程度。

经济风险的主要特点带有主观意识。经济风险取决于一定时期内公司预测未来现金流动量的能力,而公司预测这种能力是千差万别的。此外,经济风险带来的影响可能比交易风险和折算风险大,因为这种风险不但影响公司在国内的经济行为与效益,还直接影响公司在海外的经营效益或投资效益。

4. 政策风险

政策风险(Policy Exposure)又称外汇管制风险或统辖权风险,是指由于某国家有关外汇政策变动,致使从事相关外币业务的经营者蒙受损失或丧失预期收益的潜在可能性。一国外汇管制主要是对外汇出入境的管制,尤其是一些发展中国家,其财政部或中央银行对外汇的管制更为严厉。一个国家可能会为了在对外贸易中获取更多的利益和承受最小损失而相应地变动外汇政策，或者，国与国之间的不友好反映在外汇管制方面，如冻结资金、封锁经济也可使相关外汇业务难以顺利进行，而承受较大的风险。

（二）银行经营外汇业务的风险

1. 外汇买卖风险

外汇买卖风险就是指银行在买卖外汇，即把本币兑成外币或把一种外币兑成另一种外币过程中所产生的风险。

外汇银行买卖的结果会导致其国内或国外账户存款的增加或减少。在国内，银行买进或卖出外汇即付出或收进本币。而在国外，则把买进或卖出的外汇，经在国外开立的账户办理收付活动。银行通过买卖不同货币、不同金额、不同支付时间的汇票等外汇支付凭证，把居民或非居民的结算转变为银行之间账户的冲销，以结清国际债权债务。

2. 外汇信用风险

外汇信用风险是指在外汇交易中由于当事人违约而给银行带来的风险。主要表现在：

（1）与同业交易中，对方到期资力不足或破产倒闭造成的风险；

（2）代客买卖中，客户不能履行期汇合约的交割而造成的风险；

（3）外汇贷款中，客户不能如期还本付息而带来的风险。

从某种程度上讲，外汇信用风险比外汇买卖风险还更具“风险”，因此，详细考察对方资信，加强风险防范，显得十分重要。

3. 清算风险

清算风险亦称交割风险，指外汇交易未能按规定时间履行付款责任的风险。

按照惯例，在外汇买卖中，当事人应于到期日或交割日把自己卖出的货币如数付至对方指定的收款银行(代理行)。若其中一方由于各种原因未能履行付款责任，则另一方有可能蒙受损失。

（三）国家外汇储备风险

国家外汇储备风险(Foreign Exchange Reserve Risk)，是指一国所有的外汇储备因储备货币贬值而带来的风险。它主要包括国家外汇库存风险和国家外汇储备投资风险。

自 1973 年实行浮动汇率制以来，世界各国外汇储备都面临同样的运营环境，即储备货币多元化，储备货币以美元为主。由于包括美元在内的储备货币汇率波动很大，这样，就使各国的外汇储备面临极大的风险。由于外汇储备是国际清偿力的最主要构成，是一国国力大小的一个重要象征，因此外汇储备面临的风险一旦变为现实，其造成的后果将十分严重。

根据美国财政部披露的数据，截至 2011 年 2 月底，中国投资者投资的美国国债为 1.15万亿美元，约占中国外汇储备的 40%。长期以来，尽管美国国债市场是全球规模最大、流动性最强的金融市场之一，美国国债也一直被市场认为是流动性与安全性最强的资产。然而，美国次贷危机爆发后，美国财政与政府债务状况日趋恶化，未来的通货膨胀与美元贬值，都将严重损害持有美国国债的债权人的利益。就连美国人自己的信用评级公司——标准普尔，也于 2011 年 4 月 18 日做出了首次下调美国主权债务信用评级的决定。因此，从目前来看，我国的外汇储备面临巨大的风险。我国应随时注意各种货币的汇率动向，随时调整储备货币的种类和结构，以使储备风险减少到最低限度。

三、外汇风险管理

外汇风险管理是指外汇资产持有者通过风险识别、风险衡量、风险控制等方法，预防、规避、转移或消除外汇业务经营中的风险，从而减少或避免可能的经济损失，实现在风险一定条件下的收益最大化或收益一定条件下的风险最小化。

减少外汇风险主要有两种办法：事前和事后。事前称为外汇风险的防范，主要是通过改善外汇持有者主体的内部经营来实现。事后称为外汇风险的转嫁，主要是利用外汇市场金融资产的交易来实现。

（一）企业外汇风险管理

企业外汇风险管理的目标是在保证预期收益或预期成本的前提下，将收益争取到最高，将风险减至最低。其主要措施有：

1. 选好或搭配好计价货币

（1）选择本币计价。选择本币作为计价货币，由于不涉及到货币的兑换，因此，进出口商不存在外汇风险。

（2）选择自由兑换货币计价。选择自由兑换货币作为计价结算货币，便于外汇资金的调拨和运用，一旦出现外汇风险可以立即兑换成另一种有利的货币。

（3）选择有利的外币计价——收硬付软。根据货币汇率变化趋势，选择有利的货币作为计价结算货币，这是一种根本性的防范措施。其基本原则是“收硬付软”，即应收外汇应选择汇率相对稳定并具有上浮趋势的“硬货币（Hard Currency）”，而应付外汇则应选择汇率相对不稳定且有贬值趋势的“软货币（Soft Currency）”。也即对于资产、债权用硬货币，对于负债、债务用软货币，以减少外汇风险。

（4）选用“一篮子”货币。通过使用两种以上的货币计价来消除外汇汇率变动带来的风险。

（5）软硬货币搭配。软硬货币此降彼升，具有负相关性质。进行合理搭配，能够减少汇率风险。交易双方在选择计价货币难以达成共识时，可采用这种折衷的方法。对于机械设备的进出口贸易，由于时间长、金额大，也可以采用这种方法。具体搭配有 3 种形式：一是软硬货币对半；二是软或硬货币多些；三是把软硬货币与介于软硬货币之间的另一种货币进行组合，使三者各占一定的比例。

2. 平衡抵消法避险

（1）平衡（Matching）法。指在同一时间，设立一个与受险货币数量相同、币种相同、方向相反的交易，以外币资金的反向流动来消除未来进行货币兑换的需要，从而避免外汇风险。

例如，某企业出口一批商品，3 个月后将有 1 000 万美元外汇收入，该公司应设法进口同等金额的商品，使 3 个月后有一笔美元支出，借以抵消 3 个月后的美元流入，这样便可完全消除外汇风险。

但是，这种方法有很大的局限性，一般公司很难创造出币种相同、金额相同、时间相同、方向相反的资金流动。

(2) 组对(Pairing)法。指企业针对某种外汇风险暴露，创造出与该种外汇联系密切的另一种外汇的反向流动来消除外汇风险，这种外汇流动的时间及折算后的金额与原有的暴露外汇风险相同。形成组对的两种货币应当是有联系的货币，具有同升同降的趋势，比如由于政府采用钉住货币政策而汇率变动趋势接近的货币。

组对法与平衡法相比虽然比较灵活，但平衡法能完全消除外汇风险，而组对法却不能完全消除外汇风险。消除风险的程度取决于两种货币汇率的变动趋势是否一致，如果选择货币不当，则可能会面临双重风险。

(3) 借款(Borrowing)法。借款法是指对于具有远期外汇收入的企业，通过向银行借入一笔与远期外汇收入金额相同、期限相等、币种相同的贷款，通过融资改变外汇风险时间结构、消除价值风险的一种方法。

例如，日本有一企业6个月后将收回一笔100万美元的出口收入，为了防止半年后美元贬值的风险，就向银行借款100万美元，期限6个月，并将这笔美元先卖出，以补充其流动资金。6个月后再利用其获得的美元收入偿还银行贷款。到时即使美元严重贬值，对该出口商也无影响。避免了外汇风险造成的损失。

借款法的特点在于能够改变外汇风险的时间结构，把未来的外币收入现在就从银行借出来，以供支配，这就消除了时间风险，届时外汇收入进账，正好用于归还银行贷款。不过该法只消除了时间风险，尚存在着外币对本币价值变化的风险。

运用借款法防范外汇风险是有成本的，因为借款要支付利息。只有利息的支出小于汇率波动所造成的损失，才可起到保值和避免风险的作用。

(4) 投资(Investing)法。投资法是指当企业面对未来的一笔外汇支出时，将闲置的资金换成外汇进行投资，待支付外汇的日期来临时，用投资的本息(或利润)付汇。

投资法和借款法都是通过改变外汇风险的时间结构来避险，但两者却各具特点，前者是将未来的支付移到现在，而后者则是将未来的收入移到现在，这是两者的主要区别。

3. 提前或拖延收付法

在国际支付中，通过预测支付货币汇率的变动趋势，提前或延期收付有关款项，也就是以更改外汇资金的收付日期来抵消风险或得到汇价上的好处，这种做法称之为提前或延期结汇。

例如，在进出口贸易中，如预测计价货币呈贬值或有汇率下浮的趋势，在进口方面则推迟向国外购货，或要求延期付款，也可以允许国外出口商推迟交货日期，以达到迟付货款的目的。这样，在商定的计价货币贬值或下浮后，进口商可用较少的本国货币来换算该计价货币。在出口方面，出口商应及早签订出口合同，把交货期提前，以便早收货款；也可给进口商某些优惠条件，使其提前付款，以免受该计价货币贬值或下浮的损失。与此相反，如果预期计价呈升值或汇率上浮趋势，则在进口方面，应提前购买或在价格条件相宜的情况下预付货款，以避免将来计价货币升值或汇率上浮后，须用较多的本国货币购买该计价外币。不过，在预测计价外币汇率趋涨的情况下，如提前购买，只要仓储费不超过潜在的外汇风险，可以认为该策略合理。在出口方面，则可推迟交货，或采取允许进口商延期付款的方式，以期获得该计价货币汇率上涨的利益。

4. 调整贸易价格

在国际贸易中坚持出口收硬货币、进口付软货币的原则是必需的。然而，在实际交易中货币的选择要受交易意图、市场需求、商品质量、价格条件等因素制约，其结果往往是上述原则不能实现。出口时不得不用软币成交，进口有时不得不用硬币成交，这样就存在着潜在的外汇风险。为了弥补该汇率风险，可采取调整交易价格的方法，主要有加价保值和压价保值两种。

加价保值方法主要用于出口交易中，它是出口商接受软币计价成交时，将汇价损失摊入出口商品价格中，以转嫁汇价风险。

根据国际惯例，即期交易和远期交易的调价一般都有固定的公式。

即期交易调价公式为：加价后的商品单价＝原单价×(1＋货币贬值率)。

远期交易调价较为复杂，要考虑到货币预期贬值的因素和货币的时间值(即因延期收款而造成的利息损失)。其调价公式为：加价后的商品单价＝原单价×(1＋货币预期贬值率＋利率×期数)。

压价保值方法主要用于商品进口交易中，它是进口商接受硬币计价成交时，将汇价损失从进口商品价格中剔除，以转嫁汇价风险。根据国际惯例，压价保值也分即期交易和远期交易两种，其公式与加价保值公式相反。

即期交易降价公式为：压价后的商品单价＝原单价×(1－货币升值率)。

远期交易降价公式为：压价后的商品单价＝原单价×(1－货币升值率－利率×期数)。

必须指出的是，调整价格法不等于没有风险，实际上风险仍然存在，只不过调整价格后，可以减轻风险程度而已。另外，运用调整价格法，往往要与商品的购销意图、市场需求、商品质量等因素结合起来考虑，标出双方都认为较合适的价格。如果出口商品是滞销货，加价不易成交，就应该放弃加价或减少加价。

5. 利用金融交易保值和减少风险损失

主要方法有期汇交易、期货交易、期权交易、借款与投资、利率——货币互换、外币票据贴现等。

6. 实行多样化策略分散风险

包括进出口业务、贸易对象、投资对象、贸易结构、筹资方式等等。例如，在国际范围内分散其销售、生产地及原材料来源地，通过比较不同地区生产、销售和成本的变化，趋利避害；再譬如，在多个金融市场以多种货币寻求资金的来源和资金去向，实行筹资多样化和投资多样化，这样可以使外汇风险相互抵消，从而达到防范风险的目的。

(二) 银行外汇风险管理

外汇银行是外汇市场的主要参与者，它不但可为客户买卖充当经纪人，还可自营买卖，赚取差价利润。因此，银行加强外汇风险管理，十分重要。

1. 内部限额管理

这种管理主要是为了防止外汇买卖风险，包括自营外汇业务风险和代客户买卖风险。当银行代理客户买卖中形成敞口头寸时，风险也随之降临。

首先，银行在制定限额时，必须分析影响限额规模的各种因素，具体包括：

(1) 外汇交易的损益期望。在外汇交易中，风险与收益成正比。银行对外汇的业务收益的期望越大，对外汇风险的容忍程度越强，其限额也就越大。

(2) 亏损的承受能力。在外汇交易中，控制亏损程度要比达到盈利目标容易一些。银行亏损承受能力取决于资本规模的大小。亏损的承受能力越强，则交易额就可以定得越大。

(3) 银行在外汇市场上扮演的角色。银行参与外汇市场活动，可以是一般参加者(Ordinary Participant)，也可以是市场活跃者(Jobber)，甚至可以是市场领导者(Market-leader)。银行在市场扮演的角色不同，其限额大小也不同。

(4) 交易的币种。交易的币种越多，交易的笔数和交易量自然也大，容许的交易额度也应当大些。

(5) 交易人员的素质。交易人员的水平越高、经验越丰富，容许的交易额也应当越大。

其次，在上述基础上确定交易限额的种类，包括：即期外汇头寸限额、同业拆放头寸限额、掉期外汇交易限额、敞口头寸等等。其中，敞口头寸是指由于没有及时抵补而形成的某种货币买入过多或卖出过多。

2. 外部限额管理

这种管理办法主要是为规避交易中存在的清算风险和信用风险。具体措施有：

(1) 建立清算限额。指银行为了防范清算风险和信用风险，根据同业银行、客户的资本实力、经营作风、财务状况等因素，制订能够给予的限额，并根据情况变化对该限额进行周期性调整。

(2) 建立拆放限额。指银行根据同业银行的资产和负债、经营状况和财务状况，确定拆放额度。拆放额度应根据情况的变化进行调整，交易员必须根据规定的额度进行拆放，超额拆放则视为越权。

(3) 建立贷款限额。指银行一般根据不同的地区和国家，设立限额，使信贷资金有一个合理的分布比例。除了对贷款总额控制外，还应调整贷款费用来进行风险补偿，即区分不同的对象分别采用不同的贷款利率和费用。

(三) 外汇储备风险管理

外汇储备风险管理，是一国金融宏观管理的重要组成部分。储备货币汇率变动同样对其价值影响巨大，如果储备货币发生危机，则会给以这种货币作为储备资产的国家，带来极大的损失。因此，对外汇储备进行管理，意义非常重大，尤其是一些发展中国家更是如此。

外汇储备风险管理的方法，可归纳为 4 种：

(1) 质量管理，重点在于选择最佳储备货币；

(2) 数量管理，核心是测量出一定时期内一国应持有的最佳或最适储备量；

(3) 结构管理，关键在于对有关储备货币进行有效的组合，使外汇储备资产保值；

(4) 投资管理，主要设立专门化的经营与投资机构，依法对外汇储备资产进行投资，使其尽可能在保值的基础上增值。

具体内容参见第六章国际储备部分。

(四) 外汇风险管理的综合方法

1. 远期合同法

远期合同法是借助于远期合同，创造与外币流入相对应的外币流出以消除外汇风险的方法。

例如：一家英国公司向美国出口一笔价款为 1 000 万美元的商品，3 个月后收款。为了防止美元贬值，该公司同银行做了一笔远期外汇交易，卖出远期美元。银行报出的英镑对美元的汇率如下：美元：即期汇率 1.523 4/41，3 个月远期价差 120/124 即 3 个月远期汇率为 1.535 4/65。3 个月后出口商用收回的 1 000 万美元可换回：1 000万 ÷ 1.536 5 美元/英镑 = 6 508 298 英镑，有效防止了美元可能出现的贬值而导致英镑收入的下降。

2. BSI 法

BSI 法，即借款—即期合同—投资法（Borrow—Spot—Invest），指在存在外汇应收账款的情况下，借入与应收外汇相同数额的外币，再将这笔外币卖给银行换回本币，进行投资，从而既消除了外汇的时间风险，又消除了价值风险的一种方法。

在有应收账款的情况下，为防止应收外币的汇价波动，首先借入与应收外汇相同数额的外币，将外汇风险的时间结构转变到现在办汇日（Spot Date）。借款后时间风险消除，但货币风险仍然存在，此风险则可通过即期合同法予以消除。即将借入外币，卖给银行换回本币，外币与本币价值波动风险不复存在，消除风险虽有一定费用支出，但若将借外币后通过即期外汇交易卖得的本币存入银行或投资，可以将其赚得的投资收入，抵冲一部分因采取防险措施支出的费用。

3. LSI 法

LSI 法，就是提早收付—即期合同—投资法（Lead—Spot—Invest），是指具有应收外汇账款的公司，征得债务方的同意，请其提前支付货款，并给其一定折扣请其提前支付货款，以消除时间风险，然后立即通过即期外汇交易，换成本币从而消除汇率风险，再将换回的本币进行投资，取得的收益同样可抵冲因采取避险措施而支出的费用。这实际上是将提前收付法、即期合同法与投资法 3 种简单避险方法进行综合运用。

本章重要概念

外汇市场　即期外汇交易　远期外汇交易　掉期交易　套汇　套利　期货交易　买入套期保值　卖出套期保值　期权交易　外汇风险　买入期权　卖出期权　欧式期权　美式期权

本章复习思考题

1. 简述外汇市场的构成及特征。
2. 简述远期外汇交易的概念及作用。
3. 如何判断有利的套汇机会？
4. 比较远期外汇交易和外汇期货交易的异同。
5. 论述外汇风险的管理方法。
6. 为什么说在进出口贸易中，进口要选择“软货币”，出口要选择“硬货币”？试举例说明。
7. 进口商出口商怎样利用远期外汇市场、外汇期货市场以及期权市场避免汇率风险？

本章计算题

1. 已知：USD/DEM＝1.842 1/28；USD/HKD＝7.808 5/95

求：DEM/HKD 和 HKD/DEM。

2. 已知：GBP/USD＝1.612 5/35；USD/JPY＝150.80/90

求：GBP/JPY 和 JPY/GBP。

3. 已知：GBP/USD＝1.612 5/35；AUD/USD＝0.712 0/30

求：GBP/AUD 和 AUD/GBP。

4. 假设某银行挂牌汇率为 1 美元＝122.30/40 日元，1 英镑＝1.438 5/95 美元。问 A 公司如果要以日元向银行买进英镑，汇率是多少？

5. 假设某银行挂牌汇率为 1 美元＝121.90/00 日元，1 美元＝7.801 0/20 港元。问 B 公司如果要以港元向银行买进日元，汇率是多少？

6. 假设：某日纽约市场上 1 英镑＝1.652 0/40 美元；伦敦市场上 1 英镑＝227.80/90 日元；东京市场上 1 美元＝138.50/70 日元。如果不考虑其他费用，你用 100 万美元进行套汇，可获多少套汇利润？

7. 伦敦市场英镑的年利率为 12%，瑞士法郎的年利率为 10%，即期汇率 £1＝SF2.727 0，6 个月远期汇率 £1＝SF2.710 0，若套利者用 100 万英镑进行套利，套利期限为 6 个月，问套利者是否有利可图？获利多少？

第六章 国际储备

第一节 国际储备概述

一、国际储备的概念

国际储备(International Reserves)是指一国货币当局所持有的可随时用来弥补国际收支逆差、稳定该国汇率以及应付各种紧急支付的各种形式资产的总称。关于国际储备的经典定义是1965年十国集团在《创造性储备资产研究小组的报告》中给出的,其对国际储备的表述是:"　国货币当局所持有的,当国际收支出现赤字时可以直接或有保障地通过同其他资产的兑换,用来支持其汇率水平的所有资产。"能够作为国际储备的资产必须具有以下特点:一是官方持有。作为国际储备的资产必须是该国货币当局(中央银行或财政部)持有和集中掌握的,而非官方金融机构、企业和私人持有的黄金、外汇等资产均不能算作国际储备,故国际储备又被称为官方储备。只有这样国际储备资产才能由一国货币当局无条件地获得。二是普遍接受。作为国际储备的资产必须能够为世界各国所普遍认同和接受,这样才能够作为国际支付手段用于弥补国际收支逆差。三是充分流动。作为国际储备的资产必须能随时动用或变现,能在各种资产形式之间自由兑换。例如存放在国外银行的活期可兑换外币存款、有价证券等,需要时可以迅速动用这些资产,否则国际储备资产就难以发挥干预外汇市场和稳定汇率的作用。

二、国际储备的构成

(一)黄金储备

黄金储备(Gold Reserve)是指一国货币当局作为金融资产持有的货币性黄金,工业用金和民间藏金等非货币用途的黄金不在此范围内。据统计,目前世界黄金储量中,饰品用量占50%,工业用量占15%,牙科用量占5%,货币用量占15%,其他用量占15%。

黄金作为储备资产的历史比较长,在国际金本位制度和布雷顿森林体系下,黄金一直是重要的储备资产,但是黄金作为储备资产存在一些缺陷:① 黄金储备持有的机会成本较高。持有黄金不仅不能生息,还要支付保管费用。② 黄金产量有限。黄金的开采量受自然条件的限制，其产量越来越难以满足世界贸易和国际投资规模扩大对国际储备的需要。③ 黄金的占有量在世界各国很不平衡，根据世界黄金协会公开的数据，截至 2020 年 10 月，世界黄金储备前 12 位的国家或地区如表 6-1 所示。排名前几位的发达国家的黄金储备占比均在 50%以上，其中美国为 79.8%、德国为 77.2%、意大利为 72.3%、法国为 67.4%，而国际平均水平则为 10%。这些缺陷的存在使得黄金储备的吸引力受到影响，特别是 1976 年《牙买加协议》实施以后，随着黄金的“非货币化”，黄金同国际货币制度和各国货币脱钩，黄金已不再是货币制度的基础，各国货币当局不能直接用黄金对外支付，而只能在黄金市场上出售黄金，换成可兑换货币再进行支付，这样既麻烦又增加了转换费用，所以，黄金储备的流动性大幅度减弱，黄金已不是真正的国际储备了，而只是潜在的国际储备。

表 6-1　世界黄金储备一览表

排名	国家/地区	黄金储备(吨)	黄金储备占比(%)
1	美国	8 133.5	79.8
2	德国	3 362.4	77.2
3	国际货币基金组织	2 814.0	—
4	意大利	2 451.8	72.3
5	法国	2 436.1	67.4
6	俄罗斯	2 299.3	24.3
7	中国	1 948.3	3.7
8	瑞士	1 040.0	6.5
9	日本	765.2	3.5
10	印度	668.2	7.7
11	荷兰	612.5	71.2
12	土耳其	606.6	48.6

资料来源：世界黄金协会，2020 年 10 月。

尽管黄金在国际储备中的地位和作用逐步减弱，但大多数国家仍将其作为国际储备资产之一(见表 6-2)，而且黄金作为国际储备的历史使命还将会有相当长的一个时期，这主要是因为黄金作为国际储备资产具有自身的优点，表现在两方面：① 黄金是一种很好的保值手段，可以避免通货膨胀带来的贬值风险和汇率波动带来的外汇风险。② 黄金是一种有价值的实体，完全属于国家的主权范畴，可以自主控制，较少受到超国家权力的控制。例如，海湾战争后，国际社会对伊拉克实施了严厉的经济制裁，但伊拉克凭借手中持有的黄金储备购买进口急需物品，最大限度地抵消了制裁的压力。由于上述两个优点，再加上国际上有发达的黄金市场，各国货币当局仍持有黄金，IMF 在统计和公布成员方的国际储备时，也把黄金列入其中。

表 6-2 世界国际储备结构

亿 SDRs

储备	2011	2012	2013	2014	2015	2016	2017
国际储备总额	69 747.92 (100.00)	74 567.27 (100.00)	79 104.28 (100.00)	83 084.31 (100.00)	81 770.62 (100.00)	82 543.22 (100.00)	83 102.06 (100.00)
黄金储备	249.20 (0.35)	232.06 (0.31)	223.96 (0.28)	360.43 (0.43)	367.99 (0.45)	374.26 (0.45)	378.67 (0.46)
外汇储备	66 473.29 (95.31)	71 260.99 (95.57)	75 863.46 (95.90)	80 005.61 (96.29)	78 766.42 (96.32)	79 661.52 (96.50)	80 312.24 (96.64)
在 IMF 储备头寸	982.62 (1.41)	1 032.44 (1.38)	975.08 (1.23)	817.36 (0.98)	634.54 (0.78)	790.51 (0.95)	679.02 (0.82)
SDR	2 042.81 (2.93)	2 041.77 (2.74)	2 041.77 (2.58)	2 041.77 (2.46)	2 040.91 (2.50)	2 041.58 (2.47)	2 041.58 (2.45)

注：① 括号内的数字表示该项占当年国际储备总额的百分比。
② 黄金按每盎司 35 特别提款权计算。
资料来源：IMF《国际金融统计》2013 年、2014 年、2018 年年报。

（二）外汇储备

外汇储备（Foreign Exchange Reserve）是一国货币当局所持有的国际储备货币和以其表示的资产。外汇储备是当今国际储备中的主体，这体现在两个方面：一是外汇储备的金额及其在国际储备中的比重远远超过其他类型的储备；二是外汇储备在国际支付和外汇干预实践中使用的频率最高。一种货币能否作为国际储备货币，必须具备 3 个基本条件：① 自由兑换性，即能自由兑换成其他货币；② 价值相对稳定，即其汇率和购买力应相对稳定；③ 在国际货币体系中占有重要地位。可见，并非所有可兑换货币都可以成为储备货币。在 1880—1914 年间，英镑是主要的储备货币。在两次世界大战之间，英镑、美元和法郎是最重要的储备货币，布雷顿森林体系建立后美元成为最主要的储备货币，1973 年布雷顿森林体系崩溃，储备货币呈现多元化趋势。如表 6-3 所示，目前美元、欧元、日元、英镑和瑞士法郎等都成为重要的储备货币，但美元在储备货币中仍居中心地位。

表 6-3 IMF 成员方外汇储备的货币构成

%

货币名称	2011	2012	2013	2014	2015	2016	2017	2018	2019
美元	62.7	61.5	61.3	65.2	65.7	65.4	62.7	61.7	60.9
欧元	24.4	24.1	24.2	21.2	19.1	19.1	20.2	20.7	20.6
人民币	—	—	—	—	—	1.1	1.2	1.9	1.9
日元	3.6	4.1	3.8	3.5	3.8	4.0	4.9	5.2	5.7
英镑	3.8	4.0	4.0	3.7	4.7	4.3	4.5	4.4	4.6
澳元	—	1.5	1.8	1.6	1.8	1.7	1.8	1.6	1.7
加元	—	1.4	1.8	1.8	1.8	1.9	3.2	1.8	1.9
瑞士法郎	0.1	0.2	0.3	0.2	0.3	0.2	0.2	0.1	0.2
其他货币	5.3	3.2	2.8	2.8	2.8	2.3	2.4	2.5	2.5

资料来源：国际货币基金组织。

（三）储备头寸

储备头寸（Reserve Position）是指成员方在IMF的普通资金账户中可以随时自由提取和使用的资产的简称。IMF是以成员方入股的方式组成的国际组织，每个成员方必须缴纳的股金就是份额，份额认缴的方式是：25%用可兑换货币或特别提款权缴纳，75%用本国货币缴纳。当成员方发生国际收支困难时，有权以本国货币为抵押向基金组织申请提用可兑换货币，最多可达到份额的125%，每25%为一档。第一档为成员方用可兑换货币缴纳份额对应的部分，称为储备部分提款权，在成员方发生国际收支逆差时可以随时无条件地提取和使用，无须经过基金组织批准。其余4档为信用部分提款权，均为有条件的，档次越高，条件越严格。

一国在基金组织的储备头寸包括：① 储备部分提款权，即成员方以外汇或特别提款权认缴的那部分份额，其额度是该成员方份额的25%；② IMF为满足其他成员方的借款需要而使用掉的本国货币。按照IMF的规定，份额的75%可以用本国货币缴纳，当IMF向其他成员方提供某种货币的贷款时，会产生该货币发行国对IMF的债权；③ IMF向该国借款的净额，这也形成该国对IMF的债权。因此，一国的储备头寸包括该国在IMF的储备档头寸加上债权头寸。储备头寸是一国在IMF的自动提款权，可以无条件地使用，因而它构成成员方的国际储备。如表6-2所示，2007年储备头寸仅占国际储备资产总额的0.33%。储备头寸的世界分布呈现出明显的不平衡，工业化国家所持有的储备头寸约占世界总量的86%，而发展中国家所持有的仅为14%。

（四）特别提款权

特别提款权（Special Drawing Rights，SDRs）是国际货币基金组织创造的用于成员方之间或成员方与国际货币基金组织之间国际支付的一种国际储备资产。与其他储备资产相比，特别提款权具有以下特征：

（1）人为创设，无偿分配。20世纪60年代，美元频频爆发危机，如果美国继续向境外大量输出美元，则会进一步推动危机的爆发；但若不输出美元，则各国的国际储备来源不足。出于挽救美元的需要，在美国的支持下，1969年国际货币基金组织第24届年会通过协定，决定创设特别提款权，以补充各国储备资产的不足。特别提款权是IMF按份额比例无偿分配给成员方的，无须偿还，而黄金、外汇、储备头寸是通过贸易、投资、借贷等活动取得的，储备头寸的融通使用必须按期偿还。

（2）属于账面资产，无内在价值。国际货币基金组织设有特别提款权部，参与的成员方均设有一个特别提款权账户。特别提款权只是一种账面资产，是成员方在IMF特别提款权账户上的贷方余额，并非实体货币，既无纸币，也无硬币。可见，特别提款权是一种没有任何物质基础的账面资产与记账单位，本身不像黄金具有内在价值，不能提现、兑换黄金和购物，同时也不像美元等储备货币有一国的政治和经济实力为后盾。

（3）使用受到限制。特别提款权有以下用途：① 经货币发行国同意后，可以划账的形式兑换成该国货币；② 清偿与IMF之间的债务；③ 缴纳份额；④ 向IMF捐款或贷款；⑤ 作为本国货币汇率的基础；⑥ 用于成员方之间的互惠信贷协议；⑦ 基金组织的记账单位；⑧ 充当储备资产。特别提款权的持有人可以分为两类：一类是法定持有人，它是指IMF的各成员方政府，截至2010年12月31日已达到187个国家和地区；另一类是指定持有人，它是指IMF特别指定可以持有和使用特别提款权的区域性或国际性金融机构，包括国际清算银行、世界银行、亚洲开发银行和瑞士国民银行等 16 个。由于特别提款权仅仅限于政府间结算，私人不得持有和使用，不可以用于支付商品和服务的款项，因此，特别提款权具有价值尺度、支付手段、贮藏手段的职能，但没有流通手段的职能，不能被私人用来作为国际商品交易的媒介，因此，它还不是一种完全的世界货币。

（4）根据一篮子货币定值。特别提款权刚创立时是以黄金定值，含金量为 0.888 671 克或 1 盎司黄金等于 35 特别提款权，与当时的美元等值，但它不能兑换黄金，因而被称为是“纸黄金”。布雷顿森林体系崩溃后，自 1974 年 1 月 1 日起，SDRs 根据一篮子货币定值，即 SDRs 价值是通过对所选择的货币篮子进行加权平均计算得到的。与之对应，特别提款权的利率也是由篮子货币的市场利率经加权平均后求得。最初的货币篮子包括 16 种货币，分别是美元、联邦德国马克、日元、英镑、法国法郎、加拿大元、意大利里拉、荷兰盾、比利时法郎、丹麦克朗、瑞典克朗、澳大利亚元、挪威克朗、西班牙比塞塔、南非兰特、奥地利先令。1981 年减少为 5 种货币，分别是美元、联邦德国马克、日元、英镑、法国法郎。1999 年又变成 4 种：美元、欧元、日元和英镑。定值篮子货币及权重每 5 年评估调整一次（见表 6-4），SDRs 的价值是由一篮子货币共同决定的，所以价值相对稳定。自 2011 年 1 月 1 日起，定值篮子货币继续由美元、欧元、英镑和日元组成，但美元的权重由 44％下降至 41.9％，欧元的权重由 34％上升为 37.4％，英镑的权重由 11％上升至 11.3％，日元的权重由 11％下降至 9.4％。从 2016 年开始，人民币加入定值一篮子货币，自此定值一篮子货币由美元、欧元、英镑、日元和人民币组成，它们的权重分别为 41.73％、30.93％、8.09％、8.33％、10.92％。以美元表示的 SDRs 价值＝1×41.73％ ＋美元/欧元×30.93％＋美元/英镑×8.09％＋美元/日元×8.33％＋美元/人民币×10.92％。特别提款权与其他货币的比价可根据美元与其他货币的比价，以及 SDRs 与美元的比价进行套算得出。

表 6-4 SDRs 的计算权数变化 ％

年份	合计	美元	欧元	马克	法国法郎	英镑	日元	人民币
2016	100	41.73	30.93		—	8.09	8.33	10.92
2011	100	41.9	37.4	—	—	11.3	9.4	—
2006	100	44	34	—	—	11	11	—
2001	100	45	29	—	—	11	15	—
1996	100	39	—	21	11	11	18	—
1991	100	40	—	21	11	11	17	—
1986	100	42	—	19	15	12	12	—
1981	100	42	—	19	13	13	13	—

资料来源：国际货币基金组织官网。

特别提款权从创立到现在，共进行过 3 轮周期性分配。第一轮是在 1970—1972 年，分 3 次共分配了 93 亿 SDRs；第二轮是在 1979—1981 年，分配了 121 亿 SDRs。前两轮分配后，特别提款权总额达到 214 亿 SDRs。其中，发达国家持有 146 亿 SDRs，发展中国家持有 68 亿 SDRs。第三轮分配是在 2009 年 8 月进行的普通分配和在 2009 年 9 月进行的特别分配，共分配了相当于 2 830 亿美元的 SDRs。3 轮分配后特别提款权总量上升到 2 041 亿 SDRs。由于发达国家在基金组织的份额较大，所以大部分的 SDRs 被发达国家持有，而真正需要补充国际储备的发展中国家持有的 SDRs 严重不足。

纵观特别提款权创立40余年的历史可以发现，特别提款权没有足够的经济或物质保证，总体规模偏小，使用范围狭窄。同时特别提款权的分配是以成员方在IMF的份额为基础的，这就使得那些基金份额少、国际清偿力有限的发展中国家获得的特别提款权的额度远远少于发达国家。因此，特别提款权至今未能成为国际货币制度中的主要储备资产。

三、国际储备与国际清偿力

国际储备有广义和狭义之分。狭义的国际储备仅指自有储备，也就是通常所说的国际储备，是一国现实的对外清偿力，其规模大小反映了一国的金融实力，或一国在涉外货币金融领域中的地位。广义的国际储备也就是国际清偿力(International Liquidity)，它是指一国无须采取任何影响本国经济正常运行的特别调节措施，即能平衡国际收支逆差和维持其汇率稳定的总体能力。它既包括自有储备，还包括借入储备甚至诱导性储备。借入储备是一国从国外筹措外汇资金的能力，包括备用信贷、借款总安排、互惠信贷协议以及其他类似的安排。诱导性储备主要是指本国商业银行的对外短期可兑换资产，尤其是在欧洲货币市场上的资产，其所有权虽然不属于政府，也未被政府借入，但这部分资金流动性强，对政策的反应十分灵敏，政府可以通过政策的、新闻的、道义的手段来诱导其流动方向，从而间接达到调节国际收支的目的。可见，国际清偿力是一国现实的对外清偿能力和潜在或可能的对外清偿能力的总和。

因此，国际储备和国际清偿力在含义上和数量上都还是有区别的(见表6-5)。国际储备与国际清偿力的区别主要表现为：① 外延不同，国际清偿力的外延更广，它不仅包括货币当局持有的各种国际储备资产，还包括了从国际金融机构、国际金融市场以及通过其他信贷便利融通资金的能力、该国商业银行所持有的外汇、其他国家希望持有这个国家资产的愿望，以及该国提高利率时可以引起资金流入的程度等。② 特性不同，国际储备强调的是现实持有性和无条件性，而国际清偿力着重的是可能性和条件性。国际储备是一国具有的现实的对外清偿能力，是一国官方可以无条件动用的对外支付手段；国际清偿力包括了潜在的对外清偿能力，而潜在的对外清偿能力是有条件使用的清偿手段。因此，与国际储备相比，国际清偿力是一个更全面、更重要的考察一国对外支付能力的概念。例如，美国的国际储备数量相对较少，但这并不意味着其对外支付能力很弱。由于美元是主要的国际货币，这就使得美国在国际收支逆差时可以大量使用美元对外支付而不必事先积累充裕的国际储备，而且，美国在国际金融市场上可以轻易地筹集大量资金。美国的这种充裕的有条件清偿能力有效地弥补了其无条件清偿能力——国际储备的不足。

表6-5　国际储备与国际清偿力的关系

<table>
<tr><td rowspan="3">国际清偿力的构成要素</td><td>自有储备</td><td>1. 黄金储备
2. 外汇储备
3. 在基金组织的储备头寸
4. 在基金组织的特别提款权余额</td><td>国际储备</td></tr>
<tr><td>借入储备</td><td>1. 备用信贷
2. 借款总安排
3. 互惠信贷
4. 其他类似的安排</td><td></td></tr>
<tr><td>诱导储备
(借入储备的广义范畴)</td><td>1. 商业银行的对外短期可兑换货币资产</td><td></td></tr>
</table>

四、国际储备的作用

从世界范围来看，国际储备对于促进商品和资本的国际流动，维持国际金融秩序的稳定和保障世界经济的正常运行都发挥着重要作用。就一国而言，国际储备的作用主要表现在以下几个方面：

1. 弥补国际收支逆差，维持对外支付能力

国际储备的首要作用就是在一国国际收支发生困难时起到一定的缓冲作用，使其国内经济在某种程度上免受国际收支变化的冲击，这种缓冲作用可以从短期和长期两种情况来分析。当一国的国际收支因偶然性和季节性的因素而导致出口减少，出现暂时的国际收支逆差时，可直接动用国际储备来平衡国际收支，而无须采取影响整个宏观经济的财政货币政策或压缩进口等限制性措施，以避免影响国内经济的正常发展，减少其对国内经济的负面影响。当国际收支失衡是长期的、巨额的或根本的，而不可避免地采取调节措施时，动用国际储备，可起到一种缓冲作用，避免猛烈的调节措施可能带来的国内经济动荡。针对根本性的国际收支失衡，仅靠动用国际储备来调节不但不能解决问题，相反会导致国际储备的枯竭。

2. 干预外汇市场，维持本国货币汇率的稳定

各国用来干预外汇市场的储备基金称为外汇平准基金，它由黄金、外汇和本国货币构成。在本币贬值太快的情况下，通过在市场上抛出外汇储备购入本币，增加外汇市场上外汇的供应，可以使本币汇率上升；而在本币升值过快的情况下，通过购入外汇抛出本币，增加外汇市场上本币的供应，以使本币汇率下降。当然，一国持有的国际储备是有限的，因而外汇干预只能对汇率产生短期影响，无法根本改变决定汇率的基本因素。而且，国际储备要真正发挥干预资产的作用，必须具备两个前提条件，即发达的外汇市场和本国货币的完全自由兑换。

3. 增强本国货币的信誉，充当对外举债的保证

一国的国际储备状况，一直是评定其偿债能力和资信的重要指标。一国拥有充足的国际储备可以为本国货币在国际上的信誉和地位提供有力的支持。国际储备是债务国到期还本付息的基础和保证，因而它也是一国政府对外借款的信誉保证，如果一国国际储备雄厚，则该国国际信誉就高，在国际上借债就比较容易，成本也较低；反之，一国国际储备枯竭，则其国际信誉较低，难以在国际上筹集资金，即使能筹到资金，条件也比较苛刻。

4. 获得国际竞争优势

国际储备是国家财产，一国持有比较充裕的国际储备，就意味着有力量左右其货币的对外价值，即有力量使其货币汇率升高或下降，来获取国际竞争优势。如果是储备货币发行国，拥有充分的国际储备，对支持其货币的国际地位至关重要。

第二节　外汇储备与主权财富基金

由于外汇储备的快速增长，不少政府将其外汇储备中的一部分划出来，建立主权财

富基金，用以提高这部分外汇储备的投资收益率。进入21世纪以来，国际金融市场上的主权财富基金日益活跃，特别是在应对全球金融危机中，作为重要的“救火队员”，主权财富基金发挥了十分积极的作用，其潜在影响正在引起国际金融交易商、政策制定者、国家立法机构、新闻媒体、经济学家和学术界的高度关注。

一、主权财富基金的概念及其特点

“主权财富基金”(Sovereign Wealth Funds，SWFs)一词最早由美国道富银行(State Street)经济学家安德鲁·罗扎诺夫(Andrew Rozanov)于2005年首次提出。之后，国际经济组织、国家政府机构、投资银行和私人研究机构都在各自的研究报告中描述了主权财富基金的概念(表6-6)。但迄今为止，国际上对于主权财富基金还没有一个能够取得普遍认可的定义。主权财富基金具有以下几个特点：

(1) 主权财富基金是一国广义政府(包括中央政府，也包括地方政府)所拥有或主导的投资工具。主权财富基金具有鲜明的主权特征，其对外投资的主要目的是实现国家的中、长期宏观经济和金融目标，比一般国有企业更能体现国家的意志和发展战略。

(2) 主权财富基金的资本金主要来源于国家的外汇储备盈余、财政盈余、自然资源出口盈余。少数来源于政府发行的债券和国际援助基金，一般以外币形式持有。

(3) 主权财富基金由独立于央行和财政部的专门机构进行管理。随着近年来主权财富得益于国际油价飙升和国际贸易扩张而急剧增加，其管理成为一个日趋重要的议题。国际上最新的发展趋势是成立主权财富基金，并设立通常独立于央行和财政部的专业投资机构来管理这些基金。

(4) 主权财富基金的主要资本金长期投资于海外风险较高的领域。主要投资于主权财富基金所有国外部的非主权债务资产，以追求财务回报最大化为目标。但是，当主权财富基金所有国国内经济发生问题时，也会放弃海外投资机会，将资本回流补充所有国的官方储备，缓解国内财政支出的紧张状况。主权财富基金能够承担本国中央银行、政策性银行、养老基金和国有企业等国家资本难以承受的高风险，理论上通常不谋求对投资对象的控股权。

(5) 主权财富基金奉行多元化资产组合策略。投资组合由股票、债券、不动产或其他金融资产组成。2009年，主权财富基金的投资方式和投资领域由2007年和2008年的以金融服务业和房地产业为主，向更广泛的领域进军，能源、工业和技术领域开始成为新的投资重点。

(6) 主权财富基金作为国家财富的一种表现形式，与货币当局所持有的外汇储备既有联系又有区别。二者的共同点显而易见，即皆为国家所拥有，同属于广义的国家主权财富，同时又主要投资于外国金融资产。主权财富基金不能与官方外汇储备相提并论，二者的区别在于：① 官方外汇储备反映在央行资产负债平衡表中，而主权财富基金则在央行资产负债平衡表以外，有独立的平衡表和相应的其他财务报表；② 官方外汇储备资产的运作及其变化与一国国际收支和汇率政策密切相关，而主权财富基金一般与一国的国际收支和汇率政策没有必然的、直接的联系；③ 官方外汇储备资产的变化产生货币政策效应，即其他条件不变，央行外汇储备资产的增加或减少将通过基础货币变化引起一国货币供应量增加或减少。而主权财富基金的变化通常不具有货币效应；④ 各国央行在外汇储备管理上通常采取保守谨慎的态度，追求最大流动性与最大安全性，而主权财富基金通常实行积极管理，可以牺牲一定的流动性，承担更大的投资风险，以实现投资回报最大化目标。

表 6-6 主权财富基金的国际定义

机构名称	对主权财富基金的定义
IMF 主权财富基金国际工作组	一国政府所拥有的、具有特定目的的投资基金或安排。根据设立动因的不同，可以将主权财富基金分为 5 种类型：一是平准基金；二是储蓄基金；三是国际储备投资公司；四是发展基金；五是退休养老储备基金。它不包括货币当局为平衡国际收支和维护本国货币稳定而持有的外汇储备资产、传统意义上的国有企业、政府雇员养老金以及为个人利益而管理的资产
经合组织	一国政府直接或间接拥有和管理，以实现金融稳定等国家目标的资产组合
德意志银行	国家对所拥有、安排、管理的公共基金以多元化资产组合形式进行投资的金融工具。它主要来源于政府部门的财政盈余和央行过剩的外汇储备。分为两类：一是稳定基金；二是储蓄或者跨代平滑基金。主权财富基金有别于养老基金、对冲基金和私募股权基金
摩根士丹利	一种将公共资金广泛投资于金融领域的、专门的政府资产管理工具。与中央银行不同，主权财富基金追求高额回报，主要投资于债券、私募股权、房地产、对冲基金以及其他商品等高风险资产类别。有 5 个要素：主权、高度的外币敞口、没有显性负债、较高的风险承受能力和长期的投资视野
美国财政部	一种受外汇储备资产所支持、与主权国家的中央银行和财政部掌控的官方储备分开管理的政府投资工具。通常依据外汇储备资产的来源不同分为商品和非商品主权财富基金。一般而言，主权财富基金经理比传统的官方储备管理人员有更高的风险承受能力和更高的收益预期
中国人民银行	主权财富与私人财富相对应，通常指一国政府通过特定税收与预算分配、可再生自然资源收入和国际收支盈余等方式积累形成的，由政府控制与支配的，一般以外币形式持有的公共财富。主权财富基金是为管理主权财富而由政府设立的专业资产管理机构

正因为这些区别，近年来国际上的一个趋势是把官方外汇储备的多余部分，即在足够满足国际流动性与支付能力之上的超额外汇储备资产，从央行资产负债平衡表中分离出来，成立专门的投资机构(即主权财富基金)进行专业化管理，使之与汇率或货币政策“脱钩”，只追求最高的投资回报率。

二、主权财富基金的分类

(一) 根据资金来源划分

1. 商品主权财富基金

商品主权财富基金是由政府出口资源型商品(如石油、天然气及贵金属等)所得形成的基金，主要目的是以“预防财富”的形式应对国家自然资源的枯竭。

2. 非商品主权财富基金

非商品主权财富基金是国际收支大规模顺差的国家，其政府将部分外汇储备划转形成的基金，主要目的是分流外汇储备，缓解外汇储备激增带来的本币升值压力，冲销市场过剩的流动性。

(二) 根据主要政策目标或者设立的动因划分

1. 稳定型主权财富基金

稳定型主权财富基金(Stabilization-oriented Funds)是为跨期平滑国家收入,减少国家意外收入波动对经济和财政预算的影响而设立的基金。经济严重依赖于自然资源出口换取外汇盈余的国家,为保障自然资源枯竭后政府有稳定的收入来源,也为了避免短期自然资源产出波动导致经济大起大落,通过设立主权财富基金,进行多元化投资,延长资产投资期限,提高投资收益水平,以跨期平滑国家收入。如挪威政府石油基金(2006 年 1 月更名为"政府养老基金")、俄罗斯主权财富基金、智利社会和经济稳定基金等。以挪威为例,挪威政府全球养老基金(Government Pension Fund-Global,GPFG)前身是挪威石油基金,成立于 1990 年,是挪威专门投资海外资产的主权财富基金。将不可再生的石油资源转化为可持续增长的投资,并为未来几代人积累财富,这是 GPFG 的长期运作理念。为了更好地管理石油财富,也为了做好石油资源可能耗尽的准备,避免出现"荷兰病"(The Dutch Disease),1998 年挪威中央银行设立挪威央行投资管理公司(Norges Bank Investment Management,NBIM),专门管理 GPFG 的具体投资。

2. 冲销型主权财富基金

冲销型主权财富基金(Sterilization-oriented Funds)是为协助央行分流外汇储备,冲销市场过剩的流动性,维持市场的稳定而设立的基金。按照国际货币基金组织的定义,以主权财富基金形式用于中长期投资的外汇资产不属于国家外汇储备。因此,一些国家或地区为缓解外汇储备激增带来的升值压力,便通过设立主权财富基金分流外汇储备。例如,1998 年香港金融管理局为维持港元汇率稳定而设立的主权财富基金。

3. 储蓄型主权财富基金

储蓄型主权财富基金(Savings-oriented Funds)是为跨代平滑国家财富,为子孙后代积蓄财富而设立的基金。为应对老龄化社会以及自然资源收入下降对养老金体系的挑战,一些国家未雨绸缪,力求在代际间更公平地分配财富,设立专门的主权财富基金,以中东国家为典型代表。

4. 预防型主权财富基金

预防型主权财富基金(Preventive Funds)是为预防国家社会经济危机,促进经济和社会的平稳发展而设立的基金。正如个人预防性储蓄动机一样,许多亚洲国家都持有巨额外汇储备,以应对潜在社会经济危机和发展的不确定性。以科威特为例,伊拉克战争结束后,科威特之所以能够很快地重建家园,很大程度上应该归功于科威特投资局(Kuwait Investment Authority,KIA)所积累并管理的主权财富基金。

5. 战略型主权财富基金

战略型主权财富基金(Strategy-oriented Funds)是为支持国家发展战略,在全球范围内优化配置资源,培育世界一流的企业,更好地体现国家在国际经济活动中的利益而设立的基金。如新加坡淡马锡控股公司、中国投资有限责任公司等。以新加坡为例,新加坡经济的黄金时代已经过去,世界经济新的高增长地区是包括中国在内的一些发展中国家,如果淡马锡仍然固守本土,就将失去扩张的最佳时机。淡马锡凭借多年积累的资金优势,进入紧缺资金的国家和地区,分享其经济增长成果。淡马锡制订的发展战略是将

1/3 资金投向发达国家，1/3 用于亚洲发展中国家，剩余 1/3 留在新加坡本土。

三、主权财富基金的历史及其发展

主权财富基金是 2005 年由国际投行创造出来的一个新词，但其本身并非新鲜事物。早在 1953 年，科威特就利用其石油出口收入成立了科威特投资局（KIA）。1956 年，西太平洋岛国——英属吉尔伯特群岛，利用其富含磷酸盐的鸟粪的出口收入也创建了一只主权财富基金。当鸟粪消耗殆尽时，该基金的投资组合价值已高达 5.2 亿美元，约为该岛 GDP 的 9 倍。在此后的几十年里，全球主权财富基金的数量缓慢增加，其中最有影响的有 3 家——阿布扎比投资局、新加坡政府投资公司、挪威养老基金，分别成立于 1976、1981 和 1990 年。主权财富基金虽然成立时间较早，但因总量规模一直不大，并未引起世人的注意。1990 年全球主权财富基金的规模只有约 5 亿美元。2000 年，全球有 20 家左右的主权财富基金，管理的资产达到几千亿美元。

新世纪以来，主权财富基金的数量和规模快速增加，尤其是 2005 年以后。形成这一局面的主要原因有两点：一是石油价格的飞速上涨，从 1997 年的每桶 20 美元到 2008 年的每桶 147 美元，这使得中东以及石油资源丰富的其他国家政府的外汇收入快速增加；二是对于那些并不依靠资源出口的国家，也就是以中国为代表的东亚国家经常项目出现了大规模顺差，进而累积了大量的外汇储备，政府为了提高其收益率将部分外汇储备划入主权财富基金。2007 年 9 月 29 日中国首家主权财富基金——中国投资有限责任公司挂牌成立，注册资本为 2 000 亿美元，成为世界上第七只资本超千亿美元的主权财富基金。根据伦敦国际金融服务局（IFSL）2009 年 3 月的统计数据，截至 2008 年底，全球共有约 40 个国家设立了主权财富基金，管理着 3.9 万亿美元的财富，比 2007 年增长 18%，其中，中东产油国拥有全球主权财富基金的 45%，亚洲其他地区占大约 1/3。随着数量与规模的迅速扩张，主权财富基金的投资管理风格也更趋主动活跃，其资产分布不再集中于 G7 定息债券类工具，而是着眼于包括股票和其他风险性资产在内的全球性多元化资产组合，甚至扩展到了外国房地产、私人股权投资、商品期货、对冲基金等非传统类投资类别。主权财富基金已成为国际金融市场一个日益活跃且重要的参与者。

在主权财富基金在国际金融市场日趋活跃的同时，一系列因素表明它们也面临一些风险与挑战。首先，主权财富基金会面临一些特殊的投资与市场风险。主权财富基金与一般投资基金的一个重要区别是“树大招风”，其一举一动都会格外引人注目，很难在市场上维持匿名性与私密性。市场一旦获知某主权财富基金有意投资某一资产或证券，该资产的价格就会上涨，从而增加主权财富基金的投资成本，降低其预期投资回报率。其次，主权财富基金还会面临特殊的政治风险。主权财富基金的投资活动因其敏感的政府背景可能会被认为带有特殊的政治或战略动机，而非纯粹的商业动机。而且，主权财富基金的投资大部分分布在其他国家，往往会引起东道国各方面的猜疑，甚至公开的敌意。

四、主权财富基金的运营模式

目前，在主权财富基金的运营上，主要存在 3 种典型模式，即中东模式、新加坡模式和挪威模式。

(一) 中东模式

包括阿联酋的阿布扎比投资局(Abu Dhabi Investment Authority,ADIA)、迪拜投资公司(Dubai Investment Co.)、科威特投资局、卡塔尔投资局(Qatar Investment Authority)等。其共同特点为:基金的初始资产均来自石油生产与出口收入;基金由国王或政府负责,不受第三方或公众的监督,没有披露义务;以追求高回报率为主要目标。除了科威特投资局与政府财政运作有较紧密的关系外,中东地区的其他主权财富基金都是独立的,具有高度的经营自主权。因此在基金运作上可以在较大程度上脱离短期政治影响,能聘任专业化管理团队,实现独立经营,投资决策保密等。

阿布扎比投资局成立于1976年,是中东也是世界上历史最长、管理资金规模最大的主权财富基金之一。该机构全日制员工1 400人,其中绝大多数是高薪聘用的专业人员,包括经济学家、投资策略师、分析员和基金经理等。

(二) 新加坡模式

新加坡模式包括成立于1974年的淡马锡控股公司(Temasek Holding,简称Temasek)和成立于1981年的新加坡政府投资公司(Government of Singapore Investment Corporation,简称GIC)。新加坡模式的特点是:管理的基金分别来源于政策结余转移(淡马锡)与外汇储备超额部分(GIC);在管理体制上采取私人制,由政府全资拥有,但独立于政府行政部门之外;公司由董事会负责,聘任专业化的管理团队。最高层的政治支持(李光耀自GIC创立伊始就担任主席一职,2011年6月1日李显龙总理受委托接替李光耀担任GIC主席)为GIC提供了有效的政治屏蔽,保证了其经营运作不受行政官僚的干预。GIC只投资于海外资产,以高流动性的股票与定息债券为主。淡马锡以前主要是投资新加坡新型战略产业以及高流动的国有股权,但是在何晶担任首席执行官后,近年来开始大举扩张海外直接投资。尽管近年来淡马锡通过公布年报以及简单财务与业绩情况试图增加其透明度,但基本上淡马锡与GIC皆不受强制性公开披露义务的限制,外界对其投资决策与运作知之甚少。

(三) 挪威模式

挪威政府全球养老基金的来源与中东地区的主权财富基金相似,来自政府石油出口和税收的收入。基金由政府全资拥有,独立机构运作,专业化团队管理。但是,挪威是北欧高度成熟与稳定的民主政体,所以挪威政府全球养老基金接受议会与公众的监督,它如同上市公司般地定期公开披露其投资政策、资产组合、财务表现等,在国际金融市场上被认为是透明度最高的主权财富基金。

其他比较重要的主权财富基金有俄罗斯的石油稳定基金和韩国的投资公司(Korea Investment Corporation,KIC)等。前者可大致划为中东模式,后者则与新加坡模式近似。

五、主权财富基金的监管

主权财富基金的迅猛发展,招致了一些市场疑虑。主权财富基金的海外投资活动最初引起了东道国的高度警觉,这些国家担心主权财富基金由于缺乏透明度以及受政治利益的驱动,会对其重要产业和经济命脉产生控制,从而对主权财富基金的投资和收购活动高度关注。而拥有主权基金国家也担心,对方国家施以保护主义限制条款,不利于其盈利能力的发挥以及国际资本的流动。在此背景下,2008年4月30日—5月1日,主权财富基金国际工作组(International Working Group of Sovereign Wealth Funds,简称IWG)在华盛顿成立,该组织由拥有SWFs的26个IMF成员方组成。2008年4月在美国华盛顿特区举行的西方7国财长会议和中央银行行长会议提出了由IMF制定SWFs行为准则、OECD制定SWFs接受国行为指引的方针。

1. 华盛顿约定

自2007年次贷危机爆发以来,来自阿联酋、新加坡等国家的主权财富基金频频买入西方金融机构股份的行为,引起了全球对主权财富基金广泛的关注和质疑。2008年3月20日,全球最大的两只主权财富基金GIC和淡马锡、阿联酋与美国政府之间为规范这3个国家主权财富基金的行为准则,签订了《华盛顿约定》。《华盛顿约定》的内容有两套,共9条约定:第一套的5条原则针对主权财富基金国家;第二套的4条原则针对接受主权财富基金投资的国家。

第一套原则:① 主权财富基金投资应该以单纯追求商业利益为目的,而不是直接或间接地促进其所属政府实现地缘政治目的。② SWFs应该对适当历史时期的投资信息如投资目的、投资目标、体系架构及财务信息,特别是资产配置、基准及回报率等予以披露。③ SWFs应该具备完善的治理结构、内部控制及运作和风险管理系统。④ SWFs应该与私营领域进行公平竞争。⑤ SWFs应该尊重东道国所制定的可适用的规章制度及投资所在国的信息披露要求。

第二套原则:① 接受国不应当设置保护主义壁垒以限制证券投资或外国直接投资。② 接受国应当具有可预测性的投资体系。③ 接受国不应当对投资者区别对待。④ 接受国应当以尽可能的不干预方式尊重投资者的决定,而不是寻求指导主权财富基金。

从上述原则看,针对主权财富基金的投资行为,除遵循接受国国内相关投资法规外,协定特别强调SWFs投资的商业目的性,强调信息披露和公司治理的规范性。同时,接受国承诺不专门针对SWFs设置保护主义壁垒或其他限制措施。

2. 圣地亚哥原则

IMF下属的主权财富基金国际工作组先后在华盛顿、新加坡和智利的圣地亚哥召开了3次会议,与欧美等主要投资接受国政府代表进行多次对话。2008年10月的圣地亚哥会议上,IWG的26个主权财富基金代表在IMF协助下就主权财富基金的以下3个关键领域达成了普遍接受的原则和做法:① 法律框架、目标以及与宏观经济政策的协调;② 体制框架和治理结构;③ 投资和风险管理框架。这些内容被称之为"圣地亚哥原则(The Santiago Principle)",又被称为普遍接受的原则和做法(Generally Accepted Principles and Practices,简称GAPP),它是一套有关主权财富基金的行为准则,属自愿性质。会后对外发布,并且于2008年10月在世界银行和国际货币基金组织年会期间获得通过,并得到上述26家主权财富基金所在国政府的认可。

圣地亚哥原则确立了主权财富基金的4项指导目标:一是有助于保持全球金融体系的稳定、促进资本和投资的自由流动;二是遵守投资接受国相应的法律、法规和信息披露要求;三是投资基于经济和财务的回报与风险考量;四是建立透明、健全的公司治理架构,以保证公司良好的运营控制、风险管理和问责机制。

圣地亚哥原则是一个针对主权财富基金的自愿性原则和做法,体现了发达国家、新兴市场国家和发展中国家经济体的主权财富基金所进行的集体努力。圣地亚哥原则所达成的24条原则和做法，涉及主权财富基金的治理、透明度、管理等方方面面。GAPP对于主权财富基金的健康规范发展具有积极意义，有利于主权财富基金的有效运作，促进人们对其管理的认识，有助于提升人们对全球经济和金融稳定的信心。

3. OECD准则

2008年6月，OECD发表了《OECD关于SWFs及接受国方针的宣言》(OECD Declaration On Sovereign Wealth Funds and Recipient Countries)，作为SWFs投资接受国的行为准则。其内容在提出内外非歧视原则的同时，又提出如果SWFs的投资基于政治意图则会产生国家安全方面的疑虑，因此理应对SWFs的投资设置限制。该宣言沿袭了过去OECD所通过的有关国际投资的各项原则中所提倡的内外非歧视、透明度、分阶段自由化、防止引进新的壁垒、避免自由化过程中采取双边不对等等内容。《OECD关于SWFs及接受国方针的宣言》的主要内容：① 接受国不得设置对国外投资的保护主义壁垒。② 接受国不得对条件相同的投资人予以区别对待。③ 接受国只有在针对国内或国外投资人适用一般性规定不足以消除涉及国家安全的合理疑虑情况下，才能探讨与投资相关的追加限制措施。④ 在产生涉及国家安全相关的合理疑虑时，接受国的投资保护措施：应该是透明且可预见的；应该是与明确规定的国家安全方面的风险成比例的；在适用时应该确保履行说明责任。

为了加强主权财富基金之间的交流与合作，并与主要投资接受国之间进行政策对话与沟通，以维护公正、开放的投资体系和自由有序的资本流动市场，2009年4月，由全球26家大型主权财富基金参与创办了"主权财富基金国际论坛"，并由国际货币基金组织担任秘书处，现有成员27家。论坛每年召开一次年会，到目前为止已分别在阿塞拜疆首都巴库、澳大利亚悉尼和中国北京召开了年会。

第三节 国际储备的管理

国际储备管理是一国政府或货币当局根据一定时期内本国的国际收支状况和经济发展要求，对国际储备的规模、结构和储备资产的使用进行计划、调整和控制，从而实现储备资产的规模适度化、结构最优化和使用高效化的整个过程。国际储备的管理既是一种资产管理，也是一种政策选择。自20世纪70年代国际货币体系发生重大变革以来，面对浮动汇率制度和多元化的国际储备体系，各国货币当局管理国际储备的难度增大了，也使得国际储备管理比以往任何时候都重要。一国的国际储备管理总体上包括两方面：一是国际储备水平的管理，其核心在于确定适度的国际储备数量；二是国际储备结构的管理，其核心在于安排出合理的储备结构。

一、国际储备规模管理

(一) 国际储备适度规模管理的必要性

所谓国际储备规模管理，是指确定并保持一个适度的国际储备水平。国际储备作为一国调节国际收支逆差、稳定外汇市场的现实能力的标志，其规模不能过小。一国持有的国际储备量过少就会使该国蒙受损失。首先，这意味着资源配置的扭曲，因为国际储备量过少，就使持有国际储备的边际收益高于储备增量的机会成本。其次，政府缺乏足够的外汇平准基金，本币汇率难以稳定，增加国际贸易与国际金融活动的外汇风险。再次，该国可能面临偿债困难和支付危机，在利用外资时，缺乏国际信誉。最后，由于该国缺乏国际清偿力，在受到各种冲击时可能会付出格外沉重的代价。

一国持有的国际储备也并非越多越好。国际储备规模过大也将产生下列不利影响：① 造成资源的浪费。持有国际储备具有一定的机会成本，即该国放弃了将它转化为进口生产资料等实际资源所能获得的收益。从理论上讲，国际储备数量过多，国际储备的边际收益低于持有的机会成本，造成资源的浪费。② 给一国带来通货膨胀的压力。一国的国际储备增加将导致该国货币发行量的扩大，必然对其通货膨胀产生压力。③ 失去向国际组织优惠贷款的权利。国际储备过多对于发展中国家来说尤为不利，因为会让国际社会认为该国具有充裕的资金，这样该国就可能失去享受国际金融组织低息贷款的机会，从而难以借助国际力量加快发展经济。④ 面临巨大的外汇风险。由于国际储备的构成中外汇储备占绝大部分，国际储备过多，其实质往往就是外汇储备过多，因此，难免要受到外汇汇率波动的冲击。⑤ 给本币带来升值压力，不利于本国出口。⑥ 过多的国际储备主要来自该国的国际收支顺差，这易遭他国的不满甚至报复。

因此，一国的国际储备不能太少，也不能太多，国际储备应该维持在一个合理的水平上，这个合理的水平被称为国际储备的最适度规模。在实践中，因为国际储备规模失当对一国经济带来不利影响的例证比比皆是，如 20 世纪 80 年代初期，非洲和拉丁美洲地区的国家因国际储备不足，不具备充足的对外支付能力，而引发债务危机。那么，一国国际储备的最适度规模是多少？各国没有统一的标准，更不存在一个国际通用的模式。影响和决定国际储备水平的因素是多种多样的，在不同国家，甚至同一个国家的不同发展阶段，对国际储备的需求都会不同。因此，各国必须根据本国的具体情况决定适度的国际储备量。

有的经济学家认为，一国国际储备的适度规模在现实生活中往往并不是一个确定的值，而是一个区间范围。一般来讲，一国的国际储备下限，即保证该国最低限度进出口贸易总量所必需的储备资产，称为经常储备量或最低储备量；一国国际储备上限，即可以应付该国最高经济发展速度、缓和任何偶发事件所必需的储备资产，称为保险储备量或最高储备量。下限是国民经济发展的临界制约点，如果达不到这一水平，一国的对外支付就会陷入困难境地；而上限则表明该国拥有充分的国际清偿力，是国民经济发展所需的最高储备量。上限和下限之间，便构成了一国适度的国际储备区间，如图 6-1 所示。

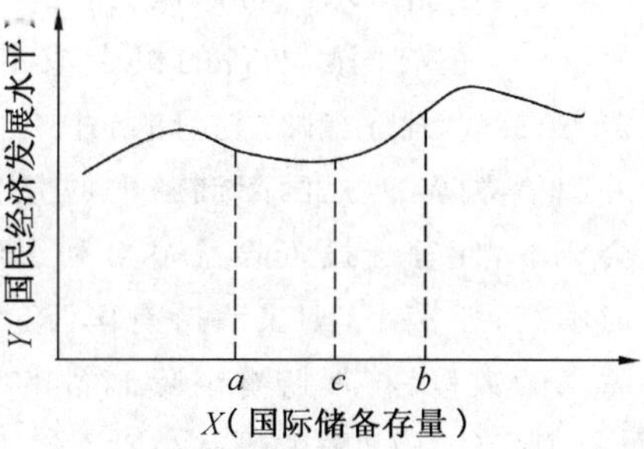

图 6-1　国际储备区间

图 6-1 中，点 a 为经常储备量；点 b 为保险储备量；点 c 是在特定条件下一国的最适度储备量。点 c 是一动点，它是由影响一国对国际储备需求的一系列因素共同决定的。

（二）国际储备适度规模的影响因素

综合第二次世界大战后世界各国的情况，确定一国的国际储备水平应考虑的因素主要有：

（1）经济开放与对外贸易状况。一国的对外开放程度越高，对外贸易在国民经济中所处的地位和发挥的作用越大，就需要较多的国际储备；反之，则需要较少的国际储备。一国在贸易条件上处于不利地位，商品缺乏国际竞争力的国家，需要较多的国际储备；反之，则需要较少的国际储备。

（2）外贸和外汇的管制程度。在实行较为严厉外汇管制的条件下，就可以通过对外贸和外汇的直接管制来增加外汇收入和限制外汇支出，从而实现国际收支的平衡。管制越严格，需要的储备就越少；管制越松，需要的储备就越多。

（3）货币的国际地位。这主要是指一国货币是否处于储备货币地位而言的。如果一国货币处于储备货币地位，那么就可以直接用本国货币来支付短期逆差，而不需要较多的储备；如果本国货币处于非储备货币地位，则需要较多的储备。这也是美国等少数发达国家的储备水平较低的一个重要原因。美国是世界上最重要的储备货币发行国，美元是最重要的储备货币，是关键货币，因此，尽管美国的国民生产总值最大，开放程度与市场化程度极高，但其外汇储备并非最多。

（4）对外资信与融资能力。如果一个国家有着良好的国际信誉和形象，能够在必要时较容易或迅速地通过各种方式借到各种外汇资金，补充其国际清偿力，该国的国际清偿力并不会因为其储备水平较低而降低，则对储备的需求减少；反之，对储备的需求相应增加。但是需指出的是，这种战略存在着明显的代价。这是因为借款的边际成本超过储备上的收益，而且信贷的未用部分还涉及承诺费，即借款会增加未来的偿债负担。

（5）外债的规模。一般而言，一国的外债规模越大，则需要较高水平的国际储备，反之，其国际储备水平可以低一些。

（6）持有国际储备的机会成本。由于持有国际储备意味着放弃相应部分的国内投资，虽然一国持有的国际储备中有一些储备资产是可以生息的，如在国外的银行存款和外国债券等，但是国际储备的收益低于一般的投资收益。于是，一国持有国际储备的机会成本，便等于投资收益率与利息收益率之差。这个差额大，表明持有国际储备的机会成本高；差额小，则表明持有国际储备的机会成本低。受经济利益的制约，一国国际储备需求的数量，与其持有国际储备的机会成本呈反方向变化，持有国际储备的机会成本越高，国际储备的需求量越少；反之，则越多。

（7）金融市场的发育程度。发达的金融市场能够提供较多的借入储备与诱导性储备，这些储备对利率和汇率等调节政策的反应比较灵敏。发达的金融市场使得当局可通过市场操作获取所需的储备，即发达的金融市场存在一种迅速地把民间资金或社会资金转换为中央银行直接持有的机制。因此，金融市场越发达，这种转换机制越完善，货币当局对储备的需求“冲动”就减少；反之，对储备的需求“冲动”就增加。

（8）汇率制度与外汇政策的选择。国际储备的一大作用就是干预外汇市场，维护外汇市场汇率的稳定。如果一国实行固定汇率制度和采取稳定汇率的外汇政策，为干预外汇市场，平抑汇率，就需要持有较多的国际储备；反之，一国实行浮动汇率制度，可以对外汇市场汇率的波动不予理睬,即对汇率波动的容忍程度大,其对国际储备需要的数量就减少。

(9) 应付各种因素对国际收支冲击的需要。一国在考虑国际储备的需求时,还要注意到各种可能出现的因素对本国未来国际收支的冲击,因此,各国应该对这些冲击的类型和程度有正确的预测。各种因素对国际收支冲击的概率和程度越大,国际收支越不稳定,从而需要的储备就越多;相反,需要的储备就越少。

(10) 经济调整的强度与速度。一国实施经济调整会引起国内经济的震荡,这种震荡的剧烈程度和经济调整的强度与速度呈正相关性,即经济调整的强度越大,速度越快,经济震荡就越剧烈。但是,如果在进行经济调整时运用国际储备起到一个缓冲作用,则可以减轻这种震荡。这样,一国在实施经济调整时,要使经济调整引起的震荡小,就需要较多的国际储备;反之,则需要较少的国际储备。

此外,一定时期的偶发或突发事件的频率与重要性程度,如战争、自然灾害、外交风波、贸易制裁以及重大的政治体制改革等,也会对储备需求产生不同程度的影响。对经济增长与当期收入水平的偏好、财富效应的高低、一国承受国际收支政策调节的能力以及与之相关的政府采取政策的意愿等因素,同样会对国际储备需求产生或多或少的影响。

除上述因素外,在确定国际储备水平时,还需要考虑到应付不测事件的需要,即国际储备要留有一定的余地。可见,影响一国国际储备适度规模的因素有经济的、政治的、也有社会的,各种因素相互交织在一起,并且不断变化。因此,确定一国对国际储备的需求量时,应将以上各因素综合起来考虑。

(三) 适度国际储备量的测定方法

根据适度储备理论,在实际管理中,对适度国际储备量的测定,通常采用以下方法:

1. 比例分析法

比例分析法是以某些重要的经济指标为参照体来确定适度储备量的方法。常用的作为适度标准的比例有3个。

(1) 国际储备与国民生产总值之比(RI/GNP)。

参考值为0.1,即一国储备量应以占该国GNP的10%为宜。这一指标可以大致反映一国经济规模对国际储备的需求,即一国的经济规模大,则需要更多的国际储备作为后盾。反之,需要的国际储备量就少。

(2) 国际储备与外债总额之比(RI/FDt)。

参考值为0.3,即一国储备量应以占该国外债总额的30%为宜。这一指标能够在一定程度上反映一国偿债能力的大小。

(3) 国际储备与年进口额之比(RI/Im)。

参考值为0.25,即一国储备量应以占该国年进口额的25%为宜,或者说,应能满足该国3个月的进口需要。这一方法是由美国著名经济学家特里芬对1950—1957年12个主要国家的储备变动情况进行实证研究后提出的,所以也称特里芬法则。特里芬认为,一国的国际储备应与它的进出口贸易额保持一定的比例关系,如按储备与全年进口额的比例计算,这一比例约25%为宜,即满足3个月的进口需要。1960年特里芬出版了《黄金与美元危机》一书再次强调了该论点。此后,这一方法开始得到普遍运用。

在这3个标准中,第3个标准是最常用的,故称之为确定适度国际储备量的经验标准。国际货币基金组织也将这一比例作为测试国际储备水平的一个重要标准,并定期公布各国在这方面的比例以供分析比较。

比例分析方法简便易行,但存在以下缺陷:一是比例值是衡量是否适度的尺度,但是这种"尺度"本身缺乏客观依据。二是不同国家和同一国家的不同发展阶段,因经济实力的大小、对国际经济的依赖程度、国际融资能力的强弱、在国际经济关系中的地位、本位币是否为储备货币等多种因素的变化,决定了上述3个标准都是变量,这就使确定适度的国际储备量更加困难。三是上述3个标准是相互独立的,如果按某一标准来测量已经达到适度值,而用另外的两个标准测量没有达到适度值时,这时就很难做出正确的判断。

2. 盈亏平衡分析法

又叫成本—收益分析方法。自20世纪60年代末以来,一些经济学家根据微观经济学中关于生产某种商品的边际成本等于其所获得的边际收益即可实现利润最大化的理论,将边际成本与边际收益的分析方法引入到对适度国际储备量的分析中,由此产生盈亏平衡分析法。假定储备是外汇或特别提款权,实际生产储备的成本很低,且固定不变,则生产储备的边际成本便是一个常数,在图形上表现为与横轴平行的直线,如图6-2中的线MC。因为持有储备是作为保证未来安全的一种形式,所以储备量越大提供的安全保障就越大,但同时所需的额外储备也减少,额外储备所追加的安全程度也变小。可见持有储备的边际收益是递减的,见图中的线MB。线MC与线MB相交于点K,点K所对应的储备量便是最适度储备。在点K的左方,储备量$<Q$,$MB>MC$,即由额外储备引起的边际收益大于储备的生产成本,表明储备不足,如果形成额外储备就会增加社会福利;在点K的右方,储备量$>Q$,$MB<MC$,此时生产储备的边际成本超过其边际收益,从而形成过剩的储备。但是,这种方法只是一种理论分析工具,在实际运用上还存在较多的困难。

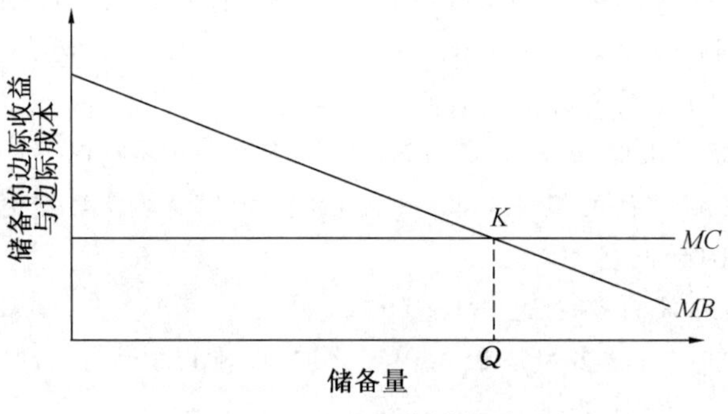

图6-2　盈亏平衡分析法

3. 数量分析法

数量分析法是将制约国际储备需求的各个因素作为约束条件和变量加以综合考虑,以持有储备的成本最低化为目标,通过建立一定的数学模型,借助计算机数据处理技术以寻求最优解。数量分析法涉及的主要因素包括:① 经济规模;② 本国所处的国际环境与经济开放程度;③ 国际金融市场的发达程度;④ 本国贸易条件和利用国际货币市场信贷的能力;⑤ 稳定汇率的其他机制;⑥ 对运用储备和稳定措施的投机性反映;⑦ 本国出口商品的供给弹性与需求弹性;⑧ 本国货币是否充当储备货币及其效应;⑨ 贸易管制、外汇管制等政策性调节的影响状况。⑩ 储备的边际收益与边际成本。这种分析方法是对国际储备的测算从静态分析发展为对各种变量的动态分析，更加数量化和精确化。但是，回归模型的建立主要依赖过去的经验数据，而过去的变动趋势是否适用于将来则难以确切证明。

二、国际储备结构管理

国际储备结构管理是指一国如何最佳的配置国际储备资产，从而使黄金储备、外汇储备、在 IMF 储备头寸和特别提款权 4 个部分储备资产之间，以及各部分的构成要素之间保持合适的构成比例。国际储备规模管理的目的是确定一国国际储备的适度规模，它解决的是国际储备的“量”的问题，国际储备结构管理的目的是确定一国国际储备的内部比例，它解决的是国际储备的“质”的问题。

国际储备结构管理的主要内容：在国际储备总量既定的条件下，安排好黄金、外汇、在 IMF 的储备头寸和特别提款权 4 种储备资产的比例；在外汇储备总额既定的条件下，安排好各种储备货币的比例，以及各种储备货币持有形式的比例。

由于 SDRs 和在 IMF 储备头寸的多少主要取决于成员方向 IMF 缴纳的份额，其数量受 IMF 的控制，各成员方不能主动随意变更。而由于黄金产量低、分布不平衡、持有的机会成本高和流动性差等原因，各国基本都保持着比较稳定的储备水平。另外，以上 3 个部分储备资产的内部构成单一，不存在要素比例确定的问题，所以，国际储备结构的管理主要是外汇储备结构的管理，具体包括外汇储备货币种类及其比例的安排和外汇储备资产流动性结构的确定。

（一）储备货币币种的安排

对储备货币结构管理的需要是随着布雷顿森林体系的崩溃而出现的，在布雷顿森林体系下，世界外汇储备基本上都是美元储备，当时储备资产结构的管理，主要是处理美元储备与黄金储备的关系。自 20 世纪 70 年代以来，储备货币从单一的美元转变为多种储备货币并存的局面，与此同时，单一的固定汇率制度转变为以管理浮动汇率制度为主的多种汇率安排，各储备货币的汇率波动频繁，利率和通货膨胀也存在很大的差异，使得储备货币币种管理的重要性凸现。对储备货币币种安排应遵循以下主要原则：

（1）币值稳定原则。分析储备货币币值的稳定性和保值性，首先要考虑不同储备货币之间的汇率以及相对通货膨胀率，当一种储备货币汇率下浮（或预期下浮），必然会有另外一种（或几种）储备货币汇率上浮。其次，不同储备货币的通货膨胀率也是不一样的。管理的任务就是要根据汇率和通货膨胀率的实际走势和预期走势，经常地转换货币，搭配币种，以达到储备收益最大或损失最小。

（2）盈利原则。不同储备货币资产的收益率是不同的，比较收益率高低的标准是实际收益率。实际收益率等于名义收益率减去通货膨胀率再减去汇率的变化，通过研究各种储备货币过去实际收益率的变化，以预测其未来的变化趋势；另外，同一币种的不同投资方式，也会导致不同的收益率。因此要适当地搭配币种和投资方式，以实现在较低的风险下获得较高的收益率。

（3）方便国际经贸往来的原则。各国对外经贸往来的地区结构不同，从而决定了经常使用的清算货币币种的不同。例如，一国在对外经贸往来中大量使用美元作为支付手段和清算手段，则该国需经常性地保持适当数量的美元储备。若该国在其对外交往中大量使用日元，则必须经常性地保持一定数量的日元储备。由于当前国际外汇市场的发达和货币兑换的便利，方便性原则在决定币种选择中的重要性已大为降低。但是仍然是各国货币当局在安排储备货币币种时需要考虑的因素之一。

（二）储备资产流动性结构的确定

国际储备资产的流动性与盈利性成反比。流动性高的资产盈利性差；而盈利性高的资产流动性差。为了便于对储备资产流动性的管理，一般根据流动性将储备资产划分为3个档次：

（1）一级储备，即现金或准现金，如活期存款、短期国库券或商业票据等，平均期限为3个月，其流动性最高，但收益性差。

（2）二级储备，收益性高于一级储备，而流动性低于一级储备，如各种定期存单和政府中期债券等，平均期限为2～5年。

（3）三级储备，流动性最低，但收益性最高，如长期公债券等各种长期投资工具，平均期限为4～10年。

如何对上述了3个档次的储备资产做出具体安排，要根据各国的具体情况而定。由于持有国际储备的目的就是进行对外支付和干预外汇市场，所以一国货币当局必须留有足够的一级储备以满足储备的交易性需求，除此之外还必须持有一定数量的二级储备，以随时应付一些意想不到的偶发事件，剩余部分才考虑作为三级储备，在各种高收益资产之间组合投资，以期在保持一定流动性的条件下获得尽可能高的预期收益率。

安排储备资产的流动性结构，还应将黄金、储备头寸和特别提款权考虑进去，以保持整个国际储备较优的流动性结构。从流动性程度看，会员方在IMF的储备头寸随时可以动用，类似于一级储备。特别提款权的使用尽管不附带限制条件，但必须向IMF申请，然后由IMF安排接受特别提款权提供可兑换货币的国家，这一过程需要一定的时间，故可以将特别提款权视同二级储备。而黄金的投机性最强，一国货币当局只有在合适的价格水平上才愿意出售，转为所需要的储备货币，可视为三级储备。

第四节　中国的国际储备

一、中国国际储备的构成

1949—1978年改革开放之前，我国对内实行高度集中的计划经济体制，对外较少参与国际经济事务，国际储备规模有限，而且外汇资金实行统收统支，因此，国际储备问题一直未引起人们足够的重视。党的十一届三中全会以后，我国开始实行改革开放政策，对外经济贸易往来和吸收利用国外资金规模不断扩大，国际储备在国民经济中的重要性日益突出。

1980年我国政府恢复了在IMF和世界银行的合法席位并按规定缴纳了应缴的份额，享有了在基金组织的普通提款权和接受基金组织分配的特别提款权，从而纳入了世界储备体系。1981年正式对外公布了国家黄金外汇储备，其中黄金储备由国家黄金库存中划出的400吨（约合1 280万盎司）黄金构成，外汇储备则由国家外汇库存和中国银行外汇结存两部分组成。国家外汇库存是指国家通过中国银行兑进和卖出外汇相抵之后的余额;中国银行外汇结存是指中国银行的自有外汇资金加上中国银行在国内外吸收的外币存款和对外借款,然后减去中国银行在国内外的外汇贷款和投资后的余额。按照国际惯例,这两种资金不能混为一谈。国家外汇库存是我国货币当局持有的对外债权,国家对其拥有所有权,可以无条件地随时动用。而中国银行的外汇结存是该银行的本金和对外负债,国家不能无条件地随时动用。为了与国际惯例接轨,我国自 1992 年底开始改变外汇储备的统计口径,改为仅包括国家外汇库存。

我国国际储备的构成,同 IMF 其他会员方一样,包括黄金储备、外汇储备、在 IMF 储备头寸和特别提款权 4 个部分(见表 6-7)。

表 6-7 中国国际储备的构成(1990—2019 年)

年份	黄金储备(万盎司)	外汇储备(亿美元)			在 IMF 储备头寸(亿 SDRs)	SDRs 余额(亿 SDRs)
		国家外汇库存	中国银行外汇结存	总额		
1990	1 267	110.93	175.01	285.94	3.03	3.95
1991	1 267	217.12	209.53	426.25	3.03	4.04
1992	1 267	194.43	—	194.43	5.51	3.05
1993	1 267	211.99	—	211.99	5.13	3.52
1994	1 267	516.20	—	516.20	5.19	3.69
1995	1 267	735.97	—	735.97	8.19	3.92
1996	1 267	1 050.49	—	1 050.49	9.71	4.27
1997	1 267	1 398.90	—	1 398.90	16.82	4.47
1998	1 267	1 449.60	—	1 449.60	25.23	4.80
1999	1 267	1 546.75	—	1 546.75	16.84	5.40
2000	1 257	1 655.74	—	1 655.74	14.62	6.13
2001	1 608	2 121.65	—	2 121.65	20.61	6.77
2002	1 929	2 864.07	—	2 864.07	31.88	8.20
2003	1 929	4 032.51	—	4 032.51	22.56	7.41
2004	1 929	6 099.32	—	6 099.32	33.20	8.03
2005	1 929	8 188.72	—	8 188.72	13.91	8.75
2006	1 929	10 663.44	—	10 663.44	10.81	7.10
2007	1 929	15 282.49	—	15 282.49	8.40	7.54
2008	1 929	19 460.30	—	19 460.30	20.31	7.79
2009	3 389	23 991.52	—	23 991.52	37.28	79.80
2010	3 389	28 473.38	—	28 473.38	41.50	80.16
2011	3 389	31 811.48	—	31 811.48	63.73	77.22
2012	3 389	33 115.89	—	33 115.89	53.18	73.89
2013	3 389	38 213.15	—	38 213.15	45.83	72.55
2014	3 389	38 430.18	—	38 430.18	39.30	72.16
2015	5 666	33 303.62	—	33 303.62	45.47	102.84
2016	5 924	30 105.17	—	30 105.17	71.39	71.87
2017	5 924	31 399.49	—	31 399.49	55.80	77.11
2018	5 956	30 727.12	—	30 727.12	60.97	76.86
2019	6 264	31 079.24	—	31 079.24	61.06	80.46

资料来源:国家外汇管理局。

从表 6-7 可以看出我国的国际储备具有以下特点：

1. 黄金储备的数量保持稳定，并有所增加

黄金储备除了随市场黄金价格上涨而自动增值外没有任何收益，因此多年来我国一直实行稳定的黄金储备政策。自 1990 年到 2000 年，我国黄金储备长期保持在 1 267 万盎司的水平，2001 年和 2002 年两次增持后，黄金储备达到 1 929 万盎司，至 2008 年一直没有变化，2009 年 4 月，我国两次增持黄金储备 75.6%，达到 1 054 吨（3 389 万盎司），2015—2019 年，我国持续增持黄金储备，在 2019 年达到 6 264 万盎司，在世界各国中排名第七。

2. 外汇储备数量增长迅速

我国外汇储备的增长，大致可以分为 4 个阶段。

第一阶段（1978—1993 年）为外汇短缺期。1979 年我国国家外汇库存只有 8.4 亿美元，1989 年之前的所有年份，外汇储备规模都非常小，不到 100 亿美元，而且年度之间变动较大，没有明显的增长趋势。1990 年外汇储备首次超过 100 亿美元达到 110.93 亿美元，到 1993 年外汇储备为 211.99 亿美元。外汇储备一直保持在低水平的原因，是经济发展造成进口增加和国际收支逆差，此时外汇储备不足也成为我国经济发展的最大制约因素之一。

第二阶段（1994—2000 年）为稳定增长时期。1994 年，国家取消了企业外汇留成，实行银行结售汇制度，建立银行间统一的外汇市场，加上我国经常项目和资本项目国际收支长期保持双顺差，外汇储备的数量随之大幅度增加。1994 年外汇储备达到 516.20 亿美元，比 1993 年增长了 143.50%；1996 年外汇储备突破 1 000 亿美元，成为仅次于日本的外汇储备第二大国。1997 年东南亚金融危机爆发，但对我国外贸形势及引资状况的影响并不明显，加之政府进一步采取了鼓励出口和优惠外资的政策，全年外汇储备增量超过 1996 年，增幅达到 348.41 亿美元。1998—2000 年，在当时国内处于通货紧缩和国际市场疲软的情况下，外汇储备增长缓慢。

第三阶段（2001—2014 年）为爆发性增长时期。2001 年后中国经济强劲增长，迅速推动了外汇储备的飙升，2001 年底跨过了 2 000 亿美元的门槛。2006 年超过日本，成为世界第一大外汇储备国，并首次突破 10 000 亿美元。2014 年 6 月底，我国外汇储备达到 39 932 亿美元的历史最高点。

第四阶段（2015 年—　）为战略性减持时期。过高的外汇储备对我国的经济产生了一定的负面影响，于是从 2015 年起，我国进入外汇储备的战略性减持期，外汇储备由 2014 年的将近 4 万亿美元逐渐减持到 2016 年的 3 万多亿美元，并一直稳定在 3 万亿美元以上的水平。

从作用上看，1994 年以前，我国国际储备的作用仅限于弥补国际收支赤字和作为对外偿还外债的保证，而没有发挥干预资产的作用。从 1994 年 1 月 1 日起，我国开始实行以市场供求为基础的、单一的、有管理的浮动汇率制度，我国的国际储备才具有了干预资产的作用。通过在外汇市场上抛售或买进外汇，来保持人民币汇率的基本稳定。

3. 在 IMF 的储备头寸和特别提款权在我国国际储备中不占重要地位

IMF 董事会于 2010 年 11 月 5 日通过了份额改革方案，中国的份额将从之前的 3.72%升至 6.39%，超越德国、法国和英国，位列美国和日本之后，居全球第 3 位。随着我国经济实力的不断提升，我国在 IMF 份额的规模和比例不断增加，但是与我国庞大的

外汇储备规模相比，在IMF储备头寸和特别提款权在我国国际储备中的比例依然很小。

二、 中国国际储备的管理体制

从中华人民共和国成立到改革开放前这一段时间，我国国际储备的管理十分简单。由于我国尚未恢复在基金组织的合法席位，国际储备的资产形式主要是黄金和外汇。在当时的计划经济时期，国家实行的是“量入为出，以收定支，收支平衡，略有结余”的外汇政策，外汇收支主要是经常账户外汇收支，基本保持平衡，国家外汇结余很少，平均每年5亿美元左右。国际储备管理体制采用的是由中国人民银行集中管理，统一经营的体制。中国人民银行的下属机构——中国银行，负责办理对外支付、国际结算和国际融资等业务，并具体负责国家外汇储备的管理和经营。

1979年以后，我国国际储备管理体制发生了较大变化。1979年3月，国家外汇管理局正式成立，主要行使管理外汇储备和外债的职能。与此同时，中国银行从中国人民银行分设出来，成为当时唯一的一家外汇专业银行。1981年开始建立和完善外汇储备管理制度，实行储备集中管理和相应的经营制度，开始建立经常储备、战略储备以及风险管理制度，以保证国家外汇储备的安全、流动和增值，同时确保了国家运用外汇储备引导外汇市场平稳运行的能力。1984年确立了中国人民银行的中央银行地位后，在国际储备的管理上形成了由中国人民银行、中国银行和外汇管理局共管的体制。中国人民银行直接管理特别提款权、储备头寸和黄金储备，中国银行负责外汇储备的技术运营，外汇管理局则受中国人民银行的委托具体负责制订有关外汇储备管理的制度、法规和规章，并负责对外汇收支活动进行全面监督。

1994年我国进行了外汇体制改革，作为国家外汇管理部门，国家外汇管理局在中国人民银行的领导下，全面负责外汇储备的具体经营管理。这一年，国家外汇管理局外汇业务司更名为外汇储备司，统一负责国家外汇储备的经营管理。1995年3月18日，《中华人民共和国中国人民银行法》颁布，从法律上明确了中国人民银行“持有、管理、经营国家外汇储备、黄金”的职责。1998年6月，外汇储备司更名为储备管理司。2007年以中投公司(CIC)的成立为标志，中国外汇储备管理体制和运作方式与国际接轨。

多年来，中国并未真正区分清楚外汇储备管理体制和官方其他外汇资产管理体制，外汇储备管理具有外汇管理色彩，国际储备资产管理水平落后。目前，我国国际储备实行分散管理。储备头寸和特别提款权由中国人民银行国际司的国际货币基金处负责管理，黄金储备则由中国人民银行的货币金融局负责管理。外汇储备是由中国人民银行依据《中国人民银行法》，通过国家外汇管理局进行管理。多元化的管理体制使各类储备资产的管理部门之间缺乏协调性，割裂了各种储备资产之间的有机联系，难以使国际储备资产达到整体上的最优。

三、 中国国际储备资产的管理

(一) 外汇储备规模的管理

我国外汇储备的规模管理就是要将外汇储备的规模维持在一个适度水平上。近年来，我国外汇需求主要来自以下几个方面：维持正常进口用汇需求；偿还债务用汇需求；外商直接投资赢利返还用汇需求；政府干预汇市的用汇需求和其他用汇需求(包括居民出境旅游、求学、就医等）。此外，还必须考虑满足特殊需求的外汇储备量，如防范国际金融风险、特殊的政策目标、政治动荡、突发事件和自然灾害等。如果能满足上述用汇需求并略有结余，则外汇储备规模就是适度的。

2011 年，我国外汇储备余额首次突破 3 万亿美元（31 811.48 亿美元）以来，我国外汇储备规模一直稳定在 3 万亿美元的水平。巨额外汇储备显示了我国经济的快速发展和综合国力的不断增强，意味着我国有充裕的国际支付和应对投机攻击的能力。但外汇储备并非越多越好，过多的外汇储备会带来高昂的成本：第一，持有巨额外汇储备导致资源浪费。官方外汇储备大多投资于发达国家债权，债权的收益率一般低于直接投资收益率，因而我国持有过多外汇储备具有很高的机会成本。第二，巨额外汇储备面临汇率风险。中国外汇储备结构中美元资产比重较大，如果美元贬值，外汇储备价值就会缩水。第三，高额外汇储备给货币政策自主性带来压力。外汇储备积累将导致以外汇占款形式发放的基础货币存量增加，加大国内通货膨胀压力，易引起股票市场和房地产市场泡沫，给宏观调控带来困难。第四，加大了人民币汇率改革的难度。外汇储备大量增加加大了人民币升值的预期，来自海外要求人民币升值的呼声此起彼伏，大量热钱流入中国，使人民币升值变成事实并加速上升。第五，失去了获得国际组织优惠贷款的权利。国际开发协会自 1999 年 7 月起就已经停止了向中国发放优惠贷款。第六，国际收支顺差，易遭他国的不满甚至报复。国际上针对中国的贸易摩擦、反倾销诉讼案件逐年增多。

为解决我国高额外汇储备问题，中国人民银行提出了 3 项解决措施：调整“宽进严出”的外汇政策取向、变“藏汇于国”为“藏汇于民”、构建完整的“走出去”的外汇管理体系。

（二）外汇储备结构的管理

1. 外汇储备币种结构的管理

目前，我国外汇储备的币种结构不平衡。从外汇储备的币种结构来看，我国外汇储备的币种构成历来以美元为主。据统计，目前中国外汇储备资产中美元资产占 70%左右，日元资产约占 10%，欧元和英镑资产约为 20%。近年来美元汇率呈明显的下跌趋势，导致我国外汇储备价值大幅缩水。

我国外汇储备的币种结构管理需要坚持 3 个原则：坚持储备货币多元化，以减少汇率变动可能带来的损失；根据对外支付的需要确定该货币在储备中的比重；随时根据外汇市场汇率变动趋势调整各储备货币的币种结构。

2. 外汇储备资产流动性结构的管理

我国拥有巨额外汇储备，但其成本与收益存在着严重的不匹配现象。这种成本与收益的不匹配主要来自两个方面：一方面中国自改革开放以来，为吸引外资，鼓励出口，各种各样不计成本的优惠政策层出不穷，使资本账户和经常账户外汇流入的成本与收益明显不平衡；另一方面，由于缺乏高回报的投资渠道，中国在外汇储备的运用上只能依赖于美国国债等少数投资工具，投资渠道单一，收益率较低，机会成本较高。

我国外汇储备资产流动性结构管理的原则是以安全性和流动性为主，适当兼顾盈利性。为此，要合理安排储备资产的短期、中期和长期投资结构，适时调整外汇储备的投资策略。当前，我国外汇资产主要用于购买美国国债等短期投资，可适当调整外汇储备投资的期限结构，进行一些中长期投资。同时将外汇储备分散化存放，可选择进入欧洲货币市场，因为境外货币被冻结的政治风险较小，且存款利率往往高于货币发行国利率。此外，可考虑提高外汇储备在国内的运用效率，发展境内外币债券市场，以减少到国际市场筹集资金，并替代部分外商直接投资。

本章重要概念

国际储备　国际清偿力　外汇储备　储备头寸　特别提款权　适度国际储备水平　主权财富基金　圣地亚哥原则　商品主权财富基金　非商品主权财富基金　稳定型主权财富基金　冲销型主权财富基金　战略型主权财富基金

本章复习思考题

1. 国际储备和国际清偿力有何区别？各自包含哪些内容？
2. 试述国际储备的作用。
3. 简述特别提款权的特点与定值方法。
4. 国际储备结构管理中应遵循哪些原则？
5. 一国确定适度国际储备水平应考虑哪些因素？
6. 测算国际储备最适度水平的方法有哪些？
7. 什么是主权财富基金？它有哪些特点？
8. 简述1990年以来我国外汇储备的特点。

第七章 国际金融市场

国际金融市场在世界经济中发挥着日益重要的作用，商品、劳务、资本的国际性转移，外汇、黄金、证券等的国际交易，以及国际货币体系的运转等各种国际经济活动都离不开发达的国际金融市场，创新的融资技术、金融工具和交易规则等为各类投资者提供了一个广阔又充满魅力的国际舞台，国际金融市场的稳定与否也直接关系到世界各国经济的稳定与发展。

第一节 国际金融市场概述

一、 国际金融市场的含义

所谓金融市场，就是资金融和或金融资产交易的场所。如果市场上资金融通或金融资产交易发生在本国居民之间，就是国内金融市场。如果资金融通或金融资产交易超越国界，涉及其他国家的居民，即为国际金融市场（International Financial Market）。因此，国际金融市场是居民和非居民之间，或非居民相互之间进行国际性金融业务活动的场所。

根据传统的定义，居民和非居民之间进行国际金融业务活动的场所称为在岸金融市场（Onshore Financial Market），非居民相互之间进行国际金融业务活动的场所称为离岸金融市场（Offshore Financial Market）或境外金融市场。因此，金融市场可分为国内金融市场和国际金融市场，而国际金融市场又可以分为在岸金融市场和离岸金融市场两个部分，见图 7-1。

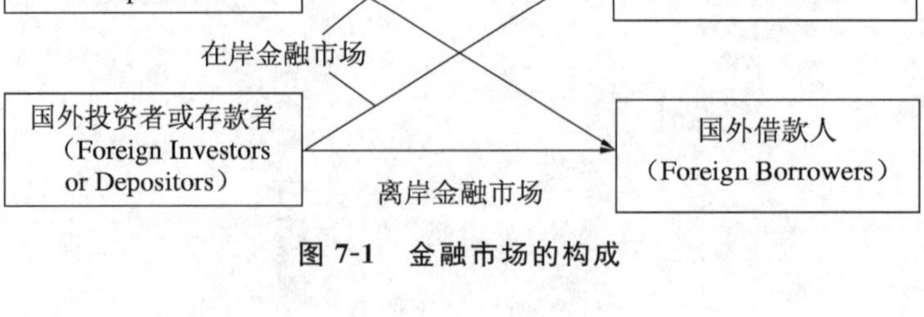

图 7-1 金融市场的构成

此外，就交易内容的不同，国际金融市场这一概念还有广义和狭义之分。广义的国际金融市场，是指进行各种国际金融业务活动的场所。这些业务包括长、短期资金的借贷，外汇与黄金的买卖等，分别形成了资本市场(Capital Market)、货币市场(Money Market)、外汇市场(Foreign Exchange Market)和黄金市场(Gold Market)；而狭义的国际金融市场，则是仅指从事国际资金借贷和融通的市场，因而亦称国际资金市场(International Capital Market)。本章将从广义的概念上来探讨国际金融市场。

国际金融市场是随着国际贸易、资本输出和生产国际化的发展而发展起来的。部分国家政策法令和通信技术手段的日益现代化也是促使其发展的重要原因。国际金融市场可以是有形的，作为国际性金融交易的场所，它往往是国际性金融机构聚集的城市或地区，也称国际金融中心；国际金融市场也可以是无形的，通过现代化的通信网络来进行各种国际金融业务交易。

二、 国际金融市场的类型

根据不同的标准，可以将国际金融市场分为不同的类型，目前主要依据两种方法划分。

(一) 按经营业务的种类划分

按经营业务的种类划分，可分为国际资金市场、国际外汇市场和国际黄金市场。

1. 国际资金市场

国际资金市场即狭义的国际金融市场。按照融资期限的长短，国际资金市场又可分为：

(1) 国际货币市场。国际货币市场是指国际资金借贷期限在1年或1年以内的资金融通市场。国际货币市场的主要功能是为政府、中央银行、工商企业及个人等参与货币市场交易的各方调剂资金余缺，解决临时性资金周转困难。国际货币市场具有期限短、资金周转快、数额巨大、金融工具流动性强，以及价格波动小和投资风险低等特征。

(2) 国际资本市场。国际资本市场是指国际资金借贷期限在1年以上的资金融通市场。其主要功能：一是提供一种使资本从剩余部门转移到不足部门的机制，使资本在国际进行优化配置；二是为已发行的证券提供具有充分流动性的二级市场，以保证市场活力。国际资本市场与国际货币市场相比，其特征是期限长，资产价格波动大和投资风险高。

2. 国际外汇市场

国际外汇市场是进行国际性汇兑和外汇买卖的场所或交易网络，是国际金融市场的核心。外汇市场为国际贸易、信贷、投资及各种国际资金活动的实现提供了便利条件，现代化通信设施使世界各外汇市场的交易都可以通过电传、电报、计算机网络进行，从而形成全球统一市场。由于外汇市场的国际化和全球化，外汇市场的动荡在各市场间迅速传播和扩展的可能性也在增加。

3. 国际黄金市场

国际黄金市场是世界各国集中进行黄金买卖的交易场所，是国际金融市场的特殊组成部分。虽然随着国际金本位制的消亡及信用货币制度的建立，黄金已退出货币流通领域，黄金市场逐渐在名义上成为一种贵金属商品市场，但由于黄金保值、清偿功能的现实延续，使黄金在实质上仍然保留着货币的作用，国际黄金市场仍然属于国际金融市场的一个部分。

目前世界上有5大黄金市场，它们分别是伦敦、苏黎世、纽约、芝加哥和我国香港地区，它们都可以进行现货和期货交易，但各有侧重。如伦敦是历史最悠久，也是最重要的现货市场；苏黎世市场也以现货交易为主，而且是世界上最重要的金币市场；纽约和芝加哥的黄金期货交易量巨大，是世界上黄金期货交易的中心；香港黄金市场既有现货交易也有期货交易，但以期货交易为主。由于黄金交易方式和类型的不同，这5大黄金市场形成了两大黄金集团：伦敦—苏黎世集团，纽约、芝加哥—香港集团，其市场价格的形成及交易量的变化对世界上其他市场有很大影响。20世纪70年代以来，国际黄金市场发展迅速，交易手段日益先进，市场规模进一步扩大。目前，全世界已经有大约40多个国际黄金市场，分布在世界各地，基本上形成了一个可24小时进行交易的全球性黄金市场。

（二）按形成方式与经营特点划分

按形成方式与经营特点划分，可分为传统的国际金融市场和新型的国际金融市场。

1. 传统的国际金融市场

传统的国际金融市场，又称在岸金融市场，是指从事市场所在国货币的国际信贷，并受市场所在国政府政策与法令管辖的金融市场。其特点是：① 受市场所在国法律和金融条例的管理和制约，限制较多，借贷成本较高。② 交易活动是在市场所在国居民和非居民之间进行的。③ 通常只经营所在国货币的信贷业务，本质上是一种资本输出的形式。因此，传统的国际金融市场还称不上真正意义上的国际金融市场。

传统国际金融市场是国际金融市场的起点，与各国国内金融市场存在着密切的内在联系，它是在国内金融市场的基础上形成和发展起来的，是国内金融市场跨越国界的延伸和发展。伦敦、纽约、苏黎世、巴黎、法兰克福、米兰等都曾属于这类国际金融市场或金融中心，均经历了由地方性金融市场到全国性金融市场，最后发展为世界性金融市场的历史过程。传统的国际金融市场主要是为外国借款人提供资金，净输出国内的资本，因此市场所在地必须有充足的源源不断的资金供应来源。所以，一个国家如果没有发达的经济，就不可能维持这样的国际金融市场。

2. 新型的国际金融市场

新型的国际金融市场，又称离岸金融市场或欧洲货币市场，是指在一定程度上与东道国国内金融市场相隔离，其金融活动基本不受东道国金融法规约束并享受税收等政策优惠的，可进行自由交易高度发达的市场。

与传统的国际金融市场相比，新型的国际金融市场具有以下3个主要特征：

(1) 以非居民之间的交易为主要业务取向。市场参与者是市场所在国的非居民，即交易是发生在外国贷款人和外国借款人之间的。

(2) 高度自由的监管环境。欧洲货币市场一般不受东道国和货币发行国政策法规的制约，在经营方式上具备了在岸业务无法比拟的优越条件和特点。具体而言，有以下几点：第一，经营自由。自由宽松的公司注册制度，使企业和金融机构可以在很宽松的条件下方便地注册或成立公司；不要求金融机构和公司在当地具有物质存在形式；对非居民不实施外汇管制，非居民可按浮动的市场汇率自由兑换各种货币；允许非居民的资本自由进出或转移；没有利率管制，存贷款利率自由浮动。第二，经营成本相对低廉。无须交纳存款准备金、存款保险费，对流动性比率和资本充足率的要求相对宽松，因此金融机构经营成本相对低廉。第三，很少有信息披露要求并实施客户信息保密规则。

（3）实施免税或低税率优惠政策。这是致力于发展离岸金融中心的东道国所提供的最具特色的优惠政策，也是离岸金融中心最重要的特征。一般来说，离岸金融中心不设存款及债券预扣税、利息所得税，以及各类有价证券交易的印花税，且大幅调低资本所得税，允许海外利润自由派息等。

以上特征表明，与受本国货币当局控制的、传统的国际金融市场相比，新型的国际金融市场是更具国际意义的金融市场。它是第二次世界大战后在传统的国际金融市场基础上形成的，是制度和政策推动的产物，它突破了国际金融市场首先必须是国内金融市场的限制，使国际金融市场不再局限于少数发达国家，而是向亚太地区、中东、拉美和全世界范围扩展（见表 7-1）。

表 7-1　全球离岸金融中心的地理分布

分布区域	核心圈	外围圈
西欧区	伦敦、苏黎世、巴黎、法兰克福、布鲁塞尔、卢森堡	直布罗陀、马恩岛、泽西岛、安道尔、马耳他、圣马力诺、摩纳哥、列支敦士登
亚洲区	新加坡、我国香港地区、东京	马尼拉、台北、曼谷、纳闽、汉城、悉尼、瓦努阿图、瑙鲁、汤加、西萨摩亚、库克群岛
中美洲 加勒比海	开曼群岛、巴哈马、巴拿马、百慕大	哥斯达黎加、安圭拉岛、安提瓜、阿鲁巴岛、巴巴多斯、英属维尔京群岛、尼维斯岛、荷属安的列斯、蒙特塞拉特、特克斯和凯科斯群岛、圣文森特
中东区	巴林	塞浦路斯、贝鲁特、科威特、迪拜

随着国际金融市场的发展，离岸金融市场的特征也发生了很大的变化。现在的“岸”或“境”，其含义已从有形的国境延伸到无形的东道国的法规和管制，离岸金融的含义已不再局限于非居民间的金融活动，也包括了居民和非居民之间的金融活动。如，美国于1981 年在境内设立了“国际银行设施”（International Banking Facilities，IBFs），按欧洲货币业务，将境内美元和境外美元分离管理，通过国际银行设施，开办金融离岸业务。

三、国际金融市场的形成条件

传统的国际金融市场或金融中心的形成，往往与该国或地区的经济发展状况和经济实力有关。而现代新型国际金融市场的形成，主要应具备以下几个条件：

（1）稳定的政局。这是最基本的条件，即只有当一国或地区政局稳定时，资本交易等国际金融活动才有安全感，国际资本才会流向那里，才能积聚向外国借款者提供贷款所需的资金，因而才会形成国际金融市场；相反，如果一国或地区政局不稳或动荡不定，国际资本就不会流向那里，因而也不会形成国际金融市场。

（2）完整的市场结构和金融制度。这里是指既有完备的金融机构网络，又有发达的国内金融市场，还有能从事国际金融活动的专门人才，以及具备组织起相当规模的金融资产交易的能力。同时，也要求信用制度比较完善、金融管理制度及法律法规比较健全，并且要保守金融秘密。

（3）良好的国际通信设施和完善的金融服务设施。国际金融市场的业务活动一般不是通过银行等金融机构的柜台业务来进行，交易双方主要通过电话、电报、电传、传真和电子计算机等电信设备和邮政设施相互联系，进行货币买卖、融资、票据及有价证券的发行、承购、转让或交易等业务活动。

（4）宽松的金融政策与优惠措施。例如，不实行或较少实行外汇管制，货币自由兑换，没有资金流动和信贷控制；金融管理也较松，在存款准备金、税率、利率等方面的待遇较优惠。

（5）优越的地理和时区位置。即所处的地理位置位于一个适宜的时区，这也是一个重要的条件。

从第二次世界大战后的情况来看，如果一国或地区具备了上述条件，即使本身没有巨额资金的积累，也能成为重要的国际金融市场。传统型的伦敦、纽约等主要国际金融中心为保持竞争力，在营运机制上努力向新型国际金融市场转变。新型国际金融市场形成的另一种方式是某一国家或地区，利用其优越地理位置或经济环境，实行优惠政策，使其在较短的时间内形成和发展成为国际金融市场。新加坡、中国香港和后来的一些新兴的国际金融市场都是在20世纪70年代后发展起来的。这些新型国际金融市场的形成表明，国际金融市场的形成不一定要依靠强大的经济实力和充裕的本国资金供应，只要它有强大的吸引力，能够把国际投资者和借款人吸引过来，就可以成为一个国际金融中心。

四、国际金融市场的作用

1. 加速生产和资本的国际化

国际金融市场通过世界各国的银行和非银行金融机构，广泛地组织和吸收世界各国以及国际社会的各种资金，将大量的闲散资金积聚起来变为有效资本。特别是跨国公司、跨国银行的发展，使国际金融市场的功能大大拓展，效率得到很大提高，更进一步拓宽了融资渠道，使经济资源能够重新优化配置，促进了生产和资本的国际化，从而促进了世界经济的发展。

2. 调节国际收支

国际金融市场在调节国际收支方面发挥着重要的作用。第二次世界大战后，特别是进入20世纪70年代以来，世界性国际收支不平衡日益加剧，美国国际收支逆差日趋扩大，许多发展中国家也需要大量资金去弥补国际收支逆差，日本、德国等连年出现大量国际收支盈余，国际金融市场的存在一方面为顺差国的盈余资金提供了出路，另一方面也为逆差国筹集资金弥补逆差提供了场所。同时，国际金融市场还可以通过汇率变动来影响国际收支，这是因为国际金融市场上外汇供求的变化直接导致外汇汇率的变动，而汇率的变动又会影响国际收支状况。

3. 促进经济全球化的发展

商品、资金流通全球化是近年来世界经济发展的显著特征之一。全球化的前提是要求各国之间能够提供各种不同形式货币间的国际结算服务，尤其是金融电子化进程的迅速加快，有力地推动了金融一体化进程，金融交易的高效率和低成本使国际金融市场职能日臻完善，营运效率的不断提高和市场规模的日益扩大，不仅能提供高效能的国际结算服务，而且能迅速满足各类资金融通的需求；不仅极大地便利了国际贸易活动的开展，也为国际投资的扩大创造了条件，进而有力地推动了经济全球化的发展。

4. 支持世界各国的经济发展

国际金融市场积极发挥世界资本再分配的职能，为各国经济发展提供了资金。例如，第二次世界大战后欧洲货币市场为促进日本和欧洲经济的复兴发挥了重要作用。特别是发展中国家经济发展所需的大量资金都是通过国际金融市场来筹措的，国际金融市场为此做出了积极的贡献。

总的来看，国际金融市场的迅速发展对世界经济的影响是积极的，但是也产生了一些负面影响，形成了一些不稳定因素。主要表现在：① 不利于一国国内金融政策的实施。数额巨大、频繁和不规则的国际资本流动往往会冲击一些国家国内金融政策的实施效果，并引起国际金融市场的动荡。② 助长外汇投机行为。大量的资本流动也会加大汇率的波动幅度和助长外汇市场的投机行为，从而增加了国际贸易及国际投资活动的风险。③ 扭曲价格机制。汇率、利率等的大幅度波动扭曲了价格机制，不仅影响了世界范围内的资源优化配置，还有可能加剧世界性通货膨胀。④ 埋下债务危机的隐患。国际金融市场利用不合理，不仅发展不了经济，而且还会使该国背上沉重的债务负担。

可见，国际金融市场在促进世界经济一体化的同时，也加速了国际不稳定因素的传播，加大了世界经济动荡的可能性。为此，各国都不同程度地加大了对国际金融市场的干预与管理。

第二节 国际货币市场

国际货币市场(International Money Market)是指国际资金借贷期限在 1 年或 1 年以内的资金融通市场，又称国际短期资金市场。其主要职能是为了便于短期资金在国际转移和融通，以满足各国资金需求者的短期资金需要，也为资金盈余者的暂时闲置资金提供能够获取盈利的机会。同时，货币市场的存在和发展对一国政府来说也非常重要。一方面，政府在货币市场发行的国库券和各种短期债券是政府财政收入的重要来源；另一方面，一国的中央银行能否有效地贯彻其货币政策，控制经济起伏波动，在市场经济条件下，很大程度上取决于货币市场能否为其提供一个有效的传导机制。目前，主要西方国家的货币市场都是高度国际化的跨国性商业银行和证券投资机构，它们利用先进的电子技术，将各国的短期金融工具交易连为一个整体，形成统一的国际货币市场。

与专门从事中长期资金贷放和投资的国际资本市场相比，国际货币市场具有以下特点：① 主要功能是为短期资金流动提供方便，而不是把实际储蓄转化为实际投资。② 交易的金融工具的偿还期短。偿还期最短的只有 1 天，最长的也不超过 1 年，较为普遍的是 3～6 个月。③ 交易的金融工具的流动性高。货币市场上的各种金融工具大多具有准货币或近似货币的性质，易转化为现金或银行活期存款，故一般为中央银行实施其货币政策的主要对象。据统计，美国货币市场上各种金融工具近 80％都在到期之前被转让了出去。④ 交易的金融工具的信用风险低。由于期限较短，流动性很强，而且金融工具的发行人主要是政府、金融机构和资信良好的大公司，因此，很少出现违约的情况。

银行同业借贷主要是为了获取利差收益，最终才贷给需要短期资金的公司企业；政府借入短期资金，是为了弥补本国国际收支逆差或满足临时性财政支出的需要；公司企业借入资金，是为了满足流动资金的周转需要；进出口商是为了支付进口货款或为商品的出口获得资金融通；投机者则是为了获取利差和汇差收益进行套汇、套利活动。

按照借贷方式的不同，国际货币市场可分为银行短期信贷市场、贴现市场和短期证券市场。

一、 银行短期信贷市场

银行短期信贷市场是指国际银行同业的拆借或拆放，以及银行对工商企业提供短期信贷资金的场所。因此，银行短期信贷市场包括银行对客户的信贷市场和银行同业之间的拆放市场(Inter-Bank Market)两部分，其中，银行同业拆放市场处于重要地位。

(1) 银行对客户的信贷市场是指商业银行与企业、跨国公司等客户之间的短期资金存放活动所形成的市场。商业银行一方面吸收客户的闲散资金，另一方面对其提供短期放款，以满足客户在经营过程中临时性、周转性的资金需求，贷款利率一般在银行同业拆放利率基础上再加上一定幅度。短期信贷不限定用途，可由借款人自行安排。

(2) 银行同业拆放市场是指银行同业之间为调拨资金头寸而进行的短期资金借贷活动所形成的市场，也称银行同业拆借市场。银行同业拆借的金额较大，但期限较短，大多在 3 个月以内。伦敦的银行同业拆借市场是最典型的，也是世界上规模最大的同业拆借市场，其参加者为英国的商业银行、票据交换银行、海外银行和外国银行等。银行同业拆借业务，一部分通过货币经纪人(Money Broker)进行，另一部分则是在银行之间直接进行。拆借的期限可以是隔夜，或者是日拆(Day Call)，以日计息，经提前通知后归还，还可以是定期的，如 1 周、3 个月、半年、1 年等。

银行之间的借贷全凭信誉，多为无须交纳抵押品的信用交易，各种交易均无须签订贷款协议，手续相当简便，所使用的利率称为银行同业拆放利率。目前，在国际金融市场上最有影响的同业拆放利率是伦敦银行同业拆放利率(London Inter-Bank Offered Rate, LIBOR)，其他国际贷款或债券发行通常以此作为基准利率，在此基础上，再根据借款人的信誉、借款期限等，酌情增加一定幅度加息率(Spread 或 Margin)。近年来，由于国际金融中心广为扩散，除了 LIBOR 可作为国际金融市场基准利率之外，在其他主要国际金融中心，经常使用的银行同业拆放利率还有香港银行同业拆放利率(HIBOR)、新加坡银行同业拆放利率(SIBOR)，以及巴林、布鲁塞尔、卢森堡等银行同业拆放利率。银行同业拆借活动中，拆借期限不同、货币不同，利率也就不同。表 7-2 为伦敦银行同业拆放市场几种主要货币、不同期限的拆借利率。另外，自 20 世纪 80 年代以来，除了银行同业拆放利率以外，某些重要的国内货币市场利率，如美国优惠利率(Prime Rate)、美国大额可转让定期存单(CDs)利率、日本长期优惠利率、加拿大优惠利率等，也经常作为国际信贷的基准利率。

表 7-2　伦敦国际银行间拆放利率(年率)　%

货币名称	1个月	2个月	3个月	6个月	1年
美元	0.155 63	0.183 25	0.241 75	0.293 25	0.421 00
欧元	−0.551 14	−0.508 14	−0.513 14	−0.491 86	−0.404 14
日元	−0.099 17	−0.066 33	−0.077 50	−0.047 17	0.087 33
英镑	0.054 00	0.063 75	0.065 25	0.117 25	0.215 25
瑞士法郎	−0.792 80	−0.759 20	−0.731 60	−0.687 60	−0.550 80

资料来源:中国人民银行,2020 年 9 月 7 日。

二、贴现市场

贴现市场(Discount Market)是经营贴现业务的短期资金市场。

贴现是指持票人以未到期票据向银行兑取现款,银行或其他金融机构从票面额中按照一定的贴现率扣除自贴现日起至该票据到期日止的利息,将余款支付给持票人的资金融通行为。贴现对于持票人来说,相当于提前取得尚未到期的票款;对贴现公司等金融机构来说,则相当于为持票人提供了一笔贷款。贴现市场主要由工商企业、商业银行或其他金融机构和中央银行组成。贴现交易的对象,除政府短期债券外,主要是商业承兑汇票、银行承兑汇票和其他商业票据。贴现公司等还可持票据向中央银行办理再贴现,中央银行通过其贴现率政策来调节货币市场利率的高低及可贷资金的松紧。贴现市场主要发挥提供短期资金融通、便利银行调节头寸余缺、平稳市场银根的作用。

目前,世界上最大的贴现市场在英国伦敦,其贴现市场在短期资金市场占有特别重要的地位。贴现市场是英格兰银行与商业银行间的桥梁,也是英国金融制度的一个特色。

三、短期证券市场

短期证券市场(Short Security Market)是进行短期证券(或信用票据)发行和交易的市场。该市场的交易对象种类繁多,主要包括国库券、商业票据、银行承兑票据、可转让定期存单等。

1. 国库券

国库券(Treasury Bills)是指一国政府发行的短期债券。在西方国家,国库券与一般债券的主要区别在于:债券的票面一般带有利率或附有息票,而国库券的面值是到期收取的货币金额,发行时则采取折价的方式,折价多少主要取决于当时的市场利率水平。国库券的面值与购买时支付的价格之间的差额,就是国库券购买者到期获得的实际收益。西方国家发行的国库券期限,一般可分为 3、6、9 个月和 1 年期 4 种,其面额起点各国不一,多采用招标方式发行。

国库券是非常重要的货币市场金融工具,许多西方国家在货币市场的形成之初,交易对象主要是政府的国库券。在目前的各类短期金融工具中,国库券的数量也是最大的。例如在美国的货币市场上,联邦政府国库券约占美国各类短期债务额的 80%,占国债总额的 40%左右;在加拿大的货币市场上,国库券占联邦政府全部债务的 25%左右。主要西方国家政府发行的国库券信用最高、流动性最好,因而交易量也非常大,它们都具有国际金融工具的性质。特别是美国联邦政府发行的国库券，不仅是美国人，而且也是外国政府、跨国银行和公司或个人投资者重要的投资对象。

2. 商业票据

商业票据（Commercial Papers/Bills）是指非银行金融机构或工商企业为筹措短期资金而发行的短期金融工具，期限一般在30天到1年不等，但以30到60天居多。这种票据由发行人担保，可以转让；多数没有票面利率，以折价形式出售，但也有的商业票据带有票面利率或附有息票。信誉高的大公司可直接向一般公众发售商业票据，并直接进入流通；但多数商业票据的发行还是通过大银行或证券公司等中介机构，采用间接发行的方式出售。

3. 银行承兑票据

银行承兑票据（Banker's Acceptances）是指经银行承兑过的商业票据。一般企业在货币市场发行短期票据筹集资金需要有较高的信誉，而银行承兑票据，则是基于借款人及承兑银行双方的信誉，更易于发行和流通。银行承兑票据的出现，为一般的中小企业进入货币市场打开了方便之门。在主要西方国家的货币市场上，银行承兑票据的面额一般没有限制，其持有人可在到期之前到承兑银行处办理贴现，或者在二级市场上进行转售，交易价格按面值打折，其与面值的差额为持票人的收益。银行承兑票据的期限一般在30到180天，最长的可达270天。

4. 大额可转让定期存单

大额可转让定期存单（Certificates of Deposit，CDs），是指银行发行的，记载一定金额、期限和利率并可流通转让的存款凭证。CDs最先于1961年出现在纽约。这种存单期限固定，多在1年以内，金额固定且较大（目前也有较小面值的CDs），不记名但可转让流通。因此，投资于CDs，不仅可以获得定期利息，又可随时转让变现，颇受投资者欢迎。目前，在西方国家，CDs是银行和非银行金融机构获得短期资金的重要渠道，也是金融机构和跨国公司等进行短期投资的理想方式。

作为国际金融市场组成部分的国际货币市场，是由各主要西方国家的货币市场组成的。值得注意的是，一方面，在各西方国家货币市场上经常交易的主要短期金融工具不尽相同，除了上述几种主要货币市场金融工具以外，实际上还有许多其他短期金融工具；另一方面，各主要西方国家货币市场的结构也有差别。例如英国的贴现市场和平行市场（Parallel Market，由银行同业拆借市场和CDs市场构成）比较发达；而美国的短期信贷市场和短期证券市场比较发达。

第三节　国际资本市场

国际资本市场（International Capital Market）是指国际资金借贷期限在1年以上的资金融通市场，又称国际中长期资金市场。其主要功能是沟通国际中长期资金流动，把各国的实际储蓄转化为投资。该市场的资金供应者主要是各类金融机构，以及跨国公司、企业和私人投资者，乃至西方发达国家的国内资本市场也是其资金来源；各国政府、金融机构、工商企业（主要是跨国公司）和国际金融组织等是国际资本市场的主要需求者。

按照借贷方式的不同，国际资本市场由国际中长期信贷市场和国际证券市场构成，后者又可分为国际债券市场和国际股票市场。

一、 银行中长期信贷市场

银行中长期信贷市场是指国际银行提供中长期信贷资金的场所，资金供求双方得以通过这一市场进行融通。其特点是数额大，期限长，一般不受地域和用途的限制。其中，借贷期限1～5年的一般称作中期贷款，5年以上的称作长期贷款。其利率由多方面因素决定，一般包括经济形势、资金供求量、通货膨胀率、金融政策等。贷款种类主要有商业贷款、出口信贷、政府贷款、国际金融机构贷款、混合贷款等。在对大型项目提供贷款时，国际上通常采用银团贷款方式，即由某一家大银行牵头，组织其他几家甚至数十家银行联合贷款。

银行中长期贷款的营运方式与做法通常是：

（1）借贷双方需签订贷款协议，该协议详细规定了与贷款有关的重要事项。

（2）由借款人所属国家的官方机构提供担保。

（3）金额较大且期限较长的贷款，往往由数个国家的多家银行组成银团共同提供，一般称之为“辛迪加贷款”（Syndicated Loan）。

（4）贷款利率多为浮动利率，即随市场利率变化，3或6个月调整1次。借贷双方确定利率时，以LIBOR为基础，再加一定的附加利率。

（5）贷款人除收取贷款利息外，还要收取管理费、代理费、杂费和承担费等。

（6）金额较大、期限较长的贷款，在整个贷款期内，往往划定一个不还本而只付息的宽限期，在宽限期满后开始逐步偿还本息，一般每半年还本付息1次。至于金额相对不大的中期贷款，也可到期本息1次偿还。

二、 国际证券市场

国际证券市场（International Security Market）是从事股票、公司债券和国家公债等有价证券发行和交易的国际市场。它是国际金融市场的重要组成部分，包括国际债券市场、国际股票市场等。

（一）国际债券市场

国际债券（International Bonds）是一国政府或居民（金融机构、企业等）为筹措外币资金，在国外发行的以外币计值的债券。从事国际债券的发行和交易的市场称为国际债券市场，其参与者由借款人、投资者以及中介人构成。国际债券市场是国际金融市场的一个重要组成部分，这个市场在20世纪80年代以前发展十分缓慢。然而，进入20世纪80年代以后，国际债券市场的发展十分迅速。20世纪90年代以来，在融资证券化趋势的推动下，国际债券市场已成为国际资本市场的主导力量，市场规模进一步扩大。

到2008年底，全球的国际债券发行总额达到23.9万亿美元，其中由发达国家发行的占91.3%，美国、英国和日本是主要的发行者。受欧洲主权债务危机影响，2010年国际债券发行大幅下降且波动较大，各季度总发行分别为22 490亿美元、16 640亿美元、

19 340亿美元和 17 070 亿美元；净发行分别为 5 950 亿美元、1 110 亿美元、4 890 亿美元和 2 930 亿美元，全年净发行债券 14 880 亿美元，较上年大幅下降 46%。其中，欧洲发达经济体国际债券发行大幅下降且波动较大，新兴经济体和其他发达经济体的债券发行则较为平稳。

国际债券市场一般可分为外国债券市场和欧洲债券市场两大部分，外国债券于 19 世纪初问世发行，而欧洲债券则是在 20 世纪 60 年代才出现的。

外国债券（Foreign Bonds）是指国外借款人在一国国内资本市场发行的、以该国货币标价的一种国际债券。如中国银行在东京市场发行的日元债券、日本筹资者在纽约发行的美元债券等。其特点是发行者属于一个国家，而债券面值货币和债券发行地点则同属另一个国家。从事外国债券发行和买卖的市场，即为外国债券市场。目前，世界最主要的外国债券市场是纽约、法兰克福、东京和苏黎世，它们的业务量几乎占全部外国债券市场的 95%以上。某些外国债券有其常用的名称，如在美国市场上发行的外国债券称作“扬基债券”（Yankee Bonds），而在日本和英国市场上发行的外国债券则分别称作“武士债券”（Samurai Bonds）和“牛狗/猛犬债券”（Bulldog Bonds）等等。

欧洲债券（Euro Bonds）是指借款人在本国境外发行的，以债券市场所在国以外的可自由兑换货币标价的一种国际债券。如日本筹资者在纽约发行的欧元债券等。其特点是债券发行者（即借款人）、债券面值货币和债券发行地点分属不同的国家或地区。从事欧洲债券发行和交易的市场，即为欧洲债券市场。虽然欧洲债券的历史比外国债券短得多，但其发展极为迅速，在较短的时间内，其发行量就远远地超过了外国债券。

在金融市场全球化的推动下，1989 年 5 月由世界银行首次发行了一种新型的国际债券——全球债券（Global Bonds）。它在全世界各主要资本市场同时大量发行，并且，可以在这些市场内部和市场之间进行自由交易。它具有 3 个特点：① 全球发行。外国债券仅局限在某一国发行，欧洲债券在一个或几个主要资本市场发行，而全球债券则在全球发行，其发行范围往往能覆盖全球的主要资本市场。② 能在全球交易，是高流动性的债券。③ 发行全球债券的借款人信用级别很高，多为政府机构。目前，全球债券的发行规模还远不及欧洲债券和外国债券，但其规模的增长却十分迅速，发展的势头很好。

（二）国际股票市场

国际股票市场是各国间进行股票发行和交易的市场。国际股票通常是指外国公司在一个国家的股票市场发行的，用该国或第三国货币表示的股票。国际股票发行和交易，不是只发生在一国内，通常是跨国进行的，即股票的发行者和交易者、发行地和交易地、发行币种和发行者所属本币等至少有一种和其他的不属于同一国度。

在国际股票市场中，股票的发行和交易是分别通过一级市场和二级市场实现的。一级市场即股票的发行市场，一般没有固定的场所，只是通过承销机构将新发行的股票买下（即包销）再转卖给投资者。二级市场是指对已发行的股票进行转让交易的市场，它包括有形市场和无形市场两部分。前者是指证券交易所，它是一个有组织、有固定交易场所的市场；后者则是指场外交易市场，它是在证券交易所之外由电子化、网络化的证券自动报价系统组成的市场，如纳斯达克股票市场，即美国的“全国证券交易商自动报价协会”（National Association of Securities Dealers Automated Quotations System，NASDAQ），成立于 1971 年，它是由相互联结的 6 000 多家证券投资机构组成。NASDAQ 通过其遍布全国各地的计算机终端网，可以迅速准确地报出所有从事场外交易的证券机构的股票价格。

国际股票市场上的交易品种主要有以下几种类型：① 在外国发行的直接以当地货币为面值并在当地上市交易的股票。如我国在伦敦发行上市交易的L股，在新加坡发行的S股，在纽约发行上市的N股。② 以外国货币为面值发行的，但在国内上市流通的，境内外投资者以外币买卖交易的股票。如我国上市公司发行上市的B股就是这类股票。③ 存托凭证(Depository Recept，DR)。它是指在一国证券市场流通的，代表外国公司有价证券的可转让凭证。DR的发行者将其在本国发行的股票交给本国银行或外国银行在本国的分支机构保管(称之为保管银行)，保管银行以这些股票作担保，委托外国银行(存托银行)发行与上述股票相对应的凭证，即存托凭证。外国投资者购买了它，就相当于拥有发行公司的股票。存托凭证可以同时在几个国家上市流通，属于多方位的融资工具。目前，国际资本市场上，证券存托凭证主要有两种：美国存托凭证(American Depositary Receipt，ADR)，即在美国发行和出售的存托凭证；全球存托凭证(Global Depositary Receipt，GDR)，即在美国以外发行和出售的存托凭证。由于其操作规范，流通量大，故我国企业在国际股权融资中，主要采取ADR。美国存托凭证市场也是世界上最大的存托凭证市场。目前在美国上市的中国概念ADR中，人们较熟悉的有中国铝业、百度、中国电信、中国联通、中国石化、网易等。④ 欧洲股票，是指在股票面值货币所在国以外的国家发行上市交易的股票。

目前，世界上主要的股市都是高度国际化的。这一方面体现在国际股票市场是一个以各国股票市场为基础，利用现代化通信工具联系起来的全球性交易网络，一国股市行情可以迅速传递到其他股市。现在世界上有60多个国家和地区设有股票交易市场，其中，伦敦、纽约、东京、法兰克福、香港等是世界著名的国际股票交易市场。国际股票市场的交易在交易场所分布地点和交易时间上已经形成全球化、全天候(24小时)进行。另一方面，世界上主要的股票交易所已经不仅是其国内公司的股票交易所，而且都有大量的外国公司的股票上市交易，外国公司上市的股票数量甚至接近或者超过本国公司的数量。它为世界各国的工商企业通过发行股票的形式，吸收国外中长期资金，提供了重要的融资场所，也是国际金融市场的一个重要组成部分。

第四节 欧洲货币市场

一、欧洲货币市场的形成与发展

(一) 欧洲货币市场的概念

欧洲货币(Euro-currency)是指在货币发行国境外流通的货币，亦称“境外货币”(External Money)。因而，欧洲货币市场(Euro-currency Market，以下简称ECM)也就是指各种境外货币筹资、投资与交易的市场。

ECM起源于20世纪50年代末的英国伦敦，其货币是美元(Euro-dollars)，因而也称欧洲美元市场(Euro-dollar Market)。后来,这个市场逐渐扩大,其主要借贷货币不限于美元,还有其他国家的货币,如德国马克、法国法郎、瑞士法郎和日元等。可见,随着市场规模和经营范围的不断扩大,ECM 的名称和含义在区域和货币等概念方面发生了重要变化。今天的欧洲美元市场已发展成为一个更加多样化的 ECM。

(1) 货币概念不再限于境外美元。任何可自由兑换的货币,只要在该国的管辖之外都可以称为"欧洲货币",如欧洲日元是指在日本以外银行中存贷的日元,不论这些银行是外国人开设的,还是日本银行的国外银行;同样欧洲英镑是指在英国以外的银行中存贷的英镑,其余以此类推。"欧洲"这个词本身已成为"境外"和"离岸"等词的同一用语。不过由于欧洲美元在 ECM 中占主要地位,且 ECM 是由原来的欧洲美元市场发展而来的,而其他欧洲货币只是后来才增加的,因此,至今仍有人习惯称之为欧洲美元市场。但应注意,此时的欧洲美元市场与其字面的表述意义已相距甚远。

(2) 区域概念已不再限于以伦敦为中心的欧洲市场。除欧洲的伦敦、巴黎、法兰克福、苏黎世等地外,ECM 的范围也扩展至亚洲、北美洲、拉丁美洲等,如开曼群岛、巴哈马、巴林、新加坡、中国香港、东京和纽约等金融市场。值得注意的是,1981 年 12 月 3 日纽约国际银行设施(International Banking Facilities,IBFs,亦称国际银行便利)的设立,虽然把在美国的欧洲美元业务与其国内的业务严格区分开来,保持欧洲美元是美国境外美元这一概念特征,但就地理位置上看,欧洲美元已能在美国境内经营,这是自 ECM 出现以来的一次重大发展,为把大量 ECM 业务吸引到美国创造了条件。事实上,目前纽约所经营的欧洲货币业务已超过了卢森堡、巴黎、东京等地,成为仅次于伦敦的经营欧洲货币的金融市场。由此可见,今天的 ECM 已是一个全球性的、真正的国际金融市场,它不属于任何一个国家,也不受任何一国政府的管辖,不过大多数人习惯上还是使用欧洲货币市场或欧洲市场这一概念。

(3) 市场概念已大大扩展。目前,ECM 这一概念已由短期货币市场逐步扩展到中长期信贷和债券市场,如欧洲信贷市场、欧洲债券市场等。可见,ECM 和我们通常所说的货币市场的市场概念是不同的,通常所说的"货币市场"是短期(1 年或 1 年以下)资金交易市场,而 ECM 绝对不能理解为短期资金市场,因为在 ECM 上,不仅有短期资金的交易,更有中长期资金的交易。

(二) 欧洲货币市场的形成与发展

欧洲美元市场是最早出现的欧洲货币市场,一般认为,欧洲美元市场是 1957 年开始在伦敦出现的。20 世纪 60 年代中后期,欧洲货币市场的借贷活动已超出了美元的范围,陆续出现了当时的联邦德国境外马克、瑞士境外法郎、英国境外英镑和法国境外法郎等,原有的欧洲美元市场便演变为欧洲货币市场。同时,市场范围也在不断扩展。20 世纪六七十年代,随着亚太地区经济的快速发展,欧洲货币市场扩展到亚洲的新加坡、中国香港,美洲的巴哈马、开曼、百慕大等地,欧洲货币市场又演变为"欧洲"货币市场,这里的"欧洲"是"境外"之意。20 世纪 80 年代又扩展到美国和日本的本土,这时候,欧洲货币市场的"境外"意义又发生了变化,美国政府将美国境内流通但不受美国金融当局管理的非居民美元存贷款定义为欧洲美元,产生了所谓的"在岸的离岸金融中心",所以,欧洲货币的概念从此突破了特定的地理限制,1986 年日本离岸金融市场经营的日元也属于日本境内的欧洲日元。目前,离岸金融中心遍布全球,横跨各大洲。

ECM形成与发展的根本原因在于，第二次世界大战以后，世界经济和科技革命的迅速发展，促进了国际分工的进一步加深以及生产和资本国际化的发展，这使得传统的国际金融市场不能满足需要，借贷关系必须进一步国际化。除此以外，还有一些促使ECM形成和发展的直接原因，它们是：

1. 马歇尔计划的实施和东西方冷战

1947年，美国政府实施马歇尔计划，目的是给欧洲经济提供资本使其复兴，并在军事上促使其成为反苏同盟。巨额援助资金，再加上驻西欧美军大量的军费开支，这就使得美元源源不断地流入欧洲。这些美元主要存放在伦敦的银行，形成了最早的欧洲美元。此外，20世纪50年代初期，朝鲜战争爆发，美国政府冻结了中国存放在美国银行的资金。由于东西方冷战，苏联和东欧国家唯恐遭遇同样的危险，纷纷将其存放在美国银行的美元存款由美国转移至伦敦和巴黎等地，使得欧洲美元的数量又有了进一步增加。

2. 英国的保卫英镑政策

1954年10月，埃及与英国签订了"关于苏伊士运河基地的协定"，规定英军分批撤军。1956年7月，埃及宣布收回苏伊士运河。1956年10月不顾美国的反对，英、法、以色列发动侵埃战争，重新控制苏伊士运河。为了支持埃及政府，许多国家对英国实行制裁，美国也在国际外汇市场上大量抛售英镑。1957年英国国际收支恶化，爆发了英镑危机，历时13个月。英国政府为了维护英镑的稳定，一方面提高了英镑利率，另一方面加强了外汇管制，禁止其银行对非英镑区的居民提供英镑贷款，以限制英镑外流。英国各大商业银行纷纷另谋生路，转而以美元提供融资。于是，一个在美国境外专门经营美元存贷业务的资金市场——欧洲美元市场在英国出现了。

3. 美国因素的影响

(1) 美国国际收支逆差。1950年，美国国际收支经常项目就开始出现逆差，1958年以后，美国的国际收支开始出现赤字，且规模逐渐扩大，美元资金不断地流向国外。进入20世纪60年代以后，因越南战争的庞大军费支出和同期对外贸易的巨额赤字，使美国国际收支进一步呈现大幅度逆差，在美国境外，主要是西欧各国的银行里积聚了大量美元，从而为欧洲货币市场提供了大量的资金。

(2) 美国政府的放纵。欧洲美元在美国境外辗转存储和贷放无须兑换成外国货币，也就不会流入外国的中央银行，从而减轻了外国中央银行向美国兑换黄金的压力。这不仅对美国日益减少的黄金储备产生了一些缓冲作用，也给美国政府转嫁通货膨胀开辟了一条新的途径。所以，美国纵容欧洲美元市场的发展。

(3) 美国的一系列金融政策。美国国际收支呈现大幅度逆差，迫使美国政府采取一系列措施来限制资金的外流，而这些限制性措施却使美国的跨国公司和商业银行加强其海外分支机构的经营活动，以逃避美国政府的金融法令管制。如1958年的联邦储备法案"Q项条款"，规定商业银行储蓄和定期存款利率最高限；"M项条例"，要求商业银行必须向联邦储备体系缴纳存款准备金；1963年7月的"利息平衡税"(Interest Equalization Tax, IET)，即对居民购买外国在美发行的有价证券所得利息及其他收益征收的一项特别税收；1965年的"自愿信贷控制计划"(FCRP)，限制美国银行和跨国公司对外贷款以及对外直接投资的规模；1969年颁布"国外直接投资规则"，明确限制有关机构的对外直接投资规模。凡此种种都促使美国企业及金融机构将资金调至海外，再向世界各地贷款以满足扩大投资的需求，从而大大地推进了境外美元存货业务的发展与扩大。虽然这些法令后来基本上都被取消，但当时对欧洲货币市场的刺激作用却不能低估。在1964—1973年间，美国银行的海外分行从181家增加到699家，其中有181家设在加勒比海地区，156家设在欧洲的离岸金融中心。

4. 其他国家的政策影响

(1) 西欧国家放松外汇管制。从1958年起，一方面西欧国家国际收支出现顺差，逐渐放松外汇管制，实现货币自由兑换，使储存于各国市场的境外美元与境外欧洲货币能够自由买卖，并在兑换后可自由调拨移存；另一方面，西方各国的中央银行、商业银行以及公司企业等积存了大量的美元，鉴于欧洲美元不需要提缴存款准备金，也不必就所得扣缴所得税等有利因素，因此，它们纷纷将其美元资金转入欧洲美元市场，以赚取较高的收益。这些都为ECM的营运与扩展提供了不可缺少的条件。

(2) 瑞士、联邦德国等西欧国家的"倒收利息"政策。20世纪60年代，西方各国通货膨胀日益严重，国际短期资金充斥。有关当局为减缓通货膨胀的压力，一般采取鼓励持有外币的金融措施，以减少本国的货币流通量。例如，瑞士和联邦德国货币当局曾规定对境外存户的瑞士法郎、联邦德国马克存款不仅不付利息，有时甚至还要倒收利息，或强制将新增加的存款转存至中央银行予以冻结，但以外币开立账户则不受限制。为了获取瑞士法郎和联邦德国马克升值的利益，同时逃避上述倒收利息的损失，一些资金拥有者将手中的瑞士法郎和联邦德国马克等欧洲货币存储于他国市场，从而使欧洲货币市场上的币种扩展，进一步促进了境外欧洲货币市场的发展。

5. 石油美元的促进

1974年，石油价格大幅上涨，石油输出国国际收支出现了巨额的顺差，与之相应的是，石油输入国巨额的逆差。大量石油美元流向欧洲货币市场，为市场提供了资金来源，各逆差国进入欧洲货币市场筹集资金以解决国际收支不平衡问题，从而为这一阶段欧洲货币市场的迅速发展提供了条件。

此外，欧洲货币市场自身的一些特点，如金融机构发达、交易成本较低、存贷利差小、交易便利快捷、融资效率高等，无疑具有很强的吸引力，最终促成了欧洲货币市场的迅速发展。

二、欧洲货币市场的特点

ECM是一个自由的、完全国际化的市场，是国际金融市场的主体。由于其经营的是境外货币，因此它具有许多与各国国内金融市场以及传统的在岸金融市场不同的特点。这些特点可归结为以下几点：

(1) 市场范围广阔，不受地理限制。欧洲货币市场涵盖世界各地的境外货币业务，其范围和规模非一般传统意义上的国际金融市场可比。国际性银行网络及发达的电信系统，可以在全球范围内为融资者提供快捷的资金汇集和调拨服务。

(2) 交易币种繁多，规模巨大。欧洲货币市场的资金来自世界各地，包括世界上所有可自由兑换的货币，数额极其庞大，可以满足各国不同类型客户对不同期限和不同用途资金的需求。欧洲货币市场通常以批发为主进行交易，其客户一般为大跨国公司或政府部门，单笔交易金额往往都很大，相对地，银行的经营成本就显得很低，竞争也比较激烈。

(3) 交易品种繁多,金融创新极其活跃。ECM 有银行短期贷款,也有中长期贷款;有固定利率贷款,也有浮动利率贷款;有短期证券交易,也有中长期证券交易,等等。欧洲货币市场拥有一系列先进的金融技术来提供和创造金融服务,金融工具不断创新。

(4) 所受管制较少,税负较轻。欧洲货币市场本质上是一个"超国家"的资金市场,不受国家政府管制与税收限制。市场所在国政府为了吸引更多的欧洲货币资金,扩大信贷业务,往往还采取种种优惠措施。因此,欧洲货币市场经营非常自由,交易手续简便,借贷条件灵活,银行等机构的各种服务费平均较低,从而降低了融资者的成本负担。

(5) 有自己独特的利率结构。ECM 利率体系的基础是 LIBOR。LIBOR 同各国的利率有一定联系,但又不完全相同。它除与各国货币市场利率相互影响外,还受 ECM 供求关系的影响。因此,欧洲货币市场形成了相对独特的利率体系,表现为存款利率略高于国内金融市场,而贷款利率略低于国内金融市场。存款利率较高是因为国外存款的风险比国内大,且不受存款准备金和存款利率最高额限制。贷款利率略低是因为欧洲银行享有所在国的免税和免缴存款准备金等优惠条件,贷款成本相对较低,故降低贷款利率招徕客户。一般而言,ECM 的存贷利差仅为 0.25%~0.5%,这比各国国内市场存贷利差要小,这一利率上的优势使 ECM 吸引了大批客户。

(6) 银行间交易特别发达。欧洲货币市场主要是银行间的市场,银行同业间的交易占很大比重。据统计,市场上银行间的相互存款占到整个欧洲银行外币负债总额的 75%,成为资金贷放的重要来源。欧洲银行间的拆借业务规模也很大,这既是银行对利率和流动性风险进行分散的需要,又成为市场信用扩张、资金派生的基础。因此,欧洲货币市场不仅是信贷中介机制,而且是信贷创造机制。进入该市场的存款,经过银行之间的辗转贷放使信用得到扩大,这些贷款如果存回欧洲货币市场,便构成了欧洲货币市场派生的资金来源,把其再贷放出去则形成了欧洲货币市场派生的信用创造。

三、欧洲货币市场的基本业务

ECM 的业务主要由欧洲银行贷款和欧洲债券两部分构成。

(一) 欧洲银行贷款

"欧洲银行"是指经营欧洲货币业务的银行或其他金融机构,它不一定是欧洲人开设的银行,也不一定是开设在欧洲地区的银行。例如,设在伦敦的某家银行,如果它是在经营英镑以外的其他货币,如日元、美元等的存款和贷款业务,那么,它便是一家"欧洲银行"。

欧洲银行贷款主要有两种形式:期限贷款和转期循环贷款。期限贷款(Term Credits)的期限是固定的,在约定的期限内,借款人按约定逐步提取贷款资金,经过一段宽限期后,逐步偿还本金或到期一次偿还。利息通常是每 3 个月或半年支付一次,利率以 LIBOR 或其他约定的基础利率作为参考,可以是固定利率,也可以是浮动利率,即每 3 个月或半年付息的同时,按当时的市场利率调整贷款利率。转期循环贷款(Revolving Credits)则是指银行同意在未来一段时期内,连续向借款客户提供一系列首尾相接的短期贷款。即银行给予客户一个信用额度,在此限额内客户可根据自身对资金的需求情况,随时动用所需资金,并且只需对已动用的部分支付利息,而未动用的部分仅需支付少量的承诺费。如按期限划分,欧洲银行贷款可分为短期欧洲信贷和中长期欧洲信贷两大类。

1. 短期欧洲信贷

它是指期限在1年以下的欧洲货币放款业务。其特点主要有：

（1）期限短。一般1、7、30和90天期最为普遍，少数期限为半年，最长不超过1年。

（2）起点高。属于批发性质，每笔贷款金额的起点为25万美元或50万美元，但一般为100万美元；借贷金额高达1 000万美元，甚至1亿美元等。所以，参加者多为大银行和企业机构，很少有个人参加。

（3）条件灵活，选择性强。借贷期限、币种、金额、交割地点等均可由借贷双方协商确定，灵活方便，而且市场资金充足，能满足大规模借贷的需要。

（4）存贷利差小，但需先付利息。ECM存款利率一般略高于国内市场，而贷款利率一般略低于国内市场，因而存、贷款的利差较小，两者一般相差0.25%～0.5%。短期贷款利息一般需先付，即在借款人借款时就由贷款银行将利息从贷款总额中预先扣除，将扣除了利息后的余额付给借款人，贷款到期时，借款人则应按贷款额偿还。对借款人来讲，利息先付要比利息后付的成本负担重。

（5）无须签订贷款协议。短期借贷通常发生在交往有素的银行间或银行与企业间，彼此了解，信贷条件相沿成习，双方均明悉各种条件的内涵与法律责任，无须签订书面贷款协议。一般通过电信联系，双方即可确定贷款金额与主要贷款条件，手续非常简便。

2. 中长期欧洲信贷

中长期欧洲信贷是指期限在1年以上的欧洲货币放款业务。其特点主要是：

（1）签订协议。中长期贷款一般均签订书面的贷款协议。协议的主要内容有：① 利息构成。贷款利息一般是在LIBOR的基础上，附加一定的利率计收。附加利率的高低取决于资金供求状况、借款期限长短、借款人资信状况等。② 各项费用。一是管理费，即借款人付给牵头银行或经理银行作为对其组织和安排贷款的酬金，其性质近似于手续费，一般根据贷款金额按一定费率收取。二是代理费，即借款人支付给代理银行作为其提供服务的酬金，其高低视贷款金额的多少以及贷款事务的繁简情况而定。三是杂费，即贷款协议签订前所发生的一切费用，一般无统一标准，牵头银行提出账单由借款人一次付清。四是承担费，即借款人在贷款协议生效后，对未提用的贷款余额所支付的费用，也称承诺费，一般根据未提用贷款余额按一定费率计收。③ 贷款期限。一是宽限期(Grace Period)，即借款人无须偿还贷款本金但要支付约定利息的期限，越长对借款人越有利；二是偿还期(Repayment Period)，即宽限期结束后偿还本金的期限；三是提款期(Drawdown Period)，即签订贷款协议后借款人可以支用款项的期限。提款期过后，一般不能再支用款项，未支用款项也无须支付利息，但要支付承诺费。④ 偿还方式。一是到期一次偿还，即贷款期限内，分期付息，到期后一次偿还本金，适用于金额不大、期限短的中期贷款。二是分次等额偿还，即在宽限期满后开始还本，每半年还本并付息一次，每次还本金额相等，适用于金额较大、期限较长的贷款。三是逐年分次等额偿还，即在贷款期限内逐年分次、等额偿还贷款本金及相应的利息，它与第二种方式类似，但无宽限期。此外，协议内容还包括贷款金额、贷款货币、利息期、提前偿还、保证、违约及法律适用条款等。

（2）联合贷款。是指一笔贷款往往由数家甚至数十家银行共同提供，也称银团贷款或辛迪加贷款。联合贷款的主要原因：一是贷款金额大，期限长，一家银行无力提供；二是可以分散风险，万一贷款到期不能收回，诸多银行分担损失。银团贷款的形式有两种：一是直接银团贷款，银团内各贷款银行直接向借款人贷款，贷款工作由各贷款银行在贷款协议中指定的代理行统一管理；二是间接银团贷款，由牵头银行（可以不止一家银行）向借款人贷款，然后由该行再将参加贷款权分别转售给其他银行（参加贷款银行），贷款工作由牵头银行负责管理。

（3）政府担保。中长期贷款如果没有物质担保，一般均由借款人所在国政府有关部门对贷款协议的履行与贷款的偿还进行担保。

（4）利率浮动。在贷款期限内贷款利率每 3 个月或半年根据市场利率的实际情况，随行就市，进行调整。

（二）欧洲债券

1. 欧洲债券的类型

欧洲债券种类繁多，而且处于不断创新过程中。按发行条件，常见的欧洲债券主要有以下 4 种：

（1）普通债券（Straight Bond）。普通债券亦称固定利率债券或直接债券，是指利率固定、期限固定、不可转换的欧洲债券。这种债券在利率相对稳定的条件下比较通行，目前仍是第一大欧洲债券品种。

（2）浮动利率债券（Floating Bond）。这种债券的利率在偿还期限内是不固定的，一般是随有关货币市场银行同业拆放利率（如 LIBOR 等）再加一定幅度的加息率定期（如 3 个月或 6 个月）调整一次。从规模上看，这种债券是仅次于普通债券的第二大国际债券。自 1970 年首次发行后，在国际市场上的比重日益增大。

（3）可转换债券（Convertible Bond）。可转换债券即债券持有人可在规定的期限内按一定的价格转换为发行公司普通股票或其他资产的债券。由于这种债券的投资者拥有将债券进行转换的特权，有利于发行公司获取稳定的资金，因而很受欢迎。

（4）附有认股权证的债券（Bond with Equity Warrants）。附有认股权证的债券即允许债券投资者按具体价格购买发行人拟定比例股票的债券，也称授权证债券。该种债券的利率一般低于市场利率，认股权证可以在二级市场流通。这种债券是作为可转换债券的竞争物出现在欧洲债券市场上的，它与可转换债券的主要区别在于认股权证（亦称授权证）可以与债券分开，单独在市场上交易。

2. 欧洲债券的发行

欧洲债券的发行与其他国际债券发行的做法一样，一般是债券的发行者先与欧洲债券市场的银行集团进行联系，洽商条件，达成协议，由一家或数家银行（即牵头银行）为首，十几家或数十家银行（组成承销集团）出面代为发行（多采用“包销”方式）。债券上市后，这些银行首先购进大部分，然后再转至二级市场或调往国内市场出售。商业银行、公司企业、保险公司、基金组织及团体或个人等，为了投资牟利或周转保值，成为欧洲债券的主要购买者。

3. 欧洲债券市场的特征

欧洲债券市场诞生于 20 世纪 60 年代的 ECM，这使欧洲债券市场具有 ECM 的一些特点，并使这个市场在发展过程中始终保持着金融创新的活力。为适应不同市场条件下融资者的需要，这个市场近年来不断推出特征各异的金融产品，市场经营体制日臻完善，市场深度大大增加，市场规模迅速扩大。综观欧洲债券市场的发展，可将其特征归纳为6个方面。

(1) 自由度高。它不属于某一特定国家，是一个"境外市场"，在债券的发行和流通过程中几乎不受各国金融政策和法规的约束，债券的发行和包销都是由金融机构所组成的辛迪加银团承担，发行手续简便，筹资成本较低。

(2) 无记名发行和免税。欧洲债券通常为不记名债券，转让时无须经过转移登记手续，因此具有隐蔽性；同时，欧洲债券的投资者通常免缴利息所得税。因此，欧洲债券在流动性和税收方面对投资者较为有利。

(3) 面值货币多样化。目前欧洲债券市场上债券面值货币已达10余种之多，从过去的欧洲美元债券独占天下，变为现在的许多其他欧洲货币债券异军突起，比重逐年增加的局面，从而增强了货币的选择性。

(4) 市场效率高。欧洲货币市场营运机制的功能完善和清算系统电子化的特征使这个市场能够准确、迅速、及时地提供国际资本市场现时的资金供求和利率、汇率的动向，并使债券交割的时间缩短、手续减少，极大地方便了融资者，也使得交易速度加快，市场效率提高，交易成本降低。

(5) 安全性高、流动性强。由于欧洲债券的发行者多为资力雄厚的大公司或政府机构，承销者通常是资信很高的辛迪加银团，因而对欧洲债券投资者来说，具有相对可靠的安全性；同时，由于二级市场富有活力，并具有很高的市场效率，因而欧洲债券的流动性也较强。

(6) 金融创新活动持续不断。欧洲债券市场是最富创新活力的市场。近年来，该市场新的债券品种或交易工具日益增多，债券融资日趋活跃。持续不断的金融创新活动，把国际股票市场、国际票据市场、外汇市场、黄金市场，甚至还有商品市场更紧密地联系在一起，从而有力地推动了国际金融和全球经济的一体化。

四、欧洲货币市场的作用和影响

从20世纪60年代到70年代初，欧洲货币市场的主要功能是向进出口商提供短期资金融通。1973年石油危机以后，欧洲货币市场对回流石油美元、调节国际收支的大范围失衡，起了重要的作用。目前，欧洲货币市场的参加者可以说是非常广泛，并且其功能和业务种类也是十分齐全的，但是跨国银行等金融机构仍然是市场的组织者和核心力量。

(一) 欧洲货币市场的积极作用

(1) 为各国经济增长提供国际融资便利。欧洲货币市场是国际资金再分配的重要渠道，在这个市场上，金融机构发达，资金规模大，借款成本低，融资效率高，因此，成为各国获取资金推动本国经济发展的重要场所。

(2) 有利于平衡国际收支。如果一国在国际收支上出现了逆差，就可以从欧洲货币市场上借入欧洲美元或其他货币来弥补，从而缓和了逆差的压力；反之，若一国国际收支出现顺差，过多的外汇储备也可以投入该市场。

(3) 推动生产、资本和金融的国际化。欧洲货币市场可为跨国公司的国际投资提供大量的资金来源，又可为这些资金在国际进行转移提供便利，从而推动跨国公司的国际经营和业务的国际化。

(二) 欧洲货币市场的不利影响

(1) 助长投机,加剧金融市场动荡。欧洲货币市场不受市场所在国政府法令的管理,具有极强的流动性,有可能使上万亿美元的资金较为容易地在国际流窜,而且一旦各地信贷市场和外汇市场的利率和汇率稍有变化,货币投机者便倾巢出动,利用各种手段,如套利、套汇或进行黄金投机牟取暴利,从而加剧国际金融市场的动荡。

(2) 削弱各国货币政策实施的效果。当一些国家为了遏制通货膨胀而实施紧缩政策时,商业银行仍可以从欧洲货币市场上借入大批资金;反之,当一些国家为了刺激经济而实行宽松的政策时,各国银行也可能将资金调往国外。这样就使政府的宏观金融政策效果被削弱,预期目标也难以实现。

(3) 加大国际金融市场上的信贷风险。欧洲货币市场的资金来源中,短期资金和同业拆借资金占有相当大的比重,而该市场中的很多贷款却是中长期的。这种短借长贷的运作方式加大了欧洲货币市场的信贷风险。首先,银行发放的长期信贷资金,大部分是从客户那里吸收来的短期存款,一旦银行信用出现问题而引起客户大量挤提,银行都会陷入困境;其次,欧洲货币贷款是由许多家银行组成银团联合贷出的,万一贷款对象到期无力偿还,这些银行就会遭受损失;第三,欧洲货币市场没有中央机构,使其缺乏最后贷款人的支持,且该市场也没有存款保险制度;最后,该市场本身就是一个信用创造机制,因此,在欧洲货币市场上操作,风险是很大的。

五、 亚洲货币市场

亚洲货币市场(Asian Currency Market)是指亚太地区的银行用境外美元和其他境外货币进行借贷交易所形成的市场,是欧洲货币市场在亚太地区的延伸,也是欧洲货币市场的一个重要组成部分。因为该市场交易额的90%以上为美元,所以又称为亚洲美元市场(Asian Dollar Market),它以新加坡为中心,以东京、中国香港、马尼拉和曼谷等为基地,业务范围覆盖整个亚太地区,推动了这一地区的经济发展。

(一) 亚洲货币市场的形成与发展

亚洲货币市场是以新加坡为中心发展起来的。新加坡政府于1968年10月1日批准美洲银行在新加坡设立分行,并在银行内部设立"亚洲货币单位"(Asian Currency Unit, ACU)账户,但它不受新加坡银行法中某些条款的约束,如最低现金余额和法定清偿力的规定。ACU的主要业务是吸收非居民的外币存款并发放外币贷款,为非居民进行外汇交易、开立信用证、经营票据贴现等各种境外金融业务服务。为了使境外货币业务不致冲击国内金融体系,新加坡政府规定亚洲货币经营必须另立账户,并且不能参与新加坡国内金融活动。1970年,新加坡又批准了花旗银行、汇丰银行等16家外国银行从事境外货币业务。至此,亚洲货币市场初步形成。1984年,新加坡还成立了国际金融交易所,主要进行金融期货业务。到1998年10月,该交易所交易合同多达17种,主要包括利率期货、股指期货、外汇期货、贵金属期货、能源期货以及期权等。

新加坡亚洲美元市场的飞速发展极大地刺激了港英政府加紧步伐发展亚洲美元市场。香港于1973年取消外汇管制,1974年开放黄金市场。20世纪70年代末以来,中国香港与新加坡激烈争夺亚洲美元资金。1978年3月香港取消了1965年以来禁止外国银行进入香港的限制，1982 年，取消了对外币存款利息收入 15%的预扣税，使美元存款迅速增加。香港吸引的资金不仅来自新加坡，也来自巴黎、伦敦和纽约等金融中心。新加坡与香港在亚元市场上各有优势。新加坡是亚洲货币市场的交易和结算中心，而香港是亚洲货币市场银团贷款的中心，仅次于伦敦、纽约和巴黎，成为世界第四大银团贷款中心。

随着日本经济实力的增强及日元国际化的发展，日本政府自 1984 年以来逐步放松金融管制，1986 年 12 月 1 日东京离岸金融市场设立，获准经营境外业务的银行须设立海外特别账户，境外业务实行自由利率，免征存款利息所得税。20 世纪 80 年代末、90 年代初，东京成为仅次于伦敦、纽约的全球第三大国际金融中心。

此外，马尼拉、巴林、曼谷等地的亚洲美元市场也都具有一定的规模。亚洲货币市场迅速发展的原因主要有 3 个：一是 20 世纪 60 年代中期以来亚太地区经济得到迅速发展，特别是日本和亚洲“四小龙”，对资金的需求也大大增加；二是具有良好的客观条件，如优越的地理位置和时区差等，亚洲货币市场处于美国西海岸和欧洲中间，开辟亚洲货币市场，能保证国际货币市场一天 24 小时不间断营业；三是有关政府采取了一系列鼓励性政策与措施，如取消外汇管制，实行税收优惠等。

(二) 亚洲货币市场的业务活动

亚洲货币市场的业务活动主要包括短期资金交易和中长期资金交易两部分。短期资金交易，即 1 年或 1 年以下的境外货币借贷，其中银行同业借贷占主导地位。中长期资金交易的具体形式主要有：美元可转让存款证、亚洲债券和银团贷款。1～5 年期的中期资金交易以美元可转让存款证为主，其特点是面额大、期限长和可转让等。20 世纪 70 年代初，新加坡出现了亚洲美元债券，香港则在 1976 年以后也发行了亚洲美元债券，亚洲货币市场的银团贷款始于 1972 年。5 年以上期限的离岸资金借贷，主要采取银团贷款和亚洲债券的形式。1983 年以后，债券取代银团贷款成为亚洲货币市场上长期资金交易的主要形式。

亚洲货币市场上的资金来源主要有：银行同业存款；外国中央银行的部分储备资产和财政盈余；跨国公司调拨的资金和闲置的流动资金；因战争、政治动乱及经济不稳而外逃的资本；外国侨民、进出口商等非银行客户的外币存款。在资金运用方面，亚洲货币市场主要是一个银行间的市场。对非银行客户的贷款主要是贷给亚洲国家的政府、企业以及其他金融机构，很少贷放给个人。从地区流向上看，亚洲货币市场不仅集中了亚太地区的外汇资金盈余，而且集中了其他欧洲货币市场（包括其他金融中心）的资金，而贷款的重点是亚洲“四小龙”和东盟国家，流向其他欧洲货币市场的资金很少。

(三) 亚洲货币市场的影响

亚洲货币市场的发展为亚太地区的经济发展提供了大量的资金，有力地推动了本地区的经济建设，有利于该地区一些国家弥补国际收支赤字，也为跨国公司在这一地区的经营活动提供了融资便利。但亚洲货币市场也对亚太地区的经济和金融带来一定的消极影响，主要表现在：一是使得该地区的一些国家对于世界市场特别是西方国家市场的依赖性日益增加，经济共振性明显和债务负担加重是其集中体现；二是在某种程度上方便了国际资金的投机性流动，从而加剧了国际金融的动荡；三是货币资金的频繁流动冲击了所在国的经济金融稳定。最典型的案例就是发生于 1997 年 7 月的东南亚金融风暴进而引发的亚洲金融危机，导致有关国家，如泰国、印度尼西亚、马来西亚、韩国和日本等，出现严重的货币动荡、股市暴跌和经济衰退。因此，如何有效地抑制亚洲货币市场的消极影响，充分发挥该市场的积极作用，已成为该地区有关国家及国际社会日益关注的问题。

六、主要离岸金融中心

与国际金融市场密切相关的一个概念是国际金融中心。国际金融市场强调的是交易，而国际金融中心则偏重于从事国际金融交易的地理区位。随着欧洲货币市场的迅速发展，目前在全球范围内已形成了几十个形式各异的离岸金融中心。

（一）离岸金融中心的类型

1. 按功能划分

（1）内外混合型。内外混合型中心是指该市场的离岸金融业务和国内金融业务不分离，目的在于充分发挥内外两个市场的资金和业务相互补充和相互促进的作用，又称一体型中心。它是最早出现的离岸金融市场，以伦敦、中国香港为代表，其特点是资金的出入境不受限制，离岸市场和国内金融市场是一个整体，享有同等的国民待遇，市场的参与者可以是居民，也可以是非居民，经营的业务可以是离岸金融业务或国内金融业务。离岸金融业务不单独设立账户，与国内金融业务并账操作，即非居民的存贷款业务与居民存贷款业务在同一账户上进行运作。

（2）内外分离型。内外分离型中心是指离岸金融业务与国内金融业务相分离，这种分离可以是地域上的分离，但更主要的是账户上的分立，且离岸账户与在岸账户之间的资金流动受到比较严格的限制，目的在于防止离岸金融业务影响或冲击本国货币金融政策的实施。纽约离岸金融中心是一个典型的代表，其主要特征是存放在离岸银行账户上的美元视同境外美元，与国内美元严格分开。此外，东京、新加坡和巴林的离岸金融中心的类型也与美国的类似。根据分离程度的不同，内外分离型金融中心又分为两类：① 彻底的内外分离型中心，即严格禁止资金在境内和境外、在岸账户和离岸账户之间自由流动。日本离岸市场（Japanese Offshore Market，JOM）的海外特别账户和新加坡离岸市场的亚洲货币单位（ACU）的发展初期，以及美国纽约的国际银行设施（IBFs）都属于此类型。② 分离渗透型中心，即设立分离的离岸账户和在岸账户，将非居民业务和居民业务分开，但允许资金在一定限额内相互渗透，或者开辟一个资金单向进出的通道。例如，新加坡的 ACU 已经允许居民参加交易；日本的 JOM 也已取消了资金从境内流出的限制，只保留了流入境内的限额；马来西亚的纳敏岛和泰国的曼谷正好与日本相反，允许将吸收的非居民存款在本地进行放贷，但禁止资金流出。这种以分离为主、渗透为辅的模式，被认为是彻底的内外分离型向一体型发展的过渡形式。

内外混合型中心与内外分离型中心都属于功能型中心，即从事具体金融业务，如信贷、保险及结算业务等，并具备业务范围内核心竞争力的离岸金融中心。

（3）避税港型。避税港型中心是指在不征税的地区，只是名义上设立机构，通过这种机构在账簿上中介境外与境外的交易活动，以逃避税收和管制。这类离岸金融中心的特点是在不需纳税的城市虚设金融机构，一般不进行实际的资金交易，实际业务仍在母国进行，只是通过注册的机构在账簿上对由其他地区安排或管理的资金交易进行登记或记录，起一个记账中心的作用，提供簿记业务，主要是为了避税，故称为避税港型离岸金融中心，又称“走账型”或“簿记型”离岸金融中心，大多位于北美、西欧、亚太等经济发达地区附近。典型的避税港型离岸金融中心有加勒比海的开曼群岛、巴哈马及百慕大、巴拿马和西欧的海峡群岛等。这些国家或地区的共同特点是政局稳定，税负低，没有金融管制，可以使国际金融机构达到逃避资金监管和减免租税的目的。这种空壳中心虽然生存至今，但备受非议，毕竟其存在对于正常的金融业务是一种很大的冲击，也不利于世界金融秩序的稳定。在此次金融危机爆发后，避税型离岸金融中心再一次成为大家讨论的焦点。

2. 按资金来源与运用划分

(1) 主导型(Primary)，又称世界型中心或全能中心，由英国的伦敦、美国的IBFs和日本的JOM组成，目前最典型的是伦敦。这类金融中心能为全世界的客户提供全方位的金融服务，并在它们的市场区域内同时安排资金的来源和使用，功能多样化。它们都是具有先进的国际结算与支付体系，提供全球性全能金融服务，流动性充足的金融中心，以满足国际金融机构筹资和投资的各种需要，并在国际利率和汇率的决定、国际资金的配置方面都发挥着主导性作用。

(2) 次要型(Secondary)，又称区域型中心，主要服务于所在区域，在功能上又可分为两类：① 资本输入型。又称筹资中心，离岸金融中心的金融机构从本中心之外的地区吸收资金，融通给中心所在地区的内部筹资人，起着为本地区融资的功能。这类金融中心以东亚地区的中国香港、新加坡为典型。② 资本输出型。又称供资中心，离岸金融中心的金融机构主要动员和筹集本地区非居民的剩余资金，然后向区域外放款。比较典型的有中东地区的巴林、科威特等。

(3) 簿记型(Booking)，即避税港型离岸金融中心。

3. 按形成动力划分

(1) 自然形成型。自然形成型中心多是顺应国际资本流动的需要而自然形成的，时间跨度达几十年，如伦敦离岸金融中心就是自然形成的。

(2) 政策推动型。政策推动型中心是市场所在国为了争取更高的国际地位，重视利用国际资本流动的优势，通过政策扶持，积极推动本国或者本地区离岸金融市场的建设，在较短时间内建立和发展起来的。在伦敦之后，现代离岸金融中心几乎无一例外都是中心所在国政府顺应经济、金融发展的客观要求推动组建的。如美国的IBFs、日本的JOM、新加坡的ACU以及泰国和马来西亚等离岸金融中心的形成，政府都起了主导作用，其形成时间较之自然形成型要短得多，多则8～10年，少则3～5年。

(二) 世界主要离岸金融中心简介

1. 伦敦

伦敦是20世纪60年代最早出现的离岸金融市场，也是欧洲美元市场的发源地和欧洲货币市场的中心。1979年英国取消了资本项目的管制，进一步促进了伦敦离岸金融市场的发展。1986年10月27日，伦敦证券交易进行了世界著名的“大爆炸”或“大震”(Big Bang)式改革，其主要内容是废除了许多不合理的规章制度，采用了许多新的交易方式，并实行了证券交易系统的电子化，推出了伦敦证券交易所“证券交易自动报价”(Securities Exchange Automate Quotation，SEAQ)系统，通过卫星与纽约、东京等地证券交易所的电子计算机中心相连，从而实现一天24小时的全球证券交易。

由于伦敦离岸金融市场的金融活动不受任何国家金融法规的约束，通过不断的金融创新形成的自由宽松和高效率的金融环境，使得伦敦离岸金融市场获得了更加迅速的发展，其国际金融中心的地位日趋突出。主要体现在：① 伦敦是世界上最大的国际银行业中心。伦敦的国际银行业务额占国际银行业务总额的20%～30%，跨境银行借贷业务占全球总额的20%，名列全球首位。② 伦敦是欧洲债券市场的发源地和中心，据统计，欧洲债券的发行和交易中的60%～70%在伦敦进行。③ 伦敦拥有目前世界上最大的外汇市场。长期以来，伦敦一直是世界上外汇交易量最大的中心，交易外汇票据的伦敦贴现市场仍是世界上最大的贴现市场。根据国际清算银行（BIS）每3年一次的调查，2019年英国在全球外汇交易中的领先地位进一步上升，伦敦市场在全球每日外汇交易的占比已从2016年的37%劲增至43%，抢走了纽约和亚洲市场的份额。④ 伦敦是主要的国际股票发行和交易中心，伦敦证券交易所是历史最悠久的证券市场之一。⑤ 伦敦是世界上最大的国际保险市场。目前全球20家顶尖保险公司在这里都有自己的公司，经营着来自世界各地的几乎所有类型的国际保险业务。在海上和航空保险方面，伦敦具有独一无二的优势。此外，伦敦还是世界上主要的再保险中心。⑥ 伦敦是世界上流动性最强的黄金现货及黄金借贷市场，同时也是全球黄金交易的结算中心。⑦ 伦敦是全球最大的场外衍生品交易市场。在交易所交易的期货和期权的市场份额方面，伦敦仅次于芝加哥，位居全球第二。

2. 纽约

第二次世界大战结束时，纽约以美国雄厚的经济和金融实力为后盾，凭借其适中的地理位置和发达完善的金融机制等优势，成为第二次世界大战后世界上最大的国际金融中心。进入20世纪60年代以后，由于欧洲美元市场的兴起和发展，导致美国银行业和国内资本纷纷外流，致使美国国内金融市场萎缩，金融实力下降。为扭转这一不利局面，增强纽约国际金融市场的竞争力，1981年6月9日，美国联邦储备局正式批准在纽约设立“国际银行设施”（International Banking Facilities, IBFs），并于同年12月3日生效，准许美国银行和在美国的外国银行吸收外国居民、外国银行和公司美元或外币存款，并向外国居民、外国企业及美国公司在国外的分公司发放贷款。纽约的IBFs具有3个特点：

（1）交易严格限于会员机构与非居民之间。不单独设立机构，所有获准吸收美元存款的银行均可申请加入IBFs，成为其会员银行。

（2）交易的货币既有欧洲货币又有美元（包括欧洲美元）。存放在纽约IBFs账户上的美元视同离岸美元，与国内（在岸）美元账户严格分开。

（3）交易基本不受美国国内金融法规限制。例如，可豁免存款准备金、存款保险和利率上限的限制，交易者还豁免地方税和利息预扣税。虽然该市场的金融管理较国内市场要宽松得多，但业务活动仍然受到一定的限制，如规定非居民客户的存取款金额不能低于10万美元（因关闭账户而提款的除外），且存款至少要存满两个营业日；不能发行可转让票据，例如大额可转让定期存单等；也不能向联邦保险公司投保，等等。可见，其交易的自由程度低于伦敦离岸金融市场。

纽约离岸金融市场中最负盛名的是证券市场，该市场信息量大，透明度高，证券的选择性强，极富流动性，它由证券交易所和场外市场组成，其中，纽约股票交易所（NYSE）是世界上最大的证券交易所，其上市股票交易量占美国证券交易所交易总量的80%左右；纽约也是世界上最大的外国债券市场；同时，以纽约离岸金融市场为中心的美国政府债券市场也是世界上最大的政府债券市场。纽约外汇市场的交易规模仅次于伦敦，居世界第二位；同时，纽约还是全世界美元交易的清算中心。

3. 东京

东京离岸金融市场是模仿美国的IBFs于1986年12月1日正式建立并开始运作的。日本离岸金融市场的建立，使日元成为东京市场上的主要交易币种，传统的离岸金融市场范畴被进一步突破。东京离岸金融市场的创设，不仅是日本金融市场进一步开放和日元国际化的重要一步，也为流转于国际金融市场的离岸金融资产增加了一个可供选择的落脚点。进入20世纪90年代，东京一跃成为仅次于纽约、伦敦的世界第三大国际金融中心。20世纪90年代初期，东京证券交易所上市的证券达3 000种以上，其中股票在2 000种左右，股票交易量居世界首位。20世纪80年代中期，东京债券市场已经赶超伦敦债券市场。

由于历史的原因，日本金融市场是个闭关自守、限制较多的金融市场。根据日本政府的有关规定，东京离岸市场的特点是：① 只能对非居民进行资金交易，这类交易另设独立账户，不与国内市场进行资金交易。② 可以处理欧洲货币市场上的各种货币交易，但业务种类仅限于存放款，禁止发行大额存款证筹资，也不允许将资金投资于证券。③ 在日本的本国银行和外国银行均可办理离岸业务，但证券公司除外。④ 豁免存款利息预扣税，取消对存款准备金的要求，但在法人税、地方税和印花税等方面没有任何优惠。

4. 香港

自20世纪70年代以来，香港以其独特的地理位置、自由开放的经济制度和便利的交通运输条件，成为亚太地区资金供求双方的会合地，香港迅速发展成为一个重要的银团贷款中心，并逐步演变成举世瞩目的国际金融中心。香港实行自由放任的经济政策，在金融管制上比各类离岸金融市场更为宽松，例如，该市场没有中央银行，没有准备金要求，不存在外汇管制，税制简单且税率低，对货币的使用没有规定，居民和非居民可以用外国货币和港币自由地进行金融和资本交易。由于没有“离岸”交易和“在岸”交易之分以及交易币种的限制，若从这一角度来考察，香港不是由定义界定的离岸金融市场，而是自身特点直接决定的离岸金融中心。

20世纪90年代以来，香港的国际金融中心地位日趋突出。首先，从金融机构的规模上看，2008年底香港共有200家银行，其中有134家是在外国注册的，另有71家外地银行在香港设立了代表处。世界上最大的500家银行中有155家在香港开办金融业务，其金融机构的规模仅排在纽约、伦敦之后，是世界第三大国际银行中心。其次，从金融机构的资产规模上看，香港的金融机构在2008年底共有61 114亿美元的境外资产，占香港银行资产总额的56.8%，是世界上排名最高的地区之一。再者，从金融市场的规模上看：① 外汇市场的日交易额在2010年4月为2 376亿美元，以5%的份额位列全球第六，亚洲第三（仅次于东京和新加坡）；② 股票市场总市值2008年达到13 213亿美元，为世界第六大股市和亚洲第二大股市（仅次于东京）；③ 2005年银团贷款发行97宗，总发行额度为233.8亿美元，约占亚洲银团贷款的60%，是世界第四大国际银团贷款中心（排在纽约、伦敦和巴黎之后）；④ 黄金市场交易量世界第三（次于纽约和伦敦），亚洲第一。

第五节 国际黄金市场

一、国际黄金市场的概念与分类

国际黄金市场(International Gold Market)是世界各国集中进行黄金买卖的交易场所,是国际金融市场的特殊组成部分。黄金市场具有悠久的历史,并经历了很多的变迁。早在19世纪初期,世界上就已经出现了较为健全的黄金市场。在典型的金本位制度下,黄金作为国际本位货币,可以在世界各国自由输出入。金本位制度崩溃后,各国纷纷实行外汇管制,黄金的自由输出入受到了一定的限制,但国际黄金市场仍以各种方式发展,且规模迅速扩大。尽管布雷顿森林体系崩溃后,黄金的流通手段职能大大减弱,但黄金仍然被世界上绝大多数国家作为国际储备资产、价值的最终贮藏手段。在通货膨胀严重、政治经济危机时期,黄金的价值更会增加。国际黄金市场根据不同的情况可作不同分类。

(一) 按照影响程度的不同划分

1. 主导性黄金市场

主导性黄金市场是指在国际黄金交易中发挥主导作用,其价格的形成、交易规则的制定以及交易量的变化等市场行为直接影响其他黄金市场的黄金市场,如伦敦、苏黎世、纽约、芝加哥和香港等地的黄金市场。

2. 区域性黄金市场

区域性黄金市场是指交易规模小,并且集中在本地区,对其他黄金市场影响不大的黄金市场,如巴黎、法兰克福、布鲁塞尔、卢森堡、新加坡和东京等地的黄金市场。

(二) 按照管制程度的不同划分

1. 自由交易黄金市场

自由交易黄金市场是指黄金可以自由输出入,居民和非居民均可自由买卖黄金的市场,如苏黎世黄金市场。

2. 限制交易黄金市场

限制交易黄金市场是指对黄金的输出入或市场的交易主体实行某种限制的黄金市场,如1979年10月英国取消全部外汇管制前的伦敦黄金市场。

(三) 按照交易形式的不同划分

1. 有形黄金市场

有形黄金市场是指有固定交易场所的黄金市场,又可以分为美式黄金市场和亚式黄金市场两种类型。美式黄金市场建立在典型的商品期货市场的基础之上,黄金交易是在商品交易所内进行的,其交易类似于该市场上进行交易的其他商品,以美国纽约和芝加哥的黄金市场为代表。亚式黄金市场一般设有专门的黄金交易场所,同时进行黄金的现货和期货交易,以中国香港金银贸易场和新加坡黄金交易所等为代表。

2. 无形黄金市场

无形黄金市场是指无固定交易场所,黄金买卖是通过现代化通信工具联系成交的黄金市场，以伦敦黄金市场、苏黎世黄金市场以及香港的伦敦金(LGD)黄金市场为代表，又称欧式黄金市场。

二、国际黄金市场的交易对象与交易方式

(一) 交易对象

1. 各种成色和重量的金块

私人或企业集团开采出来的未经加工的黄金，其成色与重量各不相同。黄金的成色是指金币、金块及黄金饰品的纯度，一般以百分比表示，还可用“开”或“K”表示。二者换算的方法是：百分比成色＝K数×4.15%(每K含金量)。目前可买到的最纯金块的纯度为99.99%，即专家所称的“四九纯金”。国际上计算黄金重量的基本单位是金衡盎司。1金衡盎司＝31.103 477克＝0.622 07市两(中国10两制)＝1.097 14常衡盎司＝0.831 010 6司马两。

2. 大金锭

大金锭一般是重量为400盎司、成色为99.5%的金锭。由于黄金的成色与重量并非肉眼所能鉴别，因此进入世界黄金市场的大金锭，必须有国际公认的鉴定机构的印记，标明黄金的成色、重量、注册编号以及生产公司的名称或标记等，以“验明正身”。

3. 金条和金币

金条一般是成色和重量不等的长形条块，其售价要高于大金锭。金币有旧金币和新金币两种。旧金币可供量有限，其价值远远高于其本身所含黄金的实际价值。新金币价格的涨落直接依存于黄金市场黄金价格的变动，一般也高于其本身所含黄金的实际价值。

4. 黄金券

黄金券是黄金的凭证，持有人可随时向发行银行兑换黄金或与其等价的货币。黄金券的面额有多种，最小的仅0.5盎司。黄金券有编号和姓名，不得私自转让，遗失可以挂失。对于购买人来说，由于黄金券可以随时兑现，与持有黄金实物无异，而且更为安全。对于发行银行来说，通过发行黄金券，不仅可以扩大黄金交易量，还可以增加自身的收益。所以，近些年来黄金券的交易量逐年增加。

(二) 交易方式

1. 现货交易

所谓现货交易，是指交易双方成交后于两个营业日内进行交割的一种交易方式。欧式市场，如伦敦、苏黎世等黄金市场是以现货交易为主的。按价格的不同，现货交易可分为定价交易和报价交易，定价交易由伦敦黄金市场实行，每日10:30和15:00向客户提供单一交易价，无买卖差价，只收取少量佣金，目的是使黄金交易手续简便，吸引客户大宗交易；定价交易只在规定的时间内有效，短则1分钟，长则1个多小时，具体时间视供求情况而定。报价交易则是在定价交易时间以外，按照交易商报出的买入价与卖出价进行。

2. 期货交易

所谓期货交易，是指交易双方签订黄金买卖合同并交付保证金后，在未来指定日期办理交割的一种交易方式。美式市场，如纽约、芝加哥等，是以期货交易为主的。

3. 期权交易

所谓期权交易，是指黄金交易双方签订期权合同，买方付出一定的期权费或保险费，获得在合同规定的日期或期限内按照协定价格买进或卖出一定数量黄金的权利，同时可以在市场价格不利时放弃这种合同权利，而卖方收取期权费或保险费，在合同期限内应买方要求承担相应义务的一种交易方式。

4. 其他交易方式

黄金交易方式还包括黄金借贷、黄金互换、黄金抵押贷款、黄金远期合约、掉期交易和黄金远期利率协议等。

三、影响国际黄金市场价格的因素

（一）黄金供求数量的变化

国际黄金市场黄金的供给主要来自以下方面：① 黄金生产。② 国际经济及金融组织出售的黄金。③ 拥有黄金的集团和私人等抛售的黄金。④ 各国政府为解决外汇短缺和支付困难而抛售的黄金。⑤ 黄金投机商预测金价下跌做“空头”而抛售的黄金。

国际黄金市场上黄金的需求主要来自以下方面：① 工业用金。② 各国政府和中央银行为增加官方储备或在黄金市场上营运而购买黄金。③ 私人或企业为保值或投资而购买黄金。④ 国际货币基金组织和国际清算银行购买黄金作为国际储备资产。⑤ 黄金投机商预测到金价上涨，做“多头”而购买黄金。

黄金供求数量的变化，对国际黄金市场黄金价格的涨跌有直接的影响。在需求量较大、供不应求的时期，国际黄金市场上的金价就会上涨；反之，金价就会下跌。

（二）经济因素

1. 世界经济周期发展趋势

一般来说，在经济危机或经济衰退的时期，利润率会降到最低限度，人们纷纷抛售纸币去抢购黄金，以求保值。这时对黄金的需求就会增加，从而刺激黄金价格上涨。反之，在经济复苏和增长时期，人们愿意把黄金抛出，换成纸币进行投资，以获得更多的利润。这时人们对黄金需求就会减少，黄金价格便会呈现疲软局面。

2. 通货膨胀率和利率对比关系变化

当利息收入不足以抵消通货膨胀所带来的损失时，人们就会对纸币失去信心，认为持有黄金更稳妥、更安全，对黄金的需求就会增加；在通货膨胀率较低的时期，人们将资金投入证券市场或存入银行，以获取较高的收益，这时会抑制金价的上涨，甚至可以迫使金价下跌。利率的变化对于黄金衍生产品交易影响较大，如果利率提高，交易成本上升，投机者风险增大，就会减少黄金投机交易，使交易量减少；如果利率降低，黄金投机交易成本下降，交易量就会放大。

3. 石油价格变动

黄金和石油主要是用美元来计价，二者的价格既紧密联系又相互制衡，在彼此的波动之中隐藏着相对的稳定。如果石油价格上涨，美元就会贬值，而美元的贬值又会导致人们抛售纸币抢购黄金来保值，进而刺激黄金价格上涨。从中长期来看，黄金与石油价格波动趋势基本一致，只是大小幅度有所区别。

4. 外汇市场变动

当某种货币汇率下跌时，人们就会急于抛售持有的该种货币去抢购黄金，以求保值。当美元汇价出现“疲软”时，往往会引起大量抛售美元抢购黄金的风潮，从而导致金价的大幅度上涨。反之，当美元汇价出现“坚挺”时，金价一般都处于比较平稳或稳中略有下降的趋势。

（三）政治局势与突发性重大事件

任何政治、经济的大动荡，都会在国际黄金市场的金价上反映出来。如 1979 年 11 月，美国和伊朗的关系恶化后，伊朗停止向美国出售石油，美国则采取了冻结伊朗在美国存款的报复行为。同年 12 月，前苏联出兵阿富汗，美苏关系也呈现出紧张状态。上述两个政治事件的发生，增加了西方人士的忧虑，他们害怕政治局势的恶化使自己的美元财产遭到损失，便大量抢购黄金，从而使金价急剧地大幅度上涨。

（四）投机因素

投机者根据国际国内形势，利用黄金市场上的金价波动与黄金期货市场的交易体制，大量“卖空”或“买空”黄金，人为地制造黄金供求假象。在黄金市场上，几乎每次大的下跌都与对冲基金公司借入短期黄金在即期黄金市场抛售和在 COMEX 黄金期货交易所构筑大量的空仓有关。

四、 世界主要国际黄金市场

（一）伦敦黄金市场

伦敦黄金市场历史悠久，从 1804 年起，伦敦取代阿姆斯特丹成为世界黄金交易的中心。1919 年伦敦金市正式成立，成为一个组织比较健全的世界黄金市场。第二次世界大战前，伦敦是世界上最大的黄金市场，黄金交易约占全世界交易量的 80%，是世界上唯一可以成吨买卖黄金的市场。第二次世界大战后，英国的政治、经济地位下降，英镑大幅贬值，黄金市场价格大大超过国际货币基金组织规定的 35 美元 1 盎司的黄金官价水平，英国被迫实行外汇管制，伦敦黄金市场也因此关闭。进入 20 世纪 50 年代后，英国和世界各国经济都趋于好转，1954 年 3 月，伦敦黄金市场重新开放，其交易局限于境外居民用几种指定的货币交易，并设立专门账户进行。1979 年 10 月，英国废除了全部外汇管制，英国居民可以自由买卖黄金，伦敦黄金市场才真正恢复自由交易市场的国际性功能和地位。1982 年 4 月，伦敦黄金期货市场开业。伦敦黄金市场上的现货交易以美元计价，期货交易以英镑计价。1986 年 3 月，西欧掀起抢购黄金的风潮，伦敦金市无法维持稳定，被迫将一部分黄金交易转移到苏黎世黄金市场，使伦敦金市的地位受到一定影响。

伦敦黄金市场的主要特点如下：

(1) 没有实际的交易场所。伦敦黄金市场不是以交易所形式存在，而是 OTC 市场。市场上会员与会员之间，以及会员与客户之间采用的均是主体对主体(Principal to Principal)的交易模式，交易者通过电话或路透等电子网络完成报价和交易过程，所有风险由交易双方承担。

(2) 高度开放。狭义地说，伦敦黄金市场主要指伦敦金银市场协会(LBMA)，其运作是通过无形方式——会员的业务网络来完成。LBMA 的会员分布在 20 多个国家和地区，涵盖了黄金和白银生产、仓储、运输、加工到销售，以及交易和经纪等整个产业链条。

协会会员分为两个层次：第一层次是做市商会员，对黄金交易进行连续报价，保证市场的流动性。目前共有9家机构，均为知名投行，分别是巴克莱银行、德意志银行、汇丰银行、法国兴业银行、加拿大丰业银行、高盛国际公司、JP摩根大通银行、瑞士银行和三井贵金属公司。第二层次是普通会员，目前共有60家机构，包括商业银行、投资银行、经纪商、黄金白银企业、加工厂、提炼厂及运输公司。目前，我国只有中国银行为其普通会员。

(3) 以黄金现货交易为主。伦敦黄金市场是世界主要的现货市场，其黄金期货市场1982年4月才开业。现货交易以美元计价，分为定价交易和报价交易两种。早在1919年伦敦黄金市场就引入了定盘价交易，它是伦敦市场上特有的交易形式。黄金定价行一直由5家机构承担。期间，机构有所变化，但数量没有变化。目前，黄金定价行分别为加拿大丰业银行、巴克莱银行、德意志银行、汇丰银行和法国兴业银行。报价交易价格水平很大程度上受定价交易的制约，在成交量上要多于定价交易。

(4) 交易量巨大，主要是批发业务。相对于苏黎世黄金市场，伦敦黄金市场是一个批发市场，主要是机构之间进行黄金交易的场所。黄金交易单位最低要求是400盎司，最低纯度为99.5%。做市商会员和普通会员之间进行的黄金交易，现货交易一般要在5 000至1万盎司之间；期货交易黄金的最低额度为5万盎司，交割的黄金要在伦敦金银市场协会制定的伦敦合格交割名单中。

(5) 黄金账户分类设置。伦敦黄金市场的黄金账户有两类：未分配账户(Unallocated Account)和分配账户(Allocated Account)。这两类账户的根本区别在于是否对应实物。未分配账户不对应实物，只是一个记账单位，主要用于相互之间的交易和在不同交易者之间划转头寸。交易者要提取实物，则需要将未分配账户转为分配账户。分配账户与实物一一对应，账户上详细注明了投资者所持有的黄金数量和金锭编号，开户人对账户上的黄金享有绝对的所有权和支配权，可以随时提取黄金，但要支付相应的保管费和保险费。即使银行倒闭，所有人仍有权拿回自己的黄金。

伦敦黄金市场被看作国际黄金市场价格的晴雨表。此外，伦敦黄金市场还在以下两个方面发挥着其在国际黄金市场上的影响力：① 制定并公布伦敦合格交割名单。参与伦敦黄金白银市场进行交割的金锭和银锭，须符合成色、重量、标识和外观等方面的相关标准。伦敦金银市场协会对能加入这个名单的产品和机构有严格的鉴定，并对外公布。这一制度使伦敦金银市场协会成为国际黄金白银市场标准的制订者，也有效地降低了交易成本和信用风险，方便了实物清算，提高了市场效率和伦敦金银市场协会在国际黄金和白银市场上的影响力。② 向全球黄金市场提供清算服务。伦敦在黄金和白银市场上的清算地位相当于纽约在美元中的清算地位，其中，黄金的清算通过未分配账户进行。目前，清算行有加拿大丰业银行、巴克莱银行、德意志银行、汇丰银行、JP摩根大通银行和瑞士银行6家。参与伦敦市场的交易者会在这几家银行开立黄金账户，清算彼此间的交易。伦敦市场的这6家清算行在英国中央银行——英格兰银行开立黄金账户，完成彼此之间的清算。

（二）苏黎世黄金市场

苏黎世黄金市场兴起于第二次世界大战后，当时伦敦金市因战争而关闭，临近的苏黎世以其永久中立国的优势和健全的金融制度逐渐接手了伦敦的黄金交易。目前，就黄金现货交易而言，其地位仅次于伦敦。苏黎世黄金市场的主要特点是：① 以现货交易为主，从事金币交易；② 是世界上最大的金币市场；③ 经营零售业务，由于瑞士银行的保密传统，使苏黎世成为世界主要黄金储藏地之一，也是世界上最大的私人黄金的存储与借贷中心；④ 黄金市场与银行业务联系紧密，主要由瑞士3大银行，即瑞士银行、瑞士联合银行和瑞士信贷银行从事黄金交易，与伦敦金商不同的是，它们不但充当经纪人，还掌握大量黄金储备，进行黄金自营交易。

（三）纽约黄金市场

目前，纽约黄金市场已成为世界上交易量最大和最活跃的黄金期货市场，也是世界黄金期货交易中心，每年有2/3的黄金期货契约在纽约成交，但实际黄金实物的交收只占很少的比例，交易水分很大，大部分属于买空卖空的投机交易。

纽约商品交易所是世界上最具规模的商品交易所，同时是世界最早的黄金期货市场。根据纽约商品交易所的内部界定，它的期货交易分为NYMEX及COMEX两大分部。NYMEX负责能源、铂金及钯金交易，其余的金属（包括黄金）归COMEX负责。COMEX目前交易的品种有黄金期货、迷你期货、期权和基金。COMEX黄金期货每宗交易量为100盎司，交易标的为99.5%的成色金。迷你黄金期货，每宗交易量为50盎司，最小波动价格为0.25美元/盎司。参与COMEX黄金买卖以大型的对冲基金及机构投资者为主，庞大的交易量吸引了众多投机者加入。

纽约黄金市场的建立和发展，使得世界黄金市场的格局发生了重大变化。由于美国黄金期货交易量巨大，期货价格对现货价格产生很大影响，使伦敦黄金市场的每日定价制的权威受到影响。除了黄金期货交易之外，黄金期权交易也是美国黄金市场的主要交易方式，由于其较大的灵活性和选择性，从而具有较大吸引力。

（四）香港黄金市场

香港黄金市场于1910年正式开业，自1974年1月香港取消《禁止黄金进口条例》、撤销黄金进口管制后，获得迅速发展。由于香港黄金市场在时差上刚好填补了纽约、芝加哥市场收市和伦敦开市前的空当，且可以连贯亚、欧、美，形成完整的世界黄金市场，其优越的地理位置引起了欧洲金商的注意，伦敦5大金商、瑞士3大银行以及日本、美国、德国的金融机构等纷纷来港设立分公司，参与香港的黄金交易。香港市场的黄金大多来自欧洲，主要销往东南亚。如今，香港成为远东主要的黄金分销和结算中心，也是世界五大黄金市场之一。目前，香港黄金市场由3个市场组成：

（1）香港金银贸易市场。这是香港传统的黄金市场，可以看作是主体市场，以华资金商占优势，有固定的买卖场所。香港金银贸易市场以黄金现货交易为主，兼营黄金期货交易。黄金交易以港元计价，买卖单位为100司马两，黄金成色为99%。交易方式为公开喊价，所有交易凭双方一言为定，信用为凭。

（2）本地伦敦金市。该金市形成于20世纪70年代，以外资金商占主体，没有固定交易场所，是一个无形市场，以伦敦黄金市场经营方式交易，通过电信手段成交。黄金交易以美元计价，成色为99.5%，重量为400盎司，交收地点设在伦敦现货市场，实际上是伦敦黄金市场在亚洲的批发市场。

（3）期货市场。该市场于1980年8月开业，按纽约、芝加哥方式交易，其交投方式正规，制度也比较健全，可以弥补金银贸易市场的不足。市场内买卖以广东话叫价，交易以美元计价，买卖单位为100盎司，黄金成色为99.5%，交收地点在香港。

上述3个市场中，成交额最高的是香港金银贸易市场，影响最大的是本地伦敦金市。3个市场表面上各自独立，但实际上彼此都有密切联系，它们共同构成了一个具有地方特色的完整的黄金市场。

本章重要概念

国际金融市场　在岸金融市场　离岸金融市场　国际债券　外国债券　欧洲债券　欧洲货币　欧洲货币市场　可转换债券　LIBOR　IBFs　ADR

本章复习思考题

1. 什么是国际金融市场？它分为哪些类型？
2. 欧洲货币市场与传统的国际金融市场相比有哪些特点？
3. 国际金融市场形成的基本条件是什么？
4. 国际金融市场有何重要作用？
5. 欧洲货币市场是如何产生的？它有何特点？
6. 试比较外国债券与欧洲债券的异同。
7. 国际股票市场的交易品种有哪些？
8. 影响黄金价格变动的因素有哪些？
9. 世界主要的黄金市场有哪些？各有哪些特点？

第八章 国际资本流动

第一节 国际资本流动概述

国际资本流动已经成为拉动世界经济增长尤其是发展中国家经济增长的引擎，同时它也成为近年来国际债务危机、金融动荡进而给世界经济，尤其是发展中国家经济以致命打击的罪魁祸首。美国次贷危机引发的全球金融海啸，使得国际资本流动呈现出规模扩大、流动速度加快等新特征。资本流动不仅会对一国的金融稳定和宏观经济产生不利影响，而且能引起世界经济的剧烈波动，所以国际资本流动已成为世界各国关注的热点。

一、国际资本流动的概念

国际资本流动(International Capital Flows)是指资本从一个国家或地区转移到另一个国家或地区。这里所说的资本包括货币资本、借贷资本以及与国外投资相联系的商品资本和生产资本。这种资本的转移一般总是以资本流出和流入的形式反映在各国国际收支平衡表的资本与金融项目中。

(一) 资本流出

资本流出(Capital Outflow)，是指本国资本流到国外，亦称本国的资本输出，属于支付项目。它包括以下几层含义：外国债务增加(例如，外国在本国发行债券)；本国对外国的债务减少(例如，本国偿还外债本息)；外国在本国的债权或资产减少(例如，外国在本国投资资本的撤离)；本国在外国的债权或资产增加(例如，本国在外国投资)。

(二) 资本流入

资本流入(Capital Inflow)是指外国资本流入本国，亦称本国的资本输入，属于收入项目。它包括以下几层含义：外国在本国的债务减少(例如，外国偿还本国的债务本息)；本国对外国的债务增加(例如，本国在外国发行债券)；外国在本国的债权或资产增加(例如，外国对本国贷款或在本国投资)；本国在外国的债权或资产减少(例如，收回对国外的贷款或投资资本)。

在一定时期内，如果一国输出的资本额大于输入的资本额，该国为资本净输出国；反之，则为净输入国。一国的资本净流动对该国国际收支会产生一定影响。一般来说，当一国国际收支经常项目发生逆差时，应争取以资本项目的顺差（即资本净流入）来弥补；当国际收支经常项目出现顺差，则说明该国进行资本输出，在扩大对外经济活动方面具有有利的条件。

国际资本流动是当代国际经济交往中经常发生的一种经济活动，但它的顺利进行，必须具备一定的条件。通常情况下，在没有外汇管制或外汇管制较松、并且有较发达的国际金融市场的国家或地区，国际资本的流动比较自由和顺利；反之，在外汇管制严格又缺乏健全完善的金融市场的国家或地区，国际资本的流动往往会受到较大的限制和阻碍。

二、 国际资本流动的类型

按照流动期限的长短，国际资本流动可分为长期资本流动和短期资本流动。

（一）长期资本流动

长期资本流动是指使用期限在 1 年以上或没有规定期限的资本在国际流动。由于长期资本数量大、期限长，因此在一定程度上会对世界经济发展产生直接影响。长期资本流动包括国际直接投资、国际证券投资和国际中长期贷款。

1. 国际直接投资

从一国角度出发，国际直接投资也被称为对外直接投资或外国直接投资（Foreign Direct Investment，FDI），是指一国的政府、企业或私人对另一国的厂矿、企业等进行全部或部分投资，从而取得对该厂矿、企业的全部或部分管理控制权的行为。

国际直接投资是投资者以控制企业部分产权、直接参与经营管理为特征，以获取利润为主要目的的资本对外输出。具体表现在：

（1）国际直接投资是长期资本流动的一种主要形式，不同于短期资本流动，它要求投资主体必须在国外拥有企业实体，直接从事各类经营活动。

（2）国际直接投资表现为资本的国际转移和拥有经营权的资本国际流动两种形态，既有货币投资形式又有实物投资形式。

（3）国际直接投资是取得对企业经营的控制权，不同于间接投资，它通过参与、控制企业经营权获得利益。

按照不同的标准，国际直接投资可划分为不同的类型或形式。

（1）按照投资者控制被投资企业产权的程度，国际直接投资可以分为独资经营、合资经营、合作经营和合作开发等形式。独资经营是指完全由外商出资并独立经营的一种国际直接投资方式；合资经营是指两国或两国以上的投资者在平等互利原则的基础上，共同商定各自在被投资企业的股权比例，并根据东道国的法律，通过签订合同、开办合营企业，共同经营、共负盈亏、共担风险的一种投资方式，这也是国际直接投资中较为常见的一种方式；合作经营与合作开发都是以签订合同或协议为基础的国际经济合作形式。合作经营企业一般不以股份确定产权，不按股权比例分配收益，而是根据合同规定投资方式和投资比例分配收益并承担风险。当然，合作经营企业本身是一个统一的经营实体，具有独立的法人地位。合作开发则通常是由拥有特定资源的国家，通过招标方式与外国投资者签订合作开发协议或合同，并联合组成开发公司对东道国资源进行开发。

(2) 按照投资者控制被投资企业的方式,国际直接投资可分为股权参与式和非股权参与式两类。按照这一标准,独资经营属于全部股权参与式投资,合资经营属于部分股权参与式投资,而投资者没有在东道国企业中参与股份,以其他一些形式如许可证合同、管理合约、销售协议等进行的直接投资,均属于非股权参与式的直接投资。

(3) 按照投资者是否建立新企业,国际直接投资可分为创建新企业与控制现有国外企业两种形式。一国投资者到国外单独或合作创办新的企业,或者组建新的子公司进行生产经营活动,均属于前一种形式;通过收购国外公司或与国外公司合并以获得对东道国企业的控制权,则属于后一种形式。

例如 1995 年 2 月 26 日,具有 233 年历史的巴林银行被尼克·里森弄垮,这引起了国际社会的震动,同年 3 月 5 日由国际荷兰出资 10 亿美元一举买入巴林银行。这是通过大型收购进行直接投资的典型范例,国际荷兰也由此登陆英伦,实现了多年的梦想。

(4) 按照投资主体与其投资企业之间国际分工的方式,国际直接投资可以分为水平型投资、垂直型投资和混合型投资。水平型直接投资也称为横向型直接投资,是指一国的企业到国外进行投资,建立与国内生产和经营方向基本一致的子公司或其他企业,这类子公司和其他企业能够独立完成生产和销售,与母公司或国内企业保持水平分工关系。垂直型直接投资也称为纵向型直接投资,一般指一国企业或跨国公司到国外建立子公司或附属机构,这些国外子公司或附属机构与母公司之间实行纵向专业化分工协作。混合型投资则是一种水平型和垂直型相结合的直接投资方式。一般来说,目前企业进行国际直接投资,并不单纯是水平型投资或垂直型投资,而是两者兼有的混合型投资。

除此之外,还有一种划分国际直接投资类型的方法,即按照投资主体的性质把国际直接投资分为私人直接投资和国家直接投资,二者有时也被称为民间直接投资和官方直接投资。

对于投资者而言,国际直接投资东道国的投资气候与投资条件非常重要。投资气候包括政局与政策是否稳定,投资的法律保障是否健全,等等。投资条件包括经济状况与经济发展前景是否良好,基础设施与通信设施是否完善,税收是否优惠,工人技术水平如何,工资是否相对低廉,等等。从总体上说,在这些方面发达国家比发展中国家有较大的优势,这是当今发达国家吸收国外直接投资多的一个重要因素。

2. 国际证券投资

国际证券投资又称间接投资,是指通过在国际债券市场购买中长期债券,或者在国际股票市场上购买外国公司股票来实现的投资。对于一个国家来说,在国际证券市场上买进有关证券就称为投资,它意味着国际资本流出;反之,在国际证券市场卖出有关证券就称为筹资,它意味着国际资本流入。

国际证券投资形式很多,主要包括国际股票投资和国际债券投资。

债券投资者所投资的债券,按发行者不同可分为政府债券和公司债券,按发行市场地点和面值货币不同又可分为外国债券和欧洲债券(具体见第六章国际金融市场)。

证券投资与直接投资的区别有以下几个方面:

(1) 证券投资涉及的是金融资本的国际转移,直接投资涉及的主要是实物资本的国际转移。

(2) 证券投资的目的在于凭股票、债券等获得股息、红利和债息,对企业一般没有直接的管理控制权，而直接投资的目的在于获得经营利润且对企业有直接的管理控制权。

(3) 证券投资必须有健全的国际证券市场，证券可随时买卖与转让，而直接投资则要求有完善优良的投资环境，不涉及证券在市场上的买卖。

(4) 证券投资涉及债权债务关系，即证券市场的筹资方发行债券而构成外债，而直接投资的接受方吸引的资金并不构成外债。

总之，证券投资与直接投资各有长短，在实际运用中互相弥补各自的不足，刺激国际资本的流动，推动一国经济的发展。

3. 国际中长期贷款

国际中长期贷款主要是指 1 年以上的政府贷款、国际金融机构贷款、国际商业银行贷款和出口信贷。

国际贷款的主要特点：它是单纯的借贷货币资本在国际的转移，不像直接投资涉及在他国设立企业实体或收购企业股权，也不像证券投资涉及证券的发行与买卖。国际贷款的收益以利息及有关费用的形式来体现，贷款风险主要由借款者承担。

(1) 政府贷款。它是一国政府对另一国政府提供的贷款。这种贷款的资金来自贷款国的财政预算，因而数额不大，但利率却较低（年利率一般为 1%～3%），有的还是无息贷款，期限也较长（一般为 10～30 年），故属于援助性贷款，只提供给友好国家。政府贷款大多指定用途，如限定借款国必须将贷款资金的全部或部分用于购买贷款国的商品；除指定用途外，政府贷款往往附有政治条件，如要求借款国必须采取特定的经济政策，贷款国要对资金的使用进行监督等。

(2) 国际金融机构贷款。它是国际金融机构如国际货币基金组织、世界银行集团或地区性开发银行等向其成员方政府提供的贷款。这种贷款一般不以直接营利为目的，具有援助性质。贷款利率视其资金来源以及贷款接受国的国民收入水平而定，通常要比私人金融机构的贷款利率低，期限也相对长。国际金融机构贷款也是专项贷款，即与特定的建设项目相联系，手续非常严格。

(3) 国际商业银行贷款。它是指一国公司、银行或政府在国际金融市场上向外国商业银行借入中长期货币资金的商业贷款。向一家银行借入的是双边贷款，向多家银行借入的是银团贷款。所谓银团贷款，亦称辛迪加贷款，主要指在欧洲货币市场上由一家银行牵头，多家银行参加，共同对一个借款人提供贷款，并且共同分担贷款风险。国际银行贷款不仅数额大，而且期限也可以很长，但是与其他类型的国际贷款相比，国际银行贷款的利率高，不带有任何援助性质，以直接营利为目的。

(4) 出口信贷。这是一种与国际贸易直接相关的中长期信贷，是指商业银行对本国出口商，或者外国进口商及其银行提供的贷款，其目的是为了解决本国出口商资金周转的困难，或者是满足外国进口商对本国出口商支付贷款的需要。出口信贷有卖方信贷和买方信贷两种。

出口信贷的一般特点是：① 贷款指定用途，必须用于购买贷款提供国的出口商品。② 贷款利率低，其低于国际金融市场的差额通常由出口国政府或政府金融机构予以补贴。③ 有偿还担保，一般由出口国的官方或半官方的信贷保险机构承担风险。例如英国的“出口信贷保险部”（ECGD）、美国的“外国信贷保险协会”（FCIA）等，都为本国商业银行提供的出口信贷承担还款保险。

（二）短期资本流动

短期资本流动是指期限为1年或1年以下，或即期支付的资金流动，它包括财务资金、信贷资金和现金的流动。短期资本流动一般都是借助各种信用工具并通过电话、电报、传真等通信方式进行的。这些信用工具主要有政府短期债券（国库券）、可转让银行定期存单、银行活期存款凭证以及其他票据等。

短期资本流动大致可以分为以下几类：

1. 贸易资金流动

国际进出口贸易往来中由商业信用和银行提供的短期资金融通和资金结算，必然会引起进出口国的资金流入和流出，导致短期资本流动，这是国际短期资本流动中最主要的部分。

2. 银行资金流动

各国经营外汇业务的银行，由于业务和牟取利润的需要，经常不断地进行资金调拨，比如国际银行同业往来的收付和结算，短期外汇资金的拆放，利用不同市场的汇率差、利率差进行套汇、套利等活动，都会频繁地引起国际短期资本的流动。

3. 保值性资本流动

保值性资本流动又称资本逃避。发生资本逃避的原因主要有3方面：① 某一国家的政局动荡不安，于是资本外逃，以求安全。② 某一国家经济衰退，国际收支持续逆差，货币有贬值的可能。③ 某一国家实施外汇管制，资本运用范围受到限制，或者颁布新税法而使企业经营无利可图，于是资本外逃，以免遭受损失。

4. 投机性资本流动

投机性资本流动是投机者根据其对国际金融市场行情的预测，在不采取抛补性交易的情况下，利用汇率、金融资产价格的波动，伺机买卖、牟取高利而引起的短期资本流动。如果投机者预测正确，他就能获利；否则，他就会遭受损失。在此过程中，必然引起短期资本的流动。影响投机的因素主要有：

（1）利率变动。在两国的货币汇率比较稳定的情况下，人们为了获得高额利息收益，使投机资本从利润较低的国家流向利率较高的国家，从而获得利差收益。有些国家为了改善国际收支状况而提高贴现率以吸引这类短期资本的流入。

（2）汇率变动。由汇率变动引起投机性资本流动有以下几种情形：

首先，对暂时性的汇率变动做出反应的资本流动。在这种情况下，一国暂时性的国际收支逆差会导致资本内流，因为国际收支逆差会对汇率产生下浮的压力，由于人们认为这种下浮是暂时的，不久就会回升，这样就可吸引短期资本内流，投机者按较低的汇价买进该国货币，待汇价上升后再卖出，就可以从汇率变动中获取利润。相反，一国暂时性的国际收支顺差就会导致资本外流，因为投机者会在汇价高时卖出该国货币，等到汇价下跌时再买进。这种资本流动起着稳定汇价的作用，并有助于纠正国际收支不平衡的情况。

其次，预测汇率将有永久性变化的资本流动。一个国家的国际收支出现持续顺差时，这个国家的货币汇率将会持续坚挺。如果投机者预期该国货币将升值，于是卖出其他货币，买进该国货币，对该国来说，这是资本流入。如果该国货币升值，他就获利。相反，如一个国家的国际收支出现持续逆差，这个国家的货币汇率将会持续疲软，如果投机者预期该国货币将贬值，于是卖出该国货币买进其他货币，对该国来说，这是资本流出。

显然，这种资本流动会增加汇率的不稳定性，并加剧一国国际收支不平衡状况。

第三，与贸易有关的投机性流动，通常称为“超前与掉后”。所谓“超前与掉后”就是指人们认为币值将变化而加速或延迟外汇抵补交易的过程。如果预期某种货币将升值，需要该货币支付进口货的商人将加速以该货币支付债务，这就是超前交易；反之，如果预期某种货币将贬值，需要以该货币支付进口货的商人将尽量延迟付款，这就是掉后交易。通过这种“超前与掉后”的贸易支付方法，进出口商能在日常的国际贸易中进行投机，因为通常在付款方面都有几个月的回旋余地，进出口商将根据对今后某一特定货币价值的估计而要求客户尽快支付货款或准许客户延迟支付货款。由于“超前与掉后”是根据当事人对某种货币汇率的预测而进行的，带有投机性，因此列入投机性资本流动。

（3）各种价格变动。如国际市场股票、黄金和某些重要商品价格的大幅涨落，促使投机者伺机买进或卖出，以从价格变动中获利。这种活动同样可能在短时期内引发大规模的国际短期资本流动。

三、 当前国际资本流动的特点

20 世纪 90 年代以来，世界经济形势发生了巨大的变化。随着经济全球化的发展，当前国际资本流动不仅规模庞大，速度也非常快，而且面临更加宽松的政策环境和更加发达的资本市场，国际金融体系的稳定性和国际资本流动的有序性受到了前所未有的极大挑战。在这种经济形势下，国际资本流动呈现出以下新的特点：

1. 国际直接投资由高速增长到小幅但不均衡的回升

20 世纪 90 年代以来，国际直接投资有两次大的变动。

（1）高速增长时期（20 世纪 90 年代初至 90 年代末）。20 世纪 90 年代以来，世界经济发展迅速，国际资本流动的增长速度远远快于世界贸易的增长，国际直接投资总额从 1990 年的 2 337 亿美元增至 1995 年的 3 150 亿美元，1996 年达 3 490 亿美元，同比增长 11%；1997 年达 4 240 亿美元，增长 25%。东南亚一些国家，如印尼、马来西亚、菲律宾和泰国等在 1990—1994 年间，资本流入量是其同期经常账户赤字的 2 倍。1996 年，泰国资本流入占其国内生产总值的比例高达 13%。

（2）小幅但不均衡的回升（21 世纪以来）。受 1997 年东南亚金融危机的影响，特别是进入 21 世纪以后，世界经济发展缓慢、企业盈利锐减等因素造成全球国际直接投资出现持续下滑。2001 年、2002 年和 2003 年全球直接投资总量逐年减少，2004 年全球 FDI 流入规模才开始转降为升，2006 年达到 1.42 万亿美元，但未达到 2000 年 1.58 万亿美元的水平。2007 年美国次贷危机再一次导致全球金融危机的爆发，全球国际直接投资又开始出现持续下滑。根据联合国贸发会议的统计，2008 年国际直接投资下降 21%，2009 年又降 39%，其中发达国家吸收的投资下降 41%，发展中国家下降 39%。进入 2010 年以后，随着经济的缓慢复苏，全球直接投资才开始微幅上升。据联合国贸易和发展会议（UNCATD）发布的研究报告数据显示，2010 年全球外国直接投资为 1.12 万亿美元，比 2009 年增长 1%。2011 年，全球外国直接投资前景则将好于 2010 年，总量有望增长到 1.3 万～1.5 万亿美元，2012 年将向 1.6 万～2 万亿美元挺进。

2. 资本结构改变，证券投资所占比重扩大

发展中国家资本市场的发展正在逐渐改变国际资本的结构，20 世纪 90 年代国际资

本在发展中国家的流动大多以直接投资为主，亚洲金融危机以后，为了增强抵御金融风险的能力，许多发展中国家，特别是亚洲地区的国家和经济体，加强了资本市场的建设和完善。资本市场的发展不仅促进了国际证券投资的流动，也逐步改变了国际资本流动的结构。进入21世纪，特别是国际金融危机爆发后的一段时间里，直接投资占国际资本净流动的比重从80%以上逐步下降到50%左右，国际信贷和国际证券投资占据了资本流动的半壁江山。其原因主要有以下几个方面：

(1) 随着国际金融一体化进程的不断加快，世界上许多国家纷纷开放了本国的资本市场，投资环境不断改善，必然推动证券投资的快速增加。虽然证券投资中的绝大部分仍然来自发达国家，但发展中国家所占的比重正稳步提升。

(2) 相对于直接投资，证券投资显得更为灵活，进入和退出东道国较为容易。因为许多国家出于对国家经济安全的考虑，对外国直接投资的进入设置了一些门槛。

(3) 国际金融危机致使许多发达国家经济出现严重下滑，经济的不景气致使失业率不断攀升。为解决国内日益严峻的就业问题，发达国家政府试图通过增加对本国制造业的投入来创造更多的就业机会，而发达国家是全球外国直接投资的主要来源，他们对国内投资的增加必然导致对外直接投资的减少。

(4) 在当前的国际直接投资中，以创办新企业为主要形式的绿地投资越来越少，取而代之的是通过证券市场购买东道国企业股权证券并达到一定持股比例，从而实现对该企业的控制与并购。因此，在目前的对外投资中，对外直接投资的份额越来越少，而证券投资的比重却越来越高，这种趋势在国际金融危机下表现得越发明显。

3. 资本流向仍以发达国家为主，但发展中国家地位有显著上升

国际金融危机的发生严重影响了世界经济的健康发展，发达国家由于利润下滑以及国外子公司重新把资金转移至跨国公司总部，导致利润再投资大幅减少，利润再投资的缩减进而使发达国家2008年的对外直接投资下降了17%，约为1.5万亿美元。虽然发达国家对外投资出现萎缩，不过整个发达国家集团仍然是最大的净对外投资者。据统计，2008年全球外国直接投资总额的81.1%来自发达国家，并且，排在对外直接投资总额前10位的国家和地区也均出自发达国家集团。

尽管国际金融危机使得全球国际直接投资由2007年峰值时的2.15万亿美元急剧下跌至2008年的1.86万亿美元，同比下降了13.5%，但是，发达国家和发展中国家在其中所起的作用各不相同。在同比下降的13.5%中，发达国家流出为1.51万亿美元，下降16.6%；而发展中国家流出为2 927亿美元，上升2.52%。同时，发展中国家对外直接投资流出额在世界总量中的占比，也从2007年的13.3%上升至2008年的15.8%。2010年全球外国直接投资虽然只有1.12万亿美元，但流入发展中经济体的外国直接投资却强劲增长，首次超过全球外国直接投资总量的一半，达到53%。这说明发展中国家在对外投资中的作用在增强，而发达国家的影响在下降。其主要原因：

(1) 在金融危机初期，由于发展中国家参与国际金融一体化的程度相对较低，所以国际金融危机对发达国家的破坏要远大于发展中国家。因而，在发达国家经济快速下滑的同时，发展中国家对外直接投资却仍能保持增长的势头。

(2) 金融危机的爆发，推动了国际产业结构的转移，以“金砖四国”为代表的一些发展程度较高的新兴经济体，在承接发达国家转出产业的同时，也将自身相对落后的产业向

那些发展较慢的发展中国家转移。因此,产业结构的转移和升级推动了发展中国家对外直接投资的增加。

(3) 国际金融危机导致发达国家流动性严重短缺,企业普遍面临资金约束。为了维持正常的生产经营活动,防止资金链断裂,这些国家的政府纷纷降低了外国资金进入的门槛;投资成本的下降推动了发展中国家对外直接投资的扩大。同时,发达国家先进的生产技术以及危机中大幅贬值的优良资产,也成为吸引发展中国家 FDI 流入的重要因素。

4. 跨国公司成为国际资本流动的重要载体

跨国公司是 19 世纪 60 年代至 70 年代产生的一种以全球市场为投资和经营目标的集团企业形态,是资本主义高度发展及进行海外投资的产物。跨国公司已成为集贸易、投资、金融和技术于一身的"无国籍"巨型经营主体,成为进行国际贸易和技术转让及扩大国际直接投资的主要力量,在国际经济生活中发挥着重要作用。现在西方跨国公司的年生产总值已达到资本主义世界生产总值的 50%,控制和掌握了 50%以上的国际贸易,垄断了 80%以上的新技术、新工艺专利和 70%以上的国际技术转让及 90%以上的海外直接投资,其掌握的流动资金已超过所有发达国家官方外汇储备总额。可以预料,跨国公司凭借雄厚的实力,在进入跨世纪发展的世界经济中,必将成为国际资本尤其是生产资本在全球范围运动的主要载体和主导力量。

5. 资本行业分布变化,投资新兴经济体的服务业成为主流

资本投向产业结构的转变是世界产业结构和国际分工深化等内力合成的必然趋势。近年来,全球跨国公司投资重点发生了一些变化,将更多的注意力投向了服务业,致使服务业在一些国家产业结构中的比重稳步上升。特别是在此次国际金融危机爆发前的几年里,服务业国际直接投资的流量上升了约 10%,从 50%提高到 60%,尤其是以服务外包为主要形式的跨国公司和跨国转移,成为服务业跨国投资的重要形式。服务业 FDI 的来源地主要集中在欧、美、日等发达国家,其中,美国所占比重最大,约为 2/3。接受投资最多的地区是亚洲,约占全球服务业 FDI 总额的 45%,而一些新兴经济体又成为这一地区吸引 FDI 相对较多的国家。当然,在世界的其他地区,新兴经济体也是国际服务业外国直接投资的重点对象,并且这种投资趋势在后危机时代还将进一步增强。其原因如下:

第一,随着新兴经济体国家的不断发展,经济实力逐渐增强,当地居民的消费水平和消费需求都有所提高,发达国家消费模式对新兴经济体有较强的示范效应。因此,投资新兴经济体的服务业成了发达国家必然的选择。

第二,相对于其他产业来说,服务业进入门槛较低,新兴经济体国家的劳动力水平和市场结构,为发达国家服务业 FDI 提供了适宜的投资环境。

第三,相对于农业和制造业来说,服务业通常可以创造较多的就业机会。而新兴经济体国家大多又都存在人口过多的问题,因此,发达国家投资新兴经济体服务业是一种对双方都有利的双赢活动。

第四,金融危机的发生推动了新一轮的国际产业结构调整,发达国家扩大服务业对外直接投资,不仅有利于优化自身产业结构,而且还可以推动投资接受方(新兴经济体国家)产业结构的升级。

四、国际资本流动的原因

（一）国际资本流动的根本原因

第二次世界大战后的实践证明，获取高额利润仍然是国际资本流动的内在动力和根本原因，即由于世界经济发展的不平衡性，各国资本的预期收益率必然形成差异，资本的本性——追求利润最大化，驱使它从一国流向另一国。资本的预期收益是资本追逐的目标，因此，资本的预期收益率水平是影响资本流动的最基本因素之一。若一国资本的预期收益率高于他国，在其他因素相同的情况下，资本便会从他国流向该国；反之，若一国资本的预期收益率低于他国，且有较大风险，不仅国外资本会从该国抽走，而且本国资本也势必大量外流。可见，资本从预期收益率低的国家或地区流向预期收益率高的国家或地区，这是国际资本流动的最基本原因。当然，过剩资本所追求的不仅仅是较高的收益率，更为重要的是追求利润的最大化。正如马克思所说："超过一定的界限，利润率低的大资本比利润率高的小资本积累得更迅速。"第二次世界大战后，尽管在发展中国家投资的平均收益率要高于在发达国家投资的收益率，但国际资本流动主要是在发达国家之间进行，原因正基于此。

因此，追求较高的资本预期收益率，尤其是追逐高额利润是国际资本流动的内在动因。

（二）国际资本流动的影响因素

影响国际资本流动的因素很多，归结起来主要有以下几个方面：

1. 过剩资本的形成或国际收支大量顺差

过剩资本是指相对过剩的资本。随着资本主义生产方式的建立，资本主义劳动生产率和资本积累率的提高，资本积累迅速增长，在资本特性和资本家唯利是图的本性支配下，大量的过剩资本被输往国外，追逐高额利润，早期的国际资本流动就由此而产生了。随着资本主义的发展，资本在国外获得的利润也大量增加，反过来又加速了资本积累，加剧了资本过剩，进而导致资本对外输出规模的扩大，加剧了国际资本流动。近 20 年来，国际经济关系发生了巨大变化，国际资本、金融、经济等一体化趋势有增无减，加之现代通信技术的发明与运用，资本流动方式的创新与多样化，使当今世界的国际资本流动频繁而快捷。总之，过剩资本的形成与国际收支大量顺差是早期也是现代国际资本流动的一个重要原因。

2. 利用外资的策略与实施

无论是发达国家还是发展中国家，都会不同程度地通过不同的政策和方式来吸引外资，以达到一定的经济目的。尤其是发展中国家，由于经济比较落后，迫切需要资金来加速本国经济的发展，因此，往往通过开放市场、提供优惠税收、改善投资软硬环境等措施吸引外资的进入，从而增加或扩大了对国际资本的需求，引起或加剧了国际资本流动。

3. 投资方式与投资工具的不断创新

随着区域经济一体化和各国相继放松资本管制，企业间的跨国兼并和收购成为全球对外直接投资的重要形式。在投资方式中，以股权和非股权形式的跨国联合投资体——国际战略联盟也日趋增多。此外，随着国际金融领域的金融创新浪潮不断，加强了融资证券化、注重资产负债表外业务以及金融市场一体化的趋向。这些因素促成了国际资本流动规模的扩大，并且使国际资本流动更加灵活和方便。

4. 汇率和利率的变化

汇率的高低与变化可以改变资本的相对价值，从而对国际资本流动产生影响。如果一国的货币贬值，以该国货币表示的金融资产价值就会下降；相反，若一国的货币升值，则以该国货币表示的金融资产价值就会上升。为避免贬值造成的损失或获取增值带来的收益，在汇率不稳定时，投资者将根据自己的汇率预期，把手中的金融资产从一种货币形式转换成另一种货币形式，从而导致资本从一个国家或地区转移到另一个国家或地区。

利率的变化也会引起国际资本流动，利率的高低直接影响资本收益率，从而导致资本从利率较低的国家或地区向利率较高的国家或地区流动。当然，由国际利率差异引起的资本流动并不是无条件的，它还受到货币的可兑换性、金融管制和经济政策目标等因素的制约。

在一般情况下，利率与汇率呈正相关关系。一国利率提高，其汇率也会上浮；反之，一国利率降低，其汇率也会下浮。例如，1994 年美元汇率下滑，为此美国连续进行了 7 次加息，以期稳定汇率。尽管加息能否完全见效，取决于各种因素，但加息确实已成为各国用来稳定汇率的一种常用方法。伴随着利率、汇率变化的是短期国际资本（游资或热钱）的经常和大量的流动。

5. 通货膨胀的发生

通货膨胀往往与一个国家的财政赤字有关。如果一国出现财政赤字，而该赤字以出售债券或向外借款来弥补，就会导致国际资本流动；如果该赤字是以发行纸币来弥补，又必然增加该国通货膨胀的压力，一旦发生了严重的通货膨胀，为减少损失，投资者会把国内资产转换成外国债权，从而引起资本流动。

6. 政治、经济及战争风险的存在

政治、经济及战争风险的存在，也是影响国际资本流动的重要因素。政治风险是指由于一国的投资气候恶化而可能使资本持有者所持有的资本遭受损失。经济风险是指由于一国投资条件发生变化而可能给资本持有者带来的损失。战争风险是指可能爆发或已经爆发的战争对资本流动造成的可能影响。例如海湾战争，就使国际资本流向发生重大变化，在战争期间许多资金流向以美国为主的几个发达国家（大多为军费），战后安排又使大量资本涌入中东，尤其是科威特等国。

7. 国际炒家的恶性投机

所谓恶性投机，包含两种含义：① 投机者基于对市场走势的判断，纯粹以追逐利润为目的，刻意打压某种货币而抢购另一种货币的行为。这种行为的普遍发生，毫无疑问会导致有关国家货币汇率的大起大落，进而加剧投机，汇率进一步动荡，形成恶性循环，投机者则在“乱”中牟利。这是一种以经济利益为目的的恶性投机。② 投机者不是以追求盈利为目的，而是基于某种政治理念或对某种社会制度的偏见，动用大规模资金对某国货币进行刻意打压，由此阻碍、破坏该国经济的正常发展。但无论哪种投机，都会导致资本的大规模外逃，并会导致该国经济衰退，如 1997 年 7 月爆发的东南亚货币危机。其过程如下：一国经济状况恶化→国际炒家恶性炒作→汇市股市暴跌→资本加速外逃→一国经济衰退→货币危机发生。这几乎已成为当代国际货币危机的“统一模式”。

8. 其他因素

政治及新闻舆论、谣言、政府对资本市场和外汇市场的干预以及人们的心理预期等因素，都会对短期资本流动产生极大的影响。

第二节 国际资本流动的影响与控制

一、国际资本流动的影响

(一) 对资本输入国的影响

1. 积极影响

国际资本流动对资本输入国的积极影响主要表现在：

(1) 缓和资金短缺的困难。由于经济发展水平低、居民储蓄率不高等原因，资金短缺往往是许多国家、特别是发展中国家经济发展中的主要困难。通过输入外国资本，可以在短期内获得大量的资金，一方面可以解决资金供不应求的状况，另一方面又能加大经济建设中的资金投入，从而促进经济的发展。例如，1962—1984 年，韩国引进外来直接投资 21.23 亿美元，这笔资金对于韩国在第二次世界大战后较快地恢复经济，实现经济起飞起到了十分重要的作用。

(2) 提高工业化水平。一国工业化水平的高低，主要体现在产业结构和技术装配两个方面。国际资本行业分布重点从种植业和采掘业，转向制造业、银行、金融和保险等知识密集行业，在很大程度上推动了输入国的产业结构升级。同时，资本输出国为充分获取新技术、新工艺和新产品所能带来的利润，或迎合输入国对外来资本中新技术、新工艺和新产品的偏好，往往以技术入股、技术转让等方式向输入国提供比较先进的技术、工艺和产品，从而能够改善输入国的技术装备状况。日本在 20 世纪 60 年代后开始加快工业化的进程，这与产业倾斜和高技术含量的资本输入分不开。

(3) 扩大产品出口。发达国家通过资本输出，把劳动、能源和原材料密集的生产工序和一般消费品的生产过程迁往发展中国家和新兴工业化地区，并把在那里生产的许多产品销往本国市场和国际市场，这对扩大资本输入国的产品出口是有利的。同时，输入国也可利用外资所带来的先进技术和海外销售渠道，提高自己产品的出口创汇能力。例如，20 世纪 70 年代后，泰国大力引进外资兴办进口替代和出口导向企业，使其出口规模不断扩大，年均增长速度超过 10%，这在世界上是不多见的。

(4) 创造就业机会。资本输入能够为输入国带来资金、技术、设备和其他生产要素，在较短的时间内创造出较多的就业机会。例如，20 世纪 70 年代末，美国在西欧各国开办的企业多达 6 625 家，共吸纳了 210 万人就业。

(5) 改善国际收支。一方面，输入资本并建立外向型企业，实现进口替代与出口导向，有利于扩大出口，增加外汇收入，进而起到改善国际收支的作用；另一方面，资本以存款形式进入，也可能成为一国国际收支的来源。

此外，资本输入还有利于输入国增加财政收入，提高国民的生活水平。

2. 消极影响

对输入国而言，资本输入也有消极作用，其表现主要有：

（1）在一定程度上加深了资本输入国对国际资本的依赖程度，有些经济领域甚至可能被国际垄断资本所控制。一旦世界经济情况发生逆转或国际金融市场发生重大变化，外资就会抽走，势必导致那些外资依附性较高的国家经济陷入困境。更有甚者，一些资本输入者还可能利用其强大的经济实力从事动摇资本输入国政府的政治活动，左右其经济发展的方向。

（2）资本输入过多，会使外债负担加重，甚至陷入债务危机。1995 年震惊全球的墨西哥金融危机就是一个典型例子。据统计，1994 年底，墨西哥金融危机开始时，其外债总额已高达 854.35 亿美元，占该国当年国内生产总值的 50.1%，同时，到期需偿付的外债高达 280 亿美元。进入 21 世纪，国际债务危机频频爆发，自迪拜债务危机、希腊债务危机爆发后，由于政府过度举债，西方发达国家已进入主权债务危机爆发高危期。

（3）资本输入国的某些尖端技术、科技情报、技术诀窍可能为资本输出国获得，从而使输入国丧失在某些领域的领先地位。

（4）对资本输入国的国内外市场形成某种程度的威胁。例如，20 世纪 80 年代以来国际资本大量涌入美国，其意图就是要避开各种关税和非关税壁垒，打入美国国内市场，同时挤占美国国外市场。

此外，从长远来看，资本输出国将投资收益汇回母国，将不利于资本输入国的国际收支平衡。

（二）对资本输出国的影响

1. 对资本输出国的积极影响

国际资本流动对资本输出国的积极影响表现在：

（1）显示输出国的经济实力，增强国际经济地位。当今世界，一个国家在国际社会中的地位越来越取决于该国的经济实力和经济影响力。向国外输出长期资本，一方面显示了该国强大的经济实力，另一方面，又可以直接影响资本输入国的经济、政治甚至整个社会生活，从而有利于提高输出国的国际地位。日本今天之所以成为世界上有重要影响的国家之一，与它庞大的资本输出密切相关。

（2）能够提高资本的边际效益。资本输出国都是生产力发达、国内市场竞争激烈、资本相对过剩的国家。在这些国家，资本的边际效益递减，新增投资的预期利润率比较低，如果把利润率较低的资本和社会上闲散的资本转移到资本短缺或投资机会较多的国家和地区，就能够提高资本使用的边际效益，增加投资的总收益，为资本输出国带来更多的利润。

(3)可以带动商品和劳务的出口。出口信贷，往往是与购买本国成套设备和大宗产品相联系的。因此，通过联系特定项目的限制性贷款或其他资本输出，有助于扩大输出国的出口规模，推动国内经济的发展。

（4）有助于克服贸易保护主义壁垒。利用资本输出对外直接投资并在当地生产和销售，就能绕过该国的贸易壁垒，而且可以利用当地的对外贸易渠道扩大对其他国家的出口。

此外，大量对外输出资本可增强本国垄断资本的实力，且巨额利润的汇回，对扩大资本积累及改善国际收支等起着重要的作用。

2. 对资本输出国的消极影响

国际资本流动对资本输出国的消极影响表现在：

(1) 面临较大的投资风险。除了一般的业务风险外，还可能出现政治风险、经济风险。比如，资本输入国发生政变、爆发内乱、实施不利于外资的法令、没收外国投资资产以及陷入债务危机等，都可能降低输出资本的安全性，减少输出资本的实际价值和收益。

(2) 可能妨碍国内经济的发展。任何国家的资本都是有限的，如果资本输出过多，就可能会削弱输出国国内投资项目和生产部门的资金供给能力，导致就业机会减少、财政收入降低，甚至引起经济衰退和社会动乱。

(3) 增加潜在的竞争对手。输出国把大量资金、先进技术装备和现代管理方法带进输入国，这对资本输入国是有好处的。一旦输入国的经济发展起来，产品竞争力得到提高，它们就可能与资本输出国自身的产品在国内外市场展开竞争，甚至取而代之。日本和亚洲其他新兴国家昔日积极引进外资，今日成为欧美主要发达国家的强劲对手，就是典型的例证。

(三) 对世界宏观经济的影响

1. 对世界经济的有利影响

国际资本流动对世界经济的有利影响表现在：

(1) 有利于生产要素在全球范围内优化配置，促进全球经济效益的提高。因为国际资本流动不仅仅是资金在国际的流动，它还包括资源、技术和管理技能等生产要素的国际转移，从而使得生产要素在更大范围内优化配置，提高世界的总产量和投资收益率，促进全球经济效益的提高。

(2) 有利于促进国际贸易，进一步加强国际经济合作。一方面，国际资本流动拓展了国际贸易的领域，扩大了国际贸易的规模；另一方面，国际资本流动的发展，增加了世界各国经济的相互联系和依赖，扩大了国际经济合作的深度和广度，加速了世界各国外向型经济的发展，进而加强了世界经济国际化的趋势。

(3) 有利于国际金融市场日趋成熟。首先，资本输出和输入增加了国际货币资本流动的数额，从而为国际金融市场规模的扩大提供了前提条件；其次，国际资本流动涉及投资、证券、借贷、外汇和黄金等许多方面，这进一步拓宽了国际金融市场的业务范围；最后，随着国际资本的流动，各种金融机构也发展起来，它们克服各种困难，建立起自己全球性的经营网络，相互间也展开激烈的竞争，从而极大地提高了国际金融市场的效率。目前，资本规模大、业务范围广和经营效率高的国际金融中心不断出现，就是国际资本流动的必然结果。

2. 对世界经济的不良影响

国际资本流动对世界经济也有不良影响，主要表现在：

(1) 增加了国际交易风险。资本在短期内大规模流动，很可能使利率和汇率出现频繁波动，这给贸易双方债权债务的结算带来很大风险。

(2) 对国际金融市场造成冲击。国际资本，尤其是短期资本在国际的频繁流动，会使利率和汇率大起大落，造成国际金融市场的动荡不安。目前，在国际金融市场上存在着数万亿美元的游资，它们脱离了生产领域频繁流动，随时可能对资金市场、证券市场、外汇市场和黄金市场形成强大的冲击。

二、国际资本流动的控制

由前述分析可知，资本在国际流动既有积极作用，又有消极影响。为了有效地利用其积极作用，避免和消除其破坏性影响，世界各国往往根据本国不同时期的需要，在鼓励资本流动的同时，采用一些限制性措施控制资本在国际流动。控制资本流动的方法很多，针对不同性质的资本流动可以采取不同的控制措施。

1. 资本控制与促进资本流出

控制资本流入最直接的方式就是实行资本控制。然而，有关大规模私人资本流入的国际经验表明，资本控制在减少资本流入或促进宏观经济稳定性方面收效甚微。这说明，一旦一个国家向外国资本敞开了大门，个人与公司总会找到各种规避资本控制的方法，因此加强控制并不能在阻止资本流入方面起到很好的效果。

除了资本控制之外，原则上可以采取的另一政策是减少资本净流入量，即放宽对资本流出的限制。如果资本流入水平保持不变，促进资本流出将会减少资本净流入量。但放宽资本流出限制也可能会产生鼓励更多资本流入的副作用。如马来西亚与泰国在20世纪90年代经历的资本流入激增，就属于这种情况。近年来，众多采取放松管制措施的亚洲国家中，只有韩国在促进资本流出方面取得了成功。韩国投资者出于追逐利润与分散风险的考虑，一方面大量购买外国债券，另一方面，在国外的股权投资也急剧上升，仅2005—2006年，韩国在国外的股权投资就从2005年的36亿美元飙升到了2006年的152亿美元。韩国的经验表明，放宽对股权投资流出的限制在促进资本外流方面具有很大的潜力。

2. 宏观经济政策

在汇率制度并不十分灵活的国家，政策制定者们可以通过3类宏观经济政策来应对大规模的资本流入，即对冲、汇率的灵活性以及财政货币政策。对冲是指出售国内资产（政府或中央银行债券）购买国外资产，以降低资本流入对国内货币供应产生的冲击。更大的汇率灵活性使得汇率的未来走向变得更加不确定，由此带来的更多风险可能会抑制短期投机资本流入。然而，国际经验表明，对冲在促进宏观经济稳定方面的作用有限，而更灵活的汇率也不能显著地抑制投机资本的流入。

国际经验显示，相对于对冲和汇率的灵活性，财政货币政策可能更加有效。在货币政策方面，中央银行可以运用利率政策、公开市场操作等手段，通过在外汇市场和证券市场的操作，提高或降低利率，达到吸引或限制外资流入、限制或鼓励资本输出的目的。在财政政策方面，对资本流入的限制，可以通过采取紧缩性财政政策和对资本流动征税来实现。紧缩性财政政策主要包括压缩财政开支和增加税收。紧缩财政开支只对国际长期资本流动产生抑制作用，而对短期资本的作用不明显。增加税收既可以减少投资者的可支配收入，抑制其对国外资本的需求，又可以引导投资者的投资行为，使其投资决策更容易接近政府意图，这对限制资本流动也是有益的。对资本流动征税是由美国经济学家詹姆斯·托宾提出来的，托宾主张对外币兑换进行征税的建议受到广泛关注，对外汇交易所征的税也因此被称为托宾税。对资本流动征税可以有效抑制短期资本流入，但对长期资本的流入作用不大。这符合多数国家尤其是发展中国家促进长期资本流入、限制短期资本流入的政策。此外，由于财政紧缩使总需求趋于适度，这会降低由资本流入带来的通货膨胀压力。在20世纪80年代和90年代，一些发展中国家，如印度尼西亚（1990—1994年）、马来西亚（1988—1992年）、泰国（1988—1993年）和智利（1990—1995年），在应对资本流入方面都推行了紧缩性的财政政策。这些国家在经历较高经济增长的同时，也都经历了实际汇率的贬值。

3. 金融部门改革

金融部门改革作为管理资本流动的一种工具，其目的是确保流入资本的分配更有效率，而不是试图去控制资本流入。健全和高效的金融体系可以更好地利用资本流入，从而缓解宏观经济过热，降低对金融稳定所带来的风险。发展中国家的银行与其他金融机构往往缺乏完善的内部治理，因此在其金融部门改革时必须把加强审慎监管作为一项重要内容。1997年亚洲金融危机爆发，其根本原因就是金融体系脆弱且效率低下，因而不能吸纳大规模流入资本，而投资质量的持续恶化又助长了股票市场和房地产市场的价格泡沫，最终难以为继。

第三节 国际资本流动理论

一、借贷资本国际流动理论

古典的国际资本流动理论是以借贷资本的国际流动为考察对象的，这种传统理论认为资本国际流动的主要原因在于各国资本要素的价格（即利率）存在着差异，而利率的这种国际差异又是各国资本要素相对供应量不足造成的。在完全竞争的条件下，资本总是从资本供给相对丰富、利率较低的国家流向资本供给相对稀缺、利率较高的国家，这种流动将持续到两国利率水平相等为止。古典国际资本流动理论强调各国利率差异是借贷资本跨国流动的决定性原因，因此，这一理论又被称为利率论。

实际上，证券资本国际流动的理论也是以利率论为基础的。这一理论认为，资本国际流动取决于各国证券（股票或债券）收益率的差异。当一国的证券资产价格一定时，利率越高，其收益就越高；反之，利率越低，其收益就越低。若两国利益不同，同样价格的证券也就有不同的收益率，证券投资者就会抛售收益率低的证券，转而购买收益率高的证券，从而引起资本在国际范围内的流动。

利率论强调利率的国际差异对借贷资本和证券资本国际流动的导向作用和杠杆作用。但在当今浮动汇率制为主导的国际货币体系条件下，筹集成本的高低，不仅仅取决于利率水平，它还取决于汇率水平及其走势。因此，在对外筹资时，必须把利率水平和汇率水平综合起来考虑，才能正确地做出决策。

二、国际直接投资理论

20世纪70年代开始，以跨国公司为主体的国际直接投资急剧增长，成为资本国际流动的主要形式。一些西方经济学家从各种不同角度对国际直接投资进行了研究，提出了各种不同的看法，形成了众多的理论派别，其中主要有以下几种理论。

（一）垄断优势理论

垄断优势理论是美国经济学家海默（Stephen H. Hymer）于1960年在其博士论文中首先提出，后经其导师金德尔伯格以及约翰逊·凯夫斯等学者补充，发展成为完整的理论。这一理论是在研究美国跨国公司对外直接投资行为基础上产生的，是最早研究对外直接投资的理论。

海默等人认为，要解释第二次世界大战后的对外直接投资，必须放弃国际资本流动传统理论中关于完全竞争的假定，应从不完全竞争的角度进行研究。所谓不完全竞争，是指由于技术垄断、商标、产品差别及规模经济等引起的，偏离完全竞争的市场结构。一个企业或公司之所以对外直接投资，是因为它具有东道国同类企业或公司有利的垄断优势，因而在东道国生产能获得更多的利润。这种“垄断优势”包括知识资产优势、企业规模优势和区位优势。知识资产优势是指技术、管理与组织、销售等在内的一系列知识与技能优势。企业规模优势是指由于企业规模扩大而产生的规模经济优势。区位优势是指跨国企业在投资区位上所具有的选择优势，也就是说可供投资地区是否在某些方面较国内存在优势。投资区位的选择受到生产要素和市场的地理分布、生产要素和运输成本、投资环境等因素的影响，这些因素是企业跨国投资决策中的重要因素。上述3种垄断优势指出了对外直接投资的方向，即企业应到不具备垄断优势的国家和地区投资建厂，组织生产经营。

垄断优势论的突破在于，它用垄断和不完全竞争代替完全竞争，并将国际直接投资同国际证券投资区别开来研究，从而成为跨国公司理论的基石。但是，这一理论也有不足和局限性，最突出的缺陷是，它不能解释发达国家一些没有垄断优势的企业之间不断增加相互投资的现象，更不能解释发展中国家的企业对外直接投资的行为。

（二）产品生命周期论

产品生命周期论根据产品周期不同阶段的特点来研究对外直接投资的形成过程。它由美国经济学家维农（R. Vernon）于1966年首先提出。维农认为对外直接投资与产品生命周期有关。产品生命周期是产品市场运动的普遍现象，当企业在市场上推出新产品时，产品的周期就开始了，并先后经历导入期、成长期、成熟期、衰退期等不同阶段。企业的对外直接投资，是企业在产品周期运动中由于生产条件和竞争条件的变化而做出的决策。

在产品的导入期和成长期，企业的生产集中在国内，这是因为国内拥有改进新产品设计和功能所必需的科技力量、技术设备、熟练劳动力以及吸纳新产品的广阔市场。企业可以利用其在生产技术上的垄断地位，通过出口贸易，而不是对外直接投资，打入国际市场。随着产品逐渐标准化、生产逐渐规模化，稳定的原料和零部件的供应问题、市场问题也开始突显出来，从而迫使生产企业开始向国外直接投资，以直接占领国外市场，排除潜在竞争者。这一阶段的对外直接投资往往是投向市场需求结构同母国大致相近的发达国家，以抵制这些发达国家的仿制品和替代品，因而是一种防御性投资。

在成熟期，产品的生产已经完全标准化。在国际竞争中，其相对优势已不是技术，而是生产成本。但随着新产品出口扩大，一方面进口国会设置更多的贸易障碍，使出口产品的边际成本逐步超过国外生产的平均成本；另一方面，企业原有的技术垄断地位不复存在，低价格和低成本成为竞争的重要因素，这就促使企业大规模地对外直接投资，把生产基地转移到国外，既发挥企业本身技术优势，又利用东道国某些生产要素成本低廉的优势，使其产品在国际竞争中处于优势地位。所以，产品周期论者认为，产品成熟期是企业大规模对外直接投资阶段。

在产品的衰退期，产品的标准化使企业的特殊优势逐渐丧失，有的已被淘汰出市场，有的不得不采用产品差异化或组织卡特尔实行协调定价来维持部分市场。当海外分公司的生产成本加上返销母国所需的各种费用低于母国国内生产的平均成本时，产品就会大量返销母国，从而完成母国企业出口转向对外直接投资的过程。若该产品在母国进入衰退阶段，其生命周期即告结束。

产品生命周期理论从企业垄断优势和特定区位优势相结合的角度，深刻地揭示了企业从出口产品转向直接投资的动因、条件和转换的过程，对跨国公司理论的发展产生了很大影响。但是这一理论有很大的局限性，事实上，产品的创新并不是一次完成的，而是一个不断改进和完善的过程。因此，不能完全机械地按照产品周期的阶段来解释对外直接投资的形成。更为重要的是，在国际分工越来越细密的条件下，同一产品的不同零部件，甚至不同工序之间的分工，已成为推动国际直接投资的重要因素，产品周期理论难以对这种国际直接投资行为做出解释。

（三）市场内部化理论

内部化概念最早由科恩（R. H. Kern）于 1937 年提出，后经英国经济学家巴克莱（P. J. Buckley）和卡森（M. C. Casson）等人补充和发展，形成了一套比较系统的理论。

市场内部化理论的主要内容是，由于市场不完全，跨国公司为了保障其自身的经济利益，克服外部市场上交易障碍或弥补市场机制的内在缺陷，而将交易改在公司所属各企业之间进行，从而形成一个内部市场。市场内部化使得跨国公司获得多方面的利益：通过内部市场，可以使公司内部资源转移的交易成本最小化；可以把相互依赖的生产经营活动置于统一的控制之下，以保证建立稳定的长期供需关系；可以避免买方的不稳定性，消除市场不完全的不利影响；可以利用转移价格获得最大的经济效益。

跨国公司的转移价格，是跨国公司体系内母公司与子公司、子公司与子公司之间进行内部交易时使用的一种价格。它包括两种类型：① 有形产品的转移价格，如公司内部相互提供的设备、原材料和零部件等的价格。② 无形产品的转移价格，如技术使用费、贷款利息、商标使用费、佣金、管理费等。实行转移价格的目的在于逃避东道国的税收，避开外汇风险和政治风险，应对东道国的外汇、价格和资金管制，获取竞争优势并减少各种麻烦。因此，它一般不受市场供求关系的影响，也不是按买卖双方在市场上独立竞争的原则确定的，而是根据跨国公司的全球战略目标和谋求最大限度利润的目的，由公司少数上层人士确定的。

内部化理论是对垄断优势理论的发展，而且将国际贸易与国际投资结合起来，是跨国公司理论研究的一个重要转折，为今后跨国公司理论的进一步发展奠定了良好的基础。海默等人以垄断引起的市场不完全作为跨国化的前提，并强调技术等垄断优势对跨国经营的重要意义。而内部化理论则相反，认为市场机制内在的缺陷导致市场的不完全，从中间产品的性质与市场机制的矛盾运动来论证内部化的必要性，并强调企业管理能使交易成本极小化，从而保证跨国经营的优势。但是内部化理论也存在一些缺陷，最大缺陷就是不能解释对外直接投资的地理方向和跨国经营的布局。

（四）折衷理论

折衷理论是由英国经济学家邓宁（Duning）在综合其他经济学家理论的基础上形成的一种折衷范式。邓宁认为，过去的各种对外直接投资理论都只是从某个角度进行片面的解释，未能综合、全面地分析，因此需要用一种折衷理论将有关理论综合起来以解释企业对外直接投资的动机。他认为，企业之所以能够进行对外直接投资，是因为企业具有所有权优势、内部化优势和区位优势，正是这些优势的综合作用，推动着企业的对外直接投资。

所谓所有权优势，是指一国企业拥有或能获得的资产及所有权方面的优势。所有权优势包括技术优势、企业规模优势、组织管理能力优势，以及融通资金方面的优势。

所谓内部化优势，是指企业将所拥有的所有权优势在内部使用而带来的优势，这种优势既可以转让给外部供其他企业使用，也可以在本企业内部使用。在跨国经营条件下，这些所有权优势将用于国外分公司或子公司，从而形成内部化优势。

所谓区位优势，是指企业在投资区位方面所具有的优势。在拥有所有权优势和内部化优势的情况下，企业要投资生产，还要选择最佳区位。首先要选择的是在国内投资生产还是到国外去投资生产，如果在国外投资生产比在国内获利更多，那么企业就会到国外投资生产。其次，企业一旦决定到国外投资生产，就应该进一步明确是到甲国有利，还是到乙国有利。区位优势既可以是由东道国的某些有利条件直接构成的，也可以是由投资国某些不利条件间接形成的相对区位优势。

按照邓宁的分析，一个企业的对外直接投资行为，应该是由上述 3 种优势共同决定的。这 3 种优势中，所有权优势是基础条件，如果一个企业没有任何所有权优势，就缺乏对外直接投资的基础。但是如果只有所有权优势而无其他两种优势，企业就会通过许可证安排的方式来获利。如果只拥有所有权优势和内部化优势而无对外投资的区位优势，企业就会在国内投资生产，通过出口贸易来参加国际经济活动。只有兼具以上 3 种优势，企业才能对外直接投资。这 3 种优势的结合，不仅使对外直接投资成为可能，而且决定着对外直接投资的部门结构和地区结构。

折衷理论有助于使企业经理形成更全面的决策思路，用整体的观点去考虑与上述 3 种优势相联系的各种因素，以及诸多因素之间的相互作用，从而把握好国际经营全局。该理论的不足之处在于，它过于注重对企业内部要素的研究，忽略了企业所处的特定社会政治、经济条件对企业经营决策的影响。

三、两缺口理论

第二次世界大战以后，政治上获得独立的发展中国家纷纷走上发展经济的道路。但是，发展经济又受众多因素的制约，其中一个重要因素就是资本不足。如何解决这一问题呢？1966 年，美国经济学家钱纳里和斯特劳特在一篇题为《外援和经济发展》的论文中提出了“两缺口理论”，试图从经济理论上说明发展中国家利用外资来弥补国内资金短缺的必要性。

“两缺口理论”的基本内容是，为了维护经济的一定增长速度，投资与储蓄之间的差额（储蓄缺口）同进口与出口之间的差额（外汇缺口）必须保持平衡。由于投资、储蓄、进口、出口这些因素都是独立变动的，因此，这两个缺口不一定能平衡。为了使其达到平衡，有两种调整办法：

一种是在不利用外资条件下的调整办法。当国内储蓄缺口大于外汇缺口时，就必须压缩投资或增加储蓄；当外汇缺口大于储蓄缺口时，就必须缩减进口或增加出口。但是按这种调整方法，除非有可能增加储蓄和出口，否则就会减缓经济发展的速度。

另一种调整办法是在缺口之外寻找财源，使其达到平衡。例如，利用外资进口机器设备，一方面，这项进口暂时不必用出口来抵付；另一方面，这项投资又不需要国内的储蓄来弥补。可见，利用外资可以同时增补两个缺口，减轻因加紧动员国内资源满足投资需求、支付进口费用而出现的双重压力，从而保证经济的增长。但是，利用的外资最终都是要偿还的，因此，必须提高外资的利用效率，使其直接或间接地促进出口增加，促进储蓄增加，以增强偿还能力。

第四节　中国利用外资和国际资本流动问题

随着经济对外开放步伐的加快和经济全球化的进一步深入，我国将更多地受到跨境资本流动的影响。特别是近年来，中国经济出现了国际收支持续大额双顺差、外汇储备巨额增长、资本流动性过剩、人民币汇率升值、国内资产价格迅猛上涨等一系列问题。对于正处于新旧体制转换时期的中国来说，大规模的资本流动极易对经济产生冲击，一定条件下还有可能触发货币金融危机甚至政治、经济和社会危机。因此，结合中国资本流动的现状，加强国际资本流动管理，对中国金融安全和经济发展具有重要的现实意义。

一、中国利用外资的方式

外资亦称引进外资，是指非本国来源的资金或资本，包括以货币表现的现金和以物质技术表现的固定资产。以货币表现的现金包括外国政府的资金，外国私人、私人银行和私人企业家的资金，国际金融组织的资金，国际金融市场的资金，本国银行吸收的国外存款等等；以物质技术表现的固定资产包括先进技术、设备、管理经验和人才等内容。

我国利用外资的具体方式很多，归纳起来主要有以下一些类型：

（一）外商直接投资

所谓外商直接投资是指境外投资者将资本直接投入我国境内的实际生产经营性企业，用以投资的资本可以采取现金、机器设备或知识产权等形式。

在1979年之前，我国利用的外资非常少。1979年实行对外开放政策后，才根据“积极稳妥”的方针全面利用外资。在我国所利用的外资中，外商直接投资比重较大，它是中国对外开放和加快市场经济建设的重要组成部分，也是中国顺应经济全球化趋势、主动参与国际分工的重要举措。30年来，随着中国的投资环境和市场运行环境日益改善，吸引了越来越多的外商来华投资，使中国成为目前世界上吸收外商直接投资最多的国家之一。

根据《中国外资统计公报2020》，在全球跨境直接投资持续多年下降的背景下，2019年我国吸收外资保持逆势增长，新设外商投资企业4.1万家，外商直接投资金额达到

1 381 亿美元，实际使用外资金额 1 412.3 亿美元，比上年增长 2.1%，再创历史新高，稳居发展中国家首位、全球第二位。截至 2019 年底，我国累计设立外商投资企业突破 100 万家，具有标志性意义。

我国利用外商直接投资的具体形式有：

（1）合资经营企业。所谓合资经营企业，是指两国或两国以上的投资者在一国境内依所在国的法律，通过签订合同，按一定的比例或股份共同投资建立、共同管理、分享利润并分担风险的股权式企业，具有法人资格。合资企业由投资双方共同组成董事会，负责经营管理，双方要共担风险、共负盈亏，并按股份分取收益。这类企业受到东道国法律的保护和管辖。

（2）合作经营企业。所谓合作经营企业，是指由两国或两国以上合营者在一国境内根据东道国有关法律，通过谈判签订合约，共同投资、共担风险所组成的合营企业，双方的权、责、利均在契约中逐项明确规定。它和合资企业的区别是：这类企业不用货币计算股权，因而不按股权比例分配收益，而是根据契约规定的投资方式和分配比率进行收益分配或承担风险，所以合作经营企业是一种契约式的合营企业。

（3）外商独资经营企业。外商独资经营企业，是由国外投资者在一国政府的特区或开放城市独资建厂，独自经营，并按照东道国法律纳税，利润全部归投资者所有的投资经营实体。

（4）合作开发。合作开发是资源国通过招标方式与中标的一家或几家国外投资开发公司签订合作开发合同，明确各方的权、责、利，联合组成开发公司对资源国的石油等矿产资源进行开发的一种国际经济合作经营方式。合作开发期限通常不超过 30 年，一般分两个阶段进行。第一个阶段为地质勘探阶段，其风险由外商承担；第二阶段为开发阶段，双方共同投资，在开始商品性生产后，除操作费外，东道国将有固定的留成，余下的部分偿还双方的投资、利息，并给外商一定的报酬。

（5）外商投资合伙企业。2010 年 3 月 1 日，《外国企业或者个人在中国境内设立合伙企业管理办法》正式实施。它是在中国继续应对国际金融危机、保持经济平稳较快发展、加快转变经济发展方式的新形势下，通过立法吸收外商投资的一种新方式，是中国继续推进改革、开放、稳定和扩大吸收外资的重要步骤，是不断优化外商投资环境，保持经济平稳较快发展的重要举措。江苏昆山太阳城园艺中心是中国首家外商投资合伙企业。

（二）外国贷款

外国贷款包括外国政府贷款、国际机构贷款和外国商业银行贷款。

（1）外国政府贷款。政府机构提供的贷款具有援助的性质，资金来源于政府的预算支出，利率较低，期限较长。但是，政府贷款一般数额有限，而且一般附有条件或指定用途。

（2）国际机构贷款。国际机构贷款主要是国际金融机构的贷款，包括国际货币基金组织、世界银行及其所属的国际金融公司、国际开发协会等机构以及亚洲开发银行等地区性的机构。国际机构的贷款也属于优惠贷款，但是一般要经过严格的审查。

（3）国际商业银行贷款。商业银行贷款的特点和优势是灵活，期限、数额和贷款的用途都不受限制，但是商业银行贷款一般利率较高，还款期限较严格。我国向国际商业银行借款一般由中国银行、中国国际言托投资公司等专业金融机构进行，一般不允许企业自行对外举债。

（三）外商间接投资

我国境内金融机构和企业在国际资本市场发行有价证券，包括债券和股票，以筹集中长期的建设资金。通过发行有价证券的方式筹集资金，好处是期限长、数额大，所筹资金可以自由使用，没有附加条件的限制。但是，发行有价证券的手续比较复杂，债券的利率通常也比较高。

（四）出口信贷

出口国的出口信贷机构，通常是官方机构或受到官方资助的金融机构，向本国出口商或国外进口商提供贷款，以解决出口时的资金缺乏问题，推动本国出口。出口信贷有两种具体形式：

（1）买方信贷。由出口国的出口信贷机构对进口方提供贷款，用以支付进口的贷款。买方信贷可以直接贷给我国的进口企业，也可以贷给我国的银行，由我国银行再转发。我国多采用后一种方式。

（2）卖方信贷。出口国的出口信贷机构贷款给本国的出口商，使他能够用赊销或延期付款的方式向进口商供货。由于出口信贷机构可以得到政府的贴息或信用担保，因此，出口信贷的利率一般较市场利率低，但是，出口信贷只限于购买贷款国的出口商品。

（五）补偿贸易和国际租赁

（1）补偿贸易。补偿贸易是进口者在缺乏资金的情况下购买国外设备，用所购技术设备生产的产品分期限偿还货款，是一种贸易信贷紧密结合的利用外资方式。归还贷款和支付利息的形式有 3 种：① 直接补偿，又称返销。即用投产项目的部分产品或全部产品分期偿还。② 间接补偿。设备的买方偿付卖方的设备贷款时，不是用该项进口设备直接生产的产品，而是用双方商定的其他产品偿还。③ 利用投产后的销售收入或利润分期偿付。

（2）国际租赁。境外出租人将机器设备等提供给境内承租人在一定时期内使用，承租人依约按期交纳租金，拥有使用权，出租人拥有所有权。租赁期满，承租人可以支付设备的残值购买所租设备的所有权。国际租赁可以使境内企业减少一次性支付全部货款的压力，是一种利用外资的有效方式。

（六）利用境外资本市场创新利用外资

创新利用外资方式是提高我国开放型经济水平的迫切需要。当前，我国利用外资的内外部条件都发生了质的变化，现有的引资方式不能完全适应经济发展的需求。单纯地引进外资，而不着眼于提高利用外资的质量，并购环境不完善，跨国并购的法律体系不健全，知识产权得不到保护等等，严重限制了我国经济的发展和技术的提高。只有创新利用外资方式才能更好地发挥技术共享、合作研究、人才交流等方面的溢出效应，提高我国承接国际服务外包的水平，有效利用境外资本市场，鼓励具备条件的境外机构参股国内证券公司和基金管理公司，逐步扩大合格境外机构投资者(QFII)规模。

2008 年，世界爆发全球性的金融危机，这对中国来说既是机遇又是挑战。面对这场危机，中国更应创新对外投资和合作方式，积极稳妥地实施“走出去”战略。创新对外投资和合作方式是构筑我国参与国际经济合作和竞争新优势、积极稳妥地实施“走出去”战略的重要路径。

二、 中国的国际资本流动现状

中国是一个对资本进行管制的国家，20 世纪 80 年代前国际资本流动规模很小，大规模的资本流动是在 80 年代之后才开始的。起初，国际资本流动以银行借贷的形式为主，90 年代之后外国直接投资才急剧扩张，成为资本流动的主要形式。亚洲金融危机对中国的国际资本流动影响并不大，2002—2003 年，FDI 维持在 500 亿美元左右，2004 年达到了 604 亿美元。2005 年，随着我国汇率改革后人民币升值压力的加大，国际资本开始加速流入中国。2007 年达到了 747 亿美元，到 2010 年中国吸收外商直接投资规模首次突破 1 000 亿美元，达到 1 057 亿美元。与此同时，随着中国外汇储备的剧增，特别是金融衍生工具的大量创新，资本流入中国的渠道也变得更加多样化，各种长短期资本尤其是投机资本（游资或热钱），进一步导致外汇储备的急剧增长，加大了人民币潜在升值的压力，影响了中央银行货币政策的自主性和独立性。

现阶段，国内对热钱的测算方法有很多（具体测算方法见下节），本文采用国家统计局倾向的残差法，即：

热钱流入量＝新增外汇储备－贸易顺差－FDI（外商直接投资）

根据这一公式，我们可以算出从 2001—2010 年的热钱流入量，见表 8-1。

表 8-1 2001—2010 年度流入我国的热钱规模 亿美元

年度	新增外汇储备	贸易顺差	FDI	热钱流入量
2010	4 482	1 831	1 057	1 593
2011	3 338	1 819	1 160	359
2012	1 304	2 318	1 117	－2 131
2013	5 097	2 354	1 176	1 567
2014	217	2 213	1 196	－3 192
2015	－5 126	3 578	1 263	－9 967
2016	－3 198	2 557	1 260	－7 015
2017	1 294	2 170	1 310	－2 186
2018	－672	1 030	1 350	－3 052
2019	352	1 641	1 381	－2 670

资料来源：数据来自于国家外汇管理局和国家统计局，经整理得出。

从表 8-1 的数据可以看出，在 2010 年左右，有大量的国际游资流入我国；2012—2013 年国际热钱的流向则表现出一定的不稳定性；从 2014 年开始，国际热钱开始逐渐流出中国；2015—2016 年国际热钱的流出达到高峰，这对我国的外汇储备安全造成很大的风险，故政府采取了有效的措施，加强对热钱流出的监管，增强了资本管制，使热钱的流出逐渐稳定下来。

三、 国际热钱流入中国的途径和原因分析

国际热钱是短期国际资本的俗称，也被称为国际游资，是指以追逐国际利率差、汇价差或者资产价格差为目的，期限在 1 年以内的短期频繁流动的国际投机性资金。对于像我国这样资本账户受到管制的国家而言，短期国际资本通常是指非合规的短期国际资金

流动，是超过 QFII 额度之外的外国证券投资，既包括通过地下钱庄等非法渠道流入的国际性资金，也包括通过 FDI、外债渠道或虚假贸易流入的国际性资金。

（一）国际热钱流入中国的途径

1. 通过经常项目流入

① 通过高报出口价格，低报进口价格实现外汇资金流入。② 通过各种形式的预收货款或延期付款方式实现流入。③ 通过服务贸易流入，主要是指企业从事跨境服务所获得的劳务费，如运输、通信、建筑、金融等。由于服务贸易特殊的定价方式，使其必然成为热钱流入的渠道。④ 通过收益和经常转移项目，如捐赠、赔偿、赡家款等也是热钱流入的渠道。⑤ 通过个人渠道，比如个人汇款，个人把海外的美元或其他的外币汇到国内亲戚朋友的账上，亲戚朋友把它换成人民币，然后再投到股市、房地产市场等。此外，个人还可通过两个途径流入热钱，即内地每人每年 5 万美元的换汇额度，以及香港每天可向内地汇款 8 万元人民币的制度。

2. 通过资本和金融项下流入

资本项目下的 FDI、证券投资、贸易信贷融资等都可能是热钱流入的渠道。长期以来，中国内地对 FDI 采取优惠和鼓励政策，FDI 的外汇既可在银行开立账户保留现汇，也可以在银行结汇。这就为热钱通过 FDI 流入提供了便利，通过在银行结汇人民币，在中国国内进行投机。同时，国外热钱可以假借 FDI 之名流入国内，如国外集团公司可以通过投资国内子公司的形式引入热钱，兑换为人民币之后再投资于国内市场。此外，在现行制度下，我国并不要求 FDI 的注册资本等于投资总额，规定不足部分可以用外债补足。这种“投注差”形成的外债逐渐成为热钱流入的通道。目前 FDI 的外债主要有 3 个来源：① 国外银行贷款。② 在华外资银行贷款。③ 国外出口商、国外企业和私人的贷款。其中，第 3 种是最主要的外债来源，而且对 FDI 的外债没有担保限制，加上对国际商业贷款的指标控制不严，热钱就通过外债形式流入国内。

3. 通过地下钱庄流入

由于其隐蔽性，地下钱庄成为国际游资进入我国的重要渠道。这种模式是先将外汇打入地下钱庄境外账户，地下钱庄在收到外币后，在境内按委托人指定的账户存入相应量的人民币。这样境外资金就进入了境内，地下钱庄从中收取手续费。地下钱庄最早在广东的珠三角一带出现，是为了满足珠三角地区大量民营企业和外资企业在外汇管制下的用汇需要而产生的。如今，地下钱庄也成为国际游资进入中国以套取人民币升值利润的重要渠道。其中，以非法买卖外汇为主要业务的地下钱庄主要分布在广东、福建、山东等沿海地区，在广东、福建等地以非法买卖港币为主，在山东等地以非法买卖韩币和美元为主。

（二）国际游资流入中国的成因分析

导致国际游资流入中国的原因是多方面的，主要表现在以下几个方面：

1. 人民币升值的预期以及美元贬值预期的影响

自 2005 年 7 月 21 日汇改以来，人民币对美元汇率不断升值。2009 年 3 月以来，欧美发达国家为使经济早日复苏，普遍采取了量化宽松货币政策，不惜一切代价向金融市场投放流动性，特别是美联储直接购入国债的举措对美元市场信心的打击，使得美元中期弱势将持续，进而造成市场投资者对美元、欧元以及英镑不断贬值的预期，这种贬值预期促使国际资本离开欧美地区进入新兴经济体，套取其货币的升值收益。人民币升值预期构成了热钱流入的基本利益驱动。

2. 我国经济的持续高速发展

自2003年以来，我国经济进入一个高速增长的周期，GDP年均增长都超过或接近两位数，并带动了房地产市场和证券市场的繁荣，各类资产价格不断膨胀为大量境外热钱涌入我国逐利提供了机会。另外，受全球金融危机的冲击，周边国家经济普遍下滑，但我国没有发生较大的经济震荡，2009年GDP仍然保持着8.7%的高速增长。2009年底网易财经联手国内12名著名经济学家，独家发布"暖春预测"报告，从问卷的分析结果来看，参与调查的经济学家普遍对2010年中国宏观经济形势表示乐观，认为经济将继续保持高增长态势。由于推动热钱流动最根本的动力是此消彼长的各国经济实力，因此，只要中国保持较高经济增长，自然成为国际热钱的追捧者。

3. 西方发达国家宽松的货币政策

以美国和欧盟为首的西方发达国家，近来纷纷推出扩张性的财政和货币刺激方案，向市场注入大量流动性。这些扩张的资金很可能流向新兴市场国家，而中国将成为国际资本包括国际热钱热捧的对象。

4. 中国资产价格的潜在增值空间和溢价效应

进入2009年以来，随着刺激经济一揽子计划与政策的逐一落实，中国经济逐步探底回暖，市场流动性逐步宽松，带动了房地产市场和证券市场的大幅上涨，各类资产价格也不断攀升。特别是，房价、地价止跌回升后迅速超越上次的价格高点，部分城市和地区的房地产市场甚至出现了更大范围、更大程度的泡沫。这里面不排除有热钱推动的因素，同时飞速上涨的资产价格又会进一步吸引更多的热钱流入。

四、中国国际资本流动管理

做好中国的国际资本流动管理，应做好以下几方面的工作：

第一，加强对资本项目下非合规短期资本流动的管制。加强资本项目管制的力度，能够显著提高短期国际资本流入流出的成本。

第二，控制人民币升值的预期，维持人民币汇率的基本稳定。人民币升值的幅度越大，热钱的获利也就越高。因此，必须维持人民币汇率的稳定，保持本外币供需基本平衡。未来我国经济仍处于发展机遇期，境内外币规模可能进一步增加，同时，随着人民币国际化进程的加快，境外人民币规模将不容小视。我们可考虑扩大跨境贸易人民币结算试点，建立健全境外人民币离岸市场和境内外币债券市场，积极疏导境外人民币和境内外币资金的正常流动。

第三，进一步加快调整经济结构。防范热钱的根本措施应该是调整经济结构，使其更加合理，从而对热钱进行疏导。转变经济结构应依靠内需，特别是消费拉动的增长模式，大力发展服务业，为未来的经济增长重新注入动力，降低经济的国际依赖度，才能从根本上和整体上提高我国经济抵御国际风险的能力。

此外，加大地下钱庄的打击力度，建立对热钱流动的统计监测系统，等等，这些措施都能有效地控制游资的流入。

第五节 国际资本逃避

一、国际资本逃避的概念

资本逃避也称资本外逃，它是衡量一国经济增长的稳定性，反映一国金融体系潜在危机程度的重要指标。如何科学界定资本逃避的含义，准确测算资本逃避规模，了解资本逃避的途径，有效地防范和控制资本逃避，成为许多国家在金融全球化背景下需要研究和解决的重要问题。

理论界对“资本外逃”至今尚无一个标准概念。但有一点已得到认同，资本外逃是一种“异常的”(Abnormal)而非“正常的”(Normal)资本流动，但划分“正常”与“异常”的标准是什么，国外文献中至少有以下几种定义。

(一)“避险”与“投机”

金德伯格(Kindleberger,1937)将资本外逃描述为“投资者出于恐慌或怀疑所导致的短期资本流出。”“异常”是指资本由利率高的国家流向利率低的国家。卡丁顿(Cuddington,1986)则将其定义为“短期投机性资本(Short-term Speculative Capital)即‘游资’(Hot Money)的外流”。“异常”之处在于，它不是进行长期投资，而是对政治或金融风险、税负加重、预期资本管制加强、货币贬值或通货膨胀恶化等因素做出迅速反应，以获取短期收益。

(二)“福利损失”说

20世纪80年代，拉美债务危机之后，世界银行专家和一些“民族主义”经济学家将资本外逃扩大到“债务国的居民将其财富转移到国外的任何行为(The World Bank,1985)”。此时的资本流失无异于国家财富的损失，并大大降低了社会福利及国民效用(National Utility)。托尼尔(Tornell,1992)则将资本外逃定义为“生产资源由贫穷国家向富裕国家的流失。”

(三)“规避管制”说

金(Kim,1993)将资本外逃限定为“从发展中国家流出的、躲避官方管制和监测的私人短期资本”。类似地，杜利(Dooley,1986)的定义是“居民希望获得不受本国当局控制的金融资产和收益的愿望所推动的资本流出。”

(四)“违背契约”说

伊格·沃尔特(Ingo Walter,1985)将资本外逃比作是私人投资者对一种隐含的社会契约(An Implied Social Contract)的违背。所谓的“社会契约”是指政府和私人部门达成的一种默契。政府的目标函数关注的是多元的宏观经济目标，包括经济增长、通货膨胀率、汇率水平、收入分配以及物价等；而私人投资者的目标函数由预期收益、风险、信息和交易成本等因素组成。当私人投资者的资产再调配(Asset Redeployment)威胁到政府目标或增加了其实现成本时，即被认为是违背了社会契约。这种违背可能是非法的，比如逃避了当局的外汇管制，也可能仅仅是“不道德的”(Immoral)或“无责任心的”(Irresponsible)。沃尔特的“契约”理论从全新的角度解释了资本外逃,但“社会契约”的含义比较模糊。

综合上述观点,可以将资本逃避定义为:由于恐惧、怀疑而采取为规避某种风险和管制措施而引起的资本向其他国家的异常流动。可见,资本逃避不同于资本流出,它是一种出于安全或其他目的而发生的非正常的资本流动。

资本逃避概念本身所指的资本外流并非全都非法,在一定的政治经济条件下,资本外逃也属于合法、正常的对外投资。由于我国一直实行严格的资本管制政策,国内居民要将其财富转移到国外只能通过非法手段进行,所以,在我国资本逃避是指基于避险或牟利等动机而出现的非正常资本外流。

资本逃避不仅造成了严重的国有资产流失,削弱了一国经济发展的后劲,而且动摇了人们对货币汇率持稳的预期,增加了防范金融危机的难度,甚至可能直接诱发金融危机。因为资本外逃一方面减少了外币的供给,另一方面又增加了对外币的需求。如果持续外逃导致汇率不断下降,必然导致恐慌,进而引发更大规模的资金外逃,最终酿成金融危机。

二、 资本逃避的测算模型

资本逃避的常用测算模型有 4 种。

(一) 卡廷顿法

卡廷顿(Cuddington)法也称为直接法。该方法认为国际资本逃避可以通过国际收支表进行直接测算,即:

国际资本逃避=国际收支错误与遗漏项+私人非银行部门短期资本流出

这种测算简单直观,但其缺陷也显而易见:① 它只包括了短期资本逃避,并未包括在二级市场上具有较强流动性的、可以作为短期资本替代品的长期资本外逃。② 错误与遗漏项可能包含了未记录的资本逃避,也可能包括统计误差,卡廷顿法却将其未加区别地一并计入资本逃避。

(二) 间接测算法

间接测算法(World Bank,1985)也称作“残差法”或者“余项法”。该法最早由世界银行提出,它将一国的外部资本来源与对外资本运用之间的差额视为该国的资本外逃额,一般通过国际收支平衡表中 4 个项目的变化量,间接地估计资本外逃规模。基本测算公式为:

国际资本逃避=对外债务增加+外国直接投资净流入+经常项目逆差-官方储备资产变动

(三) 摩根法

美国摩根保证信托公司(Morgan Guaranty Trust Company,1986)对世界银行的方法进行了修正,在摩根公司看来,银行系统和货币当局所持有的短期外币资产主要是为了进行外汇交易,不构成恐慌或怀疑性的资本逃避,所以该项应予以扣除,即:

国际资本逃避=经常项目收入+外国直接投资净流入+外债收入-储备增加-银行体系和货币当局所持有的短期外币资产。

摩根法曾被成功地运用于对 20 世纪 80 年代初拉美资本逃避的估计中。

(四) 克莱因法

克莱因(Cline)对摩根公司的方法进行了进一步的修正,克莱因认为,外国直接投资收入中的再投资部分不应计入资本逃避,经常项目中的旅游净收入和边境贸易部分因不通过官方市场也不应计入,这样国际资本逃避的计算为:

国际资本逃避=经常项目收入+外国直接投资净流入+外债收入-储备增加-银行体系和货币当局所持有的短期外币资产-旅游和边贸收入-其他资本收入

使用以上 4 种测算模型对发展中国家资本逃避的实证分析表明,世界银行和摩根公司的估算值比较接近并切合实际,而卡廷顿法则因仅考虑了国际短期资本流动,结果往往偏小,克莱因法则由于剔除了非恐慌性资本逃避,能够更好地反映一国外汇制度方面的变化对资本逃避的真实影响。如间接测算法和摩根法均显示,在爆发金融危机前的 6 年间(1976—1982 年),阿根廷每年的资本逃避额高达到 250 亿美元,而卡廷顿法的结果仅为年均 150 亿美元。

三、 中国资本外逃和动因分析

(一) 中国资本外逃问题

进入 20 世纪 90 年代,尤其是 1992 年以后,我国进入了利用外资的黄金时期,连续多年成为世界上仅次于美国的第二大利用外资国。随着利用外资规模的扩大,资本外逃的规模也越来越大。据有关资料显示,我国 2010—2014 年,累计资本外逃为 18 045.39 亿美元,占同期外国直接投资额的 134.16%,是同期借用外债增额的 1.46 倍,大大超过每年新增的外债。与同期资本流入(82 938.8 亿美元)相比,资本流出比重竟达到了 89.1%,这表明我国的资本外逃问题已经相当严重。

虽然大量的资本外逃未给我国经济造成明显的危害,但其潜在的破坏性不容低估。由于我国多年来一直保持着举世瞩目的经济增长率,使得大量外国直接投资流入我国,同时贸易收支保持较大盈余,外汇储备充足等掩盖了资本外逃带来的危害。一旦我国的外资流入降低或逆转,出口创汇能力降低,资本外逃的危害将会逐渐显现出来。

(二) 中国资本外逃动因分析

1. 规避汇率风险

一方面,由于人民币不能完全自由兑换以及本币实际汇率高估造成外汇风险增大,使国内居民产生保值的动机,从而采取行动利用资本外逃将资产转移到国外,规避人民币汇率下跌造成的损失。另一方面,由于我国外汇市场没有完全放开,国内企业和金融机构不能利用金融工具进行保值和投机活动以抵补汇率风险,因而刺激了资本外逃,这就是所谓的"老鼠夹子效应"(Mouse Trap Effect),即为了不丧失用汇的灵活性,居民不愿将外汇汇回或留在国内。此外,一些投资者对国内金融体系信心不足,在预期上对政府稳定人民币汇率缺乏信心。在这些因素的作用下,为了规避外汇风险,不少企业和机构将其在国外收入的外汇留在了境外,造成资本逃避外汇管制的外逃。

2. 政府财政赤字的增加

一国政府财政赤字的状况往往会直接影响该国的资本外逃。20 世纪 80 年代以来,我国政府所追加的内外债资金逐年攀升,尤其是我国财政收支平衡对外债的依赖有逐渐增强的趋势。由于以往财政赤字的相当一部分是靠发行货币来弥补的,这就等于对居民征收了一笔“通货膨胀税”。因此，在一定程度上，财政赤字使国内居民对国家债务产生忧虑，而这种忧虑又导致了国内居民以各种形式增加持有外国资产，形成资本外逃。

3. 资产的保密性

伊格·沃尔特(Ingo Walter)发现，私人投资在一定程度上受保密性(Confidentiality)的影响。资产和财富拥有信息的暴露，可能给资产拥有者造成损失或带来负效应，因此，他们会谨慎地考虑投资的规模、地点和结构，甚至以收益作代价，由此产生了所谓的“避风港”(Heavens)。这些“避风港”能为非居民提供“保密账户”(Confidential Account)和金融与实物资产投资的安全法律保护(如瑞士、巴拿马等国)。在目前国内收入严重不均的情况下，一些拥有巨额财产的人不敢“露富”，将资财转移到国外；另有一些企业的领导为安全地化公为私，利用政策的漏洞有系统地将国有资产转移出去。有数据显示，在北京，资产总额超过500万元以上的私营企业主中，向国外抽逃资本者已占3成以上，而且这个数字还呈上升趋势。

4. “过渡性”的资本外逃

“过渡性”外逃资本是指通过非法渠道流出国内，再以外资形式流入国内的资本。长期以来，我国为吸引外资以弥补国内建设资金的短缺，对外资实行“超国民待遇”，使得外资与内资在竞争上处于不平等地位。为了享受外资身份所带来的“超国民待遇”，同时也为了趋利避险，国内一些企业居民将外汇资金转移到境外后又作为外资流回国内，以享受各种税收和其他优惠待遇。可以断定，在考虑风险和成本因素后，只要市场上存在着这种制度性“租金”，这一现象就会一直持续下去。

5. 转移非法所得

我国在建立社会主义市场经济的过程中，某些权力阶层及与其有千丝万缕联系的人，利用中国体制转轨过程中的漏洞和法制的不健全，实现化公为私，从中攫取非法财富。为了永久占有这部分财富，他们把相当一部分资金用于购买不动产或存入私人“地下钱庄”。

随着近年来国家对金融监管力度的加强以及反腐力度的加大，这些不法资产的占有者感到把钱放在国内实在不安全，于是千方百计地转移非法所得，通过投资移民身份、在境外购买房地产、将子女送到国外等各种渠道将其转移出国内，从而发生资本外逃。据不完全统计，国内资本外逃的主力军就是这些不法资产的占有者。

6. “洗钱”因素

在当前经济全球化、资本流动国际化的情况下，洗钱活动愈演愈烈，洗钱已成为国际社会的一大公害。在我国，贪污腐败和洗钱有着密切的关联。

有调查表明，近年来我国洗钱活动日益增多，数额也在不断上涨，犯罪分子将通过贩毒、走私、贪污和受贿等非法交易活动所获得的“黑钱”通过各种途径套取外汇资金汇往国外。从一些已经暴露的案例来看，腐败分子把贪污腐败得来的钱转移至境外，再利用我国对外资的优惠政策，以外商的身份回国投资。这样，形成了一个权力与金钱互相依存、里应外合的洗钱链，从而实现对国家和社会财富赤裸裸的循环侵占。因此，“洗钱”也是导致我国资本外逃的一个重要因素。

四、中国的资本外逃管理

(1) 协调货币政策、财政政策和汇率政策，保持宏观经济政策的一致性。稳定的政治经济环境既是我国经济稳步发展的前提，也是我国吸引外资的首要条件。国家相关部门要实施稳健的财政政策与货币政策，保持货币流通与币值的稳定，为国内外资本创造安全可靠的投资环境。国家既要加大对能源、交通、通信、市政公用设施的投资力度，同时也要积极完善非物质形态领域的条件，如保持政策的连续性，健全法制，简化手段，减少干预等。

(2) 推进国有企业改革，从机制上解决化公为私的国有资产转移问题。推进国有企业产权改革，实现产权形式多样化，调动不同所有者对国有控股企业经营者监督的积极性。对不同所有制企业实现平等待遇，保障私营企业在市场经济条件下的平等竞争，在市场机制的引导下实现资源的最优配置。

(3) 有效地化解银行不良资产，保持物价水平的稳定，维持合理的实际汇率，减少居民的风险预期。推进金融体制改革，减少在利率管理、市场准入、投资限制等方面的直接管制和行政干预。

(4) 加大力度严厉打击"外汇黑市"和"地下钱庄"。配合国家整顿和规范市场经济秩序的大环境，抓紧研究并制定与并购重组、证券投资、投资基金等利用外资新方式相配套的外汇管理办法，继续严厉打击"地下钱庄"等外汇非法交易，维护正常的外汇市场秩序，遏制资本外逃。

(5) 积极开展反跨国洗钱、反资金外逃的国际合作。全球性的、规模浩大且越来越深入的反"洗钱"行动，无疑为我国反跨国洗钱、反资金外逃工作创造了良好的国际环境。积极加强在该领域的国际合作，从而有效地遏制资本外逃犯罪活动的升温。

本章重要概念

国际资本流动　FDI　出口信贷　买方信贷　卖方信贷　资本逃避　保值性资本流动　投机性资本流动　垄断优势理论　市场内部化理论　折衷理论

本章复习思考题

1. 简述长期资本流动的含义以及流动的方式。
2. 简述当代国际资本流动的主要特点。
3. 国际资本的流入流出包括哪几层含义？简要说明其对国际收支的直接影响。
4. 资本流动对世界经济和资本输出及输入国各有何影响？
5. 如何对国际资本流动进行控制？
6. 中国利用外资的方式主要有哪些？
7. 试分析国际热钱流入中国的途径和原因。
8. 试分析中国资本外逃的现状和原因。

第九章 国际金融危机

纵观世界经济发展历史，不难发现，世界经济总是在不稳定中曲折发展。金融危机则是影响世界经济稳定的重要因素。尤其是金本位制度在第一次世界大战期间崩溃以来，世界经济始终受到金融危机的困扰，而且汇率制度的崩溃往往与反复无常的投机性攻击联系在一起。20 世纪 70 年代，布雷顿森林体系的崩溃以及金融全球化发展，使金融危机频繁爆发，如 1982 年的拉丁美洲国家债务危机，1992 年的欧洲货币体系危机，1994 年的墨西哥金融危机，1997 年的亚洲金融危机，2001 年的拉丁美洲债务危机，2007 年发端于美国次贷危机的全球金融危机以及 2010 年发生的欧元区债务危机。接连不断的金融危机给世界经济造成了巨大危害，也引起国际社会的广泛关注和忧虑。尤其是这次全球性金融危机，可谓百年一遇，其波及面之广，影响之深，持续时间之长，原因之复杂，堪称历次国际金融危机之最。

第一节 金融危机概述

一、金融危机的含义

金融危机是一种十分复杂的经济现象，其表现形式多样，内涵丰富，而且随着时代的变化也变得越来越复杂。因此目前国际金融界对金融危机含义的解释尚未形成共识，不同经济学家和机构从不同的角度对金融危机做出了不同的解释，其中有代表性的定义主要有以下几种。

(1) 雷蒙德·戈德史密斯(Raymond Goldsmith)认为，金融危机是所有或绝大部分金融指标——利率、资产(股票、房地产)价格、企业破产数和金融机构倒闭数等急剧、短暂、超周期的恶化。金融危机是一个与金融景气相对的概念。金融危机的特征是基于预期资产价格下降而大量抛出不动产或长期金融资产，金融景气的特征则是基于资产价格上涨而大量购买不动产或长期金融资产。在金融景气与金融危机之间有一个“困难时期”，这一期间对资产价格上涨的预期逐渐消退，但尚未逆转。这个困难期可能很短也可能很长，可能酿成危机也可能不会。

(2) 布拉德福特·德龙(J. Bradford Delong)认为，金融危机是指经济中大量的银行和公司破产或即将破产，当正在运营中的银行或公司资不抵债或无力完成各项支付时，危机就爆发了。金融危机来临时，银行不愿意再向正在运营的公司发放贷款，也可能是公司已经破产或即将破产，无法再偿还贷款。

(3) 迈克尔·楚苏道大斯基(Michael Chossudovsky)认为，现代金融危机以一个国家的货币贬值为特征，而货币贬值是大规模的投机活动冲击造成的，并且在资本市场和外汇市场同时展开。机构投资者不仅能控制股票价格，而且还能占有中央银行的大量外汇储备，威胁政府的霸权地位，给整个经济造成极大的不稳定。

(4) 杰弗里·萨克斯(Jeffery D. Sachs)认为，金融危机不外乎 3 种形式：① 财政危机，即政府突然丧失延续外债和吸引外国贷款的能力，这可能会迫使该国政府重新安排或者干脆不再履行相关义务。② 汇兑危机，即市场参与者突然将需求从本币资产向外币资产转换，这在一国采用钉住汇率制度条件下可能耗尽其外汇储备。③ 银行业危机，即商业银行突然丧失延续其市场工具的能力或者遭遇突然发生的存款挤兑，从而导致流动性下降并最终破产。金融危机的上述 3 种形式在某些情况下可以被清楚地区分开来，但是在现实中它们往往以一种混合的形式出现，这是因为公债市场、外汇市场和银行资产市场的冲击或者预期往往都是同时发生的。

(5) 国际货币基金组织(IMF)认为，金融危机是对金融市场潜在的严重破坏，它可以损害市场有效运行的能力，从而对实体经济产生较大的负面影响。

将以上几种定义概括起来，金融危机是由于金融制度不完善、市场机制不健全、货币政策失误、投机性交易过度以及国际游资冲击等原因所导致的整个金融体系或某个金融体系组成部分的混乱和动荡现象。表现为货币市场银根奇紧、资本市场价格暴跌、货币严重贬值、企业资金链断裂而被迫破产、银行发生挤兑而倒闭、失业率上升等，此时人们对经济前景的悲观预期增加，信心普遍下降，整个社会陷入经济萧条，甚至伴随社会政治动荡。

二、 金融危机的分类

历史上发生过的金融危机不计其数，据统计，20 世纪 90 年代开始至今，就已发生过 120 多次，但每次金融危机爆发的原因各不相同，影响程度各有差异，危机持续的时间也各有长短。我们可以依据不同的标准，对历史上发生过的金融危机做出分类。

(一) 按影响范围划分

按影响范围，金融危机可分为国内金融危机、区域金融危机和全球金融危机。

(1) 国内金融危机。国内金融危机是指由于一国国内经济、金融因素而引起的金融动荡，其影响局限于一国国内，一般通过整顿所在国的经济金融秩序，由政府金融管理当局出面采取某种形式进行救助，危机就可以得到化解。

(2) 区域金融危机。区域金融危机是指最先爆发于某个一体化组织内部的某个成员方，由于高度的经济贸易一体化水平而传染到其他成员方，但一般对一体化组织外的国家没有或者影响较小。这类危机的化解主要依靠一体化组织内部成员方金融管理当局在政策协调方面的共同努力。

(3) 全球金融危机。全球金融危机是指一国金融危机或地区性金融危机爆发后，通过某种传导途径迅速蔓延至许多国家，引发全球金融市场和各国经济系统的大震荡，进而诱发世界性经济危机。化解这类危机需要世界各国特别是主要国家的政策协调，以及有关国际金融机构的救助。

（二）按性质和内容划分

按性质和内容，金融危机可分为债务危机、货币危机、银行危机和系统性危机。

（1）债务危机。债务危机是指一国由于外债规模过度膨胀，超出自身偿债能力，到期无力偿还外债本息，导致债权债务国的大规模金融动荡。外债危机主要源于过度的利用外资导致一国支付能力不足和国际收支严重失衡，由此削弱了投资者信心，引起资本外逃，从而引发债务危机。

（2）货币危机。货币危机是金融危机的一种，是指对某种货币的投机性冲击导致该货币大幅度贬值或国际储备急剧下降的情形。发生货币危机的国家通常都实行某种形式的固定汇率制或者带有固定汇率制色彩的钉住汇率制，货币危机首先起源于固定汇率制度下的汇率高估。货币高估可能是国内经济出现了严重的货币供求失衡、资金借贷失衡或国际收支失衡。投机性攻击造成的资本外逃和投资者信心崩溃，会迅速导致国际收支严重失衡和本币汇率大跌，进而引发货币危机。

（3）银行危机。银行危机是指实际的或潜在的银行破产致使银行纷纷终止国内债务的清偿，或者迫使政府提供大规模援助以阻止事态扩大。银行危机源于金融机构的内在脆弱性以及由此产生的各种风险，特别是由于过度信贷导致的大量不良资产，当经济基本面出现明显缺陷或资金借贷严重失衡时，人们信心下降乃至挤兑存款，引发银行危机和全面的金融恐慌。

（4）系统性金融危机。系统性金融危机是指整个金融体系出现严重混乱局面，表现为货币危机、外债危机和银行危机同时或接连发生，从而波及所有金融领域或经济系统，最终升级为全面的金融危机、经济危机甚至政治危机。

货币危机、银行危机和债务危机三者之间是密切联系且相互交织的。债务危机、银行危机可以促使货币信用危机的爆发，债务及货币信用危机亦可加剧银行危机。而银行倒闭、货币大幅度贬值也会影响外债偿还，引发债务危机。系统性金融危机往往是上述三者的综合反映。

（三）按危机爆发的周期性划分

按危机爆发的周期性，金融危机可分为周期性危机和非周期性危机。

（1）周期性金融危机。周期性金融危机是指经济经过一段时间的发展后，由于各种非常因素的作用所造成的恐慌性金融动荡。周期性金融危机具有以下特点：① 带有一定的规律性，并且通常伴随着周期性经济危机的发生。② 爆发的前期经济有一段快速增长期，在经济快速增长中，经济体系存在的各种问题日益突出，最终通过金融危机来强制调整。③ 一般会影响到一个国家、一个地区乃至世界的整个金融体系，而不只是金融体系的个别环节，因此，其影响程度和广度都超过非周期性金融危机。

（2）非周期性金融危机。非周期性金融危机是指由于经济发展过程中某些特殊因素的作用而引发的金融动荡。非周期性金融危机的特点：① 一般在时间上没有规律性，只要条件具备就有随时爆发的可能。② 不带定期性质，它不是有规则地经过一定时间重复发生的。③ 一般不表现在金融体系的所有环节上，而只是表现在金融体系的个别环节上，其影响程度和蔓延的趋势一般要小于周期性金融危机。如 1839 年的英国货币信用危机，是因粮食歉收而爆发的金融危机，1995 年 8 月俄罗斯金融市场爆发的“金融市场八月危机”，1997 年阿尔巴尼亚因非法集资事件而酿成的金融危机等，都是因突发事件诱发的金融危机，均属非周期性的金融危机。

三、 金融危机的特征

通过历次重大金融危机产生、发展的规律可以发现，金融危机具有以下几个特征：

（1）金融危机往往始于对宏观经济体系的外部冲击。这些外部冲击可能是突发的政治事件、总需求或总供给的巨幅波动、大规模的技术变迁或未被预期到的货币政策的变动。

（2）金融危机是经济运行周期中出现的一种金融动荡。这种动荡往往会引起人们不同程度的蔓延性金融恐慌，如发生抽逃资本和抛售本币的狂潮、本币大幅贬值、国际储备枯竭等，造成国际清偿力严重不足；国内金融市场银根紧缩、金融机构流动性严重缺乏、人们对金融机构丧失信心、大量金融机构因挤兑而接连倒闭；股市和房地产价格猛跌等。

（3）金融危机产生的原因比较复杂。金融危机的产生既可能缘于经济的周期性波动，也有可能缘于国际收支逆差和财政赤字、外债规模超过一国承受能力、金融体系和金融监管制度不完善以及宏观经济政策失当，还可能缘于国际投机资本的恶意冲击等等。

（4）金融危机会对社会经济造成巨大危害。金融危机带来的后果往往是灾难性的，它会损坏一国银行信用体系、金融市场、对外贸易、国际收支，使整个国民经济陷于瘫痪，甚至导致国际货币体系的崩溃和国际金融市场的动荡，使全球经济遭受重创。

第二节 国际债务危机

一、 国际债务及其衡量

（一）国际债务的概念

一国的国际债务亦称该国的外债。关于外债概念的解释至今尚无完全统一的定义，不同国家、不同机构在管理、讨论外债问题时，往往使用不同口径的外债概念。有的将外债视为一个国家的所有对外负债，有的将外债理解为一个国家的对外净债务，还有的认为外债就是以外币计值的境外货币。国际货币基金组织、世界银行、国际清算银行、经济合作与发展组织等国际组织将外债定义为：一国居民欠非居民的、以外币或本币计值的、已使用但尚未清偿的、具有契约性偿还义务的全部债务。判断一国债务是否属于国际债务或外债，主要看这笔债务的偿还是否直接影响一国的外汇储备。该定义包含了国际债务或外债的 4 个要素：① 必须是居民与非居民之间的债务。② 以偿还义务为条件，且必须具有契约性，通过具有法律效力的文书明确偿还责任等。③ 它是一个时点的外债余额。④ 外债的计值既可用外币，也可用本币，还可以是用实物形态构成的债务。

国际货币基金组织和经济合作与发展组织计算国际债务的口径大致分为以下几项：① 官方发展援助，即经合组织成员方提供的政府贷款和其他政府贷款。② 多边贷款（包括国际金融机构的贷款)。③ 国际货币基金组织的贷款。④ 债券和其他私人贷款。⑤ 对方政府担保的非银行贸易信贷(卖方信贷)。⑥ 对方政府担保的银行信贷(买方信贷等)。⑦ 无政府担保的银行信贷(银行同业拆借等)。⑧ 外国使领馆、外国企业和个人在一国银行中的存款。⑨ 公司、企业等从国外非银行机构借入的贸易性贷款。

我国1987年公布的《外债统计监测暂行规定》对外债作了明确界定:外债是指中国境内的机关、团体、企事业单位、金融机构或其他机构对中国境外的国际金融组织、外国政府、企业或其他机构用外国货币承担的具有契约性偿还义务的全部债务,包括各类国际贷款、买方信贷、发行外币债券、国际金融租赁、延期付款、补偿贸易中以现汇偿还的债务等。

(二) 外债偿还能力的衡量

一国通常根据国内经济发展的需要,确定一段时期利用外债的规模与增长速度。合理的外债规模受外债需求的影响,并与国内经济发展速度、投资规模、国际收支状况等因素有关。

目前,国际上衡量外债偿还能力的标准有两类:① 生产能力,即债务国拿出一部分国民收入偿还外债本息后仍然持续发展的能力。② 资源转换能力,即债务国将部分国民收入转换为外汇用于还债的能力。

按照上述标准,通常采用下列指标衡量一国的偿债能力。

1. 负债率

负债率是指外债余额与当年国民生产总值之比,从静态衡量生产对外债的承受能力,用于测度一国经济增长对外债的依赖程度,或一国外债的整体风险。一般认为警戒线为20%,而世界银行认为,安全的负债率应低于40%,一国外债余额的增长速度应不高于其国民生产总值的增长速度。

2. 债务率

债务率也叫外债率,是指外债余额占当年外汇收入之比,从静态衡量资源转换能力对外债的承受能力,该比率不高于100%。一国外债余额增长速度应不超过其外汇收入增长速度。

3. 偿债率

偿债率是指外债当年还本付息额占当年外汇收入之比,也是从静态衡量资源转换能力对外债的承受能力。一般偿债率的警戒线为20%,发展中国家警戒线为25%,危险线为30%。

4. 短期债务比率

短期债务比率是指短期外债占全部债务的比例。由于短期债务受市场波动影响较大,因而短期外债不宜过多,其比值一般为20%～25%。

在上述4项指标中,偿债率被认为是分析、衡量一国债务信誉和偿债能力最直接、最核心的指标,是显示一国未来债务是否会出现问题的“晴雨表”。当一国偿债率超过警戒线时,说明该国对外债的依赖性增加,有可能发生债务危机。

值得指出的是,利用上述指标尤其是偿债率来衡量一国的外债偿还能力有重要的参考作用,但并不是唯一的或决定性的指标,因为它们本身也存在一定的局限性:① 它们所显示的只是过去的情形,并不反映将来形势的发展。国际市场的变化、出口商品价格的涨跌等因素直接影响一国未来出口收入的增减，而这些不确定性是上述指标无法预见的。② 偿债率只显示了国际收支的一个方面而未考虑国际储备状况，而国际储备也是影响一国国际支付能力的重要因素。如果一国偿债率超过警戒线，而外汇储备充足，人均收入水平较高，未来经济增长速度快，外债偿还也不会出现问题。③ 能否持续地、有保证地借入外债也是保证一国偿债能力的重要前提。因此，应多层次、多角度地评估一国外债水平及其偿还能力。

二、 国际债务危机

（一）国际债务危机的概念

根据《新帕尔格雷夫货币金融大辞典》，债务危机（Debt Crisis）是指任何不能按计划还本付息并由此损害其他债权人财务健康的状况。通常，此时债权人会切断进一步的贷款，从而使最初的情况恶化。如果无力偿还是一个长期现实，它就会被归结为无力偿付（Insolvency）问题；如果无力偿还是由暂时的现金短缺造成的（如由罢工、自然现象或价格的暂时下降等引起），那么可以将它看成是流动性不足（Illiquidity）问题。在高利率条件下，流动性不足问题可以迅速变为无力偿付问题。所以，国际债务危机是指由于国际债务负担日趋加重，债务人无力偿付到期国际债务本息的状况。

（二）国际债务危机概况

自 20 世纪 70 年代以来，一些国家外债急剧增长，债务负担日趋严重，发展中国家出现了 3 次国际债务危机高潮，发达国家出现了 1 次主权债务危机。1981 年 3 月，当波兰政府宣称无力偿付到期外债本息时，国际金融界并未给予足够的重视，而仅仅将其看作是发生在低效率的计划经济国家中的局部问题。1982 年 8 月，墨西哥政府首先宣布无力偿还到期债务，随后，巴西、阿根廷、委内瑞拉、智利等拉美国家纷纷跟进，一场席卷全球的债务危机爆发。1983 年，约有 40 多个债务国因无法支付到期的借款本息而被迫请求债权国予以延期偿付，个别国家甚至出现赖债不还的现象，造成债权国银行出现大量呆账。这场债务危机对债权人和债务人都造成了沉重打击，严重拖累了债务国的经济发展，其影响持续了近 10 年，以至于 20 世纪 80 年代被称为拉丁美洲“失去的 10 年”。同时，这次债务危机迅速蔓延到全球 50 多个国家，在发展中国家持续了近 20 年，对国际金融形势产生了深远的影响。

受全球金融危机影响，冰岛、迪拜、欧元区国家于 2008—2010 年相继爆发主权债务危机，甚至导致“国家破产”。债务危机不仅扰乱了国际金融秩序，也对世界经济产生了严重影响，受债务危机困扰特别严重的拉丁美洲国家，其人均国内生产总值倒退了 10 年以上，有些非洲国家人均国内生产总值倒退至 20 世纪 60 年代的水平。虽然国际金融组织和西方债权国家对爆发国际债务危机的国家采取金融挽救计划，对债务作了重新安排，使债务危机得到一定程度的缓解，但危机的阴影远未消除，债务规模仍然很大。

下面以 20 世纪 80 年代初爆发，迄今为止影响面最广、持续时间最长的拉美国家债务危机为主要对象，就国际债务危机的特点、原因及解救措施等问题进行介绍。

（三）国际债务危机的特点

1. 债务规模巨大且持续增长

20 世纪 80 年代爆发的债务危机实际形成于 20 世纪 70 年代。自 1973 年起，发展中国家外债规模之大，速度之快，令人触目惊心。据 IMF 统计，1973—1982 年，非产油发展中国家的债务总额从 1 031 亿美元增加到 6 124 亿美元，负债率从 115.4%增加到 143.3%，偿债率从 15.9%增加到 23.9%。债务危机爆发以后，发展中国家的债务总额仍然持续增加。1982 年发展中国家债务总额约为 8 000 亿美元，1990 年达到 12 000 亿美元，1998 年高达 21 800 亿美元（含转轨国家 3 048 亿美元）（见表 9-1）。据联合国贸发会议的年度报告，1997 年发展中国家外债占 GDP 比重为 32%，而最不发达国家相应比重在 1994 年就已高达 75%，这不仅远远超过国际公认的负债率安全警戒线，而且大大超出了世界银行划定的 50%重债国界线。巨额外债的存在使得发展中国家的还本付息额成了天文数字。1983 年发展中国家的外债还本付息额为 932 亿美元，1989 年为 1 388 亿美元，1998 年达 3 520 亿美元以上。

表 9-1　发展中国家和转轨国家外债余额及历年支付汇总表　　亿美元

年份	1989	1990	1991	1992	1993	1994	1995	1996	1997	1998
发展中国家										
外债余额	1 118	1 182	1 251	1 338	1 451	1 576	1 698	1 760	1 791	1 875
占 GDP 比重/%	39.6	37.8	39.0	38.1	38.9	38.2	36.4	34.2	32.0	31.3
年还本付息额	139	141	151	173	180	201	232	254	274	252
付息占出口/%	11.6	9.4	9.7	9.3	9.1	8.6	8.7	8.5	9.4	9.0
摊本占出口/%	12.9	11.9	13.0	14.4	14.5	14.5	13.9	13.9	13.1	10.2
债务重组结果										
延缓付本息	123	168	126	46	169	−39	−43	−49	—	—
债务免除	35	138	11	3	16	12	26	6	—	—
本息重新安排	168	122	106	144	196	148	174	140	—	—
转轨国家										
外债余额	1 539	2 009	2 106	2 126	2 316	2 468	2 578	2 735	2 820	3 048
年还本付息额	283	364	371	237	170	192	260	290	339	354
债务重组结果										
延缓付本息	4	9	6	86	36	34	−126	−5	—	—
债务免除	8	—	9	24	21	—	—	—	—	—
本息重新安排	15	83	72	97	166	156	258	91	—	—

资料来源：IMF《国际债务统计》。

2. 债务结构不合理

据 IMF 的统计，债务危机爆发之初，在发展中国家的债务中，长期贷款占 80%以上，容易出现偿债高峰，其中，又以国际商业性贷款为主。随着债务问题的日趋严重，债务的期限不断缩短。由表 9-2 可知，印度尼西亚、韩国、马来西亚等国短期外债所占比重超过 25%，而它们也是 1997 年东南亚金融危机中受冲击最大的国家。不合理的债务结构增加了发展中国家偿付外债的困难。

表 9-2 部分发展中国家短期外债占全部外债的比重 %

国家	1980	1990	1994	1995	1996	1997
孟加拉国	5.0	1.2	1.2	1.2	1.0	1.2
印度	6.2	10.2	4.2	5.3	7.2	5.3
印度尼西亚	13.3	15.9	18.0	20.9	25.0	26.4
韩国	35.8	48.5	42.7	51.3	49.9	37.5
马来西亚	20.5	12.4	20.4	21.2	27.9	31.6
蒙古			1.2	2.7	1.3	3.8
巴基斯坦	7.4	15.4	7.1	10.7	9.4	8.4
斯里兰卡	11.9	6.9	6.8	6.5	7.1	6.3
土耳其	13.1	19.2	17.1	21.3	25.1	24.8
越南		7.7	10.7	12.9	14.3	10.8
埃及	21.1	13.5	6.0	7.1	7.5	10.0
尼日利亚	39.8	4.5	14.6	16.6	18.1	19.4
墨西哥	28.2	15.4	28.1	22.4	19.0	19.0
阿根廷	38.2	16.8	8.9	10.8	1116.0	14.6
巴西	18.9	19.8	20.8	19.2	19.7	18.6
保加利亚		9.7	4.5	5.1	8.9	7.8
匈牙利	34.3	13.8	8.5	10.2	12.4	13.8
波兰		19.4	2.0	4.9	6.1	9.6
俄罗斯		19.7	8.1	8.6	9.7	4.9
罗马尼亚	23.6	79.8	17.5	19.5	8.8	9.1
南斯拉夫	11.6	2.9	12.9	16.4	15.8	27.2

资料来源：世界银行《世界发展指标》，1999 年。

3. 卷入危机的国家多，涉及面广

随着发展中国家外债的积聚，以及债务危机的形成与发展，债务重新安排频繁出现，所涉及的国家日益增多。据 IMF 提供的资料，1956—1974 年的 18 年间，第三世界国家只发生过 30 次重新安排债务的谈判，仅涉及 11 个国家；1975—1980 年的 6 年间，重新安排债务的谈判为 16 次，涉及 9 个国家；1981—1982 年，同类谈判增至 27 次，涉及 16 个国家；1983 年，重新安排债务的谈判猛增至 30 次以上，卷入的国家多达 29 个。频繁和大规模的债务重新安排已成为国际债务危机的一个重要特点。

4. 债务的地区和国家高度集中

从地区分布看，发展中国家的债务大部分集中在拉丁美洲和非洲（见表 9-3）。1982 年，拉美国家的外债总额约占发展中国家债务总额的 39%，非洲国家的外债总额约占发展中国家债务总额的 15%。

表 9-3　发展中国家债务规模(债务/GDP)　%

地区	1973	1975	1977	1979	1981	1982	1983	1985	1987	1989
发展中国家	22.4	23.8	24.9	24.7	27.8	31.0	32.9	35.6	37.5	31.8
非洲	19.4	21.6	32.4	30.6	31.4	34.9	37.7	45.6	48.3	49.7
亚洲	19.7	20.4	15.9	16.7	18.6	21.9	23.1	26.4	28.3	22.3
欧洲	24.5	22.8	23.7	30.9	34.2	32.8	34.3	40.3	44.8	40.4
拉丁美洲	23.0	25.5	31.8	32.2	39.8	43.0	46.8	45.4	43.7	36.7

注:1973—1975 年指非石油生产的发展中国家;1977 年指负债发展中国家;1979—1989 年指所有发展中国家。

资料来源:国际货币基金组织《世界经济展望》各期,1979—1989 年。

从国家分布看,在 100 多个发展中国家和地区中,主要债务国有 25 个(见表 9-4),其债务总额在 1983 年达 6 000 多亿美元,约占发展中国家债务总额的 80%,其中重债国的外债额占发展中国家外债总额的 50%以上,两个最大重债国巴西和墨西哥的债务几乎占发展中国家外债额的 25%。此外,在债务额最大的拉丁美洲,其 70%的外债又集中在巴西、墨西哥、阿根廷等少数国家。

表 9-4　1991 年外债到期数最大的 15 个发展中国家　亿元

国家	总到期债务数	债务/GDP 比率/%	国家	总到期债务数	债务/GDP 比率/%
巴西	1 165	29	埃及	406	130
墨西哥	1 017	37	韩国	405	14
印度尼西亚	737	66	泰国	358	39
印度	716	29	尼日利亚	345	109
阿根廷	637	49	委内瑞拉	344	65
中国	608	16	菲律宾	319	70
波兰	525	61	阿尔及利亚	286	70
土耳其	503	48			

资料来源:世界银行《世界债务统计 1992—1993》。

从经济发展水平看,大部分债务集中在中等收入国家,高收入和低收入国家的外债数额不大,尤其是人均收入低于 350 美元的 35 个低收入国家,它们在 1983 年的外债总额为 880 亿美元,只占发展中国家债务总额的 10%多。

(四) 国际债务危机的成因

IMF 在 1984 年的《世界经济展望》中,总结了造成 1982 年发展中国家对外支付危机的 3 个原因:① 20 世纪 70 年代初以来借款规模越来越大,累积的数量巨大,债务结构发生变化。② 债务国不适当的国内政策,使借入资金的生产率低,出口产品竞争力差。③ 遇到了不正常的外部条件,即严重的经济危机和高利率等。

将上述 3 个原因归结起来,即内部和外部两方面原因导致了 20 世纪 80 年代的国际债务危机。

1. 内部因素

（1）盲目大量举债。外资的流入有助于发展中国家扩大投资与消费，提升经济增长速度。发展中国家为外资的此种作用所鼓舞，将对外举债作为谋求经济发展的重要手段。20 世纪 70 年代，国际信贷的膨胀更加刺激了发展中国家大规模举债。一些产油的发展中国家从两次石油提价中获利不菲，对出口市场的判断过于乐观，过高估计了自身维持出口收入的能力，外债的安全问题没有引起足够重视。当外部条件变化时，外债的安全隐患必然显露出来。

（2）不适当的经济发展战略。拉丁美洲国家一直采取进口替代的工业化政策，着力发展那些可以生产替代进口产品的产业。进口替代的工业化政策较快地建立起了这些国家的民族工业体系，增强了各国的生产能力。但是，长期推行进口替代的政策，不可避免地出现了一些政策层面的偏差，这些偏差主要集中于以下几个方面：

① 为了维持经济的高速增长，长期推行扩张性的财政与货币政策，国内通货膨胀奇高，财政赤字不断扩大。1970—1981 年，阿根廷的年均通货膨胀率高达 103.8%，1981—1988 年进一步攀升至 340.1%。在墨西哥，相应的数字是 17.5%和 70.1%。1982 年，墨西哥财政赤字占 GDP 的比例高达 18%（世界银行《世界发展报告》，1989 年）。一方面，扩张性的经济政策导致国际收支出现大量赤字，不得不依靠外债弥补。另一方面，国际收支状况恶化，又导致对这些国家货币贬值的预期，于是，在政府借入大量外债的同时，又有相当大量的资金外流（见表 9-5）。据统计，1981—1982 年，阿根廷、墨西哥、委内瑞拉 3 国的资金外逃占同期所借外债总额的比率分别高达 64%、40%和 137%。

表 9-5　拉丁美洲国家的资本逃避

国家	资本逃避（×10 亿美元）			资本逃避/外债（%）
	1976—1982 年	1983—1985 年	1976—1985 年	
阿根廷	27	−1	26	62.7
巴西	3	7	10	12.0
智利	0	1	1	6.4
墨西哥	36	17	53	64.8
秘鲁	−1	1	0	0.0
委内瑞拉	25	6	31	101.3

资料来源：转引自杰弗里·萨克斯，等：《全球视角的宏观经济学》，上海三联书店、上海人民出版社，1997 年。

② 为了保证进口替代的推进，这些国家实行了贸易保护和汇率高估的政策。在保护市场中成长起来的企业，缺乏国际竞争力，而高估的汇率更加阻碍了出口。

③ 外债的利用效率不高。发展中国家偿还外债有两个互相联系、缺一不可的基础条件，其一，外债可以形成实际的生产能力，只有如此，外资、外债才能真正促进东道国经济发展。其二，外债是要以外汇偿还的，因此，外债的利用不仅要能增加产出，还必须可以增加出口创汇。总而言之，外债要得到高效的利用。

但是,陷入债务危机的国家对外债的利用效率却不高。问题主要集中在3方面:一是利用外债建设的项目往往规模庞大,建设周期很长,一些项目甚至根本没有形成生产能力;二是与这些国家的进口替代工业化政策相联系,利用外债形成的生产能力主要集中于替代进口,满足国内消费,出口能力弱;三是有的国家对外债的管理不善,出现了管理人员私人挪用的现象。这样,外债对债务国经济的积极作用并没有达到债务国政府举债时的期望,在世界经济形势突变之时自然难以应付,无法如期偿还债务。

2. 外部因素

国际经济环境和金融市场形势的变化是诱发危机的重要原因。

(1) 国际资本市场借贷形势的变化加大了发展中国家寻求继续融资的困难。20世纪70年代,发达国家的通货膨胀政策向国际"溢出",美国等国家的国际收支逆差形成美元外流,加上大量的"石油美元"回流到发达国家的货币市场,国际资本市场上的资本供给很充裕,欧洲货币市场也在这一时期获得了快速的发展。而同时,发达国家正陷入"滞胀"期,经济发展迟缓,资金需求量比较低。因此,国际商业银行采取了宽松的信贷政策,正是在这样的条件下,发展中国家积累了大量的外债。

20世纪80年代之后,国际信贷市场的形势发生了很大的变化。一方面,发达国家在1981年经济危机之后先后采取了控制通货膨胀的政策,同时,石油输出国的经常账户在1981年之后由盈余转而出现赤字(见表9-6),"石油美元"的供给消失了,这两个因素导致了国际信贷供给的收缩。另一方面,发达国家通过控制通货膨胀的努力,改善了自身经济发展的前景,降低了国际信贷的风险(见表9-7)。于是,发展中国家获取贷款较70年代要困难得多,流入发展中国家的国际信贷迅速下降。一些原先可以依靠借新债来偿还旧债的债务,这时就难以获得新的融资了。

表9-6 各类国家的经常账户余额 10亿美元

类别	1973	1975	1977	1979	1981	1982	1983	1984	1985
主要石油出口国	6.82	34.13	20.78	53.07	32.15	17.86	16.97	5.23	0.70
其他发展中国家	−3.46	−31.08	−13.03	−32.12	−70.45	−60.07	−41.24	27.77	25.2
工业化国家	14.09	11.11	−12.86	−16.25	−2.34	−26.72	−19.17	56.61	65.871

资料来源:IMF,转引自保罗·克鲁格曼:《国际经济学》,中国人民大学出版社,1998年,第640页。

表9-7 主要发达国家通货膨胀率变化 %

国家	1961—1971年平均	1981	1982	1983	1984	1985
美国	3.1	10.4	6.1	3.2	4.3	3.5
英国	4.6	11.9	8.6	4.6	5.0	6.1
加拿大	4.3	13.4	11.8	9.6	7.4	5.8
法国	4.3	13.4	11.8	9.6	7.4	5.8
德国	3.0	6.3	5.3	3.3	2.4	2.2
意大利	4.2	19.5	16.5	15.0	10.6	8.6
日本	5.9	4.9	2.7	1.9	2.2	2.0

资料来源:经济发展与合作组织《主要经济指标》各期。

（2）国际金融市场汇率和利率的变化加重了发展中债务国的债务负担。为了摆脱“滞胀”，美国在20世纪80年代初期采取了严格的反通货膨胀政策，导致美元短期利率和美元汇率上升，全球货币市场利率也在20世纪80年代攀升到了较高的水平。美元汇率和世界利率水平的变化加重了发展中债务国的债务负担，这与发展中债务国的债务结构有关。

一方面，发展中国家外债的币种集中于美元。20世纪70年代中后期，美元持续疲软，无形中刺激了发展中国家更多的举借美元外债。但是，20世纪80年代初期开始，美元汇价开始强劲上升，1979—1981年，美元对德国马克升值23.2%，对其他主要国家货币也有不同程度的上升。发展中国家的美元外债大多没有进行抛补，美元汇率的上升直接导致这些国家实际债务清偿负担的加重。

另一方面，发展中债务国的许多外债采取的都是浮动利率，1980—1981年，拉丁美洲国家浮动利率负债占总债务的64.5%，其中，阿根廷为58.3%，巴西64.3%，墨西哥73%，而且浮动利率债务高度集中，据英格兰银行统计，1982年75%的浮动利率贷款由墨西哥、巴西、阿根廷和韩国所借。可见，拉美国家之所以成为债务危机的“重灾区”，利率风险是一个重要因素。

（3）国际商品市场的变化影响了发展中国家的出口收入。经过20世纪70年代的“滞胀”之后，1981年主要发达国家爆发了一次严重的经济危机，这不仅削弱了发达国家的进口能力，更使贸易保护主义抬头，发展中国家的出口受到很大影响。同时，受到20世纪70年代两次石油危机的刺激，发达国家积极开发初级商品的替代品，导致国际市场初级产品需求减少，价格下降，这对以出口初级品为主的发展中国家来说，无疑是雪上加霜。出口收入的减少加大了这些国家的偿债困难。

（五）解决国际债务危机的措施

自1982年国际债务危机爆发以来，国际金融机构、债权国政府、债权银行和债务国政府从各自的利益出发，相继采取了一系列挽救措施，对缓解债务危机起到了一定的积极作用。

1. 国际金融机构采取的措施

当发展中国家出现国际收支危机时，国际货币基金组织通过提供紧急贷款的办法提供救助。但这种贷款是有条件的，即债务国必须执行由基金组织核准的经济调整政策。近年来，由于债务国为了调整经济所采取的紧缩政策影响了长期经济开发和经济增长。因此，基金组织做了改进，随时修改政策，除紧急贷款外还提供中长期经济结构调整贷款。在基金组织提供的贷款中，有些贷款条件非常宽，如石油贷款、出口波动补偿贷款等；有些贷款则以严格的经济调整为前提，条件非常苛刻，这些贷款对一国经济调整有一定的作用。1987年12月建立的国际货币基金组织结构性调整基金，约有60亿特别提款权的新增优惠贷款用来帮助贫困的成员方进行为期3年的宏观经济结构调整，以改进它们的国际收支状况，促进经济增长，缓解债务危机。

世界银行也通过快速拨付政策性贷款对债务沉重的中等收入发展中国家给予资金支持。1988—1990年，世界银行实施了一项“特别援助计划”，即向债务沉重的国家提供优惠的资金和采取减免债务的措施，以帮助这些国家调整经济结构，实现经济增长。

2. 债权国政府缓解国际债务危机的方案

发展中国家债务危机的加深最终会影响发达国家的经济增长，为此，一些主要债权国提出了解决国际债务问题的多种方案。

(1) 贝克计划。该计划是1985年10月，美国前财政部长贝克(James A. Baker)在国际货币基金组织和世界银行第40届年会上提出的一个方案。其主要内容是：① 债务国应在国际金融机构的监督和支持下，采取综合的宏观管理和结构调整政策，促进经济增长，平衡国际收支，降低通货膨胀；② 国际货币基金组织继续发挥中心作用，与多边开发银行协力增加并提供更有效的结构性和部门调整贷款，对采取"以市场为导向"的债务国给予金融上的支持；③ 以美国商业银行为主，联合其他发达国家的商业银行组成大商业银行，在1986—1988年由大商业银行向15个重债国提供200亿美元贷款，由官方机构提供90亿美元的贷款。

贝克计划具有3个特点：一是强调债务国发展经济，提高经济增长率；二是强调债权国、债务国、商业银行和国际金融机构的通力协作；三是规定一个固定的贷款数额。

贝克计划的目标是试图将债务国的偿债负担降到其经济增长能够承受的水平，曾得到国际金融机构和部分商业银行的支持，成为发达国家在债务问题上的共同立场，但该计划在具体实施时存在很多问题，如债务国的经济调整政策并非都能实现经济增长；债务的重新安排与基金组织和世界银行的贷款相连，而多方协作并非十分顺利；相对于巨大的外债规模，该计划提出的贷款额度只是杯水车薪，无法奏效。所以，贝克计划从未正式被官方所采纳。

(2) 布雷迪计划。该计划是于1989年3月，美国财政部长尼古拉斯·布雷迪(Nicholas A. Brady)在华盛顿举行的国际经济研讨会上提出的减债方案。计划的核心内容是削减债务国的债务积累余额和减轻债务国支付利息的负担。具体内容是：① 商业银行削减发展中国家的债务，债权与债务双方根据市场原理，就削减累积债务余额和减轻利息负担达成协议，并付诸实施；② 债务国应继续实施以长期经济增长导向的调整改革，并采取措施鼓励外逃资本的调回；③ 多方减免债务国的债务负担，基金组织、世界银行和债权国政府应为削减债务本息提供资金支持；④ 债务国政府和国际商业银行应继续对各自的债权进行重新安排，并继续为正在实施全面调整计划的债务国提供新贷款。

与贝克计划不同，布雷迪计划将债务政策的重点从贝克计划的"增加新贷"转移到"宽减原有债务和偿债开支"，而且承认国际债务问题是债务国偿付能力的危机，而非暂时的资金周转失灵。布雷迪计划提出减免债务，主张把削减债务本息放在首位，而不同于以往所主张的借债还债，所以，该方案受到债务国的普遍欢迎，并在墨西哥、菲律宾、哥斯达黎加、委内瑞拉等国进行试验，经过一段时间，这些国家国内经济调整都取得显著进展，但具体的实施过程和减债协议因各国不同的国内经济环境而有所不同，但总的来说，布雷迪计划的初步尝试是成功的。当然，布雷迪计划的全面实现也面临不少困难。首先，债务减免的程度和数量是实现该计划的关键，而债权银行是不会轻易让步的；其次，债务减免主要集中于本金减免，而近几年来发展中国家每年的应偿本金和应付利息差不多，这在一定程度上削弱了该计划的作用；最后，减免债务的途径受债务国证券市场发育等条件的制约，一些债务国还不具备这些条件。

3. 菜单方案

菜单方案始于贝克计划时期，它所包含的许多金融创新方式在布雷迪计划中成为削减债务的重要手段。在国际金融市场上，不同类型的银行有着不同的目标，大银行希望继续留在拉丁美洲的市场上，从而愿意提供新的长期贷款，而小银行则希望尽快摆脱债务风险。金融创新给了债权银行一定的选择权，这在一定程度上有助于布雷迪计划的成功实施。这些金融创新方式主要有以下几种：

（1）债务—股权转换（Debt-equity Swaps）。债务—股权转换的基本做法是：债权银行用折扣办法在债务国出售一笔对发展中国家的企业提供的未清偿贷款，投资商按一定折扣买进该笔贷款凭证，并交给债务国中央银行，中央银行按市场汇率以本币偿还全部或大部分贷款面值，投资商在债务国利用当时本币获得一笔股权。可见，在这种转换中，债务国中央银行事实上是不良贷款的最终买家，并承担了大部分风险，而且债权国银行并不直接持有债务企业的股权，而由另外的投资者持有。1985 年，智利首先采用债务—股权转换计划来减少债务，此后，墨西哥、阿根廷、巴西等国相继采用。1985—1990 年，共有 100 多亿美元债务通过这种转换得以消除。

（2）债务—出口转换（Debt for Export Swaps）。债务—出口转换是指进口商从某债务国进口货物时，在二级市场上按一定折扣用外币购买该债务的外国贷款债权，并付给债务国中央银行取得大部分贷款的面值本币，然后用本币支付给当地出口商。

（3）债务—自然环境转换（Debt for Nature Swaps）。债务—自然环境转换是指在政府机构和发展中国家之间，自然环境组织按折扣在二级市场上购买发展中国家欠外国的债务，以交换关于保护自然环境问题的政策承诺（如保护热带雨林），有时是直接捐赠给债务国政府，若取得环境承诺，则政府可用之还债。这种转换的数额不大，到 1990 年底，拉丁美洲只有 9 000 万美元的转换额，实际支付只有 1 400 万美元。

（4）债务交换（Debt Exchanges）。债务交换是指以现存债务工具折扣交换以本币或外币计值的新债务工具。例如，新债权的面值可以在旧债权的面值上打一个折扣，或者面值不变，但新债权规定的利率比旧债权低。1987 年，墨西哥在美国政府和摩根银行的协助下制订了一项债务交换计划。墨西哥政府以 20 亿美元现金向美国财政部购买 100 亿美元利息为零、期限为 20 年的国库券，并将其存入纽约联邦储备银行，作为墨西哥发行 100 亿美元新债券的担保，然后债权银行按 50% 的折扣，将墨西哥的 200 亿美元旧债务转换成新债券。这样，墨西哥以较少的现金换回了较大的债务，缓解了债务负担。

（5）债务回购（Buyback）。债务回购是允许一些债务国按一定折扣以现金购回其债务。在回购活动中，一般需要债权银行免去贷款的某些条款，或重新安排债务协议，债务国可以使用以官方、国际组织或私人来源捐赠或借入的外汇回购其债务。

由于上述挽救债务危机方案的实施以及债权债务国政府、债权银行和国际组织的多方努力，发展中国家的债务问题暂时得到了缓和，局势基本上得到了控制，危机本身并没有进一步恶化。但距债务危机的根本解决还相距甚远。事实上，20 世纪 90 年代发展中国家外债的持续增加，以及 21 世纪初以来一些拉美国家出现的金融动荡，说明解决发展中国家债务问题将是一个十分艰难和曲折的过程。

4. 解决债务问题的长期发展计划

债务危机的实质是一国债务负担超过了它的偿债能力，以上所讨论的各种创新的金融安排，旨在降低一国的债务负担，但从长期看，更好的解决办法是提高一国的负债能力，即提高一国的投资收益率。有一种建议是，发达国家减少对发展中国家出口商品的贸易壁垒。事实表明，债务危机问题的根源仍在于错误的国内政策，例如，规模庞大而又不切实际的长期建设项目，盲目的进口替代战略等，即使外部环境非常有利，这些计划也难以长期维持，更不用说持续的经济增长了。如今，在金融市场安排逐渐完善的同时，许多国家政府也采取了稳健和强劲的国内经济政策。世界银行的研究报告提出，以下 4 项政策是支持发展中国家经济长期增长的核心。

(1) 人力资源投资。经济发展的必要条件是，保证对基础教育、基本的保健条件及家庭的足够支出。在许多国家，人力资源投资过程中需要大量削减不必要的军费开支。

(2) 改善企业经营环境。如果政府减少对工农业产品定价和市场进入的干预，而将精力集中于改善基础设施与制度安排(如法律制度)，那么，经济增长率将会提高。

(3) 开放的国际贸易和国际投资。发展中国家应大幅度降低关税、消除其他非关税的贸易壁垒，积极吸引外国直接投资。

(4) 强有力的宏观经济政策。政府必须保证低的通货膨胀率和低的财政赤字，并将汇率维持在一个合理的水平。以市场为基础的对国内储蓄和投资的激励，是保证国内资源用于支持经济发展的重要条件。

对 60 个发展中国家的宏观分析研究表明，大量投资教育并消除了经济扭曲的国家，GDP 年均增长率达 5.5%，而未采取以上两项措施的国家，GDP 增长率只有 3%。对 1 200个银行融资项目的微观分析表明，投资收益率在外汇市场扭曲程度非常低的国家为 18%，而在外汇市场扭曲程度高的国家只有 8%。

总体来看，国际债务危机的解决，需要良好的外部融资环境与恰当的国内经济发展政策相结合。

三、 欧洲主权债务危机

(一) 欧洲主权债务危机的发展概况

美国次贷危机爆发后，欧洲主权债务危机就开始显现。最早出现主权债务危机的国家是冰岛，其原因是金融危机对其金融业造成重创，资不抵债的三大国有银行被迫由政府接管，由此引发市场对主权债务问题的担忧。2009 年 2 月 24 日和 25 日，国际评级机构分别下调拉脱维亚和乌克兰的评级，再次引发人们对主权债务的担忧。随着经济形势的好转、西欧和 IMF 的救助，东欧国家主权债务问题逐渐平息。2009 年 11 月 25 日，迪拜政府宣布，对其拥有的国有集团公司迪拜世界及旗下地产子公司 Nakheel 的 35.2 亿美元公司债务延长至 2010 年 5 月 31 日偿还，由此，又一次引发人们对主权信用危机的担忧。后由于阿布扎比向迪拜提供资金援助，迪拜危机已被平息。

但是，更为严重的债务危机并不在于此，欧盟 PIIGS 5 国(葡萄牙、意大利、爱尔兰、希腊、西班牙)政府为了刺激经济而实行了大规模的财政刺激计划而导致国内高额财政赤字和公共债务攀升。2009 年 10 月，希腊政府宣布，预计 2009 年政府财政赤字占 GDP 的比例将达到 12.7%，而公共债务占 GDP 的比例将达到 113%，这两项指标均远远超出欧盟制定的《欧洲稳定与增长公约》所规定的 3%和 60%的警戒上限。国际评级机构纷纷调低希腊主权信用等级，引发市场对欧洲主权债务的进一步担忧。爱尔兰政府在 2009 年

4 月份也曝出巨额财政赤字，赤字占 GDP 的比例高达 12%，公共债务占 GDP 的比例则为 65%。意大利国家统计局也公布，2009 年意大利 GDP 缩水 5%，政府债务规模占 GDP 的 115.8%，财政赤字则翻两番，占 GDP 的 5.3%。西班牙财政赤字占 GDP 的比例超过 10%，葡萄牙财政赤字占 GDP 的比例则超过 9.3%。欧盟 5 国的债务危机犹如一颗重磅炸弹在金融海啸尚未结束的全球经济中产生了一系列连锁反应。

作为欧盟成员而非欧元区成员的英国，情况也堪忧。2009 年英国财政赤字率为 12.1%，达到 1990 年以来的历史最高点，2010 年接近 13%。英国公共债务和 GDP 的比值是 68.6%，2010 年高达 80.3%。英国已与评级介于 AA＋至 A＋级之间的意大利、西班牙等国相近，其基本财政赤字位居欧盟成员方中最高之列，成为 AAA 级主权债务中风险最高的一个。

为避免希腊等国的债务危机进一步向全球扩散，欧盟、IMF 和主要西方经济体出台了多种救助方案。如 2010 年 4 月 9 日美联储宣布，重启与加拿大、英国、瑞士 3 国央行和欧洲央行的货币互换机制，4 月 10 日欧盟和 IMF 联手推出一套旨在维护金融稳定的“组合拳”——7 500 亿欧元的救助计划，等等。但这些救助计划只是“借新钱还旧账”，并未削减欧元区总体的债务，只是暂时缓解了负债国的债务危机，引发债务危机的根本原因并未解决。

（二）欧洲主权债务危机的原因

1. 经济的结构性弊端使政府深陷债务泥沼

就希腊而言，其债务危机的根源在于采用欧元作为统一货币之后，丧失了货币政策的灵活性，同时财政政策不力和经济发展长期不均衡也是重要的原因。希腊财政赤字和政府债务“双高”问题由来已久，早在力争进入欧元区时就债务缠身，只是通过与高盛进行变相的远期交换交易，将原本的赤字比例从 5.2%粉饰成 1.2%，蒙混过关。基于政党和工会压力，希腊高负债率、高福利、低税收，造成工资增长与劳动生产率提高相脱节，削弱了希腊经济的竞争力。同时，希腊公共事业占 GDP 的 40%，主要依靠旅游业和航运业的经济结构使希腊经济在全球金融危机的打击下还未走出衰退，财政收入增速受压严重。

2. 金融危机中政府加杠杆化使债务负担加剧

金融危机使得各国政府纷纷推出刺激经济增长的宽松政策，高福利、低盈余的希腊等国无法通过公共财政盈余来支撑过度的举债消费。全球金融危机推动私人企业去杠杆化、政府增加杠杆。希腊政府的财政原本处于一种弱平衡的境地，由于国际宏观经济的冲击，恶化了其国家集群产业的盈利能力，公共财政现金流呈现出趋于枯竭的恶性循环，债务负担成为不能承受之重。

3. 交叉持债和缺乏退出机制使危机迅速扩散

欧洲内部的债务所有权错综复杂，一国破产就使其他国家（特别是欧洲银行）面临风险，系统性风险使债务危机迅速蔓延。法国银行拥有 750 亿欧元希腊债务，德国银行拥有 450 亿欧元希腊债务，发达国家存在较大的债务风险敞口。最脆弱的 PIIGS 5 国互相持有债务进一步加大了系统性违约的风险。缺乏退出机制使欧元区各国都被卷入主权债务危机之中。经济发展水平不均衡、财政稳健程度不同的欧盟成员方出于各自政治利益的需要，救助方案难以及时出台。

（三）欧洲主权债务危机的影响

1. 对世界经济复苏产生一定影响

欧洲主权债务危机不仅会影响 PIIGS 5 国的经济增长，还会对全球经济复苏造成一定影响。PIIGS 5 国 2008 年末 GDP 规模总量为 3.97 万亿美元，占全球 GDP 的比重超过 5%，占欧美等发达国家 GDP 比重超过 10%；同时，这 5 个国家对外依存度很高，且经济结构以对外部经济高度敏感的服务业为主。因此，受债务风险影响，这些国家的复苏将会较慢，并在一定程度上延缓全球经济复苏进程。

2. 存在进一步引发银行业危机的可能

欧洲主权债务危机导致希腊等国家主权评级下调，导致其国际融资成本进一步上升，并可能威胁到银行业的资金链。其原因主要在于：一方面融资成本和利息支出面临上行压力；另一方面自 2011 年欧洲央行可能恢复只接受 A－级以上国债作为贷款的抵押品，如果希腊未能在 2011 年前恢复 A－评级，其国债或将不被欧洲央行所接受。而希腊银行业对欧洲央行贷款极为依赖，因此，这可能对希腊银行业从欧洲央行获得资金的额度产生限制。由于西欧等国主要是其他国家主权债务的债权国，希腊等国债务危机的显现直接暴露了西欧各国银行输出资本的风险，给本身受房贷泡沫破裂和经济萎靡打击而处于困境的银行业再次蒙上阴影。据测算，2010 年欧洲地区银行大约有 5 600亿欧元债务到期，2011 年有 5 400 亿欧元债务到期。而欧洲国家在 2010 年必须筹集 1.6 万亿欧元资金，这将有可能给欧洲银行的再融资带来负面的冲击，当政府发债量达到历史高位并冲击已经饱和的债券市场时，这些银行将不得不推迟偿还借款，从而陷入融资困境。

3. 欧洲一体化进程将受阻碍

欧洲一体化必须经历由统一货币到统一财政政策、再到政治一体化的演进，这是欧元区未来发展的方向。欧洲联盟作为战后区域一体化的成功范例，对欧洲经济社会发展起到了重要的推动作用，欧元成为唯一与美元相抗衡的国际货币，特别是 2009 年《里斯本条约》的生效，使欧洲一体化进程在政治安全和外交方面又向前推进了一步。但欧洲主权债务危机使“先经济、后政治”的欧洲一体化传导链条发生断裂，并暴露出欧洲经济与货币联盟的固有缺陷。危机表明，如果欧元区货币与财政政策的经济协调机制不能解决，欧元及欧盟的稳定性将面临严峻考验，欧洲一体化进程将难以继续进行下去。

第三节 国际银行危机

一、银行危机的界定

（一）银行危机的判断标准

银行危机实质是由于各种原因导致银行的流动性或清偿性的过度丧失所带来的金融恐慌。理论上，判断一个国家（地区）是否发生了银行危机，可依据以下几个标准：① 依靠自身的资源难以支付到期债务。② 出现了大规模的银行挤兑（Bank Runs）。③ 大量银行倒闭。④ 政府大规模强制性援救。只要这 4 种情形中的任何一种出现，就可以认为发生了银行危机。

（二）银行危机的种类

银行危机类型多样，主要有以下几种：

(1) 按照危机的范围区分，银行危机可以分为单个银行危机和银行业危机。前者是指某个特定银行的危机，是非系统性危机；后者则是指整个银行体系的危机，是系统性危机。单个银行危机往往容易演变为银行业危机。

(2) 按照危机的性质区分，银行危机可以分为流动性危机和清偿力危机。流动性危机是指银行无法以合理的价格从外部获得资金以支付到期债务。清偿力危机是指银行已陷入资不抵债的境地，或已濒临破产清算的边缘。正确区分流动性危机和清偿力危机很重要，这是各国中央银行行使最后贷款人职能的标准。大多数国家的中央银行只对暂时陷入流动性危机的银行予以救助，而对已经陷入清偿力危机的银行则一般放弃支持。

(3) 按照危机的表现形态区分，银行危机可以分为财务危机和非财务危机。财务危机主要是由于财务状况极度恶化所导致的危机；非财务危机则主要是由于财务之外的因素所导致的危机，如参与跨国洗钱等犯罪活动所带来的信誉危机等。

(4) 按照危机与经济周期的关系区分，银行危机可以分为周期性危机和非周期性危机。前者是指由于经济周期性的扩张和收缩而导致的银行危机，这种危机往往是系统性的；后者是指不具备经济周期性质的银行危机，多表现为非系统性危机。

(5) 按照引致危机的因素区分，银行危机可以分为内生性危机和外生性危机。内生性危机是由银行自身原因导致经营失败所产生的危机；外生性危机是指由于外生性因素所导致的银行危机，例如战争、经济危机、公众信心及其他不可抗力等因素所带来的危机。

（三）银行危机的特征

1. 突发性

从表面上看，银行危机的形成是一个银行风险逐步累积的过程。由于内外因素的影响，银行面临的各种风险逐步加大，盈利受损，资本金亏蚀，流动性问题逐步显现，最后超过了银行自身的承受力，酿成危机。但是从各国银行危机的发生来看，又确实具有突发性特点。这是因为：① 银行业信息的不对称和不透明，往往容易掩盖事实的真相，从而延缓问题的暴露。② 危机银行的所有者、管理者在问题出现时，往往存在道德风险增加的情况，为了挽回损失，极力掩盖真相或提供虚假的信息。③ 银行业是一个高度依赖于公众信心生存的行业，在信息不对称的情况下，存款人个体的提取存款行为会很快演变成群体的非理性行为——挤兑，从而带来银行恐慌。银行危机形成的累积性和爆发的突然性往往使监管当局措手不及，以至延误最佳处理时机，造成重大损失。

2. 传染性

传染性是银行危机最突出的特点。首先，现代金融业的发展，使得各家金融机构紧密相连，互为依存，金融机构之间存在密切而复杂的债权债务链条，一旦某家金融机构的金融资产价格发生贬损以致其不能保证正常的流动性头寸时，单个或局部的金融困难往往会通过支付清算系统、金融市场、存款人行为等各种渠道广泛传播，很快演变成全局性金融动荡；其次，银行业信息不对称的存在，使存款人无法分辨健全的银行与不健全的银行，结果都一起挤兑，加大了传染性；再次，金融自由化、全球化、电子化和金融创新等进程的深入，客观上为银行危机更大范围、更快速度的传播提供了便利。

3. 周期性

银行业对经济具有很强的依赖性。受经济周期性因素的影响，银行的竞争程度、盈利水平、资产质量、生存环境也会产生周期性变化，从而导致银行危机也带有一定的周期性特点。在经济处于上升时期，银行资金来源与运用的矛盾相对缓和，盈利上升，抗御风险的能力提高，金融风险被暂时的景气所掩盖，公众的心态平稳，银行危机发生的概率也相对较小；在经济处于下降时期，各种矛盾逐步显现和加剧，影响金融机构安全性的因素逐渐增多，金融风险加大，发生银行危机的概率增加。银行在繁荣期内常常发放一些风险很大的贷款，而这些风险大的贷款到了萧条期就极易变成呆账。

4. 破坏性

现代市场经济的货币化、信用化、金融化程度不断提高，金融业在经济发展中的作用明显加大，并在经济的发展中处于核心地位。银行作为金融体系中的主体，是国民经济活动的中枢和社会资本运动的中心，也是社会信用链条中最重要、核心的环节，一旦银行发生危机，整个社会的信用体系就会遭到破坏，不仅使银行体系陷入瘫痪，而且会对整个虚拟经济以及实体经济带来巨大冲击，造成全面经济衰退，甚至引发社会政治危机。

5. 自我强化性

银行危机爆发后，由于信用基础发生动摇而呈自我强化的态势，并愈演愈烈：① 金融资产随着时间推移加速恶化；② 公众信心加速受损；③ 危机借助支付清算系统加速向同业扩散；④ 危机银行的管理层“挽回损失”的冒险心态加速膨胀，更加倾向于从事风险活动，道德风险加速积累。

二、 银行危机的产生原因

（一）银行间的债权、债务链条是引起银行危机的基础原因

银行之间的债权、债务链条使一家银行出现的经营失败可能会引起其他银行的经营失败，进而引起更多的银行失败，最终导致银行危机爆发。由于银行是整个社会的支付与结算中枢，大量的支付与结算业务使银行与银行之间产生债务关系，如果一家银行流动性资金不足，就会在同业之间进行拆借，同业拆借也是产生银行间债权、债务关系的重要原因。这样，一家大银行的失败可能会引起许多债权银行的资产损失，如果该笔损失占一家债权银行的资产比重较大，该债权银行就会经营失败，而一家小银行的失败可能会引起对其提供了较多资金的大银行的失败。如果大多数银行把对一家银行的债权控制在相对较小的数额内，则整个银行业的资产质量较高，银行失败引起银行危机的概率就较小。

（二）存款人的挤兑是引起银行危机的直接原因

在没有存款保险制度的情况下，一家银行的经营失败会引起存款人对该银行的挤兑，而信息不充分使存款人无法区别健全的银行与不健全的银行，于是对其他银行的挤兑就是存款人非理性的经济行为。对所有或大多数银行的挤兑使整个货币市场的流动性紧张，可能会导致多家银行停止支付，于是爆发银行危机。

（三）银行业的"过度借贷综合征"是引起银行危机的内在原因

迫于竞争的压力，各家银行都可能存在着"过度借贷综合征"。美国经济学家麦金农指出，20 世纪 70 年代和 80 年代初，以阿根廷、智利、乌拉圭为代表，几乎所有欠发达国家商业银行都借贷过度，因而陷入了债务危机的泥潭。银行家们之所以会犯同样的过度放贷的错误，是由于他们过度追求效用最大化。而银行家的效用是由银行的赢利水平决定的，那么银行家的全部决策都会以赢利为目标，利润愈高，银行家愈满意。但是，任何决策都有一定的不确定性，银行家所做出的决策如果能使银行获利，其效用就会得到提高；如果使银行亏损，银行家的报酬就会降低，甚至可能被解雇。

实际上，银行家的效用不仅取决于银行的盈亏，还取决于银行所有者（委托人）的评价。委托人在评价银行家时，主要是将他的经营成果和其他的银行家进行比较，如果其他银行家亏损，即使被评价的银行家也出现亏损，委托人也不会降低对他的评价，这意味着与其他银行家采取一致的行动即使决策失败，银行家也可以维持其效用水平；如果盈利的话，银行家的效用更不会下降。考虑到委托人的评价，银行家在做决策时，除非有很大把握才会做出独立的决策，否则他们总是采取与其他银行家相一致的经营决策。结果就出现了许多银行同时对一个国家或地区提供过度贷款的情况，并可能出现许多银行同时失败的情况。银行家既是经济人，又是社会人，在决策风险相同的情况下，即使不存在委托人的评价，银行家也会考虑到银行家市场对他的评价，而采取与其他银行家相同的决策，这便是银行业存在"过度借贷综合征"的原因。

（四）系统性风险是引起银行危机的外部原因

利率风险、汇率风险、通货膨胀风险和政策风险都是系统性的，都会对整个银行业产生影响。如果一家银行由于利率风险或汇率风险的头寸过大而破产，相应的风险也会打击其他银行，使整个银行体系脆弱性增加，爆发银行危机的可能性大大提高。

一家银行的经营失败之所以会引发银行危机，或者许多银行同时出现经营失败，其原因就在于上述 4 个方面。存款保险制度消除了储蓄者的挤兑使以流动性短缺为特征的银行失败减少。但银行的过度放贷导致银行资产组合的质量较低，以清偿力不足为特征的银行失败增加。银行失败会引起银行危机，反过来银行危机也会使银行失败的可能性提高。一旦银行危机爆发会使利率急剧上升、存款人的储蓄倾向降低、借款人的财务状况变得脆弱，因而银行获得资金的成本提高、资金的来源减少，同时银行的资产价格下跌。这样，银行经营失败的可能性就会大幅度提高。

三、世界历次重要银行危机概览

（1）1346—1347 年，英国银行危机，英王爱德华三世拒绝偿付银行债务。

（2）1522 年，意大利银行危机，意大利银行业走向衰落。

（3）1557 年，法国和西班牙银行危机，两国国王拒绝还债。

（4）1636 年，荷兰郁金香球茎狂热。

（5）1667 年，英国银行危机，发生对金匠银行挤兑事件。

（6）1720 年，"密西西比泡沫"与"南海泡沫"破裂。

（7）1772 年，英国、荷兰银行危机。

（8）1836 年，英国、美国银行危机。

(9) 1873年,美国、德国、奥地利银行危机。

(10) 1890年,英国巴林银行危机。

(11) 1929—1933年,世界经济大萧条。

(12) 1973—1974年,英国次级银行危机。

(13) 1974年6月,德国赫斯塔特银行倒闭。

(14) 1974年10月,美国富兰克林银行倒闭。

(15) 1977—1983年,西班牙银行危机,109家银行中48家倒闭。

(16) 1980—1982年,阿根廷银行危机,1980年不良贷款比率为9%,关闭168家金融机构。

(17) 1981—1987年,智利银行危机,1983年底,19%的贷款为银行不良贷款。

(18) 1982—1987年,菲律宾银行危机,1986年的不良贷款比率为19%。

(19) 1982年,墨西哥债务危机,政府接管私人银行。

(20) 1980—1992年,美国有1 142家储贷协会和1 395家银行破产。

(21) 1983—1987年,泰国银行危机,不良资产比率为15%,15家金融公司破产。

(22) 1987—1994年,北欧的挪威、丹麦、瑞典、芬兰等出现银行危机。

(23) 1989—1990年,阿根廷银行体系的不良资产比重为27%,已倒闭的银行拥有金融体系总资产的40%。

(24) 1990—2000年,日本有35家以上金融机构破产,不良贷款数额超过100万亿日元。

(25) 1992年,欧洲货币体系危机。

(26) 1994—1995年,墨西哥金融危机,1995年12月,墨西哥不良贷款的比率为12%。

(27) 1995年1—9月,阿根廷银行危机,205家金融机构中的45家被关闭或合并。

(28) 1995年,英国巴林银行倒闭。

(29) 1997—1998年,亚洲金融危机。泰国银行的不良资产比率约为46%,关闭56家金融机构;菲律宾关闭4家商业银行、5家储蓄银行;韩国关闭5家商业银行、10家商人银行,政府接管韩国第一银行、汉城银行,银行系统的不良贷款比率达25%以上;印度尼西亚的不良贷款比率在30%以上,关闭15家以上金融机构;马来西亚的不良贷款比率约15%。

(30) 2007年4月—2010年12月,国际金融危机。由美国次贷危机引起的国际金融危机是百年一遇的全球性金融危机,在这场危机中,美国有325家银行倒闭。其中,2008年9月,华盛顿互惠银行倒闭,成为美国历史上规模最大的一次银行倒闭。截至2010年9月30日,美国联邦储蓄保险公司登记的经营困难银行数量达到860家。

四、危机银行的救助

银行危机处置主要包括两方面的内容:① 如何对危机银行做出合理安排,即金融监管当局对危机银行进行救助还是对危机银行做出市场退出安排。② 如何处置危机银行的债权债务。

(一) 救助与市场退出的利弊

救助与市场退出是银行危机处置的两种基本方式。救助方式一般倾向于在维持原有银行法人资格不变的条件下，采取各种流量和存量的办法支持其走出危机。市场退出倾向于取消危机机构的法人资格，包括关闭、并购、破产清算等方式。在实践中，两种方式各有利弊，也各有不同的适用条件和经济后果，要求金融监管当局进行权衡。表 9-8 列出了两种处置方式的优缺点的对比。

表 9-8 救助与市场退出的优缺点对比

	优点	缺点
救助	① 救助的交易成本低于关闭银行的成本，如果能通过救助使银行走出危机，所需的成本往往低于破产成本，为存款保险基金节省资金；② 救助提供了一种机制，将贷款和其他资产保持在原银行系统内，因为原有的借款人仍与原银行保持交易关系，而不是与破产清算人打交道；③ 救助方式可以保持银行服务的连续性，将银行危机的不良影响降到最低程度	① 救助方式允许较弱的机构继续经营，并与其他没有接受救助的银行展开竞争，有违公平竞争的市场法则；② 救助方式对危机银行的股东及债权人提供了较多的保护，助长了道德风险，削弱了市场纪律；③ 受救助的对象多为规模较大的银行，具有不公平性，容易招致中小银行的反感；④ 在一些救助交易中，兼并者享受到税收优惠，损害了纳税人的利益
市场退出	① 有利于优化资源配置和金融结构；② 有利于维护公平竞争秩序；③ 有助于彻底解决风险问题；④ 有利于增强风险意识，加强市场纪律和防止道德风险	① 市场退出的直接成本和间接成本较大；② 容易伤害公众对银行体系的信心；③ 金融中介功能消失，不利于经济发展

注：引自胡日东，赵林海主编：《国际金融理论与实务》，清华大学出版社，2010 年，第 150 页。

（二）救助的资金安排

银行危机，不论形成的原因怎样，最终大多表现为流动性或清偿力的丧失，因此，对于危机银行的处理，救助资金的安排显得十分关键。纵观世界各国，一般有以下几种安排方式。

1. 银行自筹资金

对于盈利机制没有受到根本破坏的危机银行而言，可以通过改善银行管理，依靠自身未来的现金流，逐步弥补损失，充实资本，恢复实力。如 1998 年初，泰国中央银行规定，从 1998 年 7 月 1 日起，银行必须提取 50%的呆账准备金和 20%的不合格贷款准备金，并宣布各家银行必须在 8 月提交增资计划，否则中央银行将介入干预，因此大城银行、盘古银行、泰华农民银行等纷纷增资扩股。这种做法一般适用于本身经营状况较好，因受到传染而导致银行危机的情况。但在大多数情况下，这种做法的空间较小。

2. 中央银行出资

中央银行一个重要的职能就是充当最后贷款人，面对陷入流动性危机的金融机构，各国银行法都规定，中央银行有权利或义务提供紧急的资金援助。中央银行一般通过抵押贷款、票据贴现、短期透支等方式帮助危机银行解决暂时流动性困难。但中央银行的救助是有限度的，一般只针对陷入临时流动性危机的银行，对于那些陷入清算、破产境地的银行则不给予支持。

3. 政府出资

政府筹措大批资金向支付困难的银行注资，以解燃眉之急。例如，1993 年法国政府注资 35 亿法郎救助里昂信贷银行。次贷危机发生后，美国政府向花旗集团、摩根大通公司、美国银行、富国银行、高盛集团、摩根士坦利、纽约银行和道富银行等9家商业银行注资2 500亿美元。政府筹集资金有两种渠道:① 直接动用现有财政资金。② 发行国债。

4. 股东出资

(1) 要求原有的股东出资。例如,1996年4月,日本太平洋银行由于经营不善而发生危机。大藏省和日本银行决定由它的四大股东——日本樱花银行、富士银行、东海银行、三和银行予以资助。

(2) 面向国内外吸纳新的股东,通过增资扩股解决危机。东亚金融危机之后,为了解决银行危机所带来的不良资产问题,一些国家如日本、韩国都开放了长期以来封闭的金融市场,允许国外的投资者参股、收购国内的金融机构。开放市场有助于增加解决银行危机的资金来源,也有助于通过合理的竞争,改善国内银行的治理结构。

5. 银行同业出资

例如,奥地利所有储蓄银行合资建立了储蓄银行中央机构,一旦某家储蓄银行陷入困境,中央机构会要求所有成员银行对其提供资金帮助。

6. 存款保险体系支持

对于建立了存款保险体系的国家,存款保险公司也对金融机构流动性问题负责。如美国联邦存款保险公司只要认定该银行在社会上有举足轻重的地位和作用,而直接的资金救助能够避免该银行倒闭的危险,且这种资金支持能够减少保险公司的损失时,就可以直接对那些陷入困境的银行提供资金支持。

第四节 国际货币危机

一、货币危机的传导

在金融全球化背景下,一国爆发货币危机之后,往往迅速蔓延到其他国家。那些与危机发生国经济联系密切、经济结构和发展特征相近以及严重依赖外资的国家最容易受到波及。货币危机主要通过3条途径在国际传导。

(一) 贸易流动及竞争力效应

贸易流动及竞争力效应主要作用于两类国家:一类是与危机国在出口市场存在竞争的国家。爆发货币危机的国家货币贬值,其他国家实际有效汇率上升,面临很大的出口竞争压力。另一类是出口市场主要集中于存在危机的国家。本币贬值导致危机国家进口能力下降,进而导致受影响国家出口困难。货币危机影响这两类国家的贸易收支情况,造成这类国家收支恶化,市场上出现对这些国家货币贬值的预期,可能形成对这些国家的投机冲击。

(二) 唤醒效应

唤醒效应是指投资者受到货币危机的震动,开始重新评价投资国的投资环境。该效应主要作用于那些与危机国家经济结构和发展模式相似的国家,一些与危机国家经济联系密切的国家也会受到一定的影响。一般来说,在危机爆发前,这些国家都经历过一次外国私人资本流入的高潮，外国投资者被市场显示的收益水平吸引，大量购买这些国家的财产。货币危机以极端破坏性的方式暴露了一国经济中的种种缺陷，投资者很自然地推断其他与之相似的国家也有相同或相似的问题，于是，他们会减少或撤出在这些国家的投资。投资者投资方向的改变会直接影响这些国家的国际收支状况。这时的市场信心由于货币危机的打击，已经非常脆弱，国外投资者改变投资决策会加强贬值预期，出现“羊群效应”，货币危机因此而蔓延。

（三）流动性效应

流动性效应是通过各国间的金融联系发生作用的。在危机冲击下，一国资产价值大幅降低，外部融资机会减少，该国的支付和偿债能力在危机期间及危机以后的一段时期内都很弱。如果一个国家的金融机构和企业在危机国家拥有大量债权，那么，这些机构和企业就可能因为不能按期收回债务而陷入流动性不足的困境。在金融市场一体化的今天，部分金融机构的流动性不足会产生连锁反应。当经济的流动性不足、支付能力缺乏时，经济的正常运作便受到影响，市场对这些受影响国家的资产价值的预期就变得不乐观。当市场投资者决定减持这些资产时，资本的流出可能引发货币危机。

二、几次重大货币危机回顾

（一）欧洲货币体系危机（1992—1993 年）

1989 年 11 月，东、西德实现统一。统一之后的德国政府为了消除东西部经济发展差距，实施了一整套引起经济失衡的发展政策，导致通货膨胀上升。为了抑制通胀，德国中央银行不顾欧共体其他成员的经济衰退，单方面提高利率，导致汇率机制内部其他成员方陷入两难选择：若要维持其货币与马克和欧洲货币单位的固定比价，就必须调高利率；若要通过降低利率来刺激本国经济复苏，又必须被迫使其货币对马克贬值。1992 年 9 月 13 日，英国和意大利首先抵挡不住外汇市场的强大压力，宣布英镑和里拉“暂时”退出欧洲货币体系的汇率机制，由此酿成欧洲货币体系史上著名的“九月危机”。此后几个月中，西班牙比赛塔和法国法郎也先后遭到冲击，被迫“暂时”退出欧洲货币体系的汇率机制或对马克大幅度贬值，从而使欧洲货币体系的汇率机制遭受沉重打击。这场危机因德国高利率的延续一直持续到 1993 年夏，不仅导致欧共体经济增长在 1993 年放缓，而且严重阻碍了欧洲经济与货币一体化的进展，在很大程度上动摇了欧共体经济货币一体化的信心。

（二）东南亚货币危机（1997—1998 年）

1997 年 5 月，泰国外汇市场出现大量抛售泰铢、买入美元的风潮。为维护固定汇率制，泰国中央银行动用有限的外汇储备买入本币、抛出美元，但终因外汇储备耗尽而未能达到目的，于 7 月 2 日宣布放弃实行 14 年之久的本币与美元挂钩的相对固定汇率制。此后几个月内，危机迅速蔓延至周边国家及地区。7—10 月，菲律宾、马来西亚、印尼等国家及相关地区均受到危机的冲击；11 月，危机波及韩国、日本，演变成地区性货币危机，甚至传导至欧洲和美洲，造成 10 月底全球股市下跌。1997 年 7 月至 1998 年 1 月，东南亚各国和地区的汇率急剧下跌，此次危机导致东南亚国家经济严重衰退，政局不稳、社会动荡，国家经济主权受到冲击，世界经济受到沉重打击。

东南亚货币危机的发生不是偶然的，它是一系列因素共同促成的必然结果。从外部看，主要原因是国际投资的巨大冲击以及由此引起的外资撤离。据统计，危机期间，撤离东南亚国家和地区的外资高达400亿美元。当然，引发这次东南亚货币危机的最根本原因还是在于这些国家和地区内部经济的矛盾性。东南亚国家和地区是当时世界经济增长最快的地区之一，但在经济快速增长的同时也暴露出许多严重的问题：① 以出口为导向的劳动密集型工业发展的优势，随着劳动力成本的提高和市场竞争的加剧逐渐下降。而东南亚国家和地区经济增长方式和经济结构未做适时有效的调整，致使竞争力下降，对外出口增长缓慢，造成经常项目赤字居高不下。例如1996年，泰国国际收支经常项目赤字为230亿美元，韩国高达237亿美元。② 银行贷款过分宽松，房地产投资偏大，商品房空置率上升，银行呆账、坏账等不良资产日益膨胀。泰国金融机构出现严重的现金周转问题，韩国数家大型企业资不抵债宣告破产，日本数家金融机构倒闭，印度尼西亚信用危机加剧。这些经济因素从各个方面影响了汇市和股市。③ 经济增长过分依赖外资，大量引进外资并导致外债加重。泰国外债1992年为200亿美元，1997年货币贬值前已达860亿美元，韩国外债更是高达1 500亿美元。④ 汇率制度僵化。在美元对国际主要货币有较大升值的情况下，东南亚国家和地区的汇率未做调整，从而出现高估的现象，加剧了产品价格上涨和出口锐减，这必然引起这些国家和地区货币贬值，而货币贬值又导致了偿还外债的能力进一步下降，通货膨胀压力加剧，从而促使股市下跌。⑤ 在开放条件和应变能力尚不充分的情况下，过早地开放金融市场，盲目加入国际金融一体化，当国际游资乘机兴风作浪时，一些国家和地区无力抵抗。

（三）阿根廷货币危机（2001年）

二战后，阿根廷一直遭受货币危机的困扰。自1991年实行货币局制度以来，阿根廷有效遏制了通货膨胀，通货膨胀从1989年的5 000%下降到1994年的4%，并且，1991—1994年经济连续增长。这归功于当时美元低利率导致的大量资本流入阿根廷和1989年的布莱迪计划。1994年，美国采取紧缩性货币政策，国际资本市场利率上升，比索币值严重高估，导致阿根廷出口乏力，外汇储备锐减，同时，受墨西哥金融危机的影响，大量资本外逃。投资者将比索兑换成美元，造成外汇储备流失。1995年第二季度开始，阿根廷经济出现负增长。此后，梅内姆政府继续大力推行紧缩计划和反通胀计划，维持比索与美元的固定汇率。由于死守固定汇率，中央银行只能根据外汇储备发行等量的本币，无法实行扩张性货币政策，经济迟迟难以回暖。到了2001年，阿根廷金融形势不断恶化，终于在7月份爆发危机，证券市场发生空前规模的动荡，主要股票指数和公共债券价格暴跌，国家风险指数猛升至1 700点以上，资金大量外流，国际储备和银行储蓄严重下降，政府财政赤字规模扩大。由于财政收入大幅下降，阿根廷政府实际上已无力偿付债务和支付政府工作人员的工资。2001年12月24日，政府宣布停止支付总值1 320亿美元的债务，成为世界上有史以来最大的倒债国。之后，其连锁反应一直不断，且愈演愈烈，使整个拉丁美洲陷入金融动荡的漩涡中，直至乌拉圭、巴西告急，最终震动全球。据阿根廷政府2002年8月公布的报告，2002年上半年，阿根廷股票市值从333.84亿美元降至126.85美元，阿根廷政府被迫放弃了以美元为发行准备的货币局制度。同时，乌拉圭中央银行也放弃了盯住美元的汇率制度，墨西哥比索则累计贬值了10%，股市也出现大幅下挫。

(四) 美国次贷危机(2007 年—　)

肆虐全球的美国次贷危机是继 1929—1933 年金融危机之后的一次百年一遇的金融大震荡。这场危机从 2006 年底初现端倪，经过 2007 年 4 月美国新世纪金融公司破产，6 月的次级债与衍生品市场的恐慌性抛售，2007 年底一些国际金融大鳄爆出巨亏，2008 年 3 月美国第五大投资银行贝尔斯登破产，2008 年 7 月“两房”(房地美和房利美)被接管及 9 月雷曼兄弟、美林、AIG(美国国际保险集团)、华盛顿互惠银行等大金融机构相继破产倒闭和 10 月的全球股市共振等数次冲击波的冲击，各国政府联合救市，最终演变为一场名副其实的全球性金融风暴。据报道，因金融危机影响，2008 年美国股市蒸发 7.3 万亿美元，全球股市蒸发 17 万亿美元，2009 年 1 月全球股市蒸发 5.1 万亿美元，国际货币基金组织将 2009 年全球经济增幅预期调低到 0.5%。

1. 次贷危机

次贷危机又称次级抵押贷款危机或次级债券危机。它是因美国次级抵押贷款机构破产、投资银行和商业银行被迫关闭、股市剧烈震荡引起的金融风暴。

美国拥有一个庞大而发达的住房金融体系，住宅抵押贷款主要由专门的抵押贷款机构经营。住宅抵押贷款机构在发放房屋抵押贷款时，采用 FICO 信用分析系统对借款人信用进行评分，根据借款人的信用评级结果，将住房抵押贷款分为 3 类：① 优质抵押贷款，一般是面向信用等级高，信用评级分数在 680 分以上，收入稳定，还款有保障的优质贷款购房人，这些人主要是选用最为传统的 30 年或 15 年固定利率进行按揭贷款。② 接近优级(Near-prime)，全称为 Alternative A 贷款(简称 Alt-A 贷款)，这类贷款借款人的信用评级分数一般在 620～680 分，包括信用记录不错或很好，但缺少或完全没有固定收入、存款、资产等合法证明文件的借款人。Alt-A 贷款利率比优质贷款高 1%～2%。③ 次级抵押贷款，一般是向信用分数低于 620 分、收入证明缺失、还款能力差、负债较重的贷款购房人发放的住房抵押贷款。

2. 美国次贷危机的演变过程

从危机发生、发展的全过程看，美国次贷危机大体经历了以下几个阶段：

第一阶段：信贷危机(2006 年底—2007 年 6 月)。自 2006 年底开始，美国国债市场和股市出现大幅波动，同时先后有 20 多家中小抵押贷款机构申请破产。2007 年 4 月 2 日，美国第二大抵押贷款公司——新世纪金融公司申请破产保护，标志着次贷危机的爆发。在此阶段，次级贷款违约率不断上升。2006 年底，次贷违约率高达 10.5%，2008 年 2 月，骤升至 32.92%。受次级贷款牵连，优质贷款和信用卡违约率也大幅上升，Alt-A 贷款违约率翻了数倍，优质贷款的违约率翻了 1 倍。随着次级贷款和优质贷款违约率大幅上升，信贷市场严重恶化，许多金融机构提高了信贷审查标准，不仅把一些风险较高的次级贷款申请拒之门外，而且为防止资金链断裂，把一些信用标准很好的高质量贷款也拒之门外，导致贷款紧缩，信贷危机愈演愈烈。

第二阶段：次贷债券危机(2007 年 6 月—2008 年 3 月)。该阶段以次贷债券危机为主要表现形式，并辅之以银行业危机。2007 年 6 月，美国第五大投行贝尔斯登旗下两只对冲基金因投资债务抵押担保证券(CDO)损失惨重。7 月起，全球三大信用评级机构穆迪、标准普尔和惠誉调低部分次级债券的信用评级，引发恐慌性抛售，市场加速下跌，使危机传递至对冲基金、投资基金和商业票据市场。在这一阶段，建立在次级贷款基础上，通过复杂的资产证券化手段打包而成的各种次级债券大幅缩水，甚至一文不值，给大型金融机构带来灾难性打击。美林、花旗、瑞银、汇丰以及日本的金融集团相继爆出数百亿美元巨亏，一些大型金融公司甚至陷入破产倒闭。

第三阶段：金融机构危机（2008 年 3 月—2008 年 9 月）。2008 年 3 月，贝尔斯登宣布破产并被摩根大通收购，标志着新一轮银行危机的开始。9 月，美国第四大投行雷曼兄弟申请破产保护，第三大投行美林公司被美国银行收购。短短半年时间，美国五大投行中的三大投行轰然倒塌。居全球第一、第二的高盛和摩根士丹利同时改型为银行控股公司，标志着美国传统投行模式的终结。美国商业银行业也再掀破产浪潮，截至 2008 年 10 月，美国已有 12 家银行破产。其中，具有近 120 年历史、总资产额达 3 070 亿美元的全美最大储蓄机构——华盛顿互惠银行破产，成为美国有史以来规模最大的一桩银行倒闭案，同时还有 100 多家银行出现在问题银行名单上。一些大型非银行金融机构也卷入危机之中，美国“两房”被美国政府接管，全球最大保险机构——美国国际保险集团（AIG）因流动性危机也被美国政府接管。

第四阶段：全球性金融危机（2008 年 9 月开始）。随着美国各大金融机构的破产、被收购或被接管，美国金融危机犹如脱缰野马，迅速演变为全球性金融危机。具体表现为：① 全球股市遭遇重挫。至 2008 年 9 月中旬，美国三大股指跌幅达 20%左右，欧洲三大股指跌幅达 25%左右，以日经、香港为代表的亚洲主要股指下跌 1/3 以上。仅 10 月 6 日至 10 日的“黑色一周”中，道琼斯工业指数和标准普尔指数重挫逾 18%，纳斯达克指数大跌 15.3%，欧洲三大股指跌幅均超过 20%，恒生与日经指数分别下跌 16%和 24%。俄罗斯、墨西哥以及亚洲部分新兴市场国家和地区均因股市跌幅过大而一度停止交易。据估计，全球股票市值在短短一周内蒸发 6 万亿美元。② 不少国家面临严重金融危机，如北欧小国冰岛陷入金融动荡，其本币汇率一度贬值超过 50%，股票市场连续 3 个交易日停牌，银行债务达到其经济总量的 12 倍，面临国家破产的风险；俄罗斯在 8—9 月共有 330 亿美元资金撤离，其股市因波动过大多次暂停交易；在东欧，匈牙利和乌克兰先后向 IMF 发出援助请求，立陶宛、拉脱维亚和爱沙尼亚 3 国则面临国家银行体系崩溃的威胁。

3. 美国次贷危机的特点

自 20 世纪 30 年代大萧条以来，全球共发生了 7 次大规模的经济金融危机，但本次金融危机的深度和波及范围显著超越以往，具有以下几个特点：① 突发性。危机发生前没有足够的征兆，美国金融市场和监管当局也未能及早发出预警，金融市场的流动性和信用度在瞬间发生逆转。2007 年 5 月，美联储主席伯南克在国会作证时还认为“次贷危机已经得到了控制”，“不会对其他经济领域或整金融体系造成严重影响”。金融危机的突发性及应对失当导致了危机的不断恶化。② 复杂性。此次危机不仅呈现出信贷、债券、金融机构等诸多危机形态，而且危机所涉及的资产证券化及某些杠杆工具的创新属于新兴金融产品，并不为广大投资者所理解，甚至连一些专业金融人士和监管者也难以窥其奥妙。此外，银行表外业务和金融衍生交易的发展及金融市场一体化，进一步增加了对此次危机识别和救援的难度。③ 系统性。本次金融危机从一开始就是金融市场的系统性风险。从次级贷款机构到信用卡公司，从投资银行到商业银行，从银行金融机构到非银行金融机构，都被卷进危机漩涡之中。④ 持续性。这次金融危机从 2007 年 4 月爆发以来，影响日益加深且持续时间很长，至今全球经济尚未摆脱危机的影响。因为这次危机源于房地产市场价格的波动，而房价调整是一个漫长的过程，公众消费信心的提振也会比较缓慢，消费疲软使本次危机持续的时间很长，经济运行将呈现出与以往V形曲线不同的扁U形曲线，表明处于低谷的时间很长。⑤ 灾难性。本次危机蔓延速度之快、波及范围之广、危害程度之大，前所未有。此次金融危机不仅波及全球金融业，也直接影响到各国的实体经济，西方主要发达国家的多次联手干预都未能奏效，主要经济体经济迅速下滑，陷入衰退的境地。

4. 美国次贷危机爆发的原因

此次美国金融危机爆发的原因错综复杂，归结起来主要有以下几个方面：

（1）金融机构方面的原因。

① 忽视贷款风险、次贷过滥。面对火爆的房地产市场，抵押贷款机构一再降低贷款门槛，置风险于不顾，将抵押贷款推向那些不具备基本贷款条件的客户。有些贷款机构甚至推出了“零首付”、“零文件”贷款。次级贷款的迅猛发展在加剧房地产市场泡沫的同时，也为日后金融危机的爆发埋下了巨大隐患。

② 衍生金融产品开发过滥、交易过乱加剧了金融泡沫膨胀和风险积聚。以资产证券化为代表的金融创新工具被过度滥用，导致市场约束机制失灵，这是此次危机的真正元凶。首先，投资银行等机构在次贷基础上设计出初级衍生金融产品抵押贷款支持债券MBS，根据MBS出现违约的概率，再设计出两种第二级金融衍生品CDO，然后在大量CDO产品的基础上，投资银行又进行了两个方向的产品设计：一个方面是以CDO为基础资产设计出“CDO平方”、“CDO立方”等，其共同特点在于实现杠杆效应；另一个方向是设计出信用违约掉期CDS，其作用在于寻找对手公司对次贷衍生品投保，从而将次贷衍生品的违约风险进一步分散，并在此基础上提高次贷衍生品的信用评级。2006年，美国债券市场的MBS达到6.1万亿美元，CDO发行总规模将近2万亿美元，CDS的名义市值在2007年达到62万亿美元，相当于全球GDP水平。

③ 杠杆率过高。华尔街投资银行之所以纷纷倒闭，一个重要原因就是它们高杠杆盈利模式的内在缺陷以及脱离风险控制的狂热与贪婪。华尔街投资银行的杠杆率均在30左右，如果算上结构性工具，杠杆倍数高达50～60倍，而其资本充足率仅为1%～2%。在如此高的杠杆率下，一旦房市泡沫破裂，出现严重违约，巨额亏损就不可避免。

④ 投机气氛过浓。火爆的房地产需求大大激发了市场参与者的投机心理，投资银行将次级贷款层层打包形成的各种次级债及其衍生品，受到其他金融机构的追捧。由于金融机构的行为建立在预期房地产价格上涨的基础上，一旦市场发生逆转，链条出现断裂，危机爆发就不可避免。

（2）市场层面的原因。

① 房地产市场过热。从某种程度上讲，美国次贷危机源于房地产市场空前繁荣，进而导致次级抵押贷款规模疯狂扩张。2000—2006年，全美房价急剧上涨，借款人感到次级贷款有利可图，从而贷款人、借款人和投资者开始丧失理智，这些都为危机的发生播下了种子。

② 市场利率过低。2001年至2004年6月，美联储连续降息13次，将联邦基金利率从6.5%一直降到1%的超低水平。长期的低利率造成了市场流动性过剩，推动了房贷需求及房价上涨，次级贷款泛滥，房地产泡沫日趋严重。2004—2006年，美国连续17次

加息，联邦基金利率从 1%提升到 5.25%，其影响是多重的：一是利率上升导致企业融资成本增加，经济增长放缓，进而房地产价格下降；二是次级借款人还款负担增加，甚至失去还款能力，进而违约率上升；三是抵押贷款机构因借款人违约出现大量亏损，引发次贷危机；四是房价缩水、次贷质量下降导致以次贷支持的证券及其衍生品市场波动，价格下跌，引起投资者恐慌。

（3）经济层面的原因。

① 经济增长依赖过度消费。长期以来，美国通过过度消费支撑和刺激经济，在创造繁荣的同时，积聚了财政赤字、贸易逆差、资产价格飙升、过度借贷、投机资金泛滥等大量的金融风险和经济泡沫，最终促使风险爆发、泡沫破灭。例如，从 1913—2001 年的 87 年中，美国累积了 6 万亿美元国债，2001—2006 年的短短 5 年间又增加了 3 万亿美元，达到 8.6 万亿美元，仅每年的付息就高达 4 000 亿美元。如果再将各州的债务加起来，美国总债务高达 44 万亿美元，人均负债 15 万美元，每年支付利息 2.2 万亿美元，几乎等于联邦政府一年的财政收入。

② 虚拟经济严重脱离实体经济。美国经济最大的特点是虚拟经济，经济体高度依赖虚拟资本的循环来创造利润。虚拟经济本身并不创造价值，但可以无限放大金融资产，被放大的资产反过来又可以扩张信用。一旦预期出现问题，势必引起虚拟经济崩溃，极大摧毁信用市场和金融体系，进而对实体经济造成毁灭性打击。例如，现在全球衍生金融工具总市值估算超过 680 万亿美元，而全球的 GDP 还不到 60 万亿美元。美国的各种实物类贷款不到 20 万亿的规模，但衍生金融产品的规模却达到了 400 万亿美元。

（4）国际原因。

① 美元“一币独大”导致全球金融失衡。第二次世界大战以后，以美国为主导的国际货币体系，奠定了美元作为核心货币和世界储备货币的霸主地位，形成了许多国家对美元的依赖，使得各国许多金融机构甚至政府都将资金投向高度泡沫化的美国金融市场。

② 投资者对美国市场环境过分乐观。美国金融市场的影响力和投资市场的开放性，不仅吸引了来自美国本土的投资者，也吸引了世界各国的投资者，从而使得需求更加兴旺。全球各国主要商业银行和投资银行均参与了美国次级房贷衍生产品的投资，且金额巨大，使得危机发生后，影响波及全球金融体系。

三、货币危机理论

20 世纪 70 年代中期之前，金本位制度及布雷顿森林体系下的金融市场总体上比较稳定，严格意义上的货币危机比较少见，因此，西方经济学界对这一阶段货币危机的研究是零散的。20 世纪 70 年代末以来，由于金融危机频繁爆发，有关货币危机的文献大量增加，在此后约 20 年的时间里，产生了四代货币危机模型：第一代货币危机模型认为，金融危机主要源于经济基本面的恶化，可以用以解释 20 世纪 80 年代拉美国家的金融危机。第二代货币危机模型认为，货币危机与投资者预期的突然变化有关，而与经济基本面关系不大，货币危机具有自我实现（Self-fulfilling）的特点，可用于解释 90 年代的欧洲货币体系危机。1997 年的亚洲金融危机催生了第三代货币危机模型。在此基础上，克鲁格曼（Krugman）等人又提出了一些新的解释，认为如果本国企业部门的外债水平很高，出现危机的可能性就越大，由此形成了第四代金融危机模型。

（一）第一代货币危机模型

第一代货币危机模型于1979年由克鲁格曼首创，1984年被弗勒德（Flood）、伽伯（Garber）等人完善。

第一代货币危机模型认为，扩张性的宏观经济政策导致了巨额财政赤字，为了弥补财政赤字，政府只好增加货币供给量，同时为了维持汇率稳定而不断抛出外汇储备，一旦外汇储备减少到某一临界点，投机者会对该国货币发起冲击，在短期内将该国外汇储备消耗殆尽，此时，政府要么让汇率浮动，要么让本币贬值，最终导致固定汇率制度崩溃，货币危机发生。后来，弗勒德（Flood）、伽伯等人对其进行了改进和完善，最终形成了第一代货币危机理论。该理论从一国经济的基本面解释了货币危机的根源在于经济内部均衡和外部均衡的冲突，如果一国外汇储备不够充足，财政赤字的持续货币化会导致固定汇率制度的崩溃并最终引发货币危机。当宏观经济状况不断恶化时，危机的发生是合理的而且是不可避免的。它比较成功地解释了20世纪七八十年代的拉美国家债务危机。

（二）第二代货币危机模型

1992年，英镑危机发生，当时英国不仅拥有大量的外汇储备（德国马克），而且其财政赤字也未出现与其稳定汇率不和谐的情况。第一代货币危机理论无法对其做出合理解释，经济学家开始从其他方面寻找危机发生的原因，逐渐形成第二代货币危机理论。最具代表性的第二代货币危机模型是由奥布斯菲尔德（Obstfeld）于1994年提出的，他在寻找危机发生原因时强调了危机自我促成的性质，引入了博弈论，关注政府与市场交易主体之间的行为博弈。奥布斯菲尔德在*Models of Currency Crisis with Self-fulfilling Features*一文中设计了一个博弈模型，说明了动态博弈下自我实现危机模型的特点，并呈现出“多重均衡”性质。该模型认为，一国政府在制定经济政策时存在多重目标，经济政策的多重目标导致了多重均衡。因而，政府既有捍卫汇率稳定的动机，也有放弃汇率稳定的动机。在外汇市场上的中央银行和广大的市场投资者，双方根据对方的行为和掌握对方的信息，不断修正自己的行为选择，这种修正又影响着对方的下一次修正，形成了一种自我促成。当公众的预期和信心的偏差不断累积，使得维持稳定汇率的成本大于放弃稳定汇率的成本时，中央银行就会选择放弃，从而导致货币危机的发生。

以奥布斯菲尔德为代表的学者在强调危机的自我促成时，仍然重视经济基本面的情况，如果一国经济基本面的情况比较好，公众的预期就不会发生大的偏差，从而可以避免危机的发生。与此同时，另一些货币危机模型则认为危机与经济基本面的情况无关，可能纯粹由投机者的攻击导致。投机者的攻击使市场上广大投资者的情绪、预期发生了变化，产生“传染效应（Contagion Effect）”和“羊群效应（Herding Behavior）”，推动了危机的爆发。

第二代货币危机理论较好地解释了1992年英镑危机，当时英国政府面临提高就业与维持稳定汇率的两难选择，最终还是放弃了有浮动的固定汇率制。

（三）第三代货币危机模型

1997年下半年爆发的东南亚金融危机呈现出许多新的特征。这次危机发生之前，亚洲许多国家都创造了经济发展的神话，而且大多实行了金融自由化。第一、二代模型已经无法较好地解释这场金融危机，更难理解的是，这些国家和地区的经济（尤以韩国为例）在危机过后很短时期内就实现了复苏，某些方面甚至还好于危机之前。

第三代货币危机模型是由麦金农和克鲁格曼首先提出的。该模型强调了第一、二代模型所忽视的一个重要现象，即在发展中国家普遍存在道德风险问题。道德风险归因于政府对企业和金融机构的隐性担保，以及政府同这些企业和机构的裙带关系，从而导致了经济发展过程中的投资膨胀和不谨慎，大量资金流向股票和房地产市场，造成金融过度（Financial Excess），滋生了经济泡沫，当泡沫破裂或即将破裂时引发资金外逃，极可能引发货币危机。因此，防范危机的关键在于尽可能减少政府与金融机构之间的裙带关系，同时加强对金融体系和资本市场的监管，减少直至取消对银行业的保护，从根本上化解道德风险。

（四）第四代货币危机理论

第四代货币危机模型是在已有的三代成熟的货币危机模型上建立起来的。该理论认为，本国企业部门的外债水平越高，"资产负债表效应"越大，经济出现危机的可能性就越大。这是因为国内企业持有大量的外债，会使国外债权人对该国经济产生悲观预期，从而减少对该国企业的贷款，造成本币的贬值和企业财富的减少，进而造成能申请到的贷款减少和全社会投资规模萎缩，经济陷入萧条。第四代危机模型目前尚不成熟，有待进一步完善。

（五）前三代货币危机理论的比较

前三代货币危机理论都是在简单商品的假定下展开的，但研究的侧重面各有不同。第一代着重讨论经济基本面，第二代的重点放在危机本身的性质、信息与公众的信心上，而第三代的焦点则是金融体系、政府与企业间的联系。第一代货币危机理论认为，一国货币和汇率制度的崩溃是由政府经济政策之间的冲突造成的。第二代货币危机理论认为，政府在固定汇率制上始终存在动机冲突，公众认识到政府的摇摆不定，如果公众丧失信心，加上金融市场存在的种种缺陷，市场投机以及羊群行为会使固定汇率制崩溃，政府保卫固定汇率制的代价会随着时间的延长而增大。第三代货币危机理论认为，企业、脆弱的金融体系以及亲缘政治是东南亚货币危机发生的原因。

这三代货币危机理论的发展表明，货币危机理论的发展取决于有关货币危机实证研究的发展和其他相关领域研究工具或建立模型方法的引入与融合。这三代货币危机理论虽从不同的角度回答了货币危机的发生、传导等问题，但是，关于这方面的问题还远不是这三代危机理论所能解决的。例如，这三代危机理论对各种经济基本变量在货币危机积累、传导机制中的作用，及对信息、新闻、政治等短期影响投资者交易心理预期因素的研究都有很大欠缺；同时，这三代货币危机理论资本管制下货币危机爆发的可能性、传导渠道等均未涉及，其中，第三代货币危机理论认为紧急资本管制是应付货币危机的手段之一。

本章重要概念

金融危机　货币危机　银行危机　债务危机　系统性金融危机　次贷危机　偿债率　债务率　布雷迪计划　债务回购　债务—股权转换　唤醒效应　流动性效应

本章复习思考题

1. 金融危机具有哪些特征？
2. 货币危机、银行危机和债务危机之间有何内在联系？
3. 简述20世纪80年代国际债务危机的形成原因。
4. 简述布雷迪计划的内容。
5. 简述银行危机的特征及其产生原因。
6. 简析银行危机的两种处置方式——救助与市场退出的利弊。
7. 美国次贷危机产生的原因是什么？中国应从中吸取哪些教训？
8. 试比较第一、二、三代货币危机理论的主要观点及差异。

第十章 国际货币体系

第一节 国际货币体系概述

一、国际货币体系的概念

国际货币体系是指国际货币制度、国际货币金融机构以及由习惯与历史沿革形成的约定俗成的国际货币秩序的总和。国际货币体系作为一种有规则、有秩序的整合体，它既包括具有法律约束力的有关货币国际关系的规章和制度，也包括具有传统约束力的、各国已经在实践中共同遵守的某些规则和做法，还包括在国际货币关系中起协调、监督作用的国际金融机构——IMF 和其他全球性或地区性的多边官方金融机构。其中，国际货币惯例与做法是基础，具有法律约束力的国际货币制度是传统惯例与做法的法律反映，而国际货币金融机构则是一种协调与监督。这样三位一体的国际货币体系，对世界经济的发展和各国国际货币行为的规范发挥着重要的制约作用。

二、国际货币体系的内容

国际货币体系涉及的主要内容有：

（1）汇率和汇率制度的确定。如汇率确定的依据、汇率波动的界限和汇率调整等。

（2）国际结算的安排。如结算货币的选择、结算方式、货币可兑换性以及政府对国际支付的限制等。

（3）国际储备的供求。如国际储蓄供应总量、各国储备资产的种类与结构等。

（4）国际收支调节机制。如市场调节机制、各国调节国际收支的政策以及调节政策的协调等。

（5）国际货币金融机构的职能等。

三、国际货币体系的作用

国际货币体系的主要任务在于维护世界经济的稳定，促进各国经济的均衡发展。具体言之，国际货币体系具有以下几方面的作用：

(1) 确定国际收支调节机制的形式和性质。例如，在金本位制时期，国际收支的调节通过“物价—现金流动机制”来实现；在布雷顿森林体系下，国际收支的调节主要通过“支出转移”和“支出减少”机制进行；在浮动汇率制下，国际收支的调节则主要通过汇率机制进行。

(2) 确定储备本位标准，即确定各国货币对外汇价的计值标准和国际债权债务的最后工具。

(3) 通过多边支付制度，促进世界经济的一体化。各种类型的国际货币体系为协调各国的政策行动，避免各国限制国际支付的自由进行，都确立了多边支付准则，这有利于促进国际贸易和国际投资，从而有利于世界经济的发展。

(4) 促进各国参与国际货币金融事务的决策与管理。国际货币体系的建立，使各国有了共同遵守的准则和惯例，各国可以通过国际金融机构发表关于国际货币问题的主张，这在一定程度上获得了参与国际货币事务决策与管理的机会。

四、国际货币体系的演进

迄今为止，国际货币体系经历了 3 个不同的阶段：

第一阶段，国际金本位时期。大体上从 1816 年英国实行金本位制开始，一直延续至 1929—1933 年的经济大危机，金汇兑本位制和金块本位制相继崩溃。这期间，1880—1914 年是国际金本位的鼎盛时期；第一次世界大战爆发后，金本位制崩溃，各国停止黄金的兑换；1925 年之后，各国相继建立了金汇兑本位制和金块本位制。

第二阶段，布雷顿森林体系时期。大体上从 1945 年开始至 1973 年结束，布雷顿森林体系在国际货币体系发展史上占有重要地位。第二次世界大战以后世界经济的重建，实际上是以该体系的建立为开端的。

第三阶段，牙买加体系时期。从 1976 年 1 月至今，各主要工业国家实行浮动汇率制。

第二节 国际金本位体系

一、国际金本位体系的形成

金本位是以一定重量和成色的黄金作为本位币，流通中各种货币与黄金建立起固定兑换关系的货币制度。在金本位制下，流通中的货币不限于金币，还有辅币和银行券等。按照货币与黄金的联系程度，金本位制分为金币本位制、金块本位制和金汇兑本位制。金币本位制是金本位制的典型形式，在金币本位制下，流通中使用的是具有一定成色和重量的金币，金币可以自由铸造、自由兑换、自由输出输入国境。而在金块本位制和金汇兑本位制下，流通中使用的是可兑换黄金的纸币，且纸币与黄金的兑换要受数量或币种的限制。金本位制并非国际金本位体系，前者是后者的基础，后者是前者的国际化。只有当多数国家普遍采用金本位制，国际金本位体系才算建立。从历史上看，英国最早于

1816年颁布铸币条例，实行金本位制经历了半个多世纪后，西方多数国家才相继实行金本位制，至1880年国际金本位体系正式建立。

二、国际金本位体系的特征与功能

金本位制本身是一种国内货币制度。从世界角度看，国际金本位体系具有以下特征：

(1) 各国货币以黄金为基础保持固定比价关系，汇率由两种货币的含金量之比来确定，汇率波动受到黄金输送点的限制，是严格的固定汇率制。

(2) 实行自由多边的国际结算制度，政府无需对国际支付实行直接管制。

(3) 黄金作为储备资产充当世界货币职能，成为各国之间的最后清偿手段。

(4) 无须国际机构监督国际货币制度的运行，因而是一个松散、无组织的体系。

在国际金本位体系下，各国国际收支失衡可以通过黄金在各国间的输出输入得到自动调节。国际金本位体系要求各国遵守“竞赛三规则”：

(1) 货币自由兑换黄金，其含金量保持稳定。

(2) 黄金自由输出输入，对黄金或外汇的买卖不加限制。

(3) 货币发行必须有一定的黄金准备。

如果这些规则得到严格遵守，国际收支就可能自动平衡。其作用机制如下：

一国国际收支逆差→黄金输出→货币供应减少→物价和成本下跌→出口竞争力增强→出口扩大、进口减少→国际收支顺差→黄金输入；反之，一国国际收支顺差→黄金输入→货币供应增加→物价、成本上升→进口增加、出口减少→国际收支逆差→黄金输出。

三、国际金本位体系的缺陷及其崩溃

从理论上讲，金本位体系是一种比较理想的国际货币制度，具有以下积极作用：

(1) 金币的自由铸造或熔化，具有自动调节货币流通量的作用，因而能保证各国物价水平的相对稳定。

(2) 保证了汇率的固定，有助于国际贸易与金融发展。

(3) 它主要依靠市场机制调节国际收支，政府可以节省采取干预措施所付出的各种代价。

但是，国际金本位体系由于缺乏对环境变化的适应能力，也存在着一些缺陷，表现在：

(1) 随着世界经济的迅速发展，黄金生产与需求的矛盾日益突出，各国不得不增加纸币以适应经济发展的需要。

(2) 国际金本位体系下的国际收支市场调节机制并不能有效地纠正国际收支失衡。

(3) 在国家不断增强其经济职能的过程中，政府倾向于推行通货膨胀政策以缓解国内矛盾。这样，纸币与黄金的自由兑换便难以维持。

(4) 国际政治冲突成为金本位制瓦解的催化剂。为了对外扩张和备战，政府大量发行纸币，进一步削弱了金本位体系的基础。因此，国际金本位体系主导下的真正“黄金时代”只经历了35年的时间。

1914年，第一次世界大战爆发，参战各国先后停止金本位制，禁止本币兑换黄金及黄金的跨国流动。第一次世界大战后，这些没有黄金准备的纸币大幅贬值，汇率波动剧烈，严重损害了国际贸易。然而，由于世界黄金存量的2/3为英国、美国、法国、德国及俄国5国占有，其他国家缺乏实行金本位制的物质基础，不可能恢复第一次世界大战前的国际金本位体系。1922年主要国家在意大利热那亚召开世界货币会议，建议实行金汇兑本位或虚金本位制。除美国实行金币本位制、英国和法国实行金块本位制外（英法两国允许兑换黄金的最低货币额分别为1 700英镑、215 000法郎），其他国家都实行金汇兑本位制，本币与美元、英镑或法郎挂钩，再通过这3种货币与黄金挂钩。与第一次世界大战前相比，这种金本位体系的稳定性大大削弱。由于英国国际竞争力下降，国际收支严重不平衡，从债权国沦为债务国，英镑地位动摇，美元、法国法郎也上升为国际储备货币，形成英镑区、法郎区、美元区三足鼎立的局面。经过调整的金本位体系扩大了国际储备，但增添了动荡因素，未能承受住1929—1933年经济大萧条的冲击。1929—1931年，巴西、阿根廷、澳大利亚、奥地利、德国等因国际收支严重失衡而相继宣布放弃金本位制，并向英格兰银行大量挤兑黄金，英国黄金面临枯竭，在强大的压力下，英国被迫于1931年9月放弃金本位制，英镑区国家也纷纷效仿。1933年3月，美元危机再次爆发，美国黄金流失惨重，不得不放弃金本位制。法国、比利时、瑞士、意大利等国组成的金本位集团，也因法郎定值过高，国际收支困难无法解决，最终于1936年放弃金本位制。至此，金本位体系彻底崩溃，资本主义世界分裂成相互对立的货币集团和货币区，国际货币与金融陷入混乱状态之中，这为以后布雷顿森林体系的建立提供了经验和教训。

第三节　布雷顿森林体系

一、布雷顿森林体系建立的背景

20世纪30年代到第二次世界大战爆发后，国际货币体系随着金本位制的崩溃而变得十分混乱，资本主义国家组成相互对立的货币集团，加强外汇管制，对外实行外汇倾销，竞争性“货币战”越演越烈，汇率变动十分频繁，严重损害了正常的国际经济贸易往来。

第二次世界大战使各国经济遭受严重破坏，也使帝国主义国家之间的实力对比发生了巨大变化。一方面，英国在战争期间受到巨大创伤，经济也遭到严重破坏。据统计，1945年，英国工业生产缩减，民用消费品生产水平仅为1939年的一半，出口规模不到战前的1/3，国外资产损失达40亿美元以上，对外债务则高达120亿美元，黄金储备降至100万美元。尽管如此，英镑区和帝国特惠制依然存在，约40%的国际贸易仍用英镑结算，英镑仍是主要的国际储备货币，因此，英国还想竭力保持它的国际地位。另一方面，第二次世界大战结束时，美国的工业制成品占世界制成品总量的一半，对外贸易占世界贸易总额的1/3以上，1945年黄金储备已增加到200.8亿美元，约占资本主义世界黄金储备的59%，成为世界上最大的债权国和经济实力最雄厚的国家，这为建立美元的霸主地位创造了必要条件。事实上，早在20世纪40年代初，美国就在积极策划取代英国，建立一个以美元为支柱的国际货币体系，改变 20 世纪 30 年代以来国际货币金融关系的混乱局面。

美英两国政府都从本国利益出发，设计新的国际货币秩序，并于 1943 年 4 月 7 日分别发表了各自的方案，即美国的“怀特计划”和英国的“凯恩斯计划”。

（一）怀特计划

“怀特计划”是美国财政部官员怀特提出的国际稳定基金方案。其要点是：

（1）采取存款原则建立国际货币稳定基金，基金总额为 50 亿美元，由各会员方用黄金、本国货币和政府债券缴纳，认缴份额按各国的国际储备、国民收入和国际收支差额变动情况确定。

（2）基金组织创设一种名为“尤尼塔”(Unita)的国际货币单位，其含金量相当于 10 亿美元，可以兑换黄金，也可以在会员方之间转移，各国货币与尤尼塔保持固定汇率。

（3）基金组织的主要任务是稳定汇率，并帮助会员方解决国际收支不平衡问题，维持国际货币秩序。会员方在其国际收支出现逆差时，可用本币向基金组织申请购买所需要的外币，但数额最多不得超过所认缴的份额。

美国设计这个方案的目的，显然是要由其一手操纵和控制基金组织，从而获得国际金融领域的统治权。

（二）凯恩斯计划

“凯恩斯计划”是英国著名经济学家（英国财政部顾问）凯恩斯提出的国际清算同盟方案。其要点是：

（1）采取透支原则设立一个世界性的中央银行—国际清算同盟，由其发行一种叫“班柯”(Bancor)的国际货币作为清算单位。班柯与黄金之间有固定比价，各国可以用黄金换取班柯，但不得以班柯换取黄金。

（2）各国在“同盟”中所承担的份额，以战前 3 年进出口贸易的平均额计算，会员方并不需要缴纳黄金或现款，而只是在“同盟”中设立以班柯为单位的存款账户，通过该账户的转账来清算各国官方的债权债务。当一国国际收支发生顺差时，将盈余存入账户；发生逆差时，则按规定的份额申请透支，各国透支总额为 300 亿美元。

（3）各国货币按一定比价与班柯建立固定比率，该汇率可调整，但调整幅度达 5%以上时，须经同盟批准。

二、布雷顿森林体系的主要内容

上述两个方案反映了英美两国各自的利益。怀特计划反映了美国经济实力强大、拥有巨额黄金储备的现实和力图主宰国际货币金融事务的野心，凯恩斯计划则反映了英国经济实力衰退，国际收支逆差的现实以及试图维持其在国际货币金融事务中霸主地位的愿望。1943 年 9 月至 1944 年 4 月，两国政府就有关国际货币计划在双边谈判中展开了激烈的争论，鉴于美国当时强大的政治经济实力和地位，英国被迫接受了美国的方案，而美国也做出了某些让步，最后双方达成协议。1944 年 7 月，44 个国家在美国新布什尔州布雷顿森林城召开国际货币金融会议，通过了以“怀特计划”为基础的《国际货币基金协定》和《国际复兴开发银行协定》，总称“布雷顿森林协定”。从此，布雷顿森林体系宣告成立。其主要内容有：

(1) 建立一个永久性国际金融机构,即国际货币基金组织(IMF)。建立 IMF 旨在促进国际货币合作,IMF 是第二次世界大战后国际货币制度的核心,其各项规定构成了国际金融领域的基本秩序,在一定程度上维持着国际金融与外汇交易的秩序。

(2) 以美元作为最主要的国际储备货币,实行黄金—美元本位制,即建立以美元为中心的国际金汇兑本位制,具体表现为"双挂钩"原则:美元按每盎司黄金 35 美元的官价与黄金挂钩,美国承担用黄金兑回各国官方持有的美元的义务;各国货币按固定比价与美元挂钩,各国有义务维持汇率波动幅度不超过±1%。只有在成员方国际收支出现根本性不平衡的情况下,才允许成员方货币贬值或升值。

(3) 由 IMF 提供短期资金融通来缓解成员方之间的国际收支失衡。

(4) 取消外汇管制,特别是要求成员方不得限制经常项目支付,不得采取歧视性汇率政策,并实行自由多边结算制度。

(5) 实行国际收支的对称性调节。IMF 有权宣布国际收支持续顺差国的货币为稀缺货币,其他国家有权对稀缺货币采取临时性的兑换限制,但这一内容并未得到实际贯彻。

由此可见,美元可以兑换黄金和各国实行固定汇率制是维系布雷顿森林体系的两大支柱,IMF 则是该体系正常运转的中心机构,它具有管理、信贷和协调三方面的职能。它的建立标志着国际协商和国际合作在国际金融领域的进一步发展。

三、 布雷顿森林体系的特点

在布雷顿森林体系下,由于美元可以兑换黄金,因此有人也把布雷顿森林体系称为以美元为中心的金汇兑本位制。但与第二次世界大战前的金汇兑本位制相比,它具有以下几个明显的特点:

(1) 美元发挥着世界货币的职能。布雷顿森林体系下,美元被广泛地用作国际计价单位、支付手段和储备手段。美元实际上已充当国际储备货币,因而布雷顿森林体系也被称为可兑换黄金的美元本位。

(2) 形成了钉住美元的固定汇率。货币比价确定时,以美元作为关键货币,再根据其他国家货币与美元的金平价之比来确定,实际上形成了钉住美元的固定汇率。而且这种固定汇率的波动界限是人为规定的,黄金输送点不再起自动调节作用,而是在 IMF 的监督下,通过各国中央银行对外汇市场的干预予以维持。

(3) 兑换黄金的程度不同。第一次世界大战前居民可以自由兑换黄金,第一次世界大战后实行金汇兑本位制的国家允许居民用外汇(英镑、美元等)向英、美等国兑换黄金;在布雷顿森林体系下,只同意外国政府在一定条件下用美元向美国兑换黄金。因此,布雷顿森林体系是一个大大削弱了的金汇兑本位制。

(4) 国际收支失衡的调节机制不同。在国际金本位制下,依靠的是"物价—现金流动机制"的自发调节;在布雷顿森林体系下,是通过 IMF 的贷款和汇率的调整进行国际收支失衡调节。

(5) 国际货币体系运转的约束程度不同。布雷顿森林体系是通过签订正式协定,对国际货币体系的诸方面如货币比价、国际支付与结算、国际收支调节等进行规定,并在统一的国际金融机构——IMF 的监督下实施,要求成员方遵守,否则将受到制裁,因而它具有统一性、严密性和约束性。第二次世界大战前的国际货币体系没有在各国之间订立统一的协定，也没有一个统一的国际组织监督其运行，完全处于松散状态。

四、布雷顿森林体系的运行和解体

（一）维持布雷顿森林体系运转的基本条件

布雷顿森林体系运行的关键是“双挂钩”，即美元与黄金挂钩及其他国家货币与美元挂钩。要维持该体系，保持“双挂钩”原则的实现，必须具备两个基本条件：

（1）美国国际收支保持顺差，美元对外价值稳定。这是以美元为中心的国际货币体系建立的基础。如前所述，一国货币的对外价值受其通货膨胀程度和国际收支状况的制约。为了保持美元对外价值的稳定，美国应在控制国内通货膨胀的前提下，在国际收支方面保持顺差；否则，若美国国际收支出现巨额逆差，就会引起美元大量外流，导致美元贬值而成为抛售的对象，进而丧失美元在国际货币中的核心地位，危及国际货币体系的基础。

（2）美国具有充足的黄金储备，以维持黄金的官价水平。因为在布雷顿森林体系下，美国政府承担外国官方机构按官价用美元兑换黄金的义务。因此，只有美国黄金储备充足，才能维护美元的信誉，平抑黄金价格；反之，若黄金储备不足，则不能保证以官价用美元兑换黄金，从而引起美元的信用危机，并且由于黄金匮乏，美国无力在市场上投放而导致黄金价格上涨，最终会导致抛售美元而抢购黄金，动摇以美元为中心的国际货币体系的基础。

（二）布雷顿森林体系的运转及采取的措施

布雷顿森林体系大体上经历了 3 个发展阶段：1944—1959 年的稳定运行阶段，1960—1968 年的动荡运行阶段和 1968—1973 年的逐渐瓦解阶段。

1. 布雷顿森林体系稳定运行阶段

20 世纪 40 年代后半期，美国工业产值占西方世界一半以上，西欧、日本经济遭到严重破坏。这种力量对比使世界各国迫切需要美元购买美国商品以恢复本国经济。连年的国际收支顺差，使美国的黄金储备占到了西方国家黄金储备的 75%，美元地位日益上升。但与此同时，各国普遍感到缺乏美元，即所谓美元荒，这反映出国际货币体系存在清偿力不足的问题。

1948 年，美国实行“马歇尔计划”，向西欧提供经济援助，西欧和日本的经济逐渐得到恢复，它们的商品开始打入国际市场，国际收支逆差逐渐减少，甚至开始出现顺差。而美国继续执行对外贷款计划，在海外驻军费用开支庞大，国内低利率政策也促使资本外流，美国的国际收支逆差更为严重，各国持有的美元大量增加，这样，战后初期的美元短缺逐渐变成美元过多，即所谓美元泛滥。这虽然解决了国际清偿力不足的问题，但是却逐渐削弱了人们对美元的信心。

2. 布雷顿森林体系动荡运行阶段

1957—1958 年，美国爆发了严重的经济危机，与此同时，西欧建立了共同市场，并恢复了货币自由兑换，促使美国资本大量外流，国际收支急剧扩大。1960 年，美国黄金储备由 40 年代中期的 240 多亿美元降为 178 亿美元。人们对美元信心发生动摇，由此导致国际金融市场上出现大量抛售美元而抢购黄金和其他货币的风潮，即第一次美元危机。为挽救美元危机，西方各国和 IMF 采取了以下措施：

（1）稳定黄金价格协定。第一次美元危机爆发后，为抑制金价上涨，欧洲主要国家中央银行订立君子协定，共同约定以不高于35.20美元/盎司的价格买卖黄金，以稳定黄金市场，维持美元汇率稳定。

（2）巴塞尔协定。欧洲8国中央银行于1961年在巴塞尔达成的关于货币合作的君子协定，共同承诺保持逆差国货币头寸，或向逆差国提供黄金和外汇贷款，以促进主要货币之间的汇率稳定。

（3）黄金总库。1961年10月，美国联合7个欧洲国家成立总价值达2.7亿美元的黄金总库，约定美国承担50%，英、法等承担其余50%，以稳定市场金价。

（4）借款总安排。美、英等10个发达国家达成一项向IMF提供备用信贷的协议，资金总额为60亿美元，其中，美国20亿美元，英国、西德各10亿美元，其余国家从1亿美元到5.5亿美元不等。

（5）货币互换协定。1962年3月，美国分别和14个主要西方国家中央银行签订了双边《互惠借款协定》，即货币互换协定，借款额为180亿美元，并约定在一定时期内双方可按一定汇率互换规定数量的货币，还款时仍按原来商定的汇率偿还。

3. 布雷顿森林体系逐渐瓦解阶段

1968年3月爆发了第二次美元危机，国际金融市场上大量抛售美元抢购黄金，在半个月时间内，美国黄金储备流失14亿美元。至此，以美国为首的西方发达国家已无力维持美元与黄金的固定比价，美国不得不解散黄金总库，实行"黄金双价制"，即在官方之间的黄金市场上，仍实行35美元等于1盎司黄金的价格，而在私人黄金市场上，不再按这一比价供应黄金，金价任凭供求关系自由波动。这意味着美元开始与黄金脱钩，布雷顿森林体系局部崩溃。

为了在黄金双价制下维持布雷顿森林体系，IMF于1969年10月创设了特别提款权（SDRs），被称为"纸黄金"，其价格为35个特别提款权等于1盎司黄金。特别提款权既是对黄金的一种节约，又是对美元的一种补充，成员方既可用其履行原来必须要用黄金才能履行的义务，又可以用之充当国际储备资产，还可以之取代美元来清算国际收支差额。由于美国分配到的特别提款权较多，因而它提高了美国应付国际收支逆差的能力，减少了美国黄金储备的流失。

1971年，美国出现了前所未有的巨额贸易逆差，国际收支进一步恶化，黄金储备不到对外短期负债的1/5，因而终于在5月和7月两度引发了抛售美元，抢购黄金和主要硬币的美元危机，这次危机是世界大战后发生的首次最严重的美元危机。为了挽救美元，尼克松政府于8月15日宣布实行"新经济政策"，对内冻结工资和物价，削减政府开支；对外宣布停止美元与黄金的兑换，对进口品征收10%的进口附加税，并迫使西德、日本等国实行货币升值，以改善国际收支。在国际金融市场极度混乱的情况下，"十国集团"于1971年12月18日在华盛顿特区的史密森学会签订了一项协议，即史密森协议，其主要内容有：

（1）美元对黄金贬值7.89%，黄金官价从每盎司35美元提高到38美元。

（2）一些国家的货币对美元升值，其中，日元升值16.9%，西德马克升值13.6%，瑞士法郎升值13.9%，荷兰盾和比利时法郎均升值11.6%，英镑和法国法郎各升值8.6%，意大利里拉和瑞典克朗各升值7.5%。

（3）将汇率波动幅度从±1%扩大到±2.25%。

（4）美国取消10%的进口附加税。

但是，史密森协议并未能阻止布雷顿森林体系走向崩溃的命运。1972 年 1 月又爆发了大规模抛售美元，抢购马克、日元等硬币的风潮，许多国家再度关闭外汇市场。美国政府不得不再次宣布美元贬值 10%，黄金官价由每盎司 38 美元进一步提高到 42.22 美元。但美元再次贬值并未能制止美元危机，次年 2 月，美元危机再度爆发，世界主要外汇市场纷纷关闭，黄金价格成倍上升。在此情况下，西方各国货币纷纷放弃与美元的固定比价，开始实行浮动汇率，至此，维持布雷顿森林体系的另一支柱——以美元为中心的固定汇率制不复存在。

布雷顿森林体系瓦解的整个过程归纳如表 10-1 所示。

表 10-1 布雷顿森林体系建立、危机与崩溃过程一览表

布雷顿森林体系的建立	美元同黄金挂钩；各国货币同美元挂钩；美元补充黄金，并等同黄金，作为世界清偿力的主要来源
↓	
布雷顿森林体系下的美元两难	为满足世界经济增长对世界货币的需要，美元的供应必须不断增加，美元供应的不断增加，使美元同黄金的兑换性难以维持
↓	
布雷顿森林体系下的美元危机	美元危机是指美元按固定比价与黄金保持兑换性的危机，又称兑换性危机；或指人们怀疑美元的兑换性，由此引发抛售美元的危机，又称美元信心危机
↓	
第一次危机的拯救	① 互惠信贷协议； ② 借款总安排； 以上两项措施旨在以其他货币补充美元，来维持布雷顿森林体系的固定汇率，是以后出现的多种储备货币体系的萌芽； ③ 黄金总库：旨在用其他国家的黄金来补充美国的黄金，维持黄金—美元本位制
↓	
第二次危机的拯救	① 黄金双价制：旨在拯救黄金—美元为中心的布雷顿森林体系，但同时又意味着该体系的局部崩溃； ② 特别提款权：旨在节约黄金和美元，补充黄金和美元，使黄金—美元本位向黄金—美元/特别提款权本位转变
↓	
第三次危机的拯救	①中止美元与黄金的兑换，该措施实际上意味着布雷顿森林体系的崩溃； ②“史密森氏协议”挽救固定汇率制度的最后一次尝试

资料来源：姜波克：《国际金融学》，立信会计出版社，1998 年，第 192 页。

五、对布雷顿森林体系的评价

（一）布雷顿森林体系的积极作用

作为一种国际货币制度，布雷顿森林体系对第二次世界大战后国际贸易和世界经济发展起了很大的促进作用：

第一，它的建立结束了两次世界大战期间国际货币领域的混乱局面。由于在这一体系下实行可调整的钉住汇率制度，汇率的波动受到严格限制，因此消除了汇率变动引起的动荡局面，不仅有助于信用关系的发展，而且有利于国际贸易的发展和国际资本的流动。

第二，在这一体系下，由于美元与黄金挂钩，美元作为黄金的替代物而成为主要的国际支付手段和储备货币，弥补了过去国际清偿能力的不足的缺点，克服了影响国际之间商品货币流通的种种困难，促进了国际贸易和世界经济的发展。

第三，IMF 在促进国际货币合作和建立多边支付体系方面做出了积极贡献。IMF 确立的国际货币金融协调机制调整了西方世界的国际货币关系，维持了第二次世界大战后世界货币体系的正常运转。同时，要为成员方提供的各种短期或中期贷款，很大程度上缓解了各国国际收支困难，有利于世界经济的稳定与增长。

（二）布雷顿森林体系的缺陷

布雷顿森林体系运行中所暴露出来的问题表明，该体系存在着其自身无法克服的内在缺陷，这些内在缺陷成为其瓦解的根本原因。

第一，国际储备的增长和对储备货币信心的矛盾。尽管布雷顿森林体系较好地满足各国增强清偿能力的要求（该体系规定美元同黄金挂钩，意味着美元发行量的增长要以黄金储备的增长为前提），但同时相应地带来了各国对美元信心的缺乏。美国耶鲁大学的 R. 特里芬教授在 20 世纪 50 年代就揭示了这一问题，他指出，以一国货币（美元）作为主要国际储备资产具有内在的不稳定性。若要满足世界经济和国际贸易增长的需要，国际储备就必须有相应的增长，而这要依靠储备货币供应国——美国的国际收支逆差来实现；而美国国际收支的逆差又使得各国持有的美元数量增加，增加越多，各国对美元价值越缺乏信心，对美元能否兑换黄金越发产生怀疑。这种“先天不足”是布雷顿森林体系的一个无法克服的难题（即特里芬两难）。

第二，汇率过于僵化，国际收支调节乏力。在布雷顿森林体系下，汇率是固定的，各国有义务维持本国货币与美元的平价关系。只有当一国国际收支严重失衡时，征得 IMF 同意，才能变动法定平价。而判断一国国际收支是否严重失衡又缺乏统一的标准，事实上各国很少能够变动法定平价。即使变动平价的要求最终得到批准，失衡的国际收支也早已对该国造成了严重的影响，因此就失去了汇率这一重要经济杠杆对国际收支的调节作用。于是，各国要么实行贸易管制，要么放弃稳定国内经济的政策目标。

第三，国际收支失衡的调节责任不对称。在布雷顿森林体系下，虽然逆差国可能会在压力下降低汇率或者实行紧缩性的货币政策，但 IMF 无法迫使顺差国提高汇率或者实行较为扩张性的货币政策。虽然该体系规定了“稀缺货币条款”，但很少实行，国际收支失衡的调节仍然落在逆差国一方的肩上。尤为困难的是，因为美元是国际储备货币，即使美元定值过高，也不能降低美元的汇率，即使美国存在大量的国际收支逆差，也不能实行紧缩性的货币政策。如果美国严格按照黄金储备的增加来增加货币供应，则势必造成储备货币的缺乏，制约世界经济和贸易的发展。当然，美国从其自身利益出发，也不愿如此。

第四，储备货币发行国与其他国家之间利益分配不公平。美元作为国际主要储备资产享有一种特权。美国可以利用美元直接对外投资，操纵国际金融事务，弥补国际收支赤字。这就造成拥有美元储备国家的实际资源向美国转移，这种现象叫“铸币税”（Seigniorage），即货币发行国家通过发行货币可获得一个净收益。因为流通中铸币或纸币的面值和金银条块及其铸造成本之间是有很大差额的，美国因此可以取得巨大的铸币税收益。同时，由于各国货币汇率钉住美元，也造成了各国货币对美元的依附关系，使得美国的货币政策对各国经济有着重大影响。

第四节 牙买加体系

牙买加体系是指布雷顿森林体系崩溃后逐渐形成的国际货币关系新格局，其建立的标志是 1976 年在牙买加首都金斯顿达成的“牙买加协定”。

一、牙买加体系的形成

布雷顿森林体系解体以后，国际货币金融关系十分混乱，国际金融形势动荡不安，为建立一个新的国际货币体系，各国进行了长期的探讨和协商。早在 1971 年 10 月 1 日，IMF 理事会便委托各执行董事着手研究改革世界货币制度的措施。1972 年 7 月 20 日成立了“国际货币体系改革及有关问题委员会”，即“20 国委员会”，专门负责研究世界货币改革问题。1973 年 9 月 1 日，该委员会提出了第一改革大纲草案。1974 年 6 月，20 国委员会提出了一个原则性的改革大纲，完成了第一阶段的工作。1974 年 9 月，IMF 设立国际货币制度问题临时委员会，以接替 20 国委员会的工作。

二、牙买加体系的特征

（一）牙买加协议的主要内容

1976 年 1 月 8 日，国际货币制度问题临时委员会在牙买加首都金斯顿举行会议，通过了一项关于国际货币制度改革的协议，简称“牙买加协议”。同年 4 月，IMF 理事会采纳了牙买加协定的基本内容，通过了国际货币基金协定第二次修正案，从此国际货币体系进入一个新的阶段——牙买加体系阶段。

牙买加协议对布雷顿森林体系进行了扬弃：一方面，它继承了布雷顿森林体系下的国际货币基金组织，并使其作用得到了加强；另一方面，它抛弃了布雷顿森林体系下的双挂钩制度。

牙买加体系的主要内容是：

（1）浮动汇率合法化。取消原来的关于金平价的规定，允许各国根据本国情况选择汇率制度，但必须事先取得 IMF 的同意。IMF 有权对成员方的汇率进行监督，以确保有秩序的汇率安排和避免操纵汇率谋取不公平的竞争利益。

（2）黄金非货币化。黄金与货币彻底脱钩，不再是平价的基础，也不能用它来履行对 IMF 的义务，成员方货币不能与黄金挂钩；IMF 将其持有黄金总额的 1/6 按市价出售，其超过官价的部分成立信托基金，用于对发展中国家的援助，其余 1/6 按官价归还各成员方。

（3）扩大特别提款权的作用。设想在未来的国际货币体系中应以特别提款权作为主要储备资产，成员可用特别提款权来履行其对基金组织的义务和接受基金组织的贷款，各成员方之间可用特别提款权进行借贷。

（4）增加对发展中国家的资金融通。除用出售黄金所得收益建立信托基金外，还扩大了信用贷款的限额，由占成员方份额的100%增加到145%，将出口波动补偿贷款的份额由50%提高到75%。

（5）扩大基金组织的份额。基金组织的份额从原来的290多亿特别提款权扩大到390亿特别提款权。在增加总份额的同时，对各成员方的份额比例做了适当调整。总体来说，发展中国家的份额比例有所提高，美国的份额比例略有下降。

（二）牙买加体系的特征

牙买加体系具有以下几个方面的特征：

（1）多元化的储备体系。尽管美元仍是主要的国际货币，但是其作为国际储备货币的地位在下降，而德国马克、法国法郎、日元及特别提款权的国际货币地位却日益上升。具体表现为美元仍然是主要的国际计价单位、支付手段和国际价值储存手段，目前国际贸易的一些重要商品，如石油、某些初级产品和原料，甚至黄金，都是以美元计价；各国计算进出口额、外汇储备以及人均收入时，都折合美元表示；世界上约有2/3的进出口贸易用美元结算，美元在各国官方外汇储备中的比重仍占60%左右。但是，从发展趋势看，美元在国际上的地位正在逐渐下降，而其他一些主要货币的地位日渐上升。据统计，美元在IMF成员方官方外汇储备中所占比重已由1973年的84.6%下降到1996年的58.9%，而同期的前西德马克所占比重则由5.8%上升到13.6%，法国法郎、日元的比重也有较大幅度的上升。

（2）多样化的汇率制度。据IMF统计，截至1997年3月31日，IMF的181个成员方实行了9种汇率安排，包括可调整钉住汇率制、单独浮动、有管理的浮动、联合浮动、联系汇率制等。从汇率安排的实际情况看，发达国家多采取单独浮动或联合浮动，也有的实行有管理的浮动汇率制和钉住货币篮子；发展中国家多数钉住美元，也有的钉住法国法郎、SDRs或货币篮子。因此有人将这种多样化的汇率安排称为“无体系的体系”，也有人称之为混合体制。但一般认为是浮动汇率制，因为最主要的货币都是实行单独浮动或联合浮动。

（3）多种国际收支调节机制并行。在牙买加体系下，对国际收支失衡的调节不仅单靠某一种调节手段，而是通过汇率机制、利率机制、国际金融机构协调以及动用国际储备等多种手段来实现的。

三、对牙买加体系的评价

（一）牙买加体系的积极作用

牙买加体系对维持国际经济运转和推动世界经济发展起到了一定的积极作用。

（1）牙买加体系基本摆脱了布雷顿森林体系时期基准货币国家与依附国家相互牵连的弊端，国际储备多元化缓解了国际清偿力的不足，国际储备的稳定性有所增强。在多元化储备条件下，即使美元发生贬值，也不一定危及各国货币的稳定性。由于美元与黄金脱钩，即使发生美元贬值的征兆，各国也不可能用美元储备向美国兑换黄金，因而有利于避免基准货币与依附国家之间的相互影响，不会发生“美元贬值→挤兑黄金→其他货币大幅度波动→美元剧烈动荡”的恶性循环。由于储备货币多元化，充当国际储备的好处与风险由多种货币分担，当某个储备货币国发生赤字，该储备货币发生信用危机时，它就要让位于其他储备货币；当某个储备货币国连续顺差而难以向其他国家提供足够的该种储备货币时，已有其他货币补充这种“稀缺货币”的不足。可见，多元化储备体系具有较强的适应性，即在世界经济繁荣时，可以缓和清偿力不足，反之，发生储备货币危机的可能性也较小，这有利于整个国际货币制度的稳定。

（2）以浮动汇率为核心的混合汇率体制在一定程度上适应了世界经济动荡、多变和发展不平衡的特点。牙买加体系是在世界经济相对动荡的时期建立起来的，在其运行过程中，经受了各种冲击，显示了较强的适应能力。20 世纪 70 年代初的石油危机、80 年代初的债务危机、90 年代初的墨西哥金融危机到 1997 的东南亚金融危机和始于 2007 年的全球性金融危机，均在世界范围内造成了剧烈动荡。正是牙买加这种“无体系的体系”安排，才可能最大限度地熨平各种冲击的震荡，维持国际的正常交往。

（3）灵活的混合汇率制使各国的政策自主性和有效性得到加强，并使各国减少为维持汇率稳定所必须保留的应急外汇储备。

（4）采取多种国际收支调节机制相互补充，在一定程度上缓和了布雷顿森林体系调节机制失灵的问题。

（二）牙买加体系的弊端

随着复杂多变的国际经济关系的发展，被称为“无体系的体系”的牙买加体系的弊端日益明显地暴露出来。

（1）牙买加体系下汇率波动频繁而剧烈。与布雷顿森林体系下汇率波动被限制在狭小范围相比，牙买加体系下的汇率波动幅度之大有时令人惊讶。特别是进入 20 世纪 90 年代以来，随着国际资本流动的飞速发展，汇率的剧烈波动甚至演变成货币危机，给国际金融市场、国际贸易与信用和世界经济的健康发展带来了极大的负面影响。据估计，东南亚金融危机的影响，使世界经济增长速度平均降低近 2%。

（2）随着国际储备货币多元化趋势的加强，美元国际地位的不断下降，使得美元不能很好地执行国际货币的各种职能，而国际储备货币多元化缺乏统一的货币标准，导致国际货币格局错综复杂。近年来发生的全球性金融危机更是暴露出现行国际货币体系的根本缺陷。

（3）国际收支调节机制不健全。在牙买加体系的调节机制中，汇率运转机制不灵，利率机制有副作用，IMF 又无力指导和监督顺差国和逆差国双方对称地调节国际收支，全球性国际收支失衡现象日益严重。

所以，进一步改革国际货币体系，建立合理而稳定的国际货币新秩序刻不容缓。

第五节 国际货币体系的改革

国际货币体系改革是当今建立世界经济新秩序的核心问题。自 20 世纪 60 年代美元危机爆发，尤其是牙买加体系建立以来，各国学术界和国际组织就国际货币体系改革问题提出了不同主张，且争论不休。但是，由于以美国为代表的发达国家是牙买加体系的最大受益者，所以对此一直持漠然态度。尽管如此，改革国际货币体系的呼声日渐高涨，改革建议和方案也层出不穷。

一、国际货币体系改革方案

（一）恢复黄金地位，重建金本位制

法国政府早在20世纪60年代中期就提出了这种主张。法国经济学家吕埃夫（I. Rueff）进一步提出了建立"国家之间的金本位制"方案。他建议将金价提高2倍，以刺激黄金生产，保证世界黄金储备的增长。同时，吕埃夫认为，必须废除美元的特权地位。金价提高以后，美国便可以用黄金兑换各国持有的美元，以后各国的国际收支逆差全部用黄金清算，世界货币体系又回复到金本位时代。1981年美国哥伦比亚大学教授蒙代尔提出，要在美国恢复黄金的兑换性。为此，美国国会正式成立黄金委员会，专门研究美国恢复金本位制的可行性。

主张恢复金本位制的人认为，恢复金本位制，一是可以使货币数量的增长受制于黄金，从而可以限制美联储任意增加和创造货币的权力；二是可使公众恢复对美元的信心；三是可提高美元的国际地位。

但是，恢复传统的国际金本位制，无论是从理论上还是从实践上看，都缺乏可行性：① 黄金价格难以确定。若金价过高，黄金持有者就会将它抛售给政府，导致货币供应量大增，引发通货膨胀；若金价过低，人们就会大量购进黄金，造成黄金储备锐减。② 黄金产量难以适应日益增长的国际经济交易所引起的流通与支付的需要。③ 世界黄金储量分配极不均匀，将整个国际货币制度的基础维系在少数产金国上，会进一步加剧世界经济发展的不平衡。④ 导致经济政策缺乏灵活性。第二次世界大战以后，西方各国十分注重内部经济的均衡，国家干预经济的手段趋于强化。金本位制的自动调节作用正好与此相矛盾，它使一国货币政策与汇率政策缺乏灵活性。⑤ 如何将现行各种货币兑换成黄金存在着技术上的困难。

（二）恢复美元本位制

布雷顿森林体系崩溃以后，虽然美元地位大大削弱，但它在国际储备资产中所占比重以及贸易与非贸易计价结算中所占份额仍在60%以上。美国经济学家金德伯格、麦金农和德斯普雷斯主张实行"世界美元本位制"，但美元不能兑换黄金，美国应推行稳定美元的财政金融政策，让市场力量来决定各国官方和私人所需美元的数量。主张恢复美元本位制的人认为，虽然美元的地位大大削弱，但美元仍然是国际上最主要的储备货币、支付货币和计价货币。1973年以后，国际储备货币多元化并没有从根本上解决国际货币体系存在的问题，而且，1980年以后美元汇率趋于上涨，地位有所上升，目前也没有一种货币能取代美元发挥主要储备货币的作用。

这种主张有一定的客观基础，但也存在一些问题：① 若美国国际收支大量顺差，美元供给就不能适应国际贸易发展的需要，造成清偿力不足和世界性通货紧缩，反之则引起美元汇率下跌，引发美元危机和世界性通货膨胀。② 国际货币关系将不可避免地随着美国政策、经济形势的动荡而变化。③ 国际货币事务将处于美国的控制之下，这是世界其他国家，尤其是发展中国家难以接受并极力反对的。

（三）创造超主权国际储备货币

超主权国际储备货币是指一种与主权国家脱钩，并能保持币值长期稳定的国际储备货币，从而避免主权信用货币作为储备货币的内在缺陷，成为国际货币体系改革的理想目标。超主权国际储备货币不仅可以克服主权信用货币的内在风险，也为调节全球流动性提供了可能。从理论上讲，新的国际货币体系应减少一国货币当局的风险—收益不对称，将增发货币的危害尽可能地限制在该国之内，以通胀的风险制约超发货币的冲动，从而实现经济和金融的稳定。不仅如此，将增发货币的危害限制在一国之内，在发生危机时，还可以阻断危机的扩散。

特别提款权（SDR）曾被作为一种超主权国际储备货币而提出。哈佛大学教授理查德·库伯（1984）认为，不可能由任何一个国家的货币充当国际货币制度的中心货币，只能由特别提款权来担当。因为它是人为创造的资产，是一种复合货币，可以满足各国国际清偿能力不断增长的需要，而且 IMF 是创造和分配特别提款权的唯一机构，可以有效地加以控制、协调。该主张也有实施的难度，这是由于特别提款权没有经济实力和物质基础作保证，加之分配不合理、发行规模不大，它在国际储备资产中比重一直很低，人为地提高其地位不符合客观经济规律，至少还需要解决若干关键问题，如成立一个超主权国家的世界性中央银行来统一国际货币发行，统一管理国际储备；要改变特别提款权不合理的分配原则，同时扩大适用范围；要对原有储备货币进行妥善处理等。

国际金融危机发生后，超主权储备货币的设想又一次被推到了改革的前沿。中国[①]和俄罗斯不约而同地提出了创建一种超主权储备货币的设想。这种主张最早来自于 1943 年英国政府提出的“凯恩斯计划”，该计划提出的“班柯”实质就是一种超主权国际储备货币，它是以 30 种有代表性的商品（包括黄金）作为定值基础而建立的国际货币单位。这种超主权货币方案需要对不同国家和地区之间进行利益平衡，实施难度较大。目前的权宜之计是逐步扩大 SDR 的作用，逐步使之发挥超主权国际储备货币的一些职能。

（四）建立国际管理通货本位制

建立国际管理通货本位制的方案是由美国经济学家特里芬在 1982 年所著《2000 年的国际货币制度》一文中提出的。他认为国际货币制度改革的根本出路在于建立超国家的国际信用储备制度，并在此基础上创设国际储备货币。国际储备货币不应由黄金、其他贵金属或任何国家的货币来充当。特里芬建议各国应将其持有的国际储备以储备存款形式上交 IMF 保管，IMF 将成为各国中央银行的清算机构。如果 IMF 或其他类似的国际金融机构能将所有的国家或地区都吸收为成员方，则国际支付活动就反映为 IMF 的不同成员方储备存款账户金额的增减。IMF 所持有的国际储备总量应由各国共同决定，并按世界贸易和生产发展的需要加以调整。储备的创造可以通过对成员方放款、介入各国金融市场购买金融资产或定期分配新的储备提款权来实现，但不应受黄金生产或任何国家国际收支状况的制约。

特里芬的主张很有见地，在各种储备货币改革方案中影响较大。但其主张各国中央银行服从于一个超国家的国际信用储备机构，需要十分密切的国际货币合作，这在目前条件下还不现实。

（五）设立汇率目标区

1983 年，美国学者约翰·威廉姆森和伯格斯坦共同提出设立汇率目标区的方案。该方案要求各国实际汇率对目标汇率的偏离幅度不超过 10%。这里的汇率目标区是指有

① 周小川．关于改革国际货币体系的思考[J]．中国金融，2009 年第 7 期。

关国家的货币当局选择一组可调整的基本参考汇率，制定出一个围绕其上下波动的幅度并加以维持。汇率目标区主要分为“硬目标区”和“软目标区”。前者的汇率变动幅度小，不常修订，目标区内容对外公开，一般是通过货币政策将汇率维持在目标区；后者的汇率变化幅度较大，而且经常修订，目标区的内容不对外公开，不要求必须通过货币政策加以维持。汇率目标区与现行管理浮动汇率制的区别主要在于，前者为一定时期内汇率波动幅度设立了一个范围，并且根据汇率变动的情况，调整货币政策以防止汇率波动超过目标区；汇率目标区与固定汇率制的区别在于，实行汇率目标区的国家当局没有干预外汇市场、维持汇率稳定的义务，也不需货币当局做出任何形式的干预市场的承诺，并且目标区本身也可以随时根据经济形势变化的需要进行调整。

IMF在讨论中对未来的汇率目标区设计了3个方案：① 严格的方案。方案规定的汇率变动幅度很小，不经常修订，汇率目标公开，各国承担调节汇率的责任较大。② 宽松的方案。方案规定的汇率变动幅度较大，可经常调整，对汇率目标实行保密，各国调节汇率的责任较小。③ 一种介于前两者之间的方案。

国际金融学术界对汇率目标区方案褒贬不一。主张汇率目标区的人认为，这一体系具有许多优点：① 有利于汇率的相对稳定，并能克服各国货币汇率之间调整的不对称性。② 有利于各国在一定时期内保持经济的稳定增长和国际收支的相对平衡。③ 有利于加强货币纪律和政策协调，从而减少各国经济政策的不确定因素。④ 通过反映实际均衡汇率，可以对市场预期发挥正确引导作用，削弱心理预期因素对汇率波动的不良影响，避免大规模的外汇投机行为。

反对汇率目标区方案的人则认为，实行汇率目标区存在一些缺点和困难：① 确定预期的汇率目标存在许多技术性困难，如基期的选择、均衡汇率的计算等。② 依靠货币政策来维持汇率的做法将影响货币政策对国内经济的作用，并为此付出高昂的代价。③ 各国经济政策不健全、不协调，不具备实施目标区方案的条件。

各国政府对汇率目标区方案的态度也不尽相同。1985年6月，法国政府在东京召开的10国集团会议上提出了目标区方案，主张为主要汇率规定一个目标范围，允许5%～10%的波动幅度，一旦超过规定幅度，有关国家的中央银行就要进行干预，将汇率控制在目标区内。由于10国集团的多数成员方不赞同该方案，因而法国的建议未予采纳。1985年8月，代表发展中国家立场的24国集团发表了《国际货币体系运行与改革报告》，支持建立汇率目标区的建议。1985年9月，西方五国财长华盛顿会议标志着主要工业国家在货币汇率的国际合作方面跨入了一个新阶段——为了降低过高的美元实际汇率，它们开创了多边联合干预外汇市场的先例。1987年2月，六国财长在巴黎会议上达成“卢浮宫协议”，决定继续合作，将汇率稳定在目前水平，又向汇率目标区迈进了一步。但是这次会议只是各国对联合干预和稳定汇率的原则达成了协议，对“汇率目标区”方案仍未达成协议，不过，各方同意保持协调一致的立场。

二、国际货币体系改革中的障碍

国际货币体系改革涉及国际储备货币制度、汇率制度和国际收支调节机制等关键问题，长期以来，发达国家之间、发展中国家和发达国家之间在这些问题上一直存在着重大分歧和尖锐矛盾，致使国际货币制度改革步履维艰、成效甚微，前景很不乐观。

（一）美国与日本、欧盟之间的矛盾

发达国家之间在国际金融体系改革上的矛盾，主要是美国与日本、欧盟国家之间的矛盾。美国主张汇率的任意变动并坚持美元的储备货币地位。日本和欧盟持反对意见，希望改革后的国际金融体系能以固定的、可调整的汇率制度为基础，认为改革应达到的目标之一是保证对国际收支不平衡的调节，有国际收支赤字的国家应努力削减其赤字。它们还认为应取消美元享有“关键货币”的特殊地位，赞成实行国际收支不平衡的资产结算和使特别提款权最终取代其他储备资产。

（二）发达国家与发展中国家之间的矛盾

在国际货币体系改革问题上，发展中国家和发达国家之间的分歧最大。发展中国家的改革主张集中体现在 1979 年提出的 24 国集团“蓝皮书”计划和 1980 年提出的《阿鲁沙协议》中。

发展中国家对国际货币体系改革的要求，概括起来有以下几个方面：① 在汇率制度改革方面，支持各国宏观经济政策的协调和建立波动幅度较小的汇率目标区。发达国家应加强对外汇市场的干预，国际货币基金组织应加强对发达国家货币政策的监督。② 在国际储备制度改革方面，主张通过国际集体运动来创设国际储备资产，使特别提款权成为增加国际清偿能力的主要手段，并改进特别提款权的分配方式。③ 在国际收支调节方面，主张实行对称、有效和公平的国际收支调节原则。逆差和顺差是相互联系的，不能让发展中国家单独承担调节责任。顺差的发达国家应支持发展中国家进入其商品市场和金融市场，以分担国际收支失衡的调节责任。④ 增强国际货币基金组织的地位和发展中国家在该组织中的发言权。新的国际货币体系应考虑特别提款权的创造与发展援助之间的联系，增加对发展中国家储备的供应。

一些发达国家反对发展中国家的上述改革要求，宣称《国际货币基金协定》体现的现行货币制度的基本结构没有必要进行重大改革，但也认同发展中国家的某些建议，如保持汇率和金融市场的相对稳定，控制通货膨胀，取消对资本市场的限制和对外汇市场的干预，加强国际合作和国际监督。它们认同特别提款权是今后必要的储备资产，但要对特别提款权的作用进行全面检查，支持 IMF 向逆差国提供资金，但是融通资金的额度应根据会员方缴纳的份额确定。

三、改革的前景展望

改革之路虽然艰苦漫长，但百年一遇的这场全球性金融危机进一步暴露了现行国际货币体系的内在缺陷，国际社会普遍意识到过去那种“小修小补”式的改革已无法解决国际货币体系的诸多问题，而必须对该体系进行一次根本性改革，对此各国政府也纷纷提出各自的观点和主张，通过各种渠道表达对国际货币体系改革的见解，希望在未来的改革中能够逐步实施。

（一）改革国际储备货币

虽然美元的霸主地位在短期内难以撼动，但是各国已经开始考虑重构国际储备货币体系。在 2009 年 4 月召开的 20 国集团伦敦金融峰会期间，美元作为全球独大的储备货币地位受到质疑。中国人民银行行长周小川在会前正式提议，创造一种与主权国家脱钩、能保持币值长期稳定的国际储备货币，并特别强调应考虑充分发挥国际货币基金组织中特别提款权的作用。超主权储备货币不仅能克服主权信用货币的内在风险，也为调节全球流动性提供了可能。由一个全球性机构管理的国际储备货币将使全球流动性的创造和调控成为可能，当一国主权货币不再作为全球贸易的尺度和参照基准时，该国汇率政策对失衡的调节效果会大大增强。这些能极大地降低未来危机发生的风险，增强危机处理的能力。

（二）提高发展中国家地位

国际货币体系的改革包括各国在国际货币体系以及国际金融组织中合理地位的确立。随着广大发展中国家经济的崛起，它们对世界格局产生着越来越重要的影响。2008年11月9日，20国集团财长和央行行长会议通过声明，呼吁对国际金融体系的核心——国际货币基金组织和世界银行进行全面改革，发展中国家和新兴市场经济体一定要参与进来，获得更大的发言权，应该通过改革，促进发达国家同发展中国家之间的对话与合作，推动建立南北之间真正的平等、互利、共赢的新型伙伴关系。

（三）加强对国际货币体系运行的监管

由于新的技术突破需要时间，全球化格局的改善和国际货币体系的变革并非短时期能够改变，而且在当前全球金融危机的冲击下，世界经济仍需要若干年的调整期。所以，从中长期而言，各国应该加强国际合作，完善财经规则，遵守并接受监督，并在监管上协调与合作。所谓的国际监管并不是建立一个全球的监管当局，而是应该建立国际统一的原则和标准，特别应该注意对世界经济有重大影响国家的监督和对跨国金融机构的监督，加强国际监管的协调，共享监管信息，共同对可能产生系统性影响的不稳定因素跟踪预测，并加强风险处置工作的协调，尤其是应该加强对主要储备货币国的监督。

但是，解决上述问题存在着种种困难，再加上各种国际经济、政治领域中的冲突和矛盾，可以预见，今后的国际货币体系改革进程将是漫长、复杂、艰难和曲折的。

本章重要概念

国际货币体系　国际金本位　布雷顿森林体系　双挂钩　美元危机　黄金双价制　黄金总库　特里芬难题　牙买加体系　汇率目标区　史密森协议

本章复习思考题

1. 简述国际货币体系的主要内容及其作用。
2. 简述布雷顿森林体系的内容和特点。
3. 简述3次美元危机的过程和拯救措施。
4. 试分析布雷顿森林体系的内在缺陷。
5. 维持布雷顿森林体系运行的条件是什么？为什么说特里芬两难是布雷顿森林体系的致命缺陷？
6. 布雷顿森林体系崩溃的直接原因和根本原因分别是什么？
7. 牙买加体系的主要内容是什么？它有何特点？
8. 简述国际货币体系改革诸方案的主要内容。

第十一章 货币一体化理论及其实践

第一节 货币一体化与货币区

一、货币一体化的含义

20 世纪 50 年代末开始，随着世界经济一体化趋势的不断加强，出现了货币一体化。由于经济一体化可以分为全球经济一体化和区域经济一体化，与之相类似，货币一体化亦可分为全球货币一体化与区域货币一体化。前者只是远景，而后者已经在欧洲实现，在其他地区也初见端倪。区域货币一体化，是指一定地区内的有关国家和地区在货币金融领域中实行协调与合作，形成一个统一体，并最终实现一个统一的货币体系。

根据区域内各国货币合作的程度，可将区域货币一体化分为 3 个层次：一是区域货币合作，指有关国家在货币问题上实行的协商、协调乃至共同行动，它在合作形式、时间和内容等方面都有较大的选择余地。二是区域性货币联盟，这是区域货币合作形式的深入发展，是指通过法律文件或共同遵守的国际协议，就货币金融的某些重大问题进行的合作。三是通货区（货币区），指成员方货币之间的名义比价相互固定，具有一种占主导地位的货币作为各国货币汇率的共同基础，主导货币与成员方货币相互之间可以充分地自由兑换，存在一个协调和管理机构，货币区内各成员方的货币政策主权往往受到削弱。

区域性货币联盟是第二次世界大战后国际金融领域中出现的新现象，它和 20 世纪 30 年代的货币集团完全不同。20 世纪 30 年代的货币集团或货币区，是少数强国在国际领域内控制和压迫弱小国家、附属国和殖民地的重要手段，具有明显的排他性，而各个集团之间的激烈斗争往往造成国际金融领域的严重混乱和动荡，损害了世界经济和国际货币关系的发展。第二次世界大战后，由于生产和资本国际化，各国在世界经济中的相互依赖和相互合作日益加强，但彼此间的矛盾依然存在，需要协调和协作。但由于各国情况迥异，难以达成全球性国际协议，因而只能先从地区着手，由少数国家和地区建立一些共同的机构，采取一些共同的措施，以增进经济合作并达到互利互惠的目的。

二、 货币区的经济分析

(一) 货币区的主要特征

货币区作为区域货币一体化或区域性货币联盟的高级形式，主要具有以下特征：

(1) 汇率的统一。各成员方货币之间的名义比价相对固定，对内实行固定的汇率制度，对外则实行统一的汇率。

(2) 货币的统一。货币区发行单一的共同货币，这种共同货币在成员方之间的使用和兑换不受限制。

(3) 机构和货币政策的统一。货币区建立一个中央货币机构，由该机构保存各成员方的国际储备，发行共同货币，决定联盟的货币政策，以及对联盟的其他货币金融事务进行统一管理和协调等。

如果货币联盟只具备第一个特征，则只是一种松散的联盟，此时货币一体化尚处于较低级的阶段；如果具备后两个特征，则属于紧密型的货币联盟，即货币一体化已达到高级阶段，统一的货币体系基本实现。

(二) 建立货币区的影响

建立货币区，实现货币一体化具有许多好处，主要有以下几个方面的积极作用：

(1) 消除了汇率的不确定性和汇率投机对贸易和物价的影响，有利于商品流通和物价稳定，同时有利于各成员方节省干预外汇市场、进行套期保值以及兑换外汇的成本。

(2) 在货币区内，由于实行以主导货币为中心的货币自由兑换，从而提高了区内经济的开放性，有利于商品和生产要素的自由流动和有效配置，也有利于多边支付制度的建立。各国的市场连接成一个统一的大市场，生产者可以从生产的规模经济中受益。

(3) 由于有一个协调与管理机构，有利于区内成员方在货币问题上加强合作，融通资金，减少摩擦。

当然，建立货币区也是有成本的，其最大不足在于，各成员方不能根据本国实际制定和实施独立的经济稳定与增长政策。

第二节 最适度货币区理论

一、 最适度货币区理论的产生

最适度货币区理论是与货币一体化直接相关的一种理论，它最早产生于 20 世纪 60 年代初，西方经济学界关于固定汇率制和浮动汇率制的争论。其内容主要是结合某种经济特征来判断汇率制度之优劣，并说明在什么情形下实行固定汇率制与货币同盟或货币一体化是最佳的。最适度货币区理论最早由当时 IMF 特别研究处首席经济学家蒙代尔提出，后来罗纳德·麦金农等一批经济学家分别从不同角度进行了修正和补充。

二、 最适度货币区的判断标准

各种最适度货币区理论的区别主要在于确定最佳货币区的标准不同。可以说，不同的判断标准形成了不同的最适度货币区理论。

（一）生产要素的高度流动性

蒙代尔主张用生产要素的高度流动性作为确定最适度货币区的标准。

蒙代尔认为，需求转移是引起一国国际收支失衡的主要原因。假定有A，B两个区域，若原来对B区域产品的需求现在转向A区域产品，则B区域的失业增加；如果A区域正巧是A国，B区域正巧是B国，则B国货币汇率的下跌将有助于减缓B国的失业，A国货币汇率的上升有助于降低A国的通货膨胀压力。但是，如果A和B是同一国家内的两个区域，它们使用同一种货币，则汇率变动无法同时解决A区域的通货膨胀和B区域的失业。因此，蒙代尔认为浮动汇率只能解决两个不同货币区之间的需求转移问题，而不能解决同一货币区内不同地区之间的需求转移，这种不同地区之间的需求转移只能通过生产要素的流动来解决。这样，若要在几个国家之间维持固定汇率并保持物价稳定和充分就业，就必须要有一个调节需求转移的机制，而这个机制只能是生产要素的高度流动。

由此可见，蒙代尔所说的"区域"有其特定的含义。它是指这样一些地区：在这些地区内，生产要素具有流动性，而在这些地区之外生产要素则不具有流动性。在蒙代尔看来，生产要素具有高度流动性的若干地区（即区域），都应组成一个货币区，这种货币区即构成所谓"最适度货币区"。

不过，在现实生活中，要各国放弃货币主权，按区域来"重新组织"货币是很难的。因此，蒙代尔也承认，只有在出现根本性的政治变动之后，才会有实际的货币重新组织。最适度货币区理论也只有在西欧和前殖民地这样一些政治结构正处于不断变化中的地区，才有实际意义。按照蒙代尔的思想，一些像西欧一样经济一体化逐步发展，相互间要素流动性较高的地区，可以组成一个货币区，区内各成员方货币之间实行固定汇率或采用共同的货币，而对区外的其他货币则实行浮动汇率。这一思想对后来欧洲货币一体化的发展产生了积极而深刻的影响。

（二）经济高度开放

1963年，罗纳德·麦金农提出以经济的高度开放性作为最适度货币区的标准。

麦金农将社会总产品分为可贸易商品和不可贸易商品。他认为，经济开放性与可贸易商品在社会总产品中的比重成正相关，该比重越高，则经济越开放。麦金农指出，一个经济高度开放的小国采用浮动汇率的效能是低下的，其理由是：

（1）由于经济高度开放，市场汇率稍有波动，就会引起国内物价的剧烈波动。

（2）由于经济高度开放的小国缺乏"货币幻觉"，即在货币贬值以后，人们会明显地感觉到消费支出的增加和实际收入的减少，这样人们会要求相应地增加工资，而这就会引起生产成本的增加，抵消汇率变动对国际收支失衡的纠正作用。

（3）经济高度开放的小国，其消费对进口品依赖很大，因而需求弹性较低。这样，对纠正某一水平的对外失衡来说，所需的汇率变动幅度也就相对较大。所以，麦金农主张，一些相互间贸易关系密切的经济开放国家应组成一个相对封闭的共同货币区，在区内实行固定汇率，而对与其贸易往来关系不大的地区则实行浮动（弹性）汇率。

但是，麦金农理论存在明显的缺陷：

（1）以世界各国物价普遍稳定为前提来考察汇率变动后果缺乏现实依据。事实上，即使在物价相对稳定的情况下，发达国家也可以通过固定汇率向外传递通货膨胀和经济的不稳定性；若将此前提反过来，经济高度开放的国家正好应以浮动汇率隔绝未来的不稳定影响。

（2）他以经济开放的小国为对象，这在一个小国以某个大国为主要贸易伙伴并且其汇率钉住该大国货币，或者几个小国在贸易关系上结成货币同盟的前提下，该标准是有意义的；但若一个小国的贸易分散于几个大国并且这些大国的货币又彼此浮动，则该标准就失去了意义。

（3）该理论将重点放在贸易账户上，忽略了资本流动对汇率制度和国内经济的影响。

（三）低程度的产品多样性

1969年，彼得·凯南提出以低程度的产品多样化作为确定最适度货币区的标准。

与蒙代尔一样，凯南的建议也是以国际收支失衡的主要原因是宏观经济的需求波动这一假设为基础的。他认为，高程度生产多样化的国家，出口也是多样化的。在固定汇率下，某一种出口品在整个出口中所占比重不大，其国外需求的下降不会对国内就业产生太大影响；相反，对产品多样化程度越低的国家，由于出口产品的多样化程度也较低，若外国对其出口品需求下降，则必须对汇率进行较大幅度的变动，才能维持原有的就业水平。可见，出口产品的多样性使外部震荡对内部经济的影响在平均化作用下变小了，出口收益可以相当稳定。因此，产品多样化程度高的国家可以容忍固定汇率产生的后果，而产品多样化程度低的国家则不能，它们适宜采用汇率灵活安排的独立（最适度）货币区。

（四）国际金融高度一体化

针对以上标准存在的某些缺陷，詹姆斯·英格拉姆于1969年提出在决定货币区的最优规模时，有必要考察一国的金融特征，并于1973年提出以国际金融高度一体化作为确定最适度货币区标准的理论。

英格拉姆认为，区内各国国际收支的不平衡同资金的转移状况有关，尤其同缺乏长期证券的自由交易有关。如果国际金融市场一体化是不充分的，则外国居民会以买卖短期外国证券为主，因为买卖短期证券的外汇风险可以通过远期市场的抛补来避免，这样，各国长期利率的结构就会发生明显的差异。但是若国际金融市场高度一体化，尤其是长期资本市场高度一体化，只要国际收支失衡导致利率发生小幅度变动，就会引起均衡性资本的大规模流动，从而可以避免汇率的波动。

该标准只强调资本要素的流动，而资本要素的流动不一定能成为国际收支的一种有效调节机制，并且它忽视了经常账户。同蒙代尔一样，英格拉姆是从固定汇率的维护机制的角度来分析最适货币区标准的，但其局限性在于将资金融通看做平衡国际收支的唯一方法。

（五）政策一体化

1970年，爱德华·托尔和托导斯·威莱特提出应以政策一体化作为确定最适度货币区的标准。按照他们的观点，一个具有不太完善的内部调节机制的货币区能否成功，关键在于其成员方对通货膨胀和失业增长的看法以及对这两个指标之间交替能力的认识是否具有合理的一致性。换言之，不能容忍失业的国家与不能容忍通货膨胀的国家在政策取向上难以保持一致。

该理论是以政策合作作为国际收支平衡机制的，它要求建立一个超国家的、统一的中央银行制度和财政制度，这显然缺乏现实可操作性。同时，政策一体化标准的确切含义亦尚不明晰。

（六）通货膨胀率的相似性

1970 年和 1971 年，G. 哈伯勒和 J. M. 弗莱明提出以通货膨胀率的相似性作为确定最适度货币区的标准。他们认为，国际收支失衡最可能是由于各国发展结构不同、工会力量不同和货币政策不同所引起的通货膨胀的离散趋势，它除了会造成国际收支基本账户的失衡外，还会引起短期资本的投机性转移，亦即通货膨胀率差异是国际收支失衡和汇率波动的主要原因。因此，如果区内各国的通货膨胀率趋于一致，就可以避免汇率的波动。

该理论将通货膨胀视为国际收支失衡最经常、最主要的原因并不完全符合现实。事实上，一国国际收支逆差是多种因素共同作用的结果，例如，滥用国际货币发行权、各国经济结构差异国际交换关系不平等、劳动生产率差异、利率差异和通货膨胀率差异等等。比较而言，这几项因素往往更为重要、更为基本。

第三节　最适度货币区理论的实践

一、欧洲货币一体化的进程

欧洲货币一体化被公认为是自布雷顿森林体系崩溃以来国际货币金融制度方面最有意义的事件，也是迄今为止最适度货币区理论最为成功的实践，它为未来国际货币金融制改革和国际政策的协调树立了可以借鉴的范例。欧洲货币一体化的进程大致可分为以下 4 个发展阶段。

（一）第一阶段（1950—1971 年）：跛行货币区

欧洲货币一体化的起源可以追溯到 20 世纪 50 年代。1950 年，西欧成立欧洲支付同盟①(EPU)，旨在促进欧洲大陆贸易发展以及提供能够替代黄金和美元的储备资产，实现货币的多边可兑换性等。欧洲支付同盟的成立是第二次世界大战后西欧各国首次以合作和协调一致方式来解决问题的尝试，成为欧洲货币合作与一体化发展的源头，它的建立极大地鼓舞了西欧各国加强联合、加深并拓展西欧一体化的热情，也为后期欧洲货币合作的进一步深化奠定了基础。1957 年，参与煤钢联盟的 6 国②签署《罗马条约》，成立了欧洲经济共同体（EEC）。欧共体的成立使得共同体内部贸易和投资壁垒逐渐减少，要素自由流动的障碍基本上被消除，这为货币合作的进一步发展奠定了基础。1958 年，欧洲经济共同体各国签署欧洲货币协定，促进了西欧各国货币的自由兑换，但由于尚不涉及各国汇率安排和储备资产形式的确定，因而被称为跛行货币区。跛行货币区是欧洲货

---

① 欧洲支付联盟的成员方包括奥地利、比利时、卢森堡、丹麦、法国、原联邦德国、希腊、冰岛、爱尔兰、意大利、荷兰、挪威、葡萄牙、瑞典、瑞士、土耳其、英国。

② 参与煤钢联盟的 6 国包括法国、意大利、荷兰、比利时、卢森堡和原联邦德国。

币一体化进程的开端。

跛行货币区分为3个部分：英镑区、黄金集团和法郎区。英镑区是较正式的货币区，区内各成员方的储备资产主要是英镑，各国货币也钉住英镑，但由于英镑本身是钉住美元的，因而它仍是一个跛行的货币区。黄金集团是由西欧各国组成的一个非正式的货币区，区内各成员方的主要储备资产是黄金，但由于各国货币还与美元保持着固定比价，因而它也是跛行的货币区。1968年，黄金集团解体。

跛行货币区虽然开创了货币一体化的尝试，但是由于内部缺乏支持其稳定存在的基础，因而在货币一体化进程中的作用相对次要。尽管在1960年3月22日的海牙会议上首次提出了建立欧洲货币联盟的概念，巴尔报告也强调各国应采取更有效的措施，并设想建立使逆差国从其他成员方自动获得信贷资助的体系，但欧洲货币一体化并未取得实质性进展。

（二）第二阶段（1972—1978年）：联合浮动

进入20世纪70年代以后，布雷顿森林体系瓦解已成定局，欧共体有关国家为了减少国际货币金融的混乱对区内经济的不利影响，也为了实现经济一体化的整体目标，于1969年提出了建立欧洲货币联盟（简称EMU）的建议。1970年10月，以卢森堡首相兼财政大臣魏尔纳为首的专门委员会提交了一份《关于在共同体内分阶段实现经济和货币联盟的报告》，简称“魏尔纳报告”，该报告在1971年2月9日召开的欧共体部长会议获得通过。魏尔纳报告为欧洲经济与货币联盟的实现进行了详细规划，其具体内容如表11-1所示。

表11-1　魏尔纳报告提出的欧洲货币联盟计划

阶段	时间	主要目标
第一阶段	1971年初至1973年底	缩小成员方货币汇率的波动幅度，着手建立货币储备基金，以支撑汇率的稳定，加强货币与经济政策的协调，减少成员方经济结构的差异
第二阶段	1974年初至1976年底	集中成员方的部分外汇储备以巩固货币储备基金，进一步稳定各国货币之间的汇率，并使共同体内部的资本流动逐步自由化
第三阶段	1977年初至1980年底	使共同体成为一个商品、资本、劳动力自由流动的经济统一体，固定汇率制向统一的货币发展，货币储备基金向统一的中央银行发展

尽管后来因世界经济的动荡不安，该计划被迫拖延下来，但该计划的第一阶段中建立的联合浮动制、欧洲货币合作基金、欧洲计算单位等成为未来欧洲货币体系的基础，是货币一体化进行的一次有益尝试。1972年4月24日，共同体6国为了对付美元实行了联合浮动，成员方之间的货币汇率波动幅度由±2.25%缩小到±1.125%，同时建立货币合作基金和欧洲计算单位。1973年，布雷顿森林体系解体后，西欧各国货币与美元脱钩，IMF规定的±2.25%的幅度被相应取消，但共同体成员方货币的联合浮动依然存在，只是过去对美元的中心汇率被对马克及以后的欧洲货币单位的平价所取代，这有利于促进区内商品和资本的流动。

（三）第三阶段（1979—1998年）：欧洲货币体系

联合浮动容易受美元汇率波动的冲击，为制止汇率的剧烈波动，促进欧共体成员方经济的发展，欧共体各国在1978年12月召开的布鲁塞尔会议上就法国总统德斯坦的新建议达成一致，决定于1979年1月1日建立欧洲货币体系（简称EMS）。后因当时西德与法国在农产品贸易补偿制度上发生争执，该体系延迟至1979年3月正式建立。有关欧洲货币体系的基本内容后面将作详细介绍。

（四）第四阶段（1999年—　）：欧洲单一货币——欧元

20世纪80年代下半叶开始，欧洲经济一体化进程明显加快。1985年12月，欧洲理事会卢森堡会议拟定的《单一欧洲法案》规定：于1992年实现的共同体统一大市场是一个没有内部边界的地区，在该地区内实行商品、人员、劳务和资本的自由流动。这样，进一步加强欧洲货币体系便成为形成统一的内部市场和实现资本自由化的必要条件，所以卢森堡会议也将欧洲货币体系确定为深化货币合作的出发点。1988年6月，欧洲理事会汉诺威会议委托J. 德洛尔为首的欧洲委员会制定欧洲单一货币一体化的具体步骤。次年6月，该委员会向欧洲理事会马德里会议提交了《欧洲共同体经济和货币联盟的报告》，并获批准。

"德洛尔报告"继承了"魏尔纳报告"的基本框架，指出货币联盟是一个货币区，区内政策要受到共同的管理，以实现共同的宏观经济目标。报告提出了建立货币联盟必须具备的3个条件：

（1）保证货币完全和不可取消的自由兑换。

（2）充分自由的资本交易，银行和其他金融市场的完全一体化。

（3）取消汇率的波动幅度，实行不可改变的固定汇率平价。

报告虽未说明在联盟内部必定要有单一的货币，但将单一货币看成是货币联盟的一个自然和理想的进一步发展。报告明确地提出了建立一个欧洲中央银行体系（简称ESCB）的设想。

报告提出了分阶段实现经济和货币联盟的计划：第一阶段，最迟于1990年7月1日起，在共同体现行体制的框架内加强货币政策的合作协调，进一步深化金融一体化，使成员方货币全部加入欧洲货币体系，消除对私人使用欧洲货币单位的限制，扩大成员方中央银行行长委员会的权力和权限。第二阶段，建立欧洲中央银行体系，由其接管原先存在的体制性货币安排，随着经验的取得，逐步扩展中央银行体系在制订和管理货币方面的职能，不能排除汇率调整手段，但只有在特殊情况下才能使用。第三阶段，实施不可改变的固定汇率，完成向单一货币政策的转变，中央银行体系将承担其全部职责，发行统一的共同货币，集中并管理官方储备，对外汇市场进行干预，为过渡到单一货币做制度和技术准备。

为了进一步加强各国经济的一体化，欧共体首脑们于1991年12月在荷兰小镇马斯特里赫特召开会议，正式修订作为欧共体成立基础的《罗马条约》，并在"德洛尔报告"的基础上签署了《欧洲联盟条约》（又叫《马斯特里赫特条约》，简称"马约"）。该条约勾画出了未来欧共体的宏伟蓝图和战略目标，标志着欧洲货币一体化进入一个崭新的发展阶段。

二、欧洲货币体系

（一）欧洲货币体系的主要内容

欧洲货币体系（EMS）主要由以下3个部分组成。

1. 创设欧洲货币单位(ECU)

欧洲货币单位是一个“混合货币篮子”,由欧共体12个成员方中的11种货币组成。每种货币在ECU中所占比重(权数)是根据各国在欧共体内部贸易额和国民生产总值所占份额加权后确定的(见表11-2),西德马克、法国法郎和英镑是最为重要的3种货币,其中又以马克所占权重最大,因而马克汇率的变化对ECU的升降具有决定性影响。“货币篮子”的权数构成每5年调整一次,但若其中任何一种货币比重的变化超过25%时,则可随时调整权数。

表11-2 欧洲货币单位(ECU)的定值(1992年)

货币名称	ECU中每种货币的数量	与西德马克的交叉汇率	ECU的西德马克成本	权数
比/卢法郎	3.431	0.049	0.168	8.11
法国法郎	1.332	0.296	0.394	19.24
意大利里拉	151.8	0.001 2	0.182	10.05
荷兰盾	0.219 8	0.895	0.197	9.49
西德马克	0.624 2	1.000	0.624	30.33
丹麦克朗	0.197 6	0.262	0.052	2.52
爱尔兰镑	0.008 6	2.652	0.023	1.11
西班牙比塞塔	6.885	0.014	0.096	5.42
希腊德拉克马	1.44	0.008	0.012	0.72
英镑	0.087 8	2.442	0.214	12.25
埃斯库多	1.047 4	0.11	0.012	0.77
总计			1.974	100.00

资料来源:王聪:《国际金融通论》,暨南大学出版社,1997年,第415页。

欧洲货币单位的创设与发行,是通过一种特殊的程序进行的。在欧洲货币体系创设之初,各成员方向欧洲货币合作基金提供20%的黄金储备和20%的美元储备,然后由该基金以互换形式向各成员方发行相应数额的货币单位,其中,黄金储备按6个月前的平均市场价格或按前一个营业日两笔定价的平均价格计算。欧洲货币体系成立之初,共创设230亿ECU,1979年7月增加到270亿ECU。

欧洲货币单位是欧洲货币体系的核心,其作用是:

(1)确定各成员方货币中心汇率的标准。成员方在确定货币汇率时,以ECU为依据,使其货币与之保持固定比价,然后再由中心汇率套算出同其他成员方货币的比价。

(2)作为衡量成员方货币汇率偏离中心汇率的参考指标。

(3)作为各成员方中央银行之间的清算手段与外汇市场的干预手段。

2. 确定稳定汇率机制

布雷顿森林体系解体以后,欧洲形成了一种对内实行固定汇率与对外实行浮动汇率相结合的汇率体系。欧洲货币体系的目标是实现西欧各国货币的一体化,其重点落在稳定汇率的机制上。欧洲汇率稳定机制包括平价网体系和干预机制等。

（1）平价网体系。欧洲货币体系内各成员方都确定本国货币同ECU的固定比价，即中心汇率，以此为基础确定两国货币的双边中心汇率，形成一个网状的平价体系（亦称平价网体系）。各国货币对ECU的中心汇率是根据各种货币在1979年3月12日的市场汇率计算出来的（见表11-3）。双边中心汇率则是根据各国货币对ECU的中心汇率来确定的。比如，西德马克对法国法郎的双边中心汇率为1马克＝2.31法郎，是由5.798除以2.511得到的。

根据规定，两种货币之间的市场汇率都有波动幅度的限制，多数货币的波动幅度不得超出双边中心汇率±2.25%。由于意大利经济困难，里拉同其他成员方货币的汇率波动幅度放宽至±6%。例如，西德马克对法国法郎的中心汇率为2.31，其波幅的上、下限分别为2.362和2.258（即2.31±2.31×0.0225）。

（2）干预机制。通过各国货币当局在外汇市场上的强制性干预，使各国货币汇率的波动限制在允许的幅度范围以内，实现汇率机制的稳定。欧洲货币体系干预汇率的方式主要有边际干预和边际内干预两种。

欧洲汇率机制根据各国货币对ECU的中心汇率，规定差异界限，这种差异界限是依据75%×（±2.25%（或±6%））×（1－W_i）而得出来的（见表11-3），其中W_i为某国货币在ECU中所占的比重。显然，这种差异界限小于两国货币中心汇率允许的波动幅度±2.25%或±6%，而且在ECU中所占比重越大的货币，其差异界限越小。差异界限起到了一定的预警作用，如果某一成员方货币在市场上的汇率波动达到或接近±2.25%（±6%）时，相关国家的中央银行就要出面进行市场干预，这种干预是强制性的，称为边际干预，参加汇率机制的成员方都必须按规定执行。同时各成员方中央银行也可以在某成员方货币汇率波动尚未达到规定限度时，采取适当措施进行干预，称为边际内干预。由于在平价网体系中，任何一种货币汇率的波动都会影响到所有成员方货币的汇率，因此，欧共体根据各国具体情况制定出边际内干预的差异界限，及时对各成员方中央银行提出干预预警，这对于减少汇率波动和推动货币一体化都有重要意义。但是，边际内干预只是预防性的，对成员方没有强制性约束力。当成员方货币汇率偏离界限而又无法通过外汇市场干预和其他相关政策加以纠正时，就必须对整个平价网体系做出调整。

表11-3 各成员方货币中心汇率及各国货币与ECU的差异界限

货币名称	各种货币对比ECU的中心汇率	各种货币对ECU的差异界限(%)
西德马克	2.511	±1.133
法国法郎	5.798	±1.350
荷兰盾	2.721	±1.508
比利时法郎	39.458	±1.530
意大利里拉	1 148.150	±4.073
丹麦克明	7.086	±1.635
爱尔兰镑	0.663	±1.665

资料来源：同表11-2。

必须指出的是，并非所有欧共体成员都参加了稳定汇率机制，欧洲货币体系成立之初，除英国以外的欧共体8国都参加了该汇率机制，英国直到1990年10月加入，后又于

1992年9月与意大利一同退出；西班牙和葡萄牙于1986年加入欧共体，之后分别于1989年6月和1992年4月加入该汇率机制。

3. 建立欧洲货币基金

为了保证欧洲货币体系的正常运转，确保各国货币汇率的稳定，欧共体于1973年4月设立了欧洲货币合作基金（EMCF），集中成员方各20%的黄金储备和美元储备，作为发行欧洲货币单位的准备金。由于各国储备的变动以及黄金、美元的价格波动，该基金每隔3个月重新确定一次。该基金的主要作用是向成员方提供相应的贷款，帮助它们进行国际收支调节和外汇市场干预，保证欧洲汇率机制的稳定。基金给成员方提供的贷款种类因期限而有所不同，期限最短的45天以下贷款只提供给稳定汇率机制参加国；9个月以下短期贷款用于帮助成员方克服短期国际收支失衡问题；中期贷款的期限为2～5年，用于帮助成员方解决结构性国际收支问题。

（二）欧洲货币体系的性质比较

欧洲货币体系的建立，标志着在欧洲共同体范围内，固定汇率论者在固定汇率与浮动汇率的争论中得到了广泛的支持。10多年的实践表明，欧洲货币体系代表了未来国际货币体系改革的方向，作为区域化货币联盟的有益尝试，与其他国际货币体系相比既有共性，更有差异。

1. 与布雷顿森林体系的区别

从形式上讲，两者具有许多共同之处，但实质不同。比如，两者都是可调整的固定汇率制，但是欧洲货币体系以欧洲货币单位为核心，规定了两种中心汇率，两种波动幅度，以确保欧洲大陆多数国家的协调，并使成员方免受或少受汇率变动频繁的影响，从而可以增加开发一个大的内部市场特别是工业品市场而取得的利益。EMS成为有效协调各国宏观经济政策机制的成功范例。因此，EMS的设计比布雷顿森林体系更为细致与严密，在区域货币合作方面的作用也比布雷顿森林体系大。此外，在布雷顿森林体系下，中心汇率的调整可由成员方单方面决定，而在EMS下，双边中心汇率的调整需由集体协商决定。

2. 与“蛇形浮动”的区别

EMS形似1973年4月欧共体内部的“蛇形浮动”，但实质是不同的，主要表现在：

（1）以前的欧洲记账单位是以黄金定值的，而ECU则是一篮子货币。

（2）将ECU作为EMS的核心，意味着一种货币汇率的变化将引起其他成员方的汇率以及该货币与一篮子中心汇率的变化，而欧洲记账单位则不同。

（3）差异界限起到了预警作用，而“蛇形浮动”则缺乏这样的机制。

3. 与特别提款权的区别

欧洲货币单位形似特别提款权，但是实质也是不同的。

（1）组成ECU的各种货币通过汇率机制紧紧地结合了起来，而特别提款权只是几种货币的松散联系。

（2）ECU的运用范围比特别提款权广泛得多。

三、欧洲单一货币

（一）欧洲货币联盟的发展历程

1991年12月，欧共体首脑会议通过的“马斯特里赫特条约”是欧洲货币经济一体化的新里程碑。“马约”关于货币联盟的最终要求是在欧共体建立一个负责制定和执行欧共体货币政策的欧洲中央银行并发行统一的欧洲货币。为实现上述目标，“马约”要求分3步走：第一阶段，从1990年7月1日至1993年底，主要任务是：实现所有成员方加入欧洲货币体系的汇率机制；实现资本的自由流动，协调各成员方的经济政策；建立相应的监督机制。第二阶段，从1994年1月1日至1997年，主要任务是：进一步实现各国宏观经济政策的协调；建立独立的欧洲货币管理体系——欧洲货币局(EMI)，作为欧洲中央银行的前身；各国货币汇率的波动要在原有基础上进一步缩小并趋于固定。第三阶段，从1997年至1999年1月1日，目标是最终发行统一的欧洲货币和建立独立的欧洲中央银行。前两个阶段属于过渡阶段，目的在于促进成员方之间经济、货币与财政政策的合作、协调与趋同，最后一个阶段才真正标志着货币同盟的开始。

到1996年，由欧共体理事会对各国的经济状况按加入第三阶段的条件进行一次评估，如果至少有7个国家(不包括英国)达标，并且当时欧共体的情况允许，则这些达标国家将首先进入第三阶段，其余国家则等以后条件成熟再进入。如果到1996年12月31日，达标国家仍少于7个，或者欧共体理事会认为1997年实施第三阶段不适宜，则改为1999年1月1日起让已达标的国家先进入第三阶段，其余国家待条件成熟后再进入。为此，“马约”提出了进入第三阶段的条件(即成员方的趋同标准)：

(1) 通货膨胀率不能高于欧共体3个通货膨胀率最低国家平均水平的1.5%；

(2) 政府长期债券利率不能高于欧共体3个通货膨胀率最低国家平均水平的2%；

(3) 财政赤字占国内生产总值的比重不能超过3%；

(4) 公共债务累计额必须低于国内生产总值的60%；

(5) 货币汇率必须维持在欧洲货币体系规定的幅度内，并且至少2年未发生贬值。

(6) 成员方中央银行的法规法则必须同“马约”规定的欧洲中央银行的法规法则相兼容。

(二) 各成员方满足“马约”趋同标准的进展

要实现“马约”所规定的货币一体化，关键是欧盟各国要达到上述6项条件，而其中可以量化的是前4项指标。由表11-4可知，对照“马约”的标准，到1990年，达标的国家有丹麦、德国、法国、卢森堡；基本达标的有爱尔兰和英国；满足2个标准的为比利时和荷兰；西班牙只满足1个条件；希腊、意大利和葡萄牙3国4个条件均未满足。因此，当时有人认为欧洲货币一体化难以在1990年进入第三阶段，以后的实践证明这种判断是正确的。

“马约”之所以规定以渐进方式和“动态解释”方案①来达成货币一体化，主要是为了让所有有关国家都有时间使其经济向“马约”的目标靠近。为达此目标，欧盟各国政府近年来不断调整各自的经济政策，努力压缩公共开支、减少财政赤字，从而为1999年第三阶段的顺利实施奠定了基础(见表11-5)。

---

① 在1996年欧共体首脑会议评估各国是否达标时，以动态趋势取代静态水平来评估各国是否有条件进入第三阶段。所谓动态趋势，是指多年来各项指标的变化趋势是否一直朝着“马约”规定的绝对标准迈进，若是就有资格进入第三阶段。

表 11-4　1990 年欧共体成员方趋同指标的满足情况　　%

国家	通货膨胀率	政府长期债券利率	财政赤字占国内生产总值的比重	公共债务占国内生产总值的比重
比利时	3.4	10.1	5.5(2.5)	130.7(70.2)
丹麦	2.6	11.0	1.6	58.9
德国	2.7	8.9	2.5	41.2
希腊	20.4(16.3)	—	20.2(17.2)	81.6(21.6)
西班牙	6.7(2.6)	14.7(3.1)	4.0(1.0)	44.1
法国	3.4	9.9	1.7	46.5
爱尔兰	3.3	10.1	2.3	115.2(55.2)
意大利	6.5(2.4)	13.4(1.8)	10.7(7.7)	101.1(41.1)
卢森堡	3.7	8.6	3.3	7.8
荷兰	2.4	9.0	5.3(2.3)	79.3(19.3)
葡萄牙	13.4(9.3)	16.8(5.2)	6.0(3.0)	67.8(7.8)
英国	9.5(5.4)	11.1	0.7	35.8
3 个最低国平均	2.6	9.6	—	—
“马约”的要求	4.1	11.6	3.0	60.0

注：括号内数字表示差异。

资料来源：姜波克:《国际金融学》,高等教育出版社,1999 年,第 375 页。

表 11-5　1995 年、1996 年和 1997 年欧洲联盟成员方的趋同指标满足情况　　%

国家	通货膨胀率		政府长期债券利率		财政赤字占国内生产总值的比重			公共债务占国内生产总值的比重		
	1995	1996	1997	1997.3	1995	1996	1997	1995	1996	1997
比利时	1.5	2.1	2.0	5.9	−3.4	−3.4	−2.9	133.5	130.0	127.1
丹麦	2.1	2.1	2.5	6.5	−1.9	−1.6	−0.1	72.2	69.9	67.3
德国	1.8	1.5	1.8	5.8	−3.5	−3.8	−3.3	58.1	60.3	61.5
希腊	9.3	8.5	6.9	10.3	−9.2	−6.6	−5.1	111.8	110.7	107.7
西班牙	4.7	3.5	2.5	7.1	−6.6	−4.4	−3.2	65.3	69.5	69.0
法国	1.8	2.0	1.6	5.7	−5.0	−4.1	−3.3	52.9	56.3	57.8
爱尔兰	2.5	1.6	2.2	6.3	−2.4	−1.0	−1.6	84.8	76.4	72.3
意大利	5.4	3.9	2.4	7.6	−7.1	−6.8	−3.3	124.9	123.0	121.5
卢森堡	1.9	1.8	2.0	6.1	0.4	−0.1	−0.1	5.4	5.9	5.7
荷兰	2.0	2.1	2.7	5.7	−4.0	−2.3	−2.2	79.7	78.8	76.1
葡萄牙	4.1	3.1	2.5	6.9	4.9	−4.0	−2.9	71.7	70.8	69.2
英国	2.8	2.9	2.6	7.5	−5.6	−4.4	−3.1	47.3	49.3	49.4

资料来源：同表 11-4。

(三) 欧洲单一货币的制度准备

“马约”在各成员方获得通过后,欧洲联盟(以下简称“欧盟”)在制度方面为欧洲货币一体化的实施做了大量准备。

1993 年 1 月 1 日,欧盟实现了包括资本项目在内的四大要素(商品、劳务、服务、资本)的自由流动,建立了欧盟内部的统一大市场,并宣告其单一银行业市场的成立。设立该市场的目的在于减少各国政府对银行业市场的管制,形成统一的欧盟银行体系,保证自由竞争,提高市场效率,为1999年1月1日启动单一货币,建立货币联盟铺平道路。

1994年1月1日,欧盟在法兰克福成立了未来欧洲中央银行前身的欧洲货币局(EMI),从事欧洲中央银行的各项技术准备工作。该机构在规定时间内完成了欧洲中央银行政策运作框架的设计工作,并于1997年1月和9月就欧洲中央银行可能采用的货币政策目标、工具、程序和技术手段等发表了两份报告。该框架设计主要以德意志联邦银行的运作模式为蓝本,在制度架构上分为欧洲中央银行(European Central Bank,ECB)本身和由欧洲中央银行及所有参加欧元成员方中央银行(National Central Banks,NCBs)组成的欧洲中央银行体系(European System of Central Banks,ESCB)两个层次。欧洲中央银行的决策机构是理事会,负责制定重大货币政策,日常管理职能则由执行委员会行使。欧洲中央银行不为成员方政府的财政赤字提供融资,这确立了它的独立地位。其主要目标是保持物价的稳定,在此前提下也为各国促进就业和经济增长提供支持。货币政策工具包括公开市场操作、存贷款便利和最低存款准备金要求。

1997年6月,在阿姆斯特丹举行的欧盟首脑会议上,批准了《稳定与增长公约》《欧元的法律地位》和《新的货币汇率机制》等3个文件,为欧元在1999年1月1日如期启动完成了技术准备和法律保障。

(四)欧元的启动

1998年3月,欧洲货币局就欧盟各国完成趋同标准情况发表报告,报告认为,自1996年评估以来,多数国家在完成达标任务方面成绩显著。到1998年1月,除希腊外所有成员方的通货膨胀率都低于2%;平均长期利率降到较低水平;财政赤字占GNP的比重已降到2.4%,有的成员方预算赤字实际上已经消失;汇率继续保持稳定;但公共债务占GDP之比仍然偏高。与此同时,欧盟委员会发表了各国经济趋同情况评估报告以及首批流通欧洲统一货币——欧元的入选国家名单。欧盟委员会确定了11个有资格首批流通欧元的国家,它们是法国、德国、意大利、西班牙、比利时、荷兰、卢森堡、葡萄牙、奥地利、芬兰和爱尔兰。其余4个成员方中,希腊因未达标而未能入选,英国、丹麦和瑞典三国虽然已经达标,但是出于本国政治考虑,均表示不想成为首批流通欧元的国家。1998年5月2日,欧盟特别首脑会议批准了欧盟委员会的这一报告和名单,在提交欧盟各成员方政府讨论通过后,欧元发行的法律程序即告完成。同时,荷兰人杜伊森贝赫当选为欧洲中央银行首任行长。

按照欧盟制定的单一货币实施时间表(见表11-6),1999年1月1日正式启动欧洲货币一体化的第三阶段,发行统一的欧洲货币——欧元,作为11个参加国的非现金交易“货币”,以支票、信用卡、股票、债券等形式流通。从2002年1月起,11国将总额为700亿欧元的现金投入流通,7月1日以后,欧元各参加国货币终止流通,由欧元完全取代。

表 11-6 欧元实施时间表

时间	实施内容
1998 年 5 月	决定参加国
1999 年 1 月 1 日	欧元正式启动
2002 年 1 月 1 日	欧元现金进入流通
2002 年 7 月 1 日	各参加国货币完全退出流通

四、欧洲货币一体化的意义

欧元的运行、欧洲货币一体化的实施与完成，是最适度货币区理论在国际金融领域的重大创新实践，是国际货币合作的经典范例，在国际货币金融史上具有里程碑意义，它不仅对欧盟内部各成员方的经济活动，而且对国际货币体系、国际货币合作都将产生重大而深远的影响。

（一）欧元为货币制度创新提供了积极的借鉴意义

货币发展历史表明，货币制度是一种以国家强制力为后盾的契约安排。任何一种形式的货币制度，都与它所依附的国家政权相联系，都被深深打上了“国家”的印记。欧元是超越欧洲各国传统边界的货币，它突破了“一个国家一种货币”的传统主权观念，真正从货币的价值尺度、流通手段等职能出发，构筑了“一个市场一种货币”的新理念。欧元启动的货币制度创新意义主要表现在两方面：① 欧元制度是一种不与国家政权相联系的创新的货币制度。作为超国家组织的产物，欧元是在国家主权分立情况下实现的货币整合。用传统金融学的货币制度理论无法解释欧元的生成机制，但其为紧密的地缘政治、经济文化的国家之间开展货币合作提供了全新的思路。② 欧元是与经济、金融全球化趋势相一致的一种创新的货币形式。在现代信用货币制度的大前提下，以欧元这种统一货币取代欧元区的货币分割，是欧洲国家主动适应经济、金融全球化要求的理智抉择，对其他地区各国乃至全球各国之间推进以货币融合为核心的经济联盟具有重要的借鉴意义。

（二）欧元区的建立有利于国际货币体系的稳定

欧元区的建立，有利于国际货币体系的稳定主要表现在以下几个方面：① 欧洲金融市场的巨大规模以及它吸收外部冲击的广阔空间，决定了欧元从长远来看将是稳定的货币。② 欧洲货币联盟将在世界经济范围内产生一个货币稳定区，因为单一货币的形成将消除参加欧元区的各国货币之间的汇率波动，欧元将由严格的经济管理政策（由独立的中央银行实行以价格稳定为主的货币政策和各成员方严格的预算政策）来支撑。③ 欧元的产生还会提高国际货币体系的均衡性，并由此打开一条更广阔的国际合作通道。布雷顿森林体系崩溃以来，国际储备货币的多元化摆脱了基准通货国家与依附国家相互牵连的弊端，在很大程度上克服了“特里芬”难题，但其他国际储备货币，如当时的马克和日元在短期内还难以与美元抗衡，这也是不争的事实。欧元的出现所形成的欧元与美元相抗衡的国际储备资产格局，将使这种多元化更加稳固。

（三）欧元区的建立对于国际货币合作有着更深层的意义

作为欧洲内部货币合作的产物，欧元的成功极大地鼓舞了人们进行国际货币合作的信心。从创设欧洲计算单位、欧洲货币单位，到最终推出欧元，欧洲货币一体化走过了40余年的历程。欧盟的实践对国际货币体系改革提供的宝贵经验是：货币一体化将是一个长期的、渐进的过程，不可能一蹴而就。可行的步骤是立足于本地区政治经济发展的现实，遵循先易后难、先松散后紧密的原则，制定阶段性目标，然后在实践中逐步推进。从法律角度来看，欧盟有关单一货币的法规也将为未来的国际法律制度建设提供有益的借鉴。如果说布雷顿森林协定开了以国际法的形式来调整国际货币制度之先河，《欧元的法律地位》等文件则是一个以多边条约来规定区域货币关系，保证区域内单一货币稳步推进的极有价值的探索。特别是那些要求成员方将货币主权逐步让渡给欧洲中央银行的细致安排，将对未来的区域性或全球性货币法律制度的建设起到积极的示范作用。

（四）欧元区的建立对经济全球化的进程产生了重要影响

欧元的产生是人类朝着全球货币一体化方向迈出的重要一步，它必将在推动国际贸易、国际资本流动蓬勃发展的同时，对经济全球化的进程产生重大影响。欧洲单一货币的诞生，昭示着世界货币统一的未来。与世界经济一体化趋势相适应，世界货币统一的趋势也是存在的。欧元的经验给世界的启示是：未来世界货币一体化的实现过程，可能是通过若干区域货币统一的途径来实现的。

第四节　东亚货币合作的构想及实践

欧洲货币合作的成功经验极大地鼓舞了世界其他区域的货币合作热情。与此同时，在当今世界经济全球化、一体化迅猛发展的情况下，各国也充分意识到彼此加强合作与协调的重要性。1999年，美国麻省理工学院鲁迪·登布森教授指出，20年之后，全世界将只剩下为数不多的几种货币：南北美洲美元将是通用货币；在亚洲，人民币将有可能占据主导地位，而在其他地区，欧元将成为主要货币。蒙代尔也曾预言未来的国际货币体系将形成欧元区、美元区和亚元区三足鼎立的局面。亚洲金融危机爆发后，东亚各国对区域货币合作的呼声日益高涨，欧元的启动为东亚国家树立了货币合作的典范。

一、东亚货币合作的背景

20世纪70年代实行浮动汇率制后，汇率的频繁波动使人们对稳定的汇率制度产生迫切的要求，区域货币合作成为世界各区域谋求汇率稳定的重要手段。亚洲金融危机的爆发使东亚各国认识到区域货币合作的重要性，而欧元的成功启动引发了东亚各国对共同货币的兴趣。金融危机的爆发以及东亚目前存在的区域经济合作组织的软弱无力也迫切要求东亚加强区域货币合作，建立区域币合作组织。

（一）浮动汇率制下区域货币合作成为确保区域金融安全的重要手段

东亚地区各国的经济基本上属于小国开放经济，外贸依存度大，对国际市场反应敏感，而且是新兴资本市场和离岸金融中心集聚之地。相对于大国来说，小国开放经济更无法忍受汇率的频繁波动，更迫切要求实行较为稳定的汇率制度。

东南亚金融危机也促使东亚各国对汇率制度问题进行反思。由于东亚各国对外开放度较高，实行浮动汇率制对各国经济的影响很大，因此人们开始关注各种固定汇率制度的形式，如货币区(局)、采用其他国家的货币作为本国货币、共同货币安排等。

(二) 欧元的启动是东亚货币合作的重要外部推动力

欧元成功发行并已经顺利运转多年，其表现已获得广泛肯定，其经验和成就对其他地区是巨大的压力和鞭策。纵观当今世界，各地区都在进行类似的区域货币合作，而东亚地区的货币合作是目前世界上相对落后的。这种落后局面如不尽快改变，就很容易在整个世界的国际货币关系中丧失地缘战略优势，成为美元和欧元的争夺场所。尽管东亚各国的经济发展速度较快，但如果货币合作一直停滞不前，必将破坏东亚持续发展的动力，因此，东亚各国必须致力于推动货币一体化的发展，吸取欧元成功的经验，推动区域内经济的持续发展。

(三) 区域货币合作是防范金融危机的有效途径

当代金融危机往往表现为一种区域性现象，这意味着，金融危机的防范和化解主要是一种地区性的公共产品，除了依靠国际组织的援助之外，区域性国际组织和制度可能更为有效。亚洲金融危机给东亚各国带来了深刻启示：由于东亚各国经济规模相对狭小和金融结构的脆弱性，使其不足以完全抵御外部金融风暴的冲击，因此东亚各国除了对国内经济与金融制度加以改革之外，还应该建立某种跨国的风险防范机制。这就在客观上需要东亚各国加强货币合作，建立区域性货币联盟，以减少金融动荡及其带来的负面效应。

(四) 区域货币合作有利于危机爆发后的自救

亚洲金融危机爆发后的救助措施表明，国际金融组织及西方大国的危机救助机制存在缺陷，国际货币基金组织并没有组织有效的救援方式，并且救援来得太晚，而东亚现有的区域经济合作组织对金融危机的解救基本上未起到任何作用，这些都使东亚国家产生了加强区域内国家之间的货币合作、建立东亚自己的救助机构的想法。

东亚的综合经济和对外贸易实力与美国和欧盟相当。东亚拥有巨大的金融资产，其外汇储备比美国和欧盟多得多。截至 2010 年底，仅中国外汇储备就已经达到了 28 473.38 亿美元，远远高于欧元区的外汇储备。如果能够将东亚国家外汇储备中的 10%～20%用来作为地区资金，参加的国家就能够很容易地克服各种清偿危机，而不需要西方大国或国际金融组织的任何“建议”或“指导”。

二、 东亚货币合作的可行性

东亚各国是否具备组成最优货币区，建立区域货币联盟的条件呢？我们仍然按照最优货币区的标准，对东亚区域货币合作的条件进行分析。

(一) 区内贸易的发展

东亚大部分国家与地区实行的都是出口导向型战略，对外贸易在国民经济中占有重要地位，其对外开放度一直居高不下，尤其是新加坡、马来西亚等国家和地区，对外开放度都在 100%以上。此外，韩国、菲律宾及泰国等国家和地区的外贸依存度也很高。由于东亚国家或地区，尤其是亚洲“四小龙”及东盟各国基本上属于开放经济，对汇率波动十分敏感，因此迫切需要稳定汇率，进行货币合作。相对于欧盟，东亚区内贸易额占地区 GDP 的比重及区内贸易额占贸易总额的比重偏低。1997 年东亚区内贸易额占地区 GDP 的比重，出口为 10.2%，进口为 10.1%，而欧盟在欧元启动前区内贸易额占地区 GDP 的比重,出口为12.8%,进口为12%。但东亚区内贸易额占地区GDP的比重及区内贸易额占贸易总额的比重近年均呈增长态势,反映了该地区较快的经济增长率及经济开放度的提高。目前,东亚地区向本地区出口和从本地区进口的比例几乎都超过1/3,因此从区内贸易的发展来看,东亚经济的相互依赖性正在逐渐增强,成为东亚货币合作的重要基础。

(二) 生产要素的流动性

要素市场越灵活,资本及劳动力的流动性越高,成员方财政转移的程度越大,这些国家就越有可能组成最优货币区。从欧洲货币一体化的历程中可以得出,共同关税壁垒与商品、服务、劳动力及资本在共同市场内的自由移动是建立货币联盟的先决条件。

现阶段,东亚各国(地区)对生产要素流动性的限制比较多,即使是流动性最强的资本,其流动也受到了严格的限制。尤其在亚洲金融危机后,东亚重新加强了对资本的流动限制,如1998年,马来西亚曾一度恢复了资本管制;日本虽然资本项目是放开的,但其对外国资本投资本国公司也有许多限制;中国等一些国家的资本项目还未完全放开。可见东亚短期内不可能全面实现资本的自由流动。除了资本的流动外,劳动力的流动在东亚各国(地区)也受到限制,与欧盟已经基本实现劳动力自由流动不同,东亚各国(地区)对人员的流动要求非常严格。虽然亚太经合组织及东盟在贸易自由化方面已有一定进展,但签订的协议对各国却不具备法定约束力。

(三) 经济发展水平、经济结构的相似性及受外界冲击的对称性

如果外界冲击对货币区内各国的影响是对称的,可采用同样的(或类似的)货币政策予以抵消,各国就不需要独立的货币政策。而冲击是否对称,很大程度上取决于两国经济发展水平是否相当,是否具有相似的经济结构。经济发展水平相当、经济结构趋同的国家有可能形成货币联盟,欧洲形成货币联盟的过程就伴随着人均产出的趋同。但是,从东亚地区来看,无论是经济发展水平还是收入水平都存在着一定的差异。此外,它们的经济体制、经济结构也是各不相同的。

从亚洲国家和地区经济对潜在干扰因素进行调整的相关性、规模及速度来看,如果各国(地区)的扰动因素是相关的,规模小而且调整迅速,它们就是货币联盟的较好候选国。Bayoumi和Eichengreen(1994)在研究中区别了需求冲击与供给冲击,估计了东亚各国(地区)间的双边相关系数。他们发现,日本、韩国、印度尼西亚、马来西亚、新加坡等国家及相关地区的需求冲击是对称的。为检验外部冲击对东亚国家(地区)、美国、日本影响的对称性,Taguchi(1994)计算了它们的利率、股票价格、CPI的相关系数。他发现东亚各国(地区)的消费品价格与日本的CPI相关性强,利率、股票价格与美国的相应指标相关性强,但80年代后半期与日本该指标的相关性有所增强。他的结论是,目前东亚地区虽然还没有完全满足组成最优货币区的标准,但随着区内经济相互依存度的提高,货币一体化的可能性在增加。

(四) 政策目标的一致性

即使货币联盟成员方之间的经济结构类似,外界冲击也是对称的,但如果各国的政策目标不一致,那么它们之间就很难维持固定汇率。衡量各国政策目标是否一致的一个重要指标是通货膨胀率,来自国际货币基金组织的统计资料显示,除了印度尼西亚、老挝、缅甸外,1997—2006年,东亚几个国家的平均通货膨胀率都比较接近,反映了它们在

通货膨胀率这个指标上保持了较好的一致性。

从经济角度看,根据最适货币区理论,东亚各国和地区经济的相互依存度与欧盟各国相比还存在差距。东亚各国和地区在一体化道路上的最大障碍在于其经济发展水平的差异,由于各国和地区处于经济发展水平的不同阶段,使各国和地区的经济结构、贸易结构、对外界冲击的反应、政策目标等均表现为一定的层次性和多样性。这些都使得东亚货币合作目前仅能在较浅的层次上进行,要达到货币一体化、组成最优货币区的目标依旧任重道远。

三、 东亚货币合作的实践

亚洲金融危机是导致东亚货币合作的重要催化剂。尽管在金融危机之前,东亚已经存在一定程度的货币合作,但真正取得进展却是在危机之后。目前,各个学者都承认区域监督、区域储备合作、汇率协调是区域金融货币合作的3个基本元素。东亚货币合作中不少组织发挥着重要作用,如东盟+3(APT,包括东盟以及中国、日本、韩国3国组织)财长会议,亚欧会议(ASEM)财长会议,亚太经合组织(APEC)财长会议,东亚及太平洋地区中央银行行长会议(EMEAP)以及亚洲开发银行(ADB)等,在它们的推动下,东亚货币合作取得了一些进展。

(一)信息交流与区域监督进程

1. 马尼拉框架

马尼拉框架[①](MFG)是东亚建立的第一个区域监督进程。它建立于1997年,主要关注4个协议:① 区域监督;② 金融领域的经济与技术合作;③ 强化IMF对危机的反应能力;④ 发展区域金融合作协议。

马尼拉框架是一个非正式的组织,尽管其被某些观察家认为是区域监督与同行评议卓有成效的论坛,但是它取得的成果却是有限的。① 其地区监督分别由3个国际金融机构(IMF、WB、ADB)承担,没有实际的同行评议进程。② 没有明晰的信息交换与监督目标。③ 马尼拉框架并没有包括该区域内所有的国家。

2. 10+3东盟监督进程

1998年,在第2届东盟财长会议上,决定建立东盟监督进程(ASEAN Surveillance Process,ASP)。ASP的主要目的是加强政策对话,维护区域宏观经济和金融的稳定,它定期对全球、区域及各个国家的发展进行评议,对汇率、部门以及社会政策等进行监督。1999年11月,ASP扩大到东盟+3监督进程,将中国、日本、韩国纳入统一的监督框架中,并于2000年5月在亚行年会期间举行了第一次同行评议会。10+3监督进程的不足之处在于,信息交换的内容还不明确,无法对潜在风险发出有效的早期预警,不能帮助成员方改进金融市场管理、监测和一体化进程等。

(二)区域储备合作

1. 亚洲货币基金的构想

1997年9月,日本政府在IMF和亚洲开发银行会议上提出建立亚洲货币基金(Asian

① 马尼拉框架共包括14个经济体,分别为澳大利亚、文莱、加拿大、中国内地、中国香港、印尼、日本、韩国、马来西亚、新西兰、菲律宾、新加坡、泰国和美国。

Monetary Fund,AMF)的构想,倡议组成一个由日本、中国、韩国和东盟国家参加的组织,并承诺为该基金提供1 000亿美元的资金,为遭受货币危机的国家和地区提供援助。但是由于欧美担心该组织会削弱美国和欧盟在东亚的影响及作用,因此坚决反对日本的建议,致使该构想未能实现。

2. 新宫泽构想

1998年10月,日本又以大藏大臣宫泽喜一的名义提出"新宫泽构想",倡议建立总额为300亿美元的东亚基金,其中的150亿美元用于满足遭受危机的国家和地区对中长期资金的需求,其余的150亿美元用于满足其对短期资金需求。遭受危机的国家和地区对此非常欢迎,美国政府和IMF也表示欢迎。按照"新宫泽构想"的设想,日本分别为印度尼西亚、韩国、马来西亚、菲律宾等国提供了贷款或贷款担保。

3. 清迈协议

2000年5月,东盟+3在泰国清迈签署《清迈协议》(Chiang Mai Initiative,CMI),达成了在金融领域建立全面合作的协议,主张签订有关外汇借贷的双边协定,以防范货币危机。同年8月,东盟+3的中央银行将多边货币互换计划的规模由2亿美元扩展到10亿美元。但是在初期,CMI下的互换金额规模较小,另外,为防范道德风险,在区域监督进程发展不完善的情况下,CMI下资金动用比例超过10%时将与IMF的贷款条件挂钩。

在2005年的东盟+3财长会议上,各方决定将互换资金使用安排与IMF的挂钩比例由10%提高到20%。同时,各国财长决定将集体决策机制引入CMI中,作为双边互换网络多边化的第一步,从而对危机做出集体性与及时的反应。在2007年于日本召开的东盟+3财长会议上,财长们同意遵循循序渐进的方法,赞成一个契约式协定管理的储备集中库是CMI多边化的最佳形式。并且,各国财长责成其副手就CMI多边化的几个关键因素,包括监督、储备资格、承诺、借款限额以及激活机制等进行深入的研究。CMI下可动用的资金也在迅速增加,截至2006年4月,清迈协议互换资金的总规模已经达到了750亿美元。

可以预见,在未来的区域资源合作中,CMI下的货币互换不但会在互换规模上继续扩大,有关互换资金的使用条件也会逐渐与国际金融机构脱钩,而采用与本区域情况相符的使用条件,同时,将CMI多边化,最后使之成为一个区域性的多边救助与合作基金。

(三) 区域汇率协调

汇率协调是一种更高级的货币合作形式,也是亚洲走向共同货币区的关键一步。从亚洲金融危机的教训来看,僵化的固定汇率制度(钉住美元)可能是导致货币危机的原因之一,危机爆发后,各国货币的竞争性贬值,无疑加大了危机的传染效应,因此从防范危机爆发与传染的角度来看,更应该加强区域汇率合作。在当今全球经济失衡的背景下,东亚各国的汇率制度面临巨大的压力,如果不进行汇率合作,在解决全球经济失衡过程中,将引起东亚经济的剧烈波动。

亚洲汇率合作的方案最多,争议最大,难度也最大。不同的学者给出了不同的汇率合作方案,比较有代表性的方案有:

(1) 东亚美元本位制。McKinnon(2000)认为东亚应建立区域性美元本位制度,使东亚各经济体集体钉住美元。

(2) 东亚日元区。Kwan(2001)从日本、亚洲、区域与全球角度分析说明了东亚应组成日元区，主张把日元作为东亚地区的基轴货币，使日元承担欧洲货币体系中马克的角色。

(3) 钉住篮子货币(G-3)。一些学者认为东亚国家(除了日本)最好的汇率制度选择是钉住G-3篮子货币(美元、欧元、日元)，与亚洲美元本位相比，这样可以使东亚国家免于美元—日元、欧元—美元等汇率波动的影响。与此同时，东亚国家如果采取相似的篮子权重，还可以稳定区域内贸易，促进区内投资的发展。

(4) 建立亚洲汇率机制。一些学者建议亚洲仿效欧洲货币体系，建立亚洲汇率机制(Asian Exchange Rate Mechanism, AERM)，创建亚洲货币单位(ACU)，以此来促进东亚地区的货币一体化。

ACU方案将采用区内货币的某种加权平均。从政治方面看，由于每个国家在货币合作中的地位与角色是平等的，这为货币合作提供了一定的政治基础，而且ACU编制本身并不意味着明确的区域汇率合作方式，更不会对区域内各国现有的汇率制度构成挑战，这容易为成员方所接受。同时，亚洲货币单位向美国和欧洲展示了强化东亚区域经济自主性的意图，而且通过明确的指标体系，有助于推进区域内政策对话的效率，但并不会招致美欧以及国际组织的反对。从经济方面看，与ECU相同，ACU可以在区内充当计价工具、交易媒介、储备货币等，如亚洲债券以ACU标价发行，则可以极大地吸引基金的供给者与需求者。如果ACU得到区域内经济体的支持并得到顺利发展，将起到防止以邻为壑的货币贬值竞争、促进区域内汇率协调行动、维护区域内货币价值相对稳定、减少东亚对美元的依赖、减少东亚的大规模区域外外汇货币资产储备、帮助缓解全球国际收支失衡、推动东亚经济一体化等方面的重要作用。

亚洲开发银行在2005年就提出创立ACU的建议。2006年初，亚洲开发银行的官员宣布准备推出亚洲货币单位。2006年5月的东盟+3财长会议上，各国财长也表示进一步推动亚洲区域货币单位的出现。

区域货币合作是指一定地区内的有关国家和地区在货币金融领域中所实行的协调与合作，其目的是形成一个汇率统一、货币统一、货币管理机构与货币政策统一的货币联盟，其过程就是地区货币一体化的过程，其理论基础为最优货币区理论。蒙代尔在1961年最早提出最优货币区的概念，并以生产要素的流动性作为判断最优货币区的标准。此后，不断有经济学家提出其他的判断标准，如经济开放度、产品多样化、金融市场一体化、通货膨胀相似度等。进入20世纪90年代，Frankel和Rose提出了最优货币区内生性的概念，促进了最优货币区理论的发展。

欧洲货币一体化是区域货币合作的典型而且是最为成功的例子。欧洲货币合作经历了由低级到高级的4个阶段，最终实现经济体内部单一货币的过程。欧洲经济与货币联盟是迄今为止区域货币合作发展的最高形式，它的成功极大地鼓舞了其他地区的货币合作热情，如东亚货币合作。

东南亚金融危机的爆发使东亚各国认识到区域货币合作的重要性，欧元的成功启动使东亚各国开始对共同货币感兴趣。在东亚，虽然目前货币一体化的条件还不太成熟，但是货币合作已经取得了一定的成就，如目前东亚在区域监督、区域储备合作与区域汇率协调方面已经取得了一些进展。

本章重要概念

货币一体化　区域货币合作　区域货币联盟　通货区　最适度货币区　马斯特里赫特条约　欧洲货币单位(ECU)　欧洲货币联盟　欧洲货币体系(EMS)　平价网体系　欧元　新宫泽构想

本章复习思考题

1. 简述最适度货币区理论及其标准。
2. 简述欧洲货币一体化的发展历程及其重大意义。
3. 简析货币一体化3个层次的异同之处。
4. 简述欧洲货币体系稳定汇率机制的内容。
5. 试析建立东亚共同货币区的必要性和可能性。

第十二章 国际金融机构

国际金融机构是维护国际货币体系运行的组织机构。从性质上看，凡是从事国际金融事务的协调与管理，旨在稳定和发展世界经济而进行国际金融业务的超国家的组织机构，均属于国际金融机构。国际金融机构在稳定国际金融、扩大国际贸易、加强国际经济合作、促进世界经济发展等方面发挥着日益广泛的积极作用。

当代的国际金融机构可分为全球性和区域性两个层次。其中，区域性的国际金融机构又可具体分为两种类型，即半区域性的(因其有区域外国家参加)和区域性的(仅由某一地区的一些国家参加)国际金融机构。目前，全球性的国际金融机构主要有国际货币基金组织和世界银行集团(包括国际复兴开发银行、国际开发协会和国际金融公司等)；半区域性(或洲际性)的国际金融机构主要有国际清算银行、亚洲开发银行、非洲开发银行、泛美开发银行、欧洲复兴开发银行等；区域性的国际金融机构主要有欧洲投资银行、亚洲清算联盟、阿拉伯货币基金组织、西非开发银行和加勒比开发银行等。

第一节 全球性国际金融机构

一、国际货币基金组织

国际货币基金组织是根据 1944 年 7 月在美国新罕布什尔州的布雷顿森林镇召开的联合与联盟国家货币金融会议所通过的《国际货币基金协定》，于 1945 年 12 月 27 日成立的，总部设在华盛顿。1947 年 3 月 1 日，IMF 正式开始办理放款业务，并于同年 11 月 15 日，成为联合国的一个专门机构。截至 2010 年底，其成员已达 187 个国家和地区。成员方分为两类：凡参加 1944 年布雷顿森林会议，并于 1945 年 12 月 31 日前在《协定》上签字正式参加 IMF 的国家为创始成员方，共有 39 个，在这之后参加的国家为其他成员方。中国是 IMF 的创始成员方之一，我国的合法席位是 1980 年 4 月 18 日恢复的。

IMF 是第二次世界大战后国际货币体系的核心，它与世界银行集团(Word Bank Group)和关税与贸易总协定(General Agreement on Tariff and Trade，GATT，1995 年之后改称为世界贸易组织(World Trade Organization，WTO))，共同构成第二次世界大战后国际经济秩序的三大支柱。IMF 主要负责货币金融事务，世界银行主要负责财政援助与经济开发事务，GATT(WTO)主要负责国际贸易事务。

（一）国际货币基金组织的宗旨

《国际货币基金组织协定》第一部分将其建立的宗旨归纳为以下几个方面：① 作为一个永久性的国际金融机构，为国际货币问题的磋商和协作提供便利，从而推动国际货币合作。② 促进国际贸易的扩大与平衡发展，从而提高和维持各成员方的就业和实际收入水平，并开发成员方的生产性资源。③ 促进汇率稳定，维持成员方间有序的汇兑安排，避免货币竞争性贬值。④ 协助在成员方间建立经常性交易的多边支付体系，消除阻碍国际贸易发展的外汇管制。⑤ 在有充分保障的条件下，为成员方提供临时性资金融通，增强其纠正国际收支失衡的信心，而不至于采取有损于本国或国际经济繁荣的措施。⑥ 按照上述目标，缩短成员方国际收支失衡持续的时间，并减轻失衡的程度。

从上述6条宗旨可以看出，IMF的主要职能有3项：① 监督职能，即确定成员方的汇率政策、与经常项目有关的支付以及货币的兑换性方面需要遵守的行为准则，并实施监督。② 资金融通职能，即向国际收支发生困难的成员方提供必要的临时性资金融通，以使其遵守有关行为准则，并避免其采取不利于其他国家经济发展的经济政策。③ 协调职能，即为成员方提供进行国际货币合作与协商的场所。IMF成立60多年来，在加强国际经济和货币合作、稳定金融秩序方面作出了重要贡献。面对国际社会中出现的新问题、新情况，IMF也在不断地对自身的职能进行调整，以更好地适应变化的国际环境，发挥应有的作用。

（二）国际货币基金组织的组织结构

IMF由理事会(Board of Government)、执行董事会(Executive Board)、部长级委员会(Ministerial Committee)、总裁(President)和众多常设职能部门组成，其结构组成如图12-1所示。

1. 理事会

理事会是IMF的最高权力机构，由各成员方任命1名理事和1名副理事组成，他们通常是各国中央银行行长或财政部长，任期5年，可以连任，副理事只有在理事缺席时才有投票权。理事会每年9月举行一次会议(即IMF年会)，一般与世界银行年会联合召开，必要时可召开特别会议。理事会的主要职能是决定IMF和国际货币体系的重大事项，如接纳新成员、修改基金协定、调整份额等。

2. 执行董事会

IMF的日常行政工作由其常设机构执行董事会负责，该机构每星期至少召开3次正式会议。执行董事会由24名执行董事组成，任期2年，其中8名由美国、英国、法国、德国、日本、俄罗斯、中国和沙特阿拉伯指派(持有最大份额的5国以及单独选区)，其余16名执行董事由其他成员方按国家集团或按地区划分为16个选区分组推选产生。执行董事会一般采取协商一致的方式达成共识，有时候也需要通过正式的投票方式解决。

3. 总裁

总裁是IMF的最高行政领导人，由执行董事会推选，兼任执行董事会主席，任期5年。平时总裁无投票权，只有反对票与赞成票票数相等时，才投出决定性的一票。总裁之下设副总裁若干人，辅佐总裁工作。根据不成文的规定，IMF总裁来自欧洲，而世界银行行长则来自美国。

4. 部长级委员会

实际上，理事会的许多决策都是由两个部长级委员会做出的，这两个部长级委员会分别为国际货币与金融委员会(International Monetary and Financial Committee)和国际货币基金组织与世界银行联合发展委员会(Joint IMF-Word Bank Development Committee)。部长级委员会由24个部长级委员组成，他们是从IMF的187个理事中选举出来的。委员会的组成结构与执行董事会相对应，代表了24个地区，每年召开2～4次会议，不采取投票的方式而是通过协商一致的方式来解决问题。国际货币与金融委员会是一个咨询性机构，它在1999年前被称为临时委员会，主要讨论各个国家共同关注的影响全球经济的问题，并对IMF的工作给出建议。国际货币基金组织与世界银行联合发展委员会，简称发展委员会，其职责主要是向IMF和世界银行的理事会提供关于新兴市场和发展中国家经济发展的建议。

5. 若干职能部门

IMF的职能部门可分为地区部门、职能与特别服务部门、信息与联络部门及支持部门。5个地区部门分别是非洲部、亚洲部、欧洲部、中东部和西半球部；职能与特别服务部门包括财务部、法律部、财政事务部、货币与资本市场部、统计部等；信息与联络部门分别是对外关系部和联合国基金代表处；支持部门分别是人力资源部、秘书处和技术与总务部。

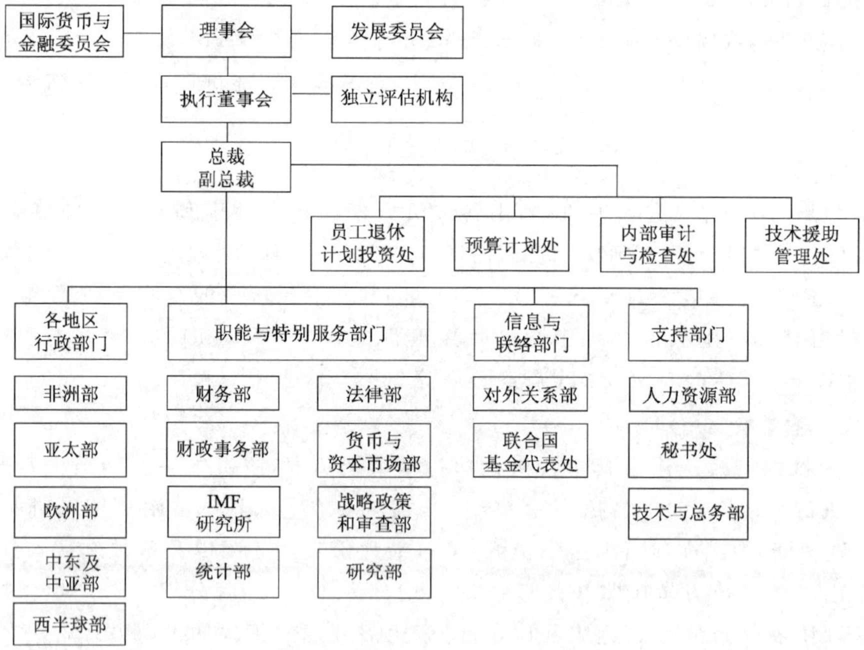

图12-1 国际货币基金组织结构

(三) 国际货币基金组织的资金来源

1. 份额

份额(Quota)是指成员方参加IMF时向其认缴的一定数额的款项，是IMF的主要资金来源。

(1) 份额大小。各成员方份额的具体数额是根据一套比较复杂的办法计算出来的。IMF 成立之初,份额的计算公式为

$$份额=(0.02Y+0.05R+0.10M+0.10V)(1+X/Y)$$

式中,Y 为 1940 年的国民收入;R 为 1943 年 7 月 1 日的黄金和美元储备;M 为战前 1934—1938 年间的年平均进口额;V 为同时期中出口的最大变化额;X 为同时期中的年平均出口额。

在实际计算时,将由上式计算得出的数额再乘以 90%,以保存 10%作为机动份额。20 世纪 60 年代初期以来,为了使份额的计算更加合理,对原有公式的变量和权数做了调整。目前使用的份额计算公式有 5 种,这些公式中的变量有成员方的国民生产总值、经常账户交易额和官方储备等。将各公式计算出的结果进行综合、平均后可为每一个成员方推导出单一的"计算后所得份额",并可用来对成员方在世界经济中所处的地位进行广泛的衡量。

按照 IMF 规定,成员方的份额应每 5 年调整和扩大一次。1946 年,IMF 成立之初的份额总额为 76 亿美元,随后经过 14 次的调整和扩大,截至 2010 年 12 月 31 日,IMF 份额总计为 4 768 亿 SDRs,约合 7 557 亿美元。

(2) 份额缴纳方式。份额单位原为美元,1969 年以后改为特别提款权。在 1978 年 4 月 1 日生效的第二次基金组织协定条款修订之前,规定各国所缴份额中的 25%以黄金缴纳,其余 75%以本国货币缴纳。第二次修订协定之后,份额的 25%改为以 SDRs 或外汇缴纳,其余的 75%以成员方本国货币缴纳,存放在本国中央银行,在 IMF 需要时,可随时动用。

(3) 份额作用。成员方缴纳的份额,除作为 IMF 发放信贷的资金来源外,份额大小还决定了成员方以下三方面权利的大小:① 投票权。每个成员方都拥有 250 票的基本投票权,每认缴 10 万 SDRs 的份额增加一票。根据 IMF 章程,21 类经营性问题需要 70%的多数票通过,18 类重要问题需要 85%的多数票通过。目前,美国的份额占全部份额的 17.09%,投票权占 16.77%,二者虽低于美国经济占世界经济总量约 25%的比例,但美国握有一票否决权。② 借款权。成员方在 IMF 的借款限额与其份额密切联系,份额越大,可借用的款项就越多。如 IMF 普通贷款累计数的最高额度为成员方份额的 125%;在备用与扩展安排下,成员方每年可借得的资金数额为其份额的 100%,但累计不得超过份额的 300%。③ SDRs 分配权。成员方从 IMF 分得的特别提款权一般与其份额成正比。

2. 借款

IMF 的另一个资金来源是借款,它不仅可以向成员方的官方机构,如财政部和中央银行借款,也可以向私人包括商业银行等借款。IMF 的借款同其他业务一样,以特别提款权计值,大部分期限为 4~7 年,小部分为 1~3 年,平均 5 年左右。IMF 借款的一大特点是:贷款人除国际清算银行外,如果发生国际收支困难,可以提前收回贷款。因此,IMF 借款具有很高的流动性,贷款国往往将这部分贷款视为其国际储备的一部分。

3. 营运收入

营运收入最主要包括两项:① 出售 IMF 持有的一部分黄金所获得的收入。IMF 于 1976 年 1 月将其所持有黄金的 1/6,即 2 500 万盎司按市价分 4 年出售,所得利润(市价超

过35美元每盎司官价的部分)按份额比例分配给成员方,一些工业国、石油输出国捐出全部或部分应得利润(共46亿美元)建立“信托基金”,用于向贫困的成员方发放优惠贷款。② IMF发放贷款的利息收入。

(四) 国际货币基金组织的业务活动

最初创建IMF的目的是将其作为一个核心机构来维持布雷顿森林体系的运行,其业务活动主要是汇率监督与政策协调、储备资产创造与管理以及向国际收支赤字国提供短期资金融通。目前,IMF的业务活动,仍然主要围绕这3个方面展开。

1. 汇率监督与政策协调

汇率监督是IMF的一项重要职能,其根本目的在于保证有秩序的汇兑安排和汇率体系的稳定,消除不利于国际贸易发展的外汇管制,避免成员方操纵汇率或采取歧视性的汇率政策以谋取不公平的竞争利益。IMF反对成员方利用宏观经济政策、补贴或任何其他手段来操纵汇率,原则上反对成员方采取复汇率或任何其他形式的差别汇率政策。IMF在实施汇率监督时采用的办法通常由三部分组成:

(1) 要求成员方提供经济运行和经济政策的有关资料,包括政府和政府以外机构持有的黄金和外汇资产、黄金产量和黄金买卖(输出入)、进出口值及国别分布、经常项目和资本与金融项目的详细收支情况、国民收入、物价指数、汇率及外汇管制情况等。

(2) 在研究这些资料的基础上与成员方在华盛顿或在成员方国内举行定期或不定期磋商。定期磋商每年举行1～2次,不定期磋商视情况而定。磋商的目的有两个:① 使IMF能够履行监督成员方汇率的责任。② 有助于IMF了解成员方的经济发展和政策措施,从而使IMF能够迅速处理成员方申请贷款的要求。

(3) 对各国及全球汇率和外汇管制情况进行评价。评价的内容涉及汇率安排、汇率的确定、外汇管制状况、财政货币政策的运行状况、影响汇率变动的因素及汇率变动的影响等,并就评价的内容汇集出版《外汇限制及外汇管制年报》。

2. 储备资产创造

IMF在其1969年的年会上正式通过了“10国集团”提出的SDRs方案,决定创设SDRs以补充各国国际储备的不足。SDRs于1970年1月开始正式发行,成员方可自愿参加SDRs的分配,目前,IMF的187个成员方均是SDRs账户的参加国。SDRs由IMF按成员方缴纳的份额分配给各参加国,分配后即成为成员方的国际储备资产,当成员方发生国际收支赤字时,可以动用SDRs将其划给另一个成员方以偿付收支逆差,或用于偿还IMF贷款。

3. 贷款业务

这是IMF所经营的主要业务。IMF发放的贷款不同于一般商业银行发放的贷款,它具有许多特点,并划分为若干类型,且不同种类贷款的使用条件不同。

(1) IMF贷款的特点。一是发放对象仅限于成员方政府,它只与成员方的财政部、中央银行、外汇平准基金组织或其他类似的机构往来,不向非政府部门提供资金支持。二是贷款用途限于弥补因经常项目收支而发生的国际收支的暂时不平衡,近年来也增设了支持成员方为解决国际收支困难而进行经济结构调整与经济改革的贷款。三是贷款规模与成员方的份额成正比关系,并且有最高额方面的规定。四是贷款形式是以成员方的本国货币“购买”(Purchase)外汇的形式出现,或称“提款”(Drawing),成员方还款时,则要以外汇或 SDRs 买回本国货币，称“购回”(Repurchase)，因此成员方的借款会改变 IMF 所持有货币的构成。五是贷款期限短，平均 3～5 年。六是贷款本息均以 SDRs 计值，利率与贷款期限成正比关系，并对每笔贷款征收一定的手续费。

(2) IMF 贷款的种类。根据调节目的，IMF 贷款最主要可分为 4 类：为了应付国际收支短期波动的短期贷款、带有结构调整性质的中长期贷款、帮助前计划经济国家向市场经济转轨的制度转型贷款和应付突发性危机的紧急贷款。

根据贷款的性质和用途，IMF 贷款可分为两大类：一是普通贷款。这是最基本的一种贷款，主要用于成员方弥补国际收支逆差的短期资金需要，期限为 3～5 年，贷款累计数的最高额度为成员方所交份额的 125%。普通贷款由储备部分贷款(限额为成员方份额的 25%)和信用部分贷款组成(限额为成员方份额的 100%，共分 4 档，每档 25%，贷款条件逐档严格，利率逐档提高)。二是专项贷款。此类贷款有各自的具体用途，主要品种有：进出口波动补偿贷款、缓冲库存贷款、石油贷款、中期贷款(亦称“延伸贷款”)、信托基金贷款、补充贷款、结构调整贷款、制度转型贷款、紧急贷款等。其中，有些贷款品种已告结束或停止运作，如石油贷款、制度转型贷款等。

(3) IMF 贷款的条件。当某一成员方向 IMF 申请贷款时，IMF 将派遣由经济专家组成的“专家小组”赴借款国实地考察和分析该国经济形势以及国际收支状况。在同意提供贷款之前，IMF 通常要求借款国同意专家小组所制定的一组综合的经济政策和经济目标(即经济调整计划或称贷款条件)，然后才能获得贷款资格。IMF 的调整模式是明确的：贬值以使出口具有竞争力，控制货币供应量以对付通货膨胀，使国家预算脱离赤字以便为私人投资提供空间，限制工资以加速向平稳过渡等等。具体的调整计划作为贷款条件附在贷款协议中，贷款以一定的间隔分期发放，如果借款国没有履行贷款条件，IMF 可随时终止新的贷款。

4. 咨询与培训服务

为提高成员方有关专业人员的素质，IMF 帮助成员方组织人员编辑出版各种世界经济和国际金融领域的刊物和书籍。同时，IMF 向各国派出人员，负责搜集和整理世界各国的经济和金融信息，在此基础上，以委派代表团的形式，向成员方提供有关国际收支、财政、金融、外汇和外贸等方面的咨询服务与技术援助。

二、 世界银行集团

世界银行集团是与 IMF 联系非常密切的全球性国际金融集团，目前由国际复兴开发银行(International Bank for Reconstruction and Development，IBRD)、国际开发协会(International Development Association，IDA)、国际金融公司(International Finance Corporation，IFC)、多边投资担保机构(Multinational Investment Guarantee Agency，MIGA)和解决投资争端国际中心(International Center for Settlement of Investment Disputes，ICSID)5 个成员机构组成。其中，IBRD，IDA 和 IFC 均为金融性机构，也都是联合国的专门机构。IDA 和 IFC 是 IBRD 的附属机构，IBRD 的行长、副行长兼任 IDA 和 IFC 的总经理、副总经理，IBRD 的执行董事和理事在 IDA 和 IFC 中也担任同样的职务，IDA 和 IFC 不雇佣职员，均以 IBRD 的职员代替，实际上是 3 个机构，一套人员，但任何一个机构都享有独立的合法地位，日常事务都由各自机构的常务理事会处理，同时也均有各自的业务范围。IBRD成员资格是IDA和IFC成员资格的先决条件,但IBRD成员可以不加入IDA和IFC。至于MIGA和ICSID,均是不经营贷款业务的机构。MIGA是为在发展中国家的外国投资者提供非商业性风险担保和咨询服务;ICSID则是通过调解和仲裁为各国政府与外国投资者之间解决争端提供方便。

(一)国际复兴开发银行

国际复兴开发银行(IBRD)即一般所称的世界银行(以下简称世行),是根据《国际复兴开发银行协定》于1945年12月27日成立的,并于1946年6月25日正式营业,1947年11月5日起成为联合国的一个专门机构,行址设在华盛顿。与IMF一样,世行也是一个全球性政府间的国际金融组织,只有IMF的成员方才有权申请加入世行,世行有33个创始成员方,截至2010年底已有会员187个。

1. 宗旨

根据《国际复兴与开发银行协定》第一条规定,世行的宗旨是:① 为用于生产目的的投资提供便利,以协助成员方的复兴与开发,并鼓励不发达国家生产与资源的开发。② 以保证或参加私人贷款和私人投资的方式,促进私人对外投资。③ 用鼓励国际投资以开发成员方生产资源的方法,促进国际贸易长期平衡发展,维持国际收支的平衡。④ 在提供贷款保证时,应与其他方面的国际贷款配合。世界银行成立的最初目的是资助成员方,主要是西欧各国,使其从被战争破坏的经济中得到恢复和发展。目前,世行的主要目的是向发展中国家提供开发性贷款,资助其兴办特定的长期建设项目,以促进发展中国家经济发展与资源开发。

2. 组织结构

世行的组织结构与IMF相似,也是由理事会下设执行董事会作为决策机构。

(1) 理事会。理事会是最高权力机构,由每一成员方委派理事和副理事各1名组成,任期5年,可以连任。理事会的主要职权是批准接纳新成员、银行资本增减、停止成员方资格、决定银行净收入分配等重大事项。每年9月举行一次会议,通常与IMF理事会联合召开,必须有代表投票权总数2/3以上的理事出席,才具有合法性。

(2) 执行董事会。执行董事会是常务机构,负责组织世行的日常业务,行使由理事会授予的职权。此前,该机构由24名执行董事组成,任期2年,其中8名由美、英、法、德、日、俄、中、沙特指派(持有最大份额的5国以及单独选区),其余16名由其他成员方按国家集团或按地区分组推选产生。2010年10月8日,南非储备银行前副行长雷诺阿斯·莫卡蒂当选第25位执行董事,11月1日正式就任。此前,执行董事会的24位执行董事中,发达国家和发展中国家各占一半,莫卡蒂的当选意味着发展中国家在世行执行董事会中拥有多数席位。

(3) 行长。行长是世行的最高行政长官,由执行董事会选举产生,主持日常事务,行长一般无投票权,只有反对票与赞成票票数相等时,才投决定性的一票。行长任期5年,可以连任。行长下设副行长,协助行长工作。自世行成立以来,行长一直由美国人担任。

(4) 业务机构。世行的业务机构十分庞大,除在华盛顿设立总部外,还在许多成员方设有办事处、派出机构和常驻代表。世行9 000多名员工来自165个国家,其中,38%以上是在世行驻120个国家的代表处工作。

3. 资金来源

（1）成员方缴纳的股本。各成员方股金的多少，由世行根据该国经济金融状况，并参照其在基金组织中份额的大小，同各成员方协商，并经理事会批准后确定。世行成立初期，法定股本为100亿美元，分10万股，每股10万美元（1978年4月1日以后每股按10万特别提款权计算），各成员方认缴股金总额为76亿美元，分两部分缴付：一是实交股金。成员方参加世行时，先缴股金的20%，其中的2%用黄金或美元交纳，世行对这部分股金有自由使用权；其余的18%以成员方的本国货币缴付，世行将这部分股金用于贷款时，须征得该成员方同意。二是待缴股金。成员方认缴股金的80%是待缴股金，在世行催交时，成员方才缴付。世行自成立以来，还一直未要求成员方缴付过待缴股金。尽管如此，待缴股金却为世行在国际资金市场借款提供了信用保证。在1959年世界银行增资时，成员方将其认缴股金增加一倍，但成员方实交股金并未相应增加，因此成员方的实交股金由原来的20%降为10%（其中1%以黄金或美元交纳，9%用本国货币缴纳），其余90%为待缴股金。1981年实交股金又降为7.5%（其中0.75%以黄金或美元交纳，6.75%用本国货币缴纳），其余92.5%为待缴股金。经过多次增资，目前世行拥有法定股本1 806亿美元，实缴股本110亿美元。可见，世行的实有资本一直是相当有限的。

（2）借款。由于世行实交股本的比例较低，自有资本有限，不能满足其业务发展的需要，所以，向国际金融市场借款，特别是在国际债券市场发行中长期债券就成为其主要的资金来源渠道。其发行债券的方式主要有两种：一种是直接向成员方政府、政府机构或中央银行发行中短期债券；另一种是通过投资银行、商业银行等中间包销商在国际债券市场向私人投资者发行中长期债券。借款期限从2～25年不等，利率依金融市场随行就市。由于世行信誉较高，所以筹资成本较为低廉，一般情况下低于普通公司债券和某些国家的政府债券。

（3）债权转让。世行将贷出款项的债权转让给私人投资者，主要是国际商业银行等金融机构，收回一部分资金，以提高世行的资金周转能力。

除了上述3项主要资金来源外，贷款业务收益、贷款资金回流也是世行贷款资金的来源。世行信誉卓著、经营得法，自成立以来几乎每年都有盈余。业务净收益除小部分以赠款形式拨给国际开发协会用做贷款资金外，大部分留做世行的自有资金。

4. 主要业务

世行最主要的业务活动是贷款，此外还提供技术援助等。

（1）贷款。世行通过向发展中国家提供长期生产性贷款帮助成员方复兴和发展经济。截至2010年6月30日，世行累计提供的贷款总额达5 236亿美元，仅2010年就向46个国家提供了总额为442亿美元的164笔新贷款。

世行贷款的条件。① 贷款对象只能是成员方政府或经成员方政府、中央银行担保的公、私机构。② 只有在申请贷款国确实不能以合理的条件从其他来源获得资金时，世行才考虑发放贷款、参加贷款或提供保证。③ 贷款只能用于世行批准的特定工程项目，该项目必须有助于该国的资源利用和经济增长，但根据世界经济发展的需要，世行也发放非项目贷款。④ 贷款只能发放给有偿还能力的成员方，世行对还款时间要求较严格，到期必须归还，不得拖欠，不得改变还款时间，故其贷款数额不受借款国认缴股金的限制，主要考虑是否有偿还能力，以保证贷款能够按时收回。⑤ 贷款必须专款专用，并接受世行的监督。

世行贷款的特点。① 贷款期限长，一般为15～20年，最长可达30年，并有5～10年的宽限期。② 贷款实行浮动利率，随国际金融市场利率的变化而定期调整，一般较市场利率稍低，另收取0.75%的承担费。③ 贷款可使用不同的货币对外发放，世行贷款都是以美元计值，借款国如需提用其他货币，世行按贷款协议的美元数额，按当时汇价付给借款国所需货币，还款时必须用所借货币还本付息，按当时汇价折合美元，借款国承担汇价变动的风险。④ 贷款与特定工程项目相结合，一般多用于工业、农业、能源、运输、教育、基础设施等，并采用招投标，且世行只提供项目所需的外汇资金，一般占项目资金总额的30%～40%，个别项目可达50%，其余部分由借款国自行筹措。⑤ 贷款手续严密、程序严格，为确保贷款诸条件能够得到贯彻和执行，世行对贷款工作非常审慎，从借款国提出借款申请到最终获得资金一般需要1年到1年半左右的时间。

世行贷款的种类。① 项目贷款和非项目贷款。这是世行传统的贷款业务，属于一般性贷款。其中，项目贷款是目前世行最主要的贷款，它是指世行对成员方工农业生产、交通、通信，以及市政、文教卫生等具体项目所提供的贷款的总称；非项目贷款则是指世行为支持成员方现有的生产性设施需进口物资、设备所需外汇提供的贷款，或是为支持成员方实现一定的计划提供的贷款的总称。② “第三窗口”贷款。它是指在世行原有的接近市场利率的一般性贷款和IDA的优惠贷款之外，再增设的一种贷款，其贷款条件介于这两种贷款之间。③ 技术援助贷款。既包括在许多贷款项目中用于可行性研究、管理或计划的咨询，以及专门培训方面的资金贷款，也包括独立的技术援助贷款，即为完全从事技术援助的项目提供的资金贷款。④ 联合贷款。它是世行同其他贷款者一起，共同为借款国的项目融资。其具体方式包括“平行贷款”和“共同贷款”：前者是指世行同有关国家政府合作选定贷款项目后，即与其他贷款人签订联合贷款协议，并按各自通常的贷款条件分别同借款国签订协议，分头提供融资；后者是指世行同其他贷款者按商定的比例出资，由世行按其贷款程序与商品、劳务采购的原则同借款国签订借贷协议。两相比较，后一种方式更便于借款国管理，世行也倾向于采用这种方式。

（2）技术援助。向成员方提供技术援助也是世行业务活动的重要组成部分，这种技术援助往往是与贷款项目结合在一起的。世行派出人员、专家帮助借款国进行项目的组织和管理，提高项目资金使用效益。世行还设立一所由该行直接领导的经济发展学院，其任务主要是为发展中国家培养中高级管理干部。世行还经常帮助成员方制订经济社会发展计划，为某些特殊问题提供咨询意见和解决方案。

（二）国际开发协会

国际开发协会（IDA）于1960年9月正式成立，同年11月开始营业，总部设在华盛顿。截至2010年12月31日共有170个成员方。从法律、资金来源和会计制度方面看，IDA是一个独立机构。但在人事管理上，从经理到内部人员均由世行相应机构的人员兼任，机构设置也与世行相同。IDA与世行是“一套人马，两块牌子”，故实为世行的一个附属机构，有“第二世界银行”之称。

1. 宗旨

作为世行对发展中国家贷款不足而设立的补充机构，国际开发协会的宗旨主要是：以比世行更为优惠的条件专门向成员方中较贫困的发展中国家提供长期贷款，促进其经济发展、生产和生活水平的提高;同时作为世行贷款的补充,促进世行目标的实现。

2. 资金来源

(1) 成员方认缴的股本。成员方认缴股本的数额按其在世行认缴股金数额的一定比例确定。IDA 的成员方可分为两组:第一组是工业发达国家和石油输出国等高收入国家,约占会员总数的 1/6;第二组为亚、非、拉发展中国家。第一组国家认缴的股金必须全部以可兑换货币缴纳,所缴股本全部供协会出借;第二组国家认缴股金的 10%必须以可兑换货币缴纳,其余 90%可用本国货币缴纳,IDA 要动用这些国家的货币发放贷款时,必须先征得这些国家的同意。IDA 成立时法定股本为 10 亿美元,第一组国家为 7.6 亿美元,第二组国家为 2.4 亿美元,以后随着成员方的增加,资本额随之增加。

(2) 成员方提供的补充资金。成员方缴纳的股本不能满足借款的需要,而按规定 IDA 也不能向世行那样依靠发行债券来筹集资金,所以 IDA 要求成员方政府定期(每 3 年 1 次)提供补充资金,其中绝大部分由第一组国家提供。此外,一些发展中国家如阿根廷、匈牙利和土耳其等也曾向 IDA 捐款,有些国家还曾一度是 IDA 的借款国。

(3) 世行的拨款。世行每年将业务净收益的一部分以无偿赠款的形式拨给 IDA,作为其贷款的资金来源。

(4) IDA 本身业务经营的净收入。IDA 发放信贷会收取小额的手续费,业务经营也可获得一些收益,这些也是其资金来源的一部分。由于 IDA 贷款条件极其优惠,因此这部分资金来源也很有限。

3. 主要业务

向低收入的发展中国家发放长期优惠贷款是国际开发协会的主要业务。按照 2002 年的标准,人均 GNP 不超过 865 美元才有资格获得 IDA 信贷。IDA 的贷款对象为成员方政府,贷款主要用于发展能源、交通、水利、港口等公共工程部门及农业、教育、计划生育等方面。IDA 提供的是优惠贷款,被称为软贷款(Soft Loan),而世行提供的贷款条件较严,被称为硬贷款(Hard Loan)。有时 IDA 的贷款被称为信贷(Credit),以区别于世行的贷款(Loan)。IDA 贷款的优惠性主要表现在 4 个方面:① 贷款不收利息,只收 0.75%的手续费,贷款的未用部分收 0.5%的承诺费。② 贷款期限长,可达 50 年,并有 10 年的宽限期。③ 获得贷款后,头 10 年不必还本,从第二个 10 年起,每年还本 1%,其余的 30 年每年还本 3%。④ 贷款可部分或全部用本国货币偿还。

IDA 的贷款一般与特定的工程项目相联系。由于 IDA 的贷款无利息,期限长,因此利润很有限。为使 IDA 的贷款能够充分地发挥作用,IDA 对项目的审查非常严格,要求所选定的项目必须达到既能提高借款国的劳动生产率,又具有较高的投资收益率这两方面的要求。IDA 的贷款项目一般具有以下特点:① 项目所应用的技术比较简单,易于掌握。② 建设和经营成本低,以利于用较少的资金开发较多的项目。③ 在项目中注重加强能较大地提高劳动生产率和收入等要素的投入,比如农业项目中重点投入良种、化肥和技术等。

(三) 国际金融公司

国际金融公司(IFC)于 1956 年 7 月正式成立,总部设在华盛顿,截至 2010 年 12 月 31 日,共有 182 个成员方。IFC 与 IDA 一样,属于 IBRD 的一个附属机构,但在法律和财务上具有独立的法人地位。我国于 1980 年 5 月恢复在 IFC 的合法席位。

1. 宗旨

国际金融公司的宗旨是：通过向发展中国家尤其是欠发达地区的重点生产性私人企业提供无须政府担保的贷款与投资，鼓励国际私人资本流向发展中国家，促进发展中国家资本市场的发展，推动这些国家私人企业的成长，并促进其经济发展，以补充世行的不足。如前所述，IBRD的贷款对象只能是成员方政府，或由政府担保的公、私机构，这在一定程度上限制了IBRD业务的发展，而IFC弥补了这一不足。

2. 资金来源

（1）成员方认缴的股本。成员方认缴股本的数额根据成员方在世行的认缴股金确定。IFC成立时的法定资本为1亿美元，分为10万股，每股1 000美元，认缴股金应以黄金或可兑换货币缴付。公司自成立后进行了多次增资活动，目前的资本额已达29亿美元。

（2）借款。① 在国际金融市场上发行国际债券筹集资金。② 向世行及成员方政府借款。目前，借款已成为IFC最大的资金来源。

（3）业务净收入。包括：① 公司贷款与投资的利润收入，公司按市场化方式运作资金，虽注重项目收益，但IFC主要是资助小而穷的成员方，所以，利润收入数额有限。② 成员方偿还的款项。③ 出售公司的债权和投资。

3. 主要业务

贷款与投资业务是IFC的主要业务。IFC业务经营的主要特点有：① 贷款与投资的对象是成员方的私人企业，不需要成员方政府的担保。② 贷款部门主要是发展中国家的制造业、加工业和开采业。由于IFC核贷或投资于这些私人企业的标准颇为严格，因此能大大提高受信企业在国际商业中的地位，对受信企业投资成功后，IFC又能通过转让债权或股权于其他外来投资者的方式，积极引导国外私人资本的流入。③ 贷款期限一般为7～15年，利率一般高于IBRD利率，承担费为1%，还款时须以原借入货币偿还。④ 贷款或投资额度小。贷款额度一般在200万～400万美元，最高不超过3 000万美元。投资额一般不超过私人企业注册资本的25%，最低的只有2%，以此组织发达国家和当地金融机构进行联合贷款或投资活动，帮助发展中国家开发资本市场。

近年来，IFC的业务越来越多样化。IFC积极向一些发展中国家的企业提供市场信息及管理方面的技术援助，参与和支持发展中国家国有企业私有化改组活动，提高这些企业的经济效益。同时，向重债务国提供将债务转化为股本的方法，帮助重债务国缓解债务危机。

（四）多边投资担保机构

多边投资担保机构（MIGA）创立于1988年6月8日，是世界银行集团的最新成员。MIGA成员必须是世行成员，但世行成员不一定要参加MIGA。截至2010年12月31日，MIGA共有175个成员方，其中发达国家25个，发展中国家150个。

MIGA的宗旨是，减少非商业性投资障碍，鼓励对发展中国家成员方进行股本投资和其他直接投资，以帮助其实现经济增长，降低贫困，提高人民的生活水平。为实现这一宗旨，机构主要开展两方面业务：① 承保非商业性风险。机构为外国投资者担保由于非商业性风险所造成的损失，承保的非商业风险主要有征收、货币不可兑换、转移限制以及战争和内乱等政治风险。② 提供促进性和咨询性服务。MIGA为发展中国家成员方提供外国投资促进与咨询服务，帮助其改善投资环境，以吸引更多的外资流入。机构主要提供以下几类服务：投资促进会议、执行发展计划、外国投资政策圆桌会议以及外国直接投资法律框架咨询服务等。

（五）解决投资争端国际中心

解决投资争端国际中心（ICSID）是根据《华盛顿公约》于1966年成立的，是世界银行集团的另一个投资促进机构。截至2010年12月31日，ICSID的正式成员方共有146个，中国于1990年2月正式成为《华盛顿公约》的缔约国。

ICSID的宗旨和任务是：为缔约国政府（东道国）和其他缔约国的国民（外国投资者）之间的投资争端进行调解和仲裁，帮助和促进国际性投资。调解和仲裁是ICSID的两种业务程序。按《华盛顿公约》的规定，在调解程序中，调解员仅向当事人提出解决争端的建议，供当事人参考；而在仲裁程序中，仲裁员做出的裁决具有约束力，当事人应当遵守和履行。除了解决国际投资争端外，ICSID还在外国投资法领域开展了一系列的研究和出版工作。

由于种种原因，自ICSID成立以来，其实际受理的业务非常有限，截至1992年6月30日，其受理的业务只有2起。至1998年，ICSID的影响仍然不是很大，专门工作人员不过十几人，年度经费100万美元左右，当年审理的案件总计19件。到了2005年，其当年新受理的案件就达到25个，总共在审理的案件为103个，年度经费也突破了1 000万美元。截至2008年6月在ICSID登记的案例总数为268例。

第二节 区域性国际金融机构

20世纪60年代以来，亚洲、非洲、美洲和欧洲地区的一些国家，通过互相合作的方式，建立本地区的多边性金融机构，以适应地区经济发展和国际投资及技术援助的需要。这些区域性的国际金融机构发展都很迅速，它们与联合国及其所属的IMF和WB（即世界银行）相互配合，对促进本地区的国际贸易和投资，以及成员方经济的发展，起着极为重要的作用。目前最主要的区域性国际金融机构见表12-1。

表12-1 主要区域性国际金融机构概况（2011年4月）

机构名称	成立时间	总部所在地	成员构成	基本宗旨
国际清算银行	1930年	巴塞尔	欧洲地区34个，其他地区22个	促进中央银行之间的合作并为国际金融运营提供特别的便利
亚洲开发银行	1966年	马尼拉	亚太地区48个，其他地区19个	为亚太地区发展中国家筹集资金、提供技术援助，促进区域经济发展
美洲开发银行	1959年	华盛顿	拉美地区28个，其他地区20个	为该地区会员提供项目贷款和技术援助，推动该地区经济发展
非洲开发银行	1964年	阿比让	非洲国家53个，其他地区24个	促进非洲地区的经济发展和社会进步

一、国际清算银行

国际清算银行(Bank for International Settlements,BIS)是根据1930年1月20日签订的海牙国际协定,由英国、法国、意大利、德国、比利时、日本6国的中央银行以及代表美国银行业利益的3家商业银行(摩根银行、纽约花旗银行和芝加哥花旗银行)组成的银行集团于1930年5月17日联合成立的,1930年5月20日开始营业,行址设在瑞士巴塞尔,这是世界上最早成立的国际金融机构。该机构建立时只有7个成员方,截至2011年4月,成员已发展至56个,包括54个国家的中央银行、中国香港特别行政区的金融管理局和欧洲中央银行。

(一)宗旨

国际清算银行的宗旨是:促进各国中央银行间的合作,为国际金融活动提供便利,在国际金融结算中充当受托人或代理人。国际清算银行最初创办的目的是为了处理第一次世界大战后德国的赔偿支付及其有关的清算等业务问题。第二次世界大战后,欧洲其他国家中央银行陆续加入,其成员日益壮大。随着战争债务问题的解决,国际货币基金组织和世界银行的成立,国际清算银行的功能发生转变,变成了组织成员方之间进行结算的代理机构、协调西方国家中央银行利益和政策的重要机构和向各国中央银行并通过中央银行向整个国际金融体系提供一系列高度专业化服务的国际金融机构,被称为是"中央银行的银行"(A Bank for Central Banks)。在业务上,BIS具有国际金融机构和商业银行的双重性质。现在世界上绝大多数国家的中央银行都与其建立了业务关系,国际清算银行已经成为除国际货币基金组织和世界银行集团之外的最重要的国际金融机构。

(二)组织结构

国际清算银行是以股份公司的形式建立的,组织机构包括股东大会、董事会和经理部。

1. 股东大会

股东大会是国际清算银行的最高权力机构,每年6月份在巴塞尔召开一次会议,会上通过年度报告和上一个年度(上一年4月1日至本年3月31日)的资产负债表、损益计算书、利润分配办法和接纳新成员等重大决议事项。除成员方外,大会也向所有在该行有存款的中央银行或机构发出邀请,但只有成员方有表决权。

2. 董事会

董事会是国际清算银行的经营管理机构,其成员不超过21人。比利时、德国、法国、英国、意大利和美国各派2名董事,分别是该国中央银行行长和本国工商或金融界的代表。此外董事会还可以2/3的多数选举出其他董事,但最多不超过9人。董事会选举产生董事会主席兼行长。董事会每月召开一次例会,审议银行日常业务工作,决议以简单多数做出,票数相等时由主席投决定性一票。

3. 经理部

经理部有总经理和副总经理,下设4个机构:银行部,主管具体银行业务;货币经济部,负责调查研究工作;法律处;秘书处。

(三)资金来源

国际清算银行的资金主要来源于3个方面:① 成员方缴纳的股金。国际清算银行建立时，法定资本为5亿金法郎(Gold Francs)，分为20万股，每股2 500金法郎。所谓金法郎，原来是1865年法国、瑞士、比利时等国成立拉丁货币同盟时发行的一种金币，含金量为0.290 325 28，金本位制崩溃后，国际清算银行仍以金法郎作为记账单位。BIS自成立后已几度增资，目前该行股份的80%为各国中央银行持有，其余20%为私人持有，但私股不得参加股东大会，也无表决权。② 借款。国际清算银行向各成员方中央银行借款，补充该行自有资金的不足。③ 吸收存款。国际清算银行接受各国中央银行和国际金融机构的存款，也与一些国家的大商业银行往来，存款构成了国际清算银行的主要资金来源。

(四) 主要业务

1. 处理国际清算事务

作为各成员方中央银行的"中央银行"，国际清算银行的基本业务就是为各国中央银行之间的资金往来办理清算业务。

2. 办理或代理有关银行业务

国际清算银行作为一个金融企业，在第二次世界大战后业务不断拓展。目前可从事的业务主要有：接受成员方中央银行的黄金或外汇存款；买卖黄金、外汇，有价证券；向成员方中央银行贷款；也可与商业银行和国际机构进行类似业务，但不得向政府提供贷款或以其名义开设往来账户。另外，受许多国际组织的委托，国际清算银行还担当了其金融代理人的角色。目前，世界上很多国家的中央银行在国际清算银行存有黄金和硬通货，并获取相应的利息。

3. 促进各国中央银行之间的合作

国际清算银行作为各国中央银行的俱乐部，定期举行中央银行行长会议，一般于每月的第一个周末在巴塞尔举行西方主要国家中央银行行长会议，以及每年举行一次巴塞尔年会，商讨有关国际金融问题，协调有关国家的金融政策，维持国际金融市场的稳定。随着国际金融市场一体化的迅速推进，这类合作的重要性显得更为突出。因此国际清算银行的存在为各国中央银行提供了一个会晤的场所、交流的平台和协作的桥梁。另外，BIS定期编写的金融统计资料也具有较大的权威性。

(五) 巴塞尔委员会

20世纪70年代以来，全球一体化不断加强，金融创新日益活跃，各国金融当局纷纷调整了对银行业的监管政策。在国内，不断修改和完善金融立法，谋求建立一种新的适度的监管法规体系，来保证激烈竞争的银行业的稳定。在国际上，跨国银行开始扮演越来越重要的角色，为了避免银行危机的连锁反应，统一国际银行监管的建议被提上了议事日程。

1975年2月，来自比利时、加拿大、法国、德国、意大利、日本、卢森堡、荷兰、西班牙、瑞典、瑞士、英国和美国的代表聚会巴塞尔，在国际清算银行的主持下商讨成立了巴塞尔银行监管委员会(Basel Committee on Banking Supervision)，简称巴塞尔委员会。设立巴塞尔委员会的宗旨是促进国际合作，为银行业的监管问题提供一个正式的讨论场所，努力改善对国际银行活动的监管工作。国际清算银行为巴塞尔委员会设立了秘书处，在国际清算银行的主持下每年召开3～5次会议，讨论有关银行监管的事宜。

巴塞尔委员会并没有凌驾于主权国家之上的监管特权，其文件也没有任何法律效力。迄今为止，在国际清算银行的主持下，巴塞尔委员会在银行监管方面取得了多项为人称道的成果，其中最主要的是《巴塞尔协议》。目前该协议已成为国际银行业的“金科玉律”，越来越多的银行开始按照巴塞尔协议的精神行事，各国中央银行也都把该协议作为重要参考，确定自己的金融监管办法。

二、 亚洲开发银行

亚洲开发银行（Asian Development Bank，ADB，简称亚行）是个类似于世行但只面向亚太地区的区域性政府间金融开发机构。它于1966年11月正式建立，并于同年12月19日开始营业，总部设在菲律宾的马尼拉。亚行初建时有31个成员方，到2011年4月底，亚行共有成员67个，其中48个来自亚太地区，其余19个来自其他地区。非本地区成员包括：奥地利、比利时、加拿大、丹麦、芬兰、法国、德国、意大利、卢森堡、荷兰、挪威、葡萄牙、西班牙、瑞典、瑞士、土耳其、英国、美国和爱尔兰。

（一）宗旨

亚行的宗旨是：为亚太地区发展中国家筹集资金和提供技术援助，协助这些国家协调经济政策与计划，促进本地区的经济发展与合作。亚行是一个独立的机构，并与IMF和世行集团等国际金融机构以及其他国际经济组织保持着密切的联系。

亚行的具体任务是：① 为亚太地区发展中成员方或地区成员的经济发展筹集与提供资金，优先考虑最有利于整个地区经济协调发展的项目和规划，还应特别考虑本地区较小的或较不发达的成员的需要。② 促进公、私资本对亚太地区各成员方投资。③ 帮助亚太地区各成员方或地区成员协调经济发展政策，以更好地利用自己的资源，在经济上取长补短，并促进其对外贸易的发展。④ 对成员方或地区成员拟定和执行发展项目与规划提供技术援助，包括编制具体的项目建议书。⑤ 以亚行认为合适的方式，同联合国及其附属机构、国际公益组织及其他国际机构、各国公营和私营实体进行合作，并向它们提供投资与援助的机会。⑥ 开展符合亚行宗旨的其他活动与服务。

（二）组织结构

理事会是亚行最高决策机构。各成员方委派正、副理事各1名，每年举行1次会议（即年会），年会通常每年4月底5月初在总部或成员方轮流举行，讨论和决定重大事项，包括接受新成员、改变注册资本、选举董事和行长、修改章程等，必要时可举行特别会议。理事会表决生效的前提是必须有不少于总投票权3/4的理事参加，且需其中2/3以上的理事投赞成票。亚行每个成员均有778票基本投票权，每认股1万美元增加1票。截至2010年5月，日本和美国同为亚行最大股东，各持有15.571%的股份和拥有12.756%的投票权，中国是亚行第三大股东国，持股6.429%，拥有5.442%的投票权。

董事会负责处理亚行日常事务，由12个董事和12个副董事组成。董事由理事会选举产生，其中本地区成员选举8名董事，非本地区成员选举4名董事，任期2年。亚行67个成员分成12个选区，每个选区各派出1名董事和1名副董事。日本、美国和中国三大股东国是单独选区，各自派出自己的董事和副董事，其他成员组成9个多国选区，董事和副董事一职由选区内不同成员方根据股份大小分别派出或轮流派出。

行长是亚行最高行政长官。行长负责主持董事会，管理亚行的日常工作。行长由理事会选举产生，兼任董事会主席，任期5年，可以连任。行长必须是本地区成员方居民，自亚行成立至今一直由日本人担任。行长下设副行长若干名，协助行长工作。

（三）资金来源

亚行的资金来源由普通资金和特殊资金两部分组成。

1. 普通资金

普通资金是亚行开展业务活动最主要的资金来源，占亚行贷款资金来源的75%，用于亚行的硬贷款业务。普通资金由6个部分组成：① 股本。亚行建行时法定股本为10亿美元，分10万股，每股面值1万美元，后来经过多次增资。日本和美国是亚行最大的出资国，中国居第三位。② 借款。从1969年开始，亚行开始从国际金融市场借款，多是在国际金融市场上发行债券，或会同有关国家的政府、中央银行及其他金融机构直接安排债券销售，还包括直接从商业银行贷款。③ 普通储备金。根据亚行章程的规定，理事会每年将收益的一部分划做普通储备金。④ 特别储备金。对于1985年前发放的尚未偿还的贷款，亚行除收取利息和承诺费外，还收取一定数量的佣金，以佣金收入设立特别储备金。⑤ 净收益。亚行业务总收入扣除各项成本形成。⑥ 预交股本。亚行认交股本采取分期交纳的办法，在法定认交日期之前认交的股本即为预交股本。

2. 特殊资金

亚行特殊资金主要由3个部分组成：① 亚洲开发基金。亚洲开发基金创建于1974年6月，基金主要是来自亚行发达国家成员方或地区成员的捐赠，用于向亚太地区贫困国家或地区成员发放优惠贷款。同时亚行理事会还按有关规定从各成员方或地区成员缴纳的未核销实缴股本中拨出10%作为基金的一部分。此外，亚行还从其他渠道取得部分赠款。② 技术援助特别基金。亚行认为，除了向成员方或地区成员提供贷款或投资以外，还需要提高发展中国家会员或地区成员的人力资源素质，加强项目执行机构的建设。为此，亚行于1967年成立了技术援助特别基金。该项基金的一个来源为赠款，另一来源是1986年10月1日为亚洲开发基金增资36亿美元时将其中的2%拨给技术援助特别基金，主要用于资助发展中成员方聘请专家、培训人员和购置设备，以加强项目执行机构建设、强化技术力量。③ 日本特别基金。在1987年亚行第20届年会上，日本政府表示，愿出资建立一个特别基金。日本特别基金于1988年3月10日成立，由日本出资，亚行负责管理。日本特别基金的作用主要是以赠款或股本投资的方式帮助发展中成员方调整经济结构、提高技术水平。

（四）主要业务

1. 贷款

按贷款条件，亚行贷款可分为硬贷款、软贷款和赠款3类。硬贷款的贷款利率为浮动利率，每半年调整一次，贷款期限为10～30年（包括2～7年的宽限期）。软贷款，也就是优惠贷款，只提供给人均国民收入低于670美元（1983年）且还款能力有限的成员方或地区成员，贷款期限为40年（包括10年的宽限期），无利息，仅有1%的手续费。赠款用于技术援助，资金由技术援助特别基金提供，赠款额没有限制。

按贷款方式，亚行贷款可分为项目贷款、规划贷款、部门贷款、开发金融机构贷款、综合项目贷款、特别项目执行援助贷款、私营部门贷款和联合融资等。目前，亚行提供资金的主要领域包括：农业和以农业为基础的工业、运输、通讯、供水和卫生、城市发展、健康和人口、能源、电力以及金融行业，促进发展中成员方金融体系、银行体制和资本市场的管理、改革和开放。

2. 技术援助

技术援助项目由亚行董事会批准，如果金额不超过35万美元，行长也有权批准，但须通报董事会。技术援助可分为项目准备技术援助、项目执行技术援助、咨询技术援助和区域活动技术援助。

3. 股本投资

1983年起，亚行开办了股本投资业务。该业务通过购买私人企业股票或私人金融机构股票等形式，向发展中国家的私人企业提供融资便利。

2008年，亚行共批准贷款105亿美元，同比增长5.3%；赠款项目总额达8.11亿美元，同比增长20.6%；技术援助总额达2.75亿美元。在发放的贷款中，交通领域贷款最多，能源领域贷款次之。主要的借款成员依次是印度、中国、印尼、菲律宾、越南和巴基斯坦。

三、非洲开发银行

1964年11月非洲开发银行（African Development Bank，ADB，简称非行）成立，1966年7月1日正式开始营业，是非洲最大的地区性政府间开发金融机构，总部设在科特迪瓦经济中心阿比让。非行与其附属的非洲开发基金（African Development Fund，ADF）、尼日利亚信托基金（Nigeria Trust Fund，NTF）共同组成非洲开发银行集团。非行行长兼非洲开发银行集团董事长。

非行的宗旨是：通过提供贷款和投资，利用非洲大陆的人力和资源，促进成员方经济发展和社会进步，优先向有利于地区经济合作和扩大成员方间贸易的项目提供资金和技术援助，帮助成员方研究、制订、协调和执行经济发展计划，以逐渐实现非洲经济一体化。截至2010年12月，非行共有77个成员方，非洲53个国家全部为成员，此外还有包括中国在内的区外成员24个，它们是中国、阿根廷、奥地利、巴西、比利时、丹麦、德国、法国、芬兰、荷兰、加拿大、科威特、美国、挪威、葡萄牙、日本、瑞典、瑞士、沙特阿拉伯、西班牙、意大利、印度、英国和韩国。

（一）组织结构

理事会是非行的最高决策机构，由各成员方委派1名理事组成，一般为成员方的财政经济部长，通常每年5月下旬召开为期2天的会议，必要时可举行特别会议，讨论制定银行的业务方针和政策，决定银行重大事项。此外，世界银行、国际货币基金组织及其他区域性金融机构、非政府组织均派代表与会。按惯例，主办国理事任理事会主席并主持会议。非洲开发银行2010年年会（第45届年会）于2010年5月27、28日在科特迪瓦经济首都阿比让召开，会上通过了非行增资计划，决定将非行资本由此前的300亿美元增至1 000亿美元。此次增资将使非行得以支持更大额度的贷款，在帮助非洲各国发展中发挥更大作用。

董事会由理事会选举产生，是非行的执行机构，负责制定非行各项业务政策。董事会共有18名执行董事，其中非洲以外国家6名，任期3年，一般每月举行2次会议。

行长由董事会选举产生，任期5年，在董事会指导下开展工作。

（二）资金来源

非行的资金来源可分为普通资金来源和特别资金来源。

普通资金来源：① 核定资本认缴额，最初为 2.5 亿非行记账单位，每记账单位价值 0.888 671 克纯金，核定资本分为 2.5 万股，每股 1 万记账单位。② 自行筹措资金。③ 用实收资本或筹措资金发放贷款所获得的还款资金。④ 依据该行待缴资本发放贷款或提供担保所获得的收入。⑤ 不构成非行特别资金来源的其他资金和收入。

特别资金来源：① 捐赠的特别资金和受托管理资金。② 为特别资金筹措的专款。③ 从成员方筹借的该国货币贷款，用途是从贷款国购买商品与劳务，以完成另一成员方境内的工程项目。④ 用特别基金发放贷款或提供担保所获偿还资金。⑤ 用上述任何一项特别基金或资金从事营业活动获得的收入。⑥ 可用作特别基金的其他资金来源。

非行资金主要来自成员方的认缴，截至 2009 年底，非行法定资本约 330 亿美元。为使该行领导权掌握在非洲国家手中，非洲国家资本额占 60%。

(三) 业务活动

非行的主要业务活动就是贷款。贷款的对象是非洲地区成员方，主要用于农业、运输和通信、供水、公共事业等。贷款可以分为普通贷款和特别贷款。普通贷款业务包括用非行普通资金来源提供的贷款和担保业务；特别贷款业务是用非行规定专门用途的特别资金来源开展的贷款业务。特别贷款的条件非常优惠，不计利息，贷款期限最长可达 50 年，主要用于大型工程项目建设。此外，非行还为开发规划或项目建设的筹资和实施提供技术援助。截至 2009 年 2 月，非行贷款总额已达 414 亿非行记账单位，约合 638 亿美元。

为满足贷款资金的需要，非行先后设立了 4 个下属机构：① 非洲开发基金。1972 年 7 月在经合组织援助下设立，1973 年 8 月开始营业，由非行和 22 个非洲以外的工业发达国家出资，宗旨与职能是向非洲 29 个最贫穷的国家提供长达 50 年的无息贷款(包括 10 年宽限期)，重点投资于农业、乡村开发、卫生、教育事业等的发展项目，只收取少量手续费。② 尼日利亚信托基金。1976 年 2 月成立，同年 4 月开始营业，由非行和尼日利亚政府共同建立，主要目的是与其他基金合作，向成员方有关项目提供期限长达 25 年(包括最长为 5 年的宽限期)的贷款。③ 非洲投资与开发国际金融公司。1970 年 11 月成立，总公司设在瑞士日内瓦，目的是动员国际私人资本建设和发展非洲的生产性企业，股东是国际金融公司以及美国、欧洲和亚洲各国约 100 家金融和工商业机构。④ 非洲再保险公司。1976 年 2 月建立，1977 年 1 月开始营业，宗旨是加速发展非洲保险业，总公司设在尼日利亚首都拉各斯。

四、美洲开发银行

美洲开发银行 (Inter-American Development Bank，IADB) 成立于 1959 年 12 月 30 日，1960 年 10 月 1 日正式开始营业，总部设在美国华盛顿。美洲开发银行是世界上成立最早且最大的区域性、多边开发银行，是美洲国家组织的专门机构，其他地区的国家也可加入，但非拉美国家不能利用该行资金，只可参加该行组织的项目投标。

美洲开发银行的宗旨是：集中美洲内外资金，向拉美国家成员方政府及公、私团体的经济、社会发展项目提供贷款或向成员方提供技术援助，以促进拉美国家的经济发展与合作。

截至 2011 年 4 月，美洲开发银行共有成员方 48 个，其中，美洲 28 个，分别是：阿根廷、巴巴多斯、巴哈马、巴拉圭、巴拿马、巴西、秘鲁、玻利维亚、多米尼加、厄瓜多尔、哥伦比亚、哥斯达黎加、圭亚那、海地、洪都拉斯、墨西哥、尼加拉瓜、萨尔瓦多、苏里南、特立尼达和多巴哥、危地马拉、委内瑞拉、乌拉圭、牙买加、智利、伯利兹、加拿大、美国；欧洲 16 个，分别是：奥地利、比利时、丹麦、德国、法国、芬兰、荷兰、挪威、葡萄牙、瑞典、瑞士、西班牙、意大利、英国、克罗地亚和斯洛文尼亚；亚洲 4 个，分别是：日本、以色列、韩国、中国。

（一）组织结构

美洲开发银行的组织机构包括：① 理事会。理事会是最高权力机构，由各成员方委派 1 名理事组成，每年举行 1 次会议。② 执行董事会。执行董事会是理事会领导下的常设机构，由 14 名董事组成，其中拉美国家 9 名，美国、加拿大和日本各 1 名，其他地区国家 2 名，任期 3 年。③ 行长和副行长。行长和副行长在执行董事会领导下主持日常工作，行长由执行董事会选举产生，任期 5 年，副行长由执行董事会任命。④ 分支机构。在拉美各成员方首都及巴黎和东京设有办事处。⑤ 投资机构。美洲投资公司于 1989 年成立，以不易获得优惠条件贷款的中小企业为其主要服务对象；多边投资基金于 1992 年成立，主要目的是促进私人产业的发展，为私人产业创建更好的投资环境。⑥ 拉美一体化研究所。拉美一体化研究所于 1964 年成立，设在阿根廷首都布宜诺斯艾利斯，负责培养高级技术人才，研究有关经济、法律和社会等重大问题，并为各成员方提供咨询。

（二）资金来源

美洲开发银行的资金来源主要有：① 成员方认缴。分为普通资本和特种业务基金。认缴股份较多的国家有：美国占 30.008%，阿根廷和巴西各占 10.752%，墨西哥占 6.912%，委内瑞拉占 5.761%，加拿大占 4.001%。各成员方的表决权依其持有股本的多寡而定，其中美国占 30%，拉美国家占 50%（阿根廷和巴西各占 11%），加拿大占 4%，其他地区占 16%。按章程规定，拉美国家表决权在任何情况下不得低于现有比例。② 发达国家成员方提供。有的国家，主要是一些工业发达国家把一些资金交给美洲开发银行使用，目的是通过资本输出加强对拉丁美洲各国商品和劳务的出口。③ 在国际金融市场和有关国家发行债券。截至 2009 年 12 月 31 日，美洲开发银行的实际资本为 206.74 亿美元，总负债为 633.32 亿美元，总资产为 840.06 亿美元。

（三）业务活动

美洲开发银行的主要业务活动是提供贷款以促进拉美地区的经济发展，帮助成员方发展贸易，并为各种开发计划和项目的准备和执行提供技术合作。银行的普通资本主要用于向拉美国家的政府和公、私机构的经济项目提供贷款，期限为 10～25 年，必须用所借货币偿还。特别业务基金主要用于拉美国家的经济发展援助项目，利率低，期限长达 20～40 年，可全部或部分用本国货币偿还。银行还掌管美国、加拿大、德国、英国、挪威、瑞典、瑞士和委内瑞拉等政府及梵蒂冈提供的拉美开发基金。40 多年来，美洲开发银行的贷款规模增长迅速，1961 年贷款额为 2.94 亿美元，2000 年为 52.66 亿美元。至 2005 年，美洲开发银行累计向拉美国家提供1 370亿美元的贷款和 21 亿美元的捐助。至 2009 年底，美洲开发银行累计贷款总额达 1 830 亿美元，为促进拉美的经济社会发展发挥了重要作用。

五、新兴区域性金融机构

（一）亚洲基础设施投资银行

亚洲基础设施投资银行（Asian Infrastructure Investment Bank，AIIB，简称亚投行）

是一个政府间性质的亚洲区域多边开发机构，重点支持基础设施建设，促进亚洲区域的建设互联互通化和经济一体化的进程，并且加强中国及其他亚洲国家和地区的合作，是首个由中国倡议设立的多边金融机构，总部设在北京，法定资本 1 000 亿美元。截止到 2020 年 7 月，亚投行已有 103 个成员单位。

1. 亚投行的宗旨

《亚洲基础设施投资银行协定》将其成立的宗旨归纳为以下两方面：① 通过在基础设施及其他生产性领域的投资，促进亚洲经济可持续发展、创造财富并改善基础设施互联互通；② 与其他多边和双边开发机构紧密合作，推进区域合作和伙伴关系，应对发展挑战。

2. 亚投行的组织结构

亚投行的组织机构由理事会、董事会和银行总部组成，其中由所有成员的代表组成的理事会是其最高权力和决策机构，董事会负责对日常事务进行管理决策。董事会由理事会选举的行长主持，总部下设银行各主要职能部门，包括综合业务部、风险管理部、秘书部和仲裁部，分别负责银行日常业务的开展。在银行发展步入正轨、银行规模不断扩大以后，可以考虑在亚洲各国开设分行或分理处。

(1) 理事会。理事会是亚投行的最高权力机构，每个成员均应在理事会中有自己的代表，并应任命一名理事和一名副理事。每个理事和副理事均受命于其所代表的成员。除理事缺席情况外，副理事无投票权。在银行每次年会上，理事会应选举一名理事担任主席，任期至下届主席选举为止。理事会应举行年会，并按理事会规定或董事会要求召开其他会议。当 5 个银行成员提出请求时，董事会即可要求召开理事会会议。当出席会议的理事超过半数，且所代表的投票权不低于总投票权三分之二时，即构成任何理事会会议的法定人数。

(2) 董事会。董事会负责指导亚投行的总体业务，行使理事会授予的一切权力。董事会应由 12 名成员组成，董事会成员不得兼任理事会成员。其中，9 名应由代表域内成员的理事选出；3 名应由代表域外成员的理事选出。每名董事应任命一名副董事，在董事缺席时代表董事行使全部权力。理事会应通过规则，允许一定数量以上成员选举产生的董事任命第二名副董事。董事任期两年，可以连选连任。

(3) 行长。理事会通过公开、透明、择优的程序，经超级多数投票通过选举行长。行长应是域内成员方的国民。任职期间，行长不得兼任理事、董事或副理事、副董事。行长任期五年，可连选连任一次。理事会可依照第二十八条规定经超级多数投票通过，决定中止或解除行长职务。行长担任董事会主席，无投票权，仅在正、反票数相等时拥有决定票。行长可参加理事会会议，但无投票权。行长是银行的法人代表，是银行的最高管理人员，应在董事会指导下开展银行日常业务。

3. 亚投行的资金来源

亚投行的资金来源主要包括普通资金和特别资金两方面。

(1) 普通资金。普通资金的构成主要包括股本、借款、普通准备金、特别准备金和净收益。① 股本。即亚洲基础设施投资银行成员认购的股本金，分为实缴股本与待缴股本。实缴股本分期缴付，每期缴付一定比例的黄金或者可兑换货币和本国货币。待缴股本无须每期缴付，只有在亚洲基础设施投资银行为偿还其借款或担保金导致资金不足时才向成员催缴。② 借款。自有资本将是亚洲基础设施投资银行在建立初期开展贷款业务的主要资金来源，但随着银行贷款规模的扩大，当自有资金不能满足贷款需求时，亚洲基础设施投资银行才可以从国际金融市场借款，筹集自身发展所需资金，多以发行债券的方式在国际金融市场上筹资，也可与有关国家政府、中央银行，甚至其他金融机构直接安排证券的销售，通常以长期借款为主。此外，还可直接从区域内外的其他商业银行贷款等。③ 准备金。将亚洲基础设施投资银行每年净收益的一部分划作准备金，划拨比率由理事会商讨决定。④ 净收益。亚洲基础设施投资银行每年将从贷款项目中获得利息、承诺费和佣金等收入，在支付银行的借款利息、财务费用、行政管理费用及成员服务费用以后的结余即为净收益，直接构成银行的普通资金。⑤ 在亚洲区域内各国政府参与的同时，也对区域内外的其他商业银行资金、私人资本敞开大门，吸引其他商业银行投资和私人资本参股入股。

（2）特别资金。特别资金包括中国—东盟开发基金、中国特别基金等。① 中国—东盟开发基金。基金来源主要是区域内发达国家或经济发展水平较高的成员方的捐赠，主要用于向发展水平较落后的成员方发放优惠贷款。② 中国特别基金。可将现有的"中国—东盟投资合作基金""中国—东盟海上合作基金"等各类资金纳入中国特别基金的范畴。

亚投行期初的股本资金为 2 000 亿美元，其中，中国成为该行的最大股东，期初认缴 1 200 亿美元，其资金来源于中国所持有的巨额外汇储备，这既是中国外汇储备在传统使用方式基础上的一个突破，又是基于战略视角对中国外汇储备进行多层次使用的需要。其他成员方则按照经济发展水平和整体经济实力来确定认缴股本，少数经济发展水平落后的国家可以用美元或者与美元等值的本国货币来认缴。

4. 亚投行的主要业务

作为由中国提出创建的区域性金融机构，亚投行的主要业务是援助亚太地区国家的基础设施建设。在全面投入运营后，亚洲基础设施投资银行将运用一系列支持方式为亚洲各国的基础设施项目提供融资支持，包括贷款、股权投资及提供担保等，以振兴包括交通、能源、电信、农业和城市发展在内的各个行业。

（1）主权融资。亚投行有权向任何成员方投资，只要投资最终有利于亚洲社会和经济发展。此类投资以主权支持贷款的形式出现，平均期限最长为 20 年，最终期限最长为 35 年。主权担保贷款的评估基于对项目收益、风险和借款人执行能力的全面评估。这可以是向亚投行成员方提供贷款或由其担保的形式。

（2）非主权融资。亚投行还为私营企业或成员政治或行政分支机构提供融资。此类融资的条款和条件是在商业基础上制定的，反映了市场状况和投资给亚投行带来的预期风险。此类服务中的贷款或担保金额最高可达项目的 35%，最终期限最长为 18 年。

（3）股权投资。亚投行可以对私营或公共部门的公司进行直接股权投资，无论是对新企业还是对现有企业。投资可以采取多种形式，包括认购普通股或优先股（或两者的组合）或可转换为股权的贷款。投资不得超过公司持股的 30%。在特殊情况下，亚投行董事会可以决定批准一个更高的，但不控股的股份。亚投行对股权投资的限制高达可用资本的 10%。

（4）预备费。亚投行还为主权融资做准备。亚投行可决定预付款（筹备预付款），为由主权支持的项目的筹备活动提供资金。准备预付款只有在其获得的融资很可能被延长的情况下才发放，但发放准备预付款并不意味着亚投行有义务为其获得的项目融资或提供其他支持。任何给定项目的所有已批准的准备预付款的最高本金总额不得超过该项目总预计融资额的10%。

（5）项目筹建特别基金。特别基金的目的是支持和便于亚投行在早期对项目进行资金上的支持。

（6）技术援助。在符合亚投行的性质和宗旨的情况下，银行可提供技术咨询、援助或者其他类似形式的援助。

（二）金砖国家新开发银行

金砖国家新开发银行（New Development Bank，简称金砖银行）是由金砖国家（BRICS，即巴西、俄罗斯、印度、中国和南非5国）共同倡议建立的国际性金融机构，总部在上海。

1. 产生背景

2008年国际金融危机爆发后，美国金融政策变动导致国际金融市场资金波动，对新兴市场国家的币值稳定造成很大的影响。尽管中国货币波动较小，但是印度、俄罗斯、巴西等国都经历了货币大幅度贬值，最终导致通货膨胀。而国际货币基金组织的救助存在不及时和力度不够的问题，于是，金砖国家为避免在下一轮金融危机中受到货币不稳定的影响，计划构筑一个共同的金融安全网，一旦出现货币不稳定，可以借助这个资金池兑换一部分外汇来应急。2013年3月27日，在南非德班举行的第五届金砖国家峰会上，金砖国家领导人同意成立金砖银行。2014年7月15日，在巴西举行的第六届金砖国家峰会上，落实了相关成立问题。2015年7月21日，金砖国家新开发银行正式开业。

2. 职务分配

金砖银行的首任理事长来自俄罗斯，首任董事长来自巴西，首任行长来自印度。该行初始授权资本为1 000亿美元，初始认购资本为500亿美元，由5个创始成员方均摊。

3. 设立意义

金砖银行主要资助金砖国家及其他发展中国家的基础设施建设，对金砖国家具有非常重要的战略意义。巴西、南非、俄罗斯、印度的基础设施缺口很大，在国家财政实力有限时，需要共同的资金合作。金砖银行不是只面向5个金砖国家，而是面向全部发展中国家。但作为金砖成员方，可能会获得优先贷款权。金砖银行优先考虑对金砖国家的基础设施建设进行扶持。

金砖银行不但为中国带来了经济利益，而且为国际社会带来一种长远的战略利益。从短期来看，中国已成为世界第二大经济体，到底如何在国际舞台上展现一个新兴大国的形象，关系到中国自身发展，也关系到国际社会共同的利益。中国对于推动设立金砖银行做出了实实在在的贡献，彰显了中国大国责任。

在基础设施建设方面，设立金砖银行，可推动其他国家的基础设施建设，也是分享中国经验的好机会，与中国“走出去”战略相符合。中国输出的既是经验和技术，也是标准。

第三节　中国与国际金融机构的关系

一、中国与国际货币基金组织

中国是IMF的创始成员方，在其成立过程中发挥过积极的作用。1980年4月17日，IMF执行董事会通过决议，恢复了我国在IMF的合法席位。1991年，IMF在北京设立常驻代表处。中国人民银行是国务院授权主管基金组织事务的机构，由行长和主管国际业务的副行长担任基金组织的正、副理事。自1980年以来，我国与IMF建立了良好的合作关系，并在不断地巩固和发展这种合作关系。我国与IMF的合作是多方面的，主要表现在：

（1）资金合作。作为IMF的成员方，我国可以从IMF取得贷款，弥补国际收支逆差。但与其他发展中国家相比，我国利用基金组织的资金并不多。1980年，IMF向我国提供4.5亿SDRs第一档信贷和3.05亿SDRs优惠贷款；1986年，我国再次向IMF借用约6亿SDRs的第一档信贷，这些贷款到1991年底已全部偿还。虽然中国曾多次向IMF贷款，但现在却是IMF为数不多的债权国之一，特别是亚洲金融危机期间，中国向IMF提供了40多亿美元的支持。在2008年的国际金融危机中，中国对IMF发行债券的全球筹资行为给予了400亿美元的资金支持。

（2）技术援助。从1980年到1992年3月，IMF共向我国提供了19次技术援助，其范围包括银行管理与货币政策、国际收支统计方法、金融立法等。此后，IMF以代表团访问、研讨班、专家访问的形式继续向中国提供技术援助。IMF还为中国官员提供培训，培训项目包括金融分析与规划、国际收支、政府财政、货币与银行、对外资本项目可兑换以及金融统计的编制方法等。

（3）磋商与交流。《国际货币基金协定》第4条规定，IMF每年应与成员方进行双边磋商，称为“第4条磋商”，这是对成员方的外汇和贸易制度进行监督的一种形式。我国政府将每年的“第4条磋商”看做是向IMF和国际社会介绍中国经济情况和政策意向的途径，以便让世界更好地了解中国。我国还利用这一机会，认真听取IMF专家们对我国经济政策的评价和建议，这对我国下一年宏观经济政策的制定和调整都将是有益的借鉴和参考。近年来，中国与IMF磋商的重点包括金融部门、对外部门和国有企业的机构改革问题。

我国积极支持IMF为发展中国家的经济调整所做的努力，在IMF的资金使用上主张优先考虑低收入发展中国家，虽然我国有资格使用IMF的优惠贷款，但常常是主动放弃这种权力，以支持贫困的发展中国家享有更多的优惠资金。IMF也是我国阐述国际经济和国际金融立场的重要讲坛。近年来，中国在IMF中的地位与话语权不断提升。IMF董事会于2010年11月5日通过了份额改革方案，中国的份额将从当前的3.72%升至6.39%，投票权也将从当前的3.65%升至6.07%，超越德国、法国和英国，位列美国和日本之后，该方案预计将于2012年10月理事会年会前实施。

二、中国与世界银行集团

(一) 中国与世界银行

中国是世行的创始成员方之一，1980年4月18日恢复我国在IMF的合法席位以后，紧接着在同年5月15日恢复了我国在世行的合法席位，随后我国自然成为IDA和IFC的成员方。1980年10月1日，中国政府代表团第一次出席世界银行和国际货币基金组织年会。1985年，世行驻华代表处成立，双方合作和交流更加便利、密切和有效。2009年2月4日，世行行长佐利克正式任命中国经济学家林毅夫为世行副行长兼首席经济学家，这是世行首次任命发展中国家人士出任这一要职。2010年4月25日，世行发展委员会春季会议通过了发达国家向发展中国家转移投票权的改革方案，中国在世行的投票权从2.77%提高到4.42%，成为世行第三大股东国，仅次于美国和日本。

自1980年至今，经过30余年的努力，我国与世行集团发展了卓有成效的合作关系。我国与世行的合作主要是在以下几个方面：

(1) 贷款合作。从1981年11月4日世行首次向我国贷款2亿美元，用于我国第一个世行贷款项目——大学发展项目起，至2010年，世行共向我国贷款478亿美元。这些贷款支持建设了一大批涉及农业、林业、工业、交通、能源等重点建设项目，项目几乎覆盖内地所有省、自治区、直辖市。

世行贷款按时期分布：1981—1990年，贷款额为86亿美元，占18%；1991—2000年，贷款额为254亿美元，占53%；2001—2010年，贷款额为138亿美元，占29%。世行贷款按行业分布：农林水扶贫，117.84亿美元，占24%；工业，30.13亿美元，占6%；能源，72.17亿美元，占15%；交通，106.2亿美元，占22%；铁路，36.45亿美元，占8%；教育卫生，27.40亿美元，占6%；城建环保，75.47亿美元，占16%；抗震救灾，12.53亿美元，占3%。世行贷款按地区分布：东部地区，188亿美元，占39%；中部地区，142亿美元，占30%；西部地区148亿美元，占31%。

近年来，我国在利用世行贷款上主要有4个特点：① 向中西部地区倾斜。根据我国加快中西部地区发展的战略规划，在世行贷款项目的安排上有意识地向中西部地区倾斜。1981—1990年世行贷款的地区分布为东部地区占49.54%，中部地区26.61%，西部地区23.85%；1991—2000年的地区分布为东部地区占42.24%，中部地区29.46%，西部地区28.30%；2001—2010年的地区分布为东部地区占27.32%，中部地区32.15%，西部地区40.53%。② 向教育、卫生、扶贫、救灾等民生领域倾斜。我国在世行贷款项目，尤其是无息贷款项目的安排上，将教育、卫生、扶贫和救灾等作为主要目标之一。③ 向环境保护、文化遗产保护等社会建设领域倾斜。从1992年开始我国在环境保护方面利用世行贷款。此外，世行还通过环保技术援助项目，进一步加强我国环保机构的能力，提高环境管理水平。近年来，中国积极利用世行贷款支持了一批文化遗产保护项目的建设，推广开发式保护理念，实现了文化遗产保护与当地经济社会发展相互促进的目标。④ 以贷款合作为载体，推进相关领域体制改革和机制创新。我国也十分重视在改革领域加强与世行方面的合作，并通过对金融部门技术援助、居民住房与社会保障改革、经济法律改革等项目，直接支持我国的经济改革事业。

（2）人才培养。面对人才短缺的实际情况，中国政府高度重视与世行的智力合作，不断加强机构能力建设和人才培养工作。30 年来，中国与世行合作开展了逾 20 000 人次参加的各类培训。

（3）知识合作。财政、金融等相关部门积极开展与世行的知识合作，为推动国内财税体制、金融体制和投资体制等领域的改革做出了积极的贡献。

（二）中国与国际金融公司

1980 年 5 月 15 日，中国在 IFC 的席位得到恢复，开始按规定认缴股金并享有投票权。中国政府非常重视与这一主要负责私营部门发展的机构的合作，以推动私营部门的发展。IFC 从 1987 年起开始向我国中外合资企业提供贷款，以提高这些企业的生产和竞争能力。但是在 1989 年以前，IFC 在我国的贷款项目较少，仅参与了广州标致汽车等 4 个项目的贷款。1992 年 10 月 21 日，IFC 在华设立代表机构。自 1993 年起，IFC 在我国的贷款业务迅速增长。自 1996 年起 IFC 开始投资中国西部企业，并于 2002 年在成都设立办公室，服务于西部的招商引资和私营部门发展。截至 2010 年，中国已通过 IFC 引进资金 47 亿美元，支持了 193 个项目。

目前，中国是 IFC 投资规模第三大国家。IFC 对我国援助的范围正不断扩大，涉及中外合资企业、集体企业（含乡镇）、私营企业及股份制企业等，为我国这些企业竞争能力的提高及我国多种所有制经济成分的发展作出了一定的贡献。此外，IFC 还就发展私营部门、促进外国投资等问题向我国政府和企业提供咨询和技术援助。

（三）中国与国际开发协会

1980 年 5 月 15 日，中国在 IDA 的席位得到恢复，开始享有投票权。国际开发协会主要向我国提供长期低息贷款，用于我国基础设施的建设与完善。截至 1999 年 7 月，IDA 共向中国提供贷款 102 亿美元，但从 1999 年 7 月起，国际开发协会停止向中国提供贷款。2007 年中国政府首次承诺向国际开发协会捐款 3 000 万美元，标志着中国由借款国角色向捐款国角色的转变。

（四）中国与多边投资担保机构和解决投资争端国际中心

1988 年 4 月 30 日，中国正式签署加入多边投资担保机构的协议，成为其第 35 个会员。MIGA 自 1990 年初在我国开展业务以来，通过提供投资担保及投资咨询服务等方式，帮助我国改善投资环境，完善投资法规，促进外国投资流入我国。

三、中国与其他国际金融机构

（一）中国与国际清算银行

中国于 1984 年 12 月与国际清算银行建立了业务联系，在 BIS 开设了外汇和黄金账户。此后，每年都派代表团以客户身份参加该行年会。国际清算银行召开股东大会，中国人民银行应邀列席，这为中国广泛获取国际经济和金融状况信息、发展与各国中央银行之间的关系提供了一个新的场所。中国的黄金与外汇储备有一部分是存放于国际清算银行的，这对中国人民银行灵活、迅速、安全地调拨外汇、黄金储备非常有利。1985 年国际清算银行开始向中国提供贷款。1996 年 9 月 9 日，国际清算银行通过一项协议，接纳中国、巴西、印度、韩国、墨西哥、俄罗斯、沙特阿拉伯、新加坡的中央银行和香港金融管理局为该行的新成员。香港回归之后，其在国际清算银行的地位保持不变，继续享有独立的股份与投票权。中国人民银行与香港金融管理局同时加入国际清算银行，标志着我国的经济实力和金融成就得到了国际社会的认可，同时也有助于我国中央银行与国际清算银行及其他国家和地区的中央银行进一步增进了解，扩大合作，提高管理与监督水平。中国人民银行还是BIS亚洲顾问委员会的成员，周小川行长目前担任该委员会主席。

（二）中国与亚洲开发银行

中国于1983年2月正式申请加入亚行，1985年11月26日，中国与亚行达成《谅解备忘录》，明确规定中华人民共和国作为中国唯一的合法代表加入亚行，台湾当局改称“中国台北”继续留在亚行。1986年3月10日中国正式成为亚行成员。中国加入亚行以来，双方在发展经济、消除贫困、保护环境等方面开展了广泛的合作。

1986年，中国政府指定中国人民银行为中国对亚行的官方联系机构和亚行在中国的保管银行，负责中国与亚行的联系及保管亚行所持有的人民币和在中国的其他资产。1987年4月，亚行理事会第20届年会的董事会改选中，中国当选为董事国并获得在董事会中单独的董事席位。同年7月1日，亚行中国董事办公室正式成立。中国于1989年5月在北京主办了亚行第22届年会，1994年，中国成为亚行最大的年度借款国。亚行对华贷款全部为硬贷款，年利率在6.5%～6.9%之间，贷款期限为15～25年。截至1996年6月，亚行共为中国的219个项目提供了0.925 2亿美元的技术援助赠款，用于贷款项目的前期准备工作。亚行对中国的贷款涉及工业、环保、扶贫、基础设施建设等多个领域。1998年，亚行第一次向我国提供纯(Clean)技术援助，金额为351万美元，用于黑龙江、吉林的水灾后重建工作。亚行还提供770万美元，用于帮助中国制定咨询行业政策和法规框架。2000年6月16日，亚行驻中国代表处在北京成立。2008年8月，亚行董事会任命中国进出口银行副行长赵晓宇为亚行副行长，分管南亚、中亚和西亚业务。目前，中国已是亚行累计第二大借款国、技术援助赠款的第一大使用国以及第三大股东。

（三）中国与非洲开发银行

中国政府于1984年11月正式向非洲开发银行提出入行申请，1985年2月，根据非行章程，作为非本地区国家，中国先向非洲开发基金捐赠了资金，然后按承诺向非行认缴股本，并办理了有关入行的法律手续。1985年5月8日至10日，非行年会期间，我国被正式接纳为非洲开发基金和非行成员。

中国加入非行不仅在政治上产生了良好的影响，而且也为我国同非洲国家经济合作开辟了一条新渠道，极大地推动了我国与非洲国家之间的经济技术合作。许多中国公司积极参与非行集团贷款项目的投标，中标合同金额可观。1996年，中国与非行签订了200万美元的双边技术合作协定。2003年10月，中国人民银行与非行联合在北京举办了中非“经济改革与发展战略高级研讨会”。截至2006年底，中国在非行持股24 230股，占总股份的1.117%，中国共资助咨询专家27人，在8个非洲国家开展了14个项目，拨付资金120万美元左右。非行理事会年会于2007年5月16—17日在上海举办，这是继西班牙之后区外国家第二次承办非行年会。中国已参加了第4—10次非洲开发基金（非行软贷款窗口）捐资，累计向非洲发展基金捐资3.64亿美元，大力支持了非洲地区的基础设施建设、扶贫和教育等项目。

（四）中国与美洲开发银行

1991年始，中国连年应邀派团以观察员身份参加美洲开发银行年会。1993年9月，中国人民银行正式向美洲开发银行提出入行申请。1994 年 2 月该行行长应邀访华。中国于 2009 年 1 月 12 日正式成为美洲开发银行第 48 个成员方，同时也是亚洲地区第 4 个参加该组织的国家。

本章重要概念

IMF　基金份额　IBRD　IDA　IFC　MIGA　BIS

本章复习思考题

1. 简述国际货币基金组织的宗旨与职能。
2. 国际货币基金组织的主要业务有哪些？
3. 世界银行集团主要包括哪些成员？
4. 简述国际复兴开发银行的宗旨及主要业务活动。
5. 国际开发协会与国际金融公司的贷款主要有哪些区别？
6. 国际清算银行的主要业务活动是什么？
7. 试析亚投行和金砖银行成立的背景和意义。

参考文献

[1] Krugman P R, Obstfeld M. International Economics: Theory and Policy (6th Edition). Pearson Education Asia Limited and Tsinghua University Press, 2004.

[2] Pugel T A. International Economics (12th Edition). McGraw-Hill Companies, Inc., 2004.

[3] Bannock G, Manser W. The Penguin International Dictionary of Finance. Foreign Language Press, 1996.

[4] Levich R M. International Financial Markets: Price and Policy (2nd Edition). McGraw-Hill Companies, Inc., 2001.

[5] Paul De Grauwe. Economics of Monetary Union. Oxford University Press, 2003.

[6] Kindleberger C P. Manias, Panics and Crashes: A History of Financial Crises (3rd Edition). Basic Books, 1989.

[7] 戴维・里维里恩,克里斯・米尔纳:《国际货币经济学前沿问题》,中国税务出版社、北京腾图电子出版社,2000 年。

[8] 路特斯:《外汇与货币市场导论》,北京大学出版社,2001 年。

[9] 路特斯:《金融衍生工具导论》,北京大学出版社,2001 年。

[10] 奥林・戈莱比:《国际金融市场》(第 3 版),中国人民大学出版社,1998 年。

[11] 迈克尔・梅尔文:《国际货币与金融》,上海三联书店,1996 年。

[12] 杰弗里・萨克斯:《全球视角的宏观经济学》,上海三联书店,1997 年。

[13] 谭中明:《国际金融学》,中国科学技术大学出版社,2003 年。

[14] 陈彪如:《国际金融概论》(第 3 版),华东师范大学出版社,1996 年。

[15] 姜波克:《国际金融学》,高等教育出版社,1999 年。

[16] 姜波克:《国际金融新编》(第 2 版),复旦大学出版社,1997 年。

[17] 陈雨露:《国际金融》,中国人民大学出版社,2000 年。

[18] 姜波克:《人民币自由兑换和资本管制》,复旦大学出版社,1999 年。

[19] 钱荣堃,陈平,马君潞:《国际金融》,四川人民出版社,2000 年。

[20] 钱荣堃:《国际金融专题剖析》,中国金融出版社,1997 年。

[21] 裴平:《国际金融学》,南京大学出版社,1998 年。

[22] 易纲,张磊:《国际金融》,上海人民出版社,1999 年。

[23] 马之騆:《发展中国家国际储备需求研究》,华东师范大学出版社,1994 年。

[24] 孙杰:《汇率与国际收支》,经济科学出版社,1999 年。

[25] 杨星:《国际金融学》,广东经济出版社,2001 年。
[26] 国世平:《国际金融》,人民出版社,1999 年。
[27] 刘舒年:《国际金融》,对外经济贸易大学出版社,1996 年。
[28] 何璋:《国际金融》,中国金融出版社,1997 年。
[29] 黄鲁成:《国际金融理论与实务》,北京大学出版社,1999 年。
[30] 吕随启:《国际金融教程》,北京大学出版社,1999 年。
[31] 殷醒民:《国际金融》,高等教育出版社,2000 年。
[32] 奚君羊:《国际储备研究》,上海财经大学出版社,1998 年。
[33] 朱民:《改变未来的金融危机》,中国金融出版社,2009 年。
[34] 苏同华:《银行危机论》,中国金融出版社,2000 年。
[35] 胡日东,赵林海:《国际金融理论与实务》,清华大学出版社,2010 年。
[36] 黄梅波:《国际金融学》,厦门大学出版社,2009 年。
[37] 叶蜀君:《国际金融》(第 2 版),清华大学出版社,2009 年。
[38] 连有,郭成明:《新编国际金融》,电子工业出版社,2010 年。
[39] 桑百川,郑建明,等:《国际资本流动:新趋势与对策》,对外经济贸易大学出版社,2003 年。
[40] 李富有:《国际金融学》,科学出版社,2006 年。
[41] 郭晓立:《国际金融学》,中国铁道出版社,2010 年。
[42] 吕江林:《国际金融》,科学出版社,2010 年。
[43] 蓝发钦:《国际金融》,上海远东出版社,2010 年。
[44] 侯高岚:《国际金融》,清华大学出版社,2009 年。
[45] 潘淑娟:《国际金融学》,中国金融出版社,2006 年。
[46] 原雪梅:《国际金融》,山东人民出版社,2010 年。
[47] 于波涛,于渤:《国际金融》,清华大学出版社,2008 年。
[48] 王爱俭,王景武:《中国外汇储备投资多样化研究》,中国金融出版社,2009 年。
[49] [日]前田匡史:《国家基金:国际金融资本市场上的新主角》,姜忠莲译,中国环境科学出版社,2010 年。
[50] 罗航:《外汇储备与风险管理》,武汉出版社,2009 年。
[51] 汪洋:《国际金融》,武汉大学出版社,2009 年。
[52] 谢平,陈超:《谁在管理国家财富:主权财富基金的兴起》,中信出版社,2010 年。
[53] 张米良,郭强:《国际金融学》,哈尔滨工业大学出版社,2010 年。
[54] 方兴:《数量金融:国际黄金价格走势、汇率滞后超调动态模型》,光明日报出版社,2009 年。
[55] [美]理查德·罗伯茨:《伦敦金融城:伦敦全球金融中心指南》,钱泳译,东北财经大学出版社,2008 年。
[56] 史燕平:《国际金融市场基础》,清华大学出版社,2007 年。
[57] 高长春:《战略金融:国际金融中心生存报告》,机械工业出版社,2007 年。
[58] 巴曙松,郭云钊:《离岸金融市场发展研究:国际趋势与中国路径》,北京大学出版社,2008 年。

[59] 周影,牛淑珍:《国际金融实用教程》,北京大学出版社,2009 年。
[60] 谢群,于立荣,李玉曼:《国际金融》,经济科学出版社,2010 年。
[61] 朱孟楠:《国际金融学》,厦门大学出版社,2010 年。
[62] 王灵华:《国际金融学》,清华大学出版社,2007 年。
[63] 姜波克,陆前进:《国际金融学》,上海人民出版社,2003 年。
[64] 乔桂明:《外汇理论与交易实务》(第 2 版),苏州大学出版社,2010 年。
[65] 叶辅靖:《人民币汇率形成机制研究》,中国计划出版社,2007 年。
[66] 刘振林:《东亚货币合作与人民币汇率制度选择研究》,中国经济出版社,2006 年。
[67] 杨胜刚,姚小义:《国际金融》(第 4 版),高等教育出版社,2016 年。
[68] 何泽荣,邹宏元,陈奉先:《国际金融原理》,西南财经大学出版社,2017 年。
[69] 浓国兵:《国际金融理论与实务》,复旦大学出版社,2018 年。
[70] 于研:《国际金融》(第 6 版),上海财经大学出版社,2017 年。